Gabi Brede

SMART BOOKS

Mac OS X 10.6

Snow Leopard – Einfach, wirkungsvoll und effizient nutzen

SMART BOOKS

Mac OS X 10.6 Snow Leopard

Bibliografische Information der Deutschen Bibliothek
Die Deutsche Bibliothek verzeichnet diese Publikation in der Deutschen Nationalbibliografie; detaillierte bibliografische Daten sind im Internet über http://dnb.ddb.de abrufbar.

ISBN: 978-3-908497-96-7
1. Auflage 2009

Lektorat und Projektleitung:	Horst-Dieter Radke
Korrektorat:	Dr. Anja Stiller-Reimpell/Horst-Dieter Radke
Layout und Satz:	Peter Murr
Covergestaltung:	Johanna Voss
Coverfoto:	istockphoto 7421493 / sirius_r
Druck und Bindung:	CPI books GmbH, D-25917 Leck

Umwelthinweis:
Dieses Buch wurde auf chlorfrei gebleichtem Papier gedruckt. Die Einschrumpffolie – zum Schutz vor Verschmutzung – ist aus umweltverträglichem und recyclingfähigem PE-Material.

Trotz sorgfältigem Lektorat schleichen sich manchmal Fehler ein. Autoren und Verlag sind Ihnen dankbar für Anregungen und Hinweise!

Smart Books Publishing AG	Sonnenhof 3, CH-8808 Pfäffikon SZ				
http://www.smartbooks.ch	E-Mail: info@smartbooks.ch				
Aus der Schweiz:	Tel.	055 420 11 29,	Fax	055 420 11 31
Aus Deutschland und Österreich:	Tel.	0041 55 420 11 29,	Fax	0041 55 420 11 31

Übersicht

Inhaltsverzeichnis

Kapitel 2 Der Finder: Ihre Arbeitsumgebung 57

Vorwort

Vorwort

»Besser. Einfacher. Schneller« Mit diesen drei Begriffen wirbt Apple für das neue Betriebssystem Snow Leopard. Damit auch für Sie der Umgang mit Ihrem Mac besser, einfacher und schneller wird, haben wir die Funktionen des Betriebssystems ausgekundschaftet. Dabei geht es weniger um die Theorie als vielmehr um die Praxis. Denn Ziel ist es, Sie mit dem Betriebssystem so vertraut zu machen, dass Sie es für Ihre Zwecke optimal nutzen können.

Umwege erhöhen die Ortskenntnis: Gemäß diesem Motto haben wir viel ausprobiert, getestet und durchgespielt. Das Resultat ist, dass die beschriebenen Anleitungen und Arbeitsschritte Sie stets zum versprochenen Ergebnis lotsen. Häufig führen mehrere Wege ans Ziel. Diese sind als Alternativvorschläge vorgestellt.

Das Bild eines in eremitenhafter Zurückgezogenheit vor sich hin schreibenden Menschen mag auf manchen zutreffen – auf mich nicht. Ein ganzes Team an unterschiedlichen Personen hat an diesem Buch-Projekt mitgewirkt:

Da sind zum einen die Teilnehmerinnen und Teilnehmer meiner Mac OS X-Schulungen an der DTP-Akademie in Offenbach, die mich durch ihre Fragen herausfordern und mir verdeutlichen, dass jeder Anwender seine eigenen Prioritäten hat. Was für mich selbstverständlich ist, mag für andere Benutzer eine fremde Welt sein. Deshalb setzt dieses Buch wenig an Vorkenntnissen voraus. Vielmehr gehe ich ausführlich auf die unterschiedlichen Funktionen des Betriebssystems ein.

Indirekt haben auch die Leser meiner vorhergehenden Publikationen zu den Betriebssystemen »Panther«, »Tiger« und »Leopard« auf die Inhalte dieses Buches eingewirkt. Die vielen Feedbacks haben mich in meinem Anliegen bestätigt, das Wissen kompakt, nachvollziehbar und anschaulich rüberzubringen.

Ein herzliches Dankeschön geht an den Lektor Horst-Dieter Radke für seine wunderbar unkomplizierte Unterstützung und seinen nimmermüden Einsatz. Mein Dank geht auch an den Layouter Peter Murr, der aus vielen Manuskriptseiten und unzähligen Screenshots ein schönes und übersichtliches Buch gestaltet hat.

Für Fragen und Anregungen zu diesem Buch stehe ich wie immer gern zur Verfügung.

Sie erreichen mich am besten per E-Mail gbrede@dreineun.de

Ihnen wünsche ich vergnügliches Lesen, einige Aha-Erlebnisse und vor allem viel Spaß mit Mac OS X Snow Leopard.

Gabi Brede

Frankfurt am Main, Herbst 2009

1

Grundlagen

Aller Anfang

Apples Snow Leopard ist die siebte größere Version des Unix-basierten Betriebssystems Mac OS X. Die erste Version 10.0 wurde unter dem Codenamen Cheetah bekannt. Seitdem ist der Zoo mit den Versionen Puma, Jaguar, Panther, Tiger, Leopard und nun Snow Leopard als Codename für die Version 10.6 mit weiteren Raubkatzen ergänzt worden.
Welche Voraussetzungen gegeben sein müssen, um Snow Leopard zu installieren und wie Sie obendrein noch ein weiteres Betriebssystem, nämlich Windows XP oder Windows Vista installieren, erfahren Sie auf den folgenden Seiten.

Snow Leopard

Als Anwender bekommt man von den Neuerungen des Nachfolgers von Mac OS X 10.5 Leopard erst auf den zweiten Blick etwas mit. Ist das System installiert, sieht man erst einmal keine Unterschiede zur Vorgängerversion. Wer bereits mit Leopard gearbeitet hat, muss schon ein bisschen suchen, um neue oder optimierte Funktionen ausfindig zu machen. Wer von Mac OS X 10.4 Tiger auf Snow Leopard umsteigt, wird sich an vielen Neuerungen erfreuen wie beispielsweise an der Funktion *Übersicht*, mit der man in eine Datei hineinschnuppern kann, ohne sie gleich öffnen zu müssen.

Snow Leopard beinhaltet in erster Linie Verbesserungen an der bestehenden Technik sowie Änderungen in den Arbeitsabläufen. Das System ist schneller und in vielen Bereichen von Ballast und Hakeleien befreit worden. Zu einem der optimierten Arbeitsabläufe gehört der Installationsprozess, der an Einfachheit wohl kaum noch zu überbieten ist. Ein anderes Beispiel für einen beschleunigten und für Anwender kaum noch wahrzunehmenden Arbeitsprozess ist das Auswerfen externer Laufwerke. Hatte man in den Vorgängerversionen häufig das Gefühl, die Auswerftaste mehrmals drücken zu müssen, um ein externes Laufwerk wieder vom Rechner zu trennen, klickt man seit Snow Leopard ein Mal auf die Taste, und das Gerät kann fast im gleichen Moment ausgestöpselt werden.

Auch Ungereimtheiten wurden ausgemerzt. So ist es ab sofort möglich, auch in der Symbolansicht des Finder-Fensters durch seitenbasierte Dokumente zu blättern und Mediendateien abzuspielen. Das war in der Version Leopard seltsamerweise nicht vorgesehen, obwohl die Funktion in Cover Flow längst integriert war.

Ein schönes neues Feature ist die systemweite automatische Rechtschreibkorrektur und Symbolersetzung. Anwender der iWork-Programme sind mit diesen nützlichen Helfern schon seit längerem vertraut.

Eine atemberaubende neue Funktion wie Überblick und Time Machine für Leopard oder Spotlight für Mac OS X 10.4 Tiger hat Snow

Leopard nicht zu bieten. Die vielen optimierten Funktionen sowie die verbesserte und beschleunigte Technik des Unterbaus sind aber auch willkommen und machen das Arbeiten mit dem Mac noch effizienter.

Die Stärken von Mac OS X

Apples Betriebssystem Mac OS X basiert auf einem Unix-Kern. Das X steht zum einen als römische Ziffer für die Version 10 und ist zum anderen ein Hinweis auf den Unix-Ursprung. Die beiden Buchstaben OS stehen für Operating System, die englische Bezeichnung für Betriebssystem.

Mit Mac OS X ist Apple der Coup geglückt, die bedeutenden Vorzüge der beiden Betriebssysteme Mac OS und Unix zu einem System zu verschmelzen. Mac OS X ist die Synthese aus der einfachen Bedienbarkeit und der grafischen Oberfläche des klassischen Mac OS und der Stabilität und der Mehrbenutzerfähigkeit eines Unixsystems. Typisch für Apple ist es, komplexe Weiterentwicklungen so in das System zu integrieren, dass die Benutzeroberfläche weiterhin intuitiv bedienbar bleibt und der Anwender die Vorteile des Systems nutzen kann, ohne sich in computerspezifische Details zu verlieren. Aber auch als bekennender Nicht-Computerfreak möchte man hier und da mitreden können, wenn es um Darwin Intel-Core-Duo oder Quartz Extreme geht.

Die Betriebssystembasis: Darwin

Unter der grafische Benutzeroberfläche von Mac OS X verbirgt sich die Betriebssystembasis Darwin. Diese Unix-Version ist aus der Zusammenarbeit zwischen Apple und Programmierern der Open Source Softwaregemeinschaft hervorgegangen. Wenn also von Darwin die Rede ist, ist damit die Unix-Version gemeint, die für Mac OS X zusammengestellt worden ist.

GRUNDLAGEN

Open Source bedeutet, dass der Programmcode dieser Software zur freien Verfügung steht und für eigene Projekte verwendet werden kann. Das bekannteste Open Source Projekt ist das Unix Derivat Linux. Auch Darwin ist ein Open Source Projekt. Dadurch können die Mitglieder der Open Source Gemeinschaft gemeinsam mit den Apple Programmierern benutzerspezifische Anpassungen vornehmen oder Erweiterungen entwickeln. Natürlich kann jeder auch unabhängig von den Apple Entwicklern Einblick in den Quellcode nehmen und Vorschläge oder Verbesserungswünsche einreichen. Damit können aus jedem Winkel dieser Welt Beiträge für ein noch besseres System geleistet werden. Voraussetzung hierfür ist lediglich, dass die Regeln der Apple Public Source License (APSL) akzeptiert werden und man sich als Mitglied der Open Source Gemeinschaft registriert. Unter der folgenden Web-Adresse erfahren Sie mehr zu Darwin und zum Open Source Projekt: http://developer.apple.com/de/darwin/

Der Unterbau des Systems

Der Unix-Unterbau sorgt dafür, dass das Betriebssystem stabil und zuverlässig läuft. Was Unix so beständig macht, ist vor allem seine Fähigkeit des präemptiven Multitasking. Multitasking wird den meisten Lesern bekannt sein als Beschreibung für die Fähigkeit, mehrere Dinge gleichzeitig tun zu können. So gibt es Menschen, die, während sie die Kartoffelsuppe abschmecken, telefonieren und mit der noch freien Hand Hanteltraining betreiben.

Das präemptive Multitasking verhindert, dass ein einzelnes Programm den Prozessor für sich allein beansprucht. Stattdessen können Sie im Internet surfen, parallel dazu ein Bild bearbeiten, iTunes Ihre Lieblingshits spielen lassen und eine CD oder DVD brennen. Das System schaltet hierbei zwischen den einzelnen Anwendungen hin und her – natürlich ohne dass Sie etwas davon mitbekommen.

Der entscheidende Vorteil des präemptiven Multitasking ist, dass ein abgestürztes Programm den Prozessor nicht blockiert und Sie daher problemlos mit einem anderen geöffneten Programm weiterarbeiten können. Friert ein Programm ein oder reagiert es nicht, lässt es sich sofort und ohne die anderen Programme oder gar das System in Mitleidenschaft zu ziehen, beenden.

Ein Unix System ist immer ein Mehrbenutzersystem. Das bedeutet, dass sich zumindest ein Benutzer am System angemeldet haben muss, bevor es seine Dienste überhaupt aufnimmt. Aus diesem Grund werden Sie beim Installationsprozess aufgefordert, Ihren Namen und ein Passwort einzugeben. Mehr zum Mehrbenutzersystem finden Sie im Kapitel »Teilen und vernetztten«, Abschnitt »Ein Mac für viele«.

Grand Central Dispatch

Auf jedem Bahnhof fahren nach einem ausgeklügelten Fahrplan Züge ein und aus. Bei starker Auslastung eines Gleises kann dank einer übergeordneten Logistik ein einfahrender Zug auf ein anderes Gleis ausweichen. Diese Flexibilität sorgt für einen reibungslosen Ablauf, und die Kapazität des Bahnhofs wird intelligent genutzt.

So ähnlich funktioniert die Technologie Grand Central Dispatch, die mit Snow Leopard erstmals für das Betriebssystem Mac OS X eingesetzt wird.

Grand Central Dispatch optimiert die Auslastung mehrerer Prozessorkerne, was das System effizienter und Programme schneller macht. Doch wie funktioniert das? Die Leistungsfähigkeit eines Rechners hängt von der Taktrate des Prozessors ab. Je schneller das Herz des Prozessors schlägt, desto leistungsstärker zeigt sich der Rechner. Diese hohen Taktraten kosten aber erstens Energie, also Strom, und zweitens erzeugen sie mehr Wärme, als für die Rechner gut ist. Aus diesem Grund befindet sich auf einem Computerchip nicht mehr nur ein Prozessorkern, sondern es wurden Chips entwickelt, die mit mehreren Prozessorkernen ausgestattet sind.

Jede Weiterentwicklung von Computerchips hat natürlich auch Auswirkungen auf die Programme. Damit Programme überhaupt etwas mit mehreren Prozessorkernen etwas anfangen können, müssen sie mit einer sogenannten Threading-Technologie programmiert werden. Diese Threads sorgen dafür, dass mehrere Prozessorkerne gleichzeitig an den unterschiedlichen Teilen eines Programms arbeiten können. Wenn jedes Programm eigene Threads verwendet, führt das schnell zu Wildwuchs, was die ursprünglich intendierte Effizienz (fast) wieder zunichte macht oder nur teilweise nutzt. Und genau hier setzt Grand Central Dispatch an.

Anstatt jedem Programm die Threadzuwesiung zu überlassen, übernimmt Grand Central Dispatch diese Aufgabe für das gesamte System. Für die Programme bedeutet diese zentrale Abfertigung einen enormen Service und Effizienzgewinn, da sie ihre Arbeit nun automatisch über alle Prozessorkerne verteilen können.

Die Oberfläche

Das Design der grafischen Oberfläche von Mac OS X trägt den Namen Aqua. Aqua definiert das Aussehen der Fenster und Menüs, die Transparenz der Dockleiste, die Schatten der Symbole sowie die visuellen Effekte auf der Benutzeroberfläche. Die Anmutung und Eleganz von Aqua wird von der Grafiktechnologie von Mac OS X gesteuert. Diese Technologie mit dem Namen Quartz Extreme umfasst den schnellen Aufbau von Fenstern ebenso wie die Wiedergabe von Schriftzeichen. Sie beinhaltet die Verwaltung der grafischen Oberfläche mit Fenstern und Mauszeiger und sorgt dafür, dass die Wiedergabe von zwei- und dreidimensionalen Inhalten berechnet wird. Die Grundlagen dieser Technologie sind die standardisierte Grafikbibliothek OpenGL und das Portable Document Format, besser bekannt als PDF-Format.

GRUNDLAGEN

OpenGL steht für *Open Graphics Library* und enthält Funktionen zur Darstellung dreidimensionaler Objekte. PDF ist ein von dem Unternehmen Adobe definiertes Datei-Format, mit dessen Hilfe Dokumente beliebiger Art (Broschüren, Statistiken, Präsentationen) universell und plattformübergreifend veröffentlicht werden können. Dank der Einbindung des Formats PDF in das Betriebssystem können Sie jedes Dokument aus jeder Anwendung heraus bequem als PDF ausgeben.

Während der Arbeit an Ihrem Rechner erstellt die Quartz-Technologie von jedem Fenster eine separate Bilddatei und wertet diese mit Hilfe von OpenGL optisch auf. Die Wiedergabe dieser Bilder übernimmt die Grafikkarte, was wiederum den Prozessor entlastet. Dieses Zusammenspiel verhilft der Grafikkarte und dem Prozessor zu einer sinnvollen Auslastung und Verwendung der jeweiligen Ressourcen: Die Grafikkarte kümmert sich um alle Grafikoperationen, der Prozessor übernimmt derweil andere Aufgaben wie zum Beispiel einen Druckauftrag oder die Berechnung mathematischer Formeln in einer Excel-Datei.

Mit Snow Leopard bekommt OpenGL Unterstützung von der neuen OpenCL-Technologie (*Open Computing Language*), mit der die Leistung der Grafikprozessoren optimiert und effektiver genutzt wird.

Zusammenfassend heißt das: Das Fundament der Systemarchitektur ist Darwin. Erst die unterschiedlichen Komponenten, die darauf fußen, machen das Betriebssystem zu Mac OS X. Darwin ist gleich bedeutend mit Stabilität und Zuverlässigkeit. Aqua, die grafisch wie ästhetisch ansprechend gestaltete Benutzeroberfläche, wird mit Hilfe von Quartz Extreme dargestellt. Diese Komponenten sind Stützen des vollständigen Betriebssystems Mac OS X.

Parallele Installation zweier Betriebssysteme

Im Sommer 2005 ging ein Aufschrei durch die Mac-Gemeinde. Der Chef von Apple Macintosh, Steve Jobs, gab bekannt, dass Apple alle Rechner auf Intel-Prozessoren umstellen wird. Das amerikanische Unternehmen Intel ist vor allem für PC-Mikroprozessoren bekannt. Der Prozessor, der im allgemeinen Sprachgebrauch kurz als CPU (Central Processing Unit) bezeichnet wird, ist das Herzstück eines jeden Computers.

Dass in einem Mac künftig ein Intelprozessor schlagen sollte, kam einem Sakrileg gleich. Denn die ersten Assoziationen, die der Name Intel auslöste, waren Microsoft und Windows.

Mac-Benutzer und Windows-Benutzer pflegen ein eher distanziertes Verhältnis zueinander. Als die Welt noch besser unterscheidbar war – Windows mit Prozessoren von Intel, Apple mit Prozessoren zunächst von Motorola, dann von IBM – ließ sich diese Distanz wunderbar hegen und pflegen. Doch im Sommer 2005 geriet die Welt aus den Fugen. Die Ankündigung von Jobs, ab sofort auch auf Intel Prozessoren zu setzen, kam einem Verrat gleich. Jobs argumentierte mit Fakten: Intel Prozessoren haben erstens eine höhere Taktrate als IBM Prozessoren. Das bedeutet, dass die Macs noch schneller werden. Zweitens ist die Abwärme eines Intel Prozessors besser zu kontrollieren als die eines IBM Prozessors.

Mittlerweile haben sich Wogen geglättet. Der Intel Prozessor ermöglicht es, dass die Windows Betriebssysteme Windows XP, Vista oder das neue Windows 7 (ab Oktober 2009) parallel zu Mac OS X auf einem Mac laufen. Das Betriebssystem 10.6 Snow Leopard wird mit der Software Boot Camp ausgeliefert. Mit dieser Software können Windows XP, Windows Vista oder Windows 7 ohne großen Umstand auf einen Macintosh-Rechner installiert werden.

Damit Snow Leopard läuft: Systemvoraussetzungen

Arbeiten Sie bereits mit einem Apple Rechner, vergewissern Sie sich vor der Installation, ob die Systemvoraussetzungen auf Ihrem Mac so ausgestattet sind, dass sich die Version Mac OS X 10.6 Snow Leopard auf Ihrem Rechnermodell überhaupt zum Laufen bringen lässt. Umfangreichen Systemveränderungen sind ältere Computermodelle häufig nicht gewachsen. Die Gründe hierfür liegen im zu geringen Arbeitsspeicher, im leistungsschwachen Prozessor, im Fehlen von Hardware-Komponenten und im Bestreben der Computerindustrie, uns alle paar Jahre neue Hardware zu verkaufen. Die Mindestvoraussetzung, um Snow Leopard installieren zu können, ist ein Mac mit Intel-Prozessor. Das bedeutet, dass die Installation von Snow Leopard auf Macs mit Power-PC-Prozessor scheitert.

Des Weiteren erfordert Mac OS X 10.6 Snow Leopard folgende Systemvoraussetzungen:

- 1 GB Arbeitsspeicher
- 5 GB freier Speicherplatz auf der Festplatte. Wer außerdem die Developer-Tools installiert, braucht 7 GB Festplattenspeicher.
- DVD-Laufwerk (integriert oder extern)

Was den Arbeits- und Festplattenspeicher angeht, erfordert die Installation bescheidene 1 GB beziehungsweise 5 GB. Freuen Sie sich, wenn Sie mehr Arbeitsspeicher haben, da die Größe des Arbeitsspeichers unmittelbar mit der Geschwindigkeit Ihres Rechners zusammenhängt. Damit die Arbeit ohne Reibungsverluste verläuft, empfiehlt es sich, den Rechner mit mindestens 2 GB Arbeitsspeicher auszustatten. Und auch mehr freier Festplattenspeicher schadet natürlich nicht, wenn Sie nicht sofort nach Aufnahme der Arbeit mit dem Mac an Grenzen stoßen wollen.

GRUNDLAGEN

RAM ist die Abkürzung für »Random Access Memory« und wird häufig auch Arbeitsspeicher oder Hauptspeicher genannt. In ihm werden alle Anwendungsprogramme und deren Daten geladen, damit der Rechner mit ihnen arbeiten kann. Diese Daten werden nicht dauerhaft gespeichert, sondern nur so lange, wie die Stromzufuhr gesichert ist. Dadurch unterscheidet sich der Arbeitsspeicher von herkömmlichen Speichermedien wie USB-Sticks oder Festplatten, auf denen Daten dauerhaft abgelegt werden. Da der Computer auf den RAM-Speicher sehr viel schneller zugreift als auf die Festplatte, holt sich der Rechner alle wichtigen Daten zunächst in den Arbeitsspeicher. Je mehr RAM zur Verfügung steht, umso mehr Programme und Dokumente finden dort gleichzeitig Platz – und desto schneller arbeitet der Rechner.

Die immer komplexeren Betriebssysteme und Programme benötigen für ein reibungsloses und schnelles Arbeiten einen immer höheren Bedarf an Arbeitsspeicher. Ist für eine neue Datei kein Platz mehr im Arbeitsspeicher, wird ein Auslagerungsort, der sogenannte virtuelle Speicher verwendet. Echt virtuell sind allerdings nur die Engel im Himmel. Ganz real zwackt Snow Leopard einen Teil des Festplattenspeichers ab, um gerade nicht gebrauchte Daten oder Programmbestandteile auszulagern. Grundsätzlich kann man nie genug Arbeitsspeicher haben – denn RAM ist eine effektive und günstige Möglichkeit, eine deutlich höhere Arbeitsgeschwindigkeit des Rechners zu erzielen.

AUFGEPASST

Snow Leopard zeichnet sich vor allem durch einen Zugewinn an Schnelligkeit aus. Dieser Geschwindigkeitszuwachs wird aber nur dann erreicht, wenn der Prozessor des Rechners 64 Bit pro Takt verarbeiten kann. Macs mit Intel-Prozessoren (MacBooks und Mac Mini), die bis September 2006 verkauft wurden, sind jedoch mit Prozessoren ausgestattet, die diese 64-Bit-Fähigket nicht haben. In diesen Rechnern steckt ein Intel Core Solo oder Intel Core Duo Prozessor. Zwar lässt sich das Betriebssystem auch auf diesen Rechnern installieren, die Anwender kommen aber nicht in den Genuss der 64-Bit-Beschleunigung.

Sicherungskopie erstellen

Machen Sie vor der Installation vorsichts- und sicherheitshalber eine Sicherungskopie Ihrer wichtigen Ordner und Dateien. Denken Sie dabei auch an Ihre Lesezeichen sowie Ihre Adress- und Mail-Datenbank. Das Programm Mail speichert die Daten in *Benutzer/Library/Mail*, das Programm Adressbuch legt die Visitenkarten an in *Benutzer/Library/Application Support/AdressBook/Metadata*. Den Ordner Ihrer Lesezeichen, die Sie in Safari angelegt haben, finden Sie unter *Benutzer/Library/Caches/Metadata/Safari/Bookmarks*.

Wer bereits Mac OS X 10.5 installiert hat, macht die Datensicherung am einfachsten mit Time Machine. Da Time Machine alle Daten inklusive Betriebssystem sichert, schont das Backup die Nerven, falls es bei der Installation zu Problemen kommt. Mit einem Time Machine-

Backup lässt sich der Weg zurück zu einem funktionierenden System ganz entspannt angehen.

Mehr zum Thema Time Machine lesen im Kapitel *Drucken, faxen, Objekte sichern*, Abschnitt *Time Machine: Daten regelmäßig sichern.*

Snow Leopard installieren

Beim Kauf eines Apple Rechners ist das Betriebssystem glücklicherweise schon installiert. Doch auch wer umsteigt von Mac OS X 10.5 auf 10.6 oder von Mac OS X 10.4 auf 10.6 braucht nicht Stunden um den Rechner herumzuschleichen und auf den richtigen Moment zu warten, bis man sich endlich an die Installation herantraut. Was sich knifflig und umständlich anhört, ist in Wirklichkeit ein recht unkomplizierter Vorgang. Sind die Vorarbeiten wie das Erstellen von Sicherungskopien erledigt, greifen Sie beherzt zur Installations-DVD, legen diese ein und befolgen die weiteren Schritte. Das Programm Mac OS X Installer führt Sie mit klaren Anweisungen durch die Installation, was die gesamte Prozedur zu einer mühelosen Angelegenheit macht.

Sie haben zwei Möglichkeiten, Snow Leopard zu installieren:

- Sie aktualisieren das aktuelle Betriebssystem auf die Version 10.6. Snow Leopard. Dabei bleiben alle Internet- und Netzwerkeinstellungen, die eingerichteten E-Mail-Accounts und vergebenen Passwörter erhalten. Die Drucker- und Scanner-Software wird automatisch während des Installationsprozesses mit Snow Leopard kompatiblen Versionen aktualisiert. Nach der Installation ist alles wie zuvor – nur jetzt mit Snow Leopard.

- Sie löschen die aktuelle Version des Betriebssystems und installieren erst dann Snow Leopard. Mit dieser Methode räumen Sie zunächst komplett auf, bevor Snow Leopard einzieht. Diese Methode ist sehr zeitaufwendig, da alle Einstellungen neu vorgenommen werden müssen.

AUFGEPASST

Die Variante *Archivieren und installieren*, die einige Leser noch aus den Vorgängerversionen kennen, wird nicht mehr angeboten. Snow Leopard prüft, ob auf dem Mac Software installiert ist, die die Stabilität von Snow Leopard gefährdet. Solche Softwareprogramme werden während der Aktualisierung deaktiviert bzw. entfernt.

Das laufende Betriebssystem auf Snow Leopard aktualisieren

Wer von Mac OS X 10.4 oder von Mac OS X 10.5 auf Mac OS X 10.6 Snow Leopard aufrüstet, fühlt sich bei der Installation sicherlich an eine etwas umfangreichere Softwareaktualisierung erinnert. Zwar ist auch für dieses Update die Installations-DVD notwendig, die Aktualisierung auf Snow Leopard ist aber mit nur wenigen Klicks geschafft. Bei dieser Form der Installation werden Dateien in den Ordnern *System* und *Library* überschrieben. Alle privaten Ordner bleiben unangetastet.

Auf geht's:

1. Legen Sie die DVD ein und starten Sie die Installation mit einem Doppelklick auf das Symbol Mac OS X Installation.

2. Klicken Sie auf *Fortfahren*. Der Button *Dienstprogramme* ist nur dann interessant, wenn Sie den Rechner mit Hilfe eines Time Machine-Backups wiederherstellen wollen oder die Festplatte reparieren müssen.

3. Nun geht es um den Lizenzvertrag, den es zu akzeptieren gilt.

4. Im nächsten Fenster wird die Festplatte, das Volume, angezeigt, auf dem das System installiert wird. Sollten Sie Ihre Festplatte partitioniert haben und ein anderes Volume für die Installation bevorzugen, klicken Sie auf *Alle Volumes anzeigen*.

5. Außerdem geht es in diesem Fenster um die Anpassung der zu installierenden Druckertreiber und Sprachpakete. Klicken Sie auf *Anpassen* und deaktivieren Sie in den Listen *Druckertreiber* und *Sprachpakete* die Pakete, die für Ihre Arbeit keine Relevanz haben.

AUFGEPASST

In der Liste ist auch die Software Rosetta aufgeführt, die dafür sorgt, dass für Power Macs entwickelte Programme auch auf Macs mit Intel Prozessor laufen. So wird Rosetta für das Office-Paket 2004 oder Adobe Photoshop CS benötigt. Wenn Sie mit älteren Programmversionen arbeiten, brauchen Sie Rosetta auf jeden Fall. Sie können die Software aber auch zu einem späteren Zeitpunkt installieren.

6. Nun noch ein Klick auf *Installieren* und der ca. 45-minütige Installationsprozess beginnt.

7. Danach führt Ihr Rechner einen Neustart durch – das erste Mal vom frisch installierten Mac OS X 10.6.

8. Nach der kurzen Animation werden Sie willkommen geheißen. Mit einem Klick auf *Fortfahren* schließt sich das Fenster und Sie können mit der Arbeit starten.

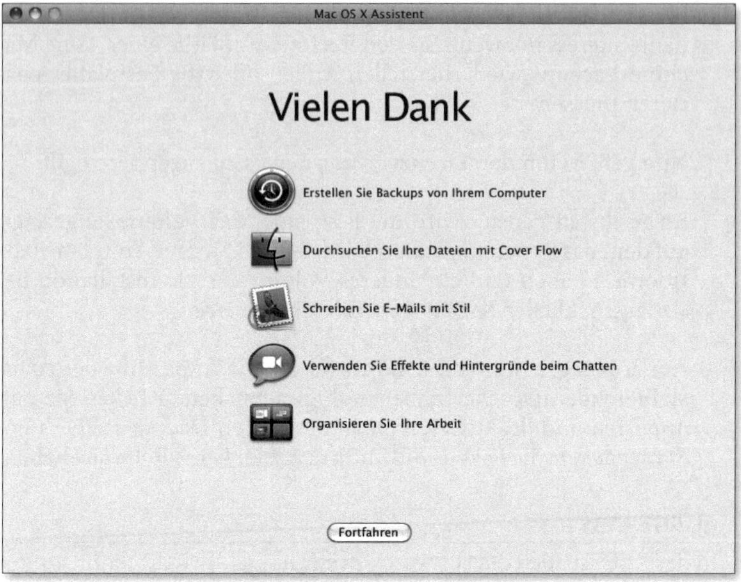

Willkommen bei Snow Leopard

Von der Aktualisierung auf Snow Leopard sehen Sie zunächst einmal recht wenig. Alle Einstellungen wurden übernommen, der Schreibtisch zeigt sich im gleichen Design wie zuvor. Um eine erste Änderung in Augschein zu nehmen, starten Sie Safari oder ein anderes Programm und klicken mit linker Maustaste einen kurzen Moment auf das Programmsymbol im Dock. Nun erscheint das Fenster als Miniatur vor einem grauen Hintergrund. Der Effekt ist noch wirkungsvoller, wenn mehrere Fenster eines Programms geöffnet sind. Sie sehen: Exposé hat Einzug ins Dock gehalten.

AUFGEPASST

Sollten Sie die Software Rosetta noch nicht installiert haben, kann es passieren, dass Sie beim Öffnen eines Programms aufgefordert werden, dies nachzuholen. Sobald Sie auf den Button *Installieren* klicken, springt die Softwareaktualisierung an und lädt die Anwendung. Danach lassen sich alle Programme, die Rosetta benötigen, problemlos öffnen. Beachten Sie auch, dass Snow Leopard nicht alle aus dem Internet heruntergeladene Bildschirmschoner unterstützt.

Snow Leopard neu installieren

Wenn Sie sich für die Neuinstallation entscheiden, müssen Sie auf jeden Fall vorher alle Einstellungen, Ordner und Dokumente sichern, die Sie auf Ihrem Rechner angelegt haben. Denn bei dieser Variante wird die Festplatte vollständig gelöscht.

1. Legen Sie Installations-DVD ein und öffnen Sie mit einem Doppelklick auf das DVD-Symbol das Programm Mac OS X Installation.

2. Klicken Sie auf den Button *Dienstprogramme* und anschließend auf den Button *Neustart.*

3. Nach dem Neustart erscheint die Liste mit der Sprachauswahl für die Menüs und Arbeitsfenster. Wählen Sie Ihre Sprache und klicken Sie anschließend auf den Pfeil in der rechten unteren Fensterecke.

4. Auch jetzt ist wieder das Programm Mac OS X Installation geöffnet, in dem Sie im Menü *Dienstprogramme* mit einem Klick auf *Festpatten-Dienstprogramm* das Programm starten, mit dem alle Daten auf der Festplatte gelöscht werden.

5. Markieren Sie in der linken Fensterleiste die Festplatte, die Sie löschen wollen, und klicken Sie danach auf den Reiter *Löschen.*

6. Achten Sie darauf, dass im Auswahlmenü *Format* der Eintrag *Mac OS X Extended (Journaled)* markiert ist. Ein Eintrag im Eingabefeld *Name* ist optional.

7. Mit einem Kick auf den Button *Löschen* werden alle Daten von der Festplatte entfernt. Beenden Sie anschließend das Festplatten-Dienstprogramm mit ⌘ – Q und klicken Sie im Programm Mac OS X Installation auf *Fortfahren*.

8. Nun wird der Softwarelizenzvertrag eingeblendet, den es zu akzeptieren gilt.

9. Im nächsten Fenster markieren Sie die Festplatte, auf die Snow Leopard installiert werden soll. Bei den meisten Anwendern wird vermutlich nur eine Festplatte angezeigt. Denn nur wer die Platte partitioniert hat oder wer mehrere Festplatten in seinem Mac hat (z.B. im Mac Pro), hat die Wahl.

AUFGEPASST

Bevor Sie auf *Installieren* klicken, haben Sie noch die Chance, die zu installierenden Sprachpakete und Druckertreiber auszuwählen. Klicken Sie dazu auf *Anpassen*. Auf jeden Fall sollten Sie die Software Rosetta installieren, die dafür sorgt, dass auch ältere Programmversionen wie das Microsoft Office-Paket 2004 unter Snow Leopard läuft. Um ältere Medienformate öffnen zu können, benötigen Sie die mit Snow Leopard kompatible Version des QuickTime Players 7.

10. Okay, nach all den Einstellungen ist es jetzt an der Zeit, mit einem Kick auf *Installieren* den ca. 45-minütigen Installationsprozess zu starten.

11. Nach erfolgreicher Installation startet die Welcome-Animation mit abschließendem Willkommen-Fenster, in dem Sie aufgefordert werden, Ihr Land und anschließend die Tastaturbelegung auszuwählen.

12. Bereits im nächsten Fenster haben Sie die Möglichkeit, Daten von einem anderen Mac oder einer anderen Festplatte auf den Rechner zu übertragen. Diese Übertragung lässt sich zu einem anderen Zeitpunkt mit Hilfe des Programms Migrationsassistent nachholen. Mehr zu dieser Form der Datenübertragung lesen Sie im Kapitel *Programmrundschau*, Abschnitt *Von Mac zu Mac*.

13. Wer drahtlos ins Internet geht, markiert im folgenden Fenster sein Netzwerk und gibt das Passwort ein. Wer via DSL-Modem oder Ethernet die Verbindung zum Internet herstellt, klickt auf *Andere Netzwerkkonfiguration* und markiert die zutreffende Verbindungsart. Dank der Technik DHCP werden alle Konfigurationsdaten automatisch eingetragen, so dass Sie gar keine weiteren Einstellungen und Einträge vorzunehmen brauchen.

14. Im nächsten Fenster geht es um Ihre Apple-ID für den Apple-Dienst MobileMe oder für Einkäufe im iTunes-Store. Eine solche Apple-ID ist aber nicht zwingend erforderlich. Wer keine hat, klickt auf *Fortfahren* und gibt im Fenster *Registrierung* seine persönlichen Daten ein. Das Ausfüllen der Felder *Vorname, Name, Telefonnummer, Adresse* und *Ort* wirkt zunächst einmal obligatorisch. Wenn Sie aber zwei Mal auf *Fortfahren* klicken, landen Sie im Fenster *Lokalen Benutzer anlegen.*

15. Das Fenster *Lokalen Benutzer anlegen* hat mit dem Zugang zu Ihrem Rechner zu tun. Gleichgültig, ob Sie Ihren Rechner allein benutzen oder mit anderen teilen, müssen Sie einen Account anlegen. Da Sie das System installieren, werden Sie automatisch als Administrator identifiziert und mit weit reichenden Rechten ausgestattet. Ein Administrator wacht über den Rechner und übernimmt die Verantwortung.

16. In die Felder *Name* und *Kurzname* sind die Informationen eingetragen, die Sie im Fenster *Registrierung* gemacht haben. Beachten Sie, dass Sie den Kurznamen jetzt noch ändern können, danach allerdings nicht mehr!

17. Die Kennwortvergabe ist fakultativ. Sie werden zwar darauf aufmerksam gemacht, dass der freie Zugang zu Ihrem Rechner nicht zum Schutz Ihrer Daten beiträgt, doch wird das *OK* akzeptiert.

18. Die Daten werden nun an Apple gesendet. Wer keinen MobileMe-Zugang hat, wird anschließend noch einmal auf diesen Dienst aufmerksam gemacht. Danach geht es abschließend um die Zeitzone.

- Nach all diesen Schritten bedankt sich das System bei Ihnen und wünscht Ihnen viel Spaß mit Ihrem Computer und Mac OS X.

Betriebssystem und vieles mehr

Stellen Sie sich vor, Sie kaufen einen Herd. Zu Hause schließen Sie den Herd an und stellen anschließend fest, dass Sie den Herd gar nicht benutzen können, weil Sie keine Töpfe haben. So könnte es Ihnen nach der Installation des Betriebssystems gehen, wenn, ja wenn Apple nicht eine beachtliche Anzahl an erstklassigen Programmen mitliefern würde. Um einen Blick auf die Auswahl zu werfen, klicken Sie in der oberen Leiste des Bildschirms auf das Menü *Gehe zu* und danach auf den Eintrag *Programme*.

Die mitgelieferten Programme

Falls Sie während des Installationsvorganges Ihren Internetzugang eingerichtet haben, können Sie mit einem Doppelklick auf das Programmsymbol *Safari* den Browser öffnen und lossurfen. Mit dem Programm *Mail* rufen Sie nach Eingabe der Zugangsdaten Ihre elektronische Post ab. Falls Sie chatten oder Videokonferenzen einberufen wollen, greifen Sie auf *iChat* zurück. Im Programm *Adressbuch* verwalten Sie Ihre Adressen und in *iCal* organisieren Sie Ihre Termine und Verabredungen. Mit der Anwendung *Automator* automatisieren Sie wiederkehrende Arbeitsabläufe.

Spielen Sie Schach und wollen Sie es mal gegen Ihren Mac aufnehmen? Dann öffnen Sie das Programm *Chess*. Für den Fall, dass Sie keinen separaten DVD-Player besitzen, brauchen Sie dennoch nicht aufs Betrachten von DVD-Filmen zu verzichten. Mit der Anwendung *DVD Player* lässt sich ein Film auch auf Ihrem Bildschirm ansehen oder während einer langweiligen Zugfahrt auf dem MacBook. Fürs Herunterladen und Betrachten Ihrer digitalen Fotos ist das Programm *Digitale Bilder* gut geeignet. Die Bilder lassen sich gleich beim Herunterladen als Diashow betrachten. Sie finden Ihre Bilder anschließend im Ordner *Bilder*. Mit *Photo Booth* erstellen Sie mit der eingebauten iSight-Kamera ein Foto, eine Fotoserie oder einen kleinen Film. Außerdem ersetzt dieses Programm den Spiegel, in den man kurz vor einem Meeting oder vor Feierabend noch mal blickt, um sich zu frisieren oder um die Krawatte zurechtzurücken.

Mit *iTunes* spielen Sie Audio-CDs ab oder brennen eine Musik-CD. Sofern Sie mit dem Internet verbunden sind, können Sie mit diesem Programm auch Radio und Podcasts hören . Über den iTunes Store haben Sie Gelegenheit, ein einzelnes Musikstück, ein gesamtes Album, Hörbücher, Filme, Fernsehserien und Musikvideos online zu erstehen.

Die Welt der Schriften besteht aus mehr als nur Times, Helvetica und Arial. Welche Schriften auf Ihrem Rechner installiert sind, sehen Sie im Programm *Schriftsammlung*.

Das Programm *Dashboard* ist eine Art Armaturenbrett. Hier finden Sie kleine Hilfsprogramme wie Kalender, Notizzettel und Rechner, die sich auf dem Bildschirm einblenden lassen.

Mac Anwender mögen geöffnete Programm- und Anwendungsfenster. So braucht man nicht jedes Mal ein Programm wieder zu starten, sondern switcht einfach zwischen den geöffneten Fenstern hin und her. Je mehr Fenster geöffnet sind, desto unübersichtlicher wird es allerdings. Deshalb gibt es die Fensterverwaltung *Spaces*. Das Programm ermöglicht es Ihnen, virtuelle Bildschirme für bestimmte Zwecke anzulegen, in dem Sie thematisch passende Fenster in Gruppen zusammenfassen.

Mit dem Programm *Vorschau* haben Sie Gelegenheit, PDF-Dokumente zu lesen, zu durchsuchen und Textpassagen oder Grafiken zu markieren und Bilder zu bearbeiten. Bei *TextEdit* handelt es sich um ein Textverarbeitungsprogramm. Fürs Verfassen von Erinnerungsstützen für Termine und dringende Erledigungen eignet sich das Programm *Notizzettel*. Die Texte verschwinden nicht in den Untiefen der Ordnerstruktur, sondern bleiben auf dem Bildschirm, so dass die Erinnerungsfunktion tatsächlich gegeben ist.

In den *Systemeinstellungen* legen Sie zum Beispiel den Bildschirmhintergrund fest oder nehmen die Einstellungen für Ihren Internet-Zugang vor. Kurzum, hier passen Sie unterschiedliche Aspekte Ihres Rechners an.

Jeder Anwender weiß, wie wichtig ein regelmäßiges Backup der Daten ist. Dennoch ist man häufig etwas nachlässig, was das Sichern von Daten und Objekten angeht. Vielleicht wächst die Freude, die Daten auf ein externes Speichermedium zu speichern, mit dem Programm *Time Machine*. Voraussetzung für die Arbeit mit diesem Programm ist eine externe Festplatte oder Time Capsule.

Erste Schritte

Damit Sie möglichst schnell vertraut werden mit der Bildschirmoberfläche und der Tastatur, bekommen Sie an dieser Stelle ein paar grundlegende Tipps für den Umgang mit dem Mac. Beginnen wir mit dem entscheidenden Werkzeug Ihrer Arbeit, mit der Tastatur.

Eine Apple-Tastatur gibt es in unterschiedlichen Varianten:

- Einige werden vielleicht immer noch mit der weißen Tastatur aus Kunststoff arbeiten.
- Mit dem iMac wird eine Aluminium-Tastatur mit Ziffernblock ausgeliefert.
- Alternativ dazu gibt es kabellose Bluetooth-Tastatur. Diese Tastatur wird aber ohne separaten Ziffernblock ausgeliefert und ist von daher fast identisch mit der MacBook-Tastatur.

Die Informationen in diesem Buch zu Tasten und Tastenkombinationen beziehen sich auf die Aluminium-Tastatur.

Die Apfeltaste (⌘)

Die Apfeltaste (auch Befehlstaste genannt) löst in Kombination mit einer Zeichentaste Befehle und Prozesse aus.

Wer im Internet unterwegs ist, stößt hier und da auf Auswahllisten, unter denen der Tipp steht, dass eine Mehrfachauswahl mit gedrückter Strg-Taste möglich ist. Diese Strg-Taste (Steuerungstaste) ist das Windows-Pendant zur Apple ⌘-Taste. Für Sie als Mac-User gilt daher: ⌘-Taste gedrückt halten und Auswahl treffen.

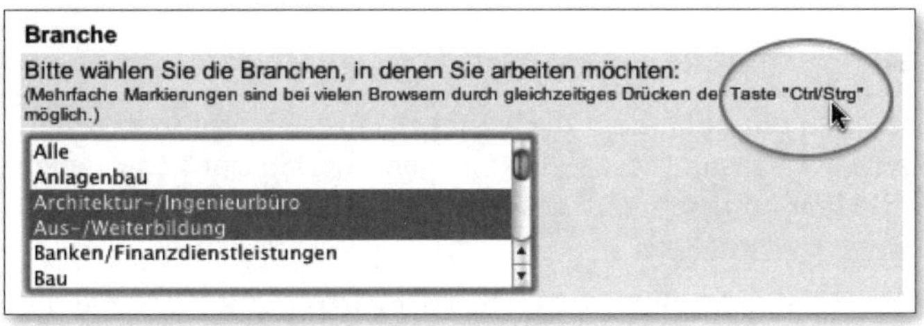

Für Mac-User: ⌘-Taste drücken

Die Alttaste (⌥)

Mit der Alttaste (auch Optionstaste oder Wahltaste genannt) wählen Sie alternative Aktionen wie zum Beispiel, dass eine Datei kopiert und nicht verschoben wird. Überdies zaubern Sie mit gedrückter Alttaste Sonderzeichen aus Ihrer Tastatur hervor wie das @-Zeichen oder das €-Zeichen.

Wenn Sie bei einer Tastenkombination die ⌘-Taste und die ⌥-Taste gemeinsam gedrückt halten, wählen Sie oftmals einen alternativen Befehl aus. Beispiel: Mit der Tastenkombination ⌘ – H (»hide«) blenden Sie das aktuelle Programm aus. Kommt die ⌥-Taste hinzu (⌘ + ⌥ + H), blenden Sie alle Programme bis auf das aktuelle aus.

Die Controltaste und das Kontextmenü

Mit der Controltaste öffnen Sie Kontextmenüs, mit denen Sie schnell auf Befehle oder Aktionen für ein ausgewähltes Objekt zugreifen. Die Auswahl, die das Menü bereithält, ist abhängig vom jeweiligen Objekttyp.

Wer mit einer Mighty Maus arbeitet, öffnet das Kontextmenü mit gedrückter rechter Maustaste. Alle anderen halten beim Klick auf ein markiertes Objekt die ctrl-Taste auf der Tastatur gedrückt.

TIPP

Es muss nicht unbedingt die Mighty Maus sein, um in den Genuss einer Zwei-Tasten-Maus zu kommen. Sie können jede beliebige USB-Maus an Ihren Mac anschließen.

Sollten Sie eine Mighty Maus, aber trotzdem das Kontextmenü nicht mit der rechten Maustaste öffnen können, ist die Maus dafür noch nicht eingerichtet. Öffnen Sie im -Menü die Systemeinstellungen und klicken Sie auf *Maus*. Die Mighty Maus ist hier in fast Originalgröße abgebildet. Wählen Sie im rechten Auswahlmenü den Eintrag *Sekundäre Maustaste*, und schon unterscheidet die Maus zwischen Linksklick und Rechtsklick.

Die F-Tasten

Mit einigen F-Tasten steuern Sie die Hardware des Rechners, mit anderen öffnen Sie die Fensterverwaltung:

Auf einer Aluminium-Tastatur regulieren Sie mit den Tasten F1 und F2 die Bildschirmhelligkeit.

Mit den Tasten F10 bis F12 steuern Sie die Lautstärke von abspielenden Mediendateien oder vom Warnton, der ab und an erklingt, wenn der Rechner nicht das machen kann oder möchte, was Sie wollen.

Die Programme QuickTime Player, iTunes und iDVD lassen sich mit den Wiedergabetasten F7, F8 und F9 steuern.

Mit einem Klick auf die Taste F3 werden alle momentan offenen Fenster als Miniatur eingeblendet. Dies ist eine Exposé-Funktion, über die Sie mehr im Kapitel *Der Finder: Ihre Arbeitsumgebung* erfahren. Die Taste F4 bringt Sie zu den Widgets in Dashboard.

POWER USER

Wenn Sie die ⌥-Taste beim Drücken einer F-Taste betätigen, locken Sie noch andere interessante Funktionen aus diesen Tasten heraus. Mit der Kombination ⌥ und einer der F-Tasten, die die Hardware steuern, landen Sie direkt in der entsprechenden Systemeinstellung. So öffnen Sie mit ⌥ – F2 die Systemeinstellung *Monitor*, mit ⌥ – F3 und F4 *Exposé* und mit ⌥ – F10, F11 und F12 *Toneffekte*.

Die fn-Taste

Mit gedrückter fn-Taste (links neben der ctrl-Taste) und den Tasten F9, F10 und F11 aktivieren Sie die Fensterverwaltung Exposé. Alternativ zur Taste F3 lassen sich auch mit der Kombination fn – F9 alle geöffneten Fenster einblenden. Mit fn – F10 erscheinen die geöffneten Fenster des gerade aktiven Programms. Alle anderen Fenster bleiben unberücksichtigt. Und die Kombination fn – F10 macht den Blick auf den Schreibtisch frei.

Die Auswerfen-Taste

Mit einem Klick auf das Symbol werfen Sie eine CD, einen USB-Stick, eine externe Festplatte, eine angeschlossene Digitalkamera oder ein anderes angeschlossenes Gerät aus, was bedeutet, dass Sie das Medium vom Rechner trennen. Nach dem Klick verschwinden das Zeichen und das Medium. Erst dann ist es an der Zeit, das Objekt auszustöpseln. Vermeiden Sie auf jeden Fall, das Medium ohne Klick auf das Auswerfsymbol vom Rechner zu trennen. Das Medium kann dadurch beschädigt werden, worauf in der prompt angezeigten Warnmeldung auch hingewiesen wird.

Die esc-Taste

Das esc dieser Taste steht für Escape. Mit Flucht und Ausbruch hat diese Taste allerdings wenig zu tun. Vielmehr ist sie dafür verantwortlich, bestimme Arbeitsprozesse abzubrechen. Mit der esc-Taste beenden Sie Quicklook, Diashows, den Bildschirmschoner oder bildschirmfüllende visuelle Effekte in iTunes. Außerdem lassen sich mit esc Dialogfenster und Menüs schließen.

Die Pfeiltasten

Um an den Zeilenanfang, ans Zeilenende oder von Wort zu Wort zu hüpfen und es zu markieren, sind die Pfeiltasten von Nutzen:

⌘ – ← Einfügemarke springt an den Zeilenanfang.

⌘ – → Einfügemarke springt ans Zeilenende.

⌥ – ← Einfügemarke hüpft jeweils um ein Wort nach links.

⌥ – → Einfügemarke hüpft jeweils um ein Wort nach rechts.

⇧ – ⌥ – ← markiert ein Wort links der Schreibmarke.

⇧ – ⌥ – → markiert ein Wort rechts der Schreibmarke.

Halten Sie eine Pfeiltaste in Kombination mit der Umschalttaste s gedrückt, markieren Sie die Zeichen und Zeilen, über die die Taste rollt. Eine praktische Einrichtung, um nach dem Markieren eine oder mehrere Zeilen zu löschen, zu kopieren oder zu verschieben.

⇧ – ↑ markiert Zeilen aufwärts.

⇧ – ↓ markiert Zeilen abwärts.

Die Markierung springt dabei, ausgehend von der Positionierung der Schreibmarke in der aktuellen Zeile, an die gleiche Stelle der nächsten Zeile, wobei es passieren kann, dass Wörter nur halb markiert werden. Für diesen Fall empfiehlt sich:

⇧ – ← hebt die Markierung einzelner Zeichen auf.

⇧ – → hebt weitere Zeichen hervor.

Für Wechsler: Mit dem Finder vertraut werden

Eine der wichtigsten Funktionen für die Arbeit an einem Mac sind der Finder und das Finder-Fenster. Der Finder ist die Systemsoftware, das Finder-Fenster ist ein Dateinavigator – vergleichbar mit dem Windows Explorer. Sie öffnen ein Finder-Fenster mit einem Klick auf das Symbol *Finder* links in der unteren Symbolleiste. Diese Symbolleiste nennt sich Dock.

Ein Finder-Fenster zeigt in der linken Leiste angeschlossene Geräte an sowie Programmordner und Ordner mit zuletzt geöffneten Objekten, Bilder und Filmen.

Das Mac OS Betriebssystem zeigt im Unterschied zu einem Windows Betriebssystem angeschlossene Geräte wie USB-Sticks, CDs oder Partitionen einer Festplatte nicht als Laufwerk an. Die Geräte erscheinen mit ihrem Namen in der Rubrik *Geräte* des Finder-Fensters.

Sobald Sie auf eines der Symbole klicken, wird der Inhalt des Ordners im Hauptfenster angezeigt.

Neben einem externen Gerät sehen Sie das Symbol zum Auswerfen, auf das immer dann zu klicken ist, wenn Sie das Gerät wieder vom Rechner trennen wollen.

Das Betriebssystem des Apple Macintosh benutzt ein völlig anderes System für das Verwalten von offenen Fenstern als Windows. Windows verwaltet Fenster programmorientiert, was bedeutet, dass ein Fenster immer auch das Programm repräsentiert. Wenn Sie das Fenster schließen, schließen Sie auch das Programm. Mac OS X dagegen verwaltet Fenster nach Dokumenten. Dieser Unterschied wird besonders beim Klick auf den roten Punkt links oben in einem Programmfenster deutlich. Während bei Windows mit einem Klick auf das Kreuzsymbol das Programm geschlossen wird, bewirkt ein Klick auf den roten Knopf bei Mac OS X lediglich, dass das Fenster geschlossen wird. Das Programm dagegen ist, bis auf wenige Ausnahmen, nach wie vor geöffnet. Sie schließen ein Programm mit der Tastenkombination ⌘ – Q.

Für Wechsler von Windows auf Mac OS X sorgt häufig auch der grüne Knopf für Verwirrung. Mit einem Klick auf diesen Knopf wird das Fenster nur so weit geöffnet, wie Platz für das Sichtbarmachen aller Inhalte benötigt wird. Der Knopf ist nicht dafür gedacht, das Fenster im Vollbildmodus zu öffnen!

Minimieren Sie ein Fenster unter Windows, landet es in der Taskleiste. Genau diese Funktion übernimmt unter Mac OS X der orangefarbene Knopf. Das Fenster landet dabei im Dock. Der Unterschied bei dieser Form der Fensterverwaltung entsteht erst bei der Nutzung der Tastenkombination ⌘ – ⇥ (Tabulator). Wenn Sie auf diese Weise zu einem anderen Programm wechseln, tauchen die im Dock liegenden Fenster dieses Programms nicht wieder auf. Erst mit einem Klick auf das Fenstersymbol im Dock holen Sie es wieder hervor.

Boot Camp: Windows installieren

Auf einem Mac mit Intel-Prozessor lässt sich auch das Betriebssystem Windows in den Versionen XP, Windows Vista oder Windows 7 auf dem Rechner installieren. Das Programm Boot Camp Assistent, das im Ordner *Dienstprogramme* zu finden ist, führt Sie durch die notwendigen Schritte. Nach erfolgreicher Installation befinden sich auf Ihrem Rechner zwei Betriebssystem: Mac OS X Snow Leopard sowie Windows XP, Vista oder 7.

GRUNDLAGEN

Boot Camp ist ein Programm, das es Ihnen ermöglicht, die Festplatte zu partitionieren und auf dieser Partition eine Windows Version (XP, Vista, 7) zu installieren.

Die Voraussetzungen für die Installation und Konfiguration von Windows sind:

- Mindestens 10 GB freien Festplattenspeicher.
- Windows XP Home Edition oder Professional mit Service Pack 2 oder
- Windows Vista Home Basic, Home Premium, Business oder Ultimate oder
- ab Oktober 2009 eine der Windows 7 Varianten.

Vorbereitungen treffen

TIPP

Drucken Sie sich am besten das 14-seitige Installationshandbuch aus, das Sie sicher und ausführlich durch den gesamten Installations- und Konfigurationsprozess führt.

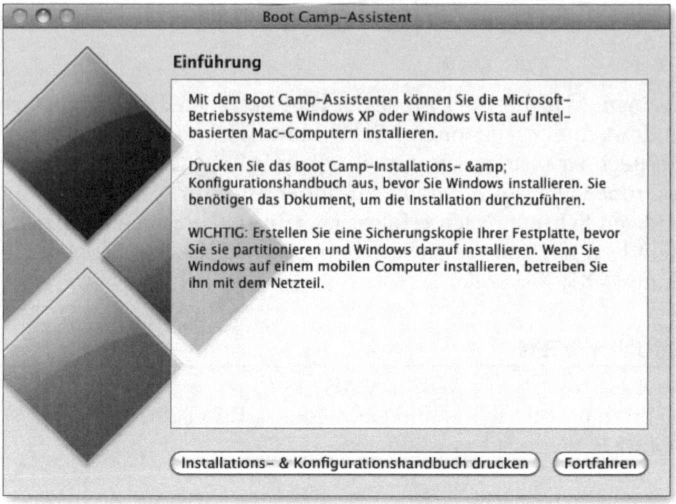

Der Boot Camp Assistent mit Installations- und Konfigurationshandbuch

Jedes Betriebssystem benötigt eine eigene Partition. Das bedeutet, dass sowohl Mac OS X Leopard als auch das Windows Betriebssystem ein separates und in sich abgeschlossenes Segment der Festplatte für sich in Anspruch nehmen. Ein solches Segment wird Partition genannt. Erfreulicherweise unterstützt das Programm Boot Camp-Assistent Sie bei der Partitionierung der Festplatte. Beim Partitionieren und Installieren können Daten verloren gehen. Erstellen Sie deshalb am besten vor dem Installationsprozess eine Sicherungskopie Ihres kompletten Datenbestandes.

AUFGEPASST

Voraussetzung für das Partitionieren in einen Mac OS X- und einen Windowsbereich ist, dass die Festplatte noch nicht segmentiert ist. Haben Sie die Festplatte bereits aus anderen Gründen partitioniert, müssen Sie die Partitionen zunächst mit Hilfe des Festplattendienstprogramms löschen. Das Festplattendienstprogramm liegt im Ordner *Dienstprogramme*. Starten Sie die Anwendung, wählen Sie die Festplatte aus und klicken Sie auf den Reiter *Partitionieren*. Markieren Sie die Partition, die Sie löschen wollen, und klicken Sie anschließend auf das Minuszeichen unterhalb der Partitionsliste. Sie werden nun darauf aufmerksam gemacht, dass beim Entfernen des Volumes die Daten unwiederbringlich gelöscht werden (»Entfernen des Volumes« meint das Löschen der Partition). Vergessen Sie deshalb bitte nicht, von den Daten eine Sicherungskopie zu machen. Sobald Sie auf *Entfernen* klicken, wird die Partition aus der Liste gelöscht. Der frei gewordene Speicherplatz wird dabei jedoch nicht automatisch der noch verbleibenden Partition zugeschanzt. Das müssen Sie selbst erledigen, indem Sie das Segment an der schraffierten Fläche am rechten unteren Rand nach unten aufziehen. Klicken Sie abschließend auf *Anwenden*.

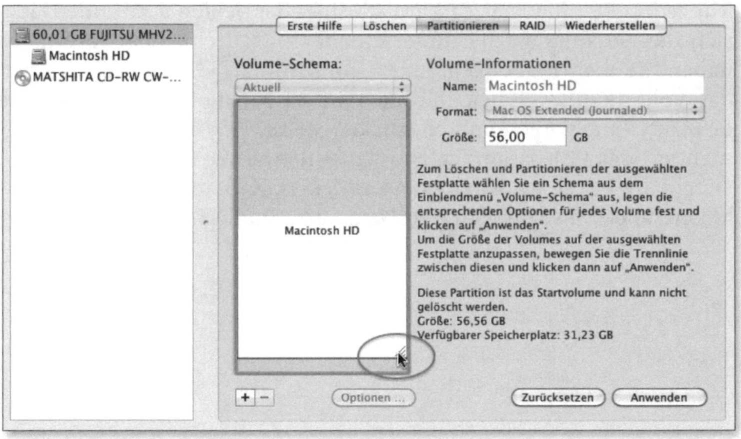

Den verfügbaren Speicherplatz der Festplatte hinzufügen.

Beachten Sie, dass es nicht möglich ist, eine externe Festplatte mit dem Boot Camp-Assistenten zu partitionieren. Der Assistent akzeptiert nur eingebaute Festplatten.

Die Installation starten

Sind die Vorarbeiten erledigt ist, steht der Installation von Windows (XP, Vista oder 7) nichts mehr im Wege. Im Fenster *Eine Partition für Windows erstellen* legen Sie die Größe der beiden Partitionen fest. Bedenken Sie bei der Einteilung, dass die Partition mindestens 5 GB groß sein muss und Sie darüber hinaus mindestens 5 GB freien Festplattenspeicher benötigen. Damit Sie bei der Arbeit mit den beiden Betriebssystemen nicht ständig an Kapazitätsgrenzen stoßen, überlegen Sie bei der Aufteilung des Volumes: Für was verwenden Sie die beiden Betriebssysteme? Bilder- und Filmdateien benötigen mehr Speicherkapazität als Textdateien.

Mit welchem Betriebssystem werden Sie hauptsächlich arbeiten? Für welches System haben Sie die meisten Programme? Teilen Sie diesem System mehr Kapazität zu als dem anderen.

Mit gedrückter Maustaste innerhalb einer der beiden Partitionen lässt sich die Gesamtkapazität unterschiedlich groß einteilen. Alternativ haben Sie die Möglichkeit, eine Größe von 32 GB zu wählen oder das Volume in zwei gleich große Teile zu partitionieren. Haben Sie die Aufteilung vorgenommen, klicken Sie auf *Partitionieren*. Nun segmentiert das Programm die Festplatte in zwei separate Bereiche und erstellt die Windows-Partition. Der Mac-OSX-Bereich bleibt dabei inklusive aller Einstellungen und Daten unverändert.

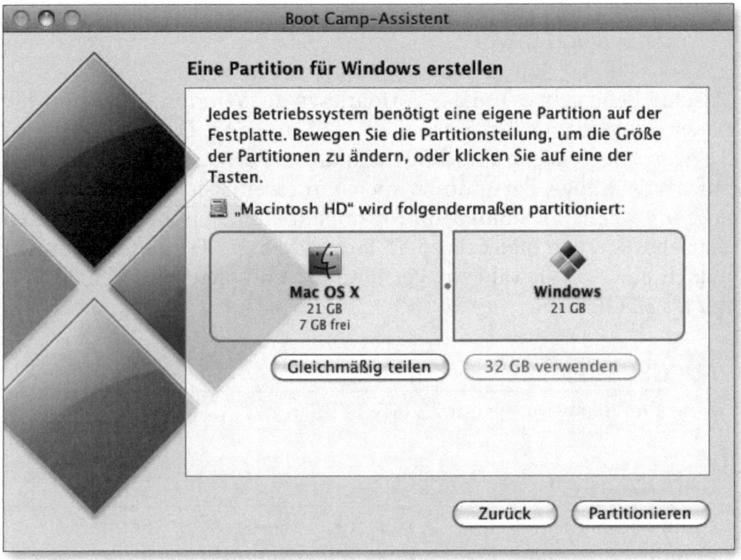

Die Festplatte in zwei Partitionen für Mac OS X und Windows segmentieren.

Das Partitionieren nimmt ein paar Sekunden in Anspruch. Direkt im Anschluss sehen Sie auf dem Schreibtisch zwei Festplattensymbole mit den Namen *Macintosh HD* und *Bootcamp*. Sie werden nun aufgefordert, die Windows-Installation-CD einzulegen. Sobald Sie auf *Installieren* klicken, startet der Rechner neu und führt den Installations-Prozess durch.

Nach zwei bis drei Minuten werden Sie aufgefordert, die Returntaste (↵) zu drücken, um Windows zu installieren. Mit der F3-Taste brechen Sie die Installation ab.

Nachdem Sie dem Lizenzvertrag zugestimmt haben, werden in einem weiteren Fenster die Partitionen aufgelistet. Wenn Sie Windows XP installieren, gehen Sie mit Hilfe der Pfeiltasten auf die Angabe *C: Partition3 (Bootcamp) [Fat32]* und drücken anschließend die ↵-Taste.

Installieren Sie Windows Vista, wählen Sie bitte den Eintrag *Disk 0 Partition 3 BOOTCAMP*.

Anschließend geht es um das Formatieren der Windows-Partition. Sie haben die Wahl aus den Formaten NTFS und FAT. Das NTFS-Format ist zwar zuverlässiger, allerdings lässt dieses Format es nicht zu, Daten auf der Windows Partition zu speichern, wenn Sie unter Mac OS X arbeiten. Mehr Flexibilität und Kompatibilität zwischen den beiden Betriebssystemen bietet das FAT-Format. Dieses Format steht Ihnen jedoch nur zur Auswahl zur Verfügung, wenn die Partition nicht größer als 32 GB ist.

AUFGEPASST

Eine FAT Partition ist auf 32 GByte begrenzt.

GRUNDLAGEN

Ganz wichtig ist es, dass Sie sich für ein anderes als die markierte Option *Bestehendes Dateisystem beibehalten (keine Änderungen)* entscheiden!

Das System kopiert nun die Dateien von der CD/DVD in den Windows-Installationsordner auf der Festplatte. Ist die Installation abgeschlossen, wird Ihr Rechner mit Windows neu gestartet. Nun wird das System konfiguriert. Wenn das Fenster *Regions- und Sprachoptionen* eingeblendet wird, können Sie die Voreinstellungen für die Datums- und Formatanzeigen anpassen. Belassen Sie es bei der Einstellung *Deutschland*, klicken Sie auf *Weiter*. Anschließend werden Sie aufgefordert, den Product Key einzugeben. Ist auch das erledigt, geben Sie einen Computernamen und Ihr Administratorkennwort ein. Abschließend kontrollieren Sie, ob Datum und Uhrzeit richtig eingestellt sind und dann brauchen Sie sich nur noch ein bisschen zu gedulden, bis sich die Oberfläche von Windows vor Ihnen auftut.

Das Betriebssystem ist nun zwar installiert, es fehlt jedoch noch die notwendige Treiber-Software für den Netzwerkbetrieb, Bluetooth oder die Grafikanzeige. Ohne die Installation des entsprechenden Treibers lässt sich auch die Apple-Tastatur nicht bedienen. All diese

Treiber liegen auf der Mac OS X Installations-DVD. Doch bevor Sie die Installations-DVD einlegen, müssen Sie die Windows Installations-CD auswerfen:

Klicken Sie im Start-Menü auf *Arbeitsplatz* und wählen Sie das Laufwerk *D*. Klicken Sie in der Liste *Systemaufgaben* auf *Datenträger auswerfen* und legen Sie anschließend die Mac OS X-DVD ein. Nun startet das Installationsprogramm, das Sie durch die Anleitungen führt.

Sind all diese Arbeiten erledigt, haben Sie fortan die Auswahl aus den beiden Betriebssystemen Mac OS X und Windows. Mit welchem Betriebssystem der Rechner standardmäßig startet, entscheiden Sie in der Mac-Umgebung in der Systemeinstellung *Startvolume*. In der Windows-Umgebung klicken Sie in der Taskleiste auf das Boot Camp-Symbol und wählen Ihr favorisiertes Betriebssystem aus.

TIPP

Auch wenn Sie sich auf eines der beiden Betriebssysteme festlegen, können Sie bei jedem Start entscheiden, mit welchem Betriebssystem Sie arbeiten wollen. Halten Sie dafür beim Startvorgang die ⌥-Taste gedrückt. Auf dem Bildschirm sehen Sie dann die Symbole für die beiden Laufwerke *Windows* und *Macintosh HD*.

Ins andere Betriebssystem wechseln

Wollen Sie von einer Umgebung in die andere wechseln, brauchen Sie den Rechner nicht erst auszuschalten und dann wieder neu zu starten. Öffnen Sie in der Mac-Umgebung die Systemeinstellung *Startvolume*, wählen Sie das Windows-System aus und klicken Sie auf *Neustart*.

In der Windows-Umgebung klicken Sie in der Taskleiste auf das Boot Camp-Symbol, markieren das Mac OS X-10.6-System und klicken auch hier auf *Neustart*.

Die Windows-Partition wieder löschen

Genug von Windows? Brauchen Sie den Speicherplatz, den die Partition einnimmt, für andere Zwecke? Dann können Sie die Windows-Partition natürlich jederzeit wieder löschen. Auch bei diesem Vorgang unterstützt Sie der Boot Camp-Assistent. Öffnen Sie das Programm und klicken Sie im Fenster *Einführung* auf *Fortfahren*. Im Fenster *Aufgabe* wählen ist die Option *Windows-Partition erstellen oder entfernen* standardmäßig eingeschaltet. Sie brauchen nur noch auf *Fortfahren* zu klicken. Da das Programm weiß, dass es eine Windows-Partition auf Ihrem Rechner gibt, geht es im folgenden Fenster gleich zur Sache. Mit einem Klick auf *Wiederherstellen* werden die Windows-Partition sowie deren gesamter Inhalt unwiederbringlich gelöscht. Der Boot Camp-Assistent teilt den Festplattenspeicher wieder dem Mac OS X-Volume zu.

2

Der Finder: Ihre Arbeitsumgebung

Dock, Spaces, Quicklook, Exposé: Auf den folgenden Seiten geht es um spezifische Funktionen Ihres Macs, die alle zum Herzstück des Betriebssystems gehören: dem Finder, der Organisationszentrale von Mac OS X. Sie erfahren alles über diesen Dreh- und Angelpunkt für viele Aktionen und wie Sie sich Ihre Arbeitsumgebung nach Ihren persönlichen Wünschen und Bedürfnissen einrichten.

Der Finder im Überblick

Je nachdem, ob Sie den Rechner allein benutzen oder ihn sich mit anderen teilen, gelangen Sie nach dem Einschalten Ihres Macs entweder schnurstracks auf die Schreibtischoberfläche oder Sie nehmen den Umweg über das Anmeldefenster. Erscheint das Anmeldefenster, klicken Sie auf Ihren Namen und geben das Kennwort ein.

Und dann öffnet sich der virtuelle Schreibtisch vor Ihnen, der die gesamte Rechner-Technik unter seiner bestechenden Oberfläche verbirgt. Sie sehen oben die Menüleiste, in der das Wort *Finder* hervorsticht, unten das sogenannte Dock, in dem einige der mitgelieferten Programme liegen, und in der rechten oberen Ecke das Symbol für die Festplatte: Macintosh HD (Harddisk = Festplatte).

Alles, was Sie auf der Oberfläche Ihres Bildschirms sehen, wird vom Finder, der Systemsoftware Ihres Rechners, verwaltet. Der geläufigere Begriff für diese Oberfläche ist *Schreibtisch*. Apple definiert den Finder als den »innovativen Macintosh Schreibtisch«.

Im Finder und in einem Finder-Fenster organisieren und strukturieren Sie Ihre Arbeit mit Programmen, Ordnern und Dokumenten. Hier installieren und löschen Sie Programme, sorgen für Ordnung in Ihren Ordnern oder machen sich auf die Suche nach verloren gegangenen

Dateien und Dokumenten. Darüber hinaus haben Sie im Finder Gelegenheit, mit anderen Rechnern im Netzwerk Kontakt aufzunehmen. Und auch um eine CD oder DVD brennen zu wollen, ist der Finder der richtige Ort.

Sie sehen, der Finder und das Finder-Fenster sind der Dreh- und Angelpunkt für Sie: Von hier aus starten Sie mit Ihrer Arbeit, hierher kehren Sie immer mal wieder zurück und hier beenden Sie Ihr Tagewerk, indem Sie den Rechner ausschalten oder ihn in den Ruhezustand versetzen. Ein Finder-Fenster öffnen Sie mit einem einfachen Klick auf das Finder-Symbol in der unteren Leiste, dem Dock.

Ein Finder-Fenster kann über das Symbol im Dock geöffnet werden.

Das Dock ist ein Schaltzentrum für Programme, Ordner und Dateien. Sie sehen am unteren Bildschirmrand eine Reihe von Symbolen, die jeweils ein Programm repräsentieren. Mit einem einfachen Klick auf ein Symbol öffnen Sie das Programm. Mehr zu dieser Leiste finden Sie im Abschnitt »Das Dock«. Oben links thront das -Menü, das übergreifende Funktionen für Ihre Arbeit mit dem Mac beinhaltet.

Vertraut werden mit dem Finder

Die Menüleiste am oberen Bildschirmrand, auch Anwendungsmenü genannt, wechselt je nach aktivem Programm. Die Anwendung, mit der Sie aktuell arbeiten, wird stets namentlich und deutlich hervorgehoben direkt neben dem -Menü eingeblendet. Wer mehrere Programme geöffnet hat und eifrig zwischen den Programmen wechselt, weiß mit einem Blick auf das Menü, welches Programm das gerade aktive ist. Auch der Finder hat, wie jedes andere Programm, ein eigenes Menü.

> **TIPP**
>
> Sie sehen die Menüleiste entweder als tristen, grauen Balken oder als transparente Leiste, durch die der Schreibtischhintergrund hindurchschimmert. Die transparente Menüleiste schalten Sie in der Systemeinstellung *Schreibtisch & Bildschirmschoner*, Bereich *Schreibtisch* ein.

Im Menü der betreffenden Anwendung befinden sich Befehle und Optionen, die generell mit dem Programm zu tun haben.

In diesem Menü befinden sich auch die sogenannten *Dienste*, die im Abschnitt »Immer zu Diensten: Die Dienste-Funktionen« weiter unter in diesem Kapitel beschrieben werden.

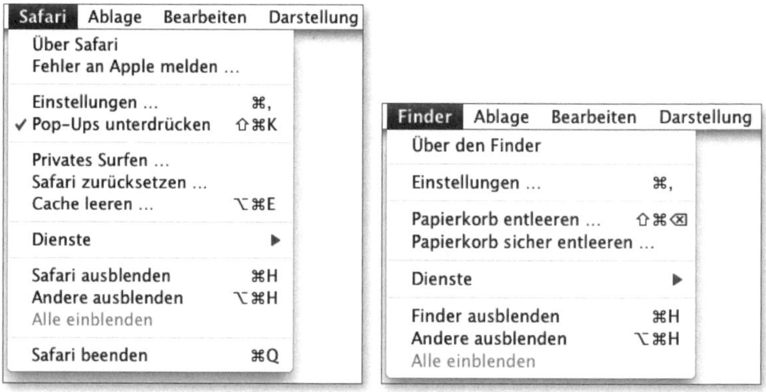

Generelle Optionen für das jeweils aktive Programm

Der Befehl *Finder ausblenden* bringt alle geöffneten Finder-Fenster zum Verschwinden bzw. die Fenster des gerade aktiven Programms. Arbeiten Sie zum Beispiel mit iTunes, stünde im Menü *iTunes ausblenden*. Wo etwas ausgeblendet wird, wird anderes eingeblendet. In diesem Fall ist es immer das nächste aktive Programm. Sobald Sie auf den Eintrag *Alle einblenden* klicken, sind die Fenster wieder da.

Mit *Andere ausblenden* verschwinden die Fenster aller aktiven Anwendungsprogramme bis auf die Fenster des Programms, mit dem Sie momentan arbeiten.

GRUNDLAGEN

In Anwendungsprogrammen finden Sie in diesem Menü auch die Option, das Programm zu beenden (⌘ – Q). Im Finder besteht diese Möglichkeit indes nicht, da das Programm immer aktiv sein muss.

Zu einem der wichtigsten Einträge im Anwendungsmenü gehören die *Einstellungen*, in denen Sie ein Programm nach Ihren Wünschen und Gewohnheiten konfigurieren. Egal, ob es sich um Apple-eigene Programme oder um Programme anderer Softwareschmieden handelt: Die Einstellungen finden Sie stets an gleicher Stelle. Mit der Tastenkombination ⌘ – , können Sie die Einstellungen alternativ öffnen.

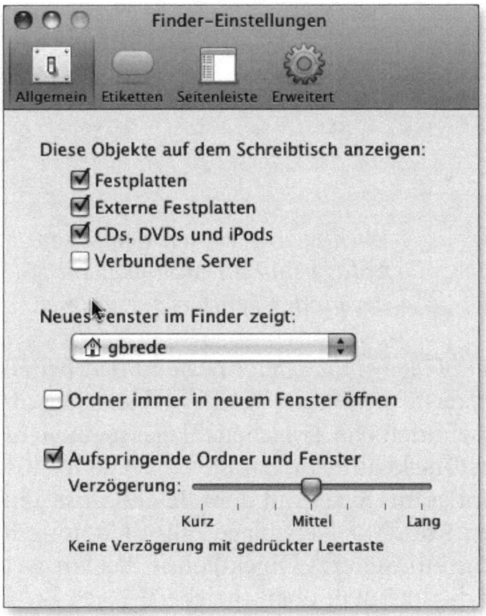

Einstellungen für den Finder

Menü *Ablage* und *Bearbeiten*

Die häufigsten Befehle aus den Menüs *Ablage* und *Bearbeiten* sind in das Aufklappmenü *Aktion* im Finder-Fenster integriert worden. Wenn Sie bevorzugt mit Tastenkürzeln arbeiten und mal eins vergessen haben, finden Sie in den Menüs hinter jedem Befehl die Tastenkombination angezeigt. Interessant ist der Befehl *Widerrufen* aus dem Menü *Bearbeiten*, mit dem Sie die jeweils letzte Aktion im Finder rückgängig machen. Für diesen allzu wichtigen Befehl lohnt es sich, sich die Tastenkombination ⌘ – Z zu merken. Mit diesem Tastenkürzel machen Sie übrigens auch in sämtlichen Anwendungsprogrammen den letzten Schritt wieder gut.

Wichtige Befehle aus dem Menü ***Ablage*** *sind im Aktionsmenü des Finder-Fensters versammelt.*

Mit einem Klick auf *Zwischenablage einblenden* im Menü *Bearbeiten* erscheint ein kleines Fenster, das Ihnen zeigt, welches Objekt sich aktuell in der Zwischenablage befindet. Die Zwischenablage ist ein virtueller Ort, in dem der Mac ein Objekt aufhebt, das Sie kopiert oder ausgeschnitten haben. Hier bleibt es, bis Sie es mit dem Befehl *Einsetzen* (⌘ – V) aus der Ablage holen. Die Zwischenablage kann sich nur ein Element merken. Kopieren Sie ein weiteres Objekt, ohne das Vorherige eingesetzt zu haben, wird dieser Inhalt überschrieben.

Gehe zu – Wohin Sie möchten

Wenn Sie Ihren Mac gestartet haben und Sie einen Ihrer bevorzugten Ordner öffnen wollen, haben Sie zwei Möglichkeiten:

- Sie öffnen mit einem Klick auf das Finder-Symbol im Dock ein Finder-Fenster und klicken auf den bevorzugten Ordner.
- Sie wählen im Menü *Gehe zu* Ihren Wunschordner. Ihre zuletzt geöffneten Ordner finden Sie unter *Benutzte Ordner*.

Mit dem Befehl *Mit Server verbinden* geht der Rechner auf die Suche nach Servern im Netzwerk. In der Auswahlliste werden die von Ihnen bevorzugten Serveradressen eingeblendet.

Zugriff auf Ordner und Server

Wenn Fragen auftauchen: Die Hilfe-Funktion

Haben Sie dieses Buch mal gerade nicht zur Hand und es stellt sich Ihnen eine brennende Frage, klicken Sie auf *Hilfe*. Sie haben jetzt die Wahl, den zu suchenden Begriff einzugeben oder auf *Mac-Hilfe* und anschließend auf *Index* zu klicken und in der Übersicht nach einer Funktion zu fahnden.

Ein besonderer Service wartet auf Sie, wenn der Begriff, nach dem Sie suchen, Bestandteil einer Menüauswahl ist. Das Ergebnis wird in der speziellen Rubrik *Menüobjekte* angezeigt. Sobald Sie mit der Maus auf *Menüobjekte* fahren, wird das entsprechende Menü geöffnet, und ein Pfeil weist auf die zu suchende Funktion.

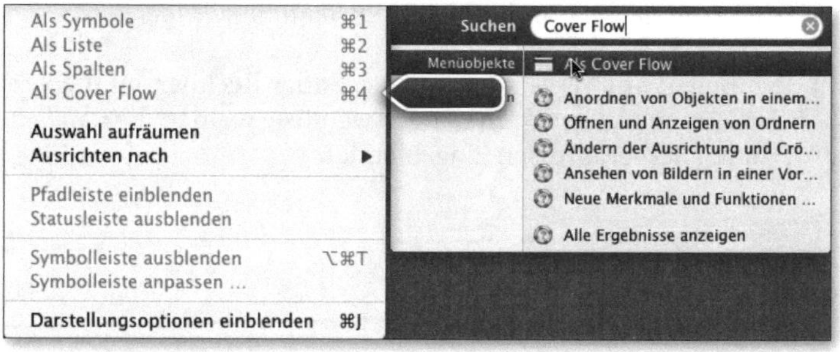

Gesuchte Menüobjekte werden an Ort und Stelle angezeigt.

Alle weiteren Suchergebisse sind für den Anfang und zur Orientierung stichpunktartig umschrieben. Um den kompletten Text einzublenden, reicht ein Klick auf das entsprechende Thema. Mit einem Klick auf *Alle Hilfethemen anzeigen* landen Sie im Fenster mit den Suchergebnissen. Wer möchte, kann sich die Erklärung ausdrucken. Sie finden den Druckbefehl im Zahnradmenü der Symbolleiste.

Falls der Text nicht die Erklärung beinhaltet, die Sie sich gewünscht haben, kehren Sie über die Pfeiltaste in der Symbolleiste in die Auswahl der Hilfethemen zurück. Das Häuschen bringt Sie zurück auf die Startseite.

Manchmal möchte man zwar etwas finden, weiß jedoch gar nicht so genau, wonach man suchen soll. Versuchen Sie es in diesem Fall mit dem Index, der auf der Startseite zu finden ist.

Die Hilfe mit Index

TIPP

Wenn Sie nicht unbedingt Hilfe benötigen, jedoch mehr über technische Begriffe rund um den Mac und Mac OS X erfahren wollen, hilft das Programm Lexikon weiter. Geben Sie Begriffe wie *FireWire, AirPort* oder *Router* in die Suchzeile ein und klicken Sie auf die Rubrik *Apple.*

Das -Menü

Egal, wie viele Programme und Fenster geöffnet sind, auf das -Menü haben Sie immer Zugriff. Es beinhaltet übergreifende Funktionen für Ihre Arbeit mit dem Mac und erlaubt einen schnellen Zugriff zum Beispiel auf die Systemeinstellungen, die benutzten Objekte und die Optionen, den Rechner auszuschalten oder neu zu starten.

Wissen, womit man arbeitet: Über diesen Mac

Das Info-Fenster *Über diesen Mac* erteilt Auskunft über die Versionsnummer Ihres Betriebssystems, den Prozessortyp und die Größe des Arbeitsspeichers. Mit einem Klick auf die Versionsnummer erscheint die Build-Nummer Ihres Rechners, mit einem weiteren Klick die Seriennummer. Diese Nummern können wichtig werden, falls Probleme an Ihrem Rechner auftauchen und der Kundendienst genau wissen möchte, mit welchem System Sie arbeiten.

GRUNDLAGEN

Die Build-Nummer ist, neben der Versionsnummer, die interne Kennung, die den Entwicklungsstand des Systems angibt.

Informationen über Ihren Rechner

Mit einem Klick auf den Button *Weitere Informationen …* öffnen Sie das Dienstprogramm System-Profiler, das Ihnen detailliert Auskunft darüber erteilt, was genau an Hardware und Software auf Ihrem Mac installiert ist. Sollten Sie einmal Apples Hotline anrufen müssen, öffnen Sie am besten den System-Profiler, um alle notwendigen Informationen parat zu haben.

In der linken Leiste erhalten Sie einen Überblick über das Spektrum an Informationen. In der Rubrik *Hardware* finden Sie die genauen Spezifikationen Ihres Mac-Modells, wie groß der Arbeitsspeicher ist und über welche Anschlüsse Ihr Rechner verfügt. In der Kategorie *Medium brennen* können Sie nachschauen, mit welchem CD- und

DVD-Laufwerk Ihr Rechner ausgestattet ist. In der Rubrik *Software | Programme* sind alle auf Ihrem System installierten Programme inklusive der Versionsnummer und des letzten Änderungsdatums aufgelistet.

Software aktualisieren...

Mit einem Klick auf den Eintrag *Software-Aktualisierung...* wird automatisch nach Aktualisierungen gesucht, die Apple für die eigenen Programme veröffentlicht – vorausgesetzt, eine Internetverbindung besteht oder kann hergestellt werden. Mehr dazu lesen Sie im Abschnitt »Software-Aktualisierung« im Kapitel »Die Systemeinstellungen«.

Systemeinstellungen ...

In den *Systemeinstellungen* richten Sie sich Ihre Arbeitsumgebung nach Ihren Bedürfnissen ein. Mehr dazu im Kapitel »Die Systemeinstellungen«.

Dock

Da das Dock der zentrale Ablageort für häufig benutzte Programme, Ordner und Dokumente ist, lassen sich Größe und Position aus jedem Programm heraus schnell an die Gegebenheiten anpassen. Die Einstellungsmöglichkeiten, die Sie hier finden, sind eine abgespeckte Variante der Systemeinstellung *Dock*, die Sie über das Aufklappmenü direkt öffnen.

Benutzte Objekte

Der Menüeintrag *Benutzte Objekte* ist unterteilt in die Kategorien *Programme*, *Dokumente* und *Server*. Von hier aus haben Sie direkten Zugriff auf die angezeigten Objekte bzw. Server. Die Anzahl der angezeigten Dokumente legen Sie in der Systemeinstellung *Erscheinungsbild* fest.

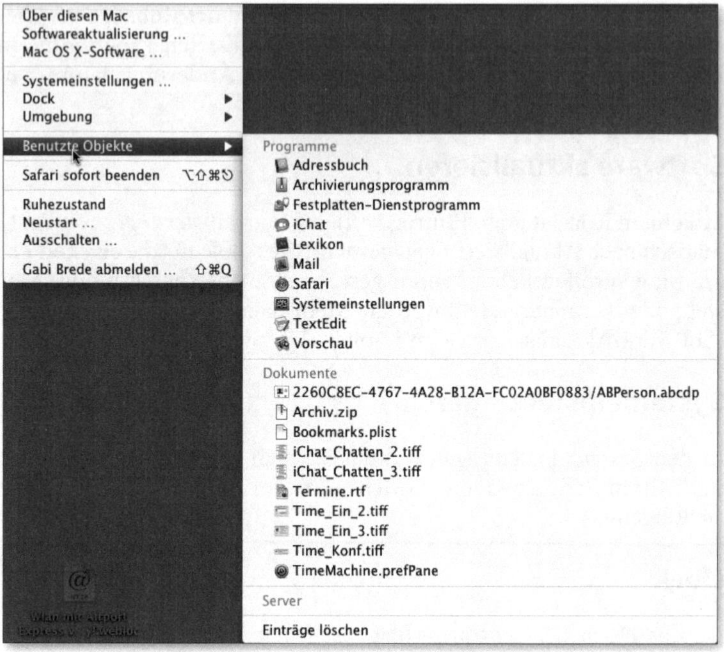

Zugriff auf benutzte Objekte

TIPP

Wenn Sie bei angezeigter Liste die ⌘-Taste drücken, werden die Einträge ergänzt um *Im Finder anzeigen*. Mit einem Klick auf einen solchen Eintrag landen Sie in einem Finder-Fenster, in dem das Programm oder die Datei in der übersichtlichen Spaltenansicht markiert angezeigt wird.

Sofort beenden

Der Befehl *Sofort beenden* ermöglicht es Ihnen, eingefrorene Programme zu beenden, ohne das ganze System neu starten zu müssen. Beachten Sie, dass das Dokument nicht gespeichert wird und Änderungen womöglich verloren gehen. Die Tastenkombination für *Sofort beenden* gehört zu den Dingen im Leben, von denen es besser ist, dass man sie genau kennt, anstatt lediglich von ihnen gehört zu haben. Wenn Sie im gerade aktuellen Programm nur noch eine sich ständig drehende bunte Scheibe sehen, rufen Sie das Auswahlfenster für *Sofort beenden* so auf: ⌥ – ⌘ – esc.

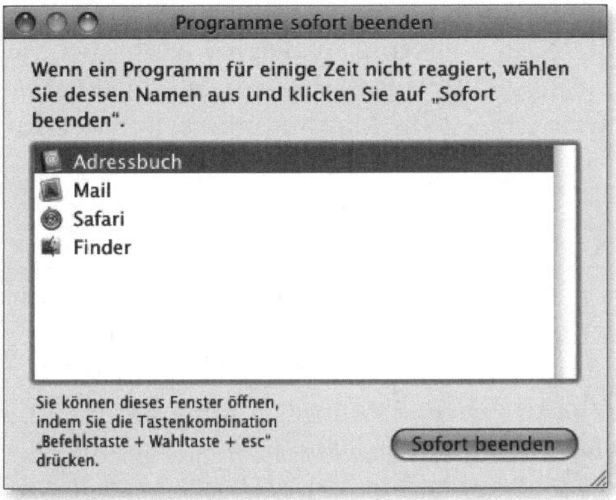

Wenn nichts mehr geht, sofort beenden.

TIPP

Das Fenster *Sofort beenden* lässt sich natürlich auch im -Menü öffnen. Hier finden Sie obendrein den feinen Service, mit gedrückter ⇧-Taste genau das Programm angezeigt zu bekommen, das momentan nicht mehr das tut, was Sie möchten. Mit gedrückter ⇧-Taste lässt sich das Programm ohne Umweg über das Fenster beenden.

Den Rechner starten, ihm eine Pause gönnen oder ausschalten

Im -Menü finden Sie die Optionen, Ihren Rechner auszuschalten oder ihn in den Ruhezustand zu versetzen:

Mit einem Klick auf *Ruhezustand* gönnen Sie Ihrem Rechner eine Pause. Um weiter zu arbeiten, reicht es, eine beliebige Taste zu drücken. Wer den Rechner lieber mit einer Tastenkombination in den Ruhezustand schickt, drückt für einen kurzen Moment die ⌘- und ⌥-Taste und hält dabei die Auswurftaste gedrückt.

TIPP

Noch einfacher als diese etwas umständliche Tastenkombination ist es sicherlich, kurz auf den Einschaltknopf zu drücken. Auch mit dieser Methode lässt sich der Ruhezustand aktivieren.

Im Ruhezustand ist der Rechner weiterhin in Betrieb, verbraucht jedoch bedeutend weniger Energie. In der Systemeinstellung *Energie sparen* steuern Sie, nach welcher Zeit Ihr Mac automatisch in den Ruhezustand geschickt wird.

AUFGEPASST

Denken Sie daran, dass natürlich auch jeder andere den Rechner wieder wecken kann. Wer im Büro arbeitet und verhindern möchte, dass auch unbefugte Personen den Ruhezustand beenden und damit Zugriff auf Ihre Daten erhalten, richtet am besten einen Kennwortschutz ein. Öffnen Sie dazu die Systemeinstellung *Sicherheit* und aktivieren Sie im Bereich *Allgemein* die Funktion *Kennwort erforderlich nach Beginn des Ruhezustandes oder des Bildschirmschoners.* Im Aufklappmenü haben Sie darüber hinaus Gelegenheit, einen Zeitpunkt für den Beginn des Kennwortschutzes zu definieren.

Neustart

Beim Befehl *Neustart* werden alle aktiven Programme automatisch beendet. Bei Anwendungsprogrammen werden Sie vorher aufgefordert, die Änderungen an den Dateien zu speichern.

POWER USER

Manchmal passiert es, dass der Rechner unvorhergesehen bis zickig reagiert, dass er merklich langsamer wird oder dass Programme sich äußerst passiv verhalten. Anstatt einen Neustart in die Wege zu leiten, versuchen Sie es mit dem Fenster *Sofort beenden*, klicken Sie auf *Finder* und anschließend auf *Neu starten*. Nun dauert es nur einen Lidschlag, und der Finder ist neu gestartet. Der Vorteil dieser Methode: Der Schreibtisch sieht nach dem Neustart des Finders genauso aus wie vorher und Sie können, ohne Programme und Dateien wieder öffnen zu müssen, mit der Arbeit fortsetzen.

Ausschalten

Mit dem Befehl *Ausschalten* fahren Sie den Rechner herunter. Sie werden vorsichtshalber gefragt, ob Sie den Computer tatsächlich ausschalten wollen und haben dann eine Minute Zeit, sich den Entschluss noch mal zu überlegen. Klicken Sie auf *Abbrechen*, wenn Ihnen etwas einfällt, das noch erledigt werden muss. Nach Ablauf dieses Countdowns schaltet sich der Rechner automatisch aus.

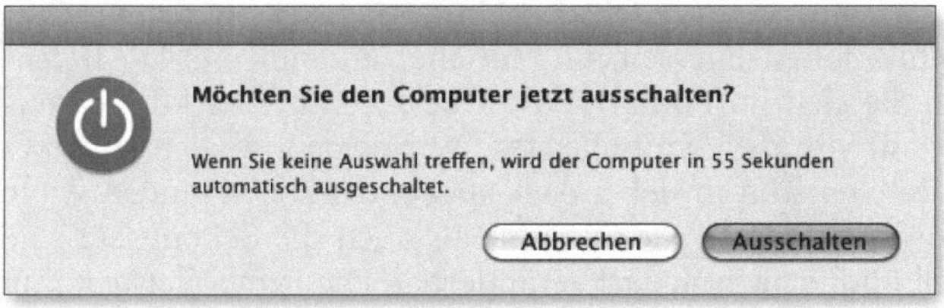

Der Countdown läuft

TIPP

Wenn Sie Ihren Rechner ohne Dialogfenster und Countdown ausschalten wollen, rufen Sie den Befehl mit gedrückter ⌥-Taste auf.

Nach welcher Dauer der Inaktivität ein Rechner besser ausgeschaltet als in den Ruhezustand geschickt wird, ist Geschmacksache. Die einen schalten den Rechner jeden Abend aus, die anderen schalten auf *Ruhezustand*. Arbeiten Sie für längere Zeit nicht an Ihrem Rechner, dann schalten Sie ihn besser aus.

(Ihr Name) abmelden

Der Befehl *Abmelden* bezieht sich auf das Mehrbenutzersystem von Mac OS X. Sollten Sie Ihren Mac mit anderen Benutzern teilen, melden Sie sich vom System ab, sobald Sie Ihre Arbeit abgeschlossen haben. Damit ist es den anderen Personen nicht möglich, auf Ihre Dateien zuzugreifen. Beim Abmelden werden alle offenen Anwendungen geschlossen. Auch hier wird Ihnen eine Minute eingeräumt, um sich das Ganze noch einmal zu überlegen.

Die Finder-Fenster im Griff

Im Finder und seinen Fenstern verwalten Sie Ihre Ordner und Dateien. Hier verschieben, kopieren oder löschen Sie Dokumente, markieren Wichtiges mit einem Etikett, rufen weiterführende Informationen ab oder machen sich auf die Suche nach Vermisstem. Design und Benutzerführung orientieren sich am Programm iTunes, das von Beginn an mit übersichtlich gestalteter Oberfläche getrumpft hat. Analog zu iTunes trennt auch das Finder-Fenster zwischen Navigation und Funktionen einerseits und Inhalten andererseits. Die Befehle, mit denen Sie sich im Finder-Fenster bewegen oder Aktionen auslösen, finden sich in der Symbolleiste. Die Speichermedien sowie Ordner und Dateien sind in der linken Spalte, der sogenannten Seitenleiste, angeordnet. Sowohl die Symbol- als auch die Seitenleiste sind individuell und je nach Bedarf veränderbar. Die Symbolleiste können Sie um weitere Funktionen erweitern, in die Seitenleiste ziehen Sie die Ordner und Dokumente, auf die Sie einen schnellen Zugriff haben möchten. Innerhalb des Fensterrahmens werden die Ordnerinhalte angezeigt.

Das Finder-Fenster

Sie öffnen ein Finder-Fenster mit einem Klick auf das Finder-Symbol unten links im Dock. Egal, in welchem Programm Sie sich gerade befinden, lässt sich über dieses Symbol ein Fenster erstellen. So können Sie stets auf ein anderes Programm zugreifen, eine Datei verschieben oder sonstige Sachen anstellen, die Ihnen gerade einfallen, ohne die aktuelle Anwendung verlassen zu müssen. Weitere Fenster lassen sich bequem mit der Tastenkombination ⌘ – N erstellen.

Im Fensterrahmen fallen zuerst einmal die drei bunten Knöpfe auf. Sobald Sie mit der Maus über die Button fahren, sehen Sie im roten Knopf ein »x«, im orangefarbenen ein Minuszeichen und in dem grünen ein Pluszeichen. Diese Zeichen symbolisieren die Funktion der Knöpfe.

Fenster schließen

Mit dem roten Knopf schließen Sie ein Fenster. Befinden Sie sich in einem Text- oder Grafikprogramm, sehen Sie im roten Knopf fast immer einen schwarzen Punkt. Dieses Knopfauge zeigt an, dass der aktuelle Fensterinhalt noch nicht gesichert ist.

POWER USER

Für Wechsler von Windows auf Macintosh: Mit einem Klick auf den roten Knopf schließen Sie lediglich das aktuelle Fenster, nicht das Programm. Nur wenige Programme lassen sich mit einem Klick auf den roten Knopf schließen. Das sind Anwendungen, in denen nicht mit separaten Dateifenstern gearbeitet wird, sondern im Programmfenster selbst wie beispielsweise in den Systemeinstellungen.

Fenster minimieren

Ein Klick auf den orangefarbenen Knopf, und das Fenster wird förmlich ins Dock gezogen.

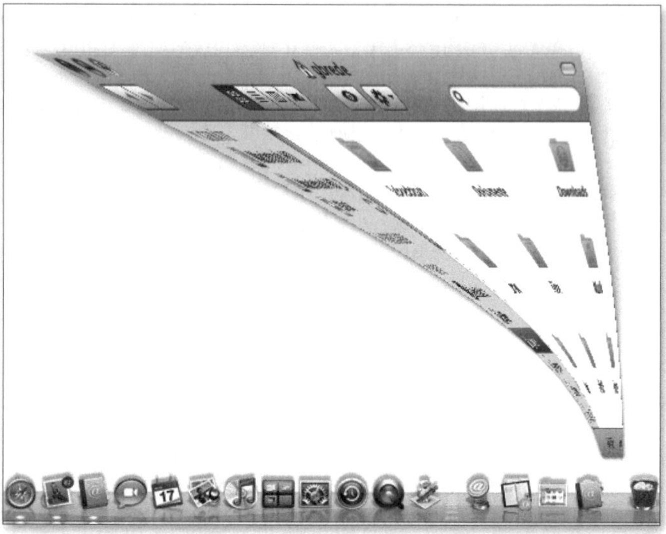

Der Trichtereffekt beim Minimieren eines Fensters

Mit der Funktion des Minimierens lassen sich geöffnete Fenster geschickt verwalten. In der rechten Seite des Docks sehen Sie kleine Symbole als Hinweis auf die Fenster, die Sie minimiert haben. Sobald Sie mit der Maus über die Symbole fahren, wird der Name des Dokuments eingeblendet. Mit einem Klick auf das Symbol bringen Sie das Fenster wieder zurück auf die Oberfläche.

POWER USER

Um alle Fenster des aktuellen Programms zu minimieren, klicken Sie mit gedrückter ⌥-Taste auf den orangefarbenen Button. Eine sehr clevere Funktion, falls Sie zum Beispiel eine Reihe von Bilddateien geöffnet haben und diese für eine Weile nicht mehr auf der Oberfläche brauchen.Möchten Sie sich das Verschwinden eines Fensters ins Dock mal in Zeitlupe anschauen? Dann klicken Sie auf den orangefarbenen Knopf und halten dabei die Umschalttaste (⇧) gedrückt.

Sollte Ihnen die Trichteranimation zu spektakulär oder zu langsam sein, lässt sich der Effekt gegen einen rasanten linearen austauschen. Öffnen Sie hierfür im -Menü die Systemeinstellungen und klicken Sie auf das Feld *Dock*. Unter *Effekt beim Ablegen* wählen Sie *Linear*.

Zwei weitere Möglichkeiten stehen Ihnen zur Verfügung, um ein Fenster zu minimieren:

- Ein Doppelklick auf die Titelleiste des Fensters.
- Die Tastenkombination ⌘ – M.

Fenster vergrößern

Mit dem grünen Knopf vergrößern Sie ein Fenster auf die maximale Ansicht des aktuellen Dokuments. In der Praxis sieht das so aus, dass sich die Fensterbreite anpasst an die Breite des Fensterinhalts. So schaltet der grüne Knopf um zwischen der vollen Breite eines Dokuments und der von Ihnen eingestellten Größe.

GRUNDLAGEN

Der grüne Knopf vergrößert das Fenster nicht auf die maximale Größe des Bildschirmbereichs. »Maximal« bedeutet, dass das Fenster auf den aktuell tatsächlich benötigten Platz vergrößert wird.

Die weiße Kapsel

Mit einem Klick auf die weiße transparente Kapsel am rechten Rand bringen Sie die Symbol- und Seitenleiste zum Verschwinden. Um die Symbole zu verkleinern oder um auch die Bezeichnung der Symbole mit einzublenden, drücken Sie die ⌘-Taste und klicken ein bzw. zweimal auf die Kapsel. Mit der Tastenkombination ⌘ und ⌥ und Klick auf die Kapsel blenden Sie die Auswahl an Symbolen für die Symbolleiste ein.

Ein rudimentäres Finder-Fenster

Die Statuszeile

Die untere Fensterleiste ist die Statuszeile, in der Sie sehen, wie viel Kapazität auf dem jeweiligen Datenträger noch zur Verfügung steht bzw. wie viele Objekte ein ausgewählter Ordner beinhaltet. Spätestens beim Kopieren von Dateien auf einen anderen Datenträger wie zum Beispiel auf eine CD lernt man die Statuszeile zu schätzen, da sie immer genau Auskunft über die Auslastung des Speichermediums gibt.

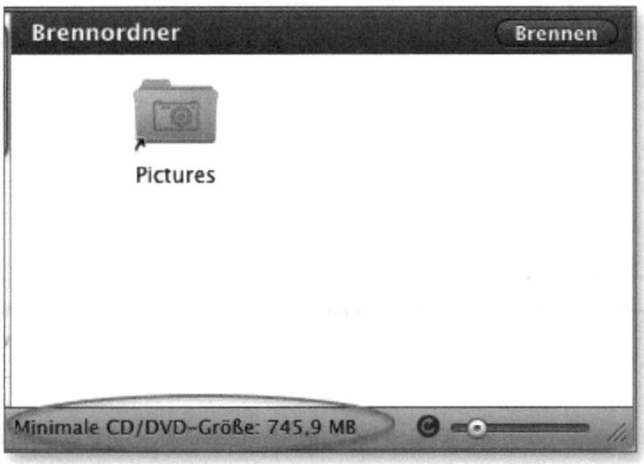

Statuszeile: Infos über Auslastung einer CD/DVD

Der Ordnerpfad

So manche Funktion entpuppt sich erst bei näherem Hinsehen als geniale Serviceleistung. So verbergen sich hinter dem Symbol eines ausgewählten Laufwerks oder Ordners in der Mitte der Titelleiste interessante Informationen. Klicken Sie mit gedrückter ⌘-Taste auf das Symbol, so öffnet sich ein Menü, das die komplette Hierarchie des ausgewählten Ordners anzeigt.

Die Ordnerhierarchie des Dokuments

In dem Screenshot sehen Sie, dass der Ordner *Kapitel* ein Unterordner von *SnowLeopard* ist, der wiederum ein Unterordner von *Dokumente* ist. Dieser Ordner liegt im Ordner des Benutzers *gbrede* und so weiter.

TIPP

Die Titelanzeige beschränkt sich glücklicherweise nicht nur auf die Finder-Fenster. Vielmehr steckt die Auskunft über den Ordnerpfad auch hinter dem Dateisymbol, das Sie in der Titelleiste eines geöffneten Dokuments sehen. Voraussetzung für das Symbol in einem Anwendungsfenster ist freilich, dass das Dokument bereits gespeichert ist. Denn solange kein Speicherort definiert ist, kann der Pfad eines Dokuments natürlich auch nicht angezeigt werden.

POWER USER

Wollen Sie den gerade geöffneten Ordner ins Dock legen, um noch schneller als über das Finder-Fenster Zugriff auf die Inhalte zu haben? Dann ziehen Sie das kleine Ordnersymbol aus der Titelleiste des Finder-Fensters einfach in die rechte Seite des Docks und schon hat das System daraus einen Stapel erstellt.

Fenster aufziehen und verschieben

Die Fenster eines Programms sind stets abgekoppelt von der Menüleiste der Anwendung. Jedes Fenster jedweder Anwendung lässt sich beliebig auf- und zuziehen und auf dem Bildschirm verschieben. In der unteren rechten Ecke eines Fensters sehen Sie ein schraffiertes Kästchen, an dem Sie ein Fenster mit gedrückter Maustaste verkleinern, schmaler oder breiter ziehen. Ein Fenster lässt sich auf die Größe eines Gucklochs verkleinern. Mit einem Klick auf den grünen Knopf stellen Sie es wieder um auf die optimale Breite des Dokuments.

Fenster lassen sich nicht nur beliebig vergrößern oder verkleinern, sondern auch kreuz und quer über den Bildschirm verschieben. Platzieren Sie dafür den Mauszeiger in die Titel- oder Statusleiste eines Fensters und ziehen Sie es anschließend mit gedrückter Maustaste an die gewünschte Position. Wollen Sie beispielsweise mehrere Dokumente miteinander vergleichen, so ist es ein Leichtes, diese mit gedrückter Maustaste nebeneinander anzuordnen.

Die Symbolleiste nutzen

Die Symbolleiste eines Finder-Fensters ist mit einer überschaubaren Menge an Funktionen ausgestattet. In dieser Leiste bewegen Sie sich mit Hilfe der Pfeiltasten vor- und zurück, was recht praktisch ist, falls Sie mal vom Weg zur gewünschten Datei abkommen. Mit Hilfe der vier Symbole für die Darstellungsarten wechseln Sie die Art der Fensteransicht. Ein Klick auf den Button mit dem Auge zeigt Ihnen den Inhalt eines Dokuments.

Die Arbeit im Finder-Fenster mit Hilfe der Symbole steuern.

Ist ein Objekt in einer der Fensteransichten markiert, finden Sie hinter dem Symbol *Aktion* eine reichliche Auswahl an wichtigen Befehlen für das Bearbeiten von Ordnern und Dateien. Die Befehle sind nahezu identisch mit den Optionen im Menü *Ablage*. Die Integration dieser Befehle in die Symbolleiste ist ein Beispiel dafür, dass die am häufigsten benutzten Funktionen verstärkt dort platziert werden, wo gearbeitet wird, nämlich im jeweils geöffneten Fenster. Je größer die Bildschirme werden, umso angenehmer ist es, mit der Maus nicht mehr zwischen Menüleiste und Finder-Fenster hin- und herjagen zu müssen, sondern alle Befehle übersichtlich an Ort und Stelle ausführen zu können. Die Befehle im Menü *Aktion* finden Sie auch im Kontextmenü eines Ordners oder einer Datei.

Und um eine Datei aufzuspüren, hält die Symbolleiste ein Eingabefeld für Ihren Suchbegriff bereit. Sobald Sie auch nur einen Buchstaben eingegeben haben, macht sich die Suchfunktion *Spotlight* mit rasender Geschwindigkeit auf die Suche. Über diese Funktion finden Sie einen ausführlichen Abschnitt im Kapitel Von »Ordnern und Dokumenten«.

Die Symbolleiste anpassen

Dies sind Vorschläge, die Apple Ihnen für die Symbolleiste unterbreitet. Im Menü *Darstellung | Symbolleiste anpassen...* finden Sie eine Auswahl an weiteren Elementen, mit denen Sie die Symbolleiste nach Belieben ausstatten können. Dafür ziehen Sie die gewünschten Symbole einfach mit gedrückter Maustaste in die Leiste. Die häufig verwendeten Befehle *Löschen* und *Neuer Ordner* sind als Symbol in der Auswahlliste vertreten und sorgen für mehr Komfort in der Leiste.

Wollen Sie einen der Button wieder loswerden, ziehen Sie ihn aus der Leiste heraus, so dass er wie ein kleiner Knallkörper verpufft. Das Feld zwischen dem Aktionsmenü und der Sucheingabe ist ein flexibler Zwischenraum, dessen Größe je nach Anzahl an Symbolen variiert. Auch diesen Zwischenraum können Sie wie jedes andere Symbol aus der Leiste hinausbefördern.

Alternativ öffnen Sie das Auswahlfenster an Symbolen im Kontextmenü der Symbolleiste, das mit einem rechten Maustastenklick in die Leiste erscheint.

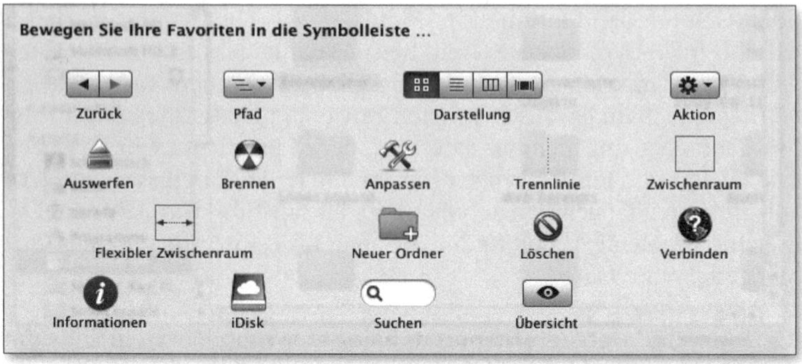

Statten Sie die Leiste mit Symbolen aus, die Sie am häufigsten brauchen.

Sollte die Fensterbreite nicht für alle Symbole ausreichen, werden am rechten Fenster zwei Klammern (>>) als Symbol für »Es geht noch weiter« eingeblendet. Klicken Sie auf das Symbol, um alle weiteren Elemente angezeigt zu bekommen.

POWER USER

Die Symbolleiste ist weder wählerisch noch auf die vom System definierten Icons abonniert. Sie akzeptiert auch Ihre Ordner und sogar Dokumente, die Sie jederzeit aus einem Finder-Fenster oder direkt vom Schreibtisch in die Leiste ziehen können.

Die optimale Fensteransicht wählen

Im Finder-Fenster haben Sie je nach Anforderung oder persönlicher Vorliebe die Wahl aus vier Darstellungsarten für die Inhalte der Ordner und Dateien:

- Symbole,
- Liste,
- Spalten,
- Cover Flow

Wenn Sie die Inhalte gern über ein Icon auswählen oder auf Ihre Grafikdateien mithilfe einer Miniaturdarstellung einen schnelleren Zugriff wünschen, ist die Darstellung *Symbole* empfehlenswert. Möchten Sie alle Inhalte in tabellarischer Übersicht angezeigt bekommen, schalten Sie auf die *Listendarstellung* um. Falls Sie sich tarzangleich durch Ihr Ablage- und Ordnungssystem hangeln wollen, bewegen Sie sich am besten in der *Spaltenansicht*. Und wer einen Ordner mit Hilfe einer visuellen Voransicht der Dokumente durchsuchen möchte, wählt die Darstellung *Cover Flow*.

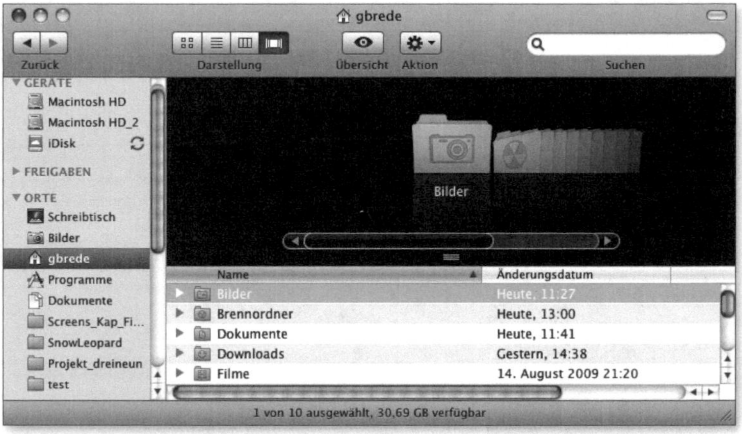

Derselbe Inhalt in verschiedenen Darstellungen

In allen vier Ansichten öffnen Sie eine Datei mit einem Doppelklick auf ihr Symbol oder ihren Namen. Mithilfe der Navigationspfeile in der Symbolleiste des Fensters bewegen Sie sich vor und zurück auf Ihrem Weg durch Ihr Ordnersystem.

TIPP

Für das Aufspüren von Dokumenten ist die Spaltenansicht hervorragend geeignet, für die alphabetische Sortierung oder die Sortierung nach Änderungsdatum empfehlen sich die Ansichten *Liste* und *Cover Flow*. Mit Tastenkombinationen wechseln Sie schnell die Ansicht: Drücken Sie ⌘ – 1 für die Symbolansicht, ⌘ – 2 für die Listenansicht, ⌘ – 3 für die Spaltenansicht und ⌘ – 4 für Cover Flow.

Vorteile der Fensterdarstellung als Symbol

Anwender, die viel mit Bildern und Grafiken zu tun haben, werden an der Symboldarstellung ihre helle Freude haben. Denn durch die Option *Symbolvorschau zeigen* können Sie sich bereits im Finder-Fenster anschauen, welches Bild oder welche Grafik sich hinter dem Dateinamen verbirgt. Klicken Sie dazu im Menü *Darstellung* auf den Eintrag *Darstellungsoptionen einblenden…* und aktivieren Sie den Eintrag *Symbolvorschau zeigen*. Mit dem Schieberegler *Symbolgröße* lassen sich die Symbole auf immerhin 512 x 512 vergrößern, so dass Sie die Bilder fast wie Dias auf einem Leuchttisch begutachten können.

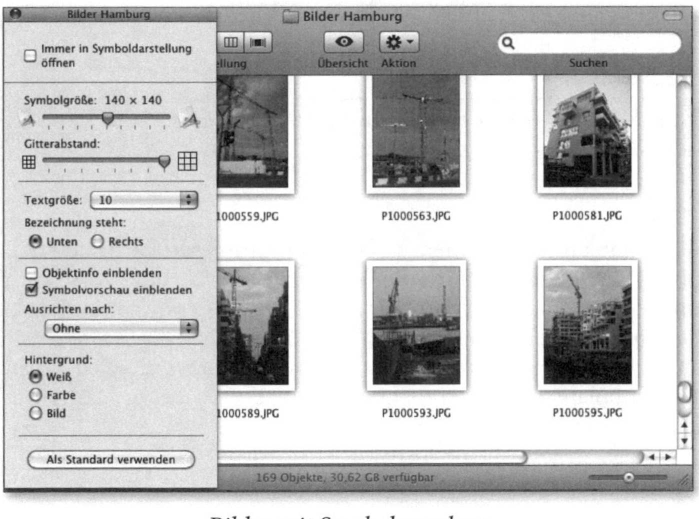

Bilder mit Symbolvorschau

TIPP

Alternativ zum Schieberegler in den Darstellungsoptionen lassen sich die Symbole seit Snow Leopard erfreulicherweise direkt im Finder-Fenster vergrößern oder verkleinern.

Mit der Option *Objektinfos einblenden* erhalten Sie wertvolle Zusatzinformationen über

- die Anzahl der in einem Ordner enthaltenen Objekte,
- die Größe einer Bilddatei (in Pixel)
- die Abspieldauer eines Musikstücks oder einer Filmdatei,

Wie wäre es mit einem alternativen Hintergrund, um zum Beispiel ein offenes Finder-Fenster auf einen Blick aus allen anderen offenen Fenstern herauspicken zu können? In der Darstellungsoption *Hintergrund* haben Sie die Wahl: Farbpalette oder, wenn Sie es noch persönlicher mögen, ein Foto aus Ihrem Fundus. Der Hintergrund wird jedoch nur in der Darstellung *Symbole* angezeigt. Für die anderen Darstellungsvarianten lässt sich kein Hintergrund definieren.

TIPP

Falls Sie die Einstellungen für alle weiteren Fenster, die Sie in dieser Darstellung öffnen, beibehalten wollen, so klicken Sie auf *Als Standard verwenden.*

Die Symbolansicht ist einem starken Konkurrenzdruck ausgesetzt, da sowohl Cover Flow als auch die Funktion *Übersicht* eine Vorschau auf den Inhalt einer Datei vermitteln. Vielleicht war es diese Konkurrenzsituation, die die Programmierer dazu animiert hat, die Symbolansicht mit mehr Komfort auszustatten. So ist es ab sofort möglich, auch in der Symbolansicht durch mehrseitige PDF-Dateien zu blättern und sich QuickTime Filme anzuschauen.

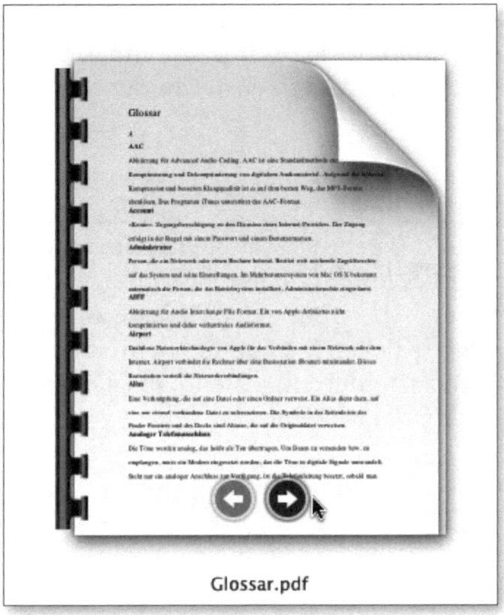

In der Symbolansicht durch PDF-Dateien blättern

Aufräumaktion

Da die Symbole willkürlich angeordnet sind, vermittelt die Darstellung einen auf den ersten Blick etwas chaotischen Eindruck. Im Auswahlmenü *Ausrichten nach* finden Sie verschiedene Möglichkeiten für das Sortieren der Symbole:

- **Name:** Ordnet die Symbole alphabetisch.
- **Änderungsdatum bzw. Erstellungsdatum:** Sortiert die Symbole ausgehend vom aktuellsten Datum.
- **Größe:** Arrangiert die Symbole danach, wie viel Festplattenspeicher sie einnehmen.
- **Art:** Sortiert die Objekte nach dem, was sie sind: Ordner, Programm, Word-Dokument oder JPEG-Datei.
- **Etikett:** Richtet die Symbole nach den Etikettenfarben aus. Sind keine Etiketten vergeben, werden die Icons alphabetisch geordnet.

Jede Variante lässt sich mit der Ausrichtung am Raster kombinieren. Klicken Sie auf den Button *Als Standard verwenden*, wenn Ihre gewählten Ordnungsprinzipien auch für weitere Fenster in der Symbolansicht gelten sollen.

POWER USER

Da alles, was Sie an Objekten auf der Schreibtischoberfläche sehen, die Symbolansicht des Ordners *Schreibtisch* ist, lassen sich die Darstellungsoptionen auch für die Anordnung der Objekte auf der Bildschirmoberfläche anwenden. Klicken Sie auf den Schreibtisch und Sie sehen, dass in der Titelleiste der eingeblendeten Darstellungsoptionen das Wort *Schreibtisch* erscheint.

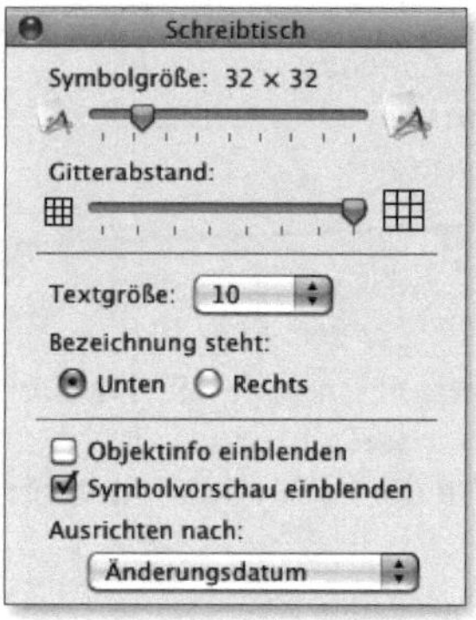

Den Schreibtisch aufräumen

Vorteile der Fensterdarstellung als Liste

Die Darstellung als Liste zeigt die Dateinamen, die Dateigröße, das Änderungsdatum und die Art des Objekts in tabellarischer Ordnung und Präzision. Wie für eine Tabelle üblich, wird jede Spalte mit einer Überschrift versehen. Sortierung und Platzierung der Spalten sind flexibel handhabbar. Mit Ausnahme der linken Namensspalte können Sie die Reihenfolge der Spalten verändern, indem Sie den Mauszeiger in die Überschrift platzieren und die Spalte mit gedrückter Maustaste nach links oder rechts ziehen. Mit einem Klick in den Spaltentitel sortieren Sie die Listen nach Namen, Datum, Größe oder Art. Ein weiterer Klick dreht die Sortierung um.

Links neben den Ordnernamen sehen Sie Pfeilspitzen, die direkt auf den jeweiligen Ordner weisen. Als Wegweiser symbolisieren sie: In diesem Ordner stecken Inhalte. Klicken Sie auf das Dreieckssymbol, um sichtbar zu machen, was sich alles in dem Ordner befindet. Womöglich sehen Sie weitere Ordner, die ebenfalls mit einem Dreieck versehen sind.

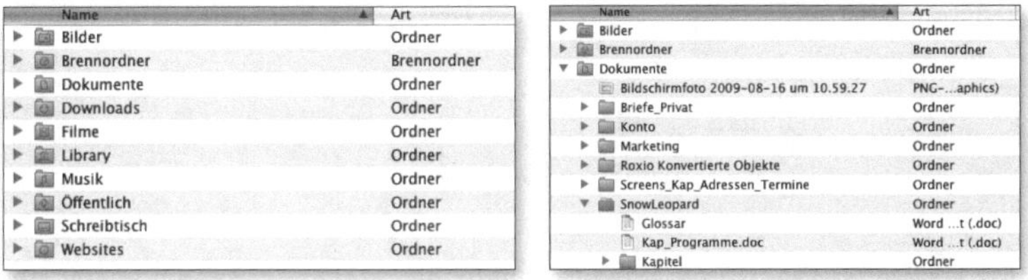

Ein Klick aufs Dreieck bringt den Inhalt zum Vorschein.

Auf diese Weise gelangen Sie immer tiefer in die Ordnerhierarchie. Jede Einrückung stellt eine weitere Ebene dar. Mit einem Klick auf ein Dreieck eines darüber liegenden Ordners schließen Sie eine oder gleich mehrere Hierarchieebene.

Glücklicherweise müssen Sie nicht wieder auf jedes Dreieck klicken, um zur Ausgangsposition zurückzukehren. Klicken Sie einfach auf das Dreieck neben dem Hauptordner und machen Sie damit den Deckel für alle Unterordner gleichzeitig zu. Statt mit der Maus lassen sich die Ordner auch bequem mit Tastenkombinationen öffnen:

- ⌥ – rechte Pfeiltaste: Öffnet die gesamte Ordnerliste.
- ⌥ – linke Pfeiltaste: Schließt die gesamte Ordnerliste.
- Und wenn Sie es ganz eilig haben und sich die Inhalte aller Ordner anschauen wollen, markieren Sie die gesamte Liste mit der Kombination ⌘ – A und drücken anschließend ⌥ – rechte Pfeiltaste.

In den Darstellungsoptionen für die Listenansicht (Menü *Darstellung | Darstellungsoptionen einblenden*) haben Sie die Auswahl aus acht verschiedenen Spaltenanzeigen. Dabei lässt sich die Textgröße je nach Vorliebe und Bedürfnis auf 16 Punkt vergrößern.

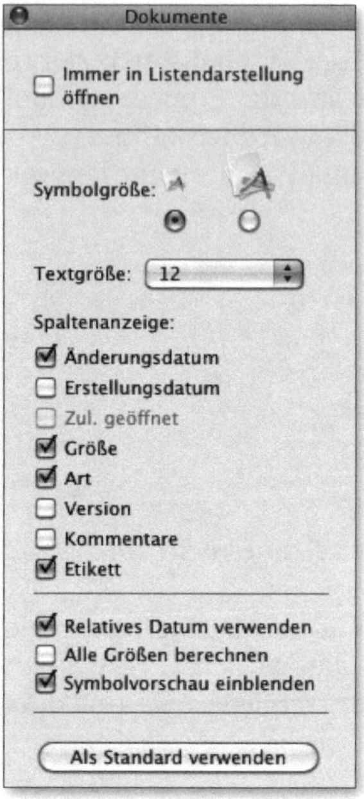

Die Auswahl für die Spaltenanzeige

Haben Sie sich für die Spalteninformation *Größe* entschieden, sind Sie vielleicht irritiert von den Strichen, die bei Festplatten und Ordnern statt der gewünschten Größe eingeblendet werden. Die Option *Größe* umfasst tatsächlich nur die Anzeige der Größenangabe für Dateien, aus dem einfachen Grund, weil die Berechnung der Ordnergrößen Zeit in Anspruch nimmt. Sollten Sie Interesse an den Ordnergrößen haben, aktivieren Sie die Option *Alle Größen berechnen*. Gedulden Sie sich danach einen Augenblick, denn je nachdem wie umfangreich der ausgewählte Ordner ist, dauert die Berechnung ein großes oder kleines Weilchen.

Die Option *Version* enthält die Versionsnummer eines Programms und ist daher nur in Programmordnern interessant. Bei allen anderen Ordnern und Dokumenten sehen Sie lediglich einen Strich.

Die Option *Relatives Datum* zeigt als Datumsanzeige in den Spalten *Änderungsdatum* und *Erstellungsdatum* die Zeitangaben *Gestern* und

Heute statt des genauen Datums. Die Zeitangaben *Gestern* und *Heute* fallen mehr auf und machen die Handhabung einfacher, da man das aktuelle Datum schließlich nicht immer im Kopf hat.

Je schmaler die Spalte für das Datum ist, desto kürzer die Angabe. Sobald Sie die Spalte mit gedrückter Maustaste an dem kleinen Begrenzungsstrich neben der Bezeichnung nach rechts aufziehen, wird auch die Uhrzeit eingeblendet. Sollten Sie gerade ein bisschen Zeit haben, ziehen Sie die Spalte ein paar Mal auf und zu, um das schöne Schauspiel der Verlängerung und Verknappung des Änderungsdatums zu beobachten.

Vorteile der Fensterdarstellung als Spalten

Weder die Symbol- noch die Listenansicht sind ernst zu nehmende Konkurrenten für die Spaltenansicht. In dieser Ansicht wird jede noch so verschachtelte hierarchische Gliederung eines ausgewählten Inhalts vom Hauptordner über die Unterordner bis zur Datei oder zum Programm übersichtlich dargestellt. Die Markierungen helfen, den Pfad dieses Inhalts genau zurückzuverfolgen. Der Weg mündet in ein Vorschaufenster, in dem Sie sich einen schnellen Überblick über alle relevanten Angaben eines ausgewählten Objekts verschaffen.

Müssen Sie in der Listendarstellung für Hinweise wie *Erstellungsdatum* und *Version* zusätzliche Spalten erstellen, finden Sie diese Angaben in der Spaltendarstellung standardmäßig im Vorschaufenster.

Mit einem Klick auf den Button *Informationen* können Sie jederzeit weitere Auskünfte zum Objekt einholen. Musikdateien oder Videos lassen sich in der Vorschau abspielen, Text-, Präsentations- und PDF-Dateien durchblättern. Bewegen Sie dazu die Maus auf das Objektsymbol, um einen Abspielbutton bzw. die Navigationspfeile einzublenden.

Kurzer Eindruck von einer Datei

POWER USER

Lange Dateinamen sind aufgrund der geringen Breite der einzelnen Spalte häufig nicht vollständig sichtbar. Zwar wird die komplette Bezeichnung eingeblendet, sobald Sie mit der Maus auf einen Dateinamen fahren und ein Weilchen warten, doch praktischer ist es allerdings, die Breite so zu erweitern, dass alle abgeschnittenen Namen vollständig angezeigt werden. Für diesen Komfort reicht ein Doppelklick auf die zwei senkrechten Striche unten im Trennbalken der Spalte. Um alle Spalten so zu erweitern, dass auch die längsten Namen angezeigt werden, halten Sie beim Doppelklick die ⌘ – und ⌥-Tasten gedrückt.

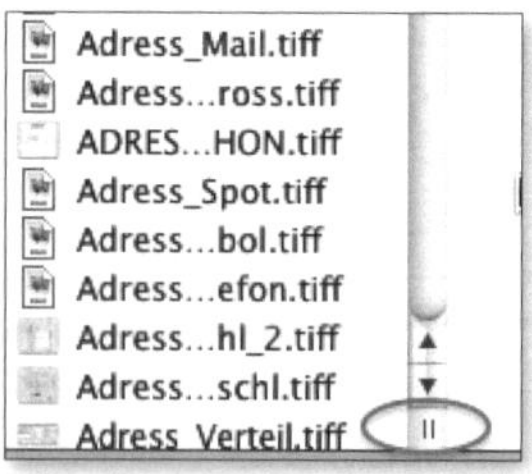

Doppelklick auf den Doppelstrich, um die vollständigen Namen einzublenden.

In den Darstellungsoptionen (Menü *Darstellung* | *Darstellungsoptionen einblenden*) haben Sie Gelegenheit, die Dokumente nach einem anderen Prinzip als dem alphabetischen sortieren zu lassen.

Vorteile der Fensterdarstellung Cover Flow

Wer bereits mit iTunes vertraut ist, kennt die Darstellung *Cover Flow*. Man durchsucht die Mediathek oder eine der Wiedergabelisten, in dem man durch die angezeigten Cover-Bilder der Musiktitel und Alben blättert. Dieses Prinzip ist für den Finder aufgegriffen worden. Cover Flow ist eine Kombination aus der Listenansicht und der optischen Anzeige von Inhalten – seien es Textdokumente, Bilddateien oder Ordner.

Sie haben mehrere Möglichkeiten, durch den angezeigten Inhalt zu blättern: Mit Klicks auf die Dreiecke rechts und links marschieren Sie vorwärts bzw. rückwärts durch die Dokumente. Um das Blättern zu beschleunigen, setzen Sie den Mauszeiger in das dunkelgraue Oval des Fortschrittbalkens und ziehen das Oval mit gedrückter Maustaste nach links oder rechts. Auch mit Klicks auf eines der angezeigten Objektsymbole kommen Sie weiter.

Parallel zur grafischen Anzeige wird das gerade im Vordergrund angezeigte Objekt in der Liste farbig hervorgehoben. Sie öffnen das Objekt mit einem Doppelklick auf das Symbol oder auf den Namen in der Liste.

Um die angezeigten Objekte möglichst groß vor Augen zu haben, ziehen Sie das Finder-Fenster am besten an der schraffierten Fläche unten rechts weiter auf. Den Bereich für Cover Flow vergrößern Sie, indem Sie das Fenster unterhalb des Fortschrittbalkens nach unten aufziehen.

Genauso wie in der Spaltendarstellung lassen sich auch in Cover Flow Text- und PDF-Dokumente durchblättern sowie Filme und Musikdateien abspielen. Setzen Sie auch hier den Mauszeiger in die Datei und klicken Sie auf den Abspielbutton oder bewegen Sie sich mit Hilfe der Pfeile durch eine Datei.

In Cover Flow einen Film abspielen.

Die Darstellungsoptionen für Cover Flow (Menü *Darstellung | Darstellungsoptionen einblenden*) sind identisch mit denen für die Listenansicht. Legen Sie fest, welche Informationen Sie angezeigt bekommen wollen.

Fenster immer in der bevorzugten Ansicht öffnen

Sind Sie Fan einer der vier Darstellungsarten geworden, so haben Sie in den Darstellungsoptionen Gelegenheit, Ihre favorisierte Ansicht für Ihre Ordner zu definieren. Klicken Sie auf einen Ihrer Ordner, entscheiden Sie sich für die bevorzugte Ansicht und öffnen Sie mit der Tastenkombination ⌘ – J die Darstellungsoptionen. Aktivieren Sie nun im oberen Drittel des Fensters die Option *Immer in [Name der Ansicht] öffnen*. Selbstverständlich können Sie die Ansicht jederzeit durch einen Klick auf eine andere Darstellungsart wechseln. Ein neues Fenster dieses Ordners erscheint dann wieder in der definierten Ansicht.

Einen Ordner stets in der favorisierten Ansicht öffnen.

Ist keine bevorzugte Ansicht definiert, wird ein neues Finder-Fenster immer in der zuletzt gewählten Ansicht geöffnet.

TIPP

Denken Sie bei allen vier Darstellungsarten daran, dass Sie jede Datei zunächst mit der Funktion *Übersicht* inspizieren können, bevor Sie die Datei öffnen. Klicken Sie dazu einfach auf das Auge in der Symbolleiste des Finder-Fensters.

Übersicht: Ein schneller Blick auf den Inhalt eines Dokuments

Vorbei die unseligen Zeiten, in denen man damit beschäftigt war, das Originalprogramm zu öffnen, um einen näheren Blick auf ein Dokument zu werfen. Mit der Funktion *Quicklook*, die in der deutschen Übersetzung *Übersicht* heißt, erhalten Sie einen schnellen Blick auf den kompletten Inhalt einer markierten Datei. Selbst das Blättern beziehungsweise Scrollen in mehrseitigen Text- und PDF-Dokumenten ist möglich. Die Funktion *Übersicht* unterstützt alle Apple eigenen Formate sowie Word-, Excel- und PowerPoint-Dateien und alle gängigen Bildformate.

Sie brauchen nur auf die Leertaste zu drücken, und schon öffnet sich die ausgewählte Datei in einem schwarz-transparenten separaten Vorschaufenster. Alternativ öffnen Sie Quicklook mit einem Klick auf das Symbol mit dem Auge in der Symbolleiste des Finder-Fensters. Quicklook funktioniert darüber hinaus auch in den Fenstern *Öffnen* und *Sichern unter*.

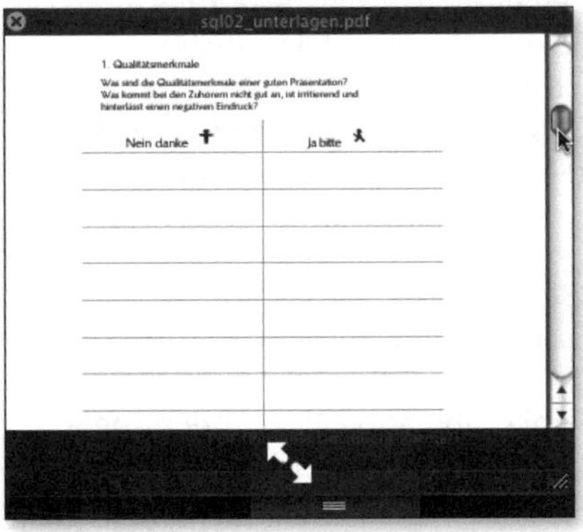

Erst ansehen, dann öffnen.

Das Fenster *Übersicht* bleibt so lange geöffnet, bis Sie die Leertaste drücken oder auf das Kreuz links oben im Fenster klicken. Auch wenn Sie in ein Programm wechseln und anschließend in die Finderansicht zurückkehren, ist das Fenster nach wie vor geöffnet. An der schraffierten Fläche in der rechten unteren Ecke des Quicklook-Fensters ziehen Sie die Ansicht größer auf oder verkleinern das Fenster. Für eine bildschirmfüllende Ansicht klicken Sie auf das Symbol der Pfeile in der unteren Leiste des Fensters.

POWER USER

Außer in .eps Dateien lässt sich in Bilddateien auch hineinzoomen. Klicken Sie dazu mit gedrückter ⌥-Taste in die Ansicht. Der Mauszeiger verwandelt sich dabei in eine Lupe mit Pluszeichen. Mit jedem Klick wird der Ausschnitt vergrößert. Mit gedrückter Maustaste bewegen Sie den Ausschnitt, um auch andere Teile des Bildes ins Blickfeld zu rücken. Sobald Sie mit gedrückter ⌘- und ⌥-Taste in die Ansicht klicken, kehren Sie zur Originalgröße zurück.

Mehrere Objekte anzeigen lassen

Wollen Sie sich zunächst alle oder mehrere Objekte eines Ordners anschauen, ziehen Sie die Übersicht am besten zunächst so weit nach rechts oder links, dass das Finder-Fenster wieder sichtbar wird. Dann brauchen Sie nur noch mit den Pfeiltasten durch die Ordner zu spazieren oder mit der Maus auf Dateien zu klicken. Die Inhalte der einzelnen Dateien werden sofort in der Quicklook-Ansicht angezeigt. Natürlich ist es bei diesen Spaziergängen durch die Inhalte Ihrer Dateien auch möglich, die Darstellungsansicht des Finder-Fensters zu wechseln.

In der *Übersicht* lässt sich außerdem eine Auswahl an Dateien anzeigen. Dazu markieren Sie zunächst die Dateien, deren Inhalte Sie sich ansehen wollen, mit gedrückter ⌘-Taste. Öffnen Sie anschließend die Übersicht mit der Tastenkombination ⌘ – Y oder tippen Sie kurz auf die Leertaste. Sobald mehrere Dateien markiert sind, wartet die Übersicht mit einer Navigationsleiste auf. Mit einem Klick auf den Abspielbutton startet eine Diashow, die sich jederzeit mit einem Klick in die zwei senkrechten Balken stoppen lässt. Um die Dateien im eigenen Tempo in Augenschein zu nehmen, eignet sich der Vor- beziehungsweise der Zurückbutton.

Dateien in einer Diashow vorab inspizieren.

TIPP

Klicken Sie mit gedrückter ⌥-Taste in das Symbol *Überblick* in der Symbolleiste, um die Diashow direkt im bildschirmfüllenden Modus abzuspielen.

Ein Klick auf das Symbol *Index* (vier Rechtecke) blendet die markierten Dateien als Miniaturen auf einer sogenannten Index-Seite ein. Diese Seite verleiht Ihnen einen Überblick über die gekennzeichneten Dateien. Der Index eignet sich hervorragend, um Bilder oder andere Dateien mit ähnlichen Motiven und Inhalten vorab zu inspizieren und zu vergleichen. Um eine Datei vergrößert angezeigt zu bekommen, brauchen Sie sie nur anzuklicken.

Mehrere ausgewählte Dateien in der übersichtlichen Index-Anzeige.

Ihre Schaltzentrale: Das Dock

Das Dock ist multifunktional, herrlich einfach zu bedienen und hübsch anzusehen. Es ist die VIP-Leiste für Ihre favorisierten Anwendungen und Ordner, ein Infomanager, der anzeigt, welche Programme geöffnet sind, und ein Auffangbecken für alle Fenster, die Ihnen die Sicht versperren und die Sie zur Seite schieben möchten. Das Dock wird links vom Finder und rechts vom Papierkorb umschlossen. Dazwischen befinden sich Programm- und Ordnersymbole. Die Breite des Dock ist flexibel. Sie richtet sich nach der Anzahl an Symbolen und abgelegten Fenstern. Welche Symbole das Dock aufnimmt, entscheiden Sie.

Das Dock

Das Dock enthält standardmäßig die Symbole für den Finder, den Papierkorb, die Ordner *Dokumente* und *Downloads* sowie für eine Auswahl an Programmen.

Das Dock als Infomanager

Neben der Ablagefunktion für Ihre bevorzugten Programme übernimmt das Dock auch die Aufgabe, Ihnen einen Überblick über die geöffneten Anwendungen und abgelegten Fenster zu geben. Bei einigen Programmen sehen Sie einen hell schimmernden Punkt unter den Symbolen. Dieser Punkt zeigt an: das Programm ist geöffnet.

Die Punkte zeigen, welche Programme geöffnet sind.

Wird ein Programm gestartet, hüpft das Programmsymbol im Dock wie vor Freude auf und ab. Ein wenig hektischer wird die Hüpfbewegung, falls irgendetwas nicht so klappt, wie es klappen sollte:

- Wenn Sie eine Datei im Hintergrund drucken und der Druckvorgang Probleme bereitet, hüpft das Symbol des Druckers auf und ab.
- Sollte es beim Startvorgang oder beim Ausführen von Befehlen Schwierigkeiten geben, versucht das Programm mit auf- und abspringendem Programmsymbol auf sich aufmerksam zu machen.

Auch wird der Anwender auf nützliche Informationen aufmerksam gemacht:

- Im Symbol für das Programm Mail zeigt Ihnen ein roter Punkt mit Ziffer, ob neue E-Mails eingetroffen sind bzw. wie viele ungelesene E-Mails in Ihrem Eingangsordner liegen. Voraussetzung für die Anzeige ist, dass das Programm geöffnet ist.
- Laden Sie eine Datei oder ein Programm herunter, wird der Ordner *Downloads* mit einem stilisierten Kompass als Symbol für

Safari angezeigt. Ein Fortschrittsbalken innerhalb des Symbols zeigt an, wie weit der Download schon gediehen ist.

- Im Symbol für das Kalenderprogramm iCal sehen Sie stets das aktuelle Datum.
- Ist iChat geöffnet, sehen Sie im Programmsymbol, wenn Sie eine neue Nachricht erhalten haben.
- Sobald Sie einen Druckauftrag starten, zeigt eine Ziffer in einer roten Kugel die Anzahl der Druckaufträgen an.

Das Dock im Einsatz

Bis auf den Finder und den Papierkorb sind sowohl die Auswahl als auch die Anordnung als Vorschläge zu verstehen. Es liegt an Ihnen als Dockarbeiter, die Programme, mit denen Sie selten oder nie arbeiten, gegen Ihre bevorzugten Anwendungen auszutauschen.

Im Dock legen Sie ab, womit Sie häufig arbeiten und worauf Sie schnell zugreifen wollen. Das Dock ist der Ort für Ihre Programme, mit denen Sie täglich zu tun haben, sowie für wichtige Ordner. Konzentrieren wir uns zunächst auf die Programmsymbole, die links vom angedeuteten, stilisierten Zebrastreifen das Dock dominieren.

Um Anwendungen hier zu deponieren, ziehen Sie ein Programmsymbol aus einem Finder-Fenster mit gedrückter Maustaste ins Dock und lassen es dort fallen. Resultat: Das Symbol fügt sich ins Dock ein, als hätte es dort schon immer seinen Platz gehabt.

AUFGEPASST

In die linke Seite des Docks lässt sich nur das Symbol eines Programms ziehen, nicht ein Programmordner. Wenn Sie zum Beispiel mit iWork arbeiten, so lässt sich der Ordner mit den drei Anwendungen nicht in die Programmseite manövrieren. Selbstverständlich akzeptiert das Dock aber jedes einzelne Programmsymbol.

Bei dieser Aktion ziehen Sie stets nur das Symbol einer Anwendung ins Dock, nicht das Original. Wenn Sie sich von einem Programm verabschieden wollen, haben Sie die Chance, es in einem Wölkchen verpuffen zu lassen. Ziehen Sie das Symbol einfach aus dem Dock heraus. Keine Sorge, Sie löschen dabei nicht das Programm, sondern nur den Alias, also das Symbol der Anwendung. Das Original des Programms befindet sich weiterhin in Ihrem Programmordner.

Aus einem Symbol wird eine Rauchwolke.

GRUNDLAGEN

Auch ein geöffnetes Programm lässt sich aus dem Dock entfernen. Ziehen Sie das Symbol so weit aus der Leiste heraus, bis es sich in ein Wölkchen verwandelt. Danach schmiegt es sich zwar wieder ins Dock ein. Aber sobald Sie das Programm beenden, verschwindet das Symbol.

Möchten Sie den Namen eines Dock-Symbols in Erfahrung bringen, fahren Sie mit dem Mauszeiger über das Symbol, ohne es anzuklicken. Der Name des Objekts erscheint in voller Länge über dem Symbol.

Wollen Sie die Symbole anders anordnen? Auf geht's: Ziehen Sie das Symbol per Drag & Drop an die gewünschte Stelle.

GRUNDLAGEN

Das Finder-Symbol und der Papierkorb sind fest im Dock verankert. Sie können diese Symbole weder verschieben noch aus dem Dock löschen.

Schneller Programmwechsel

Eine weitere grandiose Funktion des Docks ist, schnell zwischen den geöffneten Programmen hin- und herzuschalten. Mit einem einfachen Klick auf das entsprechende Symbol wechseln Sie in eine andere Anwendung. Eine Alternative, um zwischen den Programmen zu wechseln, ist die Kombination aus der ⌘-Taste und dem Tabulator (⇥):

Halten Sie die ⌘-Taste gedrückt. Wenn Sie nun auf die Tabulatortaste drücken, öffnet sich eine Leiste mit den Symbolen aller aktiven Programme. Jedes weitere Drücken auf die Tabulatortaste bringt Sie ein Symbol weiter. Ist das Programm, zu dem Sie wechseln wollen, mit einem dunklen Hintergrund und weißen Rahmen markiert, lassen Sie die ⌘-Taste los. Mit der Kombination ⌘ – ⌥ – Tabulator (⇥) blättern Sie in umgekehrter Reihenfolge durch die Programme.

Das Blättern durch die offenen Programme funktioniert auch, wenn Sie die Funktion Spaces aktiviert und die Programme unterschiedlichen Spaces zugeordnet haben. Sobald Sie Ihr gewünschtes Programm erreicht haben und die Tasten loslassen, wird in den entsprechenden Space gewechselt. Mehr zu Spaces lesen Sie im Abschnitt »Platz schaffen: Spaces«.

Schneller Programmwechsel mit gedrückter ⌘- und ⇥-Taste.

POWER USER

Das Dock erlaubt es Ihnen auch, in Windeseile alle geöffneten Fenster des aktuellen Programms auszublenden. Klicken Sie dazu einfach mit gedrückter ⌥-Taste auf ein anderes Programmsymbol im Dock.

Hilfreich für die Arbeit am Dock: Das Kontextmenü

Jedes Programm, das im Dock abgelegt ist, lässt sich mit einem einfachen Mausklick auf das Programmsymbol starten. Öffnen Sie ein Pogramm, dessen Symbol noch nicht im Dock platziert ist, nimmt das Dock es vorübergehend mit in die Leiste auf. Es verschwindet wieder, sobald Sie die Anwendung schließen. Doch Stopp: Haben Sie Gefallen an dem Programm gefunden und wollen es auch zukünftig immer griffbereit haben? Dann klicken Sie mit der rechten Maustaste auf das Programmsymbol und wählen im Kontextmenü *Optionen | Im Dock behalten*.

POWER USER

Wollen Sie sich den Weg über das Kontextmenü sparen, rücken Sie das Symbol mit gedrückter Maustaste einfach an eine andere Position im Dock. Diese Bewegung fasst das Symbol als Signal auf für »Ich soll bleiben«.

Starten Sie Ihre tägliche Arbeit stets mit denselben Programmen wie *Mail*, *Safari* oder *InDesign*? Dann lassen Sie doch den Rechner diese Programme für Sie öffnen. Blenden Sie auch hierfür mit rechtem Mausklick das Kontextmenü ein und wählen Sie in den Optionen den Eintrag *Bei der Anmeldung öffnen*. Mit einem weiteren Klick auf diesen Eintrag machen Sie die Einstellung wieder rückgängig.

Der automatische Programmstart

GRUNDLAGEN

Diese Option ist identisch mit der Möglichkeit, in den Systemeinstellungen *Benutzer* Anmeldeobjekte zu definieren. Alle Programme, die Sie über das Dock als Startobjekt auswählen, werden in die Liste *Anmeldeobjekte* (Systemeinstellung *Benutzer*) übernommen.

Der Befehl *Ausblenden* im Kontextmenü bringt die Fenster des Programms zum Verschwinden - auch die, die im Dock liegen –, mit einem Klick auf *Anzeigen* erscheinen die Fenster wieder. Mit einem Klick auf *Beenden* schließen Sie das Programm, allerdings nicht ohne vorher gefragt zu werden, ob Sie die Änderungen speichern wollen.

Die Inhalte des Kontextmenüs sind abhängig davon, ob ein Programm geschlossen oder geöffnet ist. Für einige Programme im geöffneten Zustand halten die Kontextmenüs äußerst interessante und zeitsparende Optionen bereit:

Finder: Ohne Umweg über die Menüleiste oder das Aktionsmenü im Finder-Fenster lässt sich ein Spotlight-Fenster öffnen und eine Suche starten. Ebenso haben Sie im Kontextmenü Gelegenheit, ein neues Finder-Fenster zu öffnen oder die Verbindung zu einem Server aufzunehmen.

Eine Ansammlung wichtiger Befehle im Kontextmenü.

Mail: Neue E-Mails können empfangen und erstellt werden. Oder fällt Ihnen gerade etwas ein, was Sie auf keinen Fall vergessen dürfen? Der kürzeste Weg zu einer neuen Notiz führt über das Kontextmenü.

Systemeinstellungen: Ohne sich durch die Rubriken des Programmfensters kämpfen zu müssen, bekommen Sie eine alphabetische Auflistung aller Systemeinstellungen angezeigt. Mit einem Klick auf die gewünschte Systemeinstellung landen Sie genau in dieser.

Außerdem verschafft Ihnen das Kontextmenü bei Symbolen offener Programme einen schnellen Überblick über alle Dateien, die im entsprechenden Programm geöffnet sind. Um eine dieser Dateien in den Vordergrund rücken zu wollen, klicken Sie auf den Namen.

Dateiauswahl im Dock

Seit Mac OS X Snow Leopard lassen sich die momentan geöffneten Fenster einer Anwendung nicht nur mit ihrem Dateinamen anzeigen. Mit einem etwas längeren linken Mausklick erscheinen die Fenster wie vor einer grauen Leinwand in übersichtlicher Anordnung. Sollten Fenster dieses Programms im Dock liegen, werden diese in noch kleinerer Miniatur in der unteren Hälfte des Leinwandfensters angezeigt. Diese Funktion ist Teil der Fensterverwaltung Exposé, die im Abschnitt »Fenster verwalten« innerhalb dieses Kapitels ausführlich beschrieben wird.

Mit Ordnern im Dock arbeiten

Die wie ein Zebrastreifen aussehende Linie zwischen den Programmen und dem rechten Bereich des Docks mit seinen Ordnersymbolen und dem Papierkorb trennt das Dock in die Bereiche Programmsymbole und Ordner- sowie Dokumentsymbole. Die rechte Hälfte ist das Auffangbecken für Ordner, Dateien und Webseiten. Hier werden auch all jene Seiten abgelegt, die Sie in den Programmen mit einem Klick auf den orangefarbenen Knopf vorerst vom Bildschirm verschwinden lassen.

POWER USER

Wie wäre es, Ihre favorisierten Internetseiten ins Dock zu legen, um aus jeder Anwendung heraus mit einem Klick auf eine Ihrer Lieblingswebsite zu gelangen? Ziehen Sie dazu das Symbol neben der Web-Adresse per Drag & Drop in den rechten Bereich des Docks. Das Symbol für eine im Dock abgelegte Website ist die Spirale. Damit Sie sehen, welche Website sich hinter welcher Spirale verbirgt, wird die Adresse eingeblendet, sobald Sie mit der Maus über das Symbol fahren. Oder möchten Sie rasch auf Ihren momentanen Lieblingshit zugreifen? Ziehen Sie ihn ins Dock!

Raffiniert: Den Link zu einer Webseite ins Dock legen.

Das Dock ist per Voreinstellung mit den Symbolen der Ordner *Dokumente*, *Programme* und *Downloads* ausgestattet. Weitere Ordnersymbole lassen sich genauso wie bei den Programmen per Drag & Drop hinzufügen.

Ordnerinhalte stapeln

Sobald der Ordner ein Dokument enthält, verwandelt sich das Ordner-Symbol in das Dateisymbol des zuletzt hinzugefügten Objekts. Mit anderen Worten: Die Objekte werden in dem Ordner gestapelt, also übereinander gelegt. Deshalb bezeichnet man Ordner im Dock auch als »Stapel«. Ein Stapel-Ordner ist letztlich nichts anderes als ein ganz normaler Ordner. Deshalb können Sie jeden Ordner, der Ihnen lieb und teuer ist und auf den Sie häufig zugreifen, ins Dock ziehen. Der Vorteil: Sie brauchen kein Finder-Fenster mehr zu öffnen, um auf die Objekte zuzugreifen, sondern

- haben mit einem Klick auf den Stapel im Dock den ganzen Inhalt des Ordners vor Augen,
- öffnen mit einem Klick die gewünschte Datei,
- können mit gedrückter ⌥-Taste mehrere Dateien anklicken, die sich nacheinander öffnen,
- ziehen ein Symbol aus dem Fächer oder der Gitterdarstellung auf den Schreibtisch oder in einen anderen Ordner.

Der Stapel-Ordner ist lediglich ein Alias, also ein Verweis auf den Originalordner. Deshalb wird jedes Objekt, das Sie in den Originalordner ziehen oder in diesem abspeichern, automatisch im Stapel-Ordner angezeigt und zuoberst auf den Stapel gelegt. Aus jedem Ordner, den Sie ins Dock ziehen, wird ein Stapel-Ordner.

Ist der Ordner noch nicht zum Bersten gefüllt, erscheinen die Inhalte von oben nach unten aufgereiht wie in einem Fächer. Sind mehr Objekte im Ordner, als der Fächer anzeigen kann, sind die Inhalte gitterförmig angeordnet und – je nach Umfang – mit Scrollleiste versehen.

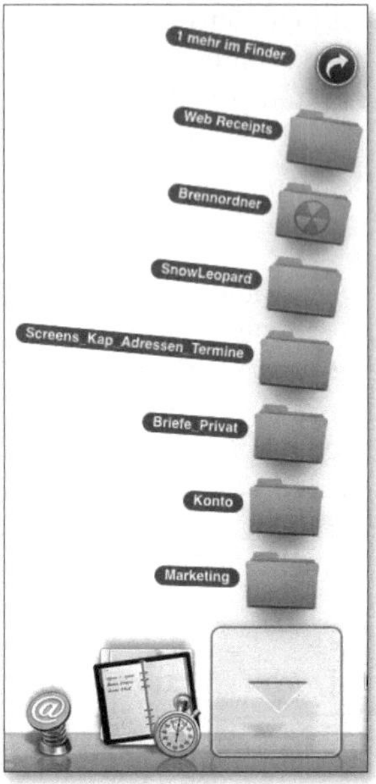

Der Inhalt des Ordners ***Dokumente***

Darstellungsarten der Stapelordner

Nicht jeder mag die etwas opulente Fächeranzeige oder die automatische Sortierung der Dokumente nach dem Kriterium *Zuletzt hinzugefügt*. Wie die Stapelordner angezeigt und nach welchen Kriterien die Objekte angeordnet werden, entscheiden Sie in der mannigfaltigen Auswahl des Kontextmenüs eines jeden Ordners. Klicken Sie mit der rechten Maustaste auf einen Stapelordner, und Sie sehen, dass (fast) alles geht:

Sortiert nach: Wer die Objekte lieber alphabetisch angeordnet haben möchte, klickt auf *Name*.

Anzeigen als: Sollten Sie der symbolisierten Stapelei nicht abgewinnen können und das Ordnersymbol bevorzugen, klicken Sie auf *Ordner*.

Inhalt anzeigen als: Wenn Sie erzwingen wollen, dass ein bestimmter Ordner immer als Fächer oder Gitter geöffnet wird, klicken Sie auf die entsprechende Darstellungsart. Falls Sie sich für *Fächer* entscheiden und der Ordner mehr Dokumente beinhaltet, als der Fächer anzeigen kann, wird die Anzahl der nicht dargestellten Objekte neben dem Pfeilsymbol vermerkt. Für Puristen, aber auch für Anwender, die im Dock Zugriff auf Unterordner haben wollen, eignet sich die Darstellungsart *Liste*. Diese Form der Anordnung macht zwar einen vergleichsweise nüchternen Eindruck, bietet aber doch den Vorteil, auch einen Blick in die Unterordner zu werfen und Objekte eines Unterordners auf diese Weise zu öffnen.

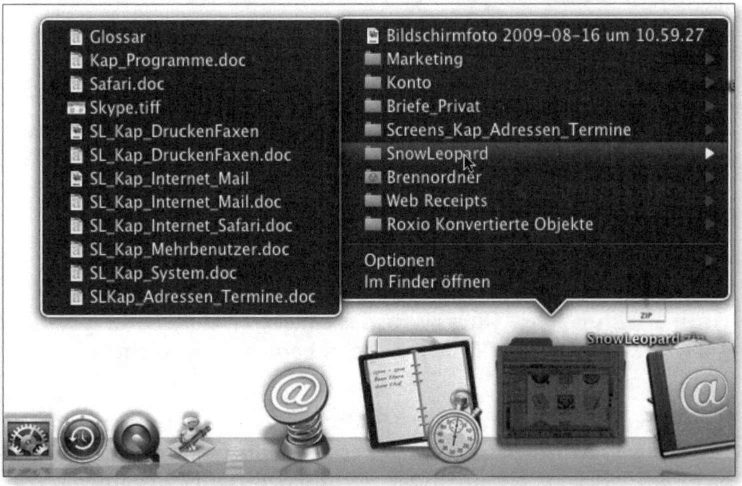

Zugriff auf Unterordner in der Listendarstellung.

Das Dock einstellen

Zwischen dem Programm- und Symbolbereich für Ordner und Dateien sehen Sie eine Art Zebrastreifen. Auch diese Trennlinie verfügt über ein Kontextmenü, in dem Sie Ihr Dock jederzeit so anpassen können, wie Sie es für die laufende Arbeit am sinnvollsten erachten. Das Hin- und Herschalten zwischen den einzelnen Einstellungen ist über das Kontextmenü denkbar einfach und bequem.

Das Dock einstellen

Die voreingestellte Position des Docks ist die am unteren Bildschirmrand. Probieren Sie auch die Einstellungen *Links* oder *Rechts* aus, um herauszufinden, mit welcher Position Sie am besten zurechtkommen.

AUFGEPASST

Bei den Positionen links und rechts verliert das Dock allerdings viel von seiner grafischen Schönheit. Außerdem erhalten Sie bei Stapelordnern immer ein Gitter, wenn das Dock rechts oder links positioniert ist. Die Option *Fächer* erscheint dann erst gar nicht.

Ein sinnvolles Feature für kleine Bildschirme oder wenn das Dock auf wenig Gegenliebe beim Anwender trifft, ist die Option *Dock ausblenden*. Das Dock ist damit jedoch nicht gänzlich verschwunden, sondern taucht wie aus dem Nichts wieder auf, sobald Sie mit der Maus in die Bildschirmleiste fahren, in der sich Ihr unsichtbares Dock befindet. Alternativ zur Maus blenden Sie das Dock mit der Tastenkombination ⌘ – ⌥ – D ein und wieder aus.

Auch haben Sie die Wahl zwischen zwei Effekten beim Ablegen eines Fensters. Der lineare Effekt ist der schnellere, der Trichter der schönere. Sollten Sie an Ihrem Mac eine Vorführstunde halten, schalten Sie um auf den prächtigen Trichtereffekt und halten die ⇧-Taste gedrückt. Damit kommen die geneigten Zuschauer in den Genuss des Zeitlupeneffekts.

Weitere Möglichkeiten, das Dock einzurichten, haben Sie in der Systemeinstellung *Dock*:

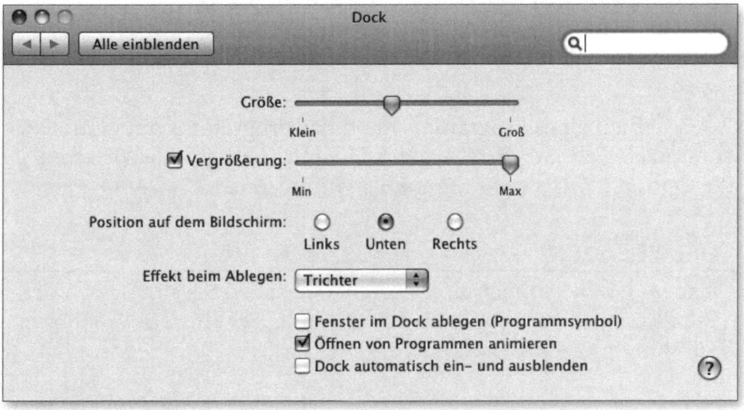

Das Dock einstellen

Je kleiner der Bildschirm, desto kleiner bitte auch das Dock. Stellen Sie die Größe des Docks so ein, dass es Ihnen keinen wertvollen Platz auf Ihrem Monitor raubt. Mit dem oberen Schieberegler stellen Sie die Größe der Symbole ein. Mit der Option *Vergrößerung* werden die Symbole, über die Sie mit der Maus fahren, deutlich hervorgehoben. Wenn Sie sich für eine sehr kleine Darstellung des Docks entschieden haben, können die wellenförmig vergrößerten Symbole hilfreich bei der Suche nach einem Programm oder einem Ordner sein.

Vergrößerte Docksymbole

TIPP

Auch mit einer Mausbewegung lassen sich die Symbole größer bzw. kleiner darstellen. Setzen Sie dazu den Mauszeiger auf den Zebrastreifen. Mit einer Bewegung nach links vergrößern Sie die Symbole, mit einer Bewegung nach rechts verkleinern Sie sie.

Beim Öffnen eines Programms hüpft das Programmsymbol im Dock auf und ab. Falls Sie diese Art Hip-Hop nicht mögen, deaktivieren Sie die Option *Öffnen von Programmen animieren.*

GRUNDLAGEN

Haben Sie die Animation ausgeschaltet, sehen Sie stattdessen den Punkt unter dem Programm solange pulsieren, bis das Programm vollständig gestartet ist.

Exposé: Fenster verwalten

Das kennen Sie sicherlich: Man arbeitet mit mehreren Programmen, hat eine Vielzahl an Dokumenten geöffnet und verliert so langsam den Überblick über alle geöffneten Anwendungen und Dateifenster. Von der Schreibtischoberfläche ist wegen der über- und untereinander gestapelten Fenster sowieso nichts mehr zu sehen. Hier ist guter Rat teuer und die Fensterwaltung *Exposé* willkommen.

Exposé mit der Maus oder mit Tasten aufrufen

Mit Exposé haben Sie alle geöffneten Dokumente im Blick, bringen das Fenster Ihrer Wahl in den Vordergrund oder wechseln bequem zwischen den aktiven Programmen. Probieren Sie es aus: Drücken Sie auf der Aluminiumtastatur die Taste F3, um einen Blick auf alle geöffneten Fenster zu werfen. Drücken Sie die Tasten fn und F10, um die geöffneten Fenster des gerade aktiven Programms zu sehen und die Tasten fn und F11, um alle Fenster auszublenden und einen Blick auf den Schreibtisch zu werfen. Mit einem weiteren Klick auf diese Tasten kehren Sie zur ursprünglichen Ansicht zurück.

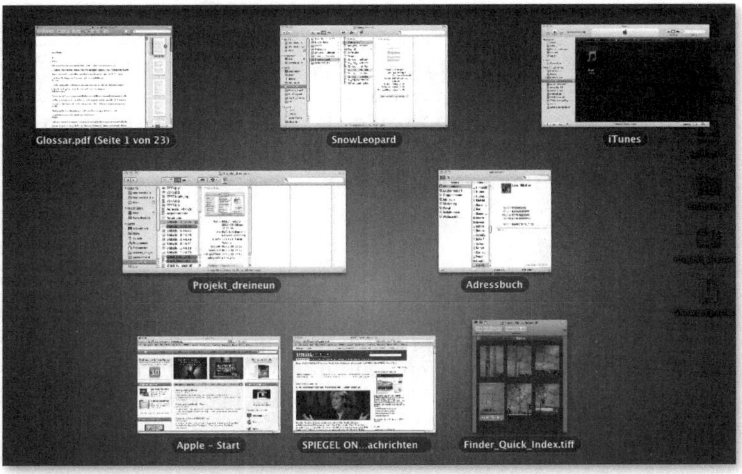

Alle geöffneten Fenster im Blick

TIPP

Die Funktion *Alle Programmfenster* ist mit ins Dock integriert worden. Sobald Sie mit gedrückter linken Maustaste ein wenig auf dem Symbol eines aktiven Programms verharren, werden die offenen Fenster angezeigt. Wurden Fenster dieser Anwendung ins Dock befördert, sind diese in etwas kleineren Darstellungen in der unteren Hälfte des Fensters eingeblendet.

In der Abbildung sehen Sie eine feine Linie im unteren Drittel des Exposé-Fensters. Unterhalb dieser Linie werden seit Snow Leopard auch die Fenster angezeigt, die ins Dock gelegt wurden. Das ist zwar nur eine kleine, aber doch sehr hilfreiche Verbesserung gegenüber der Vorgängerversion, in der die Fenster im Dock unberücksichtigt blieben.

Auch werden nun die Namen der Objekte sofort mit eingeblendet, was mehr Komfort bedeutet und für zusätzliche Orientierung sorgt. Drücken Sie die Leertaste, um die Miniatur mit Hilfe von Quicklook zu vergrößern, oder klicken Sie auf die verkleinerte Ansicht, um sie mitsamt dem Programm in den Vordergrund zu rücken.

TIPP

Mit Exposé lässt sich auch prima zwischen Programmen hin- und herschalten: Drücken Sie die Taste F3 oder fn und F10. Durch die geöffneten Programme und den dazugehörigen Fenstern können Sie jetzt bequem mit der Tabulatortaste navigieren. Jedes Mal, wenn Sie die Taste drücken, rücken das nächste Programm und seine Fenster in den Vordergrund.

Exposé einstellen

In der Systemeinstellung *Tastatur | Tastaturkurzbefehle* lassen sich andere Tastenkürzel definieren. Und in der Systemeinstellung *Maus* haben Sie Gelegenheit, die Tasten Ihrer Mighty Maus mit Exposé-Funktionen zu belegen.

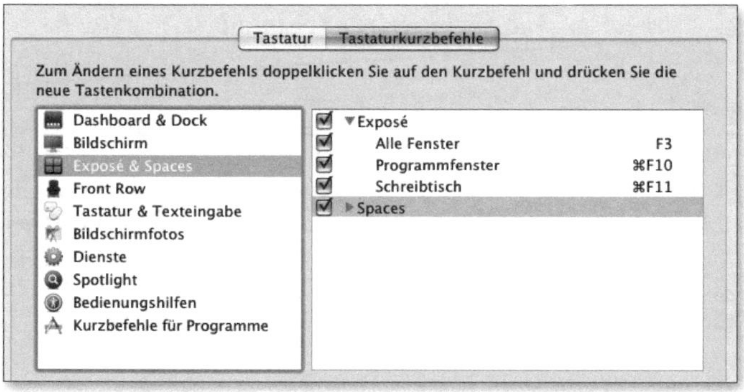

Tastenkombinationen für Exposé definieren

Für die Fensterverwaltung lassen sich auch sogenannte aktive Ecken definieren. Haben Sie für eine der Exposé Funktionen eine Ecke ausgewählt und Sie bewegen anschließend den Mauszeiger in eben diese Bildschirmecke, passiert das, wofür Sie sich im Auswahlmenü entschieden haben: Entweder werden alle oder nur die aktuellen Programmfenster eingeblendet oder es wird der Blick auf den Schreibtisch freigemacht.

Die Ecken des Bildschirms aktivieren.

Wenn Sie die Ecken aktiviert haben, können Sie je nach Tageslaune zwischen Tastatur und Ecke wechseln. Bei beiden Varianten ist es möglich, beliebig zwischen den Ansichten hin- und herzuspringen.

Mit Exposé Inhalte verschieben

Neben der Funktion, sich auf komfortable Weise das Chaos anzuschauen, das man mit einer Vielzahl an geöffneten Fenstern herbeigeführt hat, bietet Exposé auch die Möglichkeit, Objekte zwischen den Fenstern eines Programms zu bewegen oder zu kopieren:

BEISPIEL

Stellen Sie sich vor, Sie wollen eine Grafikdatei in eine Textdatei kopieren: Ziehen Sie die Grafik oder das Bild per Drag & Drop auf das Symbol des Textverarbeitungsprogramms im Dock. Nach einer kleinen Weile erscheinen die geöffneten Dateifenster. Bewegen Sie die Bilddatei nun auf das Dokument, in das Sie das Bild integrieren möchten. Nach ungefähr einer halben Sekunde rückt das Dokument in den Vordergrund, so dass Sie das Bild bequem an die gewünschte Stelle ziehen können. Auf genau die gleiche Weise lässt sich eine Datei auch als Anhang in eine geöffnete E-Mail bugsieren. Denken Sie bei diesen Schiebereien daran: Maustaste während der gesamten Aktion gedrückt halten.

Ebenso raffiniert können Sie mithilfe von Exposé Teile eines Objekts kopieren oder verschieben. Das klappt ausgezeichnet, wenn Sie beispielsweise eine Passage aus einer Textdatei in eine andere Datei desselben Programms kopieren wollen. Markieren Sie die Passage (fahren Sie hierfür mit gedrückter Maustaste über den entsprechenden Textauszug) und ziehen Sie die Markierung etwas nach rechts, so dass der Text quasi doppelt zu sehen ist. Bewegen Sie die kopierte Textpassage nun auf das Programmsymbol im Dock. Nach einem kurzen Moment erscheinen alle geöffneten Dateifenster als Miniatur. Steuern Sie mit dem kopierten Text auf die Datei zu, in die Sie die Passage einfügen wollen. Sobald die Datei in den Vordergrund rückt, können Sie den kopierten Abschnitt rauf und runter durch den Zieltext bewegen und ihn an die gewünschte Stelle platzieren.

Sollten Sie eine Textpassage oder ein Bild nicht kopieren, sondern verschieben wollen, markieren Sie es und schneiden es mit der Tastenkombination ⌘ – X aus. Drücken Sie F3, um das Objekt in eine Datei eines anderen Programms einzusetzen, oder die Tasten fn und F10, um das Objekt in ein Fenster desselben Programms zu verschieben. Mit der Tastenkombination ⌘ – V fügen Sie das Objekt ein. Bei diesen Aktionen brauchen Sie die Maus nicht gedrückt zu halten.

Mit Exposé verschaffen Sie sich einen Überblick über die geöffneten Fenster aller gestarteten Programme beziehungsweise über die Fenster eines speziellen Programms. Für Ordnung oder mehr Platz auf Ihrem Schreibtisch sorgt Exposé nicht. Denn sobald Sie wieder in die ursprüngliche Ansicht wechseln, lebt das Chaos weiter. Nicht zwangsläufig, wie man an Spaces sieht, einer Funktion, mit der Sie Ihren virtuellen Schreibtisch nach Projekten und Arbeitsbereichen organisieren.

Platz schaffen: Spaces

Die meisten von uns haben auf ihrem realen Schreibtisch eine bestimmte Ordnung: So gibt es einen festen Platz für die Stifte, einen Bereich für Dokumente, einen anderen für Briefe und – je nach Größe des Schreibtisches – einen weiteren Bereich für Zeitschriften oder Ähnliches. Vergleichbar mit der Anordnung von Objekten auf dem realen Schreibtisch lässt sich auch Ihr virtueller Schreibtisch in Bereiche für unterschiedliche Zwecke arrangieren. Die Anwendung, die diese Gliederung organisiert, nennt sich Spaces, was so viel heißt wie Raum, Platz. Mit Spaces definieren Sie einzelne, in sich geschlossene Arbeitsbereiche. In einem solchen separaten Bereich lässt sich arbeiten, ohne von Dateien und Fenstern anderer Arbeitsbereiche abgelenkt zu werden. Mit Spaces verwalten Sie sozusagen mehrere Bildschirme.

Die wenigsten Anwender haben nur ein Programm und ein dazugehöriges Dateifenster geöffnet. Viele arbeiten mit mehreren geöffneten Programmen und einer Menge offenen Dateifenstern. Das kann zwar manchmal nervig sein. Doch ist es immer noch praktischer, zwischen den unterschiedlichen Programmen hin- und herzuspringen als ständig Programme zu beenden, um sie im nächsten Moment wieder zu öffnen. Denken Sie nur daran, wie oft Sie ein Textverarbeitungsprogramm oder Safari öffnen oder wie oft Sie auf das Programmsymbol von Mail im Dock klicken, um eine neu eingetroffene Mail zu lesen. Das Schließen von Programmfenstern dient häufig nur dem Aufräumen und Platzschaffen für neue Fenster. Mit Spaces verschaffen Sie sich auf eine sehr smarte Art und Weise Platz: Mit dieser Anwendung brauchen Sie offene Programme und Fenster, die Sie im Laufe Ihrer Arbeit noch benötigen, nicht mehr vorübergehend zu schließen. Es reicht, sie einem Bereich zuzuordnen und sie damit erst mal aus dem Weg zu räumen. Bei Bedarf wechseln Sie dann einfach in den entsprechenden Bereich.

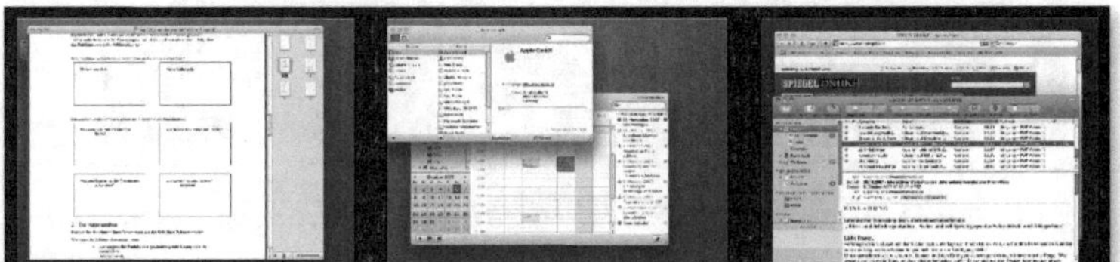

Virtuelle Schreibtische sorgen für Übersicht und Ordnung.

Spaces aktivieren

Stellen wir uns einen typischen Schreibtisch mit einer Fülle an offenen Dateifenstern vor. iTunes ist geöffnet, Mail sowieso, Sie suchen etwas im Internet, vergleichen zwei Textdokumente miteinander und haben in Vorschau mehrere PDF-Dateien geöffnet. Mit Spaces lassen sich die Fenster auf unterschiedlichen virtuellen Bildschirmen ablegen.

Um in den Genuss von Spaces zu kommen, müssen Sie die Anwendung zunächst aktivieren. Sobald Sie das Programm mit einem Doppelklick starten, erscheint der Hinweis, dass Spaces noch nicht konfiguriert ist, das heißt, dass noch keine Bereiche definiert sind. Die Zahl der gewünschten virtuellen Schreibtische nehmen Sie in der Systemeinstellung *Expose & Spaces* vor, die Sie mit einem Kick auf *Spaces konfigurieren* öffnen. Klicken Sie in der Systemeinstellung in das Kästchen bei *Spaces aktivieren*. Die Anzahl der zwei Bereiche erhöhen Sie mit Klicks auf die Pluszeichen bei *Zeilen* und *Spalten* auf maximal 16 Bereiche in vier Reihen à vier Zeilen.

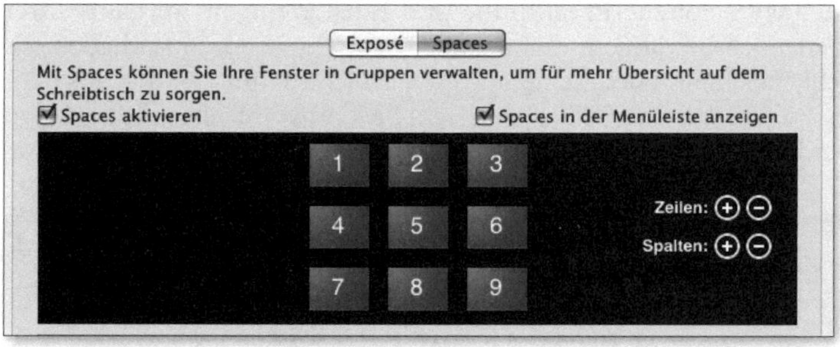

Mit Spaces lassen sich maximal 16 Arbeitsumgebungen einrichten.

Drücken Sie nun die Tasten fn und F8. Sie sehen die Anzahl der von Ihnen festgelegten Bildschirme als blaue Rechtecke auf Ihrem Schreibtisch. All diese Rechtecke sind vollständige Arbeitsumgebungen für Fenster und Anwendungen Ihrer Wahl.

Zunächst liegen noch alle geöffneten Fenster und Programme im ersten Bereich. Jetzt geht es darum, die Fenster zu ordnen: Ziehen Sie die

Fenster, die für Sie einen Bereich darstellen, in einen Space. Vorstellbar ist, die Textdokumente in einen und die PDF-Dokumente in einen anderen Space zu ziehen. Um beim obigen Beispiel zu bleiben, hätten Sie einen Space für die Programme Mail und Safari, einen für die Textdokumente und einen dritten für die PDF-Dateien.

TIPP

Halten Sie beim Ziehen die ⌘-Taste gedrückt, wenn Sie alle Fenster einer Anwendung in einen anderen Bereich ziehen wollen.

Spaces mit Programmen belegen

Mit den virtuellen Schreibtischen lässt sich jedoch nicht nur Struktur in die offenen Fenster bringen. Sie können auch festlegen, welche Programme in welchem Space geöffnet werden. Mit dieser Funktion von Spaces trennen Sie die unterschiedliche Bereiche Ihrer täglichen Arbeit am Computer: So definieren Sie zum Beispiel einen Bereich für Programme, die mit Ihrer Adress- und Terminverwaltung zu tun haben. Ein anderer Bereich ist für die Onlinekommunikation mit den Programmen Safari, Mail und iChat reserviert. Wieder ein anderer Bereich könnte ein Bildbearbeitungs- und ein Layoutprogramm umfassen.

Öffnen Sie für die Zuweisung von Programmen die Systemeinstellung *Exposé & Spaces | Spaces*. Legen Sie mit Hilfe der Pluszeichen bei *Zeilen* und *Spalten* fest, wie viele Spaces Sie anlegen wollen. Klicken Sie anschließend auf das Pluszeichen unterhalb der Liste *Programmzuweisungen* und wählen Sie die Programme aus, die Sie gruppieren wollen. In der Auswahlliste sehen Sie alle Programme, die momentan geöffnet sind. Den Programmordner öffnen Sie mit einem Kick auf *Auswählen*. Da Sie die Programme erst anschließend den einzelnen Spaces zuordnen, wählen Sie die Programme im Programmordner am besten mit gedrückter ⌘-Taste aus und klicken dann auf *Auswählen*. Mit dieser Methode ersparen Sie es sich, jede Anwendung einzeln der Liste hinzuzufügen.

Jetzt geht es darum, die Programme den einzelnen Spaces zuzuordnen beziehungsweise sie zu gruppieren. Welche Programme Sie zu einer Gruppe zusammenfügen und gemeinsam verwalten wollen, ist Ihnen überlassen. Vielleicht möchten Sie Anwendungen, die Sie eher privat nutzen, von den geschäftlichen trennen. Oder Sie entscheiden sich für einen Bildbearbeitungsbereich und einen Kommunikationsbereich. Klicken Sie auf *Space 1* oder auf die beiden Pfeile am rechten Rand der Liste und treffen Sie Ihre Wahl. Besonders favorisierte oder häufig benutzte Programme wie zum Beispiel das Mailprogramm lassen sich erfreulicherweise allen Spaces zuordnen.

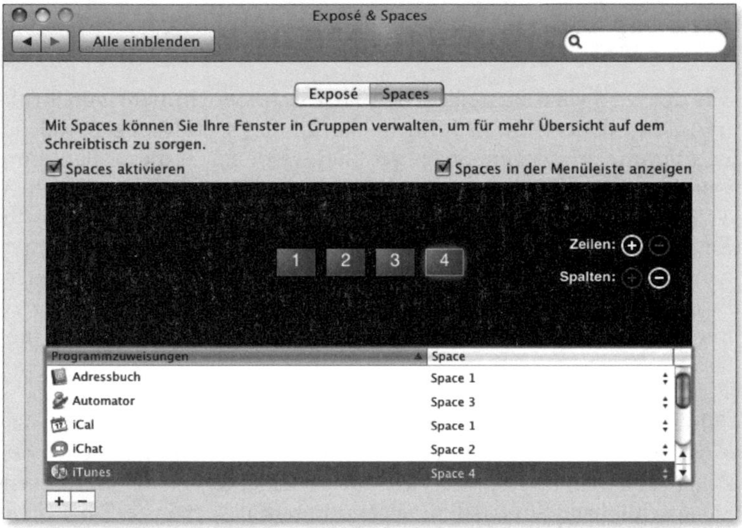

Einzelne Programme den Arbeitsumgebungen zuweisen.

Das Raffinierte an Spaces ist die strukturierte Verwaltung von geöffneten Programmen und ihren Fenstern. Deshalb lässt sich der Effekt von Spaces auch nur in Augenschein nehmen, wenn die entsprechenden Programme geöffnet sind. Sollten Sie nach der Zuweisung der Programme die Tasten fn und F8 drücken, um Spaces zu aktivieren, sehen Sie möglicherweise nur blaue Rechtecke. Sobald Sie eine Anwendung starten, die Sie einem anderen Space zugewiesen haben, ist der Effekt sichtbar: Der gerade noch aktive

Bereich wird mit allen geöffneten Anwendungen zur Seite geschoben und das soeben geöffnete Programm rückt in den Vordergrund. Öffnen Sie deshalb ein paar Programme, für die Sie die Bildschirme definiert haben, und drücken Sie anschließend noch mal die Tasten fn und F8. Jetzt sehen Sie, dass die Programmfenster den einzelnen Bildschirmen zugeordnet sind.

Sollten Sie mit der Bereichszuweisung eines Programms nicht einverstanden sein, drücken Sie die Tasten fn und F8 und verschieben in der Miniaturansicht einfach ein Fenster der Anwendung per Drag & Drop in den gewünschten Bereich.

Zwischen den virtuellen Schreibtischen wechseln

Sie haben eine Vielzahl an Möglichkeiten, zwischen den virtuellen Schreibtischen zu navigieren:

- Da ist zum einen die Methode über die Tastenkombination fn – F8. Mit einem Klick in eine der Miniaturen lassen sich anschließend die einzelnen Bereiche aufrufen.
- Alternativ blättern Sie mit gedrückter ctrl-Taste und den Pfeiltasten durch Spaces.
- Oder Sie drücken die ctrl-Taste und die entsprechende Zifferntaste, um so schnell wie möglich einen bestimmten Bereich in den Vordergrund zu holen.

POWER USER

Diese voreingestellte Tastaturbelegungen lassen sich in der Systemeinstellung *Tastatur* | *Tastaturkurzbefehle* ändern.

- Ist in der Systemeinstellung *Exposé & Spaces* die Option *Spaces in der Menüleiste anzeigen* aktiviert, sehen Sie in der Menüleiste, in welchem Bereich Sie sich aktuell aufhalten. Mit einem Klick auf eine der Ziffern gelingt darüber hinaus der Wechsel von einem Space zum nächsten.

Den virtuellen Bildschirm in der Menüleiste ansteuern.

Im gerade aktiven Space arbeiten Sie womöglich nur mit einem Programm. Dennoch können Sie weiterhin durch alle geöffneten Programme blättern. Halten Sie dazu die ⌘-Taste gedrückt und drücken Sie auf die Tabulatortaste, um durch die Leiste an offenen Programmen zu marschieren. Sobald Sie das gewünschte Programm erreicht haben und die beiden Tasten loslassen, werden die Programmfenster in dem entsprechenden Space angezeigt. Für einen Wechsel zwischen den Bereichen kann auch ein Klick auf ein Programmsymbol im Dock sorgen.

Wenn Sie in einem Space arbeiten, ist es jederzeit möglich, ein weiteres Programm zu öffnen. Dieses Programm wird dann dem gerade aktiven Space zugeordnet. Wer die Anwendung einem anderen Space zuordnen will, öffnet mit den Tasten fn und F8 die Miniaturen der einzelnen Bildschirme und zieht das Fenster in den gewünschten Bereich. Sind mehrere Fenster geöffnet, halten Sie bei dieser Aktion die ⌘-Taste gedrückt.

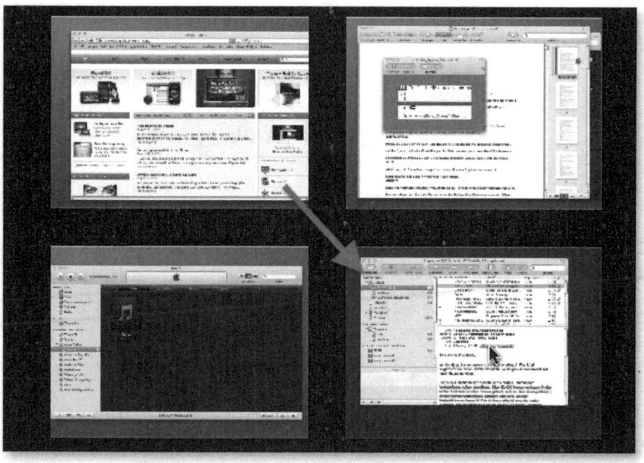

Ein Programm einem anderen Bildschirm zuweisen.

TIPP

Da in den Miniaturen das oberste Fenster häufig die darunter liegenden verdeckt und somit gar nicht zu sehen ist, was alles in dem Space liegt, lassen sich die Fenster mit gedrückter Maustaste innerhalb des Bereichs nach rechts oder links sowie nach oben oder unten bewegen. Denken Sie bei den geöffneten Spaces auch an Exposé: Mit der Taste F3 verschaffen Sie sich einen Überblick über die Fenster eines jeden virtuellen Bildschirms.

Immer zu Diensten: Die Dienste-Funktionen

Die Dienste, die Sie im Anwendungsmenü des Finders und der Programme finden, sind Funktionen, die sich programmübergreifend aktivieren lassen. Bei der Arbeit mit dem Finder oder einem Programm profitieren Sie mithilfe der Dienste von den Angeboten anderer Programme, ohne diese starten zu müssen. Je nachdem, was Sie markiert haben – eine Datei im Finder-Fenster oder Text auf einer Webseite – werden alle für diese markierten Objekte relevanten Dienste eingeblendet. Ähnlich wie bei einer Suche mit Spotlight ist die Auswahl an Diensten nach Kategorien geordnet.

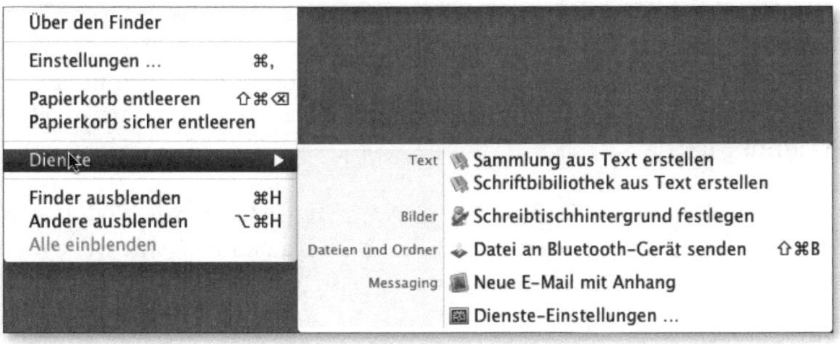

Die Dienste für eine markierte Datei im Finder-Fenster.

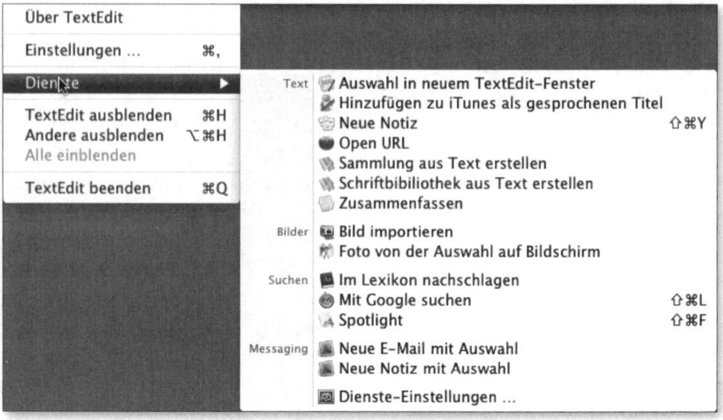

Die Dienste für markierten Text in einem TextEdit-Dokument.

Was steckt nun genau hinter all diesen Funktionen? Angenommen, Sie schreiben einen Text und wollen noch ein wenig über einen bestimmten Begriff recherchieren: Markieren Sie den Begriff und klicken Sie auf *Mit Google suchen*. Der markierte Begriff wird sofort an Safari gesendet und in das Google-Eingabefeld übertragen. Die Suche startet, ohne dass Sie noch Weiteres dazu beitragen müssen.

Wollen Sie einen Ausschnitt Ihres Textes schon mal vorab an einen Freund schicken, markieren Sie den Text und wählen *Neue E-Mail mit Auswahl*. Nun startet das Programm Mail und setzt den Textauszug in eine neue E-Mail ein. Sie sparen sich dabei alles umständliche Kopieren und Einsetzen über Tastenkürzel oder Menübefehle. Der Dienst *Neue Notiz mit Auswahl* erstellt eine neue Notiz im Programm Mail.

Ebenso pfiffig ist die Funktion *Neue Notiz* in der Kategorie *Text*. Wenn Sie durchs Internet surfen und auf einen Veranstaltungshinweis oder guten Tipp stoßen, markieren Sie die Passage und wählen *Neue Notiz*.

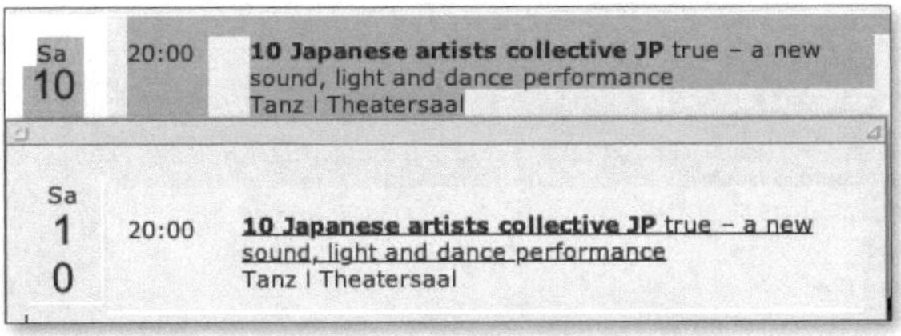

Veranstaltungstipp als Notiz

Obendrein lässt sich ein Auszug aus einer Mail oder ein auf einer Webseite gefundener Text direkt in ein TextEdit Dokument kopieren: *Dienste | Text | Auswahl in neuem TextEdit-Fenster.*

Wollen Sie Ihr Hörverstehen von englischsprachigen Texten testen oder auffrischen, markieren Sie auf einer (englischsprachigen) Website einen Textauszug und wählen anschließend *Dienste | TextHinzufügen zu iTunes als gesprochenen Text.*

Und falls Sie die in einem Dokument verwendeten Schriften gleich als neue Sammlung oder Bibliothek für das Programm Schriftsammlung definieren möchten, wählen Sie *Dienste | Text | Sammlung aus Text erstellen.* In Schriftsammlung findet sich direkt anschließend eine neue Sammlung mit einem Namen wie »Times, et. al.«.

Längere Texte, Textauszüge oder E-Mails fassen die Dienste für Sie zusammen. Markieren Sie den entsprechenden Text oder Textbereich und klicken Sie auf *Zusammenfassen* in der Kategorie *Text.* Hierbei wählt das System die Sätze aus, die es für wichtig hält, und zeigt sie in einem neuen Fenster an. Mit dem Schieberegler stellen Sie die Zusammenfassung ausführlicher oder weniger ausführlich ein. Handelt es sich um einen sehr umfangreichen Text, bei dem Ihr Interesse mehr auf den statistisch wichtigsten Absätzen als auf den Sätzen liegt, klicken Sie auf den Button *Absätze.*

Welche Dienste Sie für den Finder oder andere Programme angezeigt bekommen wollen, legen Sie in der Systemeinstellung *Tastatur | Tastaturkurzbefehle* fest. Diese Systemeinstellung lässt sich aus jedem Dienstmenü mit einem Klick auf *Dienste-Einstellungen* öffnen.

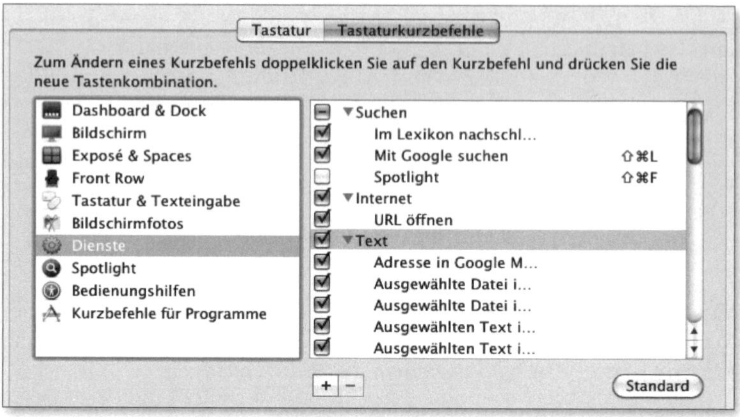

In der Systemeinstellung die angezeigten Dienste definieren.

Sie sehen die Kategorien und die dazu passenden Dienste angezeigt. Sowohl die einzelnen Rubriken als auch die Dienste selbst lassen sich ausschalten und bei Bedarf natürlich auch wieder einschalten. Wer beispielsweise für die Google- und Spotlight-Suche lieber das Kontextmenü wählt als den Weg über die Dienste, deaktiviert diese beiden Funktionen.

Der Papierkorb

Dateien und Programme befördern Sie mit der Tastenkombination ⌘ – ← in den Papierkorb. Alternativ lässt sich jedes Objekt per Drag & Drop in den Papierkorb ziehen. Ab und an ist es an der Zeit, den Papierkorb zu entleeren. Denn die im Papierkorb liegenden Objekte verbrauchen, so lange sie nicht endgültig gelöscht sind, wertvollen Festplattenspeicher!

Per Klick mit der rechten Maustaste auf das Symbol *Papierkorb* im Dock öffnen Sie das Kontextmenü mit dem Befehl *Papierkorb entleeren*. Sicherheitshalber werden Sie noch mal gefragt, ob Sie den Inhalt wirklich löschen wollen. Wenn Sie unsicher sind und nachschauen wollen, was sich überhaupt im Papierkorb befindet, klicken Sie einfach auf das Papierkorbsymbol. Im jetzt geöffneten Fenster lässt sich der Inhalt des Papierkorbs auch mit einem Klick auf den Button *Entleeren* löschen. Die Tastenkombination für das Entleeren ist ⌘ – ⇧ – ←.

TIPP

Vielleicht entdecken Sie Dateien und Objekte, die Sie doch nicht löschen, sondern lieber wieder an ihren Ursprungsort zurücklegen wollen? Dann markieren Sie das Objekt und wählen im Kontextmenü (rechte Maustaste) oder im Aktionsmenü des Finder-Fensters den Befehl *Zurücklegen*. Das Objekt wird nun an den ursprünglichen Speicherort zurückbefördert.

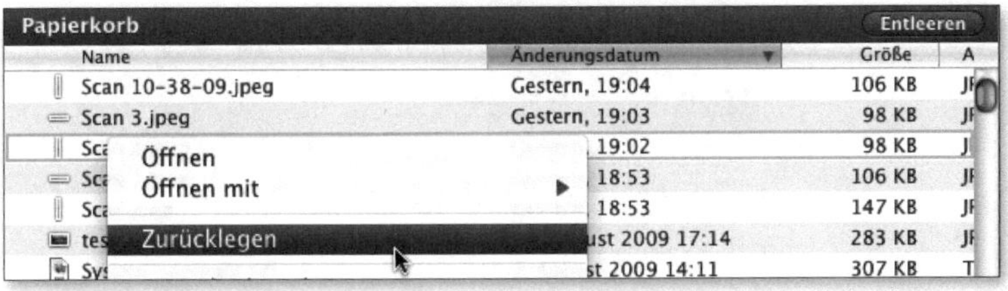

Zurücklegen, was besser nicht dauerhaft gelöscht wird.

Papierkorb sicher entleeren

Für vertrauliche Daten wie Passwörter ist das einfache Entleeren des Papierkorbs keine optimale Lösung. Im Menü *Finder* finden Sie deshalb den Befehl *Papierkorb sicher entleeren*. Wer beabsichtigt, den Rechner zu verkaufen, ist mit dieser Option auf der sicheren Seite. Damit schieben Sie der Möglichkeit, gelöschte Daten mit einer speziellen Software wieder herzustellen, den Riegel vor. Mit dem sicheren Entleeren werden die gelöschten Daten verschlüsselt, so dass sie auch mit speziellen Programmen nicht rekonstruiert werden können. Die Verschlüsselung braucht seine Zeit, weshalb das sichere Entleeren deutlich länger dauert als die einfache Variante.

In den Einstellungen des Finders (Menü *Finder*) haben Sie im Bereich *Erweitert* Gelegenheit, die Nachfrage, ob Sie den Papierkorb wirklich entleeren wollen, auszuschalten. Je nachdem, zu welcher Sicherheitsstufe die Objekte gehören, die Sie in den Papierkorb legen, ist es unter Umständen sinnvoll, die Option *Papierkorb sicher entleeren* zu aktivieren.

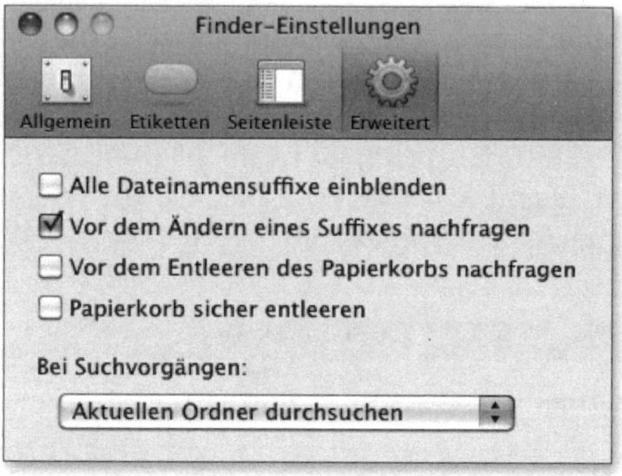

Einstellungen für den Papierkorb

Im Überblick: Die Arbeit im Finder

Zum Schluss dieses Kapitels ein paar Tipps und Tricks für Ihre Arbeit im Finder.

- Die Seitenleiste des Finders ziehen Sie mit gedrückter Maustaste an der Trennlinie zwischen Leiste und Hauptfenster weiter auf oder zu.
- Mit einem Klick auf den Button *Übersicht* oder mit einem Klick auf die Leertaste können Sie in seitenbasierte Dokumente, in Musik- und andere Mediendateien hineinschnuppern, ohne sie zu öffnen.
- Im Aktionsmenü finden Sie wichtige Befehle abhängig vom markierten Objekt.

- Die Statusleiste am unteren Rand eines Finder Fensters (Menü *Darstellung | Statusleiste einblenden*) gibt Auskunft über die Speicherkapazität des aktuell benutzten oder markierten Mediums (Festplatte, CD, DVD, USB-Stick, externe Festplatte).

- In den Darstellungsoptionen (Menü *Darstellung | Darstellungsoptionen einblenden*) legen Sie das nähere Aussehen der einzelnen Fensteransichten fest. In den Optionen definieren Sie auch, in welcher Darstellungsart das Finder-Fenster eines bestimmten Ordners geöffnet werden soll.

- Mit den Befehlen *Auswahl aufräumen* und *Ausrichten nach* im Menü *Darstellung* ordnen Sie die Objekte auf Ihrem Schreibtisch nach zuvor ausgewählten Kriterien.

Darstellungsart

- Sie haben die Wahl aus der Symboldarstellung, der Listendarstellung, der Spaltenansicht und Cover Flow. Mit Tastenkombinationen ist ein schneller Wechsel möglich. Arbeiten Sie zum Beispiel in der Spaltenansicht und wollen die chronologische Sortierung der Dateien angezeigt bekommen, drücken Sie die Tastenkombination ⌘ – 2.

- Mit der Tastenkombination ⌘ – 1 wechseln Sie in die Symbolansicht.

- Mit der Tastenkombination ⌘ – 3 landen Sie in der Spaltendarstellung.

- Mit der Tastenkombination ⌘ – 4 öffnen Sie Cover Flow.

- In der Darstellungsart *Spalten* werden Dateinamen häufig nicht in ihrer ganzen Länge eingeblendet. Mit einem Doppelklick auf die zwei senkrechten Striche am unteren Rand des Zwischenbalkens werden die Spalten so weit aufgezogen, wie Platz für die Anzeige des längsten Dateinamens benötigt wird.

Navigation

- Die Navigation zwischen den Ordnern und seinen Inhalten spielt sich in einem einzigen Finder-Fenster ab: In der Symbol- und Listenansicht sowie in Cover Flow tauschen Sie mit einem Doppelklick auf einen Ordner den aktuellen Inhalt des Fensters gegen den des neuen Ordners aus. In der Spaltenansicht erscheint mit einem einfachen Klick der Inhalt eines Ordners in einer neuen Spalte.

- Wollen Sie die Ordner und ihre Inhalte stets in einem neuen Finder-Fenster sehen, aktivieren Sie im Menü *Finder | Einstellungen* die Option *Ordner immer im neuen Fenster öffnen.*

- Standardmäßig zeigt ein neues Finder-Fenster den Inhalt des Benutzerordners. Wenn Sie einen anderen Ordner bevorzugen, öffnen Sie die Einstellungen (Menü *Finder*) und legen im Auswahlmenü *Neues Fenster im Finder zeigt* Ihren favorisierten Ordner fest.

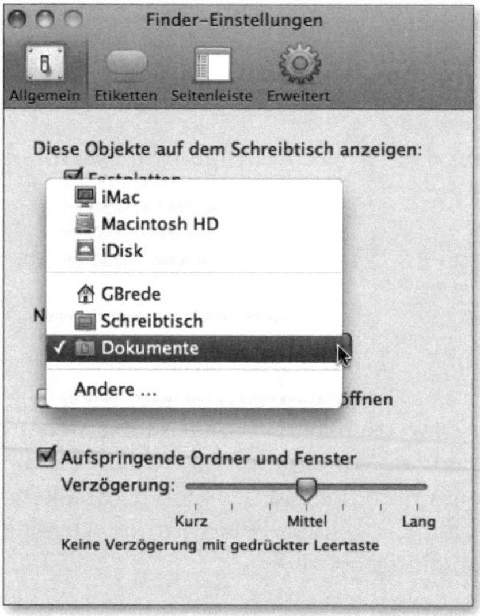

Wählen Sie den Ordner, dessen Inhalt in einem neuen Finder-Fenster erscheinen soll.

- Um rasch zum gewünschten Inhalt eines Ordners zu gelangen, reicht es, den Ordner zu markieren und die ersten Buchstaben des Dateinamens einzugeben. Damit rückt ohne langwieriges Scrollen das gewünschte Objekt in den Vordergrund.

- Sollten Sie den Pfad eines Ordners aus den Augen verloren haben, klicken Sie mit gedrückter ⌘-Taste auf das Ordnersymbol in der Titelleiste des Finder-Fensters. Mit einem Klick auf einen der Ordner in dieser Liste gelangen Sie rasch zu dessen Inhalten.

- Mit der Tastenkombination ⌘ – ⇥ blättern Sie durch die geöffneten Programme.

- Mit einem etwas länger andauernden Klick auf ein Programmsymbol im Dock werden alle geöffneten Fenster dieses Programms angezeigt.

Öffnen und Schließen

- Mit einem Klick auf das Finder-Symbol im Dock öffnen Sie, egal in welcher Anwendung Sie sich gerade befinden, ein Finder-Fenster.

- Gedrückte ⌘-Taste plus Doppelklick auf einen Ordner: Ein zusätzliches Fenster öffnet sich mit dem Inhalt des Ordners.

- Wollen Sie das aktuelle Programm ausblenden, klicken Sie mit gedrückter ⌥-Taste auf einen beliebigen Bereich außerhalb des Programmfensters.

- Sofern Sie nur einem Programm den Vorzug geben und alle anderen Anwendungen ausblenden wollen, klicken Sie mit gedrückter ⌘- und ⌥ -Taste auf Ihren Favoriten im Dock.

- Mit einem Klick auf den gelben Knopf legen Sie ein Fenster im Dock ab. Gleiches passiert mit einem Doppelklick auf die Titelleiste oder mit der Tastenkombination ⌘ – M.

- Hintergrundfenster können ohne Einfluss auf das aktuelle Fenster über den roten Button geschlossen oder über den gelben Button minimiert werden.
- Der Rechner merkt sich die von Ihnen eingestellte Größe des Finder Fensters und übernimmt die Einstellungen fürs nächste Fenster.
- Eine Datei markieren Sie mit einem einfachen Klick oder öffnen sie mit einem Doppelklick.

3

Von Ordnern und Dokumenten

Wo legen Sie die Dokumente, die Sie im Laufe der Arbeit anlegen, am besten ab? Welche Ordnerstruktur ist geeignet? Was macht man, wenn man trotz Ordnerstruktur seine Dateien nicht wieder findet? Und woher will man nach Wochen noch wissen, in welchem Dokument sich ein bestimmter Inhalt befindet? Um diese Fragen rund um Ordner, Unterordner, Dokumente und Dateien geht es auf den folgenden Seiten.

Die Ordnerstruktur

Um die Ordnerstruktur zu verstehen, ist es wichtig zu wissen, dass Mac OS X als Mehrbenutzersystem konzipiert ist. Jeder angemeldete Benutzer bekommt einen privaten Hauptordner zugewiesen. Sofern Sie der einzige Benutzer sind, sehen Sie im Ordner *Benutzer* ein Häuschensymbol als Zeichen für Ihren privaten Ordner sowie den Ordner *Für alle Benutzer*. Ausführlicheres zum Mehrbenutzersystem lesen Sie im Kapitel »Ein Mac für viele«. Der Ordner *Benutzer* liegt auf der obersten Ebene der Festplatte. Klicken Sie dazu in der Seitenleiste eines Finder-Fensters auf das Festplattensymbol in der Rubrik *Geräte*. Oder öffnen Sie die Festplatte mit einem Doppelklick auf das Symbol auf dem Schreibtisch.

Der Benutzerordner mit Privatbereich

Neben dem Ordner *Benutzer* beherbergt die Festplatte die Ordner *System, Library* und *Programme*. In diesen Ordnern liegen Dateien und Komponenten, die allen Anwendern zur Verfügung stehen:

Der Ordner *System* enthält im Unterordner *Library* alle Dateien und Bestandteile, die zum Betriebssystem gehören. Sie können sich den Inhalt des Ordners anschauen; verändern oder ergänzen lässt sich der Ordner jedoch nicht, denn jede Veränderung dieses sensiblen

Bereichs könnte die Funktionsfähigkeit des Betriebssystems erheblich beeinträchtigen.

Der Ordner *Programme* beherbergt alle Anwendungen, die im Lieferumfang von Mac OS X Snow Leopard enthalten sind, und künftig auch die Programme, die Sie installieren. Meistens werden Sie vor der Installation eines Programms aufgefordert, sich als Administrator auszuweisen und das Benutzerkennwort einzugeben. Um ein Programm zu löschen, ziehen Sie das Programmsymbol oder den Programmordner mit gedrückter Maustaste einfach in den Papierkorb.

Im Ordner *Library* (Bibliothek) befinden sich Datendateien, Zeichensätze und Zusatzmodule (Plug-Ins), mit denen der Funktionsumfang von Programmen erweitert wird.

Bleibt schließlich der Ordner *Benutzer*, der das Dach ist für die persönlichen Ordner der Benutzer, die am System angemeldet sind. Ihr privater Ordner wird durch das Häuschen markiert und erhält Ihren Benutzernamen. Die anderen Anwender haben keinen Zugriff auf dieses Privat-Verzeichnis. Für den Austausch von Dokumenten zwischen den Anwendern dient der Ordner *Für alle Benutzer*, der für alle zugänglich ist.

Einen Hauptordner für jeden Benutzer

Ihr zentraler Ordner: der Ordner *Privat*

Ihr Privatordner ist das zentrale Sammelbecken für Ihre Arbeit am Mac. Der Weg zu diesem Ordner führt über die Rubrik *Orte* in der Seitenleiste des Finder-Fensters.

Mac OS X schlägt Ihnen für Ihren Benutzerordner eine Struktur mit neun Unterordnern vor:

Die voreingestellten Ordner in Ihrem Ordner »Privat«

Bilder: Fotos, die Sie mit Hilfe der Programme Digitale Bilder oder iPhoto importieren, werden automatisch im Ordner *Bilder* abgelegt. Die Programme sind jedoch nicht auf diesen Ordner fixiert und erlauben auch einen von Ihnen favorisierten Ort.

Dokumente: Ihr Hauptordner für die Ablage aller Dateien außer Multimedia-Dateien. Um den Überblick zu behalten, lassen sich beliebig viele Unterordner erstellen.

Downloads: Dateien und Programme, die Sie aus dem Internet herunterladen, werden automatisch im Ordner *Downloads* gesichert. Der Ordner liegt praktischerweise auch im Dock.

Filme: Das Programm iMovie ist mit diesem Ordner verzahnt. Ihre Filmdateien werden per Voreinstellung in diesem Ordner gesichert.

Library: Ähnelt dem Ordner gleichen Namens auf der obersten Ebene Ihres Rechners. Beide Ordner beinhalten Einstellungsdateien, Dateierweiterungen und Schriftsätze. Der Unterschied ist, dass der übergeordnete Ordner *Library* für alle Benutzer des Computers Gültigkeit besitzt. In Ihrem eigenen Ordner *Library* dagegen sind Einstellungen definiert, die nur Ihre Arbeitsumgebung betreffen. Die Wahl Ihres Bildschirmschoners merkt sich die *Library* ebenso wie die individuellen Einstellungen (Präferenzen), die Sie in den Programmen vornehmen. Dazu gehören zum Beispiel die Schrift, die Sie als Standard für ein Textverarbeitungsprogramm festlegen, oder die Website, die Sie als Startseite in Safari definieren. Im Unterordner *Widgets* beispielsweise werden nur die Widgets liegen, die Sie zukünftig herunterladen. Demzufolge werden diese Widgets auch nur in Ihrem Programm Dashboard angezeigt. Die anderen Benutzer haben auf diese Widgets keinen Zugriff.

Eigene Widgets in der privaten Library

AUFGEPASST

Die Bedeutung dieses Ordners wird erst richtig klar, wenn Sie Ihren Mac mit Kollegen oder Familienmitgliedern teilen. Denn gäbe es für das Mehrbenutzersystem Mac OS X keine Librarys in den jeweiligen Privatordnern, müsste die Arbeit eingestellt werden, weil allein das Hauen und Stechen um einen gemeinsamen Bildschirmhintergrund Tage dauern würde. So kann jeder seine Arbeitsumgebung einrichten, wie es ihm gefällt.

Musik: Ihre iTunes Musiksammlung wird in diesem Ordner abgelegt.

Öffentlich: Zielordner für Dateien, auf die alle am Computer angemeldeten Anwender Zugriff haben sollen.

Schreibtisch: In diesem Ordner liegen alle Dateien und Dokumente, die Sie auf der Schreibtischoberfläche sehen. Eine Datei auf dem Schreibtisch abzulegen, bedeutet, sie im Ordner *Schreibtisch* zu sichern.

Web-Sites: Mit dem in Mac OS X integrierten Web-Server können Sie Dateien, die in diesem Ordner abgelegt sind, im Internet oder im lokalen Firmennetzwerk veröffentlichen.

Die Privatsphäre ist gesichert

Sollten Sie sich den Rechner mit anderen Anwendern teilen, so haben diese Benutzer keinen Zugriff auf Ihre Ordner in Ihrem Privatverzeichnis. Ausnahmen bilden die Ordner *Öffentlich* und *Web-Sites*. Die Privatsphäre wird durch das Schild »Einfahrt verboten« an den Ordnersymbolen kenntlich gemacht.

Zutritt nicht gestattet.

AUFGEPASST

Innerhalb Ihres Ordners *Privat* dürfen Sie beliebig viele Unterordner anlegen. Beachten Sie jedoch, dass ein Ordner, der auf derselben Ebene liegt wie die voreingestellten Ordner, von anderen Benutzern eingesehen werden kann. Um dieses zu verhindern, sollten Sie neue Ordner stets als Unterordner von *Dokumente*, *Schreibtisch*, *Filme*, *Musik* und *Bilder* anlegen.

Für mehr Komfort: die Seitenleiste des Finders

Vergleichbar mit dem Dock, das sozusagen die VIP-Lounge für Programme ist, ist die Seitenleiste eines Finder-Fensters die Favoritenleiste für Ihre bevorzugten Ordner. Per Voreinstellung sind Ihr Benutzerordner sowie zentrale Ordner wie *Schreibtisch* und *Dokumente* bereits in die Rubrik *Orte* integriert.

Die Seitenleiste ist in vier Rubriken gegliedert: *Geräte*, *Freigaben*, *Orte* und *Suche*. Bei Anwendern, die nicht mit einem Server verbunden sind, wird die Rubrik *Freigaben* nicht angezeigt. In die Ordner *Alle Bilder*, *Alle Filme* und *Alle Dokumente* in der Rubrik *Suche* werden automatisch alle entsprechenden Dateien abgelegt, die Sie in der Vergangenheit geöffnet bzw. bearbeitet haben.

Sobald die Anzahl an Objekten die Größe des eingestellten Fensters überschreitet, erscheint ein Rollbalken, um in der Leiste hoch- und runterzufahren. Um Platz zu schaffen, lassen sich die einzelnen Rubriken auch mit einem Klick auf die Dreiecke wie ein übergeordneter Ordner schließen.

POWER USER

Sie können die einzelnen Symbole einer Rubrik natürlich aus der Seitenleiste entfernen, indem Sie sie einfach mit gedrückter Maustaste aus der Leiste herausziehen. Sind alle Symbole einer Rubrik gelöscht, wird auch die Überschrift entfernt. Sobald Sie einen Ordner wieder in die Seitenleiste bewegen, erscheint auch der Titel der Rubrik.

Welche Objekte in der Seitenleiste angezeigt werden, entscheiden Sie in den Einstellungen, die sich im Menü *Finder* öffnen lassen. Im Bereich *Seitenleiste* haben Sie nun Gelegenheit, die Anzeige all jener Objekte zu deaktivieren, die für Sie uninteressant sind. Sollten Sie beispielsweise keinen MobileMe-Zugang haben, ist die Anzeige des Objekts *iDisk* überflüssig.

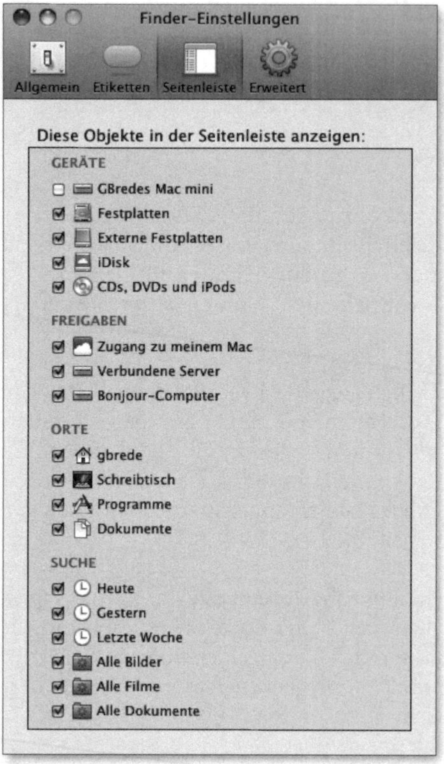

Legen Sie fest, was angezeigt wird.

In der Seitenleiste lassen sich die Symbole für Ordner, Festplatten und Server mit gedrückter Maustaste umplatzieren. Alle angezeigten Objekte sind Aliase, das heißt, dass lediglich die Symbole der Originalobjekte angezeigt werden. Aus diesem Grunde können Sie ohne Bedenken jedes Objekt mit gedrückter Maustaste aus der Seitenleiste ziehen und es verpuffen lassen.

Jedes Symbol in der Seitenleiste besitzt ein eigenes Kontextmenü, das Sie mit einem Klick auf die rechte Maustaste öffnen. Auch über das Kontextmenü lassen sich Objekte aus der Seitenleiste entfernen. Mit dem Begriff *Systemeinstellung »Seitenleiste«* ist das oben erwähnte Fenster *Einstellungen* gemeint.

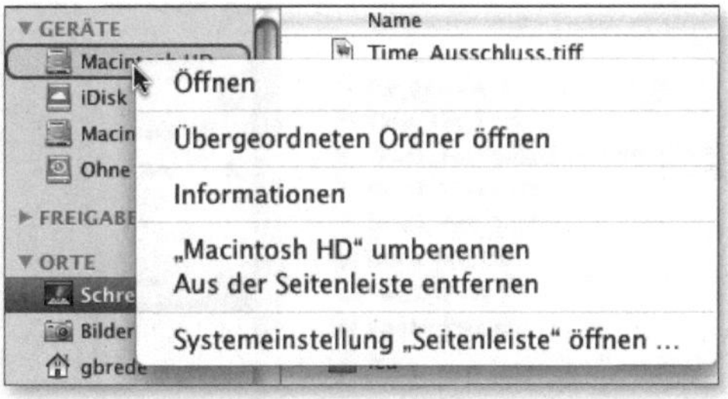

Das Kontextmenü für Objekte in der Seitenleiste des Finders

Die Seitenleiste nutzen

Dank der Seitenleiste haben Sie immer schnellen Zugriff auf Ihre Ordner und sparen sich dadurch den Gang durch verschlungene Ordnerpfade. Angenommen, Sie haben in Ihrem Privat-Ordner ein weit verzweigtes Netz von Unterordnern angelegt. Wenn Sie einen dieser Unterordner häufiger benötigen: ab mit ihm in die Seitenleiste.

Denken Sie auch bei Ihrer nächsten Aufräumaktion an die Leiste. Bevor Sie umständlich mehrere Finder-Fenster öffnen, um Dateien von einem Ordner in einen anderen zu verschieben, ziehen Sie den Zielordner einfach mit gedrückter Maustaste in die Leiste und anschließend die Dateien in den Ordner. Ein markierter Ordner lässt sich auch mit der Tastenkombination ⌘ – T in die Seitenleiste bewegen.

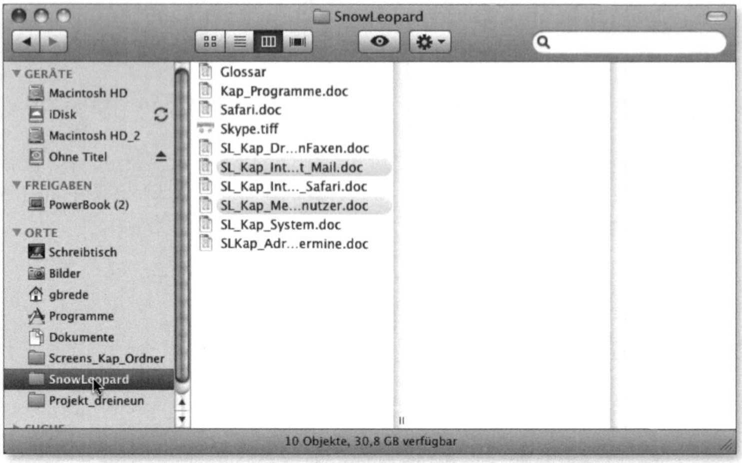

Die Seitenleiste mit Ihren favorisierten Ordnern

POWER USER

Betrachten Sie die Seitenleiste als temporären Aufenthaltsort für momentan favorisierte Ordner. Hat ein Ordner an Wichtigkeit für die alltägliche Arbeit verloren, ziehen Sie das Symbol einfach aus der Liste heraus. Die enorm komfortable Funktion der Seitenleiste lernt man auch beim Öffnen und Sichern von Dateien zu schätzen. Da in die Dialogfenster *Sichern* und *Öffnen* die Seitenleiste integriert ist, reicht in diesen Fenstern ein Klick auf den jeweiligen Ordner, um auf Inhalte zugreifen oder Dateien zielgerichtet ablegen zu können.

Ablagestruktur: Ordner anlegen, Dateien sortieren

Wie schon erwähnt, ist Ihr Ordner *Dokumente* das zentrale Domizil für Ihre Dokumente. Sobald Sie ein Dokument sichern, empfiehlt Ihnen der Rechner diesen Ordner automatisch als Speicherort.

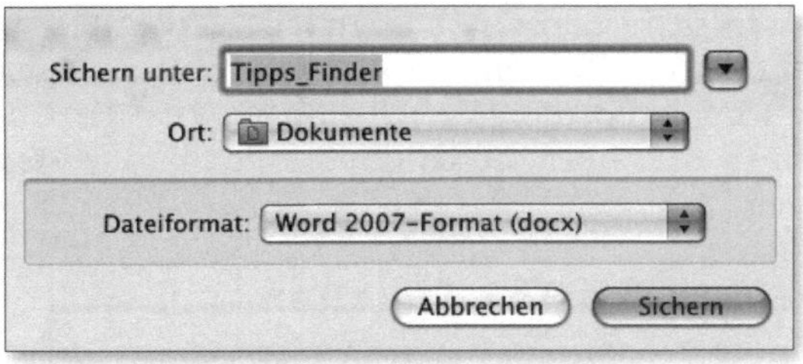

*Der Ordner **Dokumente** als zentraler Speicherort*

Zwar ist es sinnvoll, diesem Rat zu folgen. Legen Sie allerdings alles auf der obersten Ebene dieses Ordners ab, sieht es hier wahrscheinlich schon nach kürzester Zeit ziemlich unübersichtlich aus. Eine Ablagestruktur muss also her. Die schaffen Sie sich am besten mit Unterordnern. Innerhalb von Unterordnern lassen sich wiederum weitere Unterordner anlegen.

TIPP

Einen neuen Ordner erstellen Sie mit der Tastenkombination ⇧ – ⌘ – N oder indem Sie im Zahnradmenü in der Symbolleiste eines Finder-Fensters auf den entsprechenden Eintrag klicken. Das Symbol *Neuer Ordner* lässt sich auch in die Symbolleiste integrieren. Klicken Sie dazu mit der rechten Maustaste in die Symbolleiste und wählen Sie *Symbolleiste anpassen*. Ziehen Sie aus der Liste an Zeichen das Icon *Neuer Ordner* mit gedrückter Maustaste in die Leiste und klicken Sie abschließend auf *Fertig*.

Ordnern einen Namen geben

Ist ein neuer Ordner erstellt, wird der vorläufige Name farbig hervorgehoben. Überschreiben Sie direkt im Anschluss die markierten Wörter mit dem Namen, den Sie für den Ordner vorgesehen haben, und bestätigen Sie die Eingabe mit der ↩-Taste. Erlaubt sind Buchstaben, Zahlen und Satzzeichen (außer dem Doppelpunkt). Zwar gestattet, allerdings nicht ratsam ist die Verwendung von Sonderzeichen.

Ordner lassen sich jederzeit umbenennen. Klicken Sie auf das Ordnersymbol oder den Namen und drücken Sie danach die ↩-Taste. Der Name wird nun hervorgehoben – für Sie das Signal, den Namen überschreiben zu können. Bestätigen Sie die Eingabe wiederum mit der ↩-Taste.

Objekte identifizieren: Etiketten

Um Ordner und Dateien stärker voneinander abzuheben oder sie auf einen Blick thematisch zu erfassen, lässt sich diesen Objekten ein Etikett zuweisen. Die farbigen Etiketten, die Sie im Finder-Fenster im Aufklappmenü *Aktion* finden, haben die Funktion eines Textmarkers. So steht Orange zum Beispiel für die private Korrespondenz, Blau für die geschäftliche, Grün markiert Rechnungen, und Protokolle sind violett gemarkert. Oder Sie zeichnen mit den Etiketten die unterschiedlichen Entwicklungsstufen Ihrer Dokumente aus.

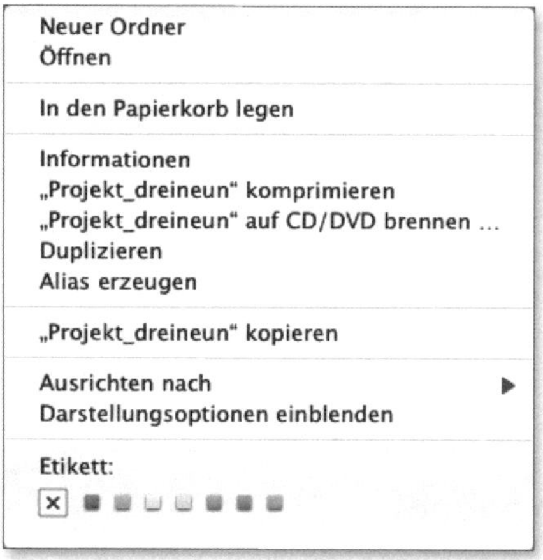

Markern Sie Ihre Dokumente mit Etiketten.

Damit Sie den Überblick über die Bedeutung der zugewiesenen Farben behalten, lassen sich die Etikettennamen im Menü *Finder | Einstellungen | Etiketten* umbenennen. Markieren Sie die vorgegebenen Bezeichnungen mit einem Doppelklick und überschreiben Sie diese mit Ihren Begriffen. Diese Begriffe werden sichtbar, sobald Sie im Menü *Aktion* die Maus über die farbigen Punkte bewegen. Sollten Sie der Farbe überdrüssig geworden sein, markieren Sie die Datei und wählen das x in der Etikettenreihe.

Eigene Namen für die Orientierung

TIPP

In den Ansichten *Liste* und *Cover Flow* können Sie mit Hilfe der Darstellungsoptionen (*Menü | Darstellung*) eine Spalte *Etikett* hinzufügen und die Objekte nach diesem Kriterium sortieren.

Ordner und Dateien markieren

Jedes markierte Objekt lässt sich mit gedrückter Maustaste bewegen und verschieben. In der Praxis sieht es häufig so aus, dass mehrere Objekte gleichzeitig verschoben werden sollen, so zum Beispiel auf eine CD, in einen anderen Ordner oder in den Papierkorb. Dafür jedoch müssen sie erst einmal markiert sein:

- Mit gedrückter Maustaste lässt sich ein transparentes und in seiner Größe variables Auswahlrechteck über die Objekte ziehen, die Sie markieren wollen. Klicken Sie neben ein Symbol und fangen Sie mit dem Rechteck die Objekte ein. Diese Methode ist bestens geeignet für das Markieren von Symbolen in der Symbolansicht und auf dem Schreibtisch.

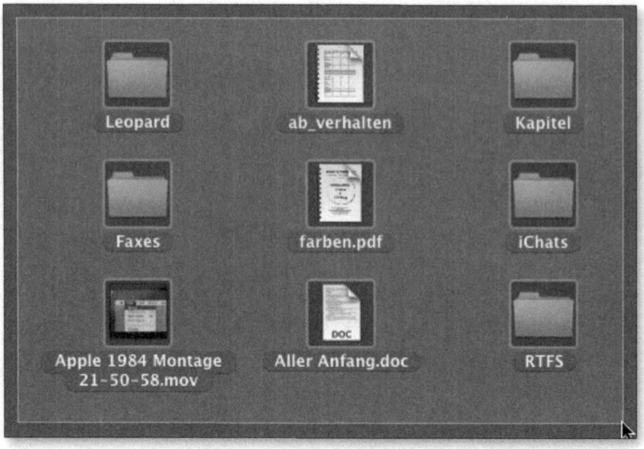

Symbole einfangen und markieren.

- Mit der Tastenkombination ⌘ – A markieren Sie den gesamten Inhalt eines Ordners.
- Mit gedrückter ⇧-Taste markieren Sie Objekte, die unmittelbar aufeinander folgen. Statt jedes Objekt einzeln anzuklicken, ist es bequemer, mit gedrückter Maustaste über weitere Objekte zu fahren und sie zu markieren. Wollen Sie einen ganzen Block markieren, klicken Sie mit gedrückter ⇧-Taste auf das erste Objekt des Blocks und anschließend auf das letzte.
- Haben Sie eventuell zu viele Objekte markiert? Kein Grund, die Aktion abzubrechen und von vorn zu beginnen. Machen Sie die Kennzeichnung rückgängig, indem Sie, weiterhin mit gedrückter ⇧-Taste, auf das nächst höhere oder untere Symbol klicken.

Mit gedrückter ⇧-Taste Objekte markieren, die unmittelbar aufeinander folgen.

- Mit gedrückter ⌘-Taste markieren Sie Objekte, die nicht unmittelbar aufeinander folgen.

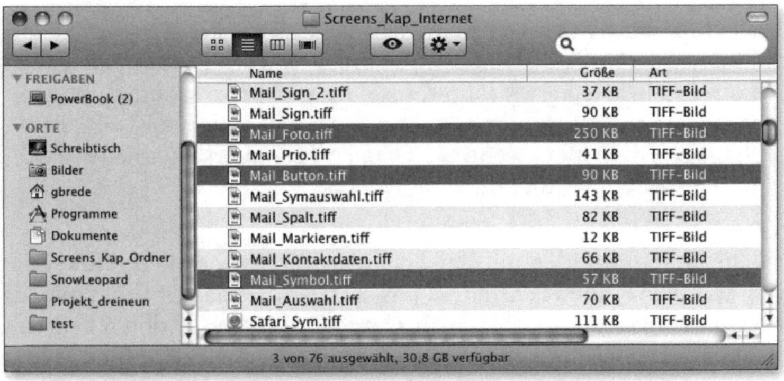

Typischer Fall für Markierung mit gedrückter ⌘-Taste

- Haben Sie eine Liste von Objekten markiert und stellen anschließend fest, dass ein Symbol gar nicht in die Liste passt, klicken Sie mit gedrückter ⌘-Taste auf das Symbol, um die Markierung rückgängig zu machen. Wollen Sie sämtliche Markierungen rückgängig machen, klicken Sie auf eine leere Stelle des Fensters.

AUFGEPASST

Beim Markieren von Symbolen können Sie ohne weiteres zwischen der Umschalttaste (⇧) und der Befehlstaste (⌘) wechseln. Sollten Sie jedoch eine der Tasten loslassen und ein weiteres Symbol markieren, ohne auf die andere Modifikationstaste zu wechseln, sind leider alle vorherigen Markierungen futsch.

Sobald Sie Symbole markiert haben, lassen sich diese mit einem Etikett versehen, verschieben, kopieren öffnen oder löschen. Ums Verschieben, Kopieren und Öffnen geht es in den nächsten Abschnitten.

Objekte verschieben

Gut geeignet für das Verschieben von Objekten ist die Spaltendarstellung, in der Sie das Objekt bequem nach rechts oder links in einen anderen Ordner ziehen können.

TIPP

Noch pfiffiger ist es freilich, den Zielordner zunächst in die Seitenleiste zu ziehen. Anschließend können Sie Ihre Dokumente ganz komfortabel aus der Symbol-, Listen-, Spaltendarstellung und CoverFlow auf das Ordnersymbol bewegen. Dieser Trick ist vor allem dann zu empfehlen, wenn Sie Dateien aus unterschiedlichen Ordnern in einem Ordner bündeln wollen.

Sollte Ihnen die Idee mit der Seitenleiste nicht gefallen, öffnen Sie ein weiteres Finder-Fenster (⌘ – N). Ziehen Sie das Objekt dann aus dem einen Fenster in den gewünschten Ordner des anderen Fensters. Haben Sie sich möglicherweise in der Wahl des Zielordners geirrt, machen Sie die Aktion mit der Tastenkombination ⌘ – Z rückgängig.

AUFGEPASST

Ein weiteres Finder-Fenster lässt sich nur mit der Tastenkombination ⌘ – N oder mit dem Befehl *Neues Fenster* im Menü *Ablage* erstellen. Mit einem Klick auf das Finder-Symbol im Dock kann nur ein einziges Fenster geöffnet werden.

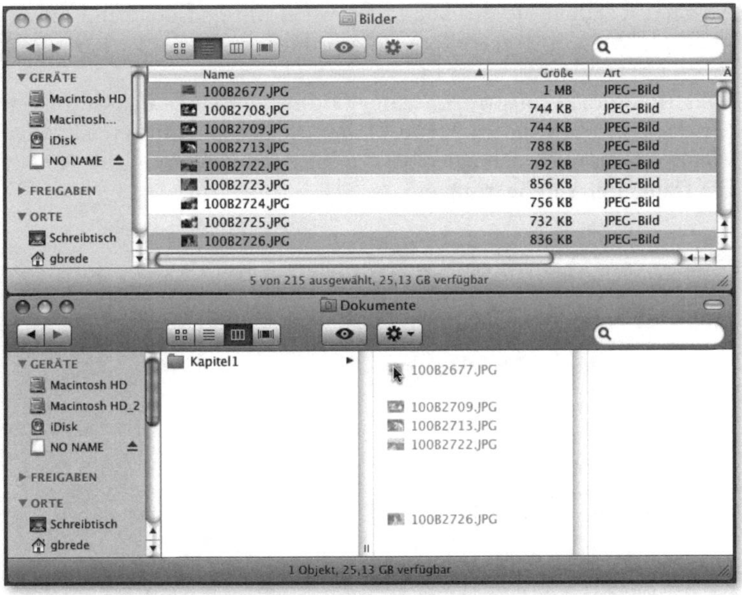

Zwei Fenster erleichtern das Bewegen von Objekten.

Beim gleichzeitigen Verschieben mehrerer Objekte ist es vollkommen unerheblich, ob die markierten Symbole aufeinander folgen oder munter verteilt sind. Entscheidend ist, dass sich der Mauszeiger auf einer Markierung befindet und Sie die Verschiebung mit gedrückter Maustaste vornehmen.

Da das Bewegen von Objekten eine so häufige Angelegenheit ist, gibt es zu den zwei geöffneten Finder-Fenstern eine noch schnellere und bequemere Alternative – die der aufspringenden Ordner. Bei dieser Variante navigieren Sie ein Objekt durch die Tiefen des Ordnersystems. Auf geht's: Markieren Sie ein oder mehrere Objekte und ziehen Sie diese mit gedrückter Maustaste auf ein Ordnersymbol. Nach einem kurzen Moment wird der Inhalt des Ordners, den Sie angesteuert haben, angezeigt. Sollte dies Ihr Zielordner sein, lassen Sie die Maustaste los, und das Objekt landet in diesem Ordner.

Ansonsten halten Sie die Maustaste weiterhin gedrückt und öffnen auf diese Weise immer weitere Unterordner, bis Sie ans Ziel gelangen.

Falls Ihnen das Aufspringen eines Ordners zu lange dauert, öffnen Sie die *Einstellungen* im Menü *Finder*. Stellen Sie im Bereich *Allgemein* mit dem Schieberegler bei *Aufspringende Ordner und Fenster* die Dauer der Verzögerung ein.

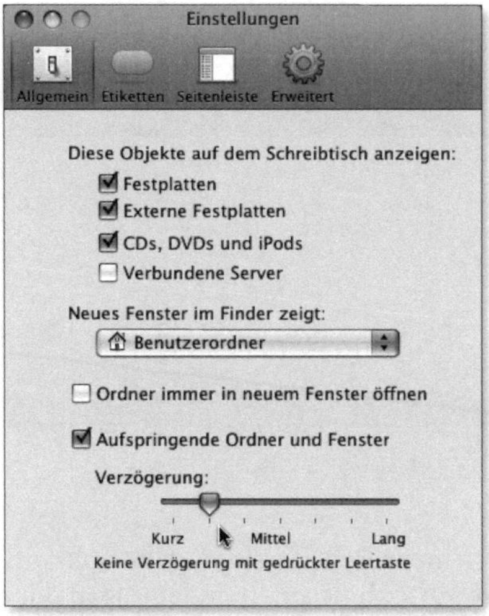

Aufspringende Ordner mit kurzer Verzögerung

Mag diese Art der Navigation am Anfang gewöhnungsbedürftig sein, Spaß macht sie allemal. Und wenn man erst einmal eine Datei erfolgreich in den Unterordner eines Unterordners eines Unterordners befördert hat, lernt man die Vorteile der aufspringenden Ordner schnell zu schätzen. Sollten Sie den aufspringenden Ordnern nichts abgewinnen können, deaktivieren Sie die Option in den Finder-Einstellungen.

Objekte kopieren

Sobald Sie eine Datei oder einen Ordner auf eine externe Festplatte ziehen, werden die Objekte automatisch kopiert. Auch ein Dokument, das Sie als Anhang in eine E-Mail ziehen, kopiert der Finder für Sie.

Wollen Sie hingegen auf Ihrer Festplatte ein Objekt an unterschiedlichen Bestimmungsorten anlegen, kopieren Sie selbst das Objekt, indem Sie es mit gedrückter Alttaste (⌥) an den Zielort ziehen. Dabei erscheint direkt unter dem Mauszeiger ein grüner Button mit einem weißen Pluszeichen als Symbol für Kopieren. Übrigens: Ob Sie ein Objekt verschieben oder kopieren, die aufspringenden Ordner funktionieren in beiden Fällen.

Wem die Zieherei mit der Maus nicht behagt, markiert das Objekt und klickt im Aufklappmenü *Aktion* auf *Objekte kopieren*. Haben Sie lediglich ein Objekt ausgewählt, erscheint der Name des Ordners oder der Datei, ansonsten wird die Zahl der insgesamt markierten Symbole angezeigt. Sobald Sie den Zielordner angesteuert haben, öffnen Sie erneut das Menü *Aktion* und rufen *Objekt(e) einsetzen* auf.

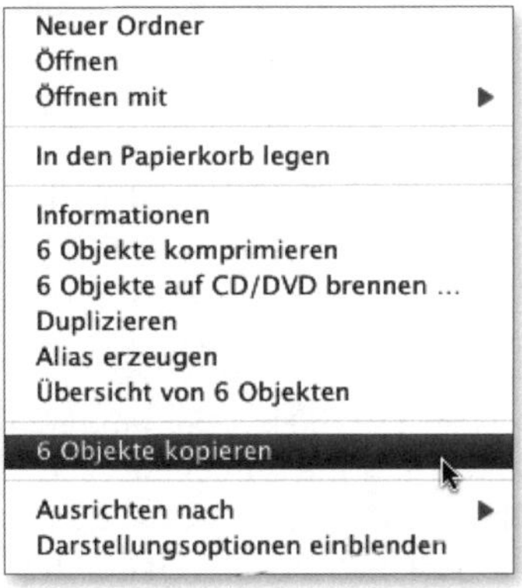

Objekte kopieren.

Auch mit Tastenkombinationen lassen sich diese Befehle ausführen: Drücken Sie ⌘ – C als Kombination für *Kopieren*. Wählen Sie den Zielordner und drücken Sie ⌘ – V (*Einsetzen*).

Ein kopiertes Objekt wird erst einmal in die Zwischenablage gelegt. Im Menü *Bearbeiten | Zwischenablage einblenden* sehen Sie, welches Objekt Sie zuletzt kopiert haben. Es bleibt so lange in der Zwischenablage, bis Sie ein neues Objekt kopieren.

Zur Verdeutlichung, wann ein Objekt kopiert und wann es verschoben wird:

- Sie verschieben ein Objekt, wenn Sie es auf derselben Festplatte oder auf demselben Speichermedium von einem Ordner in einen anderen ziehen.
- Ein Objekt wird automatisch kopiert, sobald es auf eine andere Festplatte oder in eine E-Mail gezogen wird.
- Wollen Sie ein Objekt auf derselben Festplatte in einen anderen Ordner kopieren, halten Sie bei dieser Aktion die ⌥-Taste gedrückt. Alternativ kopieren Sie ein Objekt mit dem Befehl *Objekt kopieren* im Menü *Aktion* oder im Kontextmenü (rechte Maustaste).

Objekte verschieben per Drag & Drop

In diesem Buch ist im Zusammenhang mit dem Verschieben von Objekten immer wieder von Drag & Drop die Rede. Die deutsche Übersetzung »Ziehen & Fallenlassen« wirkt ein bisschen plump, was wahrscheinlich auch ein Grund dafür ist, dass sich der englische Ausdruck durchgesetzt hat.

Mit Drag & Drop bewegen Sie ein markiertes Objekt oder eine markierte Textstelle von einem Ort zum anderen. Eine schnellere Methode, ein oder mehrere Elemente zu verschieben, gibt es nicht. Wenn Sie bei dieser Aktion zusätzlich die ⌥-Taste gedrückt halten, kopieren Sie das Objekt. Beim Verschieben von Textpassagen zwischen zwei Programmen wird der Text automatisch kopiert.

In diesem Buch werden wir Sie stets auf die Gelegenheit hinweisen, einen Befehl auch per Drag & Drop auszuführen. Per Drag & Drop ziehen Sie

- eine Webadresse ins Dock. In der Adressleiste von Safari sehen Sie neben der Webadresse das Symbol der aufgerufenen Website oder eine blaue Kugel. Ziehen Sie das Symbol oder die Kugel mit gedrückter Maustaste in die rechte Seite des Docks. Die Adresse verwandelt sich dabei in ein Spiralsymbol. Ohne Safari starten zu müssen, brauchen Sie nur auf das Symbol zu klicken, und die gewünschte Seite wird geöffnet.

- markierte Textpassagen einer Website auf das Symbol *Mail* im Dock. Daraufhin wird Mail geöffnet und der markierte Text in eine neue E-Mail eingesetzt. Dieses Verfahren eignet sich immer dann, wenn Sie eine interessante Textpassage auf einer Website entdecken und diese per E-Mail an einen Freund senden wollen.
- einen Begriff, über den Sie recherchieren wollen, auf das Symbol *Safari* im Dock ziehen, um in Safari die Google-Suche zu starten.
- markierte Dateien an einen anderen Speicherort
- markierte Objekte aus einem Finder-Fenster auf den Schreibtisch
- markierte Objekte vom Schreibtisch in einen Ordner
- eine Datei auf ein Programmsymbol im Dock, um das Programm zu starten,
- ein Bild oder eine Grafik in eine Textdatei
- eine Musikdatei aus der iTunes-Mediathek ins Dock
- markierte Textauszüge innerhalb einer Textdatei
- markierte Textauszüge in ein anderes Dokument. Markierte Textauszüge lassen sich zum Beispiel von TextEdit in ein Word-Dokument oder umgekehrt verschieben. Die Textformatierungen bleiben dabei erhalten.
- markierte Textauszüge auf den Schreibtisch.

Wenn Sie einen Textausschnitt direkt aus einem Textverarbeitungsprogramm auf den Schreibtisch ziehen, erzeugt der Rechner daraus eine Clip-Datei. Für den Namen einer Clip-Datei werden die ersten Wörter des Textes gewählt. Mit einem Doppelklick auf das Symbol öffnen Sie die Datei und sehen den Inhalt des Clips in einem eigenen

Fenster. Wollen Sie den Inhalt einer Clip-Datei erneut einfügen, ziehen Sie das Symbol einfach in das entsprechende Dokument.

GRUNDLAGEN

Eine Clip-Datei ist eine Art Zwischenablage für Textpassagen, Bilder, Grafiken oder Filme. Wie schon an anderer Stelle erwähnt, ist im Zwischenspeicher Ihres Macs immer nur Platz für ein einziges Objekt. Mit den Clip-Dateien machen Sie sich unabhängig von der sehr begrenzten Aufnahmekapazität dieses Speichers. Da Clip-Dateien quasi nur ein temporärer Aufenthaltsort sind und ohne Programmfunktionen auskommen, sind Änderungen nicht möglich.

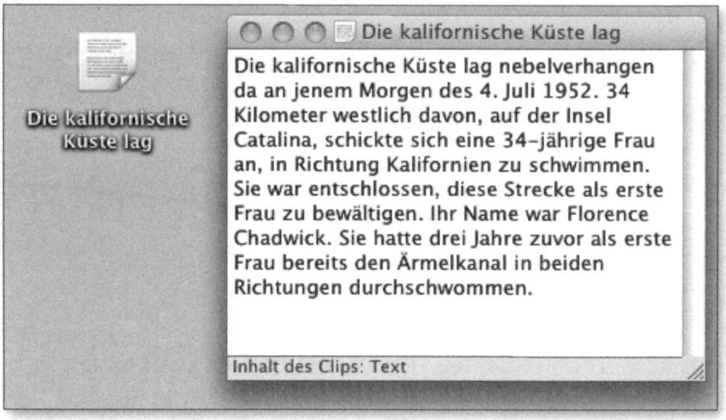

Eine Clip-Datei als Symbol und im geöffneten Fenster

Platz sparen 1: einen Alias erstellen

Ein Alias ist so etwas wie das Pseudonym eines Ordners oder eines Programms. Es ist eine Datei, die auf eine andere Datei oder einen Ordner verweist. Windows-Anwender kennen Alias-Dateien als »Verknüpfung«.

Der Vorteil eines Alias ist, dass er kaum Speicherplatz benötigt. In den Abbildungen sehen Sie, dass die Größe des Alias nur 1 MB beträgt, der Ordner, von dem der Alias erzeugt wurde, jedoch 11,5 MB.

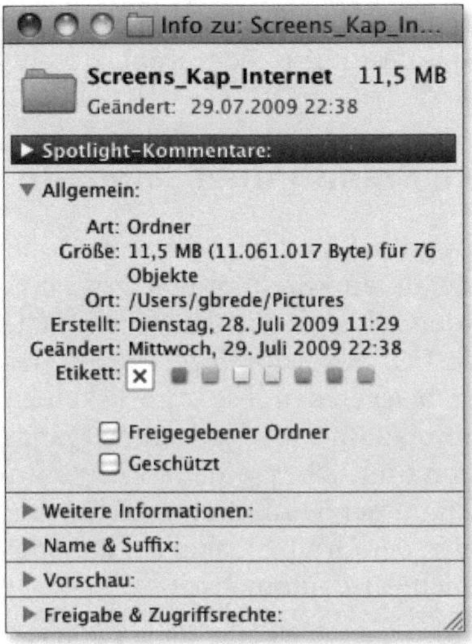

Alle Programme, Ordner und Dateien, die Sie im Dock oder in der Seitenleiste ablegen, sind ein Alias. Dabei ist es völlig unerheblich, ob Sie das Objekt aus dem Dock, der Seitenleiste oder im Finder-Fenster öffnen und bearbeiten. Die Änderungen werden automatisch vom Originalobjekt bzw. vom Alias übernommen. Vom Inhalt her sind das Original und sein Alias identisch.

POWER USER

Falls Sie die Aufnahmekapazität des Docks und der Seitenleiste bereits überstrapaziert haben, lässt sich ein Alias zum Beispiel auch auf dem Schreibtisch erstellen. Sie haben zum Beispiel einen Ordner »Rechnungen« tief in Ihrem Ordner *Dokumente* vergraben. Ein Alias dieses Ordners auf dem Schreibtisch erlaubt Ihnen, schnell nachzusehen, wie viele Rechnungen Sie in diesem Monat schon getippt haben, oder fix zu reagieren, wenn ein Kunde anruft.

So erstellen Sie einen Alias von einem oder mehreren ausgewählten Objekten: Klicken Sie im Aufklappmenü *Aktion* oder im Kontextmenü auf *Alias erzeugen*. Alternativ drücken Sie die Tastenkombination ⌘ – L.

Um das zum Alias gehörende Originalobjekt zu finden, markieren Sie den Alias und wählen anschließend im Aufklapp- oder Kontextmenü *Aktion* den Eintrag *Original zeigen*.

Dateien als Aliasse in einem Brennordner sammeln

Diese Vorteile von Alias-Dateien wird die Programmierer dazu bewogen haben, Mac OS X mit sogenannten »Brennordner« zu bereichern. In einem Brennordner werden Objekte, die Sie auf eine CD oder DVD brennen wollen, zunächst als Alias abgelegt. Die auf das Wechselmedium gezogenen Dateien belegen damit so gut wie keinen Speicherplatz. Außerdem können Sie bis zum Start des Brennvorgangs Änderungen am Original vornehmen und sicher sein, dass diese Änderungen von der Alias-Datei übernommen wird. Erst wenn Sie den Brennvorgang starten, werden Kopien der Originaldaten auf das Speichermedium gelegt. Selbstverständlich ganz automatisch.

Einen Brennordner erstellen Sie mit einem Klick auf den Eintrag *Neuer Brennordner* im Menü *Aktion*. Beim Ziehen eines Objekts in diesen Ordner verwandelt sich der Mauszeiger in einen gebogenen Pfeil. An diesem Pfeil erkennen Sie, dass Sie eine Alias-Datei erstellen. Diesen kleinen Pfeil sehen Sie auch in der linken Ecke des Objektsymbols, so dass Sie stets im Blick haben, ob es sich bei einem Objekt um das Original oder um einen Alias handelt.

Eine Alias-Datei ist am Pfeil erkennbar.

Platz sparen 2: Dateien komprimieren

Sie wollen sehr umfangreiche Dateien per E-Mail versenden? Oder Sie wollen den Speicherplatz auf Ihrer Festplatte besser nutzen, dabei aber keine Dateien löschen? In beiden Fällen heißt die Lösung: Dateien komprimieren. Bei diesem Verfahren wird die Größe einer Datei verkleinert, ohne dass es zu einem Datenverlust kommt. Sie können eine einzelne Datei, mehrere Dateien gleichzeitig oder einen ganzen Ordner komprimieren. Das Verfahren ist immer das gleiche:

Markieren Sie die Datei oder den Ordner und wählen Sie im Kontextmenü den Befehl *[Name der Datei oder des Ordners] komprimieren*. Nun wird von der Datei oder dem Ordner eine sogenannte Zip-Datei (Dateiendung .zip) erstellt. Dies ist die komprimierte Datei. Die Originaldatei bzw. der Originalordner ist weiterhin zugänglich und belegt damit nach wie vor wertvollen Speicherplatz. Um nun den Effekt des Platzsparens zu erzielen, können Sie die Originaldatei oder den Ordner getrost löschen. Mit einem Doppelklick auf die Zip-Datei entpacken Sie die komprimierte Datei, das heißt, dass die Originalgröße wieder hergestellt wird und Sie wieder Zugriff auf die Originaldaten haben.

Platz sparen mit komprimierten Dateien.

Sollen es gleich mehrere Dateien oder Ordner sein, markieren Sie die Objekte mit gedrückter ⌘-Taste und wählen wiederum im Kontextmenü *[Anzahl] Objekte komprimieren*. Die Dateien werden nun in einem Archiv gebündelt und als solches komprimiert. Der Dateiname der zusammengefassten Dateien ist *Archiv.zip*. Eine Zip-Datei lässt sich mit einem Doppelklick wieder dekomprimieren und öffnen.

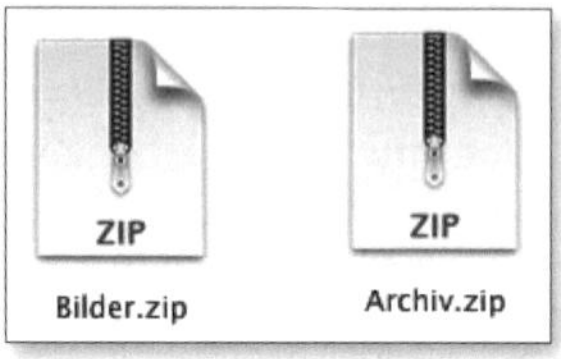

Archivierte Ordner und Dateien

Dateien öffnen

Eine Datei öffnen Sie normalerweise mit einem Doppelklick auf das Dateisymbol im Finder-Fenster. Darüber hinaus steht Ihnen der Befehl *Öffnen* im jeweiligen Anwendungsprogramm im Menü *Ablage* zur Verfügung. Mit diesem Befehl wird ein Fenster eingeblendet, das bis auf das Eingabefeld identisch ist mit dem Dialogfenster *Sichern unter*. Zum Fenster *Öffnen* gelangen Sie auch mit der Tastenkombination ⌘ – O.

TIPP

Geradezu genial ist es, dass Ihnen auch im Fenster *Öffnen* die Funktion *Übersicht* zur Verfügung steht. Mit einem Klick auf die Leertaste können Sie erst einmal in die Datei hineinschnuppern, bevor Sie sie öffnen.

Alle Dateien, die im Dialogfenster *Öffnen* in der normalen schwarzen Schrift erscheinen, lassen sich mit einem Doppelklick öffnen. Alle anderen, die aus dem laufenden Programm heraus nicht geöffnet werden können, sind optisch durch die hellgraue Farbe zurückgedrängt.

Selbstverständlich steht Ihnen im Fenster *Öffnen* auch die Suchfunktion Spotlight zur Verfügung. Geben Sie den Suchbegriff ein und grenzen Sie die Suche gegebenenfalls auf einen Ordner ein. In vielen Fällen ist dies wahrscheinlich der schnellste Weg, um zur gewünschten Datei zu kommen. Mit der Tastenkombination ⌘ – ⇧ – H gelangen Sie direkt zu Ihrem privaten Ordner, mit ⌘ – D zum Ordner *Schreibtisch*.

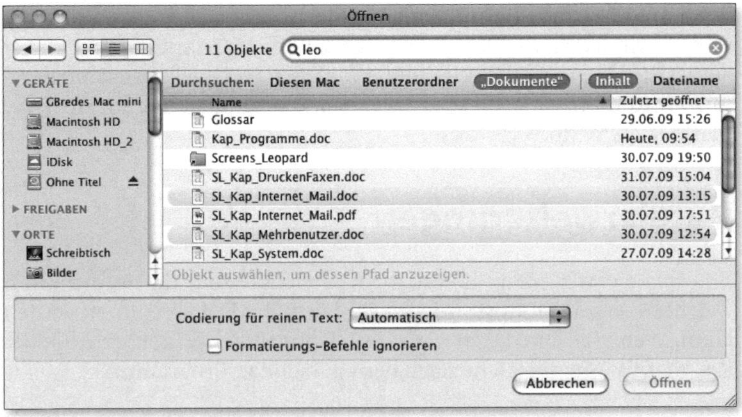

Eine Datei suchen und öffnen.

Wenn Sie im Fenster *Öffnen* eine Suche starten oder in einem der Suchordner der Seitenleiste nach einer Datei fahnden, wird unterhalb der Liste der Pfad eines markierten Objekts eingeblendet. Die angezeigten Ordner lassen sich mit einem Doppelklick öffnen. Auf diese Weise gelangen Sie schnell zum Zielordner oder zu einem seiner Unterordner und den jeweiligen Inhalten.

Außerdem haben Sie im Fenster *Öffnen* Zugriff auf die Medienordner *Musik*, *Fotos* und *Filme*. Wer zum Beispiel mit iPhoto arbeitet, kann im Fenster *Öffnen* durch die iPhoto-Mediathek blättern und nach interessanten Fotos für zum Beispiel eine Word-Datei Ausschau halten.

POWER USER

Denken Sie beim Öffnen einer Datei auch an das -Menü und seinen Eintrag *Benutzte Objekte*. Hier finden Sie im Abschnitt *Dokumente* standardmäßig die zehn zuletzt geöffneten Dokumente aufgeführt. Mit einem einfachen Klick auf einen der Namen öffnen Sie die Datei. In den *Systemeinstellungen | Erscheinungsbild | Benutzte Objekte merken* lässt sich die Anzahl der angezeigten Dokumente vergrößern.

Bei der Arbeit zum Beispiel mit Grafikprogrammen kann es sinnvoll sein, mehr als ein Objekt gleichzeitig zu öffnen. Markieren Sie daher zuerst die Dateien im Finder und öffnen Sie die Objekte anschließend mit der Kombination ⌘ – O oder mit einem Doppelklick auf eines der markierten Symbole.

Dateierweiterungen

Eine Dateierweiterung liefert dem Betriebssystem die Information, welches Programm es starten muss, damit die Datei geöffnet werden kann. Wenn Sie eine Datei mit einem Doppelklick öffnen, erledigt der Rechner für Sie die Suche nach dem passenden Programm.

Die meisten Dateierweiterungen, auch »Dateiendung« oder »Dateisuffix« genannt, werden unter Mac OS X standardmäßig ausgeblendet, gemäß dem Motto von Apple Macintosh, dass der Benutzer nicht mit technischen Abläufen konfrontiert werden soll, die in den Tiefen des Betriebssystems stattfinden. Sollten Sie auf die Anzeige der Endungen nicht verzichten wollen, wählen Sie im Menü *Finder | Einstellungen | Erweitert* die Option *Alle Suffixe anzeigen*. Bei eingeschalteter Option werden auch die Programme im Programmordner berücksichtigt, die fortan mit dem Suffix .app versehen sind.

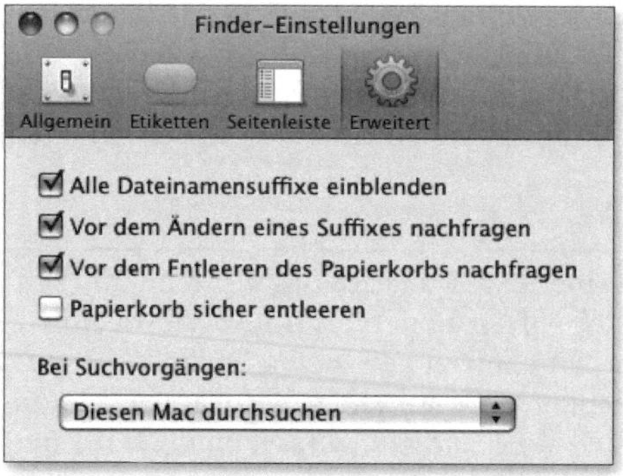

Ab jetzt mit Erweiterungen

TIPP

Tauschen Sie mit Benutzern anderer Betriebssysteme Dateien aus, ist es ratsam, die Dateien stets mit eingeblendeten Suffixen zu versenden. Damit stellen Sie sicher, dass der Rechner des Empfängers das Programm findet, mit dem die Datei geöffnet werden kann – vorausgesetzt, das Programm befindet sich auf dem Rechner.

Eine Datei mit einem anderen Programm öffnen

Dateiformate wie beispielsweise .rtf oder .jpeg lassen sich zwar mit mehreren Programmen öffnen. Standardmäßig ist ihnen jedoch, wie auch allen anderen Dateiformaten, ein Programm zugewiesen. Dateien mit dem Suffix .rtf werden unter Mac OS X mit TextEdit geöffnet, Dateien mit der Erweiterung .jpeg oder .jpg mit dem Programm Vorschau. Nun eignet sich das Programm Vorschau nur begrenzt, um Änderungen an der Bilddatei vorzunehmen. Um die Datei nun mit einem entsprechenden Bildbearbeitungsprogramm zu öffnen, klicken Sie mit der rechten Maustaste auf das Dateisymbol und bewegen den Mauszeiger im Kontextmenü auf die Option *Öffnen mit*. An oberster Position der eingeblendeten Liste steht das Programm, mit dem die Datei per Voreinstellung geöffnet wird. Darunter befinden sich Anwendungen, mit denen sich die Datei alternativ starten lässt. Wählen Sie die Anwendung, die Sie aktuell bevorzugen, mit einem Klick auf den Namen aus.

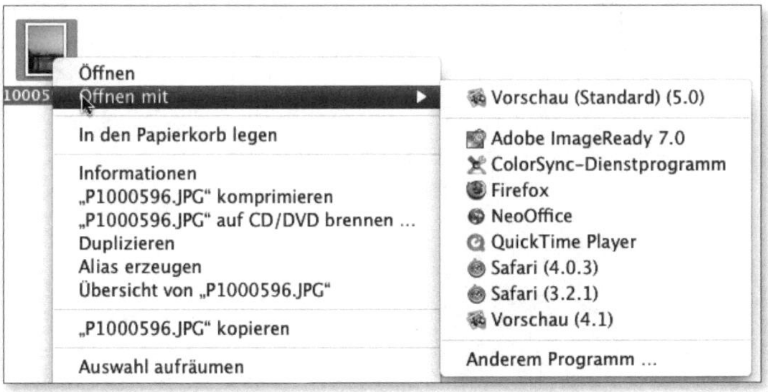

Auswahl für das Öffnen einer Datei

POWER USER

Wenn Sie eine Datei mit einem anderen Programm öffnen wollen, denken Sie auch an die komfortable und clevere Möglichkeit, das Dateisymbol mit gedrückter Maustaste auf das Symbol des betreffenden Programms im Dock zu ziehen.

Angenommen, Sie arbeiten an einem Projekt, in dem alle Dateien desselben Typs ausnahmslos mit Photoshop oder Illustrator geöffnet werden sollen. Bringen Sie dies dem System mit folgenden Schritten bei:

- Markieren Sie das Dateisymbol und öffnen Sie mit der Tastenkombination ⌘ – I das Fenster *Information*. Ihre markierte Datei steht hier stellvertretend für alle Dateien desselben Typs.
- Öffnen Sie die Rubrik *Öffnen mit* und wählen Sie in der Auswahlliste Ihr bevorzugtes Programm aus.
- Im Informationsfenster klicken Sie nach der Wahl Ihres Programms auf die Schaltfläche *Alle ändern...* . Nun öffnet sich ein Warnfeld, das Sie noch einmal auf Ihr Vorhaben aufmerksam macht. Bestätigen Sie mit *Fortfahren*. Nach Beendigung der Aktion sehen Sie im Register *Öffnen mit* Ihr ausgewähltes Programm als Standard.

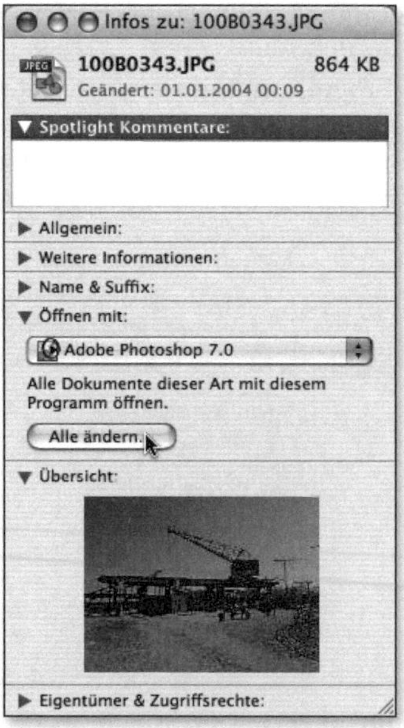

Ein neues Standardprogramm zuweisen.

Eine Datei nicht öffnen können

Manchmal passiert es freilich auch, dass sich eine Datei, die Sie zugesendet bekommen oder aus dem Internet heruntergeladen haben, partout nicht öffnen lässt. Stattdessen öffnet sich ein Dialogfenster mit dem Hinweis, dass kein Standardprogramm angegeben wurde.

Nun können Sie zwar auf den Button *Programm auswählen* klicken und versuchen, mit einem der Programme die Datei zu öffnen. Doch in den meisten Fällen wird hierbei Datenmüll erzeugt. Kurzum: Diese Dateien sind ein Fall für den Papierkorb.

Dokumente sichern

Haben Sie ein neues Dokument erstellt, sollten Sie ganz schnell den Befehl *Sichern unter* aufrufen, damit nichts verloren geht. In Anwendungsprogrammen finden Sie den Befehl im Menü *Ablage*. Oder Sie merken sich am besten gleich die Tastenkombination ⌘ – ⇧ – S.

AUFGEPASST

Beachten Sie, dass die Microsoft Office-Programme keine Tastenkombination für den Befehl *Sichern unter* kennen. Sie finden den Befehl in diesen Programmen im Menü *Datei* | *Speichern unter*.

Das Dialogfeld, das sich nun öffnet, lässt sich in zwei Varianten anzeigen: In der recht überschaubaren Version, die Sie vor sich sehen, oder in einer üppigeren Form, die Sie mit einem Klick auf das Dreieck rechts neben dem Eingabefeld öffnen. Das Design dieses Dialogfensters ist an das des Finder-Fensters angelehnt, was den Umgang mit dieser Funktion stark vereinfacht:

- Mit den Buttons *Vor* und *Zurück* verlieren Sie den Weg nach dem passenden Speicherort nicht aus den Augen.
- Sie haben die Wahl zwischen der Symbol-, Listen- und Spaltendarstellung. In der Listendarstellung werden der Name des Zielordners und das Änderungsdatum eingeblendet. Klicken Sie in die

Spaltentitel, um die Sortierung gegebenenfalls umzudrehen. Die Spaltendarstellung erlaubt es, bequem zum passenden Unterordner zu navigieren.

- Haben Sie den Zielordner der Seitenleiste hinzugefügt, lässt sich der Ordner ganz fix mit einem Klick als Speicherort auswählen.

Im abgespeckten Dialogfeld *Sichern* rutschen die Objekte der Seitenleiste in das Aufklappmenü bei *Ort*.

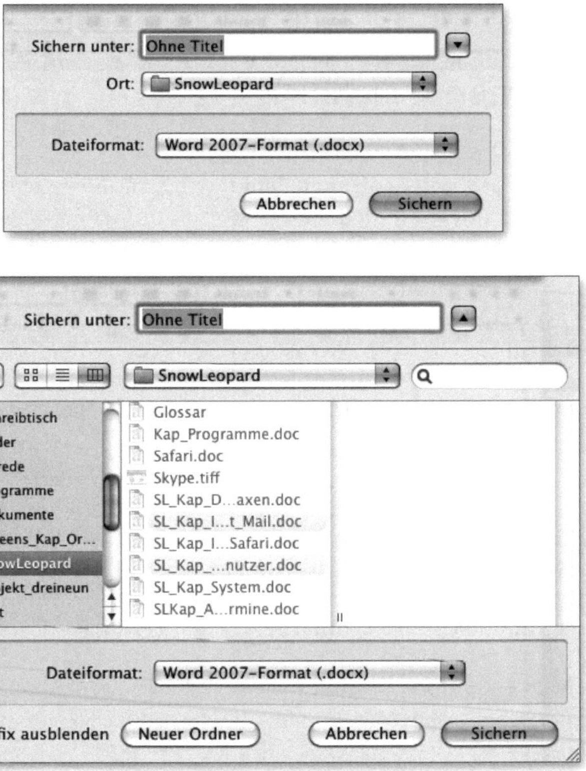

Das Dialogfeld ***Sichern*** *in zwei Varianten*

Geben Sie den Namen für Ihre Datei in das Eingabefeld ein, indem Sie die Wörter *Ohne Titel* einfach überschreiben. Im Aufklappmenü unterhalb des Eingabefeldes bestimmen Sie den Zielordner. Mac OS X schlägt Ihnen als Speicherort stets den zuletzt gewählten Ordner vor. Passt Ihnen dieser Vorschlag nicht, wählen Sie einen anderen Zielordner mit Hilfe der Symbol-, Listen- oder Spaltendarstellung.

Im Aufklappmenü finden Sie auch die Rubrik *Zuletzt benutzt*, in der Sie einen schnellen Zugriff auf die zuletzt gewählten und verwendeten Ordner haben.

Die üblichen Verdächtigen

AUFGEPASST

Um einen Ordner aus der Seitenleiste, dem Aufklappmenü oder der Spaltenansicht als Speicherort zu definieren, reicht ein einfacher Klick. Wählen Sie den Zielordner indes in der Symbol- oder Listenansicht aus, bedarf es eines Doppelklicks!

Sollten Sie den Zielordner partout nicht finden können, geben Sie den Namen in das Suchfeld ein. Sobald der Ordner in der Liste der gefundenen Objekte angezeigt wird, können Sie ihn mit einem Doppelklick als Speicherort definieren.

TIPP

Ihren Privat-Ordner und den Ordner *Schreibtisch* können Sie direkt nach dem Einblenden des Dialogfeldes mit Tastenkombinationen ansteuern: Privat = ⌘ – ⇧ – H (Home); Schreibtisch = ⌘ – D (Desktop).

Manchmal passiert es, dass das neue Dokument thematisch in keinen der bereits bestehenden Ordner passt. Auch für diesen Fall gibt es eine so einfache wie praktische Lösung:

- Klicken Sie auf den Button *Neuer Ordner* in der unteren Leiste des Fensters.
- In der Eingabezeile des neuen Fensters geben Sie dem Ordner einen Namen.
- Mit der ↩-Taste bestätigen, und Ihr neuer Ordner ist erstellt.
- Der Ordner wird sogleich als Speicherort für das Dokument markiert. Ein nochmaliges Drücken der ↩-Taste speichert das Dokument im neuen Ordner.

*Auch im Fenster **Sichern unter** lässt sich ein neuer Ordner erstellen.*

Im Aufklappmenü *Dateiformat* haben Sie je nach Datei eine unterschiedlich große Auswahl an Formaten. Wollen Sie Ihre Datei an jemanden versenden, wählen Sie am besten ein Format, von dem Sie sicher sind, dass es dem Empfänger keine Probleme beim Öffnen bereitet.

AUFGEPASST

Wer Dateien mit Windows-Benutzern austauscht, sollte auf jeden Fall daran denken, die Option *Suffix ausblenden* zu deaktivieren. Um eine Datei auf einem Mac zu öffnen, bedarf es keiner Dateiendung (Suffix). Aus diesem Grund werden die Dateisuffixe standardmäßig ausgeblendet. Wenn Sie eine solche Datei jedoch an jemanden versenden, der unter Windows arbeitet, bekommen Sie schnell die Meldung zurück, dass die Datei nicht geöffnet werden kann. Um diesem Ärger aus dem Wege zu gehen, brauchen Sie die Option nur ein einziges Mal in den jeweiligen Programmen auszuschalten. Das System merkt sich die Einstellung und hängt fortan automatisch die Dateiendung an.

Spotlight: Suchen und Finden

Sie wissen zwar, dass Sie eine Datei verschoben haben, wissen jedoch nicht mehr, wohin? Oder Sie erinnern sich, dass Sie mal ein Zitat von Goethe in ein Textdokument kopiert haben. Doch leider haben Sie den Wortlaut des Zitats vergessen und darüber hinaus auch, in welchem der vielen Dokumente dieses Zitat steckt? Pech? Nein. Denn Sie müssen Ihr Erinnerungsvermögen nicht mit solchen Dingen auf die Probe stellen. Sie sollten nur wissen, dass es *Spotlight* gibt. Mit diesem Suchprogramm finden Sie selbst Dateien wieder, die Sie in den hintersten Unterordner eines sowieso schon längst vergessenen Ordners geschoben haben. Und haben Sie erst einmal erfahren, wie schnell *Spotlight* nach Ihrem Objekt der Begierde sucht (und es auch findet), werden Sie wahrscheinlich nie wieder mit sich hadern, wenn eine Datei mal nicht dort liegt, wo sie liegen sollte.

Spotlight durchforstet alles: Programme, Ordner, E-Mails, Kalendereinträge, Kontaktdaten, PDF-Dateien, den Verlauf besuchter Webseiten, Word-Dateien, Chatprotokolle und so weiter. Und da *Spotlight* automatisch die Inhalte Ihrer Dateien indiziert, können Sie sich auch auf die Suche **nach den Inhalten** Ihrer Textdokumente, E-Mails, Präsentationen, PDF-Dateien und To-do-Listen machen.

In PDF-Dateien werden die gesuchten Begriffe sogar gemarkert angezeigt, so dass Sie sich in diesen Dokumenten nicht einmal mehr auf eine weitere Suche nach den entsprechenden Textstellen machen müssen.

Mit Spotlight lässt sich aber nicht nur suchen, sondern auch rechnen. Einfache Rechenoperationen wie Addition, Subtraktion und Multiplikation können im Spotlight-Menü durchgeführt werden.

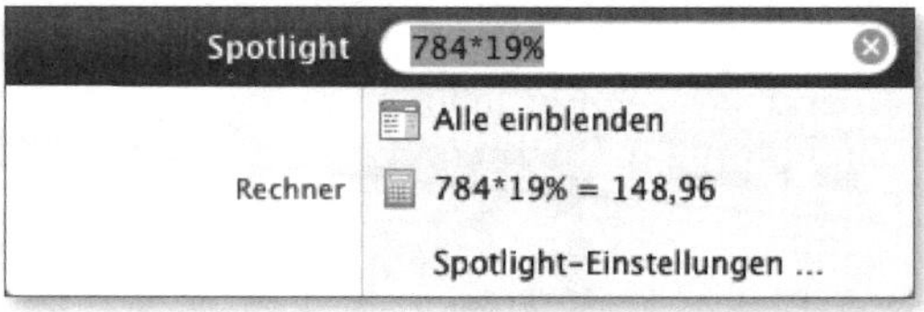

Mit Spotlight rechnen

Die Spotlight-Suchfunktion ist unmittelbarer Bestandteil des Betriebssystems. Sie finden die Funktion in den Programmen *iCal, Mail, Adressbuch*, den Systemeinstellungen, in den Dialogfenstern *Sichern unter* und *Öffnen* und natürlich im Finder-Fenster.

Die Suche starten

Es ist völlig egal, in welchem Programm Sie gerade stecken. Auf die Suchfunktion *Spotlight* haben Sie dank des Lupensymbols in der rechten Ecke der Menüleiste immer Zugriff. Alternativ öffnen Sie das Suchfeld mit der Tastenkombination ⌘ – Leertaste.

Schon nach Eingabe des ersten Buchstabens zeigt Spotlight Ihnen eine Trefferliste an. Je mehr Buchstaben Sie in das Suchfeld tippen, desto exakter sind die Ergebnisse. Groß- und Kleinschreibung spielt bei der Eingabe des Suchbegriffs übrigens keine Rolle.

Eine Spotlight-Suche mit geordneter Trefferliste

An oberster Stelle der Suchergebnisse steht immer der Top-Treffer, der nach den Kriterien Aktualität und Relevanz ermittelt wird. Die weiteren Ergebnisse werden nach Kategorien wie *Programme*, *Dokumente*, *Ordner*, *Webseiten* usw. sortiert, was das Aufspüren des gesuchten Objekts erheblich vereinfacht. Sie öffnen das Objekt mit einem einfachen Klick auf den Eintrag.

Die Anzahl der angezeigten Suchergebnisse mag Ihnen etwas wenig vorkommen. Tatsächlich listet das Menü nur 20 der wahrscheinlichsten Objekte auf, und zwar gleichmäßig verteilt über die Kategorien. Die gesamte Trefferliste sehen Sie im Spotlight-Fenster, das Sie mit einem Klick auf *Alle einblenden* öffnen. Mehr dazu im Abschnitt »Im Finder suchen«.

TIPP

Je häufiger Sie Spotlight nutzen, um so mehr wird Ihnen vielleicht auffallen, dass Sie zum Aufspüren einer Datei oder zum Öffnen eines Programms das Finder-Fenster immer weniger benötigen. Denn an die wahnwitzige Geschwindigkeit, mit der sich Spotlight auf den Weg macht, Objekte ausfindig zu machen, kommt man als Anwender gar nicht heran. Wenn Sie zum Beispiel die Systemeinstellung *Maus* öffnen wollen, um die Maustasten zu konfigurieren, geben Sie einfach **ma** ein. Die Systemeinstellung *Maus* wird in Nullkommanichts angezeigt. Oder Sie wollen ein Programm starten, das nicht im Dock liegt. Viel schneller als über den Programmordner geht es mit der Eingabe von zwei oder drei Buchstaben in das Suchfeld von Spotlight.

Die Suche verfeinern

Die Eingabe von Suchkriterien in Spotlight funktioniert ähnlich wie die in einer Suche mit einer Suchmaschine im Internet. Alles, was Sie in Anführungszeichen eingeben, wird genau in dieser Wortfolge in den Dateinamen oder den Inhalten der Dokumente gesucht. Geben Sie beispielsweise »Gewonnen wird im Kopf« in das Suchfeld ein, macht sich Spotlight auf die Suche nach exakt dieser Formulierung. Geben Sie die Begriffe ohne Anführungszeichen ein, zeigt Spotlight alle Objekte an, in denen diese Wörter unabhängig von der Wortfolge vorkommen.

Natürlich können Sie auch Objekte von der Suche ausschließen. Wollen Sie zum Beispiel alle Dateien angezeigt bekommen, in denen zwar das Wort »Snow«, nicht aber das Wort »Leopard« enthalten ist, schließen Sie das nicht gewünschte Wort mit einem Minuszeichen aus. Geben Sie in das Suchfeld ein: Snow -Leopard.

POWER USER

Diese Operationen, die nichts anderes als Verknüpfungen von Ergebnissen sind, sind vergleichbar mit den sogenannten Booleschen Operationen. Bei Booleschen Operationen werden die Begriffe AND, OR oder NOT in die Suchanfrage eingefügt. Bei Suchanfragen mit AND (Leopard AND Apple) wird nach Ergebnissen gefahndet, die beide Suchbegriffe enthalten. Wird der Begriff OR zwischen zwei Begriffen eingefügt (Leopard OR Apple) wird entweder nach dem einen oder nach dem anderen Begriff gesucht. Bei der dritten Variante NOT schließlich sind Ergebnisse erwünscht, die zwar den einen, **nicht** aber den anderen Begriff enthalten.

Nach Kategorien suchen

Die Suche in Spotlight lässt sich auch auf bestimmte Kategorien beschränken. Das Prinzip dieser Suche ist, den Begriff **Art** und ein Schlüsselwort einzugeben.

Art:PDF Die Suche beschränkt sich auf PDF-Dateien.

Art:Bilder Die Suche beschränkt sich auf Fotos.

Art:Präsentationen Spotlight macht sich nur auf die Suche nach Präsentationen, die Sie mit Keynote oder PowerPoint erstellt haben.

Art:Lesezeichen Spotlight fahndet ausschließlich in den Lesezeichen, die Sie in Safari definiert haben.

Art:E-Mail Es werden ausschließlich E-Mails in der Ergebnisliste angezeigt.

Textdokumente und PDFs können mit sogenannten Metadaten ausgestattet werden. Metadaten erscheinen nicht im laufenden Text, sondern werden in den Dateiinformationen separat eingegeben. Zu solchen Metadaten gehören zum Beispiel der Name des Autors und die Namen der Bearbeiter. Spotlight greift auch auf diese Metadaten zu, so dass sich Textdokumente auch über die Eingabe des Autors finden lassen.

Der Eintrag **Autor:Brede** sucht nach allen Dokumenten, in denen der Name Brede in den Metadaten auftaucht.

Wer Objekte (Textdokumente, E-Mails) eines bestimmten Verfassers sucht, jedoch nicht genau weiß, wie der Name geschrieben wird, gibt die Alternativen mit ein: Autor:Schultz AND Autor:Schulz.

Im Finder-Fenster suchen

Die komplette Liste mit den Suchergebnissen erhalten Sie, indem Sie im Spotlight-Menü auf *Alle einblenden* klicken. Nun öffnet sich ein Spotlight-Fenster mit den listenförmig angezeigten Ergebnissen. In der Statusleiste am unteren Rand des Fensters sehen Sie, um wie viele Treffer es sich handelt.

Natürlich können Sie die Suche auch direkt im Finder-Fenster starten. Außerdem besteht die Möglichkeit, mit der Tastenkombination ⌘ – F ein Finder-Fenster im Spotlight-Design zu öffnen.

Mit der Tastenkombination ⌘ – F ein Spotlight-Fenster öffnen.

GRUNDLAGEN

Das Spotlight-Fenster ist in vielerlei Hinsicht komfortabler als das Spotlight-Menü. Zum einen ist die Trefferliste nicht auf 20 Objekte begrenzt. Das Fenster zeigt vielmehr die komplette Ergebnisliste an. Zum anderen lässt sich im Spotlight-Fenster die Suche näher präzisieren und auf einen Ort oder auf den Inhalt bzw. den Dateinamen beschränken.

Die ausführlichere Ergebnisliste

Ebenso wie für die Finder-Fenster lassen sich auch für Spotlight-Fenster Darstellungsoptionen definieren. Diese Optionen, die die Informationsdichte eines Fensters beeinflussen, sind abhängig von der gewählten Fensteransicht. Für die Symbolansicht gelten andere Darstellungsoptionen als für die Listenansicht und Cover Flow. Sie öffnen die Darstellungsoptionen eines Spotlight-Fensters im Zahnradmenü der Symbolleiste.

Für die Listenansicht und Cover Flow lassen sich weitere Spaltenanzeigen wie *Änderungsdatum* und *Erstellungsdatum* hinzufügen. Außerdem können sowohl die Objektsymbole als auch die Objektbezeichnungen größer angezeigt werden.

Für die Symbolansicht ist eventuell die Option *Objektinfo einblenden* von Interesse. Wer Spotlight viel für die Suche nach Bildern einsetzt, bekommt mit dieser Option die Größe der einzelnen Bilder gleich mit eingeblendet.

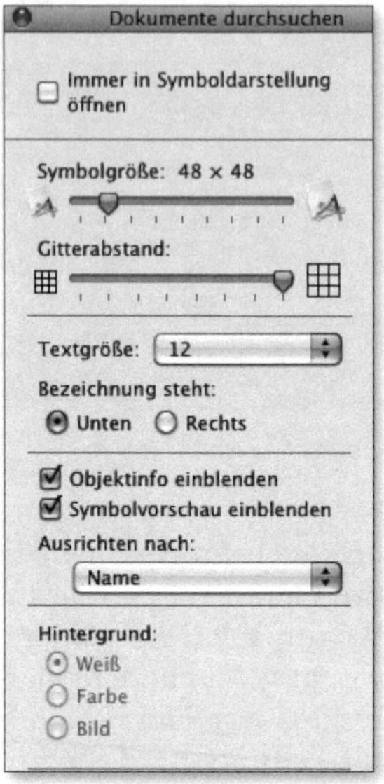

Darstellungsoptionen für Spotlight-Fenster

Wer das Spotlight-Fenster immer in der von ihm favorisierten Ansicht geöffnet haben möchte, wählt die Fensteransicht aus und klickt dann im Fenster *Darstellungsoptionen* in *Immer in Cover Flow öffnen* respektive *Immer in Listendarstellung öffnen* oder *Immer in Symbolansicht öffnen.*

Die favorisierte Ansicht für Spotlight-Fenster einstellen.

Die definierten Darstellungsoptionen gelten nur für Spotlight-Fenster. Auf Finder-Fenster werden sie nicht angewendet.

Die Suche auf Orte beschränken

Im Spotlight-Fenster lässt sich die Suche praktischerweise auf einen bestimmten Ort eingrenzen, was die Anzahl an Suchergebnissen erheblich verringert. Wenn Sie im aktuellen Ordner nach einem Objekt fahnden wollen, geben Sie den Begriff in das Suchfeld des Finder-Fensters ein. Alternativ öffnen Sie das Spotlight-Fenster mit der Tastenkombination ⌘ – F.

Damit Spotlight die Suche im aktuellen oder in einem anderen markierten Ordner startet, ist in den Einstellungen des Finders (Menü *Finder*) eine klitzekleine Vorarbeit nötig: Öffnen Sie den Bereich *Erweitert* und wählen Sie im Aufklappmenü *Bei Suchvorgängen*, an welchem Ort Spotlight zuerst die Fühler ausstrecken soll.

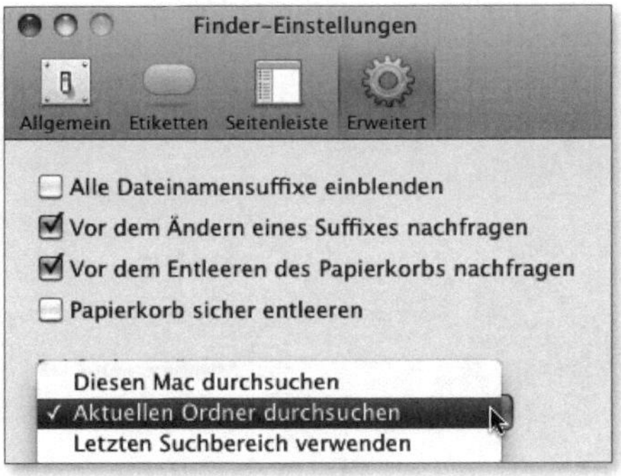

In den Einstellungen des Finders den Suchort definieren.

POWER USER

Spotlight berücksichtigt bei der Suche nach einem Objekt auch die öffentlichen Ordner Ihres gesamten Netzwerks. Ist der Rechner mit anderen Computern verbunden, befindet sich auch der Ort *Freigaben* in der Leiste der Suchorte.

Abgesehen vom Suchort lässt sich die Suche nach einem Objekt auch auf den Dateinamen beziehungsweise den Inhalt beschränken. Selbst wenn Sie wissen, wo sich eine Datei mit bestimmtem Dateinamen befindet, so ist die Suche mit Spotlight unter Umständen wesentlich schneller, als wenn Sie sich durch Ordner und Unterordner kämpfen, um das Objekt ausfindig zu machen.

Die Funktion »Übersicht« für Spotlight nutzen

Angenommen, Sie sind auf der Suche nach einer bestimmten Mail, einem bestimmten Foto oder einem bestimmten Textdokument. Die Dateinamen in der Ergebnisliste geben nur kryptisch Auskunft und über den Inhalt einer Datei erhalten Sie überhaupt keine Details. Öffnen Sie für diesen Fall die Funktion *Übersicht* und blättern Sie durch die Suchergebnisse. Sie starten die Übersicht mit einem Klick auf die Leertaste. Schieben Sie das Fenster mit gedrückter Maustaste nach links oder rechts, so dass Sie die Ergebnisliste weiterhin eingeblendet sehen. Sie können mit den Pfeiltasten auf Ihrer Tastatur oder mit Klicks auf die gewünschten Objekte durch die Liste spazieren und die Inhalte in der Übersicht inspizieren. Musiktitel werden sogar sofort abgespielt.

Mit der Übersicht durch die Suchergebnisse spazieren.

TIPP

Alternativ zur *Übersicht* bietet auch die Darstellungsart *Cover Flow* einen ersten Eindruck von den gefundenen Objekten.

Zielgerichtet suchen

Wie bereits weiter oben erwähnt, greift *Spotlight* auf sämtliche Metadaten eines Objekts zu wie Erstellungsdatum, Änderungsdatum, Größe und Farbraum eines Bildes, Musikrichtung einer Audiodatei und die in einem Objekt verwendeten Schriften, um nur einige der Kriterien zu nennen. Dieses Sammeln aller wichtigen Attribute garantiert natürlich, dass den Greifarmen von Spotlight kein Objekt entwischt. Andererseits laden die Suchkriterien regelrecht dazu ein, ein bisschen in den eigenen Objekten herumzustöbern. Klicken Sie auf das Pluszeichen rechts neben dem Button *Sichern*. Im Aufklappmenü *Art* sind die gebräuchlichsten Suchkriterien aufgelistet.

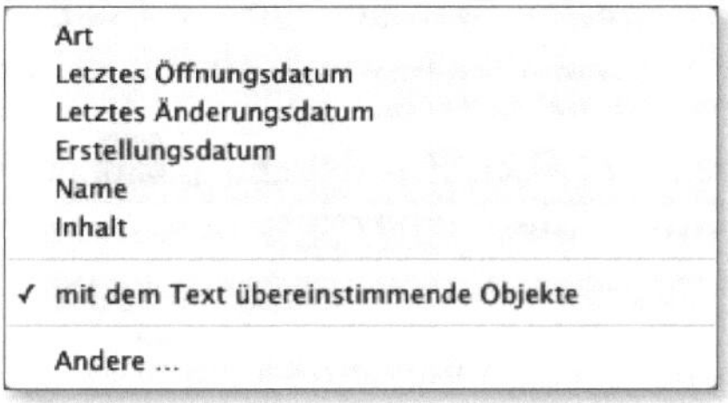

Die üblichen Suchkriterien …

Je nachdem, auf welches Suchkriterium Sie klicken, haben Sie die Möglichkeit, es näher zu spezifizieren. Dabei sind die Einträge im rechten Aufklappmenü abhängig vom Suchkriterium. Hier grenzen Sie die Kriterien *Zuletzt geöffnet, Geändert* und *Erstellt* mit der Auswahl an Zeitangaben näher ein, benennen Schlüsselwörter, wählen die Farbe des Etiketts, spezifizieren den Namen einer Datei oder geben für das Suchkriterium *Inhalt* einen Begriff ein, nach dem Ihre Textdokumente durchkämmt werden sollen. Eine unschätzbare Funktion, falls Sie sich mal den Kopf darüber zermartern, in welcher der vielen Dateien Ihnen ein bestimmter Begriff untergekommen ist.

Weitere Spezifikationen für ein Suchkriterium

Beim Kriterium *Name* helfen die Spezifikationen *Enthält, Beginnt mit, Endet mit* und *Ist*, ein Objekt ausfindig zu machen. Bei *Enthält* ist es gleichgültig, an welcher Position die Buchstabenfolge, die Sie eingeben, steht. Sie kann sich auch mitten im Wort befinden. Geben Sie beispielsweise *mark* ein, wären mögliche Suchergebnisse *Mark, Briefmarken, Tomatenmark* oder *Markenware*. Das Suchergebnis bei *Beginnt mit* wäre *Markenware*, die Einschränkung *Endet mit* würde in diesem Fall den Treffer *Tomatenmark* erzielen und der Eintrag *Ist* würde *Mark* finden.

Mit einem Klick auf das Pluszeichen lassen sich weitere Spezifikationen hinzufügen, mit einem Klick auf das Minuszeichen löschen Sie ein Kriterium.

Als wären dies nicht bereits ausreichend Spezifikationen, um sich auf die gezielte Suche nach einer Datei zu machen, steckt die wahre Fundgrube an Suchkriterien hinter dem Eintrag *Andere* in der Auswahlliste.

Nehmen Sie Ihre bevorzugten Suchkriterien mit in das Auswahlmenü auf, indem Sie in der Spalte *Im Menü* in das entsprechende Kästchen klicken. Vor allem Musik- und Fotofreunde finden hier eine überwältigende Auswahl an Metadaten, mit denen sich die Suche nach Fotos und Musikstücken eingrenzen lässt.

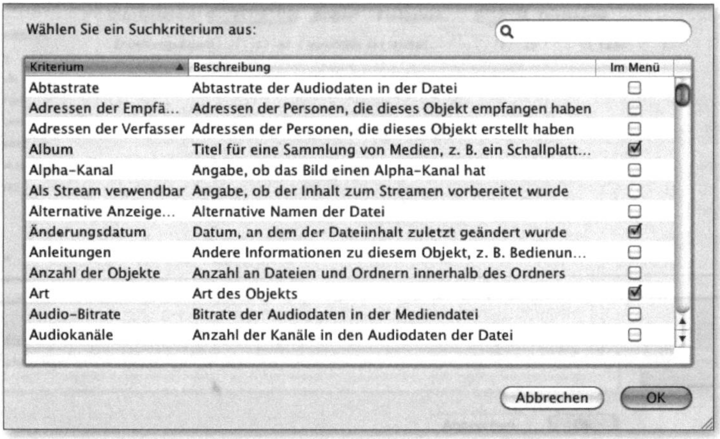

Eine überwältigende Auswahl an weiteren Suchkriterien

Alle Kriterien, die Sie in dieser Liste aktivieren, werden mit in die Auswahl an Einträgen für die gezielte Suche übernommen.

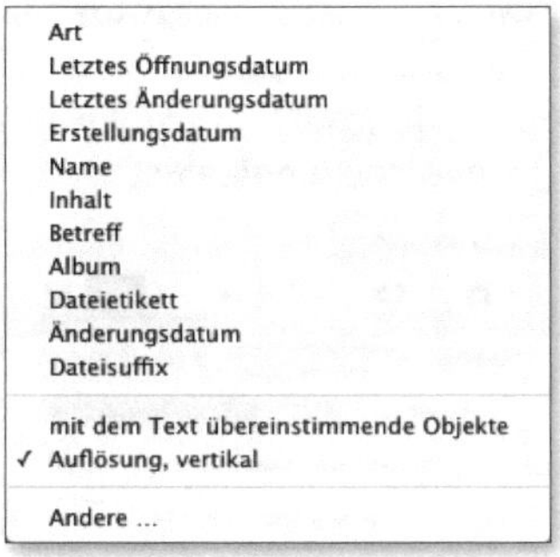

Ihre favorisierten Suchkriterien befinden sich jetzt im Auswahlmenü.

Objekte mit Spotlight verwalten

Angenommen, Sie arbeiten an einem Projekt, erstellen hierfür Textdateien, Tabellenkalkulationen und Präsentationen. Diese unterschiedlichen Dokumente lassen sich bequem in einem Ordner mit dem Namen des Projekts sammeln. Doch was ist mit den Adressen und Terminen? Die liegen leider alle in den entsprechenden Programmen. Wäre es da nicht viel angenehmer, alles, was mit dem Projekt zu tun hat, in einem Ordner versammelt zu haben? Mit Spotlight lässt sich nicht nur alles, was sich im Laufe der Zeit auf Ihrem Rechner ansammelt, mit der Dauer eines Wimpernschlags aufspüren. Spotlight hilft Ihnen auch, Objekte sinnvoll und geschickt zu verwalten.

Das Meisterhafte an Spotlight ist, dass Sie alle mit dieser Suchfunktion zusammengeführten Objekte in einem Ordner speichern können und dieser Ordner darüber hinaus sogar stets auf dem Laufenden bleibt. Denn alle weiteren Objekte, die vorab definierten Suchkriterien entsprechen, werden automatisch dem Ordner hinzugefügt.

Öffnen Sie ein Finder-Fenster und geben Sie in das Suchfeld einen Begriff ein, der mit Ihrem Projekt zu hat. Mit einem Klick auf das Pluszeichen oben rechts fügen Sie weitere Kriterien hinzu. Beachten Sie jedoch, dass die Trefferliste umso geringer ist, je mehr Kriterien definiert sind. Klicken Sie anschließend auf *Sichern* und geben Sie im Fenster, das sich nun öffnet, dem Ordner einen Namen. Der Ordner bzw. der Alias des Ordners wird standardmäßig der Rubrik *Suche* in der Seitenleiste des Finder-Fensters hinzugefügt, so dass Sie stets einen schnellen Zugriff auf diesen Ordner haben. Der Ordner selbst befindet sich im Ordner *Benutzer/Library/Gesicherte Suchabfrage*. Das ist wichtig zu wissen, falls Sie den Ordner löschen wollen.

Eine Liste intelligenter Suchordner

GRUNDLAGEN

Mit dem Herausziehen des Ordnersymbols aus der Seitenleiste löschen Sie nur das Symbol, nicht jedoch den Ordner.

Es handelt sich bei diesem Ordner um einen sogenannten *Intelligenten Ordner*. Anwender von iTunes werden diese Art Ordner bereits kennen, die in iTunes den Namen *Intelligente Wiedergabelisten* tragen. Intelligente Ordner aktualisieren ihren Bestand automatisch nach zuvor festgelegten Kriterien. So werden diesem Ordner alle weiteren Kontakte, Textdateien oder Bilder hinzugefügt, die den von Ihnen definierten Kriterien entsprechen. Gefallen daran gefunden? Dann probieren Sie die Funktion am besten sofort aus und legen kontextbezogene intelligente Ordner an. Die Inhalte dieser Ordner bleiben jeweils an ihren angestammten Plätzen, so dass dieselben Dateien in beliebig vielen intelligenten Ordnern vorhanden sein können. Der Pfad einer Datei wird immer in der unteren Leiste eines Finder-Fensters angezeigt.

TIPP

Die Rubrik *Suche* in der Seitenleiste ist standardmäßig mit den intelligenten Ordnern *Heute, Gestern, Letzte Woche, Alle Bilder, Alle Filme, Alle Dokumente* ausgestattet. Um die Suchkriterien in Augenschein zu nehmen, die für diese Ordner definiert sind, klicken Sie mit der rechten Maustaste auf einen Ordner und wählen *Suchkriterien einblenden.*

Spotlight einstellen

Die Suchergebnisse in der Spotlight-Anzeige sind nach Kategorien geordnet. Die Reihenfolge dieser Kategorien lässt sich in der Systemeinstellung *Spotlight* individuell verändern. Bewegen Sie dazu eine Kategorie mit gedrückter Maustaste an die gewünschte Position.

In der Systemeinstellung haben Sie auch Gelegenheit, Kategorien zu deaktivieren. Sind Sie zum Beispiel nicht an Suchergebnissen der Kategorie *Systemeinstellungen* interessiert oder wollen Sie den Verlauf von besuchten Webseiten nicht angezeigt bekommen, entfernen Sie einfach das Häkchen, und diese Kategorie wird zukünftig nicht mehr angezeigt.

Im unteren Bereich sehen Sie die voreingestellten Kurzbefehle fürs Einblenden der Spotlight Eingabezeile sowie des Spotlight-Fensters. Als Alternative stehen Ihnen die Funktionstasten zur Verfügung. Für MacBook Besitzer und Personen, die mit der Alutastatur arbeiten, ist diese Auswahl nur bedingt brauchbar, da viele Funktionstasten bereits belegt sind. In der Systemeinstellung *Tastatur* haben Sie Gelegenheit, für Spotlight und das Spotlight-Fenster eigene Tastaturkürzel zu definieren.

In der Rubrik *Privatsphäre* definieren Sie, an welchen Orten Spotlight nicht suchen soll. Sofern Sie Ihren Rechner nur zu Hause benutzen, mag diese Einschränkung unnötig sein. Es sei denn, Sie wollen Ordner vor einer neugierigen Suche durch Partner und Kinder schützen. Doch wenn Sie im Büro sind und vor Ihrem Chef die Suche starten, ist es wahrscheinlich nicht angenehm, auch private Dokumente angezeigt zu bekommen.

Ziehen Sie die Ordner, die von der Suche ausgeschlossen werden sollen, mit gedrückter Maustaste aus einem Finder-Fenster in das Feld der Systemeinstellung. Alternativ klicken Sie auf das Pluszeichen links unten und wählen im Dialogfenster die Ordner aus.

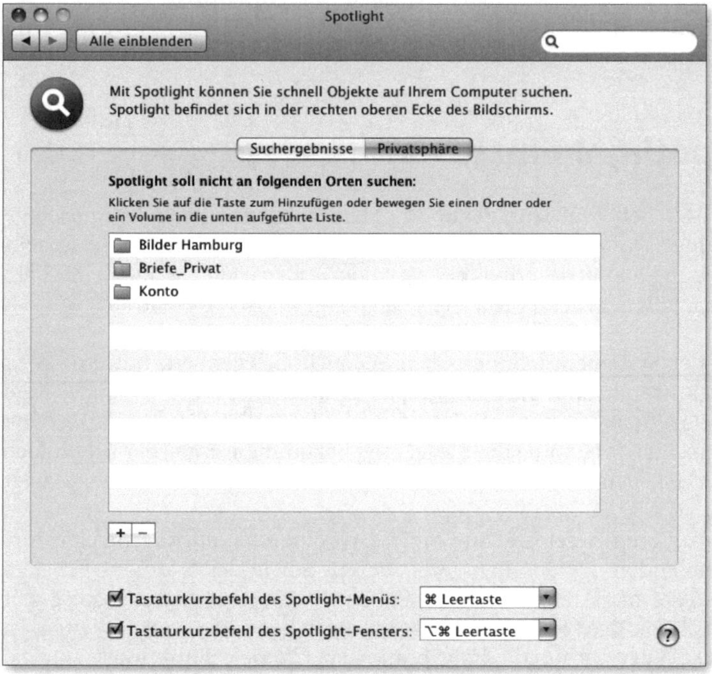

Kategorien auswählen.

Informationen über ein Objekt einholen

Zu jedem Objekt auf Ihrem Mac, sei es die Festplatte, ein Ordner oder eine Datei, gehört ein Informationsfenster, in dem alles Wichtige über das Objekt angezeigt wird wie Art, Größe, Dateiendung,

Zugriffsrechte und so weiter. Sie öffnen dieses Fenster für ein markiertes Objekt über einen Klick auf *Informationen* in der Zahnradauswahl oder mit der Tastenkombination ⌘ – I.

Was das Fenster an Informationen bereithält, ist abhängig vom ausgewählten Objekt. Bei einer Datei sehen Sie, wann sie erstellt und verändert wurde, bei einem Programm wird darüber hinaus die Versionsnummer eingeblendet und bei einer CD oder DVD wird Auskunft über die Kapazität erteilt.

POWER USER

Sie können auch von mehreren markierten Objekten gleichzeitig Informationen einholen. Das ist dann besonders pfiffig, wenn Sie wissen wollen, wie groß zum Beispiel zwei oder mehr Bilddateien zusammen sind. Oder wenn Sie gleich mehrere Objekte schützen wollen. Markieren Sie dazu die Objekte und öffnen Sie das gemeinsame Informationsfenster mit der Tastenkombination ⌘ – ⌥ – I.

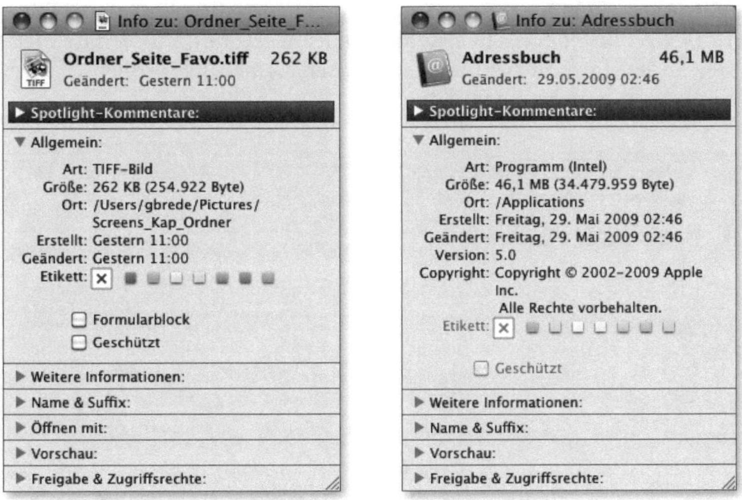

Die Informationen unterscheiden sich, je nachdem, für welches Objekt sie aufgerufen werden.

Zudem lassen sich über das Informationsfenster für alle ausgewählten Objekte gleichzeitig die Zugriffsrechte oder andere Merkmale definieren.

Dateien schützen

Dateien lassen sich im Informationsfenster unter der Rubrik *Allgemein* auf zweierlei Weise schützen: als Formularblock oder mit der Option *Geschützt*.

Formularblock bedeutet, dass Sie aus einer Datei eine Art Vorlage machen. Mit dieser Funktion schützen Sie das Original, von dem eine Kopie angelegt wird, sobald Sie es mit einem Doppelklick öffnen. Der Dateiname wird bei dieser Aktion ergänzt um das Wort *Kopie*. Diese Kopie können Sie bearbeiten und unter einem neuen Namen abspeichern. Das Original bleibt dabei unverändert. Dieses ist erst wieder zugänglich, nachdem Sie den Schutz aufgehoben haben.

Mit jedem Doppelklick auf das Original erstellen Sie eine weitere Kopie. Wundern Sie sich also nicht, falls in einer der Kopien Ihre letzten Änderungen nicht zu sehen sind. Schauen Sie im Ordner nach, ob Sie eine frühere Kopie finden.

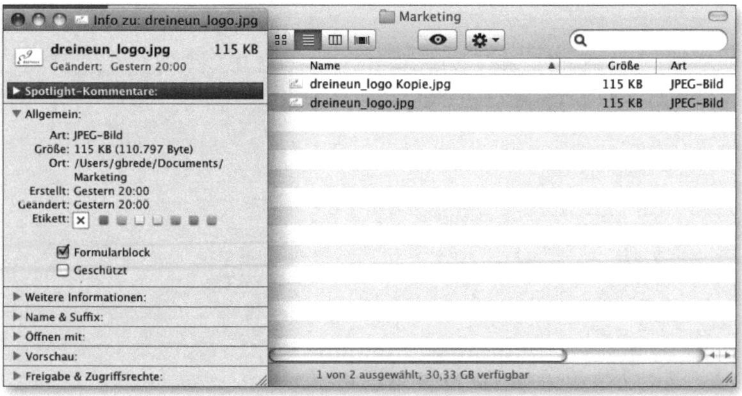

*Das Original durch **Formularblock** schützen.*

Geschützt heißt, dass Sie die Datei zwar öffnen, jedoch nicht verändern können. Sobald sie im Informationsfenster die Option *Geschützt* eingeschaltet haben, macht ein kleines Schloss links unten am Dateisymbol Sie fortan auf diese Besonderheit der Datei aufmerksam.

Wollen Sie die Datei abspeichern, werden Sie mit einer Meldung darauf aufmerksam gemacht, dass die Datei geschützt ist. Wollen Sie sowohl die Originaldatei behalten als auch die Änderungen, speichern Sie die Datei unter einem neuen Namen ab.

4

Zeichen, Schriften, Schriftsammlung

In diesem Kapitel geht es um die Funktionstasten und die Tastaturbelegung, damit Sie wissen, wie Sie Sonderzeichen in Ihre Dokumente bekommen oder beim Schreiben fremdsprachiger Texte die entsprechenden Zeichen finden. Wir stellen Ihnen das Programm Schriftsammlung im Detail vor, und Sie lernen die vielen verschiedenen Schriften auf Ihrem Mac kennen, damit Sie von der reichhaltigen Schriftenauswahl optimal profitieren.

Sonderzeichen einfügen

¶, ®, [], {}, ™, «»: Ihre Tastatur ist mit einer Fülle an Buchstaben und Zeichen belegt. Hinter jeder Taste liegen weitere Zeichen, die sich in Ihre Dokumente einfügen lassen. Mit Hilfe der Alttaste (⌥), die häufig auch als »Optionstaste« oder »Wahltaste« bezeichnet wird, locken Sie aus der Tastatur weitere Zeichen und Buchstaben hervor.

Die Suche nach bestimmten Sonderzeichen ist oft zeitintensiver und vor allem nervenaufreibender als das Schreiben eines Textes. Damit Sie immer schnell zum gewünschten Sonderzeichen kommen, brauchen Sie die sogenannte *Tastaturübersicht*. Sie öffnen dieses Feature in den *Systemeinstellungen* | *Sprache & Text*, Register *Eingabequellen* per Klick in das Kästchen bei *Tastatur- und Zeichenübersicht*. Die Menüleiste des Finders ist jetzt ergänzt um das Fähnchen Ihrer Landeseinstellung. Klicken Sie auf dieses Fähnchen und anschließend auf *Tastaturübersicht einblenden*. Voilà: Da ist sie, die Tastatur.

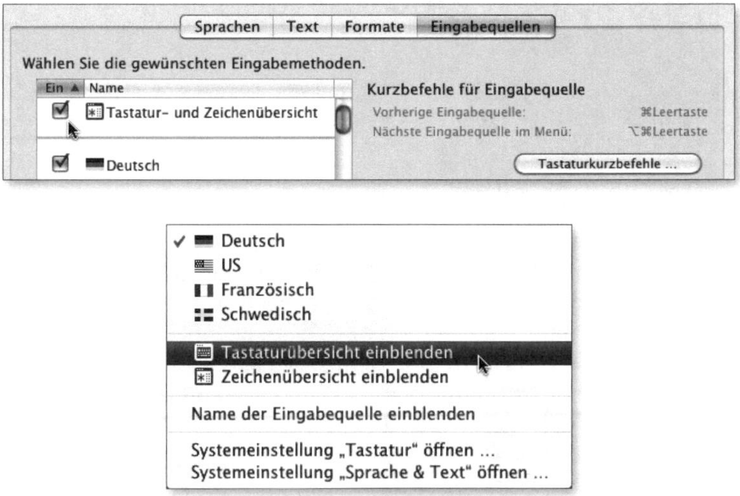

Die Schritte, um die Tastaturübersicht einzublenden

Drücken Sie nun die ⌥-Taste oder die Kombination ⌥ – ⇧ auf Ihrer Tastatur, und Sie sehen, welche Zeichen sich im Verborgenen aufhalten.

TIPP

Wem die Tastaturübersicht zu klein ist, der klickt zwecks Vergrößerung auf den grünen Knopf in der oberen Leiste.

Sie haben zwei Möglichkeiten, ein Sonderzeichen in Ihr Dokument einzufügen: Entweder platzieren Sie den Cursor an die Stelle, an der künftig das Sonderzeichen stehen soll, und klicken in der Tastaturübersicht auf das gewünschte Zeichen. Oder Sie setzen das Zeichen mit der Tastenkombination ⌥ – Buchstabe bzw. ⌥ – ⇧ – Buchstabe ein.

Zeichen und Symbole automatisch ersetzen

Seit Mac OS X-Version Snow Leopard brauchen Sie sich die Kombination ⌥ – Buchstabe für gängige Sonderzeichen wie zum Beispiel das Copyright-Zeichen nicht mehr zu merken. Snow Leopard ist mit einer automatischen Symbol- und Textersetzung ausgestattet, die beim Schreiben eines Textes zum Beispiel aus der Buchstabenfolge (c) das Zeichen © generiert. Für welche Symbole solche automatischen Ersetzungen bereits definiert sind, sehen Sie in der Symboleinstellung *Sprache & Text*, Rubrik *Text*.

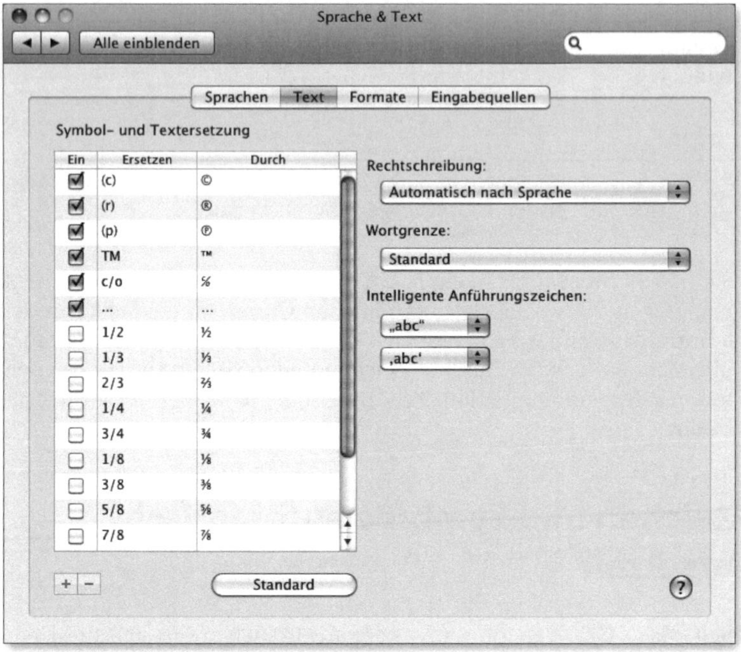

Gängige Zeichen werden automatisch ersetzt.

AUFGEPASST

Die automatische Zeichen- und Textersetzung gilt für die Programme Mail und TextEdit. Wenn Sie mit einem anderen Mail- oder Textverarbeitungsprogramm arbeiten, sind die bereits definierten und die von Ihnen hinzugefügten Ersetzungen wirkungslos.

Jedes Zeichen lässt sich mit einem Klick in das jeweils linke Kästchen ein- oder ausschalten. Weitere Zeichen fügen Sie mit einem Klick auf das Pluszeichen hinzu. In das Feld *Ersetzen* geben Sie die Zeichenfolge ein; in das Feld *Durch* fügen Sie das gewünschte Zeichen entweder mit der Kombination ⌥ – Buchstabe bzw. ⌥ – ⇧ – Buchstabe ein oder Sie klicken auf das entsprechende Zeichen in der Tastaturübersicht.

Wenn Sie Pfeile oder Smileys automatisch generieren wollen, brauchen Sie die Zeichenübersicht. Wenn Sie das gewünschte Zeichen gefunden haben, klicken Sie in der Palette auf *Einfügen*, damit das Zeichen in das Feld *Durch* erscheint.

TIPP

Praktischerweise befindet sich mit Aktivierung der Tastaturübersicht auch die Zeichenübersicht hinter dem Fähnchen Ihrer Landeseinstellung. Die Zeichenübersicht enthält eine Fülle an Pfeilen, Smileys und anderen Symbolen.

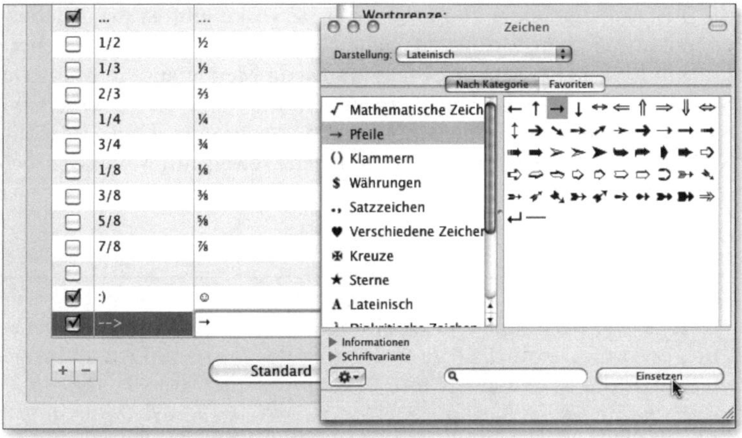

Symbole mit der Hilfe der Zeichenübersicht einsetzen.

Text automatisch ersetzen

Eine Grußformel, der eigene Name oder der Firmenname: Es gibt viele Wörter und Begriffe, die man in Mails immer und immer wieder verwendet. Solche wiederkehrenden Ausdrücke und Textfragmente lassen sich seit Snow Leopard erfreulicherweise automatisch vervollständigen. Wie bei der Zeichenersetzung geben Sie auch den Text für die Autokorrektur in die Felder *Ersetzen* und *Durch* ein.

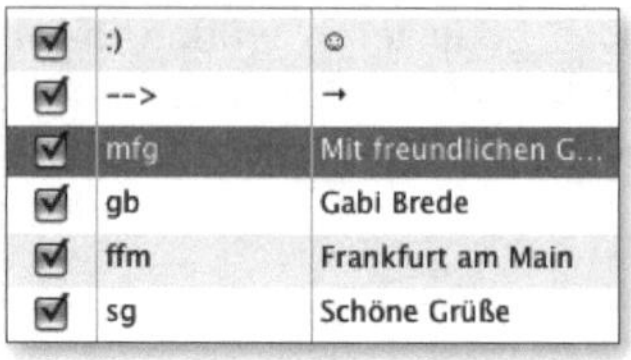

Initialen und Floskeln automatisch vervollständigen lassen.

Die Zeichenübersicht

Wer naturwissenschaftliche Formeln, Währungssymbole oder Bruchzahlen in Dokumente integriert, weiß, dass es mehr Zeichen gibt, als die Tastatur darstellen kann. Für diese Zwecke gibt es die Zeichenübersicht, über die Sie Zugriff haben auf wissenschaftliche Zeichen, umrahmte Buchstaben, auf Pfeile und jede Menge andere grafische Symbole. Sie öffnen die Zeichenpalette im Menü *Finder | Bearbeiten | Sonderzeichen*. Auch in den appleeigenen Programmen wie TextEdit, Mail oder Notizzettel finden Sie die Palette jeweils im Menü *Bearbeiten | Sonderzeichen*.

TIPP

Auch bei der Arbeit in anderen Programmen wie Microsoft Word oder Adobe InDesign können Sie auf die Zeichenpalette zugreifen, und zwar indem Sie die Palette der Menüleiste hinzufügen. Öffnen Sie dazu die Systemeinstellung *Sprache & Text*, Rubrik *Eingabequellen* und setzen Sie ein Häkchen in das Kästchen *Tastatur- und Zeichenübersicht*. Die Zeichenpalette lässt sich anschließend über das Auswahlmenü öffnen, das sich hinter dem Länderfähnchen in der Menüleiste verbirgt.

In der Zeichenpalette wählen Sie den von Ihnen gewünschten Zeichentyp im Einblendmenü Darstellung aus und klicken anschließend auf eine der Kategorien in der linken Spalte, um im Vorschaufenster einen Blick auf die enthaltenen Zeichen zu werfen.

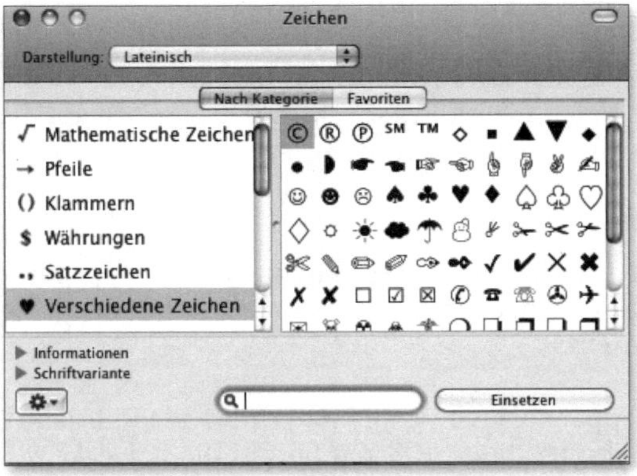

Eine breite Palette an Zeichen und Symbolen

Es liegt in der Natur von Sonderzeichen, dass man sie nicht andauernd braucht. Wenn aber doch, möchte man möglichst unkompliziert auf sie zugreifen. Für diesen Zweck ist es ratsam, sich eine Sammlung mit Symbolen und Zeichen anzulegen, die man beim Verfassen von Texten ab und an benötigt. Markieren Sie hierfür das Zeichen Ihrer Wahl und klicken Sie im Menü *Aktion* (erkennbar am Zahnradsymbol am linken Fensterrand) auf *Als Favorit sichern*. Per Klick auf den Reiter *Favoriten* sehen Sie Ihre Sammlung.

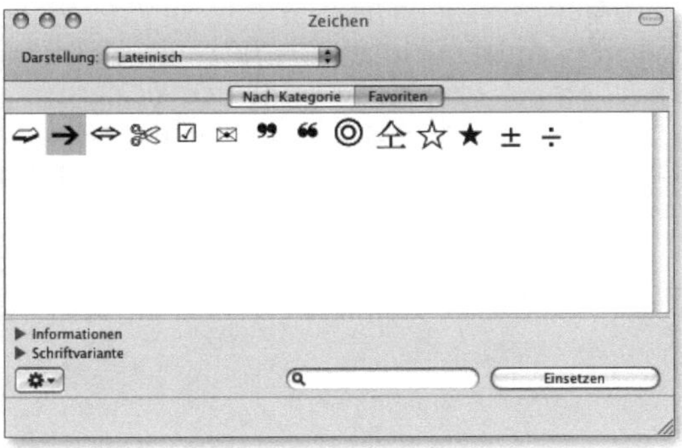

Häufig benutzte Zeichen als Favorit sichern, um sie immer griffbereit zu haben.

POWER USER

Nehmen Sie sich ein bisschen Zeit und schauen Sie sich auch in den Kategorien der chinesischen und koreanischen Zeichensätze um. Hier ist so manches Juwel zu entdecken, das sich für grafische Zwecke verwenden lässt.

Sie fügen ein ausgewähltes Zeichen mit einem Doppelklick in ein Dokument ein. Alternativ markieren Sie das Zeichen und klicken auf den Button *Einsetzen*.

Die Zeichenpalette lässt sich erweitern um die Rubriken *Informationen* und *Schriftvariante*. Klicken Sie auf die Dreiecke neben diesen Begriffen, um die Ansichten zu öffnen. Unter *Informationen* werden alle Zeichen angezeigt, die eine Ähnlichkeit zum ausgewählten aufweisen.

Im Fenster *Schriftvariante* wird das markierte Zeichen in den Variationen jener Schriften angezeigt, die in der jeweils ausgewählten Sammlung liegen. Sehr nützlich auch, um zu sehen, in welchen Schriften das Zeichen überhaupt vorhanden ist.

Die auf Ihrem Rechner installierten Schriften sowie Schriften, die Sie selbst installieren, verfügen jeweils über eine unterschiedlich Anzahl an Zeichen. Das liegt zum einen daran, dass es Schriften wie die Lucida Grande gibt, die auch nicht-lateinische Zeichen bereitstellen. Zum anderen verwenden nicht alle Schriften die gleichen Sonderzeichen. Einen Überblick über den kompletten Zeichensatz einer ausgewählten Schrift gewährleistet die Glyphendarstellung. So treten die Schriften Verdana und selbst die Times mit ihrem beachtlichen Zeichensatz im Vergleich zu der weit über 2000 Zeichen umfassenden Lucida Grande fast bescheiden auf. Sie öffnen die Glyphendarstellung, wenn Sie im Aufklappmenü *Darstellung* auf den Eintrag *Glyph* klicken.

Der komplette Schriftsatz einer ausgewählten Schrift

POWER USER

Im Menü *Darstellung* finden Sie auch den Eintrag *PI-Fonts*. Mit einem Klick auf diese Option erhalten Sie im Aufklappmenü *Schrift* einen Überblick über die auf Ihrem Rechner installierten Symbolschriften.

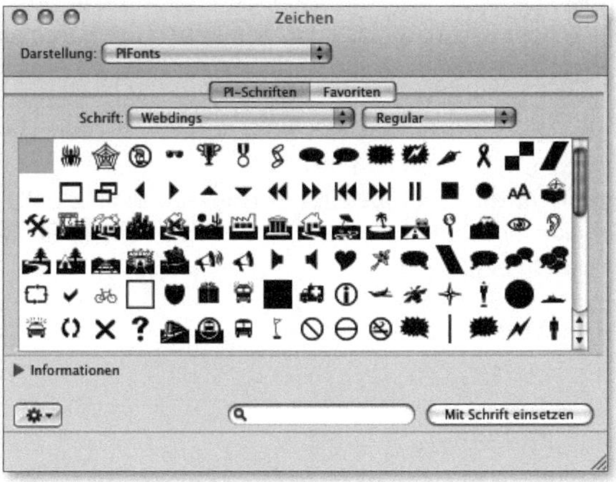

Die Übersicht an Symbolschriften

TIPP

Das Tückische an der Palette *Sonderzeichen* ist, dass sie stets im Vordergrund bleibt und sich nicht wie andere Fenster hinter das gerade aktuelle legt. Sie brauchen die Palette deshalb nicht zu schließen oder sie an den äußersten Bildschirmrand zu ziehen. Klicken Sie einfach auf den grünen Knopf. Die Palette schrumpft dadurch auf die Größe eines Gucklochs. Oder machen Sie Folgendes: Wählen Sie im Aktionsmenü den Eintrag *Palette beim Programmwechsel minimieren*. Sobald Sie nun ein anderes Programm wählen, verkleinert sich die Palette automatisch.

Fremdsprachige Tastatur

Schreiben Sie häufig Texte in anderen Sprachen, beispielsweise in Englisch oder Spanisch? Mit einer deutschen Tastatur ist das ein aussichtsloses Unterfangen, da die Tasten nicht mit den sprachtypischen Zeichen und Buchstaben belegt sind. Ohne eingeblendete Tastatur, die Ihnen zeigt, wo Sie die für eine Schrift typischen Buchstaben finden, wäre das Tippen eines schwedischen oder französischen Textes mit langwieriger Sucherei nach den Buchstaben å oder è und ç verbunden.

In der Systemeinstellung *Sprache & Text* stellt Apple im Register *Eingabequellen* Tastaturbelegungen für eine reichliche Auswahl an Sprachen bereit. Mit nur einem Klick auf das Kästchen neben der Sprache aktivieren Sie die entsprechende Tastatur.

Sobald Sie mehr als eine Sprache auswählen, erscheint in der Menüleiste ein Flaggen-Symbol. Diese Länderflagge steht jeweils für die Sprache, die Sie aktuell für die Tastenbelegung ausgewählt haben. Mithilfe dieses Symbols können Sie nun zwischen den jeweiligen Tastaturbelegungen hin und her springen.

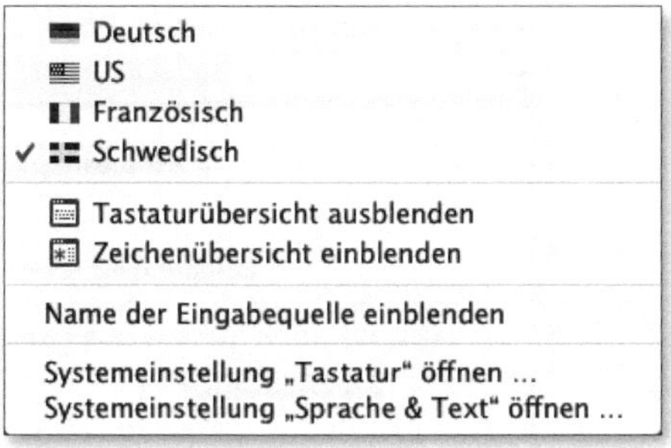

In der Menüleiste Zugriff auf die Tastaturbelegung

Das Schriftenfenster

In appleeigenen Programmen wie TextEdit und Mail wählen Sie eine Schrift mitsamt ihrem Stil, ihrer Größe und Farbe im Schriftenfenster aus. Dieses Fenster öffnen Sie in Mail mit einem Klick auf das entsprechende Symbol in der Symbolleiste einer neuen Mail oder mit der Tastenkombination ⌘ – T.

Das Schriftenfenster

Wegen der Fülle an Möglichkeiten, die das Schriftenfenster Ihnen bietet, wäre es mit dem Begriff »Schriftmanager« besser und passender umschrieben. Hier legen Sie die Attribute für Ihre ausgewählte Schrift fest oder gruppieren die angezeigten Schriften nach Ihren persönlichen Kriterien.

Unter der Rubrik *Sammlung* verschaffen Sie sich mit einem Klick auf Alle Schriften einen Überblick über die gesamte Auswahl. *Alle Schriften* ist die Bibliothek für sämtliche Schriften, die auf Ihrem Rechner installiert sind.

Apple hat Schriften, die durch ihre Anmutung einen ähnlichen Charakter haben, sortiert und für sie die Sammlungen wie *Moderne*, *Feste Laufweite* oder *Spaß* geschaffen. Die Sammlung *Favoriten* ist das Sammelbecken für Ihre bevorzugten Schriften und Schriftstile. Sobald Sie auf eine Sammlung klicken, sehen Sie in der Rubrik *Familie* die Schriften, die der Gruppe zugeordnet sind. Mit einem Klick auf eine Schrift wiederum erscheinen in der Spalte *Stil* ihre Schriftschnitte.

GRUNDLAGEN

Als Schriftschnitt werden die unterschiedlichen Stile einer Schrift bezeichnet wie *Kursiv* (Italic), *Fett* (Bold) oder *Halbfett* (Semi Bold). Die einzelnen Schriften umfassen unterschiedlich viele Stile.

Das Sahnehäubchen im Schriftenfenster ist das Vorschaufeld, das Ihnen einen Eindruck von der Anmutung einer Schrift und ihren Stilen vermittelt. Klicken Sie hierfür in das Zahnradsymbol am unteren Rand des Fensters und wählen Sie *Vorschau einblenden*. Alternativ dazu ziehen Sie das Vorschaufenster an dem kleinen Kreis unterhalb des Wortes *Schriften* in der Titelleiste auf.

Im Schriftenfenster lassen sich bequem Schriften begutachten.

Das Programm Schriftsammlung

Apple hat sich bei der Bereitstellung von Zeichensätzen nicht lumpen lassen. Rund 100 ausnehmend attraktiver Schriften sind im Lieferumfang enthalten. Mit dem Programm Schriftsammlung verwalten und strukturieren Sie die Zeichensätze, die auf Ihrem Mac installiert sind, sowie alle jene Schriften, um die Sie die Sammlung im Laufe der Zeit erweitern. Sie öffnen das Programm mit einem Doppelklick auf das Symbol im Programmordner.

Die Sammlung *Alle Schriften* beherbergt als Bibliothek sämtliche Schriften, die auf dem Rechner installiert sind. Im Ordner *Deutsch* finden Sie alle lateinischen Schriften. Der Ordner *Benutzer* ist beim erstmaligen Öffnen von Schriftsammlung vermutlich noch leer. In diese Sammlung werden die von Ihnen installierten Schriften abgelegt. Und im Ordner *Computer* schließlich befinden sich sämtliche Schriften, auf die alle am System angemeldeten Benutzer zugreifen können.

Mit einem Klick auf eine der Sammlungen werden die entsprechenden Schriften in der mittleren Spalte eingeblendet. Markieren Sie eine Schrift, um sie im Vorschaufenster zu begutachten. Mit dem Schieberegler am rechten Rand lässt sich die Schriftgröße variieren.

Die Schriftstile, über die eine Schriftfamilie verfügt, blenden Sie mit einem Klick auf das Dreiecksymbol neben dem Namen der Schrift ein.

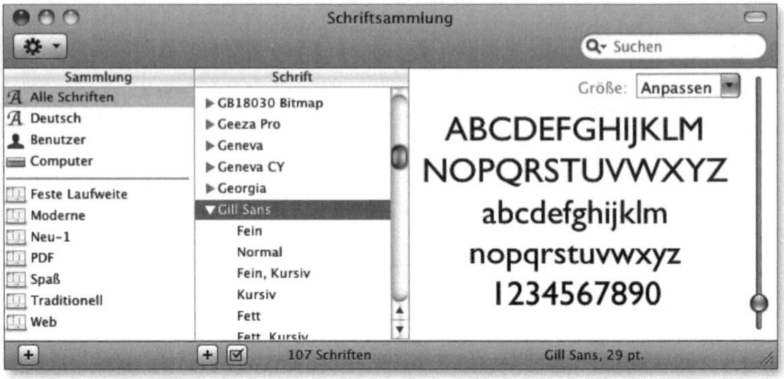

Auswahl und Vorschau in Schriftsammlung

Das Vorschaufenster

Das Vorschaufenster ist die Perle des Programms Schriftsammlung. Auf der Suche nach einer passenden Schrift erhalten Sie in diesem Fenster einen Überblick über das Schriftdesign, sobald Sie auf eine Schrift klicken.

Wollen Sie alle zur Verfügung stehenden Zeichen einer ausgewählten Schrift angezeigt bekommen, entscheiden Sie sich im Menü *Vorschau* für *Repertoire*. Die Vorschauvariante *Repertoire* verlangt ebenso wie *Beispiel* ein hohes Abstraktionsvermögen, um sich einen Text in der ausgewählten Schrift vorzustellen. Für genau diesen Zweck wartet das Programm mit der genialen Funktion *Eigene* auf (Menü *Vorschau | Eigene*), die es Ihnen erlaubt, einen Mustertext in das Fenster zu tippen und die Schriften an einem Mustertext zu begutachten.

Beim ersten Klick auf *Eigene* sind sämtliche Buchstaben und Ziffern der Schrift markiert. Überschreiben Sie die Zeichen mit Ihrem Text und nehmen Sie die verschiedenen Schriften in Augenschein. Ihr Mustertext bleibt so lange erhalten, bis Sie ihn mit einem neuen überschreiben. Sie können natürlich auch einen bereits geschriebenen Text per Copy & Paste in das Fenster einfügen.

Ihr Blindtext, um Schriften zu begutachten

Um weitere Informationen über die Schrift einzuholen, wie Art, Speicherort und Copyright, klicken Sie im Menü *Vorschau* auf *Schriftinformationen einblenden*.

Schriften verwalten

Apple hat mit sechs unterschiedlichen Sammlungen den Anfang gemacht, die Schriften zu kategorisieren. Diese Sammlungen mit Namen wie *Feste Laufweite* oder *Traditionell* beherbergen Schriften mit jeweils ähnlicher Anmutung. Nun ist es an Ihnen, die Sammlungen zu erweitern oder neue anzulegen. Wollen Sie eine eigene Sammlung zum Beispiel für ein aktuelles Projekt anlegen, klicken Sie auf das Pluszeichen am linken Rand des Fensters. Überschreiben Sie den

Platzhalternamen mit einem Namen Ihrer Wahl und bestätigen Sie die Eingabe mit der ↩-Taste. Nun lassen sich aus den Sammlungen *Alle Schriften, Benutzer* und *Computer* Schriften per Drag & Drop in die neue oder in eine der bereits vorhandenen Sammlungen ziehen. Wählen Sie dazu die Schriften mit gedrückter ⌘-Taste aus und ziehen Sie die Riege anschließend in die entsprechende Sammlung.

GRUNDLAGEN

In den Sammlungen liegen lediglich Verweise auf die jeweilige Schrift. Daher lässt sich ein und dieselbe Schrift beliebig vielen Sammlungen hinzufügen.

Mehrere Schriften gleichzeitig in eine Sammlung ziehen.

Schriften ausblenden

Die installierten Schriften erscheinen allesamt in den Schriftenmenüs der Anwendungsprogramme. Dies kann schnell sehr unübersichtlich werden und darüber hinaus nervig sein, da man sich ständig durch die gesamte Liste kämpfen muss, bis man die gewünschte Schrift endlich ausfindig gemacht hat.

Damit die Schriftenauswahl reibungsloser verläuft, lassen sich in Schriftsammlung beliebig viele Schriften deaktivieren. Klicken Sie hierfür auf die Sammlung *Alle Schriften* und wählen Sie in der Spalte *Schrift* aus, welche der Schriften zukünftig nicht mehr verfügbar sein sollen. Auch hier haben Sie die Möglichkeit, mit gedrückter ⌘-Taste mehrere Schriften gleichzeitig auszuwählen. Sobald Sie Ihre Auswahl abgeschlossen haben, klicken Sie auf den Button mit dem Okay-Häkchen unterhalb der Liste.

Deaktivierte Schriften sind nicht verschwunden. Möchten Sie eine Schrift wieder in die Auswahlmenüs integrieren, schalten Sie sie einfach wieder ein. Dazu markieren Sie den Namen der Schrift und klicken erneut auf den Okay-Button, der nun mit einem Quadrat versehen ist.

POWER USER

Auch wenn eine Schrift ausgeschaltet ist, aktiviert das Betriebssystem sie bei Bedarf automatisch. Wenn Sie ein Dokument öffnen, das eine Schrift benötigt, die im Moment deaktiviert ist, stellt Snow Leopard sie bereit, bis das Programm beendet wird.

In appleeigenen Programmen wie TextEdit wird eine deaktivierte Schrift unmittelbar nach der Aktion nicht mehr im Schriftenfenster angezeigt. Für Programme wie Microsoft Word ist ein Neustart erforderlich, um eine Schrift aus dem Schriftmenü zu entfernen. Gleiches ist der Fall bei wieder aktivierten und neu installierten Schriften.

Alternativ lässt sich auch eine komplette Sammlung deaktivieren. Dies eignet sich zum Beispiel hervorragend für eine Sammlung, die Sie mit eher außergewöhnlichen Schriften für besondere Projekte bestückt haben. Markieren Sie dazu die Sammlung und wählen Sie per Klick auf das Zahnradsymbol den Eintrag *[Name der Sammlung] deaktivieren*. Um die Sammlung wieder nutzbar zu machen, gehen Sie den gleichen Weg und klicken nun auf den Eintrag *[Name der Sammlung] aktivieren*.

Das Programm sinnvoll nutzen

Sobald Sie eine neue Schrift oder Schriftvariante installieren, kann es passieren, dass eine Warnmeldung Sie darauf hinweist, dass sich Kopien dieser Version bereits in anderen Schriftenordnern befinden. Da das ja nicht sein muss, lassen sich die aktuell nicht verwendeten Kopien dieser Schrift deaktivieren. Wählen Sie dazu im Menü *Bearbeiten | Duplikate auflösen*. Alternativ finden Sie diesen Befehl auch im Kontextmenü einer markierten Schrift.

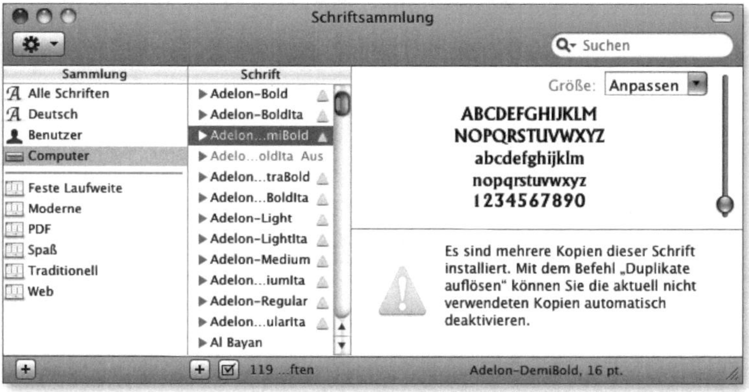

Schriftsammlung macht Sie auf Duplikate einer Schrift aufmerksam.

GRUNDLAGEN

Mac OS X hält drei Ordner für Zeichensätze bereit: Die 38 Systemschriften liegen im Ordner System/Library/Fonts. Diese Schriften benötigt der Mac für die Darstellung von Menüs, Warnmeldungen usw. Die Schriften, die allen Benutzern des Computers zur Verfügung stehen, finden Sie im Ordner Library/Fonts. Und schließlich befindet sich auch in Ihrer privaten Library ein Ordner *Fonts*. Dieser Ordner beherbergt alle Schriften, die Sie im Laufe der Zeit installieren.

TIPP

Mit der Funktion *Übersicht* verschaffen Sie sich im jeweiligen Ordner einen ersten Eindruck über das Aussehen und die Anmutung der installierten Schriften.

Je mehr Schriften installiert sind, desto wichtiger ist es, sich schnell einen Überblick über die Schätze zu verschaffen. Nutzen Sie dafür am besten die Suche am oberen rechten Fensterrand. Geben Sie beispielsweise »fett« ein, um alle Schriften suchen zu lassen, die über diesen Schriftschnitt verfügen.

GRUNDLAGEN

Als Schriftschnitt werden Stile wie *Italic* (Kursiv), *Bold* (Fett), *Semi Bold* (Halbfett) bezeichnet.

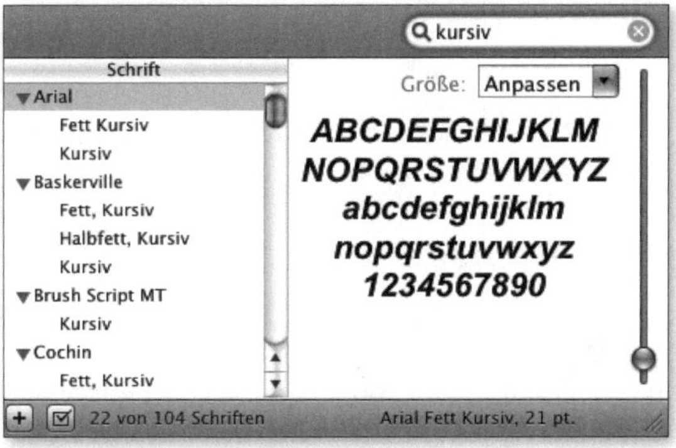

Gezielt nach Schriften suchen

Sollten Sie sich über ein mageres Suchergebnis wundern, schauen Sie nach, welche Sammlung momentan markiert ist. Klicken Sie auf *Alle Schriften*, damit sich die Suche lohnt.

Schriften ausdrucken

Sie können markierte Schriften auch ausdrucken. Öffnen Sie mit der Tastenkombination ⌘ – P das Fenster *Drucken* und wählen Sie im Menü *Berichtstyp* aus den Mustern aus. Bei der Option *Katalog* wird für jede ausgewählte Schrift eine Zeile Mustertext gedruckt. Einen Ausdruck aller Zeichen einer Schrift erhalten Sie mit der Alternative *Repertoire*. Die Variante *Wasserfall* druckt eine Zeile Mustertext in verschiedenen Punktgrößen.

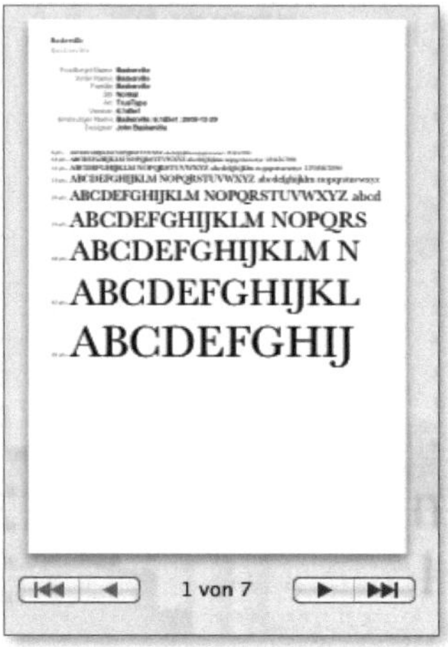

Eine oder mehrere ausgewählte Schriften ausdrucken.

Schriften zusammenstellen und exportieren

Eine hervorragende Funktion im Programm Schriftsammlung ist die Möglichkeit, alle in einem Dokument verwendeten Schriften bequem zusammenzustellen und zu exportieren. Dies ist interessant, falls Sie ein Dokument an jemanden weitergeben, auf dessen Rechner die benutzten Schriften nicht installiert sind.

Markieren Sie die entsprechenden Schriften in der Spalte *Schrift* mit gedrückter ⌘-Taste. Wählen Sie anschließend im Menü *Ablage* den Befehl *Schriften exportieren…* Nun öffnet sich das bekannte Fenster *Sichern unter*, in dem Sie dem Ordner einen Namen geben und den Speicherort wählen. Mit einem Klick auf *Sichern* bestätigen, und schon haben Sie die Schriften an einem Ort versammelt und können den Ordner samt Dokument zum Drucken oder zur weiteren Bearbeitung weiterreichen.

Das Gleiche können Sie mit einer Sammlung an Schriften machen. Markieren Sie die Sammlung und wählen Sie im Menü *Ablage* den Befehl *Sammlung exportieren.*

Schriften zur Weitergabe zusammenstellen

Schriften installieren

Einen neuen Schriftsatz erhalten Sie entweder auf einer CD oder Sie laden ihn sich aus dem Internet herunter. Sobald Sie den Font mit einem Doppelklick öffnen, startet das Programm Schriftsammlung und zeigt Ihnen das Design des Schriftsatzes in einem kleinen Fenster an. Wenn Ihnen der Schriftsatz zusagt, klicken Sie auf den Button *Installieren.* Der Font wird in Ihrem Ordner *Library | Fonts* abgelegt und erscheint im Programm Schriftsammlung in der Sammlung *Benutzer.*

Mit einem Klick auf eine neue Schrift startet das Programm und zeigt die Schrift an.

TIPP

In der Sammlung *Benutzer* liegen nur Schriften, die Sie persönlich installiert haben. Die anderen Benutzer haben keinerlei Chance, auf die Fonts dieses Verzeichnisses zuzugreifen. Sollten Sie den anderen Benutzern mit jedem neuen Schriftsatz eine Freude machen wollen, wählen Sie in den *Einstellungen…* (im Menü *Schriftsammlung*) im Auswahlmenü *Standort zur Installation* den Eintrag *Computer*. Damit wird der Font automatisch in die Sammlung *Computer* gelegt und ist für alle zugänglich.

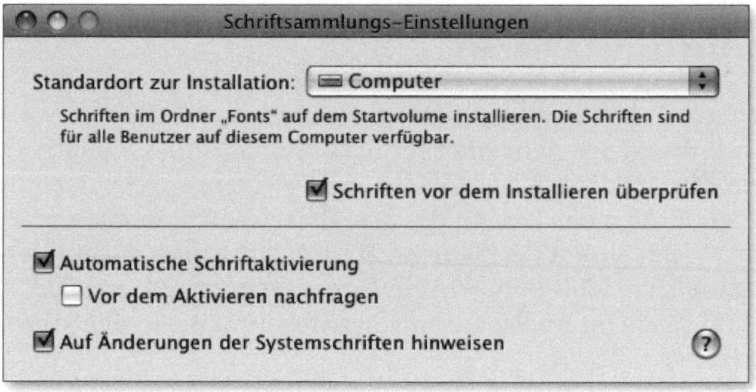

Eine Schrift für alle installieren.

Die Farbpalette

In den appleeigenen Programmen wie Mail und TextEdit wird die Farbe der Schrift über eine Farbpalette festgelegt. Diese Palette erscheint auf Ihrem Schreibtisch, sobald Sie zum Beispiel bei einer neuen Mail in das Symbol *Farben* klicken.

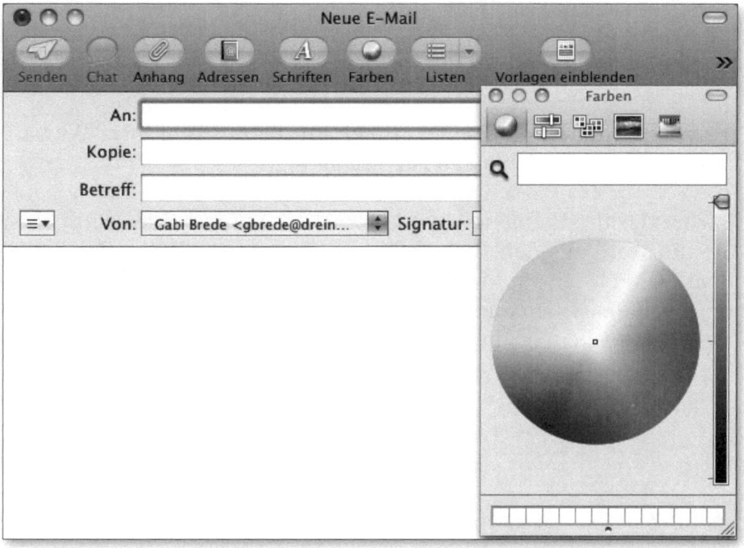

Die Farbpalette im Programm Mail

Die Farbpalette öffnet mit einem Farbrad, in dem Sie mit gedrücktem Mauszeiger herumspazieren können, bis der gewünschte Farbton gefunden ist. Die Farben sind jeweils im Vorschaufeld in etwas größerer Fläche sichtbar. Falls Sie einen Text mit schwarzer Schriftfarbe markiert haben, ist der Kreis eine einzige schwarze Masse. Sobald Sie den Schieberegler jedoch nach oben bewegen, werden die Farben sichtbar. Die Farbe, auf die Sie klicken, wird sofort vom markierten Text übernommen.

Befindet sich in Ihrem Dokument bereits ein Objekt, dessen Farbton Sie übertragen wollen, klicken Sie in die Lupe neben dem Vorschaufeld. Fahren Sie mit gedrückter Maustaste über das Objekt, bis die Wunschfarbe innerhalb der Lupe sichtbar ist. Sobald Sie die Maus loslassen, wird der Farbton übertragen. Mit dem Schieberegler stellen Sie hellere oder dunklere Farbtöne ein.

Die Lupe als Farbpicker

Alternativ zum Farbrad stehen Ihnen für die Auswahl Ihrer Wunschfarbe weitere Möglichkeiten zur Verfügung:

Farbregler: Im Einblendmenü unterhalb des Vorschaufensters haben Sie die Wahl aus den Farbmethoden Graustufen, RGB (Rot, Grün, Blau), CMYK (Cyan, Magenta, Yellow, Black) und HSV (Hue, Saturation, Value). Ziehen Sie die Schieberregler jeweils an die gewünschte Stelle oder geben Sie die Farbanteile in die jeweiligen Felder ein.

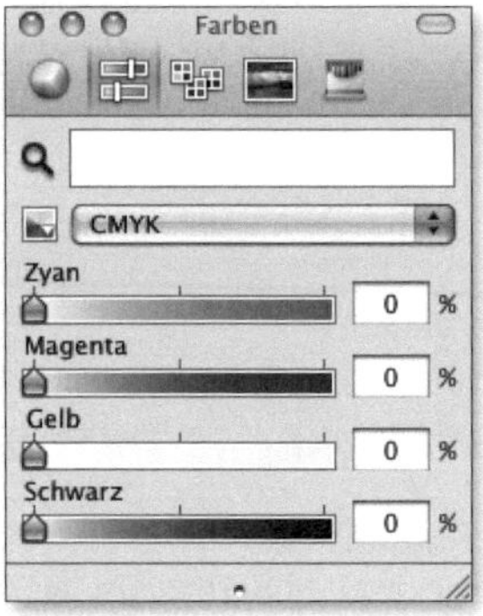

Farbregler CMYK

Farbpalette: Musterpaletten für die Standardfarben von Mac OS X. Hierauf greifen vor allem Programmierer zu.

Bildpalette: Zeigt die Regenbogenfarben. Ähnlich wie im Farbrad fahren Sie mit gedrückter Maustaste über das Farbspektrum und wählen so den Farbton aus.

Buntstifte: Eine Auswahl an Farben mit Bezeichnungen wie »Meeresgrün« und »Kaugummi«.

RGB, CMYK und HSV

Die Basis des RGB-Farbmodells sind die Farben Rot, Grün und Blau. Aus der Kombination dieser Farben werden alle weiteren Farben gebildet. Die Einstellung der drei Farben wird in 256 (von 0 bis 255) Farbtönen vorgenommen. Ist der Wert aller drei Farben 0, entsteht Schwarz. Grau erhält man, wenn alle 3 Werte gleich sind, und Weiß ergibt sich bei einer Intensität von 100 Prozent aller drei Farben. Das RGB-Farbmodell wird zur Darstellung von Farben auf einem Monitor verwendet. Durch das additive Farbmischverfahren sind die Farben von hoher Leuchtkraft.

CMYK entspricht den drei Grundfarben Cyan, Magenta, Yellow (Gelb), aus denen sich (fast) alle Farben mischen lassen. Für mehr Tiefe und Kontrast ist das Schwarz hinzugekommen. Das CMYK-Farbmodell ist die Grundlage für den Vierfarbdruck. Es wird als »subtraktives Farbmischverfahren« bezeichnet. Aufgrund dieses Mischverfahrens kommt es nicht an die Leuchtkraft der RGB-Farben heran. Und da Monitore nach dem RGB-Prinzip arbeiten, ist die Darstellung von Farben im CMYK-Modus nicht verbindlich und kann vom späteren Druck erheblich abweichen.

Das HSV-Farbmodell basiert auf der menschlichen Wahrnehmung von Farben und entspricht den intuitiven Mischungsmethoden eines Malers. Man wählt zuerst die Farbe und entscheidet dann, wie gesättigt und wie hell oder dunkel diese sein soll.

Lieblingsfarben speichern

Damit Sie immer einen schnellen Zugriff auf Ihre Farbmischungen haben, legen Sie im Farbfenster am besten Ihre eigene Palette an. Ziehen Sie dazu das Farbfenster an der kleinen Einkerbung in der Mitte des unteren Randes nach unten auf. Den gewählten Farbton ziehen Sie nun per Drag & Drop aus dem oberen Farbfeld auf eines der kleinen Quadrate. Die Farbzuweisung geschieht anschließend über den bekannten Weg: Sie markieren die Schrift, öffnen die Farbpalette und klicken anschließend auf Ihren gespeicherten Farbton. Die individuellen Farbtöne bleiben Ihnen in allen Programmen erhalten.

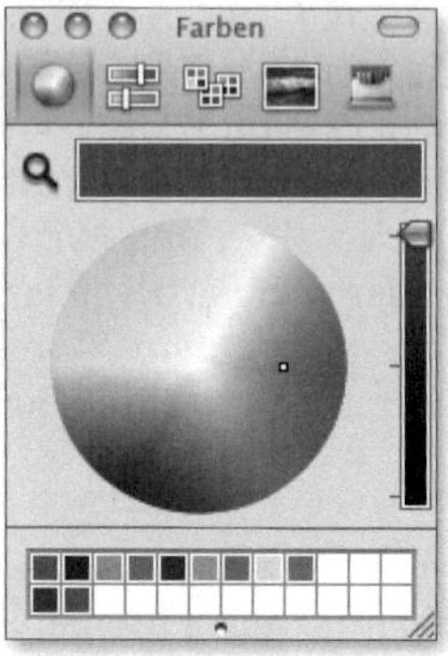

Ihre persönliche Farbpalette

5

Drucken, faxen, Objekte sichern

In diesem Kapitel geht es um das Anschließen eines Druckers und die Verwaltung von Druckaufträgen, ums Faxen und um das Erstellen von PDF-Dateien.

Dateien lassen sich ja bekanntlich nicht nur ausdrucken, sondern auch auf CDs oder DVDs brennen. Wie Sie Brennordner erstellen und Daten sichern – auch das erläutern wir in diesem Kapitel. Eine sehr effiziente und schlaue Methode, Sicherungskopien Ihrer Daten zu erstellen, bietet das Programm TimeMachine. Das Zusammenspiel von Programm und externer Festplatte sorgt für eine regelmäßige Sicherung Ihrer Daten.

Einen Drucker anschließen

Einen Drucker an Ihren Mac anzuschließen, ist eine denkbar einfache Angelegenheit. Das meiste erledigt der Rechner für Sie, und der Rest ist mit ein paar Einstellungen und Handgriffen getan.

Die für den Hausgebrauch typische Ausstattung ist ein Tintenstrahl- oder Laserdrucker mit USB-Anschluss. Damit ein Drucker überhaupt läuft, wird eine spezielle Software, ein sogenannter Druckertreiber benötigt. Die Installation eines solchen Druckertreibers übernimmt das Betriebssystem für Sie.

Schließen Sie den Drucker zunächst über das USB-Kabel an den Rechner an und schalten Sie ihn ein. Öffnen Sie ein Dokument, das Sie drucken wollen, und geben Sie den Druckbefehl mit der Tastenkombination ⌘ – P (Print). Lassen Sie sich nicht irritieren vom Eintrag *Kein Drucker angeschlossen*. Genau das wird nun geändert: Klicken Sie auf das Auswahlmenü *Drucker* und wählen Sie den Eintrag *Drucker hinzufügen*. In der Rubrik *Standard* in der jetzt geöffneten Übersicht müsste der angeschlossene und eingeschaltete Drucker bereits zu sehen sein. Markieren Sie den Drucker und klicken Sie auf *Hinzufügen*. Prompt wird wieder das Druckerfenster eingeblendet, in dessen Auswahlmenü *Drucker* nun statt *Kein Drucker angeschlossen* die Bezeichnung Ihres Druckers zu lesen ist. Den Druckbefehl lösen Sie mit Drücken der ↩-Taste aus.

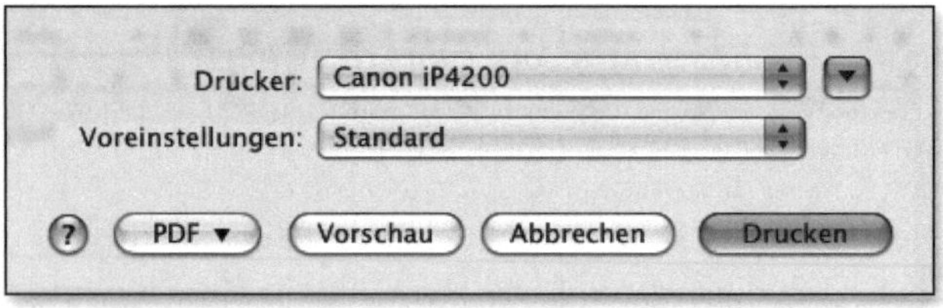

Den Drucker in das Auswahlmenü bringen.

Ist der Druckertreiber noch nicht geladen, macht sich der Rechner über die Softwareaktualisierung auf die Suche nach der aktuellen

Version des Treibers. Mit einem Klick auf *Installieren* wird die Software gesucht und anschließend installiert.

Die Installation übernimmt der Rechner für Sie.

Wer weitere Drucker anschließen möchte – zum Beispiel einen weiteren Laser- oder Tintenstrahldrucker oder einen Netzwerkdrucker mit IP-Adresse –, öffnet die Systemeinstellung *Drucken & Faxen* und klickt auf das Pluszeichen. Bei Druckern mit USB-Kabeln wählen Sie das Symbol *Standard*, bei IP-Druckern das Symbol *IP*. Bei IP geben Sie in der entsprechenden Zeile den Hostnamen oder die IP-Adresse ein.

TIPP

Sollte Ihr Laserdrucker über eine Ethernet-Schnittstelle verfügen, können Sie das Gerät selbstverständlich auch mit einem Ethernet-Kabel direkt oder über einen Ethernet-Hub mit dem Rechner verbinden.

Drucker per AirPort (WLAN) anschließen

Haben Sie eine AirPort Extreme-, AirPort Express-Basisstation oder TimeCapsule, über die Sie kabellos ins Internet gehen? Dann können Sie Ihren Drucker an eine solche Station anschließen und eine drahtlose Verbindung mit Hilfe der Netzwerktechnologie Bonjour herstellen. Bonjour sorgt dafür, dass sich netzwerkfähige Geräte automatisch gegenseitig erkennen. Drucker, die per AirPort mit Ihrem Mac verbunden sind, werden automatisch für das Netzwerk freigegeben, so dass auch andere Rechner im Netzwerk den Drucker nutzen können.

Den bevorzugten Drucker festlegen

Sind mehrere Drucker angeschlossen, stellt sich die Frage, welchen Drucker Sie bevorzugt nutzen wollen. In der Systemeinstellung *Drucken & Faxen* lässt sich im Auswahlmenü *Standarddrucker* genau der Drucker markieren, der automatisch losrattern soll, sobald Sie einen Druckauftrag starten.

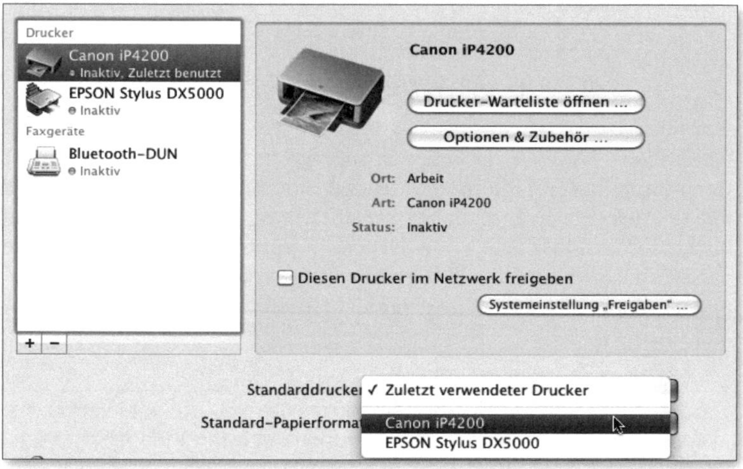

Den Lieblingsdrucker auswählen

GRUNDLAGEN

Das Programm, aus dem Sie drucken, wechselt die Drucker nie von sich aus, sondern leitet die Druckaufträge so lange an den Standarddrucker weiter, bis Sie in der Systemeinstellung einen anderen Drucker auswählen. Oder Sie entscheiden sich für den Eintrag *Zuletzt verwendeter Drucker*. Mit dieser Option wird stets der Drucker den Druckbefehl erledigen, den Sie zuletzt verwendet haben.

Natürlich besteht auch die Möglichkeit, einen Druckauftrag einem bestimmten Drucker zuzuweisen. Wenn Sie den Druckauftrag im

Anwendungsprogramm mit der Tastenkombination ⌘ – P auslösen, wählen Sie im Dialogfenster *Drucken* im Aufklappmenü *Drucker* das Gerät aus.

Den Druck vorbereiten

Wenn Sie in einem Anwendungsprogramm den Druckbefehl mit dem Tastenkürzel ⌘ – P auslösen, fängt der Drucker nicht sofort an, aktiv zu werden. Vielmehr öffnet sich ein Dialogfenster, in dem sich genau einstellen lässt, wie und wie viel Sie drucken wollen.

Alle Drucker, die Sie an Ihren Rechner angeschlossen haben, finden Sie im Aufklappmenü unter *Drucker*. Sofern Sie mehr als einen Drucker angeschlossen haben, ist das an oberster Stelle angezeigte Modell Ihr Standarddrucker. Ist nur ein Drucker eingerichtet, ignorieren Sie dieses Feld beim Starten eines Druckauftrags.

TIPP

Über die Auswahlliste lässt sich mit einem Klick auf den gleichnamigen Eintrag die Systemeinstellung *Drucken & Faxen* öffnen. Eine praktische Einrichtung für den Fall, dass Sie Ihren Standard-Drucker wechseln oder detaillierte Informationen über den ausgewählten Drucker einholen wollen.

Ähnlich wie das Fenster *Sichern unter* gibt es auch das Fenster für den Druckauftrag in einer abgespeckten und einer mit Funktionen üppig ausgestatten Version, die sogar eine Vorschau beinhaltet. Das Fenster mit mannigfaltigen Auswahlmöglichkeiten für die Druckeinstellungen öffnen Sie mit einem Klick auf das nach unten zeigende Dreieck neben dem Auswahlmenü *Drucker*.

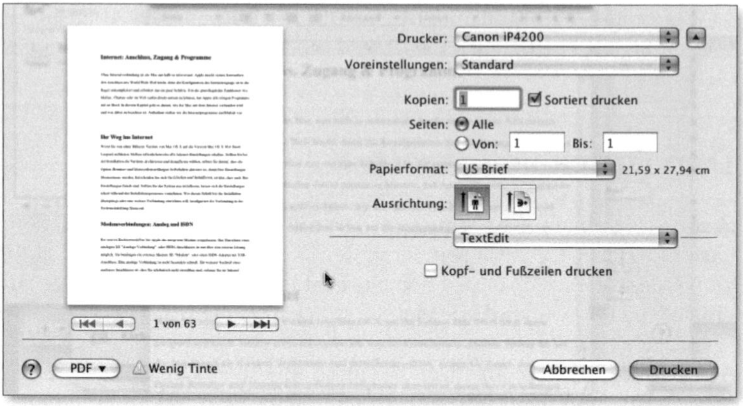

*Das Auswahlfenster **Drucken***

GRUNDLAGEN

Die Optionen, die Ihnen in diesem Fenster angeboten werden, sind abhängig davon, ob Sie einen Laserdrucker oder einen Tintenstrahldrucker verwenden.

Hier definieren Sie, ob das gesamte Dokument oder nur ausgewählte Seiten (zum Beispiel die Seiten 10 bis 12) ausgedruckt werden sollen. In Microsoft Word haben Sie zudem die Möglichkeit, die aktuelle Seite auszudrucken (das ist die, auf der sich der Cursor befindet) oder über Komma und Bindestriche genau festzulegen, welche Seiten ausgegeben werden. Im Feld *Kopien* bestimmen Sie die Anzahl der Ausdrucke. Belassen Sie es bei der eingeschalteten Option *Sortiert drucken*, so wird nacheinander stets ein kompletter Satz des Dokuments gedruckt.

TIPP

Sie wollen zwar nur ausgewählte Seiten ausdrucken, wissen aber nicht mehr genau welche? Dann blättern Sie doch im linken Bereich des Fensters *Drucken* durch das Dokument. Voraussetzung für die Anzeige der Vorschauseiten ist, dass das Fenster *Drucken* ausgeklappt ist.

Auch das Papierformat und die Ausrichtung können Sie erfreulicherweise direkt im Druckfenster festlegen.

So richtig spannend wird es im Auswahlmenü, das mit dem gerade verwendeten Programm überschrieben ist: Drucken Sie aus *Vorschau*, steht an oberste Stelle *Vorschau*, drucken Sie aus *Word* steht an oberster Stelle *Word* und so weiter.

Die weiteren Einträge sind abhängig sowohl vom Druckermodell als auch vom Programm, aus dem Sie drucken. Hier einige der häufigsten Auswahlmöglichkeiten:

Layout: Mit der Option legen Sie fest, wie viele Seiten Sie pro Blatt ausgedruckt haben möchten und in welcher Reihenfolge. Der besseren Übersicht wegen können Sie die durch diese Methode stark verkleinerten Seiten mit einem Rahmen versehen.

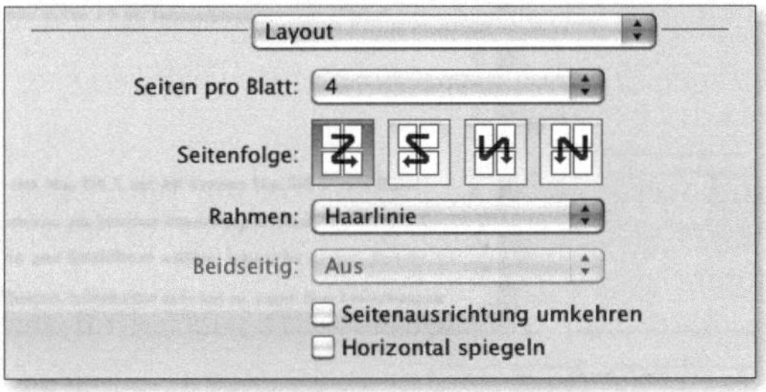

Wie viele Seiten pro Blatt?

Papierhandhabung: Hier können Sie im Auswahlmenü *Seitenfolge* festlegen, dass die letzte Seite zuerst gedruckt wird und die erste zuletzt. Das erspart Ihnen das Umsortieren eines Stapels an ausgedruckten Seiten. Wollen Sie hingegen ein Dokument ausdrucken, um es noch einmal gegenzulesen, schalten Sie praktischerweise um auf *Automatisch*. Sonst nämlich warten Sie bis zum Schluss des Druckauftrags auf den Anfang des Dokuments. Raffiniert sind in dieser Einstellung die Optionen *Ungerade Seiten* und *Gerade Seiten*. Damit lassen sich die Vorder- und Rückseite des Papiers bedrucken, indem man die Seiten separat ausdruckt und dann wieder in den Drucker legt.

Zeitplan: In dieser Option entscheiden Sie, wann die Datei gedruckt werden soll. Müssen Sie zum Beispiel ein sehr umfangreiches Dokument ausdrucken, können Sie den Druck zu einer Zeit starten, zu der Sie fernab vom Drucker sind und folglich von den Geräuschen nicht mehr genervt werden.

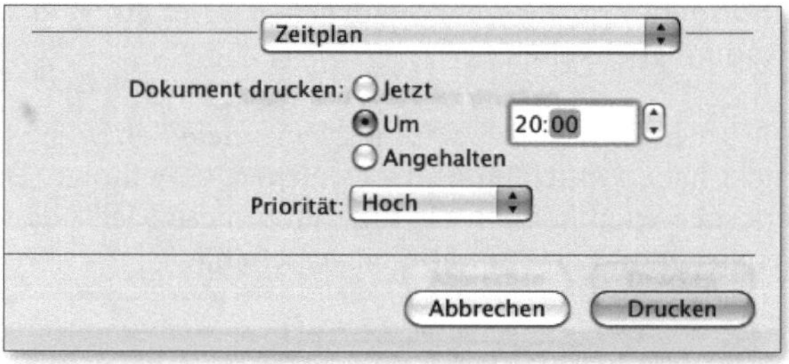

Legen Sie die Uhrzeit für den Druckauftrag fest.

Qualität und Medium: Diese Einstellung wird nur bei Tintenstrahldruckern angeboten. Im Aufklappmenü *Medientyp* wählen Sie die Art des Papiers, den Medientyp, die Papierquelle (Papierzufuhrtaste, Kassette oder – falls vorhanden – CD-Fach), und den Druckmodus aus.

TIPP

Verfügt Ihr Drucker über die Möglichkeit, eine CD zu bedrucken, wählen Sie den Eintrag *Bedruckbarer Datenträger*.

Farboptionen: Hier gilt es, Farbeinstellungen anzupassen, ohne das Dokument selbst ändern zu müssen.

Zusammenfassung: In dieser Option erhalten Sie eine Übersicht über alle Einstellungen, die Sie vorgenommen haben.

POWER USER

Sie sehen, es kann recht mühsam und vor allem zeitaufwendig sein, die Einstellungen für einen Druckbefehl vorzunehmen. Damit Sie Ihre Zeit nicht mit der Eingabe der immer gleichen Befehle verbringen müssen, haben Sie im Aufklappmenü *Voreinstellungen* die Möglichkeit, Ihre häufig verwendeten Druckeinstellungen zu sichern. Sollten Sie also ahnen, dass Sie diese schon bald für den nächsten Druckauftrag benötigen, klicken Sie auf *Sichern unter...* Geben Sie Ihren Druckeinstellungen einen passenden Namen (zum Beispiel *Beste Auflösung* oder *Mehrfachdruck*) und bestätigen Sie die Eingabe mit der ↵-Taste. Beim nächsten Druckauftrag, der mit diesen Einstellungen ausgeführt werden soll, wählen Sie einfach den entsprechenden Namen aus Ihrer Sammlung aus. Selbstverständlich lassen sich die Einstellungen modifizieren und erneut abspeichern, umbenennen oder entfernen.

Druckaufträge starten, stoppen, löschen

Jeder Druckauftrag lässt sich während des Druckvorgangs unterbrechen und anschließend ganz unproblematisch wieder starten. Das ist sehr nützlich, sollten zum Beispiel die Druckgeräusche bei einem Telefonat stören oder Sie die Druckerpatrone wechseln müssen. Klicken Sie dafür auf das Druckersymbol im Dock. Nun öffnet sich ein kleines Fenster, in dem die aktiven Druckaufträge angezeigt werden und in dessen Symbolleiste alle entscheidenden Befehle vorhanden sind, um einen Auftrag zu stoppen, zu löschen oder fortzusetzen.

Markieren Sie den Druckauftrag und klicken Sie auf *Stoppen*. Sobald Sie auf *Fortsetzen* klicken, wird die Arbeit wieder aufgenommen.

TIPP

Die Anzahl der Druckaufträge wird im Druckersymbol im Dock angezeigt. Darüber hinaus haben Sie im Fenster der Druckaufträge Gelegenheit, sich die einzelnen Aufträge noch einmal in Quicklook anzusehen. Drücken Sie dazu wie immer einfach die Leertaste.

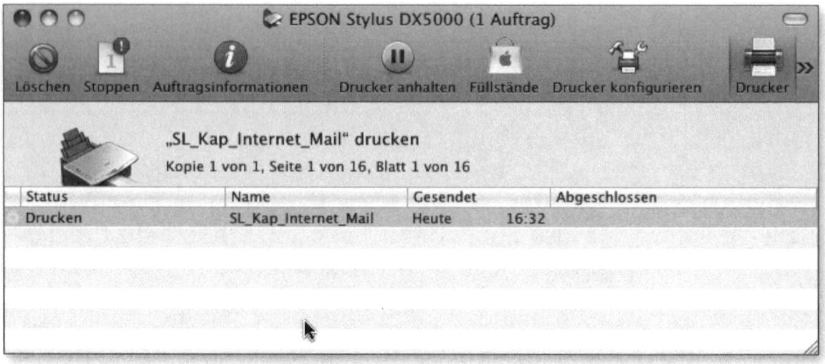

Druckaufträge stoppen und fortsetzen

Falls Sie während eines Druckvorgangs bemerken, dass Sie das falsche Dokument zum Druck freigegeben haben, stoppen Sie den Auftrag, markieren in der Liste das gewünschte Dokument und klicken auf *Fortsetzen*. Einen Druckauftrag entfernen Sie aus der Liste mit einem einfachen Klick auf das Symbol *Löschen*.

Die Liste informiert Sie auch über den Status eines Auftrags, was umso aufschlussreicher ist, je mehr Druckaufträge Sie parallel laufen haben. Auch wenn mehrere Benutzer über die Druckerfreigabe Zugriff auf einen Drucker haben, ist die Übersicht ein willkommenes Helferlein, um den Überblick zu behalten.

TIPP

Wer einen Druckauftrag zukünftig ohne Umweg über das Dialogfenster *Drucken* und etwaige Einstellungen erteilen will, macht Folgendes: Ziehen Sie das Symbol des Druckers aus der Systemeinstellung *Drucken & Faxen* mit gedrückter Maustaste auf den Schreibtisch. Jede Datei, die Sie fortan auf diesen sogenannten Schreibtischdrucker ziehen, wird sofort ausgedruckt. In vielen Anwendungsprogrammen wird in der Mitte der oberen Fensterleiste das Dateisymbol eingeblendet. Um einen Druckauftrag zu erteilen, ziehen Sie dieses Symbol mit gedrückter Maustaste auf das Druckersymbol. Achten Sie bei dieser Aktion darauf, dass die Datei abgespeichert ist. Denn sonst funktioniert es nicht.

Eine Datei auf das Symbol des Druckers ziehen, und der Druck startet.

Den Drucker warten

In Systemeinstellung *Drucken & Faxen* haben Sie mit einem Klick auf den Button *Optionen & Zubehör* Gelegenheit, Ihren Drucker zu warten und einzustellen. Lassen die Druckergebnisse zu wünschen übrig, ist eventuell eine Reinigung der Druckkopfdrüsen angebracht. Mit einem Testdruck, den Sie im Bereich *Sonstiges* starten, prüfen Sie, ob die Drüsen verstopft oder die Druckköpfe falsch ausgerichtet sind. Wichtig sind natürlich auch die Informationen zum Tintenstand.

Beachten Sie bitte, dass die verschiedenen Möglichkeiten, den Drucker zu konfigurieren, abhängig vom Druckermodell sind.

Erst schauen, dann drucken

Genial: Bevor Sie Papier und Druckerschwärze spendieren, haben Sie die Möglichkeit, in einer Druckvorschau noch einmal zu checken, ob der geplante Ausdruck Ihren Anforderungen entspricht. Klicken Sie dazu im eingeklappten Dialogfenster *Drucken* auf den Button *Vorschau* und im ausgeklappten Fenster im Auswahlmenü *PDF* auf *PDF in Vorschau öffnen*. Nun wird aus Ihrem Dokument eine PDF-Datei erstellt, die im Programm Vorschau angezeigt wird. Blättern Sie mit Hilfe der Pfeiltasten durch das Dokument oder klicken Sie auf die Miniaturansichten in der Seitenleiste. Sollte die Leiste mal nicht eingeblendet sein, so zaubern Sie sie mit einem Klick auf das entsprechende Icon in der Symbolleiste auf den Bildschirm. Um sich Doppelseiten anzeigen zu lassen, wählen Sie im Menü *Darstellung | PDF-Darstellung | Doppelseiten*.

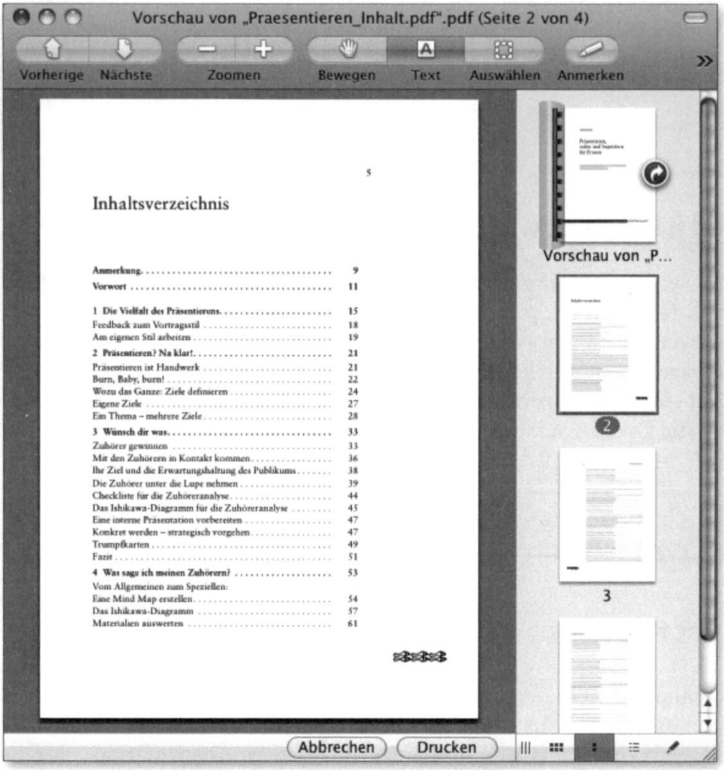

Erst schauen und dann drucken

Wollen Sie weitere Änderungen an Ihrem Dokument vornehmen, klicken Sie auf *Abbrechen*. Ist jedoch alles genauso, wie Sie es sich vorgestellt haben, bestätigen Sie mit *Drucken*.

Sie können übrigens das gesamte Spektrum von Vorschau nutzen, wie beispielsweise Abschnitte hervorheben oder Kommentare einfügen. Anmerkungen, Kommentare und Hervorhebungen werden allerdings nur mit ausgedruckt, wenn die Datei abgespeichert ist. Mehr zum Programm Vorschau finden Sie im Kapitel »Programmrundschau«, Abschnitt »Vorschau«.

Drucker im Netzwerk freigeben

In der Systemeinstellung *Freigaben* aktivieren Sie den Dienst Druckerfreigabe, mit dem Sie den Weg ebnen für andere Rechner im lokalen Netzwerk, damit diese auf den angeschlossenen Drucker zugreifen können.

Sollten Sie mehr als einen Drucker angeschlossen haben, wählen Sie in der Liste *Drucker* das Gerät aus, das auch die anderen Benutzer verwenden dürfen. In der Liste *Benutzer* haben Sie zudem Gelegenheit, den Eintrag *Jeder* einzuschränken. Sobald Sie eine Person über das Pluszeichen auswählen, springt der Eintrag *Drucken möglich* um auf *Keine Rechte*.

TIPP

Bei der Druckerfreigabe sind auf den anderen Rechnern keine weiteren Einstellungen notwendig. Der freigegebene Drucker wird automatisch angezeigt.

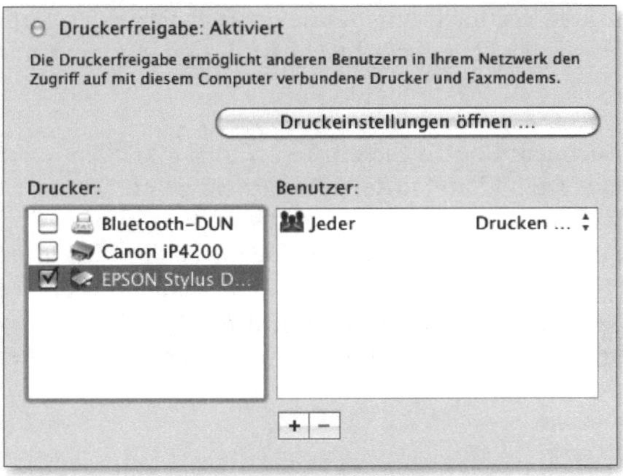

Den Drucker mit anderen teilen.

Ein PDF erstellen

Mindestens ebenso herausragend wie die Vorschau-Funktion im Druckerfenster ist die Möglichkeit, aus einem Dokument eine PDF-Datei zu generieren. Im ausgeklappten Dialogfenster *Drucken* haben Sie im Auswahlmenü *PDF* eine opulente Auswahl an unterschiedlichen Varianten mit diesem Format.

Ein PDF erstellen

PDF in Vorschau öffnen: Mit dieser Option wird aus dem zu druckenden Dokument eine Ansicht im PDF-Format generiert. Diese Ansicht dient der Begutachtung der Seiten, bevor Sie den Druckauftrag tatsächlich starten. Die Ansicht wird mit dem Programm Vorschau geöffnet.

Als PDF sichern: Sobald Sie auf den Eintrag klicken, erscheint das Fenster *Sichern*, in dem Sie dem Dokument einen Namen geben, den Zielort bestimmen und gegebenenfalls weitere Informationen eingeben. Alle Informationen, mit denen Sie die Felder *Titel*, *Autor*, *Betreff* und *Schlagwörter* ausfüllen, können in Vorschau mit der Tastenkombination ⌘ – I abgerufen werden und im Adobe Reader im Menü *Datei | Eigenschaften*. Die Einträge werden bei einer Suche mit Spotlight berücksichtigt.

TIPP

Das PDF-Format ist universell und plattformunabhängig. Das bedeutet, dass die Dateien originalgetreu beim Empfänger ankommen. Deshalb: Immer wenn Sie Zweifel haben, ob der Empfänger Ihres Dokuments dieses überhaupt öffnen kann, sichern Sie es am besten als PDF-Datei, bevor Sie es versenden. Das Gleiche gilt für Dokumente, in denen Sie ausgefallene Schriften verwendet haben. Denn besitzt der Empfänger diese Schriften nicht, öffnet sich vor seinen Augen ein womöglich völlig verschandeltes Schriftbild. Mit einer PDF-Datei sind Sie immer auf der sicheren und ästhetisch schöneren Seite.

In diesem Fenster haben Sie mit einem Klick auf *Sicherheitsoptionen* auch die Möglichkeit, für das PDF-Dokument ein Kennwort einzurichten. Handelt es sich um ein vertrauliches Dokument, aktivieren Sie die Option *Zum Öffnen des Dokuments ein Kennwort anfordern*. Damit schirmen Sie das Dokument vor unwillkommenen Blicken ab.

Je nachdem, wem Sie das Dokument zur Verfügung stellen, ist es sinnvoll, es vor unerlaubtem Kopieren von Textpassagen und Bildern zu schützen. Aktivieren Sie für diesen Zweck die entsprechende Funktion. Haben Sie diese Funktion eingeschaltet, mag es für einige Dokumente nur konsequent sein, auch das Ausdrucken des Dokuments zu verhindern. Setzen Sie ein Häkchen bei *Zum Drucken des Dokuments wird ein Kennwort benötigt*.

GRUNDLAGEN

Der Kennwortschutz ist für alle Dokumente sinnvoll, die Sie öffentlich – wie zum Beispiel über das Internet – zur Verfügung stellen. Sobald der Empfänger des Dokuments eine Textpassage kopieren oder das Dokument ausdrucken will, wird er aufgefordert, das Kennwort einzugeben.

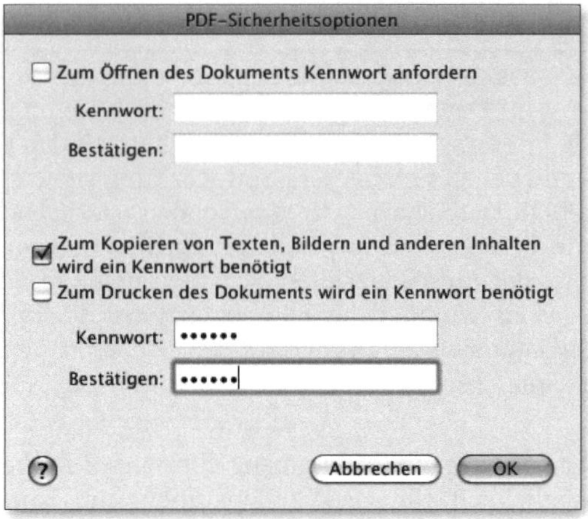

Die PDF-Datei vor einer unwillkommenen Weiterbearbeitung schützen.

PDF als Postscript sichern: Da dieses Dateiformat hochpräzise Druckanweisungen für beispielsweise Vektor-Grafiken im EPS-Format enthält, eignet es sich insbesondere für den Laserdruck.

PDF faxen: Wenn Sie über Ihren Rechner ein Fax versenden wollen, wählen Sie diese Option. Im Dialogfenster *Drucken* werden daraufhin die notwendigen Eingabefenster eingeblendet.

PDF per E-Mail senden: Das Dokument wird direkt an das Programm Mail geschickt und erscheint als Anhang einer leeren Mail.

Als PDF-X sichern: PDF-X ist ein Industriestandard für Dateien, die bei einem Dienstleister ausgegeben werden sollen. Notizen und Kommentare sind bei diesem Standard nur bedingt erlaubt. Farbangaben müssen bestimmten Anforderungen genügen.

PDF in iPhoto sichern: Mit dieser Option wird jede Seite des Dokuments als Bild gesichert und anschließend als Bildergalerie im JPG-Format an iPhoto geschickt.

PDF in „Web Receipts" sichern: Web Receipts sind Quittungen und Rechnungen, die Sie als Beleg nach einer Bestellung im Internet angezeigt bekommen. Nun können Sie einen solchen Beleg ausdrucken oder ihn als Web Receipts sichern – was weitaus praktischer und tintensparender ist. Die PDF-Dokumente werden im Ordner *Web Receipts* abgelegt. Der Ordner *Web Receipts* wird bei dieser Aktion automatisch im Ordner *Dokumente* angelegt.

Faxen

Auch im Zeitalter von Hochgeschwindigkeitsanschlüssen und DSL-Vebindungen funktioniert das Faxen nur über einen analogen Anschluss und mit klassischer Wählverbindung und Faxmodem. Da Apple in die neuen Macs aber kein Faxmodem mehr einbaut, benötigen Sie für den Mac als Faxmaschine ein externes USB-Faxmodem. Alternativ konfigurieren Sie Ihr Handy als Modem.

AUFGEPASST

Beachten Sie, dass T-Mobile es nicht gestattet, ein Handy als Modem fürs Faxen oder Surfen zu konfigurieren.

Sorgen Sie dafür, dass das Handy via Bluetooth Kontakt mit dem Rechner aufnimmt. Für diese Koppelung muss das Handy in den Verbindungsoptionen des Geräts auf *Sichtbar* geschaltet werden. In den Gesprächsoptionen des Handys schalten Sie um auf *Gespräch und Fax*. Sind all diese Schritte erledigt, steht dem Faxen über das Handymodem nichts mehr im Wege.

TIPP

Ob die einzelnen Anweisungen so oder anders lauten, ist von Handy zu Handy verschieden. Schauen Sie gegebenenfalls im Handbuch des Handys nach.

In der Systemeinstellung *Drucken & Faxen* wird in der Geräteliste bereits ein Faxgerät namens Bluetooth-DUN angezeigt.

Diese Gerätebezeichnung ist ein übergeordneter Begriff für das Handy, das Sie als Faxmodem konfiguriert haben. Das Handy selbst wird namentlich nicht aufgeführt. In das Feld *Faxnummer* geben Sie die Nummer des entsprechenden Handys ein.

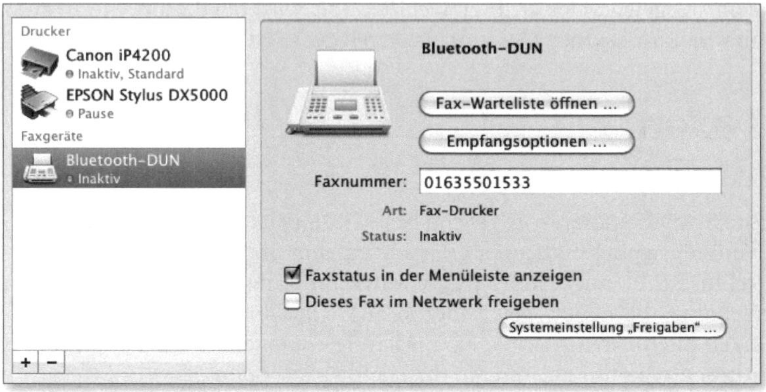

Hinter Bluetooh-DUN verbirgt sich ein Handy als Faxmodem.

Sobald Sie ein Dokument über das Dialogfenster *Drucken* als Fax versenden (mehr dazu weiter unten), wird in die Menüleiste des Finders ein symbolisierter Telefonhörer mit Datenblatt gezaubert, über den sich beobachten lässt, ob die Verbindung hergestellt wird. Sie wollen das Fax doch nicht versenden? Dann klicken Sie im Menü des Telefonhörersymbols auf *Auflegen*.

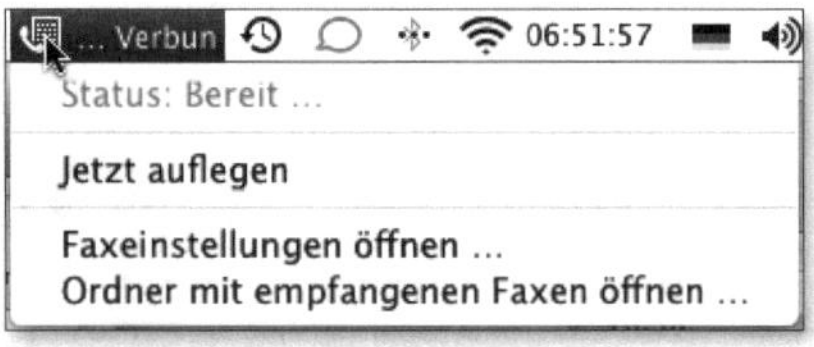

Über das Faxsymbol in der Menüleiste den Verbindungsaufbau beobachten.

Nach dieser technischen Vorbereitung geht es im Folgenden um das Fax selbst.

Das Faxen vorbereiten

Grundsätzlich lässt sich jedes Dokument, das gedruckt werden kann, auch faxen. Aus diesem Grund finden Sie die Fax-Funktion im Dialogfenster *Drucken* und hier im Aufklappmenü *PDF*. Sie öffnen das Fenster entweder mit einem Klick auf den Befehl *Drucken* im Menü *Ablage* oder, je nach Programm, im Menü *Datei* oder mit der Tastenkombination ⌘ – P. Klicken Sie anschließend im Aufklappmenü *PDF* auf *PDF faxen…* Das Dialogfenster *Drucken* verwandelt sich nun in ein Fenster mit Eingabefeldern für den Faxauftrag.

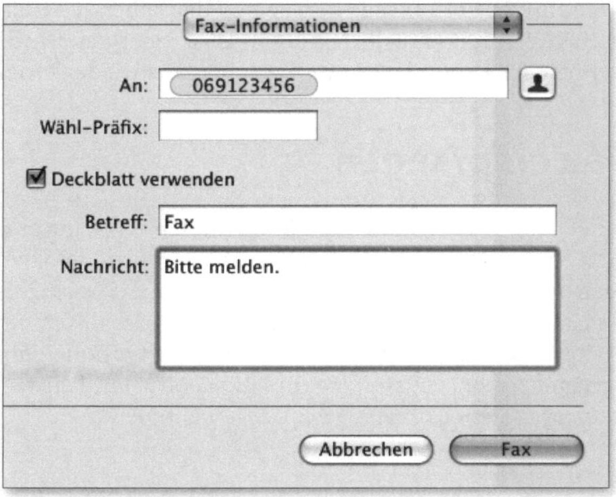

Aus dem Druckdialog das Eingabefeld für ein Fax öffnen.

Die etwas dunkle Gestalt rechts neben dem Eingabefeld *An* macht auf die Verzahnung mit dem Programm Adressbuch aufmerksam. Mit einem Klick auf die Silhouette öffnen Sie das Programm und mit einem Doppelklick auf den Namen des Empfängers erscheint dieser inklusive Faxnummer im Eingabefeld *An*. Alternativ geben Sie die Nummer manuell ein.

Sollten Sie an einer Telefonanlage angeschlossen sind, geben Sie in das Feld *Wähl-Präfix* die Ziffer ein, die Sie auch beim Telefonieren verwenden, um zu einer Amtsleitung geschaltet zu werden.

Mit einem Häkchen bei *Deckblatt verwenden* haben Sie anschließend Gelegenheit, einen Betreff sowie einen kurzen einleitenden Text einzugeben.

Sobald Sie das Fax senden, sehen Sie im Dock das Symbol für das Faxgerät. Mit einem Klick auf dieses Symbol blenden Sie das Übersichtsfenster ein, das in seinem Design identisch ist mit dem Fenster, in dem Sie Ihre Druckaufträge managen. Hier haben Sie Gelegenheit nachzusehen, wie der aktuelle Sendestatus ist, oder den Sendeauftrag zu unterbrechen, zu stoppen und gegebenenfalls wieder fortzusetzen.

Ein Fax empfangen

Wer sendet, kann auch empfangen. Auch für den Empfang eines Faxes benötigen Sie das Handy als Faxmodem. Der Ort, an dem Sie die Einstellungen für eingehende Faxe eingeben, ist die Systemeinstellung *Drucken & Faxen*. Markieren Sie das Faxgerät in der Liste und klicken Sie auf den Button *Empfangsoptionen*. Um diese Optionen überhaupt eintragen zu können, müssen Sie im jetzt geöffneten Fenster die Option *Faxe auf diesem Computer empfangen* aktivieren.

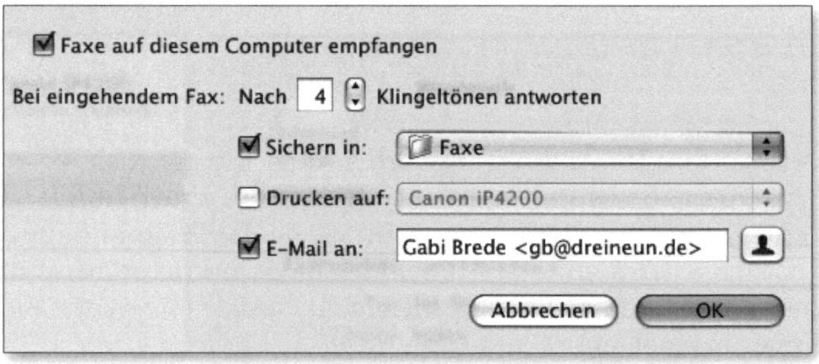

In die Systemeinstellung werden alle notwendigen Daten für eingehende Faxe eingegeben.

Legen Sie fest, nach wie vielen Klingeltönen der Rechner antworten soll. Achten Sie darauf, dass Sie hier mindestens einen Klingelton weniger angeben, als Sie für den Start der Mailbox definiert haben. Sonst springt bei einem eingehenden Fax der Anrufbeantworter an, was bedeutet, dass Sie kein Fax bekommen und die Gegenstelle verzweifelt.

Sie haben die Wahl aus drei Möglichkeiten, wohin Ihre Faxe gelegt oder weitergeleitet werden sollen (die Möglichkeiten schließen sich übrigens nicht aus):

Sichern unter: Der Ordner *Für alle Benutzer / Faxe* eignet sich, wenn Sie Ihren Rechner mit mehreren Benutzern teilen und auf die eingehenden Faxe jeder Zugriff haben soll. Wollen Sie einen eigenen Zielordner festlegen, klicken Sie auf *Faxe* oder *Anderer Ordner* und wählen im Finder-Fenster einen bereits bestehenden Ordner oder legen einen neuen an. Der Ordner *Faxe* wird automatisch erstellt und befindet sich in Ihrem Ordner *Privat*. Die Faxe werden als PDF-Datei ablegt.

Drucken auf: Das Fax wird auf dem ausgewählten Drucker ausgedruckt. Voraussetzung ist natürlich, dass der Drucker eingeschaltet ist.

E-Mail an: Geben Sie eine E-Mail-Adresse ein, sofern Sie diese Variante bevorzugen. Voreingestellt ist die E-Mail-Adresse, die in Ihrer persönlichen Visitenkarte in Adressbuch angegeben ist.

Dateien sichern: Backups

Auch wenn Mac OS X ein sehr stabiles Betriebssystem ist, sollten Sie regelmäßig ein Backup Ihrer Daten vornehmen. Das schont nicht nur die Nerven, sondern sorgt auch für ein gutes Gefühl der Sicherheit. Beliebte Speichermedien, um Daten zu sichern oder zu übertragen, sind USB-Sticks, externe Festplatten, CDs sowie DVDs oder, sofern Sie einen MobileMe-Account haben, die iDisk. Außer einer externen Festplatte, die Sie auch für Time Machine verwenden können, sind die Speichermedien sinnvoll für Kopien Ihrer Dateien und Fotos. Ihre Programme, Einstellungen und das Betriebssystem selbst bleiben bei diesen Methoden außen vor. Für eine vollständige Datensicherung des gesamten Systems ist das Programm Time Machine die einzige Alternative. Und was sich kompliziert liest, »vollständige Datensicherung des gesamten Systems«, ist mit Time Machine herrlich einfach. Wer mit diesem Programm Backups erstellt, wird ein Leben ohne Angst vor dem totalen Datenverlust verbringen können.

Burn, baby, burn: CDs und DVDs brennen

Ist Ihr Rechner mit einem sogenannten Combo-Laufwerk oder kombiniertem Laufwerk ausgestattet, können Sie CDs lesen und brennen, DVDs jedoch nur lesen. Neuere Rechner haben ein SuperDrive-Laufwerk mit Double-Layer-Unterstützung integriert oder werden wahlweise mit dieser Ausstattung angeboten. Mit einem solchen Laufwerk lassen sich sowohl CDs als auch DVDs brennen.

Sollten Sie nicht genau wissen, mit welchem Laufwerk Ihr Mac ausgestattet ist, finden Sie im Programm System-Profiler alle notwendigen Informationen. Öffnen Sie dazu im -Menü *Über diesen Mac* und klicken Sie auf *Weitere Informationen…* In der Rubrik *Hardware* wählen Sie *Medium brennen.*

MATSHITA CD-RW CW-8124:

Firmware-Version:	DACH
Verbindungstyp:	ATAPI
Brennen möglich:	Ja (Laufwerk von Apple geliefert)
Cache:	2048 KB
DVD lesen:	Ja
Beschreibbare CD:	-R, -RW
Schreibstrategien:	CD-TAO, CD-SAO, CD-Raw
Medien:	Legen Sie das Medium ein und aktualisieren Sie, um die verfügbaren Brenngeschwindigkeiten anzuzeigen.

Auskunft über das integrierte Laufwerk

In der Abbildung sehen Sie *DVD lesen: Ja; Beschreibbare CD: -R, -RW.* Das heißt im Klartext: Der Rechner kann DVDs lesen, jedoch keine DVDs mit Daten beschreiben. CDs können gelesen und beschrieben werden, und zwar sowohl CD-R als auch CD-RW. Selbstverständlich können Sie auch einen externen Brenner mit Ihrem Rechner verbinden, um CDs und DVDs zu brennen.

Damit Sie wissen, welche Silberscheiben für Ihren Rechner geeignet sind, ein kurzer Überblick über die verschiedenen Ausführungen:

CD-R: Das »R« steht für *Recordable*, beschreibbar. CD-Rs haben eine Speicherkapazität von 700 MB oder circa 80 Minuten Audiomaterial. Diese CDs lassen sich nur ein einziges Mal beschreiben. Das Löschen oder Ändern des Inhalts ist nach Abschluss des Brennvorgangs nicht mehr möglich. Sollten Sie Dokumente vergessen haben zu speichern, bleibt Ihnen nichts anderes übrig, als eine weitere CD aus der Packung zu ziehen und den Brennvorgang noch einmal zu starten.

CD-RW: Die Abkürzung RW steht für *Rewritable*, wieder beschreibbar. Eine solche CD lässt sich beliebig häufig beschreiben. Um eine CD-RW erneut benutzen können, müssen Sie die vorhandenen Daten zunächst löschen. Dafür brauchen Sie das *Festplatten-Dienstprogramm*, das Sie im Ordner *Dienstprogramme* finden. Die eingelegte CD oder DVD ist in der linken Spalte sichtbar. Markieren Sie das Medium und klicken Sie anschließend auf *Löschen*. Mit der Option *Schnell löschen* beschleunigen Sie den Vorgang, da lediglich das Inhaltsverzeichnis gelöscht wird und die Daten erst beim nächsten Brennvorgang überschrieben werden.

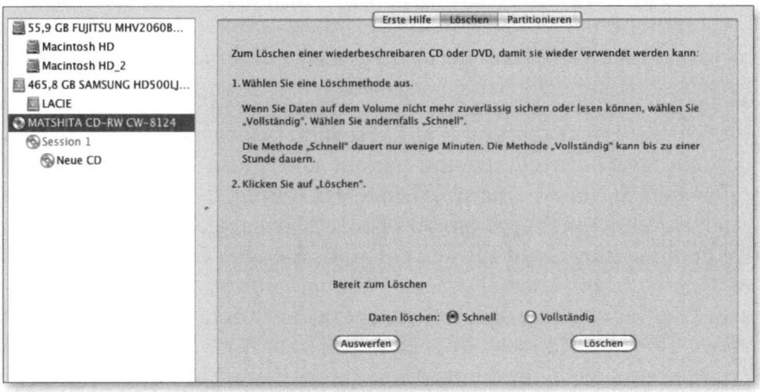

Eine wiederbeschreibbare CD kann im Festplattendienstprogramm gelöscht werden.

DVD-R: Dieser Rohling ist, wie die CD-R, nur beschreibbar, allerdings mit einer Datenmenge von bis zu 4,7 GB. Für Filme und umfangreiche Fotoalben also der ideale Speicherort.

DVD-Double Layer: Bei diesem Rohling werden die Daten übereinander in zwei Schichten gespeichert. Dieses Verfahren erlaubt eine Speicherkapazität von 8,5 Gigabyte.

Egal, ob Sie eine CD oder DVD brennen wollen, der Arbeitsablauf ist identisch. Nachdem Sie einen Rohling in das Laufwerk eingelegt haben und der Rechner erkannt hat, worum es geht, öffnet sich im Finder ein Fenster, in dem Sie entscheiden, was anschließend passieren soll.

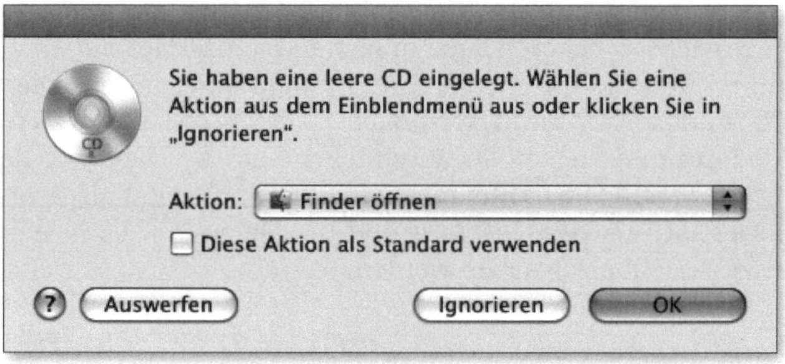

Die Aktion für die eingelegte CD festlegen.

Wollen Sie eine Sicherungskopie erstellen, belassen Sie es beim Standardeintrag *Finder Öffnen* und klicken auf *OK*. Im Aufklappmenü *Aktion* haben Sie die Alternative, *iTunes*, das *Festplatten-Dienstprogramm* oder ein anderes Programm zu öffnen. Der letztgenannte Eintrag ist freilich nur interessant für den Fall, dass Sie über andere Programme verfügen, die mit einer CD oder DVD überhaupt etwas anzufangen wissen. Dies könnte zum Beispiel ein spezielles Programm zum Brennen von Speichermedien sein. Mit einem Klick auf *Auswerfen* entfernen Sie das Medium wieder und mit *Ignorieren* wird es nicht weiter beachtet.

Soll immer die gleiche Aktion beim Einlegen einer CD oder DVD ausgeführt werden, setzen Sie ein Häkchen in die Option *Diese Aktion als Standard verwenden*.

TIPP

In der Systemeinstellung *CDs & DVDs* haben Sie darüber hinaus Gelegenheit festzulegen, was beim Einlegen von Musik-, Bilder-CDs bzw. einer Video-DVD passieren soll.

Das Symbol der CD befindet sich nun sowohl auf dem Schreibtisch als auch in der Rubrik *Orte* der Seitenleiste des Finder-Fensters. Mit einem Klick auf das schwarzgelbe Icon, das wie *Vorsicht! Radioaktiv!* aussieht, lösen Sie später den Brennvorgang aus.

Doch bevor es ans Brennen geht, müssen erst einmal die gewünschten Objekte auf das CD-Symbol im Finder oder auf den Schreibtisch gezogen werden. Bei diesem Vorgang werden Alias-Dateien erstellt, die verschwindend wenig Speicherplatz benötigen. Erst beim Start des Brennvorgangs werden die Originaldaten auf die CD bzw. DVD geschrieben.

Haben Sie alle Objekte auf das Symbol des Mediums gezogen und wollen zum Brennen übergehen, klicken Sie im Finder-Fenster auf den Button *Brennen*. Sie werden nun aufgefordert, Ihrer CD bzw. DVD einen Namen zu geben und die Brenngeschwindigkeit auszuwählen. Mit einem Klick auf *Brennen* lassen Sie dann abschließend den Rechner arbeiten.

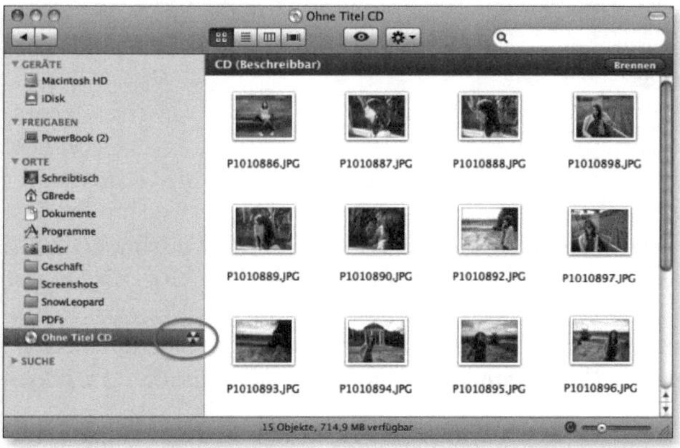

Sichern leicht gemacht: Dateien auf die CD oder DVD ziehen und auf den Button klicken.

An wichtige, aber unscheinbare Ordner denken

Einige Ordner, die für Ihre Arbeit einen enormen Stellenwert haben und dennoch beim Erstellen einer Sicherungskopie häufig vergessen werden, sind die E-Mail- und Adressdaten sowie die Lesezeichen, die Sie in Ihrem Browser angelegt haben. Der Verlust dieser Informationen wäre ausgesprochen verdrießlich. Denken Sie deshalb beim nächsten Backup auch einmal an diese Ordner:

- Das Programm Mail speichert die Daten in *Privatordner/Library/Mail*. Im Ordner *Mail* finden Sie Unterordner mit den Namen Ihrer jeweiligen E-Mail-Accounts. Klicken Sie auf einen dieser Ordner, so sehen Sie für die einzelnen Postfächer weitere Unterordner. Wollen Sie alle Postfächer sichern, ziehen Sie den Ordner, der den Account-Namen trägt, auf das Speichermedium.

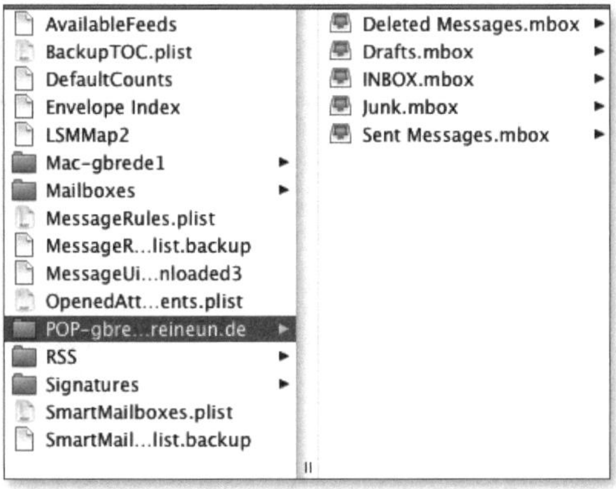

E-Mail Ordner sichern.

- Ihre Adressdaten aus dem Programm Adressbuch finden Sie in *Privatordner/Library/Application Support/AdressBook/Metadaten*.

- Ihre Lesezeichen, die Sie in Safari angelegt haben, befinden sich im Ordner *Privatordner/Library/Cache/Metadata/Safari/Bookmarks/*.

- Für eine Sicherungskopie Ihres iCal-Kalenders klicken Sie in iCal im Menü *Ablage | Exportieren* auf *iCal-Archiv*. Diese Archiv-Datei wird standardmäßig im Ordner *Dokumente* abgelegt.

Doch woher soll man nun wissen, ob man mit all den Daten, die es zu sichern gilt, nicht längst die Kapazität des Mediums überschritten hat? Blenden Sie dazu die Statusleiste ein: Menüleiste *Finder | Darstellung | Statusleiste einblenden*. Die Leiste gibt genau Auskunft über die Anzahl an Objekten sowie über den noch zur Verfügung stehenden Speicherplatz.

Ordner und Datei komprimieren

Benötigen die Objekte mehr Platz, als eine CD oder DVD an Kapazität bereithält, sollten Sie die Daten komprimieren, und zwar **bevor** Sie sie auf ein Speichermedium oder in einen Brenn-Ordner ziehen. Denn da auf dem Speichermedium nur Alias-Dateien liegen, nützt das Komprimieren von Objekten, die bereits auf die CD oder DVD gezogen wurden, rein gar nichts. Markieren Sie dazu die Objekte und wählen Sie im Aktionsmenü des Finder-Fensters den Befehl [Anzahl Objekte] komprimieren. Dieses komprimierte Archiv mit dem Namen Archiv.zip ziehen Sie anschließend auf das Speichermedium. Mit einem Doppelklick auf das Symbol lässt sich das Archiv jederzeit wieder öffnen und entpacken.

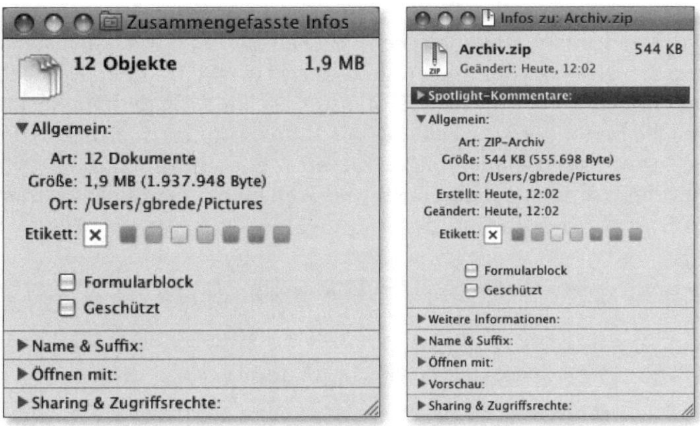

Der Datenumfang ist durch das Komprimieren erheblich reduziert.

AUFGEPASST

Das Komprimieren von Dateien ist für Bilder im JPEG-Format nahezu zwecklos. Da dieses Format den Datenumfang von Bildern bereits reduziert, verringert ein weiteres Komprimieren den Umfang nur verschwindend gering.

Erst sammeln, dann brennen: Brennordner

Bevor Sie eine CD oder DVD einlegen und die Daten brennen, lassen sich auch sogenannte Brennordner erstellen, die ein Sammelbecken sind für alles, was Sie heute, morgen oder in den nächsten Tagen brennen wollen.

Einen Brennordner erstellen Sie mit einem Klick auf den gleichnamigen Eintrag im Menü *Ablage*. Ziehen Sie ihn danach am besten sofort in die Seitenleiste, so haben Sie ihn immer parat. Auch in diesen Ordner werden zunächst Alias-Dateien gelegt. In der Statusleiste wird angezeigt, wie viel Speicherkapazität die hinzugefügten Daten benötigen. So haben Sie genau im Blick, ob Sie noch weitere Dateien hinzufügen können oder ob der Umfang eines CD- oder DVD-Rohlings schon ausgeschöpft ist.

Ist die Sammelei abgeschlossen, klicken Sie im Finder-Fenster auf *Brennen*. Nun werden Sie aufgefordert, einen CD- oder DVD-Rohling einzulegen. In diesem Infofenster erhalten Sie zudem Auskunft über die benötigte Kapazität des Mediums. Um das Speichermedium besser zu nutzen, haben Sie zu diesem Zeitpunkt noch die Möglichkeit, den Vorgang abzubrechen und weitere Dateien und Ordner in den Brennordner zu ziehen.

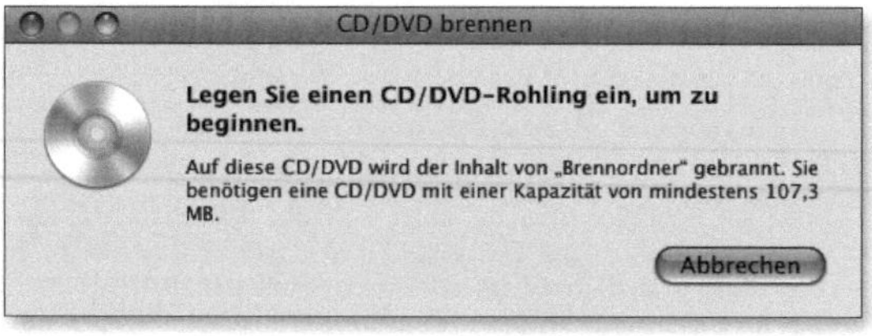

Sobald der Rohling eingelegt ist, startet der Brennvorgang.

Ist das Medium eingelegt, öffnet sich ein neues Fenster, in dem Sie der CD bzw. DVD einen Namen geben, die Brenngeschwindigkeit auswählen und mit einem Klick auf *Brennen* den Brennvorgang starten.

Sobald die CD oder DVD gebrannt ist, wird sie in der Rubrik *Geräte* in der Seitenleiste des Finder-Fensters und auf dem Schreibtisch angezeigt. Sie lässt sich auf vielfältige Weise wieder freigeben:

- mit einem Klick auf das Auswurfsymbol neben der Scheibe im Finder-Fenster
- mit der Tastenkombination ⌘ – E
- indem Sie das Symbol vom Schreibtisch mit gedrückter Maustaste auf den Papierkorb ziehen, der sich bei dieser Aktion in das Symbol der Auswurftaste verwandelt

Sollte Ihre CD oder DVD nicht ausgeworfen werden, drücken Sie für ein bis zwei Sekunden auf die Auswurftaste der Tastatur. Falls auch diese Methode nicht funktioniert, wählen Sie im -Menü *Neustart* und halten dabei entweder die Auswurftaste oder die Maustaste gedrückt.

Time Machine: Daten regelmäßig sichern

Wenn die Festplatte mal Probleme bereitet und Daten futsch sind, fällt einem wieder ein, dass es besser gewesen wäre, regelmäßig ein Backup zu machen. Auch bekommt man von der näheren Umgebung kein Mitleid, sondern wird vorwurfsvoll gefragt, ob man denn keine Datensicherung habe. Jeder weiß, wie wichtig es ist, Daten auf ein externes Medium zu sichern. Doch viele Computerbenutzer machen es trotzdem nicht, entweder weil sie es vergessen oder gerade keine Rohlinge zur Hand haben oder weil sie es schlichtweg für unmöglich halten, dass der Rechner den Geist aufgibt. Im Grunde sind diese Ausreden meistens der eigenen Bequemlichkeit geschuldet. Und genau hier setzt das Programm Time Machine an. Sie brauchen nur eine zweite Festplatte und Time Machine zu aktivieren – schon werden automatisch regelmäßige Sicherungskopien erstellt.

Der Clou an Time Machine ist, dass nicht ständig alle Daten erneut gesichert werden. Time Machine speichert beim nächsten Backup nur die Daten, die neu hinzugekommen oder neu abgespeichert worden sind. Bei diesem Verfahren wird das vorangegangene Backup jedoch nicht einfach überschrieben. Vielmehr archiviert Time Machine die Backups, so dass Sie auch zu einem späteren Zeitpunkt noch Zugriff auf Objekte haben, die Sie im Laufe der Zeit verändert oder gar gelöscht haben.

Wie es sich für Zeitmaschinen gebührt, wird man mit ihnen entweder in die Zukunft oder in die Vergangenheit katapultiert. Mit Time Machine geht es zurück in die Vergangenheit – und zwar auf eine recht spektakuläre Art und Weise. Sobald die erste Sicherungskopie erstellt ist und Sie im Dock oder im Programmordner Time Machine starten, öffnet sich vor Ihnen eine weltraumartige Ansicht, in der die vergangenen Backups aufgelistet sind. Und da diese Backups dafür sorgen, dass Sie auch künftig noch Zugriff auf längst gelöschte Daten haben, sehen Sie helles Licht am Ende des Tunnels.

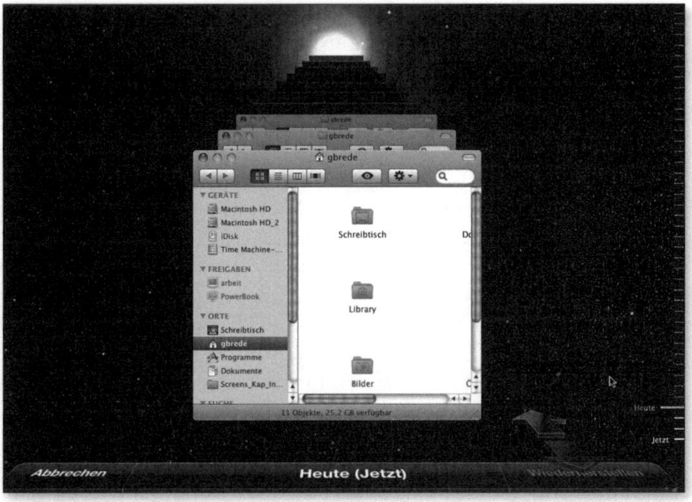

Spacig: Time Machine mit Licht am Ende des Tunnels

Time Machine einstellen

Die Voraussetzung für Backups mit Time Machine ist eine zweite Festplatte. Diese Festplatte kann sein:

- eine externe USB- oder FireWire-Festplatte
- die Festplatte eines anderen Macs im Netzwerk. Auf diesem Mac muss Mac OS X Leopard oder Snow Leopard installiert sein.
- eine weitere interne Festplatte
- eine Partition auf einer Festplatte.
- Time Capsule

AUFGEPASST

Ein iPod lässt sich nicht als Festplatte für die Datensicherung mit Time Machine verwenden.

Da Time Machine regelmäßig Backups erstellt, sollte die Speicherkapazität der Festplatte möglichst groß sein. Auf jeden Fall muss die Festplatte über mehr Speicherplatz verfügen, als die Sicherungskopie groß ist.

POWER USER

Die meisten Festplatten sind sowohl Mac- als auch Windows-kompatibel. Sollte jedoch der Fall auftreten, dass die Festplatte nicht von Time Machine akzeptiert wird, handelt es sich um eine Festplatte im Windows-Format. Im Festplattendienstprogramm, Register *Löschen*, lässt sich eine solche Festplatte für Time Machine konfigurieren. Klicken Sie dazu auf den Namen der Festplatte und wählen Sie im Aufklappmenü *Format* den Eintrag *Mac OS Extended (Journaled)*. Nun noch auf den Button *Löschen* klicken – und die Festplatte ist für Time Machine angelegt.

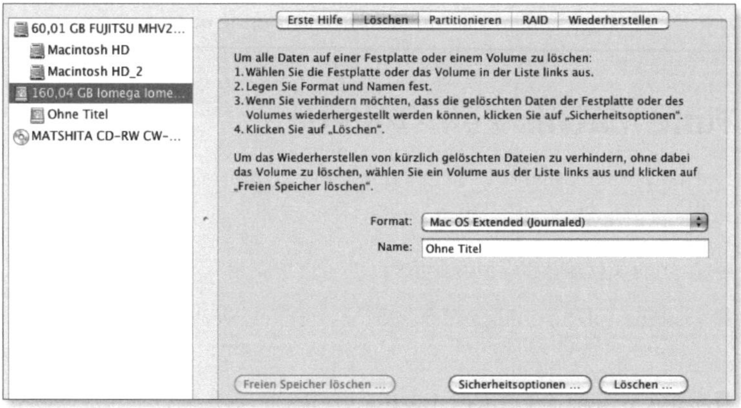

Die Festplatte im Festplattendienstprogramm konfigurieren – falls nötig.

Wenn Sie Time Machine das erste Mal einsetzen, werden Sie zunächst aufgefordert, den Speicherort festzulegen, damit Time Machine anschließend mit der Sicherungskopie starten kann. Mit einem Klick auf den Button *Time Machine konfigurieren* wird die Systemeinstellung

Time Machine geöffnet. Klicken Sie auf den Button *Volume auswählen*. In der jetzt geöffneten Liste werden eventuelle Partitionen der Festplatte, ein Mac im Netzwerk sowie die extern angeschlossene Festplatte angezeigt. Entscheiden Sie sich für ein Medium und klicken Sie auf *Für Backup verwendenWer mit Time Capsule arbeitet, konfiguriert das Gerät für Time Machine mit einem Klick auf den entsprechenden Button.*

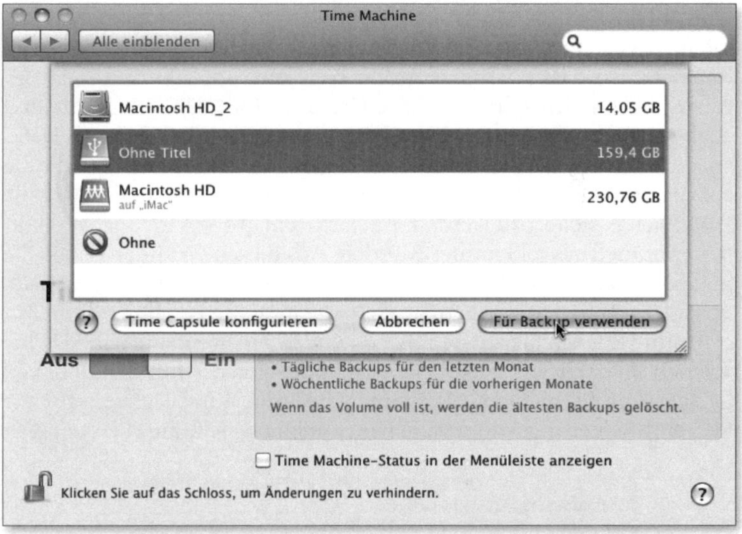

Die zweite Festplatte für die künftigen Backups auswählen.

TIPP

Übrigens spricht nichts dagegen, Backups von mehreren Rechnern auf einer Festplatte anzulegen. Auch können Sie eine Festplatte für Time Machine verwenden, auf der bereits Daten gesichert sind.

Reicht die Kapazität der externen Festplatte irgendwann nicht mehr aus für weitere Backups, teilt Time Machine Ihnen mit, dass es anfangen muss, alte Backups zu löschen, um Platz für neue zu machen.

Time Machine ist dabei allerdings so clever, nicht alle älteren Backups zu löschen. Dadurch entstehen zwar größere Lücken zwischen den Backups. Die Festplatte hat aber wieder Kapazität für neue Datensicherungen. Wollen Sie, dass Time Machine keine älteren Backups löscht, bleibt Ihnen nur die Alternative, eine neue Festplatte anzuschließen.

Daten von den Sicherungskopien ausschließen

Obwohl die Festplatten immer größer werden, braucht man den Platz nicht zu verschwenden. Die regelmäßigen Sicherungskopien fressen Kapazität, so dass auch eine große Festplatte mit 500 und mehr Gigabyte womöglich schnell an ihre Grenzen stößt. Und vielleicht sind auch gar nicht alle Daten einer Sicherung würdig. So brauchen Dateien, die Sie von Kunden auf einer DVD geliefert bekommen und die Sie auf die interne Festplatte ziehen, nicht unbedingt mit Time Machine zusätzlich gesichert zu werden. Auch extrem große Videodateien können eventuell ausgeklammert werden. Aus diesen Gründen haben Sie in Time Machine Gelegenheit, Objekte von den regelmäßigen Backups auszuschließen. Öffnen Sie dazu die Systemeinstellung *Time Machine* und klicken Sie auf den Button *Optionen*. Wenn Sie auf das Pluszeichen links klicken, sehen Sie ein Finder-Fenster mit den üblichen Ordnern und Objekten. Markieren Sie Ordner und Dateien, für die Sie keine Sicherungskopie brauchen, und klicken Sie auf *Ausschließen*.

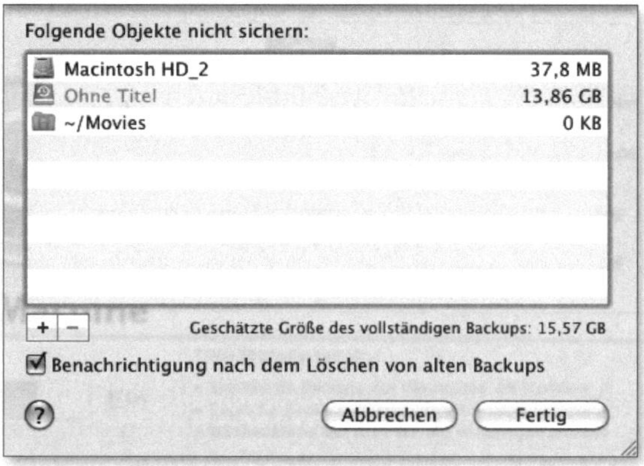

Ausgewählte Ordner von der Datensicherung ausschließen.

Time Machine einsetzen

Im Hauptfenster der Systemeinstellung *Time Machine* wird nun angezeigt, wann die Datensicherung startet. Da beim ersten Backup Ihr gesamter Datenbestand auf die externe Festplatte geschrieben wird, kann diese Sicherung eine Weile dauern. Bei allen weiteren Backups kopiert Time Machine nur noch die Daten, die seit der letzten Sicherung hinzugekommen oder geändert worden sind.

GRUNDLAGEN

Ist die externe Festplatte nicht mit dem Rechner verbunden und Sie klicken auf das Symbol Time Machine, wird das Info-Fenster eingeblendet, dass der Speicherort nicht gefunden wurde. Sobald Sie das Speichermedium einschalten, wird das Backup gestartet.

So lange Time Machine und die externe Festplatte eingeschaltet sind, macht Time Machine sich stündlich daran, die Daten zu sichern. Nach 24 Stunden wird der Datenbestand durch ein tägliches Backup ersetzt. Die täglichen Backups wiederum werden durch ein wöchentliches Backup und diese durch ein monatliches ersetzt.

Bei angeschlossener und eingeschalteter externer Festplatte brauchen Sie sich um nichts weiter zu kümmern. Die Datensicherungen laufen im Hintergrund ab, Sie bekommen davon gar nichts mit.

TIPP

Ein Backup lässt sich jederzeit erzwingen. Haben Sie zum Beispiel auf Ihrem Laptop gerade ein sehr wichtiges Projekt abgeschlossen und müssen nun los, klicken Sie auf das Time Machine-Symbol in der Menüleiste des Finders und wählen *Time Machine starten*.

Auch wenn Time Machine gerade ein Backup erstellt, können Sie den Mac in den Ruhezustand versetzen oder ausschalten. Beim nächsten Start des Rechners setzt Time Machine genau da fort, wo das Programm bei der letzten Datensicherung aufgehört hat.

Objekte wiederherstellen

Vielleicht kennen Sie die Situation: Sie haben ein Objekt gelöscht, von dem Sie dachten, dass Sie es nie wieder brauchen. Und prompt passiert etwas, wofür Sie die gelöschte Datei doch wieder benötigen. Vielleicht haben Sie ein paar Backup-CDs gebrannt und suchen nun auf jeder einzelnen CD nach der gerade benötigten Datei. Das eine ist so ärgerlich wie das andere zeitraubend. Viele Anwender löschen genau aus diesen Gründen keine einzige Datei. Denn man könnte ja immer noch mal was gebrauchen.

Ärgerlich ist auch, wenn man die frühere Version eines Dokuments verändert hat und nun genau diese frühere Version noch einmal dringend benötigt. Oder es passiert doch der GAU und Ihre Festplatte gibt den Geist auf.

Diese beschriebenen Situationen sind alles Fälle für Time Machine. Mit diesem Backup-Programm lassen sich auf ganz unkomplizierte Weise Dateien und Ordner wieder ans Tageslicht holen und sogar das komplette System wiederherstellen.

Time Machine beamt wiederhergestellte Dateien zurück in den Ursprungsordner. Nehmen wir an, die gesuchte Datei hat im Ordner *Dokumente* gelegen. Öffnen Sie den Ordner mit einem Doppelklick, damit das Objekt nach dem Flug durchs animierte Sternenuniversum in diesen Ordner abgelegt werden kann. Doch keine Sorge: Sollten Sie sich im Ordner vertan haben, wird die Datei dennoch gefunden und wieder dorthin zurück verfrachtet, wo sie hätte sein sollen.

AUFGEPASST

Time Machine will beim Wiederherstellen von Dateien immer an den Ursprung zurück. Dort, wo das Objekt anfänglich lag, dorthin wird es mit Time Machine auch zurückgebeamt. Stimmt Ihr ausgewählter Ordner nicht mit dem Ursprungsordner überein, werden Sie aufgefordert, Ihr Kennwort einzugeben. Time Machine legt das Objekt danach im Ursprungsordner ab.

Wenn Sie den Ursprungsordner geöffnet haben, klicken Sie auf das Symbol *Time Machine* im Dock und starten die Reise in den Orbit. Die hintereinander geschachtelten Fenster, die Sie anschließend sehen, markieren den Zeitpunkt der jeweiligen Datensicherung.

Vielleicht wissen Sie noch, wann Sie das Objekt gelöscht haben? Dann blättern Sie durch die Zeitleiste am rechten Bildschirmrand. Sobald Sie auf einen der Balken klicken, erscheint das entsprechende Archivfenster im Vordergrund.

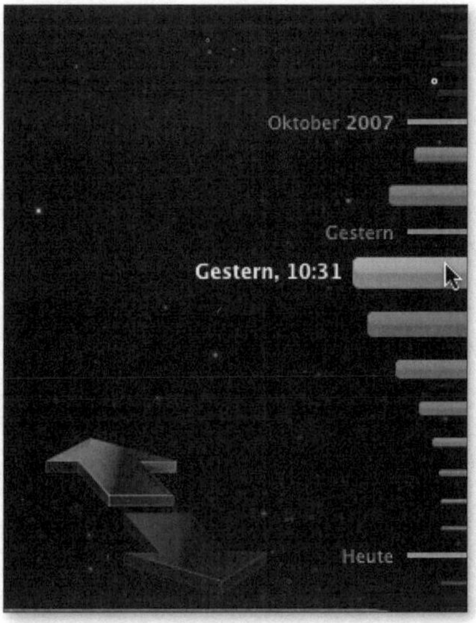

Die Datensicherungen in der Zeitleiste

Das Navigieren durch die Zeitleiste ist allerdings nicht die einzige Möglichkeit, eine Datei wieder aufzuspüren. Weitere Alternativen sind:

- Sie klicken Sie auf eines der Fenster, um es in den Vordergrund zu rücken.
- Wenn Ihnen das Blättern durch die einzelnen Backup-Fenster zu umständlich ist, benutzen Sie das Suchfeld des vordersten Finder-Fensters. Mit einem Klick auf den großen flachen Pfeil rückt

genau die Backup-Version in den Vordergrund, für die es einen Treffer gibt. Alle anderen Fenster werden dabei übersprungen, was diese Variante zu einer vergleichsweise sehr zeitsparenden Suche nach einer Datei macht. Sie können den Suchbegriff natürlich auch erst in das Suchfeld des Finder-Fensters eingeben und erst dann Time Machine starten.

TIPP

Auch in Time Machine lassen sich die Objekte zunächst in der Übersicht (Quicklook) anzeigen. Das ist immer dann interessant, wenn Sie durch die Suchergebnisse stöbern und sich anschauen wollen, welches Objekt es ist, das Sie wiederherstellen wollen.

Nach erfolgter Suche markieren Sie das wiedergefundene Objekt und klicken auf *Wiederherstellen.* Time Machine manövriert das Objekt nun in den Ursprungsordner. Sollte diese Ordner nicht mehr existieren, legt Time Machine diesen Ordner neu an.

Daten wiederherstellen in iPhoto, Mail und Adressbuch

Wenn Sie eine Mail oder gleich einen ganzen Mailordner wiederherstellen möchten, nach gelöschten Fotos oder Kontaktdaten fahnden, starten Sie die Suche nicht im Finder, sondern in den jeweiligen Programmen.

Mail wird für viele Anwender das Programm sein, in dem man relativ häufig nach verschüttgegangenen Objekten sucht. Um gelöschte E-Mails wiederherzustellen, lässt sich auch mit Mail in die Vergangenheit reisen:

Öffnen Sie Mail und starten Sie anschließend Time Machine. Wenn Sie gelöschte Eingangsordner wieder herzaubern wollen, klicken Sie zunächst auf den flachen Pfeil, der Sie zu einer Mail-Ansicht bringt, in der der Eingangsordner noch vorhanden war. Anschließend wird der Ordner mit einem Klick auf *Wiederherstellen* zurück in das Programm gebeamt. Mail legt für wiederhergestellte Ordner und Mails in der Rubrik *Lokal* den Ordner *Time Machine* an. Dieser Ordner beherbergt die Mails der einzelnen Suchaktionen wiederum in Unterordnern.

AUFGEPASST

Um gelöschte Mails wieder ausfindig zu machen, können Sie im Time Machine-Modus von Mail leider auf keine Suchfunktion zurückgreifen. Wenn Sie sich nicht genau erinnern, wann Sie die E-Mail gelöscht haben, bleibt Ihnen nichts anderes übrig, als sich durch die einzelnen Archivfenster zu wühlen.

Im Adressbuch können Sie einzelne Adressbucheinträge oder ganze Gruppen wiedererstellen, in iPhoto einzelne Fotos, Ereignisse oder Alben.

Die Festplatte wiederherstellen

Sollte die Festplatte in Ihrem Rechner tatsächlich einmal crashen, kann Ihnen das relativ egal sein – vorausgesetzt, Sie verwenden Time Machine! Denn mit einem Time Machine-Backup lässt sich das System inklusiver aller Daten, Dateien und Programme exakt wieder so installieren, wie Sie es vor dem Desaster gekannt haben:

1. Ersetzen Sie die Festplatte in Ihrem Rechner und verbinden Sie die Backup-Festplatte mit Ihrem Mac. Danach legen Sie die Installations-DVD ein und starten den Mac OS X-Installer mit einem Doppelklick auf das entsprechende Symbol.

2. Ignorieren Sie den Installationsprozess, der jetzt in Gang gesetzt werden möchte. Klicken Sie stattdessen im Menü *Dienstprogramme* auf den Eintrag *System von der Datensicherung wiederherstellen*.

3. Im jetzt geöffneten Fenster *System wiederherstellen* klicken Sie *Fortfahren*. Wählen Sie Ihre Backup-Festplatte aus und klicken Sie abschließend auf die letzte der in der Liste angezeigten Datensicherungen.

4. Nun übernimmt der Installer die Arbeit und kopiert alles von der Backup-Festplatte auf die neue Festplatte Ihres Rechners. Ist die Arbeit abgeschlossen, werden Sie keinen Unterschied zu der Version vor dem Crash feststellen, da alles genau dieser Version entspricht.

6 Die Systemeinstellungen

Das Aussehen der Schreibtischoberfläche, der Bildschirmschoner, Toneffekte oder die Einstellung der Mauszeigerbewegung sind nur einige der Möglichkeiten, die sich nach Ihren Wünschen und Erfordernissen im Programm Systemeinstellungen konfigurieren lassen. In dieser Schaltzentrale nehmen Sie allerdings nicht nur visuelle und akustische Anpassungen vor. Hier geben Sie auch Ihre Netzwerkverbindung ein, um online gehen zu können, oder geben Ordner und angeschlossene Geräte wie Drucker oder Scanner für die gemeinsame Nutzung mit anderen Anwendern frei.

Systemeinstellungen aufrufen 

Viele Wege führen zu den Systemeinstellungen: Die meisten von Ihnen werden sicherlich auf das entsprechende Symbol im Dock klicken oder das Programm im -Menü ansteuern. Sie gelangen auch in die Systemeinstellungen, wenn Sie die ⌥-Taste in Kombination mit einer der Funktionstasten für die Anpassung der Lautstärke oder Bildschirmhelligkeit auf Ihrer Tastatur drücken.

Die Systemeinstellungen sind in vier Kategorien gegliedert. Sobald Sie auf eines der Symbole klicken, verändert sich das Fenster entsprechend der Einträge, die für diese Einstellung relevant sind. Mit einem Klick auf den Button *Alle einblenden* in der Symbolleiste kehren Sie zur Hauptansicht zurück. Gut zu wissen, dass sich diese Rückkehr auch schneller bewerkstelligen lässt, nämlich mit der Tastenkombination ⌘-L. Im Menü *Einstellungen* finden Sie die Felder außerdem alphabetisch aufgelistet.

Das gestartete Programm Systemeinstellungen

GRUNDLAGEN

Systemeinstellungen, die nur ein Benutzer mit Administratorrechten modifizieren kann, sind mit einem Schloss versehen, um die Einstellungen vor Änderungen zu schützen. Dazu gehören *Sicherheit, Drucken & Faxen, Energie sparen, Netzwerk, Freigaben, Benutzer, Datum & Uhrzeit, Kindersicherung, Softwareaktualisierung, Startvolume* und *Time Machine*. Die Einstellungen, die Sie in den einzelnen Fenstern vornehmen, werden unmittelbar nach der Eingabe vom System übernommen und gelten so lange, bis Sie sich für eine andere Option entscheiden. Eine separate Speicherfunktion existiert nicht.

Was sich alles in welcher Systemeinstellung ausführen lässt, können Sie mithilfe der Suchfunktion in der Symbolleiste des Programms herausfinden. Sie brauchen nur einen Buchstaben in das Suchfeld einzugeben und Sie bekommen eine Liste von Möglichkeiten eingeblendet. Wahrscheinlich findet man durch diese Methode auch die eine oder andere Option, an die man bislang überhaupt noch nicht gedacht hat, ja von der man nicht einmal wusste, dass sie überhaupt existiert.

Alle Systemeinstellungen, die mit den eingeblendeten Suchergebnissen zu tun haben, werden Spotlight-mäßig hervorgehoben. Sobald Sie auf eine der Möglichkeiten in der Liste klicken, wird die Einstellung automatisch geöffnet und rückt damit vollends ins Rampenlicht.

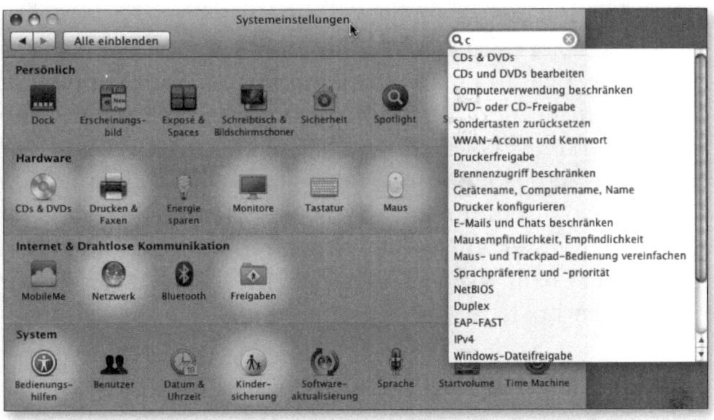

Spot an für eine Einstellung.

Mit einem Klick in das Suchfeld kehren Sie in die Übersicht der Systemeinstellungen mit eingeblendeter Trefferliste zurück.

Einstellungen in der Rubrik »Persönlich«

Dock

Ausführliche Erläuterungen zu den Einstellungen für diesen zentralen Dreh- und Angelpunkt Ihres virtuellen Schreibtisches finden Sie im Kapitel »Der Finder: Ihre Arbeitsumgebung«, Abschnitt »Das Dock«.

Erscheinungsbild

In dieser Systemeinstellung ändern Sie das Aussehen und die Position von Elementen, mit denen man zwar ständig zu tun hat, die man aber dennoch kaum wahrnimmt, wie beispielsweise die Auswahlfarbe oder Farbe und Position der Rollbalken.

Falls Ihnen das Blau in den Rollbalken und Auswahlknöpfen zu viel ist und die Fensterknöpfe zu bunt sind, sollten Sie im Aufklappmenü *Erscheinungsbild* das dezente, elegante Graphit wählen. Für die Farbe, mit der Sie Dateien im Finder-Fenster, E-Mails im Eingangsordner oder Textabschnitte in E-Mails oder Textdokumenten markieren, steht Ihnen unter *Auswahlfarbe* ein größeres Sortiment zur Verfügung. Ist Ihre Lieblingsfarbe nicht dabei, klicken Sie auf *Eigene* und treffen in der Farbpalette Ihre Entscheidung.

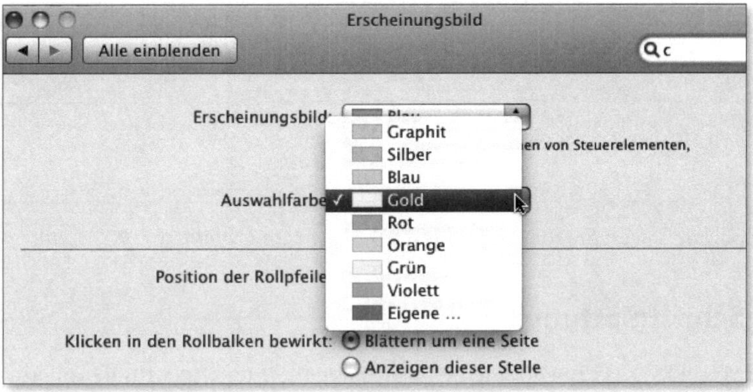

Erscheinungsbild und Auswahlfarbe nach eigenem Geschmack

Die Rollpfeile lassen sich je nach persönlicher Vorliebe getrennt voneinander am oberen und unteren Rand des Rollbalkens positionieren oder zusammen am unteren Rand.

Entdecken Sie den Rollbalken als eine Möglichkeit, sich durch längere Texte zu hangeln! Ob Sie dabei lieber von Seite zu Seite blättern oder an die Stelle, auf die Sie klicken, gebeamt werden möchten, legen Sie in den Optionen *Klicken in den Rollbalken bewirkt* fest. Sehr schön ist die Option, sich durch den Inhalt eines Fensters gleichmäßig, also ohne Bildsprünge zu bewegen. Klicken Sie hierfür in das Kästchen *Gleichmäßiges Bewegen verwenden.*

Benutzte Objekte merken

Um rasch zuletzt benutze Programme, Dokumente und Server aufzuspüren und sie mit einem Klick zu starten, hat sich die Liste *Benutzte Objekte* im -Menü bewährt. Die Anzahl der in dieser Liste enthaltenen Objekte definieren Sie in den Auswahlmenüs *Benutzte Objekte merken.* Die Erinnerungsfähigkeit Ihres Rechners reicht bis zu jeweils 50 Einträgen.

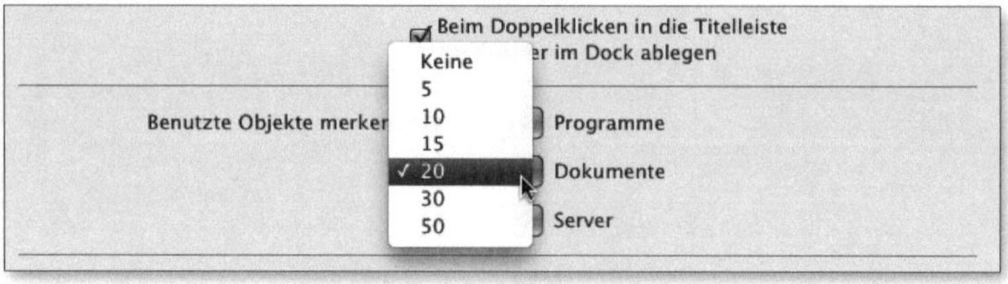

*Hier legen Sie die Anzahl fest für **Benutzte Objekte** im -Menü.*

Schriftglättung

Mac OS X verwendet eine professionelle Schriftglättung, um die Texte auf Ihrem Monitor mit größtmöglicher Brillanz darzustellen. Die Schriftglättung wirkt sich auf sämtliche Texte aus, also auch auf Webseiten, Text in Grafikprogrammen, E-Mails und natürlich Textverarbeitungsprogramme. In Texten ohne Schriftglättung wirken die Buchstaben gezackt und ausgefranst. Dieser wie Treppenstufen aussehende Effekt entsteht durch Pixeldarstellungen bei schrägen und gekrümmten Linien. Mit der Schriftglättung, dem Anti-Aliasing, werden die Stufen durch farbliche Angleichung benachbarter Bildpunkte ausgeglichen. Da für geringe Schriftgrößen eine Schriftglättung zu einem verwaschenen und unscharfen Schriftbild führt, werden Schriften mit dem Wert 4 und kleiner standardmäßig nicht geglättet. Aber auch bei Schriftgrößen zwischen 4 und 10 Punkt ist Text mit Schriftglättung oftmals schlechter zu lesen als ohne. Aus diesem Grund können Sie im Aufklappmenü einen anderen Grenzwert wählen, damit die Schrift gestochen scharf dargestellt wird. Übrigens beeinflusst die Einstellung der Schriftglättung nur die Bildschirmdarstellung und nicht den Ausdruck.

Exposé & Spaces

Diese Systemeinstellung beinhaltet die Konfigurationsmöglichkeiten für die Fensterverwaltung. Das Register *Exposé* räumt Ihnen die Möglichkeit ein, andere Funktionstasten bzw. Tastenkürzel für *Exposé* und *Dashboard* zu definieren. Als Alternative für Tastenkürzel und Funktionstasten lassen sich die Ecken Ihres Bildschirms aktivieren.

Sie haben die Wahl, die Ecken Ihres Monitors mit den Exposé-Funktionen, mit Dashboard, Spaces oder der Aktivierung des Bildschirmschoners zu aktivieren. Sobald Sie anschließend mit der Maus in eine als aktiv definierte Ecke fahren, wird die entsprechende Funktion ausgeführt. Mehr dazu lesen Sie im Kapitel »Der Finder: Ihre Arbeitsumgebung«, Abschnitt »Fenster verwalten«.

Die Ecken des Bildschirms aktivieren

Im Register *Spaces* aktivieren Sie die gleichnamige Funktion, mit der Sie die Fenster auf Ihrem virtuellen Schreibtisch verwalten und gruppieren. In der Systemeinstellung legen Sie die Zahl der gewünschten virtuellen Schreibtische fest. Außerdem definieren Sie hier, welche Programme stets auf welchem virtuellen Schreibtisch gestartet werden. Mehr zur Funktion *Spaces* finden Sie im Kapitel »Der Finder: Ihre Arbeitsumgebung«, Abschnitt »Platz schaffen mit Spaces«.

Schreibtisch & Bildschirmschoner

Diese Systemeinstellung bietet wunderbare Möglichkeiten, Ihre Fotos und Filme aus längst vergessenen Ordnern mal wieder ans Tageslicht zu bringen, zu schwelgen und zu staunen über die eigenen fotografischen und filmischen Fähigkeiten.

Doch werfen Sie zunächst einen Blick auf die teilweise ausgesprochen hübschen Vorschläge, die Apple Ihnen für Ihren Schreibtischhintergrund und Bildschirmschoner macht. Im Register *Schreibtisch* haben Sie die Wahl aus acht von Apple mitgelieferten Ordnern für

Ihre Schreibtischoberfläche: *Hintergrundbilder* mit einer Sammlung an Mustern und Formen, Natur mit Tier- und Landschaftsaufnahmen inklusive Aufnahmen von Schneeleoparden, Pflanzen mit Knospen und Blütenblättern, *Bild oder Grafik* mit Werken bekannter Künstler wie Edgar Degas, Claude Monet und Edward Hopper, *Schwarz & Weiß* fürs elegante Aussehen, *Abstrakt* mit weichen, psychedelischen Formen in kräftigen Farben und *Muster* mit Bildern, die an Stoffoberflächen erinnern. Mögen Sie es eher schlicht, wählen Sie einen einfarbigen Hintergrund. Sollten Sie es jedoch ganz individuell und einzigartig mögen, schmücken Sie die Oberfläche mit einem Bild aus Ihrer privaten Sammlung.

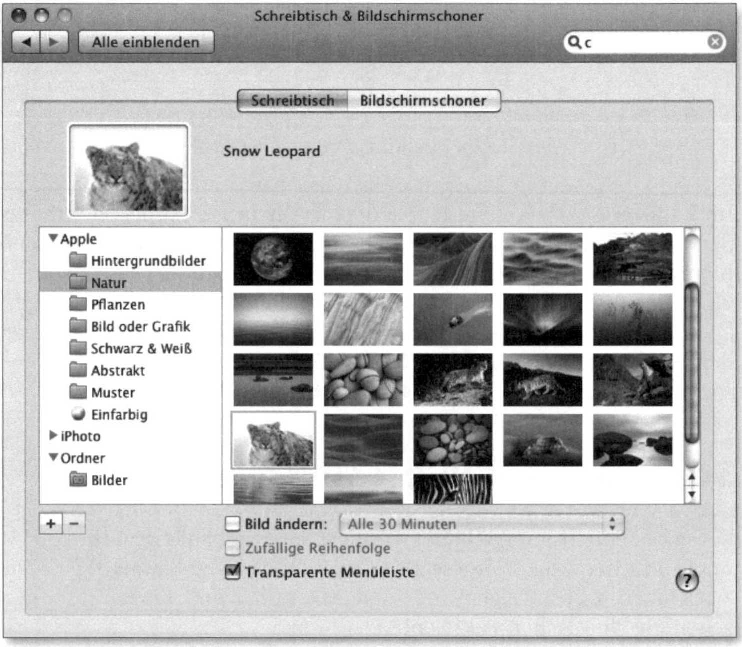

Mannigfaltige Vorschläge für den Bildschirmhintergrund

Mit den Pfeiltasten auf der Tastatur blättern Sie bequem durch die Bilder der jeweiligen Ordner. Vergleichbar mit der Funktion *Übersicht* erscheint dabei in Windeseile das Bild sowohl in dem kleinen Vorschaufenster als auch als Hintergrund Ihres Schreibtisches. Drücken Sie je nach Tastatur die Funktionstaste F11 oder die Kombination fn – F11, um das Ergebnis direkt zu begutachten.

Wollen Sie Abwechslung in den Hintergrund bringen, klicken Sie in das Kästchen *Bild ändern* und legen in der Auswahlliste fest, nach welchem Zeitplan ein anderes Bild eingeblendet wird. Dabei erscheinen die Bilder in der Reihenfolge, wie sie in der Sammlung angelegt sind. Für ein bisschen mehr Überraschung sorgt die Funktion *Zufällige Reihenfolge*.

TIPP

Das ausgewählte Bild wird so lange Ihren Schreibtischhintergrund zieren, bis Sie in ein anderes Bild klicken. Soll es mal ganz schnell mit dem Wechsel von einem Bild zum nächsten gehen, klicken Sie mit der rechten Maustaste auf eine Bilddatei im Finder-Fenster und wählen den Eintrag *Als Bildschirmhintergrund festlegen*.

In der Rubrik *Schreibtisch* finden Sie auch die Option für die transparente Menüleiste des Finders. Seit Mac OS X Snow Leopard lässt sich die Menüleiste als grauer, etwas trister Balken anzeigen oder auch so, dass der Bildschirmhintergrund durchschimmert.

Eigene Bilder als Bildschirmhintergrund

Auch Ihr privater Ordner *Bilder* ist in die Leiste der Sammlungen und Ordner mit aufgenommen. Sollten Sie auch in anderen Ordnern Bilder und Grafiken aufbewahren, können Sie diese Ordner ebenfalls in die Leiste integrieren. Klicken Sie dazu auf das Pluszeichen und treffen Sie Ihre Entscheidung im Finder-Fenster. Noch einfacher ist es, ein Bild oder eine Grafik per Drag & Drop in das Vorschaufenster zu ziehen, wobei es direkt danach als Hintergrundbild erscheint.

GRUNDLAGEN

Für den Bildschirmhintergrund werden die Formate JPEG, GIF, PICT, TIFF, PDF oder Photoshop akzeptiert.

Wer mit iPhoto arbeitet, kann auch mit eigenen Fotos einen regelmäßigen Wechsel des Hintergrunds bewirken. Die iPhoto-Alben stehen in den Auswahllisten für Schreibtisch und Bildschirmhintergrund zur Verfügung. Wollen Sie eine spezielle Auswahl Ihrer Fotos als Bildschirmhintergrund definieren, legen Sie in iPhoto ein entsprechendes Album an und wählen dieses in der Systemeinstellung aus. Im Aufklappmenü *Bild ändern* brauchen Sie nun nur noch den Zeitplan festzulegen und Sie haben einen regelmäßig wechselnden Hintergrund mit eigenen Bildern kreiert.

Bildschirmschoner

Die beiden Ordner *Apple* und *Bilder* sind mit einer Reihe mehr oder minder spektakulärer Vorschläge für Ihren Bildschirmschoner ausgestattet. Die Auswahl im Ordner *Apple* reicht von ornamentalen Formen über eine ruhige Anmutung mit lediglich dem Computernamen und dem Apple-Logo vor elegant schwarzem Hintergrund bis hin zu abstrakten, farbenfrohen Designs. Zudem können Ihre in iTunes geladenen Cover angezeigt werden. Und als wäre diese Kollektion nicht schon beeindruckend genug, lassen sich mit RSS Visualizer Safari oder Mail RSS-Feeds auswählen – sicherlich nicht nur für Nachrichtenfreaks eine schicke Variante. Welcher Feed es sein soll, legen Sie in den *Optionen* fest. In dieser Übersicht finden Sie alle RSS-Feeds, die Sie in Safari als Lesezeichen definieren.

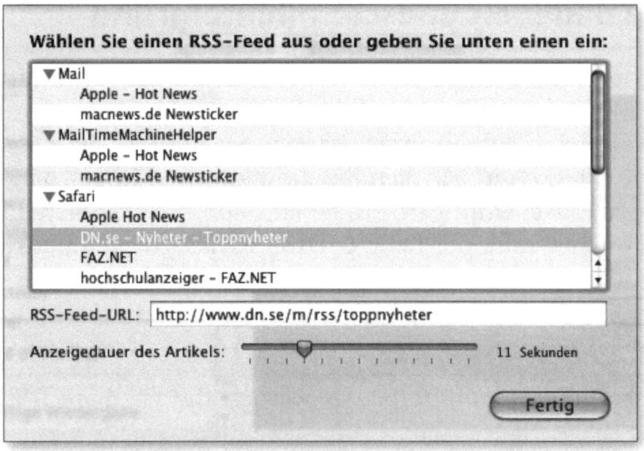

Ein RSS-Feed als Bildschirmschoner

Der Ordner *Bilder* beinhaltet Diashows mit unterschiedlichen thematischen Ausrichtungen. Sie können aber natürlich auch mit eigenen Fotos eine Diashow als Bildschirmschoner ablaufen lassen. Wählen Sie dazu den Ordner *Bilder*, Ihr Fotoarchiv aus iPhoto oder eines der Alben. Schauen Sie sich die Designs im Vorschaufenster an oder testen Sie die Wirkung direkt auf dem Bildschirm, indem Sie auf den Button *Testen* klicken. Bewegen Sie die Maus oder drücken Sie eine beliebige Taste, um in die Normalansicht zurückzugelangen.

Egal, für welchen Bildschirmschoner Sie sich entscheiden: Jeder Vorschlag erlaubt die Anzeige einer Uhr, so dass Sie auch bei aktiviertem Bildschirmschoner stets wissen, was die Stunde geschlagen hat.

POWER USER

Um den Bildschirmschoner sofort und ohne Wartefrist zu aktivieren, hat sich die Funktion *Aktive Ecken* bewährt. Klicken Sie auf den Button, entscheiden Sie sich für eine Ecke und aktivieren Sie diese im Auswahlmenü.

Die Dias unterschiedlich anzeigen lassen

Bei einer Diashow als Bildschirmschoner haben Sie die Wahl aus drei unterschiedlichen Anzeigestilen:

Diashow: Der Klassiker. Die einzelnen Bilder erscheinen nacheinander in fließenden Übergängen.

Collage: Die Einzelbilder werden in Miniaturform eingeblendet und neben- und übereinander angeordnet. In den *Optionen* lässt sich im Aufklappmenü *Collage-Stil* die Variante *Kommentiert* einstellen, die es ermöglicht, auch Bildkommentare, den Titel des Fotos sowie das Aufnahmedatum mit anzuzeigen.

Mosaik: Diese beeindruckende Alternative funktioniert nur, wenn Sie Ihre Fotos in iPhoto archivieren. Das zuerst eingeblendete Bild wird mit Hilfe weiterer Bilder langsam als Mosaik zusammengesetzt. Für diese Variante lässt sich in den *Optionen* die Zeilenanzahl sowie die Geschwindigkeit einstellen.

Sicherheit

In dieser Systemeinstellung sichern Sie Ihren Rechner vor ungebetenen Zugriffen. Angenommen, Sie wollen Ihren Arbeitsplatz nur für einen kurzen Moment verlassen und aktivieren den Bildschirmschoner. Nun wird aus dem kurzen Augenblick jedoch ein längerer, weil Sie unterwegs aufgehalten werden oder weil es in der Kaffeeküche gerade so nett ist. Ihr Rechner ist für diesen Fall nicht geschützt, was bedeutet, dass theoretisch wie auch praktisch jeder mit nur einem Tastendruck den Bildschirm aktivieren kann und damit freien Zugang auf Ihrem Rechner hat. Um diese unschöne Situation von vornherein zu verhindern, haben Sie die Möglichkeit, in der Systemeinstellung *Sicherheit* den Bildschirm mit einem Kennwort zu schützen. Setzen Sie dafür in der Rubrik *Allgemein* ein Häkchen bei *Kennwortabfrage erforderlich.* Im Aufklappmenü lässt sich die Standardeinstellung *Sofort* gegen eine längere Zeitspanne austauschen, was dann sinnvoll ist, wenn Sie nur kurz zum Kollegen am Nachbarschreibtisch gehen oder den Bildschirmschoner aktivieren, um eine Gedankenpause einzulegen. Es wäre recht nervig, nach jeder kurzen Unterbrechung das Kennwort eingeben zu müssen.

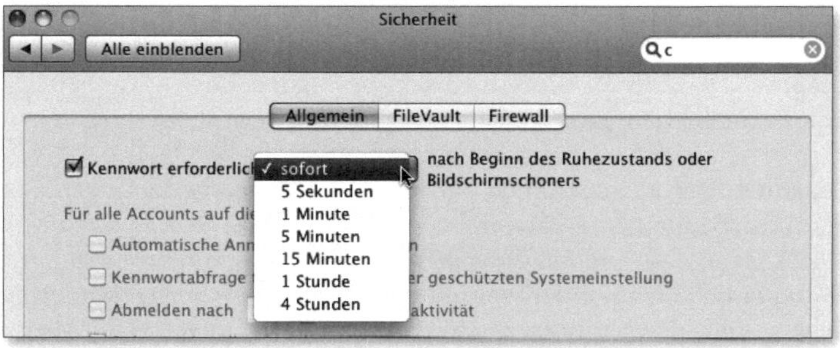

Das Kennwort sofort aktivieren oder erst nach einer Weile.

Die Kennwortabfrage können sowohl Administratoren als auch Standard-Benutzer individuell für ihren Bereich aktivieren. Die weiteren Einstellungen wirken sich auf alle Accounts aus.

Bei der automatischen Anmeldung ist überhaupt keine Anmeldung nötig. Beim Rechnerstart wird direkt und ohne Umweg über das

Anmeldefenster die Schreibtischoberfläche eingeblendet. Wenn Sie den Rechner alleine nutzen, ist dies die flotteste und zeitsparendste Variante. Sind mehrere Benutzerkonten eingerichtet, ist es sinnvoll, die Option *Automatische Anmeldung deaktivieren* auszuschalten. Beim Rechnerstart wird dann das Anmeldefenster eingeblendet, in das der Benutzername und das Passwort eingegeben werden.

Wie weiter oben erwähnt, sind einige der Systemeinstellungen mit einem Schloss versehen. Um das Vorhängeschloss zu öffnen, sind Administratorrechte erforderlich. Ist erst einmal ein Vorhängeschloss offen, ist auch der Zugriff auf andere geschützte Systemeinstellungen möglich. Wenn Sie dem vorbeugen wollen, aktivieren Sie die Option *Kennwortabfrage für die Freigabe jeder geschützten Systemeinstellung*.

TIPP

Sollten Sie den Rechner nicht mit anderen teilen, ist die Aktivierung nicht sinnvoll, da Sie ansonsten bei einem Wechsel von einer geschützten Einstellung zur nächsten jedes Mal Ihr Kennwort eingeben müssten.

Sind weitere Benutzer an Ihrem Rechner angemeldet, haben Sie als Administrator das Privileg festzulegen, nach welcher Zeit der Inaktivität ein Benutzer vom System abgemeldet wird. Klicken Sie in das Eingabefeld und überschreiben Sie die Zahl oder stellen Sie den Zeitraum mit den auf- und abwärts zeigenden Dreiecken ein.

Wie Sie sicherlich wissen, schafft es Ihr Rechner problemlos, mit mehreren geöffneten Programmen gleichzeitig zu jonglieren. Ist für das Verwalten der Programme der Arbeitsspeicher ausgereizt, werden die Daten der Programme im Hintergrund einfach auf die Festplatte ausgelagert. Und sobald eines der Programme in den Vordergrund rückt, werden die Daten von der Festplatte wieder in den Arbeitsspeicher geladen. Böswillige Hacker könnten es nun schaffen, bei diesem Wechsel Daten auszuspähen und damit an Passwörter heranzukommen. Mit einem Klick in die Option *Sicheren virtuellen Speicher verwenden* schieben Sie dieser Attacke einen Riegel vor. Beachten Sie jedoch, dass diese Maßnahme zulasten der Schnelligkeit Ihres Rechners geht.

Daten verschlüsseln

Anwendern, die mit ihren MacBooks unterwegs sind und ihr Verzeichnis vor neugierigen Blicken zuverlässig schützen wollen oder die auf ihren Rechnern streng vertrauliche Daten speichern, bietet die Funktion *FileVault* eine ausgetüftelte Verschlüsselungstechnik für den Ordner *Privat*.

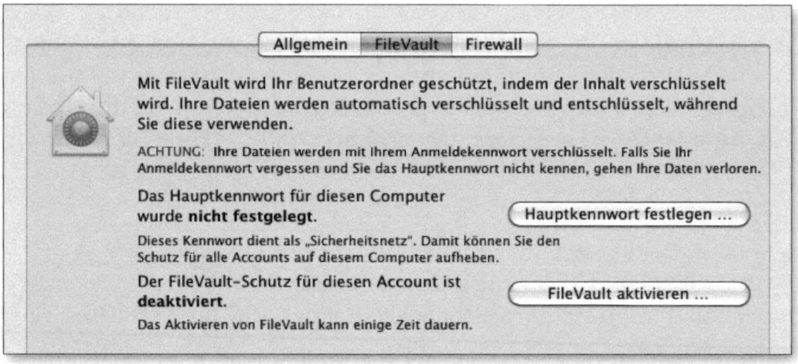

Daten zuverlässig schützen

GRUNDLAGEN

FileVault schützt ausschließlich Ihren Benutzerordner. Alle anderen Ordner, wie zum Beispiel Ihre Library, bleiben von der Verschlüsselung ausgenommen.

Bevor FileVault starten kann, muss der Administrator ein Hauptkennwort festlegen, das sozusagen das doppelte Netz ist für den Schutz der Dateien. Nur mit diesem Hauptkennwort lässt sich nämlich die Verschlüsselung sämtlicher Ordner wieder aufheben, was vor allem dann von immenser Bedeutung ist, wenn der Administrator oder einer der Benutzer sein Kennwort, mit dem er sich am System anmeldet, vergisst.

AUFGEPASST

Doch Vorsicht: Sollten Sie sich auch an das Hauptkennwort nicht mehr erinnern, sind die Daten unwiederbringlich verloren. Geben Sie deshalb eine brauchbare Merkhilfe ein oder notieren Sie sich das Wort an einem sicheren Ort (den Sie bitte nicht vergessen). Sollte Ihnen kein brauchbares Kennwort einfallen oder packt Sie der Zweifel, ob das Kennwort zu einfach zu erraten ist, klicken Sie auf das Schlüsselsymbol. Der Kennwort-Assistent prüft die Qualität Ihres ausgewählten Kennwortes und macht eigene Vorschläge.

Um FileVault zu aktivieren, müssen Sie Ihr Kennwort eingeben. Während des Verschlüsselungsprozesses dürfen keine Benutzer am System angemeldet sein. Die Verschlüsselung läuft somit immer unter Ausschluss der Öffentlichkeit ab. Während dieses Prozesses werden Sie daher vom System abgemeldet. Nach erfolgreicher Verschlüsselung wird Ihr Ordner *Privat* mit dem FileVault-Symbol versehen.

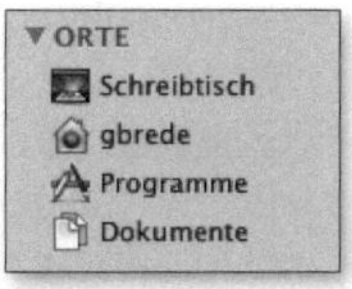

Die Stahlkammer

Der Ordner wird mit FileVault automatisch und dynamisch verschlüsselt. Das bedeutet, dass Ihr Rechner von sich aus die Verschlüsselung vornimmt, ohne dass Sie den Befehl immer wieder starten müssen. Das Verschlüsseln dauert jedoch umso länger, je mehr Daten in Ihrem Benutzerordner liegen. Umfangreiche Musik- und Filmdateien sollten Sie deshalb vorm Aktivieren von FileVault in einen anderen Ordner ziehen, damit diese Daten nicht auch jedes Mal wieder verschlüsselt werden müssen. Außerdem benötigt die Technik FileVault mindestens so viel Speicherplatz, wie Ihr Benutzerordner groß ist. Schon deshalb lohnt es sich, sehr umfangreiche Dateien von der Verschlüsselung auszuschließen.

Um die Verschlüsselung für Ihren Benutzerordner wieder aufzuheben, kehren Sie zurück in die Systemeinstellung *Sicherheit*, klicken auf den Button *FileVault deaktivieren* und geben anschließend Ihr

Kennwort ein. Auch beim Prozess der Entschlüsselung werden Sie vom System abgemeldet.

Des Weiteren richten Sie in dieser Systemeinstellung die Firewall ein, mit der Sie den unerlaubten Zugriff auf Ihren Computer oder Ihr Netzwerk verhindern. Die Firewall wird im Kapitel »Internet« näher erläutert.

Spotlight

Die Trefferliste nach einer mit Spotlight gestarteten Suche ist stets nach Kategorien geordnet. Die Reihenfolge dieser Kategorien legen Sie in der Liste *Suchergebnisse* fest, und zwar indem Sie eine Kategorie mit gedrückter Maustaste an die gewünschte Position ziehen. In dieser Systemeinstellung lassen sich auch Kategorien, die für Sie bei der Ergebnisanzeige irrelevant sind, ausschalten.

Angenommen, Ihr Chef bittet Sie, ihm rasch eine bestimmte Datei auszudrucken. Er weicht dabei nicht von Ihrer Seite. Sie geben ein paar Buchstaben des Dateinamens in das Spotlight-Suchfeld ein und der Rechner saust los. In der Ergebnisliste wird nun nicht nur die gesuchte Datei angezeigt, sondern auch offenkundig private Dokumente und Bilder scheinen auf. Peinlich, peinlich. Und da es in beruflichen Zusammenhängen wenig ratsam ist, dass bei der Suche auch die privaten Ordner durchforstet werden, können Sie im Register *Privatsphäre* Speicherorte festlegen, die bei der Suche unberücksichtigt bleiben sollen. Klicken Sie dazu auf das Pluszeichen und wählen Sie die Ordner im Finder aus.

Mehr zu der sehr spannenden Funktion Spotlight lesen Sie im Kapitel »Von Ordnern und Dokumenten«, Abschnitt »Spotlight: Suchen und finden«.

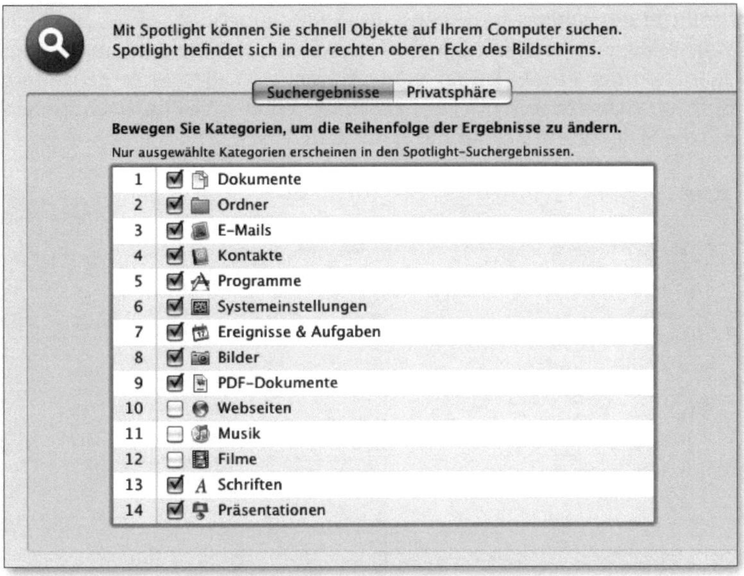

Die Reihenfolge der angezeigten Kategorien verändern und Ergebnisanzeigen deaktivieren.

Sprache & Text

Während der Installation des Betriebssystems haben Sie die Standardsprache für die Menüs und Dialogfenster festgelegt. In der Systemeinstellung *Sprache & Text* lässt sich im Abschnitt *Sprachen* die ausgewählte Sprache gegen eine andere austauschen. Es ist geradezu genial, dass jeder an Ihrem Mac angemeldete Benutzer seine bevorzugte Sprache wählen kann. So wird die Oberfläche bei dem einen in Deutsch angezeigt, bei dem anderen in Schwedisch und beim Dritten in Chinesisch. Klicken Sie dazu auf eine der Sprachen und ziehen Sie diese an die oberste Position der Liste.

Ist die Sprache, die Sie favorisieren, nicht in der Liste enthalten, klicken Sie auf *Liste bearbeiten* und aktivieren die Sprache, die Sie angezeigt bekommen wollen. Die Menüs und Dialogfenster erscheinen direkt im Anschluss in der ausgewählten Sprache. Nach einem Neustart oder nachdem Sie sich ab- und wieder angemeldet haben, zeigt sich auch der Finder in der neuen Sprache. Wollen Sie eine weitere Sprache ausprobieren oder zur voreingestellten zurückkehren, ziehen Sie die Sprache einfach an die erste Stelle.

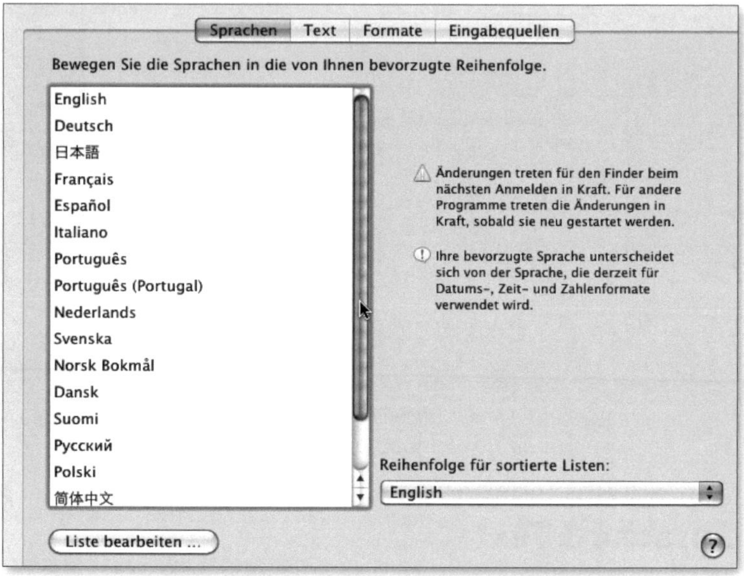

Sprachauswahl für Menüs und Dialoge

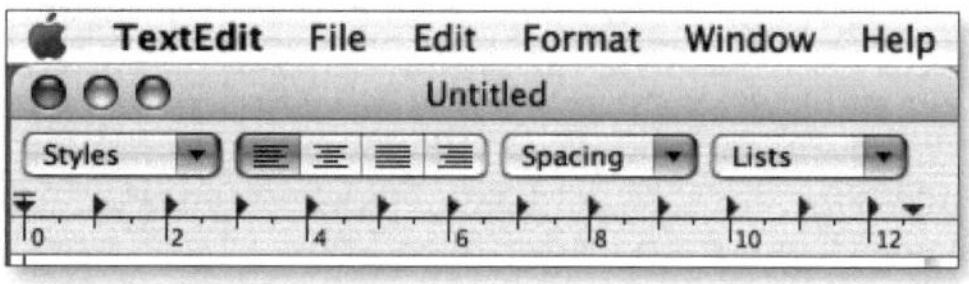

TextEdit nun in Englisch

Symbole und Text ersetzen

Bislang war es in Apple eigenen Programmen wie TextEdit und Mail nicht möglich, Zeichen wie das Copyrightzeichen automatisch ersetzen zu lassen. Mit Snow Leopard ist es nun möglich, für häufig benutzte Symbole eine Textersetzung zu aktivieren. Aus der Buchstabenfolge (TM) beispielsweise wird automatisch ™, ohne dass Sie sich Gedanken darüber machen müssen, hinter welcher Taste dieses Sonderzeichen verborgen ist. In der Rubrik *Text* lassen sich weitere Symbole definieren sowie die bereits vorhandenen Bruchzeichen aktivieren.

Wer mehr über die automatische Symbol- und Textersetzung lesen möchten, findet im Kapitel »Zeichen, Schriften, Schriftsammlung« weitere Erläuterungen.

Formate: Datums- und Zeitanzeige

Fast jedes Land folgt in der Anzeige des Datums und der Uhrzeit eigenen Konventionen. Die Schreibweise *5. Dezember 2009* mag für den einen so fremd sein wie für den anderen vertraut. Wählen Sie im Abschnitt Formate, wie Sie Datum, Uhrzeit und metrische Einheiten bevorzugt angezeigt bekommen wollen.

Mit einem Klick auf *Anpassen…* bei *Datum* und *Uhrzeit* landen Sie in einem Fenster, das Ihnen eine Auswahl an weiteren Datums- bzw. Zeitelementen bietet. Wer Interesse an der Anzeige dieser Informationen hat, zieht das entsprechende Element mit gedrückter Maustaste in die Anzeigenzeile. Hinter vielen Elementen liegen weitere Alternativen, die Sie mit einem Klick auf das jeweilige Dreieck einblenden. Mit der Rückschritt-Taste lassen sich die Elemente aus der Leiste wieder entfernen.

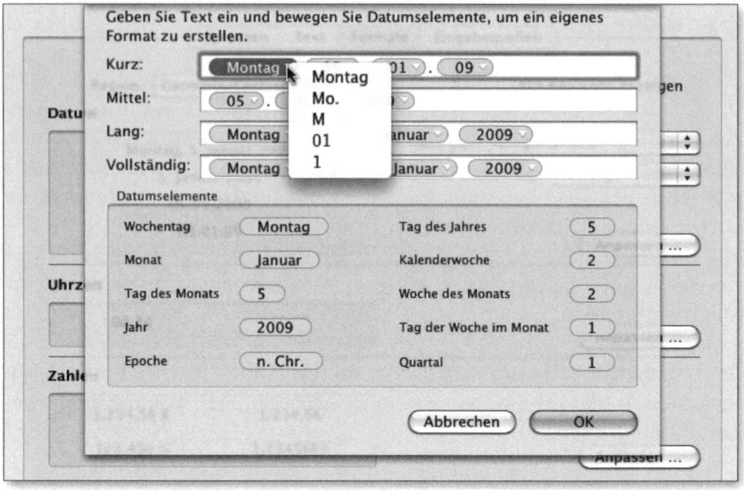

Datumselemente individuell einstellen

Eingabequellen: Tastatur- und Zeichenübersicht

Schreiben Sie häufig Texte in anderen Sprachen, beispielsweise in Französisch? Mit einer deutschen Tastatur ist das ein fast aussichtsloses Unterfangen, da die Tasten nicht mit den sprachtypischen Zeichen und Buchstaben belegt sind. Im Abschnitt *Eingabequellen* stellt Apple Tastaturbelegungen für eine reichliche Auswahl an Sprachen bereit. Mit nur einem Klick auf das Kästchen neben der Sprache aktivieren Sie die entsprechende Tastatur.

Sobald Sie mehr als eine Sprache auswählen, erscheint in der Menüleiste ein Flaggen-Symbol. Diese Länderflagge zeigt immer die Sprache an, die Sie aktuell für die Tastenbelegung ausgewählt haben. Mithilfe dieses Symbols können Sie nun ohne Umweg über die Systemeinstellungen zwischen den jeweiligen Tastaturbelegungen hin und her springen.

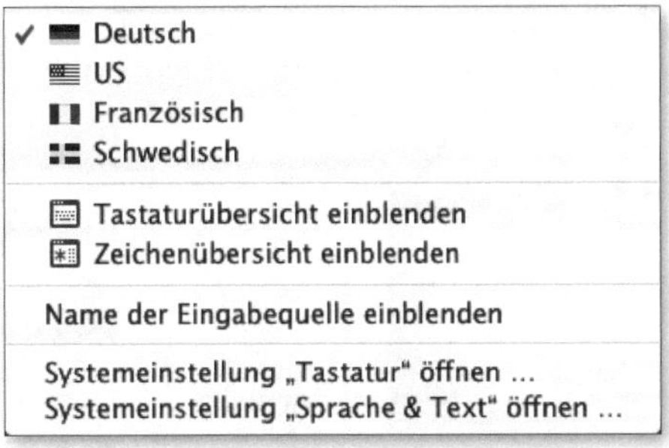

In der Menüleiste Zugriff auf die Tastaturbelegung

In diesem Fenster schalten Sie auch die Tastaturübersicht ein sowie die Zeichenpalette. Beide sind anschließend über das Flaggensymbol oder – sofern Sie keine weitere Sprache ausgewählt haben – über das Symbol für die Tastatur- und Zeichenübersicht in der Menüleiste verfügbar. Mehr zur Tastatur- und Zeichenübersicht lesen Sie im Kapitel »Zeichen, Schriften, Schriftsammlung«.

Einstellungen in der Rubrik »Hardware«

CD & DVDs

In den fünf Aufklappmenüs definieren Sie, was Ihr Rechner tun soll, nachdem Sie einen CD- oder DVD-Rohling oder ein bereits beschriebenes Medium eingelegt haben. Übrigens: Bei allen, die keinen integrierten DVD-Brenner haben, sind es lediglich vier Aufklappmenüs. In die Auswahl aufgenommen ist das jeweils zum Medium passende Programm, das sich, sofern Sie es bei dieser Option belassen, automatisch öffnet. So startet iTunes nach dem Einlegen einer Musik CD, Digitale

Bilder oder iPhoto (sofern das Programm auf Ihrem Rechner installiert ist) bei einer Foto CD und DVD-Player bei einer Video-DVD.

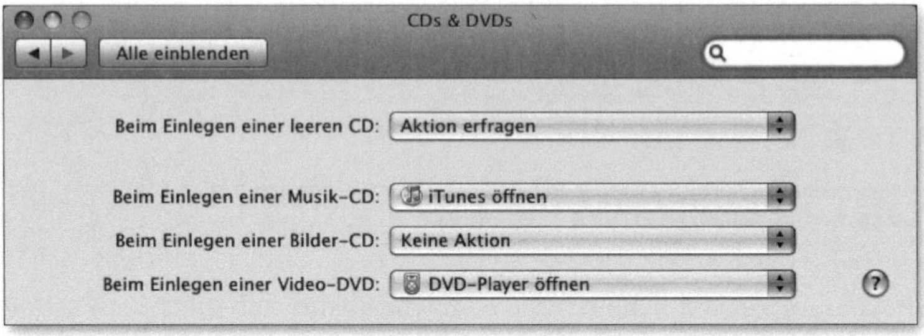

Schneller Programmstart bei genauen Anweisungen

Drucken & Faxen

Diese Systemeinstellung unterstützt Sie beim Anschließen eines Druckers oder eines Faxgerätes. Sobald der Drucker eingeschaltet ist, erkennt das System das Gerät und lädt, falls nötig, die aktuelle Software für den Druckertreiber aus dem Internet. Mit der Installation von Druckern haben Sie daher gut wie gar nichts zu tun.

Mehr zum Thema *Drucken & Faxen* finden Sie im Kapitel »Drucken, faxen, Objekte sichern«.

Energie sparen

In dieser Systemeinstellung definieren Sie, nach welcher Zeit der Inaktivität Ihr Mac automatisch in den Ruhezustand wechselt. Im Ruhezustand ist der Rechner zwar weiterhin in Betrieb, verbraucht aber weniger Energie und senkt somit die Stromkosten bzw. den Batterieverbrauch bei MacBooks.

GRUNDLAGEN

Die Einstellungen bzw. Optionen sind abhängig davon, ob Sie ein MacBook oder einen Desktoprechner haben. Bei MacBooks lassen sich sowohl für den Netz- als auch für den Batteriebetrieb Einstellungen vornehmen.

Mit dem oberen Schieberegler steuern Sie, wann Ihr Rechner in den Ruhezustand wechseln soll. Mit dem unteren Regler haben Sie die Möglichkeit, Bildschirm und Festplatte unabhängig voneinander in den Ruhezustand zu versetzen und einen Zeitraum eigens für den Monitor zu definieren. Das Betriebssystem checkt die Eingabe nun mit der, die Sie für die Aktivierung des Bildschirmschoners vorgenommen haben. Ist die Einstellung unlogisch, weil Sie den Bildschirm in den Ruhezustand schicken, bevor der Bildschirmschoner in Aktion getreten ist, werden Sie aufgefordert, die Einstellungen für den Bildschirmschoner zu ändern.

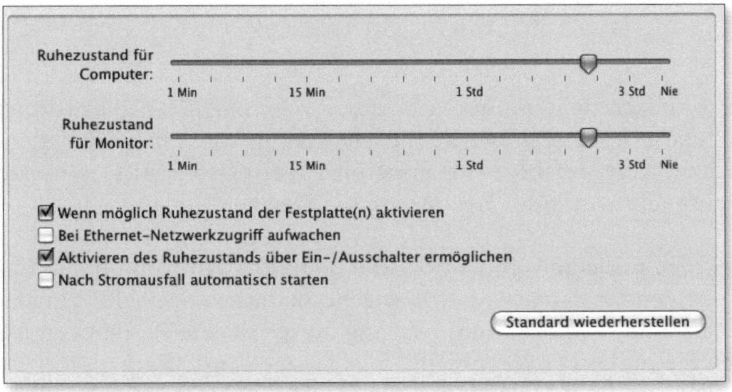

Wird der Bildschirm in den Ruhezustand geschickt, ist der Bildschirmschoner überflüssig.

TIPP

In der Systemeinstellung *Schreibtisch & Bildschirmschoner* lässt sich im Register *Bildschirmschoner* eine aktive Ecke definieren. Mit dieser Funktion aktivieren Sie den Bildschirmschoner unabhängig von der hier eingestellten Zeit.

Sehr schön ist die jetzt in Snow Leopard hinzugefügte Option, auch den Ein- und Ausschalter verwenden zu können, um die Festplatte in den Ruhezustand zu versetzen. Einfach kurz auf den Schalter gedrückt, und Ihr Rechner schlummert.

Mit einem Klick auf den Button *Zeitplan…* können Sie Ihren Rechner zu bestimmten Zeiten starten, in den Ruhezustand schicken und gar ausschalten. Interessant? Dann legen Sie in diesem Feld den Tag und die Uhrzeit fest.

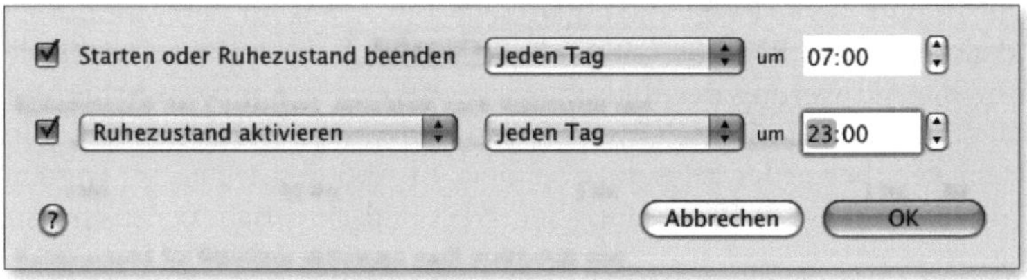

Zeitplan für Ihren Rechner

Ferner lässt sich die Option einschalten *Wenn möglich Ruhezustand der Festplatte(n) aktivieren*. Die Einschränkung *Wenn möglich* bedeutet, solange kein Befehl mehr ausgeführt wird, also kein Download mehr ausgeübt wird oder Netzwerkaktivitäten stattfinden.

Arbeiten Sie mit einem MacBook/MacBook Pro, wird im oberen Bereich des Fensters angezeigt, für welche Batterielaufzeit die Einstellungen optimiert wurden und wie lang die geschätzte Restlaufzeit ist. Klicken Sie in das Aufklappmenü, falls Sie die Einstellung modifizieren wollen. Im Register *Optionen* finden MacBook-Besitzer darüber hinaus den Schalter, mit dem sich der Batterie-Status in der Menüleiste anzeigen lässt.

Monitore

Wie könnte es unter *Monitore* anders sein, als hier Auflösung und Farbtiefe festzulegen. Unter Auflösung versteht man die Anzahl der waagerechten und senkrechten Bildpunkte (Pixel), aus denen sich ein

Monitorbild zusammensetzt. Grundsätzlich gilt: Je höher die Auflösung, desto größer ist Ihr verfügbarer Arbeitsbereich auf dem Bildschirm. Die Symbole, Fenster und Begriffe in den Menüleisten werden bei hoher Auflösung relativ klein angezeigt. Wenn Sie eine vergrößerte Darstellung des Bildschirminhalts favorisieren, wählen Sie die Auflösung 800 x 600. Einen noch stärkeren Zoom-Charakter hat die Auflösung 640 x 480.

Die Wiederholrate gibt an, wie oft pro Sekunde der Bildschirminhalt aufgebaut wird. Eine hohe Wiederholrate lässt das Monitorbild ruhiger erscheinen.

POWER USER

Manchmal steht oder sitzt man nicht frontal zum Bildschirm oder man möchte jemandem etwas zeigen, der von oben auf den Bildschirm schaut. Für diese Fälle können Sie im Aufklappmenü *Drehung* die Ansicht um 90, 180 oder 270 Grad drehen.

Wer einen zweiten Monitor anschließen möchte, um auf diesem genau das gleiche Bild auszugeben, klickt auf *Bildschirme synchronisieren*. Da ein Beamer als Monitor interpretiert wird, eignet sich diese Einstellung auch für Vorträge und Präsentationen. Wenn Sie Keynote oder ein anderes Präsentationsprogramm anwenden, das einen Moderatormonitor zulässt, kann es allerdings auch sehr interessant sein, die Option *Bildschirme synchronisieren* zu deaktivieren. Denn damit machen Sie den Weg frei für einen sogenannten Moderatormonitor. Im Bereich *Anordnen* lässt sich Ihr Mac als Moderatormonitor definieren. Das ist immer dann interessant, wenn Ihre Folien Notizen enthalten, auf die zwar Sie einen Blick werfen wollen, die aber nicht für die Augen des Publikums bestimmt sind.

Im Register *Farben* geht es um das Farbmanagement, und zwar um das Farbprofil für Ihren Monitor. Mit einem Klick auf *Kalibrieren* öffnen Sie den Kalibrierungs-Assistenten, mit dessen Hilfe Sie Ihren Monitor so anpassen, dass akkurate Farben angezeigt werden.

Tastatur

In diesem Feld legen Sie die Reaktionsgeschwindigkeit Ihrer Tastatur fest. Außerdem haben Sie im Bereich *Tastaturkurzbefehle* Gelegenheit, einzelnen Diensten und Programmen eigene Tastenkombinationen zuzuweisen und neue Tastenkürzel zu definieren. Wer mit einer Bluetooth-Tastatur arbeitet, konfiguriert die Tastatur in dieser Einstellung. Dazu erhalten Sie, nachdem die Tastatur gefunden wurde, eine Zahlenkombination, die Sie nur noch einzugeben und zu bestätigen haben.

Tastaturkürzel zuweisen und definieren

Sobald Sie auf einen Dienst oder ein Programm in der linken Spalte klicken, sehen Sie die für diese Dienste und Programme angelegten Tastenkürzel. Wer ein anderes Kürzel bevorzugt, markiert die bestehende Kombination mit einem Doppelklick und ersetzt sie durch die gewünschte.

GRUNDLAGEN

Ein Tastaturkürzel besteht immer aus einer Funktionstaste (⌘, ⌥, ⇧) oder einer F-Taste (zum Beispiel F3) und einem Buchstaben.

AUFGEPASST

Beachten Sie, dass sich ein Kürzel systemweit immer nur ein einziges Mal zuweisen lässt – egal, welchen Dienst oder welches Programm Sie angeklickt haben. Wenn Sie beispielsweise die bekannte Tastenkombination fürs Sichern eines Dokuments (⌘ – S) für eine Exposé-Funktion wählen, klappt es mit dem schnellen Speichern über das Tastenkürzel nicht mehr.

Weitere Tastaturkürzel für alle Anwendungen oder lediglich für Programme, mit denen Sie häufig arbeiten, fügen Sie über einen Klick auf das Pluszeichen unterhalb der rechten Spalte hinzu. Wählen Sie das Programm aus und geben Sie anschließend den Menübegriff **genauso** ein, wie er auch im Programm verwendet wird. Nun brauchen Sie sich nur noch einen Tastaturbefehl einfallen zu lassen, den Sie sich erstens gut merken können und der zweitens noch nicht vergeben ist. Ein besonders netter Service ist es, dass das Kürzel mit in die Menüleiste des Programms aufgenommen wird, so dass Sie es sich immer wieder in Erinnerung rufen können.

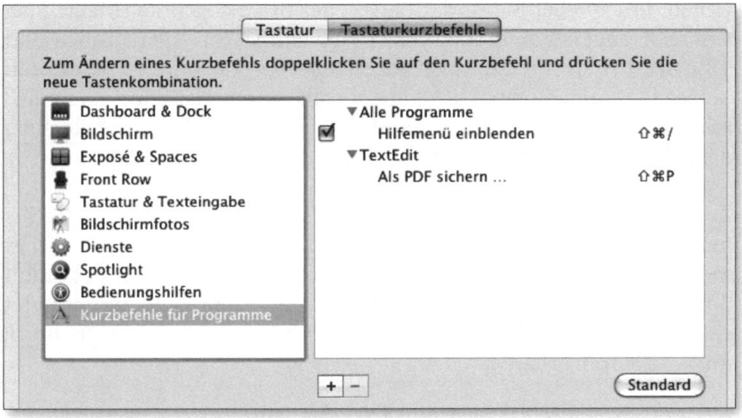

Die Tastenkombination ⌥ – ⌘ – P für das Sichern von PDF-Dateien hinzufügen.

Die Tastenkombination wird in TextEdit angezeigt.

Maus

In der Einstellung *Maus* – oder *Trackpad*, sofern Sie mit einem MacBook/MacBook Pro arbeiten – bestimmen Sie zum einen, mit welcher Geschwindigkeit sich der Mauszeiger über den Bildschirm bewegt und um wie weit sich der Mauszeiger bewegt, je schneller Sie die Maus bewegen. Je schneller Sie sind, desto weiter bewegt sich der Mauszeiger, was recht angenehm und praktisch ist, wenn Sie an einem großen Bildschirm arbeiten. Mit der Einstellung *Doppelklick* regulieren Sie die Zeit, die Sie für einen Doppelklick haben. Falls Sie eher langsam als schnell klicken, stellen Sie das Intervall entsprechend ein, damit der Rechner die Klicks nicht als zwei einzelne Klicks interpretiert.

Zum anderen programmieren Sie in dieser Systemeinstellung die Tasten Ihrer Maus – sofern Sie mit einer Mighty-Maus arbeiten. Dann ist die Systemeinstellung recht umfangreich bestückt, wie in der Abbildung zu sehen ist. Wer mit einer Maus eines Fremdanbieters arbeitet, sieht nur die Einstellungen für die Zeigerbewegung, den Doppelklick und das Scrollverhalten.

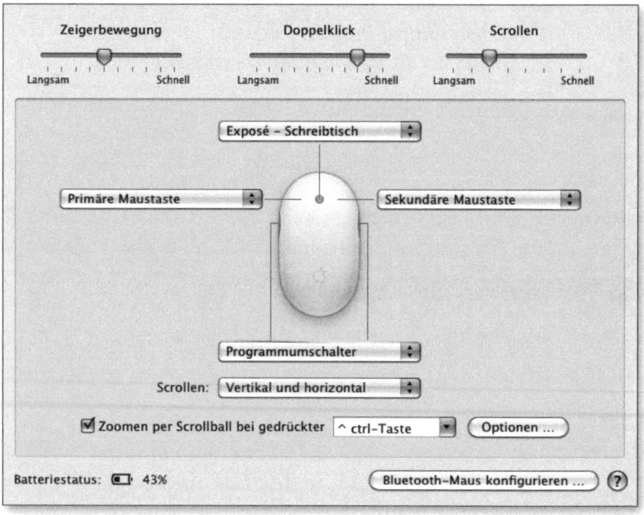

Die Tasten der Mighty-Maus mit Funktionen belegen.

Wer mit der kabellosen Maus arbeitet, klickt auf den Button *Bluetooth-Maus konfigurieren.*

Bei der Mighty-Maus sind beide Maustasten als sogenannte primäre Maustasten definiert. Um aber das Kontextmenü mit der rechten Maustaste aufrufen zu können, klicken Sie in das Aufklappmenü rechts und wählen *Sekundäre Maustaste.* Apple hat sich bislang noch nicht dazu durchringen können, die gebräuchlicheren Begriffe wie rechte und linke Maustaste zu verwenden. Die sekundäre Maustaste ist aber nichts anderes als die rechte Maustaste. Die Mighty-Maus besitzt auch eine seitliche Taste, die sich zum Beispiel für so kluge Funktionen wie *Programmumschalter* oder *Spotlight* anbietet.

Mit dem Scrollball bewegen Sie sich durch längere Texte oder Webseiten. Aber Sie können ihn noch mit einer weiteren Funktion belegen, die dann startet, wenn Sie auf den Scrollball drücken.

TIPP

Wenn Sie mit gedrückter CTRL-Taste den Scrollball oder bei einer anderen Maus das Scrollrad vor- und zurückbewegen, zoomen Sie in ein Bild hinein oder vergrößern die Inhalte einer Website. Wer mit einem MacBook arbeitet, bewegt für diese Zoom-Funktion zwei Finger auf dem Trackpad.

Sie sehen: Die Mighty-Maus lässt sich mit immerhin vier Funktionen ausstatten. Wenn man bedenkt, dass Apple noch vor ein paar Jahren lediglich eine Ein-Tasten-Maus angeboten hat, ist die Mighty-Maus ein sagenhafter Gewinn an Funktionalität und Arbeitskomfort.

AUFGEPASST

Wer mit einem MacBook arbeitet, findet in der Systemeinstellung den Bereich *Trackpad.* Die Bedienung des Trackpads lässt sich bis ins kleinste Detail an die eigenen Bedürfnisse anpassen.

Ton

Immer wenn der Rechner Sie auf etwas hinweisen möchte, hören Sie einen Warnton. Im Register *Toneffekte* haben Sie eine ansehnliche Auswahl aus unterschiedlichen Klängen. Klicken Sie auf die Beispiele, um den Toneffekt zu hören. Jeder Warnton ist so lange gültig, bis Sie sich für einen anderen entscheiden.

Der bequemste Weg, die Lautstärke zu regulieren oder sie der Umgebung anzupassen, ist der über den Schieberegler in der Menüleiste. Klicken Sie dazu auf *Lautstärke in der Menüleiste anzeigen*.

TIPP

Ist auch der leiseste Warnton zu laut für die Umgebung, in der Sie sich befinden, aktivieren Sie in der Systemeinstellung *Bedienungshilfen*, Register *Hören* am besten die Option *Der Bildschirm blinkt, wenn ein Warnton ertönt*.

Der Bereich *Ausgabe* ist nur für die Anwender interessant, die externe Lautsprecher an den Rechner angeschlossen haben.

Im Bereich *Eingabe* definieren Sie, mit welchen Tonquellen Ihr Rechner arbeiten soll. Das können zum Beispiel ein USB-Headset oder ein externes Mikro sein.

Einstellungen in der Rubrik »Internet & Drahtlose Kommunikation«

MobileMe

Die MobileMe-Dienste umfassen eine umfangreiche Sammlung an Serviceleistungen und Programmen, die Apple speziell für Mac-Benutzer entwickelt hat. Die Leistungen beinhalten zum Beispiel E-Mail-Adressen, die Möglichkeit, Kalenderverzeichnisse ins Netz zu stellen, die Daten auf dem Rechner, dem iPhone oder dem iPod touch synchron zu halten sowie die Perle iDisk. Mit dieser virtuellen Festplatte stehen Ihnen 20 GB Online-Speicherplatz auf den Apple-Servern zur Verfügung.

Das Nutzen der Dienste setzt eine kostenpflichtige Mitgliedschaft voraus. Die Gebühr für die Basismitgliedschaft beträgt zurzeit 79 Euro im Jahr. Wollen Sie erst einmal testen, ob Ihnen die Services zusagen, bietet Apple Ihnen mit einem 60-tägigen freien Zugang ein recht generöses Schnupper-Abo an. Sie gehen mit der Anmeldung keine weiteren Verpflichtungen ein. Während des Testabos werden Sie ab und an darauf hingewiesen, dass sich die Zeit des kostenfreien Zugangs dem Ende nähert. Sollten Sie sich gegen den Service entscheiden, erlischt zwar Ihr Zugang, die eingerichtete E-Mail-Adresse können Sie jedoch weiterhin als iChat-Adresse verwenden.

Netzwerk

In dieser Einstellung konfigurieren und verwalten Sie die Einstellungen Ihres Netzwerks und Ihrer Internet-Verbindung. Von hier aus steuern Sie die Einstellungen für AirPort, Bluetooth, FireWire oder Ethernet. Mehr dazu im Kapitel »Internet: Anschluss, Zugang & Programme«.

Bluetooth

Die Funktechnologie Bluetooth ermöglicht es, dass bluetoothfähige Geräte wie Computer, Mobiltelefone, PDAs oder Drucker in einem Aktionsradius von circa 10 Metern ohne Kabel miteinander kommunizieren. Die Konfiguration für die Geräte nehmen Sie in dieser Systemeinstellung vor.

Nehmen wir an, Sie wollen Ihr bluetoothfähiges Handy für das Zusammenspiel mit dem Rechner konfigurieren:

1. Aktivieren Sie Bluetooth auf Ihrem Handy. Schalten Sie die Option *Sichtbar* ein.

2. Klicken Sie in der Systemeinstellung auf das Pluszeichen unterhalb der linken Spalte. Jetzt öffnet sich der Bluetooth-Assistent, der Sie durch die weiteren Schritte führt. Damit der Rechner das Gerät findet, darf es maximal 10 Meter vom Computer entfernt liegen oder stehen.

3. Sobald der Rechner das Gerät gefunden hat, markieren Sie es und klicken auf *Fortfahren*.

4. Ihr Handy verlangt nun eine Bestätigung des Verbindungsaufbaus. Geben Sie anschließend das auf dem Bildschirm eingeblendete Kennwort ein. Sie müssen sich dieses Kennwort übrigens nicht merken. Bei einem weiteren Verbindungsaufbau ist die Eingabe des Kennwortes nicht mehr notwendig.

5. Konfigurieren Sie im nächsten Feld den Zugang zum Internet über das Handy. Das Mobiltelefon übernimmt dabei die Funktion eines Modems.

6. Um Kontaktadressen und Termine auf das Handy zu spielen und sie mit dem Rechner zu synchronisieren, brauchen Sie das Programm iSync, das im Ordner *Dienstprogramme* zu finden ist. Mit einem Klick auf das Symbol des Handys werden Einstellungen eingeblendet, mit denen sich die zu synchronisierenden Kontakt-

daten und Ereignisse einschränken lassen. Mit einem Klick auf den Button *Geräte-Sync* werden die Daten überspielt.

Kontakt- und Adressdaten mit dem Handy synchronisieren.

7. Alle Geräte, die Sie mit Hilfe des Bluetooth-Assistenten konfigurieren, erscheinen im Auswahlmenü, das sich hinter dem Bluetooth-Symbol in der Menüleiste verbirgt. Der Zugriff auf die Geräte erlaubt es, eine Datei an das ausgewählte Gerät zu senden oder das Gerät nach Ordnern und Dateien (wie zum Beispiel Fotos auf dem Handy) zu durchsuchen.

Freigaben

In der Einstellung *Freigaben* geben Sie Dienste wie *Dateifreigabe* oder *Druckerfreigabe* auf Ihrem Rechner für andere Rechner frei. Im Kapitel »Teilen und vernetzen« werden die Freigaben ausführlich beschrieben.

Einstellungen in der Rubrik »System«

Bedienungshilfen

Um Menschen mit einer Seh- oder Hörschwäche den Umgang mit dem Rechner zu erleichtern, lassen sich in den *Bedienungshilfen* optische und akustische Funktionen für persönliche Belange einrichten. Für Anwender mit motorischen Schwierigkeiten stehen unter den Registern *Tastatur* und *Maus* (*Maus & Trackpad* bei MacBook) Optionen zur Verfügung, mit denen sie das Drücken mehrerer Tasten ausschalten und die Bedienung der Maus anpassen können. Die vielen Hilfsmittel sind freilich auch für andere Situationen interessant. So sind die Möglichkeiten, die Ihnen die Zoomansicht bietet, bei der Bildbearbeitung oder bei Präsentationen, bei denen Sie einen bestimmten Ausschnitt vergrößert zeigen wollen, hilfreich. Und alle, die nach einer durchgearbeiteten Nacht ihrer Hand eine Mauspause gönnen wollen, schauen sich die Funktionen unter *Tastatur* und *Maus* an.

Register »Sehen«

Die eingeschaltete Funktion *VoiceOver* bewirkt, dass der Rechner mit Ihnen spricht. Befehle werden vorgelesen, geöffnete Fenster namentlich benannt. Es wird zwar auf Deutsch vorgelesen, allerdings mit starkem amerikanischem Akzent, so dass Vieles unverständlich bleibt.

Per Klick auf *VoiceOver-Dienstprogramm öffnen…* lässt sich die Sprachausgabe im nun geöffneten Programm detailliert einstellen. So definieren Sie im Fenster *Ausführlichkeit*, was genau vorgelesen wird und wie Satzzeichen, Textattribute oder Großbuchstaben betont werden.

Im Feld *Sprachausgabe* wählen Sie eine Ihnen angenehme Stimme sowie die Tonhöhe und die Lautstärke aus. Die Stimme *Bad News* singt Ihnen die Warnmeldungen und Texte vor. Die Engel unter uns mögen bei *Bells* frohlocken, und wer seinen Bürokollegen ziemlich schnell auf den Wecker gehen will, entscheidet sich für *Hysterical.*

Zurück im Hauptfenster der Systemeinstellung *Bedienungshilfen* passen Sie bei Bedarf die Farben und Kontraste an und schalten die Zoomansicht ein oder aus. Mit der Tastenkombination ⌘ – ⌥ – = vergrößern Sie den Bildschirminhalt, mit ⌘ – ⌥ – - verkleinern Sie ihn. Mit diesen Kombinationen lässt sich bequem zwischen den Ansichten hin- und herwechseln. Um die Stärke des Zooms für Ihre Bedürfnisse zu optimieren, stellen Sie unter *Optionen…* die maximale bzw. minimale Zoom-Ansicht ein.

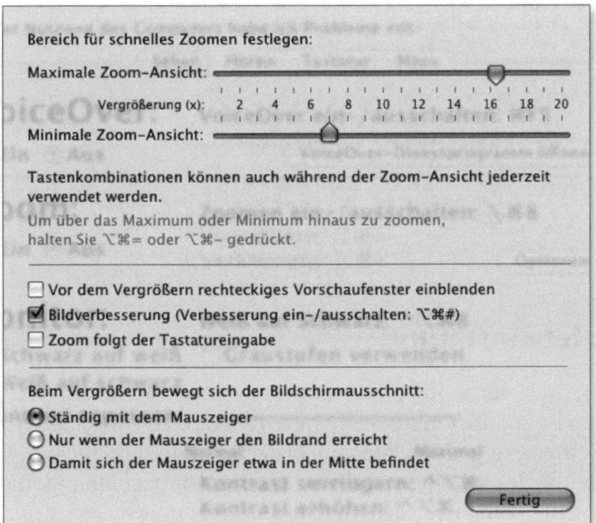

Zoom individuell anpassen.

Wollen Sie vor der Vergrößerung den Ausschnitt definieren, aktivieren Sie in den Optionen das Feld *Vor dem Vergrößern rechteckiges Vorschaufenster einblenden*. Die Größe dieses Ausschnitts ist nicht veränderbar, wohl aber können Sie sich mit der Maus durch die Vergrößerung bewegen und damit andere Ausschnitte in den Sichtbereich des Bildschirms holen.

Register »Hören«

Wann immer der Rechner Sie auf etwas aufmerksam machen möchte, beispielsweise darauf, dass eine Datei nicht abgespeichert werden kann, ertönt ein Warnton. Sollte der Warnton für Sie kaum hörbar sein oder haben Sie den Lautstärkeregler bewusst auf Null gesetzt, aktivieren Sie die Option *Den Bildschirm blinken lassen, wenn ein Warnton ertönt*. Klicken Sie auf *Bildschirm blinken lassen* und schauen Sie sich den Effekt an.

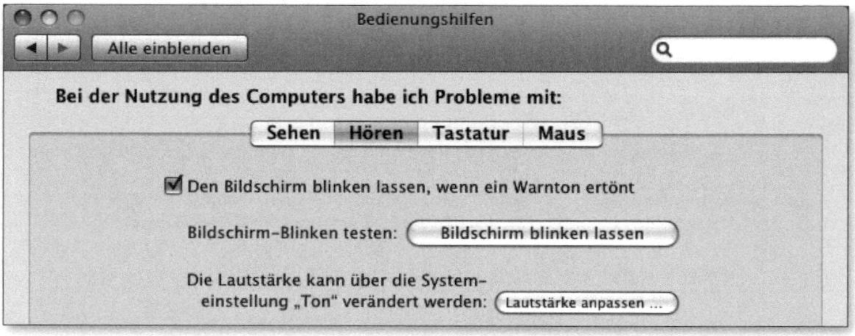

Blinken, statt Warnton

Register »Tastatur«

Alle, die nur mit einer Hand tippen können, brauchen glücklicherweise nicht auf Tastenkürzel zu verzichten. Das Umschalten auf *Einfingerbedienung* genügt, um die Tasten einzeln zu drücken. Die Tastensymbole des jeweiligen Kürzels erscheinen nacheinander auf dem Bildschirm. Wollen Sie den Befehl doch nicht auslösen, drücken Sie die Tasten erneut, um sie wieder auszublenden.

Register »Maus«

Anwender, die nicht mit der Maus arbeiten können oder wollen, haben in diesem Feld die Möglichkeit, die Mausbedienung zu aktivieren, um den Mauszeiger mithilfe des numerischen Ziffernblocks zu steuern. Klicken Sie dafür auf *Mausbedienung: Ein.*

Einen Doppelklick erzeugen Sie nun, indem Sie zweimal auf die Taste 5 drücken. Mit den acht Tasten, die die Taste 5 umgeben, bewegen Sie sich über den Bildschirm. Mit den Tasten 7, 9, 1 und 3 bewegen Sie sich diagonal, mit den Tasten 2 und 8 horizontal. Wie schnell sich der Cursor in Bewegung setzen soll, steuern Sie über die Schieberegler *Ansprechverzögerung* bzw. *Maximale Geschwindigkeit.*

Der Mauszeiger (Cursor) mag für einige Benutzer zu klein sein. Im unteren Drittel des Fensters lässt sich das Symbol des Cursors beträchtlich vergrößern.

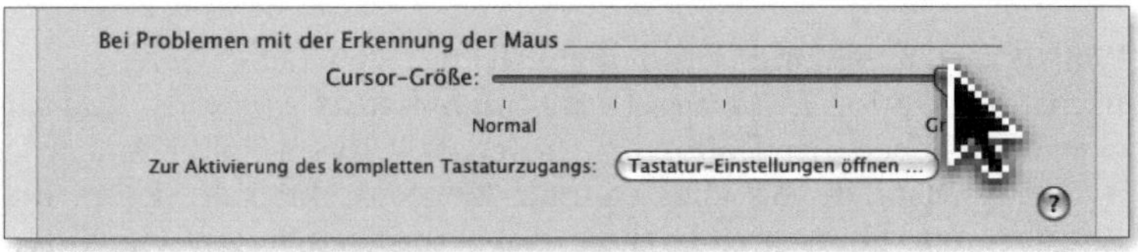

Die Größe des Mauszeigers einstellen.

Benutzer

In dieser Systemeinstellung werden die Benutzeraccounts eingerichtet und verwaltet sowie Startobjekte definiert. Mehr dazu finden Sie im Kapitel »Teilen und vernetzen«, Abschnitt »Ein Mac für viele«.

Datum & Uhrzeit

Selbstredend, dass es in dieser Systemeinstellung darum geht, das Datum, die Uhrzeit und die Zeitzone einzustellen. Das sowohl für jedes gespeicherte Dokument als auch für gesendete und empfangene E-Mails angezeigte Datum folgt den Eingaben, die Sie hier definieren.

AUFGEPASST

Als Administrator sind Sie berechtigt, das Datum und die Uhrzeit einzustellen und die Zeitzone auszuwählen. Sind Sie kein Administrator, haben Sie immerhin die Möglichkeit, die Darstellungsweise für die Uhrzeit und das Datum Ihren Wünschen entsprechend anzupassen.

Im Fenster *Datum & Uhrzeit* lassen sich Kalender- und Zeitangaben entweder automatisch oder manuell einstellen. Ein Klick in das Kästchen *Datum & Uhrzeit automatisch. einstellen* gewährleistet, dass die interne Uhrzeit Ihres Rechners mit der Uhrzeit eines Servers im Internet synchronisiert wird. Sollten Sie dies für einen ganz guten Service erachten, wählen Sie im Auswahlmenü den Server, der Ihrem Standort am nächsten liegt.

Wollen Sie Uhrzeit und Datum manuell einstellen, deaktivieren Sie zunächst die Option *Datum & Uhrzeit automatisch einstellen* und klicken dann neben dem Datum bzw. neben der Uhrzeit auf die Aufwärts- und Abwärtspfeile, bis alles stimmt. Alternativ klicken Sie auf die Eingaben und überschreiben diese. Dabei springen Sie am schnellsten mit der Tabulatortaste (⇥) von einem Eingabefeld ins nächste. Mehr Spaß macht die Variante, die Zeiger der Analoguhr mit gedrückter Maustaste so lange zu drehen, bis die Uhrzeit korrekt ist.

GRUNDLAGEN

Wie das Datum und die Uhrzeit angezeigt werden, definieren Sie in den Systemeinstellungen *Sprache & Text | Formate.*

Damit Sie überall auf der Welt die richtige Uhrzeit angezeigt bekommen, klicken Sie im Fenster *Zeitzone* auf die geografische Region, in der Sie sich momentan befinden. Im Auswahlmenü wählen Sie die Stadt aus, die Ihrem Standort am nächsten liegt.

HILFE

Dieser Service lässt sich auch automatisieren, was für alle interessant ist, die mit Laptops unterwegs sind. Klicken Sie in die Option *Zeitzone automatisch anhand des Aufenthaltsorts festlegen*, damit Sie, egal, wo Sie sich gerade aufhalten, die für die Region aktuelle Uhrzeit angezeigt bekommen. Das Betriebssystem greift dafür auf Wi-Fi-Hotspots zu.

Wochentag und Uhrzeit werden standardmäßig in der Menüleiste angezeigt. Die Darstellungsform legen Sie im Abschnitt *Uhr* fest. Probieren Sie die Optionen *Digital* und *Analog* aus. Welche der beiden Varianten sagt Ihnen zu?

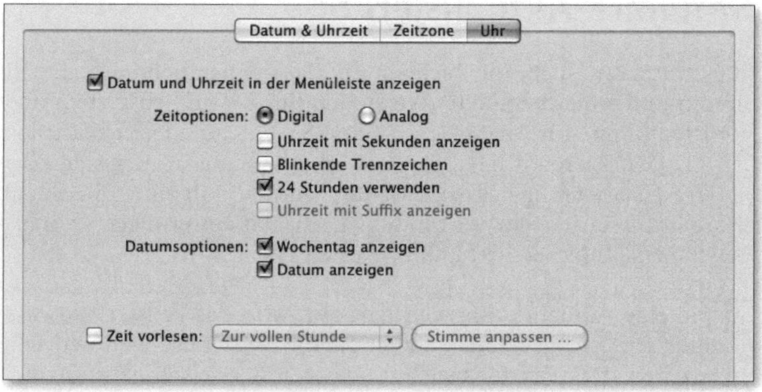

Wochentag und Datum in der Menüleiste anzeigen lassen.

TIPP

Außerdem lässt sich die Anzeige um das Datum erweitern. Das aktuelle Datum wird auch im Programmsymbol von iCal angezeigt – dies jedoch nur, wenn das Programm im Dock liegt. Wer iCal aus dem Dock entfernt hat, wird sich sicherlich freuen, dass die Menüleiste des Finders seit Snow Leopard auch mit der Datumsanzeige bestückt werden kann.

Falls Sie sich die Uhrzeit vorlesen lassen möchten, klicken Sie in das Kästchen *Zeit vorlesen* und bestimmen im Auswahlmenü die Abstände. Vorgelesen wird jedoch nur in englischer Sprache.

Kindersicherung

Die mit Kindersicherung bezeichnete Systemeinstellung kann nützlich sein, um für bestimmte Anwender den Zugriff auf Funktionen und Programme einzuschränken oder zu unterbinden. Mehr zu dieser Systemeinstellung finden Sie im Kapitel »Teilen und vernetzen«, Abschnitt »Ein Mac für viele«.

Software-Aktualisierung

Standardmäßig sucht Ihr Rechner ein Mal wöchentlich nach aktualisierten und fehlerbereinigten Versionen für das Betriebssystem und die Programme für Mac OS X. Sollten Sie einen anderen zeitlichen Turnus favorisieren, treffen Sie Ihre Entscheidung im Register *Planmäßige Überprüfung* bei *Nach Updates suchen*. Mit einem Klick auf *Jetzt suchen* starten Sie die Fahndung nach Aktualisierungen – vorausgesetzt, eine Internet-Verbindung ist hergestellt.

Sobald eine Aktualisierung verfügbar ist, wird das Fenster *Softwareaktualisierung* eingeblendet, um Sie auf die Neuerungen aufmerksam zu machen. Das Fenster bietet zudem den Service, Ihnen mitzuteilen, was an der neuen Version verbessert oder ergänzt wurde. Zudem weist ein kleines Dreieck-Symbol darauf hin, ob nach der Installation ein Neustart erforderlich ist. Die meisten Updates werden im Hintergrund installiert.

TIPP

Wenn Sie ein Update vorerst nicht installieren wollen, deaktivieren Sie die Checkbox in der Spalte *Installieren*. Im -Menü lässt sich die Installation über die *Software-Aktualisierung* jederzeit nachholen.

Im Register *Installierte Updates* werden die Protokolle der Software-Aktualisierungen angezeigt. Hier können Sie nachschauen, welche Version Sie geladen haben, oder sich vergewissern, ob die Aktualisierung korrekt verlaufen ist.

Sprache

In der Systemeinstellung *Sprache* lassen sich gesprochene Befehle (*Speakable Items*) zum Steuern des Rechners definieren. So schön und verlockend es klingen mag, dem Rechner zu sagen, was er zu tun hat – leider liegt die Spracherkennung bislang nur in Englisch vor. Dafür haben Sie jetzt die Chance, Ihr Englisch zu trainieren. Denn die Befehle müssen erst einmal aufgenommen werden, bevor sie eingesetzt werden können.

Sobald Sie die *Speakable Items* mit einem Klick auf *Ein* im Register *Spracherkennung* aktivieren, wird ein Button als Symbol für »Sprachaufnahme kann losgehen« eingeblendet. Das Wort *Esc* in der Mitte des Symbols zeigt an, dass das Mikro erst eingeschaltet ist, wenn Sie die Esc-Taste gedrückt halten. Dann heißt es: Aufnahme. Voraussetzung dafür ist natürlich ein Mikrofon, entweder ein eingebautes oder ein extern angeschlossenes.

Ruhe bitte! Aufnahme.

Die Spracherkennung versteht nur Befehle, die im Ordner *Speakable Items* aufgeführt sind. Klicken Sie auf das untere Dreieck im Mikrofon-Symbol und anschließend auf *Fenster »Befehle zur Spracherkennung« öffnen.*

Die Befehle in der Liste *Speakable Items* gelten für alle Programme. Des Weiteren werden programmspezifische Befehle aufgelistet wie zum

Beispiel für Adressbuch. Ziehen Sie das Fenster an der schraffierten Fläche rechts unten weiter auf, so dass Sie die Einträge komplett sehen.

Bevor Sie aus Ihrer Umgebung ein Aufnahmestudio machen, starten Sie einen Probelauf und testen Sie, ob die Lautstärke Ihres Mikrofons richtig eingestellt ist und der Rechner Ihre gesprochenen Befehle erkennt. Aktivieren Sie im Register *Spracherkennung* | *Einstellungen* die Option *Bei Erkennung: Bestätigung des Befehls sprechen*.

Die Befehle nehmen Sie am besten in einer Arbeitsumgebung mit normalem Geräuschpegel auf. Drücken Sie die Esc-Taste und sprechen Sie die Befehle in einem Abstand von cirka 50 Zentimetern in das Mikrofon. Sprechgeschwindigkeit und Lautstärke sind optimal, wenn im Fenster *Kalibrierung des Mikrofons* (klicken Sie auf den Button *Kalibrieren…*) alles im grünen Bereich ist.

Sollte ein Befehl nicht erkannt werden, vergewissern Sie sich, dass Sie den Befehl genau so sprechen, wie er im Fenster *Befehle zur Spracherkennung* angezeigt wird.

TIPP

Falls Sie auf die gesprochenen Befehle nicht mehr verzichten möchten, lassen Sie die Funktion *Speakable items* eingeschaltet. Sobald Sie sich an Ihrem Rechner anmelden, wird auch die Stimme aktiv. Wollen Sie die Funktion ausschalten und auch das Mikrofon wieder loswerden, klicken Sie auf *Aus*.

Die Sprachausgabe

Im Fenster *Sprachausgabe* lässt sich bei *Systemstimme* eine Ihnen sympathische Stimme auswählen, die markierten Text vorliest.

POWER USER

Mit diesem cleveren Angebot können Sie sich englischsprachige Texte beliebig häufig laut vorlesen lassen und machen aus englischsprachigen Websites oder E-Mails einen Hörverständnis-Test. Aktivieren Sie dazu die Option *Ausgewählten Text beim Drücken einer Taste vorlesen*. Nun werden Sie aufgefordert, eine Tastenkombination einzugeben, mit der Sie künftig das Vorlesen eines Textes starten und beenden. Probieren Sie es aus und markieren Sie zum Beispiel auf einer englischen Website einen Textauszug. Drücken Sie die Tastenkombination und lauschen Sie.

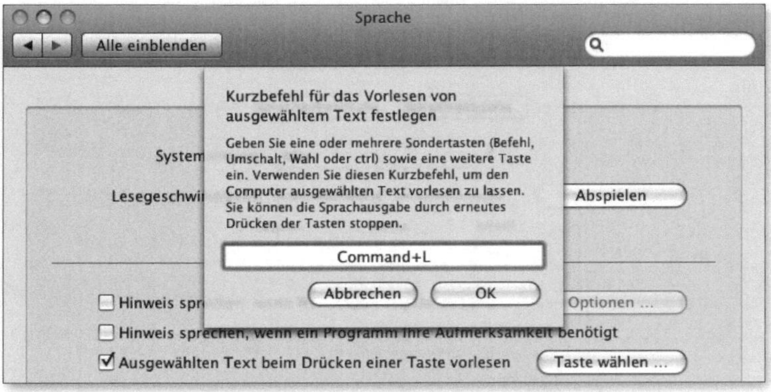

Kurzbefehl für das Vorlesen von Texten

Startvolume

Außer von der eingebauten Festplatte lässt sich Ihr Rechner auch von einer extern angeschlossenen Festplatte starten oder von einem Netzwerk-Volume. Alle Volumes, die einen Systemstart zulassen, sind im Fenster eingeblendet und lassen sich per Klick als Startvolume definieren.

Über den Start im FireWire-Festplattenmodus lesen Sie im Kapitel »Teilen und vernetzen«, Abschnitt »Ein Netzwerk einrichten«.

Time Machine

Time Machine ist ein Programm, mit dem Sie auf unkomplizierte Art und Weise ein Backup Ihrer Daten vornehmen. Wann ein solches Backup starten soll, legen Sie in dieser Systemeinstellung fest. Mehr zu Time Machine lesen Sie im Kapitel »Drucken, faxen, Objekte sichern«.

7 Teilen und vernetzen

Ein Macintosh-Rechner weckt Begehrlichkeiten. Vielleicht möchten Familienmitglieder auch an Ihrem Mac arbeiten? Dazu können Sie sie gern einladen, denn mit nur ein paar Einstellungen haben Sie eine eigene Arbeitsumgebung für weitere Benutzer eingerichtet.
Für viele geht der Trend zum Zweitrechner. Natürlich möchte man in einem solchen Fall Daten von einem Rechner auf den anderen schicken. Oder man tauscht Daten mit Kollegen und Freunden aus. Doch wie stellt man das am geschicktesten an? Welche Funktionen Sie fürs Einrichten weiterer Benutzerzugänge benötigen und welche Schritte notwendig sind, um zwei oder mehr Rechner zu einem Netzwerk zu verbinden, sind Themen dieses Kapitels.

Ein Mac für viele: Apples Mehrbenutzersystem

Sie haben sich einen Mac angeschafft, der von allen Familienmitgliedern benutzt werden soll? Oder Sie teilen sich den Computer mit einem oder mehreren Kollegen? Mac OS X ist ein echtes Mehrbenutzer-Betriebssystem. Das bedeutet, dass für jeden Anwender eine eigene Arbeitsumgebung eingerichtet wird, die für die weiteren Benutzer sowohl unsichtbar als auch geschützt ist vor unbedarften, unbeholfenen oder gar mutwilligen Manipulationen anderer Anwender. Jeder Anwender findet seine Arbeitsumgebung stets genauso vor, wie er sie verlassen hat.

Im Mehrbenutzersystem bekommt jeder einzelne Anwender sozusagen sein eigenes Mac-Universum zugewiesen, in dem er schalten und walten kann, ohne dass die Dateien der anderen Benutzer in Gefahr wären. Dabei ist es jedem Anwender überlassen, welche Einstellungen er an den Programmen vornimmt, welchen Bildschirmhintergrund er wählt, wie er das Dock einstellt, wie seine Schreibtischoberfläche aussieht, mit welcher gewünschten Startseite der Webbrowser geöffnet wird und vieles andere mehr.

Alles, was Sie auf der Benutzeroberfläche sehen, befindet sich in Ihrem Ordner *Schreibtisch*. Zwar heißt es, dass ein Objekt auf dem Schreibtisch liegt. Doch ist das, was Sie an Inhalten auf der Schreibtischoberfläche sehen, identisch mit dem Inhalt Ihres Ordners *Schreibtisch*. Am deutlichsten wird dies, wenn Sie ein Objekt auf die Oberfläche ziehen. Klicken Sie anschließend im Finder-Fenster in Ihren Ordner *Schreibtisch*, werden Sie auch hier das Objekt entdecken. Der Ordner *Schreibtisch* wiederum befindet sich in Ihrem Ordner *Privat*. Dieser Ordner ist die abgeschlossene Welt eines jeden Benutzers, auf den die anderen Anwender keinen Zugriff haben. Erkennbar ist dies am Symbol *Einfahrt verboten*, mit dem die Ordnersymbole im privaten Verzeichnis markiert sind. Lediglich die Ordner *Öffentlich* und *Web-Sites* stehen für den Austausch von Dateien und Nachrichten zur Verfügung.

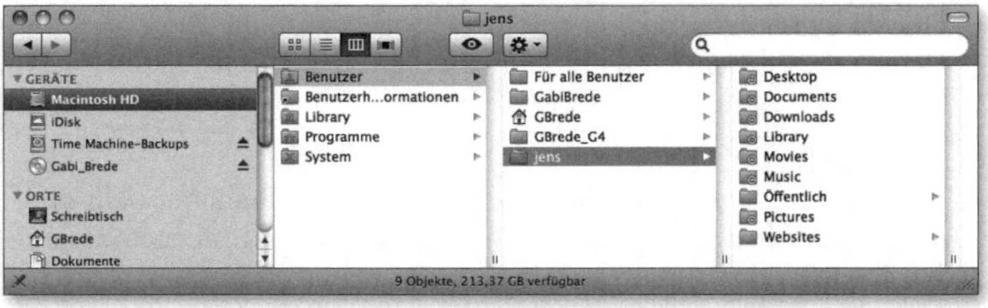

Der private Bereich ist für alle anderen tabu.

Der Administrator: Benutzer mit weitreichenden Rechten

Um jedem Anwender die Tür zu seinem Ordner *Privat* zu öffnen, bekommt er einen Benutzernamen und ein Kennwort zugewiesen. Sie erinnern sich vielleicht, dass Sie bereits während des Installationsprozesses von Mac OS X Ihren eigenen Benutzeraccount angelegt haben. Damit haben Sie dem Rechner zu verstehen gegeben, dass Sie der Administrator sind, also derjenige, der den Rechner einrichtet, betreut und verwaltet. Ein Administrator ist vergleichbar mit einem Hausmeister. Er besitzt den Generalschlüssel zu allen Wohnungen und Funktionsräumen des Hauses. Der Hausmeister sorgt dafür, dass alles funktioniert. Als Administrator des Rechners sind Sie verantwortlich für den reibungslosen Ablauf. Deshalb sind auch nur Sie als Administrator berechtigt,

- weitere Benutzeraccounts einzurichten,
- im Ordner *Programme* neue Anwendungen zu installieren oder Programme zu löschen,
- den übergeordneten Ordner *Library* zu erweitern, beispielsweise durch neue Schriften,
- Änderungen an Systemeinstellungen vorzunehmen, die sich auf das gesamte System auswirken, wie *Datum & Uhrzeit, Freigaben*

oder *Netzwerk*. Auf Systemeinstellungen wie zum Beispiel *Benutzer* haben die anderen Anwender lediglich eingeschränkten Zugriff.

GRUNDLAGEN

Im Mehrbenutzersystem sind alle angemeldeten Benutzer über den vom Administrator eingerichteten Zugang mit dem Internet verbunden. Weitere Konfigurationen müssen nicht vorgenommen werden.

Einen neuen Benutzer anlegen

Wollen Sie einer weiteren Person den Zugang zum Rechner gewähren, öffnen Sie die Systemeinstellung *Benutzer*. Klicken Sie zunächst auf das Schloss unten links und weisen Sie sich als Administrator aus.

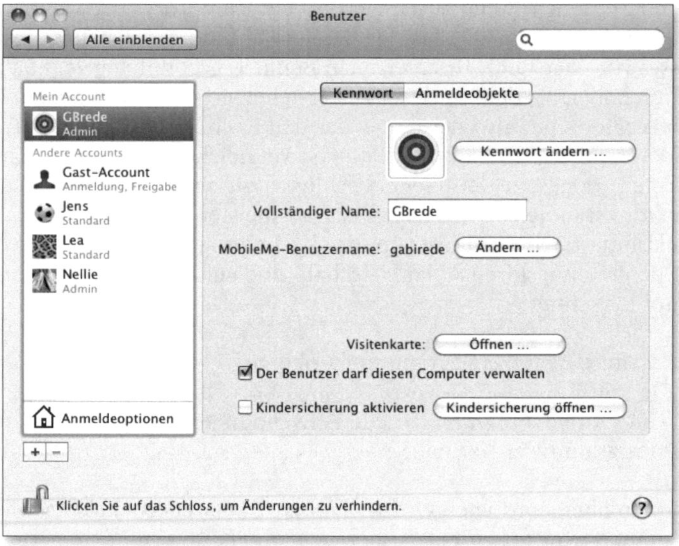

Hier werden die Accounts eingerichtet und verwaltet.

Sobald Sie auf das Pluszeichen unterhalb der Benutzerliste klicken, erscheint ein Formular, in das Sie den Namen des neuen Benutzers, ein Kennwort und eine Merkhilfe eingeben. In diesem Formular haben Sie in der Auswahlliste *Neuer Account* die Wahl aus vier unterschiedlichen Accounts bzw. Benutzer-Typen:

- **Administrator:** Ein Benutzer, ausgestattet mit Administratorrechten, hat die gleichen Befugnisse wie Sie.

- **Standard:** Wahrscheinlich der Typus des am häufigsten eingerichteten Benutzerzugangs. Ist der Administrator vergleichbar mit einem Hausmeister, so hat der Benutzer *Standard* Ähnlichkeiten mit einem Mieter. In seinem privaten Bereich kann der Standard-Benutzer schalten und walten, wie es ihm gefällt. Er darf neue Programme in seinem Ordner *Privat* sowie eigene Schriften in seinem Ordner *Library* installieren. Ein Standard-Benutzer darf allerdings keine Änderungen auf Systemebene durchführen. Auf Systemeinstellungen, die mit einem Schloss versehen sind, hat dieser Benutzer keinen Zugriff.

- **Verwaltet durch die Kindersicherung:** Die Rechte für diesen Anwender lassen sich extrem einschränken. Sobald Sie zurückkehren in die Hauptansicht der Systemeinstellung *Benutzer*, ist das Kästchen *Kindersicherung aktivieren* eingeschaltet. Mit einem Klick auf den Button *Kindersicherung öffnen* landen Sie in der Systemeinstellung *Kindersicherung*, in der Sie die Handlungsoptionen genau festlegen.

- **Nur Freigabe:** Der Benutzer greift innerhalb eines Netzwerkes auf die Dateien Ihres Ordners *Öffentlich* zu. Anders als die Benutzer *Administrator*, *Standard* und *Verwaltet durch Kindersicherung* kann sich ein Anwender mit dem Account *Nur Freigabe* nicht direkt am Rechner anmelden und bekommt infolgedessen auch keine eigene Arbeitsumgebung eingeräumt. Dieser Account dient lediglich dem Austausch von Daten innerhalb eines Netzwerkes. Aus diesem Grund wird der Benutzer auch im Anmeldefenster nicht angezeigt.

TIPP

Wer einer Person einen nur temporären Schnupperzugang zum Rechner ermöglichen möchte, richtet für diesen Anwender einen Gast-Account ein. Mehr dazu im Abschnitt weiter unten.

- **Gruppe:** Die einzelnen Benutzer lassen sich mit der Option *Gruppe* in einzelne Blocks zusammenfassen. Diese Funktion ist interessant für das Einrichten und Ändern von Benutzerrechten in der Systemeinstellung *Freigaben*. Für die Dienste *Dateifreigabe, Bildschirmfreigabe, Druckerfreigabe, Scannerfreigabe, Entfernte Anmeldung, Entfernte Verwaltung, Entfernte Apple-Events* und *Bluetooth-Freigabe* können Sie definieren, wer von den angemeldeten Benutzern den jeweiligen Dienst in Anspruch nehmen darf. Je nachdem, wie viele Benutzer am Rechner angemeldet sind, geht die Zuweisung über die Gruppen weitaus schneller als für jeden einzelnen Account. Geben Sie der Gruppe einen Namen und bestätigen Sie mit einem Klick auf *Gruppe erstellen*. Die Mitglieder dieser Gruppe legen Sie in der jetzt geöffneten Liste fest, indem Sie in das jeweilige Kästchen neben dem zugewiesenen Bild klicken.

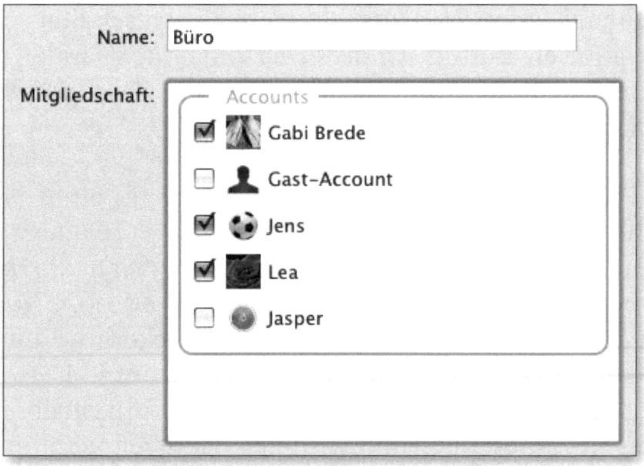

Eine Gruppe bilden

AUFGEPASST

Die Rechte für einen Benutzer lassen sich vom Administrator jederzeit erweitern oder eingrenzen. Dafür reicht es, den Namen des Benutzers in der Liste zu markieren und die Option *Der Benutzer darf diesen Computer verwalten* ein- oder auszuschalten. Für einen Benutzer mit dem Zugang *Nur Sharing* ist diese Option nicht verfügbar. Änderungen an den Rechten sind nur möglich, wenn der Benutzer vom System abgemeldet ist.

Das Formular ausfüllen

Sobald Sie den Zugang für den neuen Account festgelegt haben, gilt es, das Formular auszufüllen:

- Im Feld *Vollständiger Name* ist es Ihnen überlassen, ob Sie den Vor- und Zunamen eingeben oder ob Sie sich auf den Vornamen beschränken.
- Sobald Sie in das Feld *Accountname* klicken, wird der eingegebene Benutzername in Kleinbuchstaben und ohne Lücke zwischen Vor- und Zuname als Vorschlag für die Kurzform übernommen. Das Wort *Kurzform* ist in diesem Zusammenhang übrigens nicht wörtlich zu verstehen. Auch lange Namen wie beispielsweise Maximilian-Sebastian Müller-Langescheidt werden als Kurzname akzeptiert – und das sogar mit Bindestrich.

TIPP

Der Accountname kann später auch von Ihnen als Administrator **nicht** mehr verändert werden. Nutzen Sie deshalb hier die Gelegenheit, einen dem Anwender genehmen Namen einzugeben. Leerzeichen und die meisten Satzzeichen sind nicht erlaubt.

- Geben Sie ein Kennwort ein und wiederholen Sie die Eingabe im Feld *Bestätigen*. Die Kennwortvergabe ist nicht zwingend erforderlich. Sie werden zwar darauf aufmerksam gemacht, dass sich ohne Kennwortvergabe auch möglicherweise unberechtigte

Personen anmelden können. Klicken Sie jedoch auf den Button *OK*, akzeptiert der Rechner Ihre Entscheidung. Ob Kennwort oder nicht, das hängt sicherlich vom Umfeld ab, in dem Sie den Rechner mit anderen teilen. Je vertrauter die Personen, desto leichter fällt der Verzicht auf ein Kennwort.

- Sollten Sie jedoch den FileVault-Schutz aktivieren wollen, ist ein Kennwort zwingend erforderlich. Mit FileVault werden die Inhalte des Benutzerordners verschlüsselt. Dies ist dann sinnvoll, wenn der Benutzer mit sehr vertraulichen Daten arbeitet und diese vor unerlaubtem Zugriff zusätzlich geschützt werden sollen. Neben dem Kennwort für die Anmeldung ist ein Hauptkennwort erforderlich. Angenommen, der Anwender vergisst sein Anmeldekennwort, hätte er keinen Zugriff mehr auf seinen Benutzerordner. Mit dem Hauptkennwort kann das Kennwort des Anwenders zurückgesetzt werden.

- Kennwörter werden immer unkenntlich gemacht und durch einfache Punkte ersetzt. Neben dem Eingabefeld *Kennwort* befindet sich ein Schlüsselsymbol, hinter dem sich der Kennwort-Assistent verbirgt. Dieser Assistent hilft Ihnen mit Kennwortvorschlägen und prüft die Qualität eines ausgewählten Passworts.

Für ausgefallene Passwörter ist es sinnvoll und absolut empfehlenswert, eine Merkhilfe zu formulieren. Die Merkhilfe wird im Anmeldefenster bei Bedarf eingeblendet. Vertippt der Anwender sich drei Mal, wird die Merkhilfe automatisch angezeigt. Das Einblenden der Merkhilfe lässt sich in den Anmeldeoptionen ausschalten.

Sobald alle Eingaben gemacht sind und Sie im Formularblatt auf *Account erstellen* klicken, legt Mac OS X für den neuen Benutzer einen Ordner *Privat* mit den bekannten Unterordnern wie *Musik, Filme, Bilder, Library* und *Dokumente* an.

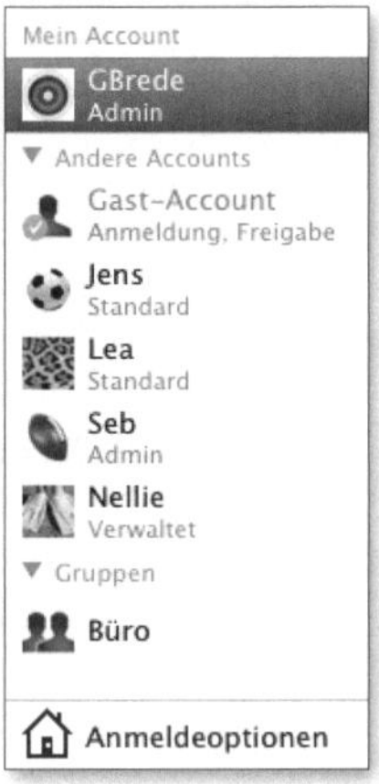

Benutzer mit unterschiedlichen Rechten

Das Erkennungsbild

Um den Account nicht allzu sachlich aussehen zu lassen, weist der Rechner dem Benutzer ein Bild nach einem Zufallsprinzip zu. Das Bild ist das Symbol oder Erkennungszeichen des Benutzers. Es wird auch in den Programmen Adressbuch und iChat als Ausweisbild verwendet.

Wem das zufällig ausgewählte Bild nicht gefällt, öffnet mit einem Klick auf die Abbildung in der Hauptansicht der Systemeinstellung *Benutzer* die Auswahl an Alternativen. Wenn Sie hier auch nicht fündig werden, klicken Sie in *Bild bearbeiten* und ziehen ein Foto aus Ihrem eigenen Fundus per Drag & Drop in das Vorschaufenster. Alternativ öffnen Sie mit einem Klick auf *Wählen* ein Finder-Fenster, in dem sich bequem nach einem passenden Bild fahnden lässt. Ist Ihr Bild größer als das vorgesehene Format von 64 x 64 Pixel, haben Sie mit dem Schieberegler die Möglichkeit, in das Bild hineinzuzoomen.

Die Bildauswahl für Ihre Visitenkarte

Sich als Gast anmelden

Freunde, die zu Besuch sind und einen Text schreiben oder im Internet surfen wollen, Windows-Benutzer, die ausprobieren möchten, wie es sich an einem Mac arbeitet – für diese Anwender gibt es die Möglichkeit eines temporären Gast-Accounts, der bei Bedarf nur noch aktiviert werden muss. Die Rechte des Gastes sind vergleichbar mit denen eines Standard-Benutzers. Der Gast kann auf alle Programme zugreifen, den Schreibtischhintergrund verändern oder Dateien anlegen. Allerdings, und darauf sollten Sie Ihren Gast **ausdrücklich hinweisen**, werden sämtliche Spuren des Gastes gelöscht, sobald dieser sich wieder abmeldet.

AUFGEPASST

Anders als die anderen Typen für ein neues Benutzerkonto wird der Gastzugang im Aufklappmenü nicht mit aufgeführt. Das liegt daran, dass es immer nur einen Gastzugang gibt. Weitere Interessenten können sich nur nacheinander und stets erst dann anmelden, wenn der vorherige Gast sich wieder abgemeldet hat.

Um einen interessierten Benutzer den Zugang zu ermöglichen, brauchen Sie lediglich auf den Gast-Account in der linken Liste zu klicken und anschließend die Option *Gästen erlauben, sich an diesem Computer anzumelden* zu aktivieren. Ein Gast-Zugang sieht genauso aus wie der Zugang für einen Standard-Benutzer oder einen Administrator. Einzig am Namen »Guest« neben dem Ordner *Privat* ist der temporäre Besucher zu erkennen.

Die bekannte Ordnerwelt für den zeitweiligen Gast.

TIPP

Wer einem Gast diese umfangreichen Rechte nicht einräumen möchte, schränkt den Zugriff über die Kindersicherung ein. Klicken Sie dazu auf den Button *Kindersicherung öffnen,* markieren Sie anschließend den Gast-Account und definieren Sie, was dem Gast erlaubt sein soll.

Das Anmeldeverfahren einrichten

Um in seinen eigenen Bereich zu gelangen, muss man sich erst einmal am System anmelden. Nach jedem Startvorgang oder nachdem sich einer der Benutzer abgemeldet hat, erscheint das Anmeldefenster, in dem die Benutzer mit Namen und zugewiesenem Symbol aufgelistet sind. Klicken Sie auf Ihren Namen und geben Sie Ihr Kennwort ein. Jetzt nur noch die Eingabe mit der ↩ – Taste bestätigen oder auf den Button *Anmelden* klicken, und Ihr virtueller Schreibtisch tut sich vor Ihnen auf. Ob Ihr Anmeldevorgang genau so verläuft oder ein wenig anders, entscheiden Sie als Administrator, wenn Sie in der Systemeinstellung *Benutzer* auf das Häuschensymbol für die *Anmeldeoptionen* klicken.

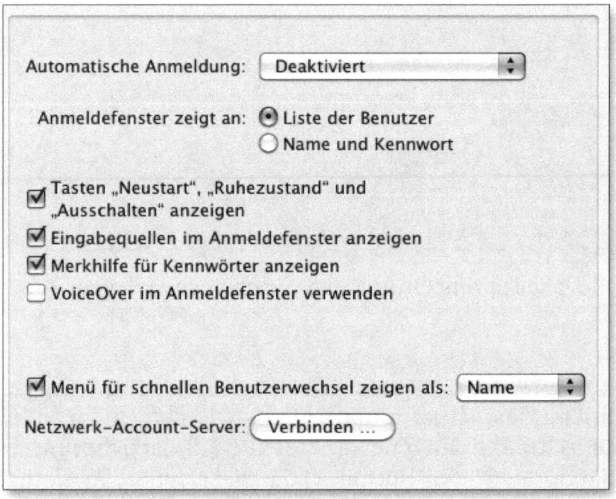

Das Anmeldeverfahren festlegen.

Standardmäßig werden Sie als Administrator automatisch am System angemeldet, sodass Sie beim Start des Rechners gar nichts mit der Eingabe eines Kennwortes zu tun haben. Falls Sie der einzige Benutzer sind, gibt es keinen Grund, hieran etwas zu ändern. Wer allerdings auch als Einzelanwender den Start über das Anmeldefenster wünscht, wählt im Auswahlmenü die Option *Deaktiviert*.

TIPP

Sind mehrere Benutzeraccounts eingerichtet, können Sie in der Checkbox *Automatische Anmeldung* festlegen, wer nach dem Startvorgang direkt, das heißt ohne zuvor eingeblendetes Anmeldefenster, in die individuelle Arbeitsumgebung gelangt. Sollten Sie grundsätzlich für alle den Start über das Anmeldefenster favorisieren, entscheiden Sie sich im Auswahlmenü für die Alternative *Deaktiviert*.

Das Anmeldefenster zeigt die Liste der eingetragenen Anwender. Standardmäßig braucht der Anwender nur sein Kennwort einzugeben, um in seinen persönlichen Arbeitsbereich zu gelangen. Sollten Sie aus Sicherheitsgründen neben dem Kennwort auch den Namen zur Identifikation bevorzugen, aktivieren Sie *Anmeldefenster zeigt an: Name und Kennwort*. Die Liste der Benutzer ist bei dieser Option ausgeblendet.

Mit dem Einblenden der Tasten *Ruhezustand*, *Neustart* und *Ausschalten* schieben Sie der Möglichkeit, den Computer im FireWire-Festplattenmodus oder über eine System-DVD und damit unter Umgehung des Anmeldefensters zu starten, den Riegel vor.

In international ausgerichteten Unternehmen sind eventuell Benutzeraccounts für Personen aus unterschiedlichen Ländern eingerichtet. Für diesen Fall ist die Option *Eingabequellen im Anmeldefenster anzeigen* eine feine Sache. Denn damit kann der Anwender bereits zu diesem Zeitpunkt einstellen, in welcher Sprache er die Texte in den Menüs und Dialogfenstern angezeigt haben möchte.

Die Option *Merkhilfe für Kennwörter anzeigen* ist standardmäßig eingeschaltet. Sollten Sie sich in der Schreibweise Ihres Kennworts vertun, schüttelt das Anmeldefenster sich. Führen auch die folgenden zwei Versuche nicht zum Ziel, wird die Kennwort-Merkhilfe eingeblendet.

Für Menschen mit einer Sehschwäche ist die Funktion *VoiceOver im Anmeldefenster verwenden* sicherlich eine Orientierungshilfe. Doch ist VoiceOver bislang nur in englischer Sprache verfügbar.

Der schnelle Benutzerwechsel schließlich bietet enormen Komfort für die am System angemeldeten Benutzer. Sie brauchen sich nicht erst abzumelden, damit sich ein anderer anmelden kann. Auch brauchen Sie Ihre Arbeitsumgebung nicht aufzuräumen oder Anwendungen zu schließen, sondern lassen alles, wie es ist, um es beim nächsten Mal genau so wieder vorzufinden. Für diese Annehmlichkeit brauchen Sie nur in das Kästchen neben *Menü für schnellen Benutzerwechsel* zu klicken. Sie sehen danach Ihren Namen oder alternativ Ihren Kurznamen oder Ihr Symbol am rechten Rand der Finder-Menüleiste eingeblendet. Dieses Menü umfasst die Liste aller Benutzer, für die ein Account eingerichtet ist.

AUFGEPASST

Beachten Sie jedoch, dass beim schnellen Benutzerwechsel die Anwender angemeldet bleiben. Das bedeutet, dass der Rechner nur mit dem Namen und dem Passwort des Administrators ausgeschaltet bzw. neu gestartet werden kann. Noch ungesicherte Daten in den jeweiligen Arbeitsumgebungen der Benutzer gehen beim Ausschalten verloren.

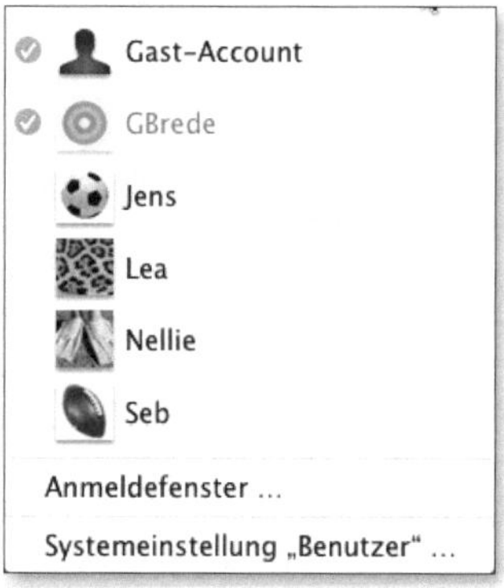

Schneller Benutzerwechsel über Namensliste

Wenn Sie auf einen der Namen klicken, startet eine Würfelanimation, mit der Ihre Arbeitsumgebung ausgeblendet und die des neuen Benutzers eingeblendet wird. Ist ein Kennwort für den Wechsel erforderlich, erscheint zuerst eine Anmeldemaske, bevor sich der Würfel ein weiteres Mal dreht und der Schreibtisch des Benutzers erscheint.

Um sich vom System abzumelden, wählen Sie im -Menü den Befehl *(Ihr Name) abmelden…* . Danach werden alle geöffneten Programme beendet. Anschließend erscheint das Anmeldefenster mit der Liste der Benutzeraccounts.

Einen Benutzerzugang löschen

Alles, was einmal angelegt wurde, kann man selbstverständlich auch wieder löschen. So auch einen Benutzerzugang, zum Beispiel, weil sich der Kollege mittlerweile einen eigenen Mac zugelegt hat. Klicken Sie hierfür auf den Namen in der Benutzerliste und anschließend auf das Minuszeichen. Nun stehen Ihnen drei Alternativen zur Auswahl:

- **Benutzerordner als Image sichern**
  Der Name des Anwenders wird zwar aus der Liste entfernt. Doch wird dabei aus dem Benutzerordner des Anwenders eine Disk-Image-Datei (.dmg) erstellt, die in einem Ordner mit dem Namen *Gelöschte Benutzer* abgelegt wird. Der Ordner befindet sich im Verzeichnis *Festplatte | Benutzer*. Diese Option lässt die Hintertür offen, dem Benutzer seine Ordner und Dokumente wieder zur Verfügung zu stellen, sollte er wider Erwarten zurückkehren. Dazu erstellen Sie zunächst einen neuen Zugang, öffnen die Image-Datei mit einem Doppelklick und kopieren anschließend die Ordner der Image-Datei in die entsprechenden Ordner des neuen Ordners *Privat*.

GRUNDLAGEN

Eine Image-Datei ist das genaue Abbild der Quell-Datei. Mit einem Doppelklick öffnen Sie das Symbol und können Einblick nehmen in die Dateien des ehemaligen Benutzers.

- **Benutzerordner nicht ändern**
  Diese Option ist vergleichbar mit der vorherigen, nur dass der Benutzerordner sich weiterhin im Ordner *Benutzer* befindet, jetzt allerdings mit dem Zusatz *Gelöscht*. Dieses Wort bezieht sich einzig und allein auf den Benutzer. Die Daten sind weiterhin vorhanden. Wer zwar den Benutzer loswerden will, nicht aber seine

Ordner und Dateien, entscheidet sich besser für die Variante *Benutzerordner als Image sichern*. Die Image-Datei ist kompakt und kann bequem auf andere Datenspeicher gezogen werden.

- **Benutzerordner löschen**
  Wenn Sie absehen, dass der Benutzer tatsächlich nicht zurückkehrt, wählen Sie am besten diese Option. Damit sind alle Informationen, Dateien und Ordner dieses Benutzers unwiederbringlich verschwunden.

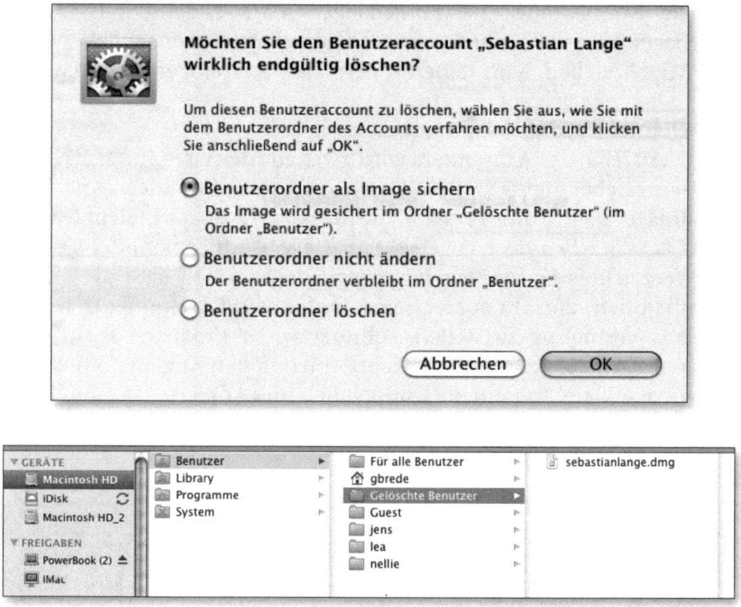

Endgültig löschen oder Image aufbewahren

Automatisch starten: Anmeldeobjekte

Wahrscheinlich haben Sie ein oder mehrere bevorzugte Programme, die Sie flugs öffnen, sobald der Rechner gestartet ist. Wie wäre es damit, diese Programme automatisch öffnen zu lassen? In der Systemeinstellung *Benutzer* haben Sie hierzu Gelegenheit.

TIPP

Übrigens können Standard-Accounts und, je nach eingeräumten Rechten, auch verwaltete Anwender in ihren jeweiligen Arbeitsumgebungen in der Systemeinstellung *Benutzer* Anmeldeobjekte definieren.

Um weitere Programme hinzuzufügen, klicken Sie auf das Pluszeichen unterhalb der weiß-blau gestreiften Liste. Im jetzt geöffneten Finder-Fenster lassen sich im Ordner *Programme* ausgewählte Anwendungen als Startobjekt definieren. Ebenso gut können Sie aber auch ein Dokument, an dem Sie momentan unermüdlich arbeiten, der Liste hinzufügen. Dieses Dokument wird dann beim nächsten Start des Rechners geöffnet auf der Bildschirmoberfläche liegen. Über den Plusbutton lassen sich bequem und auf die gleiche Weise weitere Objekte der Liste hinzufügen.

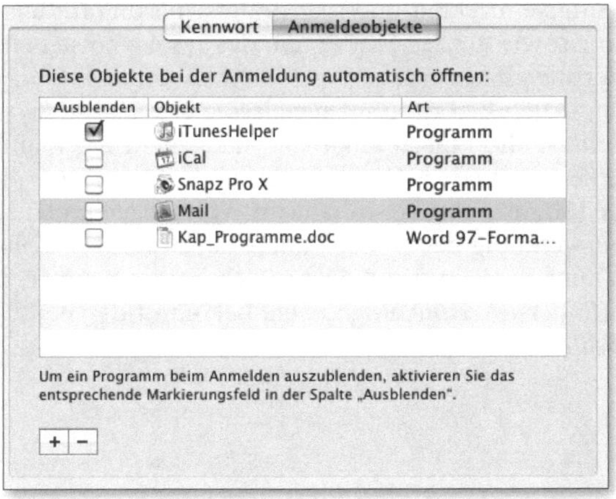

Treffen Sie Ihre Wahl für Anmeldeobjekte.

POWER USER

Neben Programmen und Dokumenten lassen sich auch Ordner, Festplatten und Server im Netzwerk als Anmeldeobjekte definieren.

Eine weitere Entscheidung steht an: Um die Programme oder Dateien Ihrer Wunschliste zwar zu starten, sie jedoch im Hintergrund zu belassen, bis sie gebraucht werden, setzen Sie ein Häkchen in die jeweiligen Kästchen. Die Programme und Dateien liegen anschießend für Sie griffbereit im Dock.

TIPP

Apropos Dock: Die schnellste Möglichkeit, ein Programm oder ein Dokument den Anmeldeobjekten hinzuzufügen, geht über das jeweilige Symbol im Dock. Öffnen Sie das Kontextmenü des Symbols (rechte Maustaste) und wählen Sie in den Optionen den Eintrag *Bei der Anmeldung öffnen*.

Rechte einschränken: Kindersicherung

Als Administrator können Sie für Kinder, die Zugriff auf den Rechner haben, eigene Accounts einrichten und die Kindersicherung für ausgewählte Programme sowie für den Finder und das System einstellen. Für die Kindersicherung gibt es eine eigene Systemeinstellung. Doch auch wenn Sie einen neuen Benutzer anlegen, lassen sich aus der Systemeinstellung *Benutzer* die Einschränkungen mit einem Klick auf *Kindersicherung öffnen* definieren. Die Sicherung reicht vom Zugriff auf nur ausgewählte Programme über Inhalte im Wörterbuch und der eingeschränkten Verwendung des E-Mail- und Chat-Programms bis zum Festlegen von Zugriffszeiten. Falls Sie die Rechte eines Benutzers mit der Funktion *Kindersicherung* eingrenzen, bekommt der Benutzer den Status *Verwaltet*.

Die Kindersicherung einschalten

- **System: Zugriff aufs Betriebssystem einschränken**
  Entscheiden Sie sich im Register *System* für die Option *Einfachen Finder verwenden*, ist für den Anwender so gut wie gar nichts möglich oder erlaubt. Selbst der Finder ist auf rudimentäre Befehle zurückgeschraubt. Soll der Anwender nur auf bestimmte Programme zugreifen dürfen, setzen Sie ein Häkchen in *Nur ausgewählte Programme erlauben*. Klicken Sie anschließend in die Dreiecksymbole in der Liste, um die Programme einzublenden und eine spezifische Auswahl zu treffen. Im unteren Bereich des Fensters haben Sie zudem Gelegenheit, auch die Druckerverwaltung, das Brennen von CDs oder DVDs, die Änderung des Kennwortes und das Bearbeiten des Docks zu unterbinden.

- **Inhalt: Zugriff auf Inhalte einschränken**
  Das Programm *Lexikon* besteht aus einem englischsprachigen Wörterbuch und einem Synonymwörterbuch. Mit der Kindersicherung schließen Sie das Nachschlagen von obszönen Begriffen aus. Für das Surfen im Internet lässt sich mit aktivierter Kindersicherung der Zugriff auf zwielichtige Seiten einschränken. Aktivieren Sie dazu die Option *Zugriff auf nicht jugendfreie Websites so gut wie möglich automatisch beschränken*. Wenn Sie das Surfen und den Besuch von Webseiten noch gezielter steuern wollen, klicken Sie auf *Anpassen*. Mit einem Klick auf die Pluszeichen werden Eingabezeilen eingeblendet, in die Sie eine Adresse hineinkopieren oder manuell eintippen können.

  Für die ganz rigorose Zuweisung von Webadressen wählen Sie die Option *Zugriff nur auf diese Websites erlauben*. Die eingegebenen Adressen sind englischsprachige Webseiten. Mit einem Klick auf das Pluszeichen fügen Sie die Ihnen genehmen Adressen der Liste hinzu. Alle Webadressen, die in der Liste stehen, erscheinen bei dem Benutzer in der Lesezeichenleiste. Da das Surfen nur auf diesen definierten Webseiten erlaubt ist, kann der Benutzer auch das Google-Suchfeld nicht verwenden.

- **Mail & iChat: Virtuelle Kontakte festlegen**
  In diesem Register lassen sich für die Programme Mail und iChat die Kontakte festlegen, mit denen der Anwender E-Mails austauschen bzw. chatten darf. Diese Funktion ist mit dem Programm *Adressbuch* verknüpft. Sobald Sie auf das Pluszeichen unterhalb der Liste klicken, wird eine Eingabemaske eingeblendet, in die Sie Name und E-Mail-Adresse und/oder den Chatnamen eingeben. Sollten diese Angaben bereits als Visitenkarte in *Adressbuch* vorliegen, ist es am einfachsten, Sie klicken auf das nach unten zeigende Dreieck neben *Nachname* und fügen die Adressen über die jetzt geöffnete Liste hinzu.

  Möchte der Benutzer mit einer Person Kontakt aufnehmen, die nicht auf der Liste steht, kann er Ihnen eine E-Mail senden mit der Bitte, den Kontakt freizugeben. Wenn Sie dem Benutzer diese Möglichkeit einräumen wollen, aktivieren Sie die Option *Genehmigungs-Anfragen senden an* und geben Ihre E-Mail-Adresse ein.

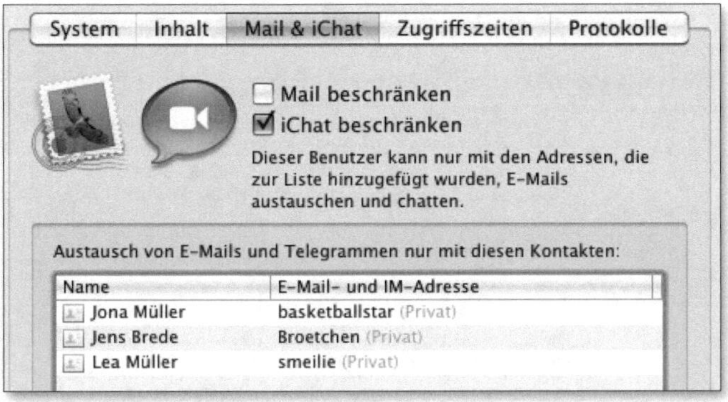

Die Chat-Kontakte beschränken

- **Zugriffszeiten: Den Zugriff reglementieren**
  Strikte Zeitregularien für die Nutzung des Computers definieren Sie im Register *Zugriffszeiten*. Circa 15 Minuten vor Ablauf der Zeit wird der Benutzer darauf hingewiesen, dass ihm nur noch wenige Minuten zur Verfügung stehen. Zwar wird auch die Möglichkeit angezeigt, die Zeit aufzustocken, doch werden dafür Administratorrechte benötigt. Ist die Zeit abgelaufen, wird ohne nochmalige Warnung das Anmeldefenster eingeblendet. Da der Benutzer angemeldet bleibt, gehen noch ungesicherte Dokumente glücklicherweise nicht verloren. Der Benutzer findet seine Arbeitsumgebung am nächsten Tag genau so vor, wie sie am Tag zuvor nach Ablauf der Zeit ausgesehen hat – vorausgesetzt, niemand hat den Rechner ausgeschaltet oder neu gestartet.

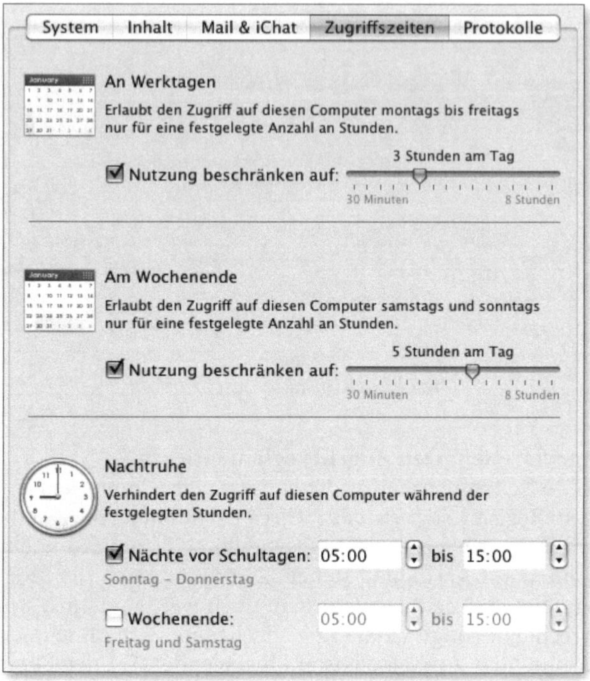

Die Zeit am Rechner einschränken.

- **Protokolle: Big Brother**
  Alles, was der mit der Kindersicherung ausgestattete Anwender am Rechner unternimmt, wird protokolliert. Im Register *Protokolle* lässt sich genau nachprüfen, welche Webseiten der Benutzer besucht hat, mit welchen Programmen er gearbeitet und mit wem er gechattet hat.

Datenaustausch zwischen den Benutzern

Für Dateien, auf die alle am System angemeldeten Benutzer Zugriff haben sollen, gibt es den Ordner *Für alle Benutzer* (*Festplatte | Benutzer | Für alle Benutzer*). Damit man ihn immer vor Augen hat und nicht vergisst, mal nachzuschauen, ob es was Neues gibt, zieht man ihn am besten in die Seitenleiste des Finders.

Ein Ordner für alle

*Der Ordner **Für alle Benutzer** in der Seitenleiste*

AUFGEPASST

Beachten Sie bitte, dass Dokumente, die Sie in die Ordner *Für alle Benutzer* und *Öffentlich* legen, verschoben werden und somit im Ursprungsordner nicht mehr vorhanden sind. Sollten Sie das Dokument lieber kopieren wollen, halten Sie beim Verschieben die ⌥ - Taste gedrückt oder kopieren Sie es mit der Tastenkombination ⌥ - C und setzen es mit der Kombination ⌥ - V in den entsprechenden Ordner ein.

Für vertrauliche Nachrichten eignet sich der Briefkasten im Ordner *Öffentlich* im Privatverzeichnis eines jeden Anwenders. Ziehen Sie dazu das Dokument auf das Ordnersymbol oder den Ordnernamen. Der nun eingeblendete Hinweis macht Sie darauf aufmerksam, dass Sie nicht sehen, ob die Datei, die Sie der Person zur Verfügung stellen wollen, tatsächlich im Briefkasten liegt. Denn den Briefkasten können Sie natürlich nicht öffnen (Briefgeheimnis!). Dokumente, die Sie in den Briefkasten legen, werden grundsätzlich kopiert.

Ein Netzwerk von Computer zu Computer einrichten

Egal, ob Sie Ihren Desktop-Rechner mit Ihrem MacBook verbinden oder mit allen anderen Macs in Ihrem Büro, sobald Sie zwei oder mehr Rechner zusammenschließen, spricht man von einem Netzwerk. Mit einem Netzwerk lassen sich Daten und Programme austauschen oder Drucker und Kabelmodem gemeinsam nutzen.

Mit Mac OS X haben Sie schnell ein Netz installiert, mit dem der Datenaustausch sowohl zwischen Apple-Computern als auch zwischen Macs und Windows-Rechnern gelingt. Die Verbindung erfolgt entweder über Bluetooth, ein Ethernet-Kabel, ein FireWire-Kabel oder drahtlos über die Netzwerktechnologie AirPort.

Daten per Funk übertragen: Bluetooth

Zwei Voraussetzungen sind notwendig, damit es mit der Datenübertragung via Bluetooth klappt:

Erstens müssen sich die Geräte in einem Umkreis von circa 10 Metern befinden und zweitens müssen sie für den Datenaustausch miteinander gekoppelt werden. Diese Koppelung ist eine unkomplizierte Angelegenheit und in wenigen Schritten passiert.

Öffnen Sie in der Systemeinstellung *Freigaben* den Dienst *Bluetooth-Freigabe* und klicken Sie anschließend auf den Button *Bluetooth-Einstellungen*. Sollte der Rechner oder das Gerät, mit dem Sie eine Verbindung herstellen wollen, noch nicht angezeigt sein, klicken Sie auf das Pluszeichen links unter der Geräteanzeige. Nun öffnet sich der *Bluetooth-Assistent*, der sich auf die Suche nach bluetoothfähigen Geräten in der näheren Umgebung macht. Wählen Sie das Gerät aus und klicken Sie anschließend auf *Fortfahren*.

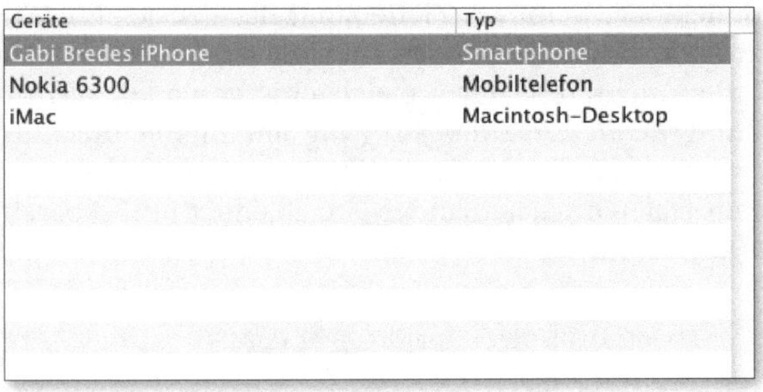

Der Assistent ist fündig geworden.

Nachdem die Verbindung zum gewünschten Gerät aufgebaut wurde, sehen Sie auf dem Rechner ein Kennwort angezeigt und auf dem gefundenen Gerät eine Eingabemaske, in die Sie das Kennwort eingeben. Danach sind die Geräte für den Datenaustausch konfiguriert.

GRUNDLAGEN

Einige Geräte, wie beispielsweise eine Tastatur oder eine Funkmaus, werden automatisch mit dem Rechner verbunden. Eine Kennworteingabe ist nicht erforderlich.

Haben Sie zwei Rechner miteinander gekoppelt, müssen Sie auch auf dem Computer, mit dem Sie die Verbindung herstellen wollen, den Dienst *Bluetooth* aktivieren. Ist auf dem Rechner Mac OS X 10.5 Leopard installiert, öffnen Sie die Systemeinstellung *Sharing* und schalten den Dienst *Bluetooth-Sharing* ein. Sollte auf dem Rechner die Version 10.4 des Betriebssystems installiert sein, öffnen Sie die Systemeinstellung *Bluetooth*, klicken auf den Reiter *Sharing* und aktivieren *Bluetooth-Datenübertragung*.

Um nun Daten von einem auf den anderen Rechner zu senden, klicken Sie in der Menüleiste auf das Bluetooth-Symbol, wählen den Zielrechner und klicken anschließend auf *Datei senden*. Haben Sie die Datei oder den Ordner im Finder-Fenster angeklickt und auf den Weg geschickt, erscheint am Zielrechner das Fenster *Eingehende Datenübertragung*. Mit einem Klick auf *Empfangen* wird die Datei geladen. Werden mehrere Dateien gleichzeitig gesendet, können Sie im Fenster *Eingehende Datenübertragung* am Zielrechner die Option *Alle akzeptieren* aktivieren. Ist die Option ausgeschaltet, werden die gesendeten Dateien nacheinander eingeblendet und separat empfangen bzw. abgelehnt.

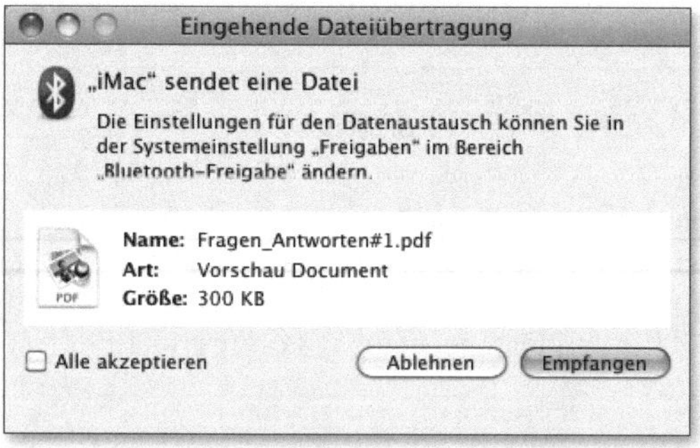

Den Empfang von gesendeten Daten bestätigen.

Alternativ markieren Sie eine oder mehrere Dateien im Finder-Fenster und klicken im Menü *Finder* auf *Dienste | Datei an Bluetooth-Gerät senden*. Sollte dieser Dienst nicht sichtbar sein, klicken Sie auf *Dienste-Einstellungen* und schalten die entsprechende Funktion in der Systemeinstellung ein.

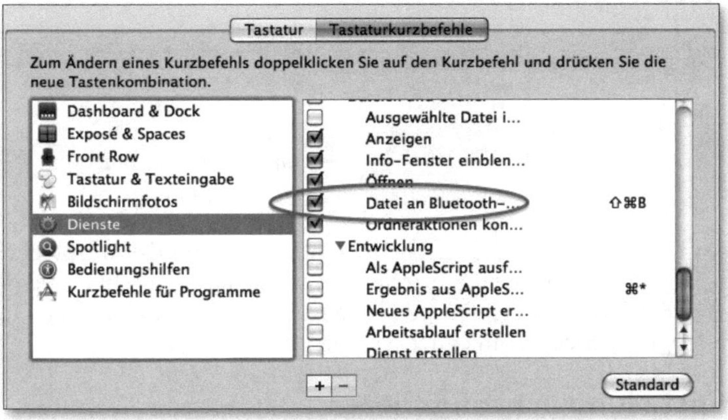

Den Bluetooth-Dienst einschalten.

Daten von einem anderen Rechner holen

Nun ist aber auch der umgekehrte Weg möglich, nämlich Dateien von einem anderen Gerät zu holen. Wenn Sie eine Datei brauchen, die auf einem anderen Rechner liegt, oder Daten von Ihrem Handy kabellos auf Ihren Rechner transferieren wollen, wählen Sie im Bluetooth-Menü des Finders den Eintrag *Gerät durchsuchen*. Im jetzt geöffneten Fenster *Durchsuchen* haben Sie Zugriff auf die Inhalte des Ordners *Öffentlich* (Ordner *Privat | Öffentlich*) des zweiten Rechners. Über dieses Fenster ist das Holen, aber auch das Senden von Daten an den zweiten Rechner problemlos und fix bewerkstelligt. Werden nachträglich weitere Dateien in den Ordner *Öffentlich* gelegt, brauchen Sie nur auf *Neu laden* zu klicken.

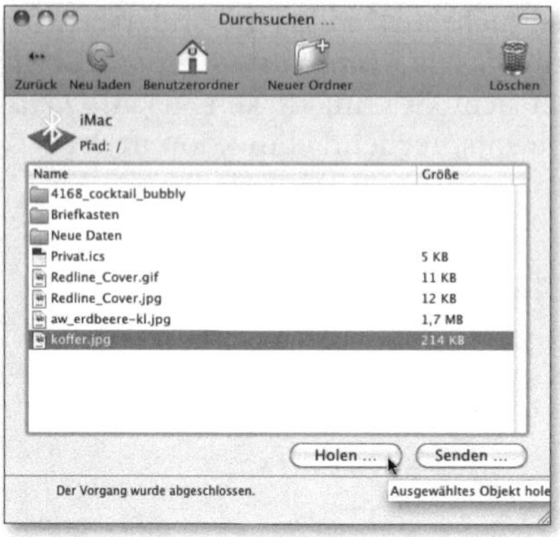

Auf einem zweiten Rechner nach interessanten Dateien fahnden.

Um Daten zu senden, legen Sie mit einem Klick auf das entsprechende Symbol einen neuen Ordner an. Jede Datei, die Sie anschließend per Drag & Drop in diesen Ordner ziehen, wird automatisch an den Ordner *Öffentlich* des Zielrechners geschickt.

Einstellungen konfigurieren

Welche Aktion bei einer Funkübertragung gestartet wird, in welchem Ordner empfangene Dateien landen und auf welche Ordner Sie Zugriff haben, ist in der Systemeinstellung *Bluetooth* voreingestellt. Wer viel von Bluetooth Gebrauch macht und Daten zwischen eigenen Geräten hin- und hersendet, will vielleicht gar nicht immer um Erlaubnis gebeten werden, sobald Daten eingehen. Wenn das für Sie zutrifft, wählen Sie im Aufklappmenü *Beim Empfang von Objekten* den Eintrag *Akzeptieren und sichern* oder *Akzeptieren und öffnen*. Die empfangenen Daten landen standardmäßig im Ordner *Downloads*. Wem das nicht passt, wählt seinen favorisierten Ordner mit einem Klick auf *Andere* im Aufklappmenü *Empfangsordner*.

Interessant wird es beim Zugriff auf andere Geräte. Auch bei dieser Aktion wird per Voreinstellung um Erlaubnis gebeten. Bei eigenen Geräten kann das schnell lästig werden, weshalb Sie im Bereich *Beim Zugriff anderer Geräte* die Möglichkeit haben, solche Aktionen immer zu erlauben. Der Ordner *Öffentlich* mag für den Austausch von Dateien zwischen eigenen Rechnern nur begrenzt von Interesse sein. Auch hier lässt sich ein anderer Ordner freigeben.

Die Einstellungen für den Datenaustausch konfigurieren.

TIPP

Je mehr Schleusen Sie für den Austausch via Bluetooth öffnen, desto leichter können natürlich andere bluetoothfähige Geräte auf Ihre Daten zugreifen. Um sich vor solch unerwünschten Zugriffen zu schützen, machen Sie die Einstellungen nach der Datenübertragung entweder wieder mehr wasserdicht oder Sie deaktivieren den Dienst *Bluetooth-Freigabe.*

Daten per Ethernet austauschen

Ethernet ist eine international verbreitete Technologie, mit der in einem lokalen Netzwerk, dem Local Area Network (LAN), Daten übertragen werden.

Alles, was Sie brauchen, um zwei Rechner via Ethernet zusammenzuschließen, ist ein Ethernet-Kabel, das Sie in jedem Computerladen bekommen. Sind es mehr als zwei Geräte, brauchen Sie einen Ethernet-Hub. An diesen Hub, der wie eine Verteilerdose funktioniert, schließen Sie Rechner und Drucker an, eben alles, was Sie miteinander verbinden wollen. Ethernet-Hubs gibt es für fünf, zehn oder noch mehr Anschlüsse.

Die Kommunikation zwischen den Rechnern wird vom Internet Protocol (IP) gesteuert. Damit die Kommunikation reibungslos verläuft, bekommt jeder Rechner eine IP-Adresse zugewiesen.

GRUNDLAGEN

IP ist die Abkürzung für Internet Protocol. Dieses Protokoll ist gemeinsam mit dem Transmission Control Protocol (TCP) zuständig für die Übermittlung von Datenpaketen im Internet und in lokalen Netzwerken. Jeder Rechner hat eine eindeutige IP-Adresse, die eine Art Hausnummer ist und dafür sorgt, dass die Datenpakete das vorgesehene Ziel erreichen.

- Öffnen Sie zunächst die Systemeinstellung *Freigaben* und aktivieren Sie den Dienst *Dateifreigabe*. Dann wechseln Sie in die Systemeinstellungen *Netzwerk*. Wählen Sie in der Liste an Verbindungsarten den Eintrag *Ethernet* und klicken Sie auf *Anwenden*.

- Durch den Klick auf *Anwenden* werden dem Rechner eine IP-Adresse sowie die Nummer für die Teilnetzmaske zugewiesen. Der Konfigurationsaufwand ist bei dieser Variante äußerst gering. Sie brauchen nur die Schritte (Systemeinstellung *Netzwerk* öffnen und auf *Ethernet* klicken bzw. bei einer älteren Version des Betriebssystems im Auswahlmenü *Anzeigen* auf *Ethernet integriert)* auf allen Rechnern zu wiederholen, und die Rechner sind zum Austausch bereit.

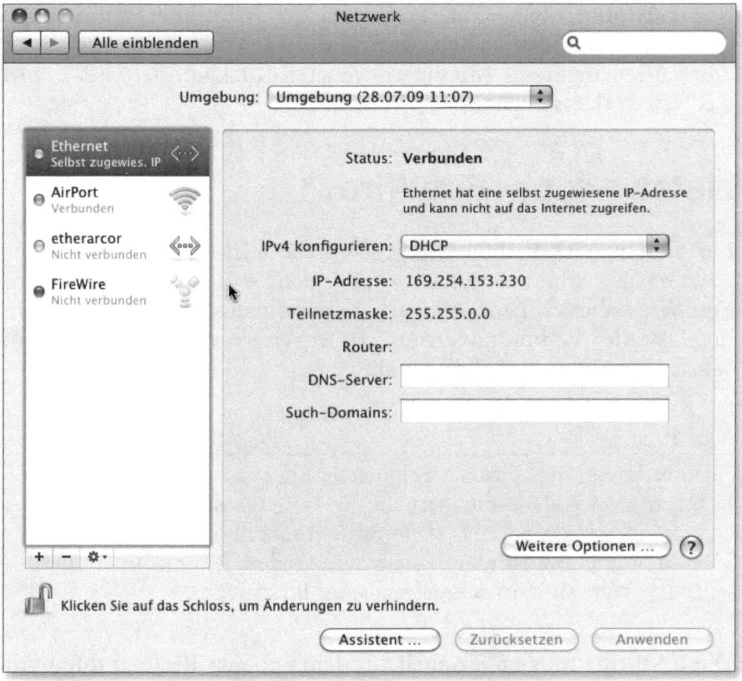

Ein Netzwerk via Ethernet aufbauen.

GRUNDLAGEN

Die Konfiguration über DHCP sorgt für die automatische Zuweisung einer IP-Adresse. DHCP ist die Abkürzung für *Dynamic Host Configuration Protocol*. Dieser Dienst stellt Rechnern, die zu einem Netz zusammengeschlossen sind, dynamisch eine IP-Adresse aus dem Bereich 169.254.x.x zur Verfügung. Um eine DHCP-Adresse zu erhalten, brauchen Sie nicht mit dem Internet verbunden zu sein. Mac OS X kann eine solche Adresse selbst vergeben.

Für den Datenaustausch wird der Rechner in der Seitenleiste des Finders in der Rubrik *Freigaben* angezeigt. Sollte dies nicht der Fall sein, wählen Sie im Menü des Finders *Gehe zu* den Eintrag *Mit Server verbinden* und klicken auf *Durchsuchen*. Der Rechner, mit dem Sie ein Netzwerk bilden wollen, wird in der Eingabezeile *Serveradresse* namentlich angezeigt. Mit einem weiteren Klick auf *Verbinden* wird das Netzwerk erstellt.

Netzwerk per FireWire

Für die FireWire-Verbindung gehen Sie ähnlich vor wie für die Vernetzung über Ethernet. Zunächst verbinden Sie die Rechner mit einem FireWire Kabel. Öffnen Sie danach die Systemeinstellung *Netzwerk*. In der Liste der Verbindungsarten ist FireWire vermutlich bereits mit selbst zugewiesener IP-Adresse aktiviert.

TIPP

Ein Netzwerk per FireWire eignet sich hervorragend für den Austausch großer Datenmengen, da FireWire ein sehr schnelles Netzwerk ist. Sollten Sie also viele Bild- und Filmdateien von einem Rechner auf einen anderen schaufeln wollen, gelingt Ihnen dieses per FireWire weitaus schneller als per Ethernet.

Diese Schritte müssen Sie auch auf dem anderen Rechner durchführen. Sollten Sie den Rechner mit einem Computer verbinden, auf dem noch Version 10.4 des Betriebssystems installiert ist, wählen Sie in der Systemeinstellung *Netzwerk* im Menü *Anzeigen* den Eintrag *FireWire (integriert)*. Die standardmäßige Konfiguration über DHCP sorgt dafür, dass den Rechnern automatisch eine IP-Adresse zugewiesen wird. Das ist schon alles: Ihre FireWire-Verbindung ist damit eingerichtet.

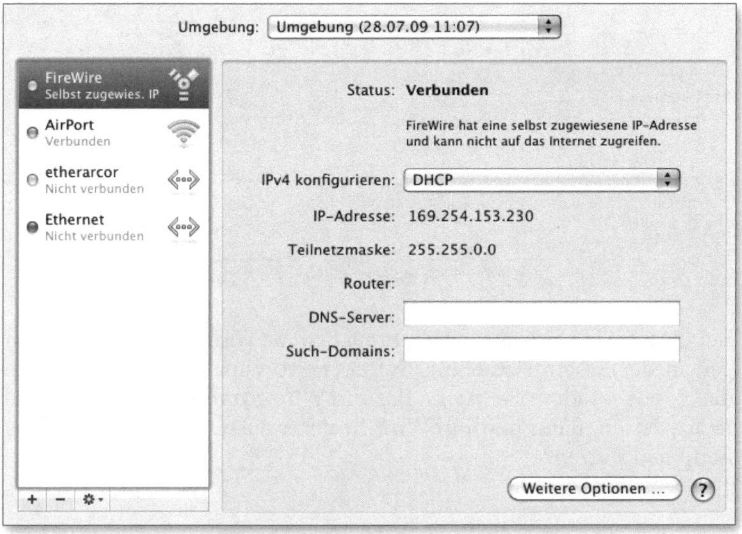

Eine FireWire-Verbindung

POWER USER

Eine ganz andere, jedoch äußerst effiziente Art, über FireWire Daten auszutauschen, ist die, einen der beiden verbundenen Rechner im FireWire-Modus zu starten. Dazu öffnen Sie die Systemeinstellung *Startvolume* und klicken auf den Button *FireWire-Festplattenmodus…* Im nun geöffneten Info-Fenster entscheiden Sie sich beherzt für *Neustart*. Auf diesem Rechner ist nach dem Neustart nur noch ein überdimensionales FireWire-Symbol zu sehen. Auf dem anderen Rechner erscheint das Symbol in der Seitenleiste des Finders. Sobald Sie auf das Symbol klicken, haben Sie Zugriff auf die gesamte Festplatte sowie uneingeschränkten Zugriff auf die Ordner der anderen Benutzer.

Datenaustausch im FireWire Festplatten-Modus

Bei dieser Art Datenaustausch brauchen Sie vorher keine Einstellungen in der Systemeinstellung *Netzwerk* vorzunehmen. Sie beenden den Modus, indem Sie zuerst das FireWire-Symbol in der Seitenleiste auswerfen, dann den FireWire-Rechner ausschalten und anschließend neu starten.

Ein Funknetzwerk via AirPort

Bevorzugen Sie die drahtlose Variante via AirPort, muss jeder Rechner mit einer AirPort-Karte ausgestattet sein. Eine AirPort-Basisstation ist für ein Computer-zu-Computer-Netzwerk nicht notwendig.

GRUNDLAGEN

Funknetzwerke kennen Sie eventuell von Hotspots oder von Ihrem iPhone unter der Bezeichnung Wi-Fi. Airport ist eine Apple eigene Bezeichnung für Funknetzwerke. Eine weitere Bezeichnung für diese Art Netzwerk ist WLAN. Befindet sich in der zukünftigen Netzwerkgruppe nur ein einziger Mac, auf dem Mac OS X Snow Leopard installiert ist, brauchen Sie gar keine weiteren Konfigurationen vornehmen. Mit Hilfe der Bonjour-Technologie erkennen die Rechner einander (auch die, die mit einer früheren Version des Betriebssystems laufen) und werden ohne weiteres Zutun in der Rubrik *Freigaben* in der Seitenleiste eines Finder-Fensters angezeigt. Das Schöne an dieser extrem einfachen Art, Rechner miteinander zu vernetzen ist, dass die Rechner weiterhin auch mit dem weltweiten Netz des Internets verbunden sind.

Sollte es mit der automatischen Erkennung nicht klappen, machen Sie Folgendes:

Klicken Sie in der Menüleiste des Finders auf das AirPort-Symbol und wählen Sie *Netzwerk anlegen…* .

HILFE

Sollte das Symbol nicht sichtbar sein, öffnen Sie die Systemeinstellung *Netzwerk*, klicken in der linken Leiste auf *AirPort* und aktivieren die Option *AirPort-Status in der Menüleiste anzeigen*.

Im Eingabefeld *Name* ist der Name des Rechners eingetragen. Diesen Namen können Sie mit einer gefälligeren Bezeichnung überschreiben. Am voreingestellten Kanal *Automatisch (11)* brauchen Sie keine Änderung vorzunehmen.

Falls Sie die Datenübertragung zwischen den Rechnern schützen wollen, schalten Sie die Option *Kennwort erforderlich* ein. Die Kennwortvergabe muss aus fünf ASCII-Zeichen oder 10-Hex-Zeichen bestehen. ASCII-Zeichen umfassen das lateinische Alphabet, die zehn indo-arabischen Ziffern sowie einige Satz- und Steuerzeichen. Umlaute oder das ß sind ausgeschlossen. Bei Hexzeichen sind die Zeichen 0 bis 9 und a bis f in beliebiger Kombination zulässig.

Wie bei einer Netzwerkverbindung via Ethernet oder FireWire bekommen Sie auch bei einem Netzwerk via AirPort die IP-Adresse automatisch über DHCP zugewiesen. Sie brauchen sich also um keine weiteren Einstellungen zu kümmern.

Das angelegte Netzwerk wird von den anderen Rechnern automatisch erkannt. Klicken Sie bei den Computern, mit denen das Netzwerk erstellt werden soll, auf das AirPort-Symbol in der Menüleiste und wählen Sie den Namen aus, den Sie dem Netzwerk gegeben haben. Bei einem Computer-zu-Computer-Netzwerk kommt das Symbol für AirPort dem Aussehen einer Filtertüte recht nah. Das veränderte Aussehen ist auch das Signal dafür, dass es mit dem Einrichten des Netzwerkes geklappt hat. Im Finder-Fenster können Sie nun in der Rubrik *Freigaben* die Verbindung herstellen.

Ein Computer-zu-Computer-Netzwerk via AirPort

Die Kommunikation zwischen den Rechnern sicherstellen

Damit die Verbindung der Rechner zum gewünschten Erfolg führt, nämlich auf die Daten der eigenen Computer zuzugreifen bzw. Daten mit anderen Benutzern auszutauschen, muss der Dienst *Dateifreigabe* aktiviert werden. Öffnen Sie hierfür die Systemeinstellung *Freigaben* und aktivieren Sie in der Liste der Dienste die Option *Dateifreigabe.*

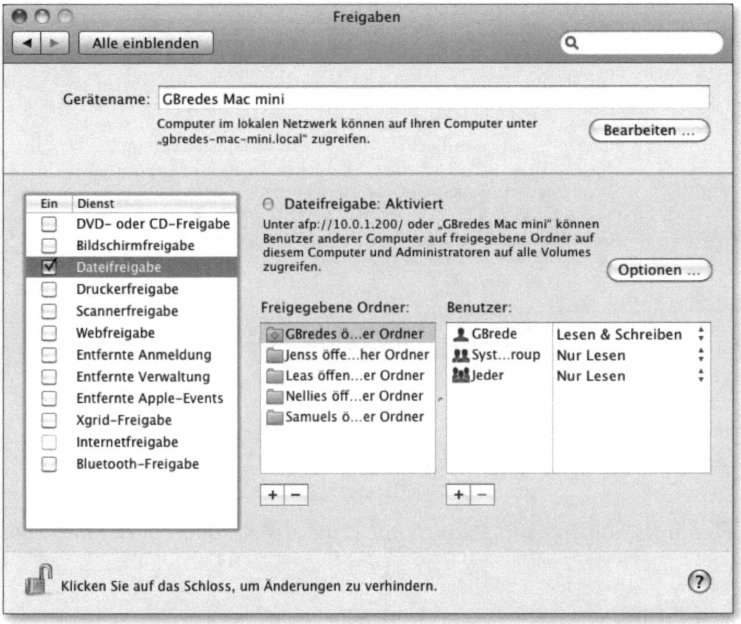

*Austausch von Dateien mit dem Dienst **Dateifreigabe.***

Führen Sie diese Schritte bitte auf allen Rechnern aus, die zum Netzwerk gehören. Jeder Mac, bei dem die *Dateifreigabe* aktiviert ist, ist ein Fileserver. Dieser Ausdruck besagt nicht anderes, als dass ein Mac mit aktivierter Dateifreigabe anderen Rechnern über ein Netzwerk Dateien zur Verfügung stellt.

AUFGEPASST

Für einen Datenaustausch mit einem Windows-Rechner müssen Sie neben dem Dienst *Dateifreigabe* auch das *SMB-Sharing* aktivieren. Klicken Sie für diesen Schritt auf den Button *Optionen* und schalten Sie die Option *Dateien und Ordner über SMB(Windows) freigeben* ein.

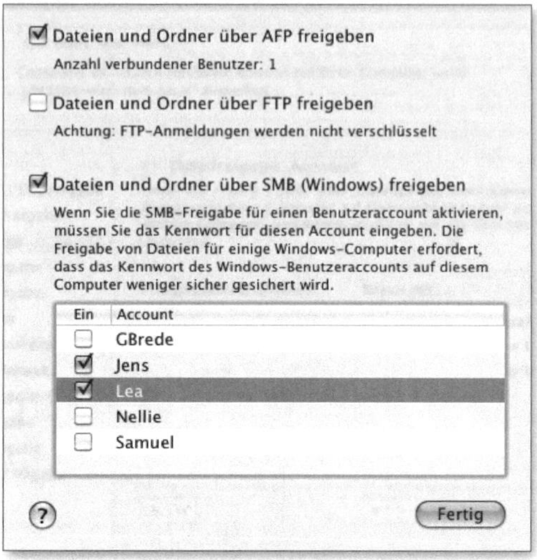

Das SMB-Sharing, um Dateien mit Windows-Rechnern auszutauschen

BEISPIEL

Angenommen, Sie haben ein Notebook und einen Desktoprechner. Um Dateien, wie wichtige Briefe und Präsentationen, von einem Rechner auf den anderen zu bewegen, brauchen Sie nach dem erfolgreichen Einrichten eines Netzwerkes nur noch auf den freigegebenen Rechner in der Seitenleiste des Finder-Fensters zu klicken und die Verbindung herzustellen. Dazu ist lediglich Ihr Passwort erforderlich. Der Name wird automatisch übernommen. Sind Sie auf dem Rechner, mit dem die Verbindung hergestellt ist, als Benutzer registriert, so klicken Sie dazu auf den Button *Verbinden als*. In der Anmeldemaske geben Sie den Namen ein, mit dem Sie am Zielrechner angemeldet sind, sowie das Kennwort. Eventuell haben Sie gar kein Passwort definiert. In diesem Fall überspringen Sie das Feld. Bestätigen Sie schließlich die Eingabe mit einem Klick auf *Verbinden* oder drücken Sie einfach die ↩-Taste. Nun haben Sie uneingeschränkten Zugriff auf Ihren Benutzerordner und die gesamte Festplatte. Mit den Objekten Ihres Ordners *Privat* können Sie arbeiten, als säßen Sie an Ihrem eigenen Computer.

*Als registrierter Anwender haben Sie Zugriff auf den Ordner **Privat** und die Festplatte.*

GRUNDLAGEN

Nur Administratoren haben Zugriff auf die Festplatte. Benutzer mit dem Status *Standard* oder *Verwaltet* sehen nur ihren Ordner *Privat*.

Wollen Sie sich vom Netzwerk abmelden, klicken Sie auf den Button *Trennen* oder benutzen Sie die Tastenkombination ⌘ – E.

Zugriffsrechte definieren

Das oben beschriebene Beispiel taugt für den Datenaustausch zwischen Rechnern, die Ihnen gehören. In einem Netzwerk mit anderen Personen ist der unbeschränkte Austausch und Zugriff auf die Daten natürlich nicht angebracht. Daher haben alle anderen im Netzwerk standardmäßig nur Zugriff auf den Ordner *Öffentlich*. Da jedes Benutzerkonto diesen Ordner besitzt, kann im Netzwerk jeder auf den Ordner *Öffentlich* der jeweils anderen Anwender zugreifen und Dateien hinterlegen. Sehr praktisch. Allerdings dürfen die Daten, die im Ordner *Öffentlich* liegen, nur vom Besitzer dieses Ordners verändert oder gelöscht werden. Die anderen Nutzer haben lediglich das Recht, die Daten zu lesen.

Diese Einschränkung lässt sich in der Systemeinstellung *Freigaben* aufheben. Hier haben Sie Gelegenheit, für die anderen Personen im Netzwerk ganz individuelle Rechte für Dateien und Ordner einzuräumen. Möchten Sie zum Beispiel, dass die Präsentation noch einmal vom Kollegen Meier, nicht aber vom Kollegen Müller gegengelesen wird, so lässt sich diese personengenaue Zuweisung von Rechten in der Systemeinstellung definieren.

Mit einem Klick auf das Pluszeichen unterhalb der Liste *Freigegebene Ordner* stellen Sie zusätzliche Ordner der Allgemeinheit oder nur ausgewählten Personen zur Verfügung. Mit dem Pluszeichen unterhalb der Liste *Benutzer* wählen Sie die Anwender aus, die Sie an der Datenfreigabe teilhaben lassen wollen.

Wenn die Person uneingeschränkte Rechte eingeräumt bekommen soll, wählen Sie *Lesen & Schreiben*. Das heißt, dass der Benutzer die Inhalte des Ordners lesen, verändern und sogar löschen darf. *Nur Lesen* bedeutet, dass die Dateien, die im Ordner *Öffentlich* liegen, lediglich angeschaut, nicht aber verändert werden dürfen. Die Zugriffsrechte lassen sich mit der Option *Nur schreiben (Briefkasten)* noch weiter einschränken. Bei dieser Variante dürfen die Benutzer eine Datei nur in den für Außenstehende verschlossenen Briefkasten des Anwenders befördern.

In der Abbildung sehen Sie, dass außer dem Eigentümer GBrede nur der Benutzer Jens volle Rechte am Ordner SnowLeopard hat. Die anderen Benutzer bekommen das eingeschränkte Recht *Nur Lesen* bzw. gar keine Rechte eingeräumt. Das eingeräumte Recht *Lesen & Schreiben* macht den Benutzer zum Eigentümer des Ordners.

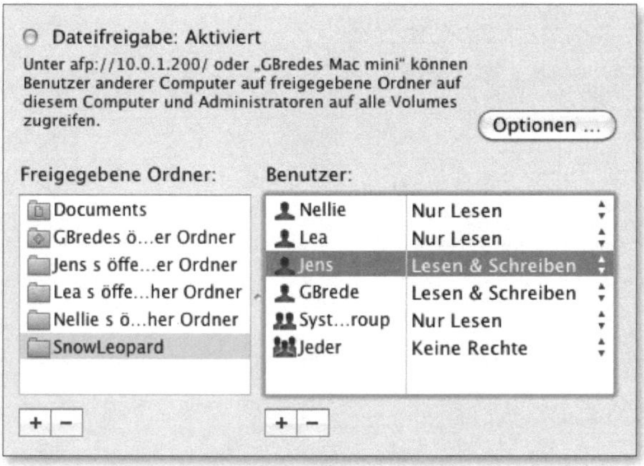

Gezielt definieren, wer welche Rechte für den Zugriff auf Ordner eingeräumt bekommt.

Für die Gruppe *Jeder* gibt es per Standardeinstellung überhaupt keine Rechte bzw. nur Leserechte. Diese sehr rigide Handhabung soll verhindern, dass Benutzer ohne eigenes Konto dummes Zeug anrichten.

Zugriffsrechte im Informationsfenster anpassen

Die Möglichkeit, einen Ordner freizugeben und die Zugriffsrechte anzupassen, haben Sie auch im Informationsfenster des jeweiligen Ordners. Sie öffnen dieses Fenster, indem Sie mit der Tastenkombination ⌘ – I auf das Ordnersymbol drücken. Mit einem Klick bei *Freigegebener Ordner* steht der Ordner auch für die anderen Benutzer zur Verfügung. Welche individuellen Rechte sie haben, legen Sie in der Rubrik *Freigabe & Zugriffsrechte* im unteren Bereich des Fensters fest. Über das Pluszeichen fügen Sie genau so wie in der Systemeinstellung weitere Personen mit Zugriffsrechten hinzu. Im Zahnradmenü lässt sich darüber hinaus ein ausgewählter Benutzer zum Eigentümer an dem Ordner mit allen Rechten auf Unterobjekte küren.

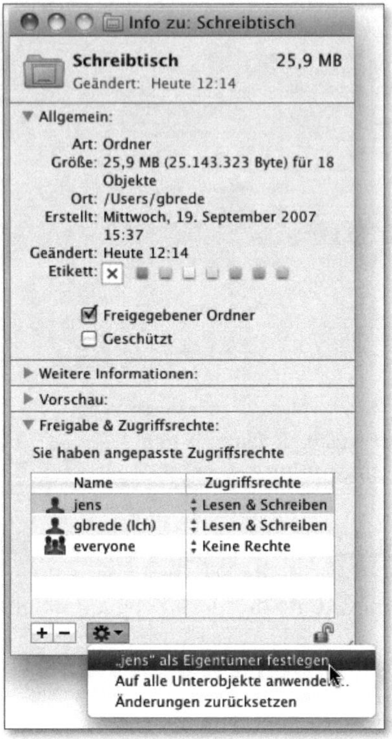

Im Infofenster eines Ordners die Rechte definieren.

Jeder Ordner lässt sich temporär für den Datenaustausch freigeben. Je nachdem, um was für einen Ordner es sich handelt, will man aber vielleicht nicht, dass die anderen Benutzer länger als nötig Zugriff auf den Ordner haben. Damit Sie stets im Blick haben, ob ein Ordner freigegeben ist, wird im Finder-Fenster unterhalb der Symbolleiste der Hinweis darauf eingeblendet, sobald Sie einen solchen Ordner öffnen. Diese Information ist wie eine Erinnerungsfunktion, mit der Sie aufgefordert werden zu überlegen, ob der Ordner weiterhin freigegeben bleiben soll oder ob Sie diese Option im Informationsfenster oder in der Systemeinstellung *Freigaben* besser wieder rückgängig machen.

Den Bildschirm freigeben

Eine andere Form der Dateifreigabe und des gemeinsamen Bearbeitens von Dokumenten geht über die *Bildschirmfreigabe*. Diese Option dient auch der Hilfestellung, und zwar wenn jemand Probleme mit seinem Mac hat und dringende Unterstützung benötigt. Mit dem Einverständnis des Hilfesuchenden kann ein anderer Benutzer – egal, wie weit die zwei voneinander entfernt sind – der Retter in der Not sein. Da er genau sieht, was auf dem Bildschirm des anderen Macs passiert, ist die Fehlerquelle womöglich schnell ausfindig gemacht. Die Bildschirmfreigabe ist vergleichbar mit der gleichnamigen Funktion im Programm iChat. Mehr dazu finden Sie im Kapitel »Internet: Anschluss, Zugang und Programme«.

Voraussetzung für diesen entfernten Service ist, dass der Hilfesuchende auf seinem Rechner in der Systemeinstellung *Freigaben* den Dienst *Bildschirmfreigabe* aktiviert. Um sicherzugehen, dass nicht jeder, der ein Benutzerkonto auf dem Mac hat, Zugriff auf den Bildschirm hat, ist es ratsam, den Benutzerkreis einzugrenzen und eine genaue Auswahl der vertrauenswürdigen Personen zu treffen. Sollten Sie alleiniger Benutzer Ihres Rechners sein, ist diese Auswahl irrelevant.

Wer ganz sicher gehen möchte, belässt es beim Eintrag *Administrator* und wählt in den *Computereinstellungen* die Option *Jeder kann eine Genehmigung zur Bildschirmsteuerung anfordern*. In diesem Fall wird eine Steuerungsanfrage versendet, die nur dann zum Einlass führt, wenn Sie die Bildschirmfreigabe erteilen.

Nehmen wir an, Sie sind von einem Hilfesuchenden als Experte gebeten worden, Rat zu erteilen. Wie bei den Netzwerkrechnern, so wird auch der Mac für die Bildschirmsteuerung im Finder-Fenster unter *Freigaben* angezeigt. Klicken Sie auf den Button *Bildschirmfreigabe* und wählen Sie im anschließend geöffneten Eingabefenster *Durch Fragen um Erlaubnis* oder – falls Sie am Zielrechner mit einem eigenen Account angemeldet sind – *Als registrierter Benutzer.*

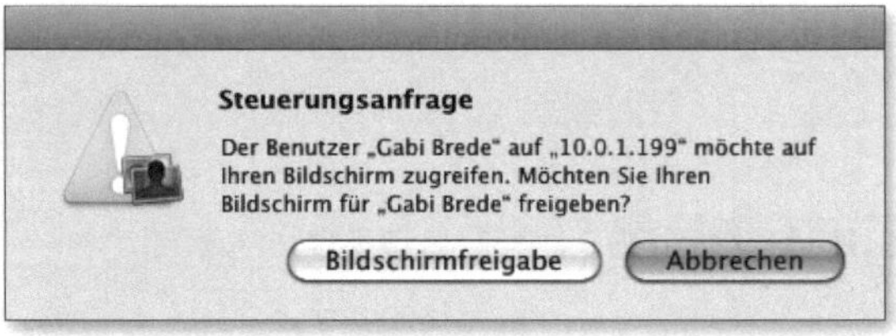

Anklopfen, um den Bildschirm zu begutachten.

Nach erfolgreicher Anmeldung startet das Programm Bildschirmfreigabe und Sie sehen die Schreibtischoberfläche des zweiten Rechners. Sie können nun auf diesem entfernten Rechner schalten und walten und versuchen, das Problem zu lösen. Der Benutzer an diesem Rechner sieht natürlich jeden Schritt, den Sie dabei unternehmen. Zugleich haben Sie die Möglichkeit, an Ihrem eigenen Rechner weiterzuarbeiten.

Um das Programm Bildschirmfreigabe zu beenden, brauchen Sie nur auf den roten Knopf des Schreibtischfensters zu klicken. Alternativ wählen Sie im Menü *Bildschirmfreigabe* den Eintrag *Bildschirmfreigabe beenden.*

8 Internet: Anschluss, Zugang & Programme

Ohne Internetverbindung ist ein Mac nur halb so interessant. Apple macht seinen Anwendern den Anschluss ans World Wide Web leicht, denn die Konfiguration des Internetzugangs ist in der Regel unkompliziert und erfordert nur ein paar Schritte. Um die grundlegenden Funktionen wie Mailen, Chatten oder im Web surfen direkt nutzen zu können, hat Apple alle nötigen Programme mit an Bord. In diesem Kapitel geht es darum, wie der Mac mit dem Internet verbunden wird und was dabei zu beachten ist. Außerdem stellen wir die Internetprogramme ausführlich vor.

Ihr Weg ins Internet

Wenn Sie von einer früheren Version von Mac OS X auf die Version Mac OS X 10.6 Snow Leopard aufrüsten, bleiben erfreulicherweise alle Internet-Einstellungen erhalten. Sollten Sie bei der Installation die Variante *Archivieren und Installieren* wählen, achten Sie darauf, dass die Option *Benutzer und Netzwerkeinstellungen beibehalten* aktiviert ist, damit Ihre Einstellungen übernommen werden. Entscheiden Sie sich für *Löschen und Installieren*, ist klar, dass auch Ihre Einstellungen futsch sind. Sollten Sie das System neu installieren, lassen sich die Einstellungen schon während des Installationsprozesses vornehmen. Wer diesen Schritt bei der Installation überspringt oder eine weitere Verbindung einrichten will, konfiguriert die Verbindung in der Systemeinstellung *Netzwerk*.

Modemverbindungen: Analog und ISDN

Bei neueren Rechnermodellen hat Apple das integrierte Modem weggelassen. Das Einrichten eines analogen oder ISDN-Anschlusses ist nur über eine externe Lösung möglich. Sie benötigen ein externes Modem oder einen ISDN-Adapter mit USB-Anschluss. Eine analoge Verbindung ist nicht besonders schnell. Ein weiterer Nachteil eines analogen Anschlusses ist, dass Sie telefonisch nicht erreichbar sind, solange Sie im Internet unterwegs sind.

POWER USER

Ob in Ihrem Rechner ein Modem eingebaut ist, erfahren Sie im Programm System-Profiler. Sie öffnen dieses Programm, indem Sie im -Menü auf *Über diesen Mac* klicken und im jetzt geöffneten Info-Fenster auf *Weitere Informationen*. In der Rubrik *Netzwerk | Modems* erhalten Sie die gewünschten Informationen.

Breitbandverbindungen

Mittlerweile weit verbreitet sind die superschnellen Breitband-Verbindungen, mit denen Sie von einer hohen Übertragungsgeschwindigkeit profitieren. Außerdem müssen Sie bei einer Breitbandverbindung auf keinen Verbindungsaufbau mehr warten. Diese Verbindungsart ist immer aktiv und verfügbar.

HILFE

Der wirklich große Vorteil dieser Verbindungsart ist, dass sie keinerlei Konfigurationsaufwand erfordert. Sie brauchen nur ein Ethernet-Kabel mit dem DSL-Router oder dem Kabelmodem zu verbinden oder die kabellose Variante via Airport zu wählen und können dann sofort mit der Internetnutzung loslegen. Diese Datenzauberei ist ein Zusammenspiel zwischen Routern, Kabelmodems und drahtlosen Basisstationen und der Funktion DHCP. Das jeweils angeschlossene Gerät schickt mit Hilfe der Funktion DHCP alle notwendigen Konfigurationseinstellungen an den Mac.

Eine Ethernet-Verbindung einrichten

Wer einer drahtlosen Verbindung skeptisch gegenübersteht, entscheidet sich am besten für eine Ethernet-Verbindung, da diese Verbindungsart nicht nur sehr schnell, sondern auch sehr sicher ist. Diese Hochgeschwindigkeitsverbindung wird über ein Ethernet-Kabel und ein DSL-Modem hergestellt. Ein DSL-Modem erhalten Sie über Ihren Internet-Provider oder in Fachgeschäften.

Wie weiter oben beschrieben, haben Sie bei einer Breitbandverbindung (auch eine Ethernet-Verbindung ist eine Breitbandverbindung) überhaupt keinen Konfigurationsaufwand. Ist in der Systemeinstellung *Netzwerk* im *Aufklappmenü IPv4 konfigurieren* der Eintrag *DHCP* aktiviert, brauchen Sie keine Einstellungen vorzunehmen, da die Konfigurationseinstellungen mit Hilfe von DHCP automatisch eingetragen werden.

Manuelle Konfiguration des PPPoE-Dienstes

Sollte Ihr Breitbandmodem kein DHCP anbieten, bleibt Ihnen nichts anderes übrig, als die Zugangsdaten manuell einzugeben:

Öffnen Sie die Systemeinstellung *Netzwerk* und wählen Sie im Aufklappmenü *IPv4 konfigurieren* den Eintrag *PPPoE-Dienst erstellen*. Alternativ klicken Sie auf das Pluszeichen unter der Liste möglicher Anschlüsse. Die Namensvergabe im jetzt geöffneten Fenster ist optional. Sie können es bei dem automatisch eingetragenen Dienstnamen belassen.

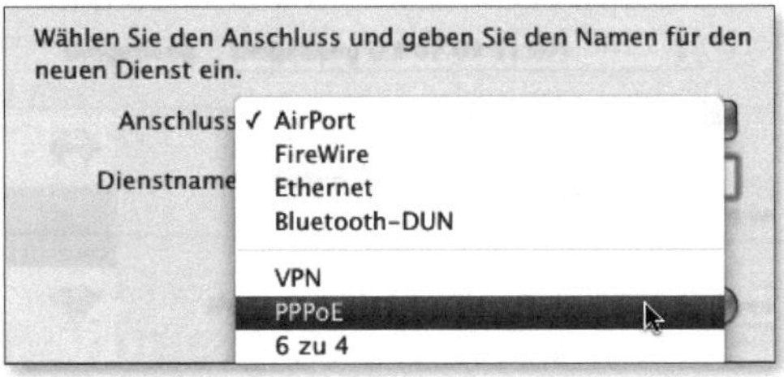

Eine DSL-Verbindung mit dem Dienst PPPoE einrichten.

GRUNDLAGEN

Die Abkürzung PPPoE steht für Point-to-Point Protocol over Ethernet. Bei dieser Art des Zugangs zum Internet wird die Verbindung nicht automatisch hergestellt wie bei einer Verbindung via AirPort, sondern manuell, wie Sie es noch aus den Zeiten eines klassischen analogen Modems kennen.

- Im Feld *Accountname* tragen Sie den Namen ein, der Ihnen von Ihrem Provider mitgeteilt worden ist. Beachten Sie, dass bei einigen Providern der Benutzername mit dem Zusatz @online.de zu versehen ist, um eine Verbindung herstellen zu können.

Bei *Kennwort* tragen Sie das Zugangs-Passwort ein, das Ihnen der Provider in den Unterlagen mitgeteilt hat. Der Eintrag bei PPPoE-Dienstname ist optional.

- Es empfiehlt sich, ein Häkchen in die Option *Dieses Kennwort merken* zu setzen. Ansonsten werden Sie bei jedem Verbindungsaufbau nach dem Kennwort gefragt.

- Nun brauchen Sie nur noch auf *Verbinden* zu klicken, und schon wird für Sie der Zugang zum Internet hergestellt.

- Einer der Wege, um ins Internet zu kommen, geht über das Symbol *Ethernet*, das Sie in der Systemeinstellung *Netzwerk* mit einem Klick auf *PPPoE-Status in der Menüleiste anzeigen* aktivieren.

Die Verbindung manuell starten und beenden über das Ethernet-Symbol in der Menüleiste.

AirPort für den Internetzugang einrichten

AirPort ist eine drahtlose Netzwerk-Technik, die außerhalb der Mac-Gemeinde unter der Bezeichnung Wi-Fi bekannt ist. Mit dieser Technologie wird über Funk eine Verbindung zur Basisstation hergestellt. In der Basisstation wiederum ist ein Modem eingebaut, das für die Verbindung zum Internet sorgt. Die Entfernung zwischen Rechner und Basisstation kann bis zu 100 Meter sein, ohne dass es zu einer Beeinträchtigung der Datenübertragung kommt. Welche drahtlosen

Basisstationen sich in Ihrer Nähe befinden, sehen Sie, wenn Sie auf das AirPort-Symbol in der Menüleiste des Finders klicken. Das Symbol eines Vorhängeschlosses neben dem Namen macht deutlich, dass das Netzwerk mit einem Passwort geschützt ist. Manchmal hat man aber auch Glück, ungesicherte Netzwerke zu finden. Wenn die Signalstärke ausreicht und eine Internetverbindung besteht, können Sie sich mit einem solchen Netzwerk verbinden.

Netzwerke in der Nähe – alle kennwortgeschützt

Sowohl für eine drahtlose Internetverbindung als auch für eine Verbindung per Ethernetkabel brauchen Sie eine AirPort Express, eine AirPort Extreme-Basisstation, Time Capsule oder einen drahtlosen Breitband-Router von Firmen wie Netgear oder AVM.

GRUNDLAGEN

Natürlich können auch Windows-Rechner auf eine AirPort-Basisstation von Apple zugreifen.

Die Installation der Basisstation ist mit Hilfe des Air-Port-Dienstprogramms eine relativ leichte Übung. Sie finden das Programm im Ordner *Dienstprogramme*, der wiederum im Ordner *Programme* liegt.

Zunächst geht das Programm auf die Suche nach der Basisstation. Ist die Station gefunden, klicken Sie auf *Fortfahren* und geben sowohl Ihrem drahtlosen Netzwerk als auch der Basisstation einen Namen. Wichtiger als der Name für die Basisstation ist der für das Netzwerk. Dieser Name wird im Auswahlmenü *AirPort* in der Menüleiste angezeigt. Da in diesem Menü auch alle anderen drahtlosen Netzwerke der näheren Umgebung aufgelistet sind, ist ein leicht erkennbarer Name von Vorteil.

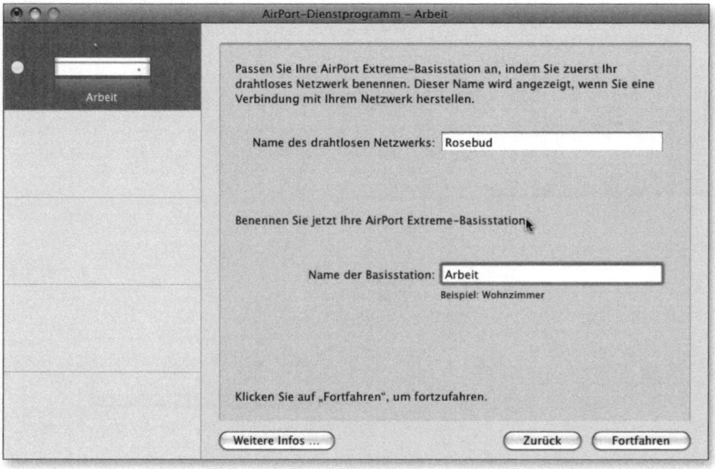

Dem Netzwerk einen Namen geben.

Im nächsten Schritt wählen Sie das Land aus, in dem die Basisstation verwendet wird. Spannender wird es im darauf folgenden Fenster, in dem Sie sich für eine Sicherheitsstufe entscheiden. Voreingestellt ist die WPA2-Verschlüsselung (Wi-Fi Protected Access). Diese Sicherheitsstufe ist der Nachfolger der WEP-Verschlüsselung, mit der noch vor einiger Zeit drahtlose Netzwerke gesichert wurden, die mittlerweile aber innerhalb von Minuten geknackt werden kann. Das Passwort, das Sie eingeben, brauchen auch alle anderen Benutzer im Netzwerk, die über die AirPort-Verbindung ins Internet gehen (Internetfreigabe).

GRUNDLAGEN

Eine Sicherheitsstufe ist für drahtlose Netzwerke von großer Bedeutung. Ohne Sicherheitsschutz könnte jeder, der einen Computer mit drahtloser Technik besitzt, auf Ihr Nerzwerk zugreifen und Ihren Zugang nutzen.

Weiter geht es mit den Interneteinstellungen. Wählen Sie zunächst die Zugangsart. Wenn Sie sich mit einem DSL- oder Kabelmodem über PPPoE mit dem Internet verbinden, geben Sie im nächsten Fenster den Account-Namen und das Kennwort ein, das Ihnen Ihr Internet Provider mitgeteilt hat. In diesem Fenster entscheiden Sie auch, wann die Verbindung aktiviert wird.

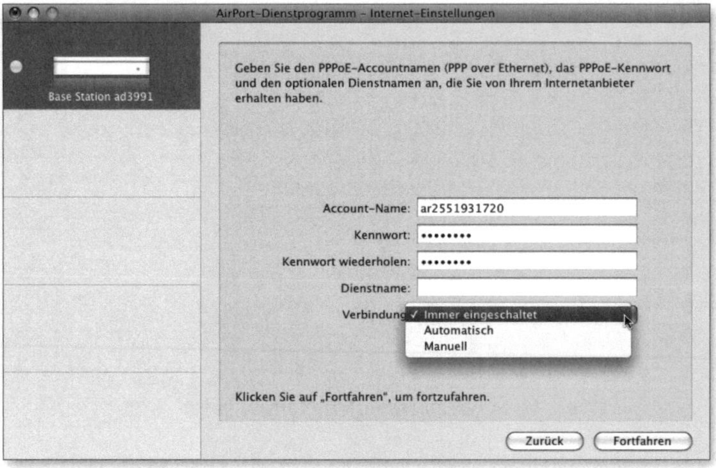

Benutzernamen und Kennwort eingeben und entscheiden, ob die Verbindung immer eingeschaltet ist.

In der Zusammenfassung sehen Sie noch einmal übersichtlich die vorgenommenen Konfigurationen. Abschließend wird die Basisstation neu gestartet und dem kabellosen Surfen und Abrufen von E-Mails steht nichts mehr im Wege.

Das nächste Mal, wenn Sie online gehen, werden Sie eine Liste mit allen Netzwerken in Ihrer näheren Umgebung eingeblendet sehen. Auch Ihr gerade eingerichtetes drahtloses Netzwerk befindet sich darunter. Wählen Sie es aus und geben Sie das Kennwort ein. Prompt öffnet sich eine Infobox, die von Ihnen wissen möchte, ob Sie das Kennwort Ihrem Schlüsselbund anvertrauen wollen. Der Schlüsselbund sichert alle Passwörter und meldet sie dem Programm Schlüsselbundverwaltung.

Dieses Programm wiederum sorgt im Hintergrund dafür, dass das Passwort automatisch eingetragen wird. Sollten Sie es bevorzugen, das nächste Mal ohne Abfrage des Kennwortes gleich Zugriff auf das Netzwerk zu haben, wählen Sie *Immer erlauben*. Mit einem Klick auf *Erlauben* wird nur für dieses eine Mal das Schlüsselwort eingetragen. Mehr zum Programm Schlüsselbundverwaltung lesen Sie im Kapitel »Programmrundschau«.

Öffentliche Zugangspunkte: Hot Spots

In immer mehr Cafés und Hotels, aber auch an öffentlichen Plätzen finden sich sogenannte Hot Spots, die den drahtlosen Zugang zum Internet gewährleisten. Hot Spots basieren auf der Wireless Lan-Technologie. Die Verbindung zum Hot Spot stellt die in Ihrem Rechner eingebaute AirPort-Karte her.

Bei kommerziellen Hot Spots in Hotels, Cafés oder auf Flughäfen müssen Sie zwar keine Konfigurationen vornehmen, aber Sie werden aufgefordert, sich anzumelden und Ihre Kreditkarteninformationen einzugeben. Abgesehen von kommerziellen Hot Spots gibt es natürlich auch Hot Spots, die von Cafés oder anderen Einrichtungen kostenfrei zur Verfügung gestellt werden. Wie stark die Signalstärke eines solchen Hot Spots ist, sehen Sie, sobald Sie auf das Airport-Icon in der Symbolleiste des Finders klicken. Je mehr der kleinen symbolisierten Funkwellen schwarz erscheinen, desto besser ist die Verbindung.

Zugriff für alle: Internetfreigabe

Damit alle verkabelten Rechner eines Netzwerks gleichzeitig den Zugang zum großen Netzwerk Internet bekommen, stellt Mac OS X eine Funktion bereit, die sich *Internetfreigabe* nennt. Hierbei stellt jener Rechner, der direkt ans Internet angeschlossen ist, das Tor dar für die Verbindung zum World Wide Web. Der Mac wird aufgrund dieser Funktion zu einem Router, der die Netze miteinander verbindet und dafür sorgt, dass die Daten zwischen den angeschlossenen Rechnern verteilt werden. Haben Sie sich für die drahtlose Variante AirPort entschieden, greifen die Rechner auf die AirPort Extreme- oder AirPort Express-Basisstation zu.

Das Internet-Sharing wird auf dem Computer, der als Router fungiert bzw. auf dem Sie die AirPort Extreme- oder AirPort Express-Basisstation konfiguriert haben, aktiviert. Öffnen Sie auf diesem Rechner die *Systemeinstellungen* und wählen Sie *Freigaben*. Schalten Sie in der Liste *Dienst* die Internetfreigabe ein und wählen Sie den Anschluss, mit dem die Rechner Ihres Netzwerkes miteinander verbunden sind. Im sogleich geöffneten Hinweis, dass die Netzwerkeinstellungen der anderen Rechner beeinträchtigt werden können, klicken Sie auf *Start*.

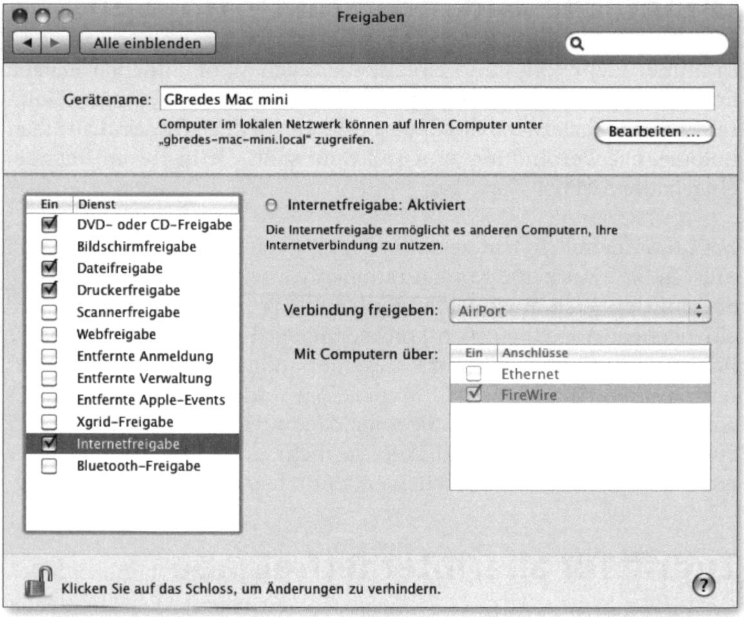

Den Internetzugang für alle Rechner im Netzwerk freigeben.

Bei den anderen Rechnern, die im gleichen Netz hängen, wählen Sie in der *Systemeinstellung Netzwerk* jeweils die Verbindungsart, mit der die Macs mit dem Routerrechner verbunden sind. Wählen Sie im Aufklappmenü *IPv4* den Eintrag *DHCP*, damit die Konfigurationseinstellungen automatisch übertragen werden. Dann nur noch auf *Anwenden* klicken, und die Arbeit für die Internetfreigabe ist getan.

TIPP

Die Alternative zur Internetfreigabe ist ein Router, der direkt mit dem Kabel- oder DSL-Modem verbunden wird. Router fungieren außerdem wie eine Firewall, was für große Sicherheit vor unwillkommenen Hacker-Besuchern sorgt.

Die Firewall

Eine Firewall schirmt Ihren Mac gegen unerlaubte Zugriffe von Benutzern in anderen Netzwerken oder im Internet ab. Hierzu wertet die Firewall wie ein Filter die eintreffenden Datenpakete nach potentiellen Gefahrenquellen aus. Welche Pakete den Schutzschild passieren dürfen, entscheidet die Firewall nach vorher festgelegten Regeln.

Um Ihren Rechner vor möglichen Schurken abzuschotten, ist in Mac OS X eine Firewall integriert, die standardmäßig in der Systemeinstellung *Sicherheit | Firewall* aktiviert ist.

Um nur bestimmte Dienste und Programme zuzulassen, klicken Sie bitte auf *Weitere Optionen*:

Sollten Sie die Option *Alle eingehenden Verbindungen blockieren* aktivieren, schirmt die Firewall Ihren Rechner wie ein Leibwächter vor allen unerwünschten Datenübertragungen ab. Diese Option verhindert jedoch so gut wie jeden reibungslosen Ablauf.

Glücklicherweise bietet Ihnen das Fenster aber auch die Möglichkeit zu entscheiden, welche Dienste und Programme durch die Firewall gelassen werden sollen. In die obere Hälfte der Liste werden automatisch alle Dienste hinzugefügt, die Sie in der Systemeinstellung *Freigaben* aktiviert haben. Unterhalb der Trennlinie werden Dienste und Programme angezeigt, die Sie über das Pluszeichen hinzufügen. Über das Aufklappmenü rechts neben dem Eintrag für das jeweilige Programm bestimmen Sie, wie die Anfragen von außen gehandhabt werden sollen.

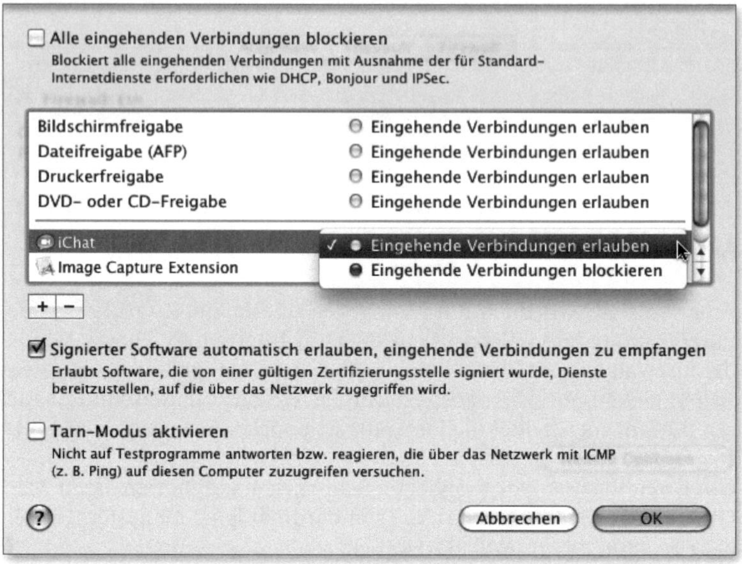

Zugriff auf Dienste und Programme festlegen.

Eine weitere nützliche Funktion ist der Tarn-Modus, den Sie aktivieren können. Um diesen Modus zu verstehen, muss man Folgendes wissen: Versucht ein Benutzer, eine Verbindung zu Ihrem Rechner herzustellen, schlägt dieses Vorhaben bei eingeschalteter Firewall unter Umständen fehl. Der Benutzer bekommt eine Benachrichtigung darüber, dass der Zugriff auf den Rechner blockiert ist. Diese Benachrichtigung schließt die Nennung des Dienstes, für den Sie die Firewall aktiviert haben, mit ein. Ein hartnäckiger Benutzer könnte nun versuchen, ein Schlupfloch zu finden. Ein solches Schlupfloch könnte ein anderer, nicht aktivierter Dienst sein. Mit dem Tarn-Modus werden solche unerlaubten Zugriffe verhindert. Denn der unbefugte Benutzer bekommt keinerlei Informationen darüber, dass sein Versuch, eine Verbindung herzustellen, fehlschlägt. Aufgrund dieser fehlenden Benachrichtigung bekommt er noch nicht einmal mit, dass Ihr Computer überhaupt existiert.

Safari

Das Programm *Safari* ist Apples Webbrowser. Das Programmsymbol, das mit dem abgebildeten Kompass den Zweck der Anwendung treffend wiedergibt, liegt standardmäßig im Dock. Gehen Sie mit auf Entdeckungstour, um die vielfältigen Tricks und Kniffe kennenzulernen, die das Surfen im Internet spannend und komfortabel machen.

Safari starten und loslegen

Mit einem Klick auf das Symbol öffnen Sie den Browser und landen sogleich auf der Website von apple.com. Diese Adresse ist die von Apple definierte Startseite, die immer erscheint, sobald Sie Safari öffnen. Natürlich können Sie Ihre favorisierte Startseite festlegen. Öffnen Sie dazu die Einstellungen (⌘ – ,) und geben Sie im Feld *Startseite* (Rubrik *Allgemein*) die Webadresse ein, mit der das Programm starten soll. Bevorzugen Sie eine Blanko-Seite, löschen Sie einfach die Adresse aus dem Eingabefeld.

Im Aufklappmenü *Neue Fenster öffnen mit* entscheiden Sie, was in einem Fenster, das Sie am einfachsten mit der Tastenkombination ⌘ – N öffnen, zu sehen sein soll. Ganz interessant ist die Möglichkeit, die Lesezeichen einzublenden, so dass man sich auch hin und wieder mal an sie erinnert. Die abgespeckte Alternative zu den Lesezeichen ist die Option *Top Sites*. Abgespeckt insofern, als Sie sich maximal 24 Ihrer favorisierten Seiten als überdimensionierte Symbole in einer Übersicht anzeigen lassen können.

Unabhängig von der definierten Startseite und den Top Sites muss man natürlich auch mal eine Adresse manuell eingeben. Klicken Sie dazu auf das Symbol links neben der Adresse. Die Adresse wird damit markiert und lässt sich mit einer neuen Adresse überschrieben. Schon nach Eingabe des ersten Buchstabens werden ein Top-Treffer (dies ist die Adresse einer Website, die Sie kürzlich besucht haben) und ein Verlauf angezeigt, was Ihnen die Eingabe weiterer Buchstaben eventuell erspart. Sobald Sie die Eingabe der Webadresse mit der ↩-Taste bestätigen, macht sich der Browser auf die Suche.

Die Vorwärts- und Rückwärts-Pfeile sind für einen Browser entscheidende Funktionen. Für das Hin- und Herspringen zwischen den Seiten haben sich die Buttons bewährt und sich einen Stammplatz in der Symbolleiste eines jeden Browsers erobert. Abgesehen davon sind sie ausgesprochen nützlich, wenn es um das Aufspüren einer kürzlich besuchten Webseite geht. Je nach Suchrichtung klicken Sie auf den entsprechenden Button und warten ungefähr eine halbe Sekunde, bis Safari die Adressen Ihrer zuletzt besuchten Seiten einblendet. Rücken Sie mit gedrückter Maustaste vor auf die gesuchte Seite und lassen Sie dann die Maus los.

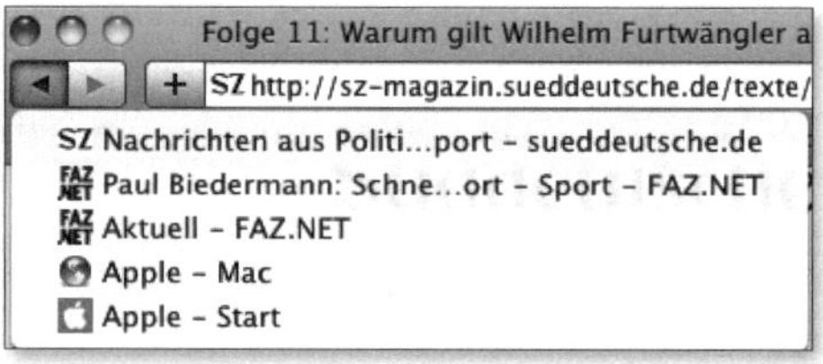

Hinter dem Button liegt der Verlauf.

Am rechten Rand des Eingabefeldes sehen Sie einen nach oben offenen Kreis. Mit einem Klick auf dieses Symbol wird die Seite neu geladen bzw. aktualisiert. Der Button verändert sich während eines Ladevorgangs in ein X-Symbol. Klicken Sie darauf, wenn Sie den Ladevorgang abbrechen wollen.

Eine Suche starten

Das Surfen ist mit Safari eine völlig unkomplizierte Angelegenheit. Die Benutzerführung ist schnell erfasst und überschaubar. Um das Suchen und Recherchieren zu einer ebenso unkomplizierten Sache zu machen und aus der unermesslichen Fülle an Informationen rasch die richtigen aufzuspüren, hat Apple eine Google-Suchfunktion in die Adressleiste integriert. Ganz komfortabel können Sie jederzeit und ohne die Google-Website öffnen zu müssen, einen oder mehrere Begriffe in das Suchfeld eingeben und die Suchmaschine starten.

Sobald Sie mit der Eingabe des Suchbegriffs beginnen, werden sowohl Suchvorschläge als auch die letzten Sucheinträge eingeblendet. Die Vorschläge bringen einen vielleicht noch auf eine andere Idee; die Sucheinträge erinnern an Begriffe, nach denen Sie bereits gefahndet haben.

Den Verlauf Ihrer Sucheinträge können Sie sich auch anschauen, wenn Sie auf das Lupensymbol im Eingabefeld klicken. Bei dieser Gelegenheit ist es zudem möglich, den Verlauf zu löschen. Ihr eingegebener Suchbegriff wird von Google in das eigene Eingabefeld übernommen, so dass Sie Ihre Suche direkt auf der Website verfeinern oder eingrenzen können.

Nach Begriffen fahnden

Manchmal möchte man gar nicht das Internet nach einem bestimmten Begriff durchforsten, sondern nur die aktuell geladene Seite. Aus der früheren Version von Safari kennen Sie vielleicht die Funktion, mit der Tastenkombination ⌘ – F das Suchfeld am rechten oberen Rand des Browserfensters zu öffnen. Diese Funktion gibt es weiterhin. Doch weist nun bereits die Liste mit den Suchvorschlägen und -ergebnissen die Anzahl an Treffern auf der aktuell geladenen Seite an. Sobald Sie auf diesen Eintrag klicken, werden alle entsprechenden Textstellen hervorgehoben. Darüber hinaus wird der Begriff automatisch in das Suchfeld übertragen. Dadurch stehen Ihnen die praktischen Buttons zur Verfügung, mit denen Sie bequem von einer Fundstelle zur nächsten hüpfen können.

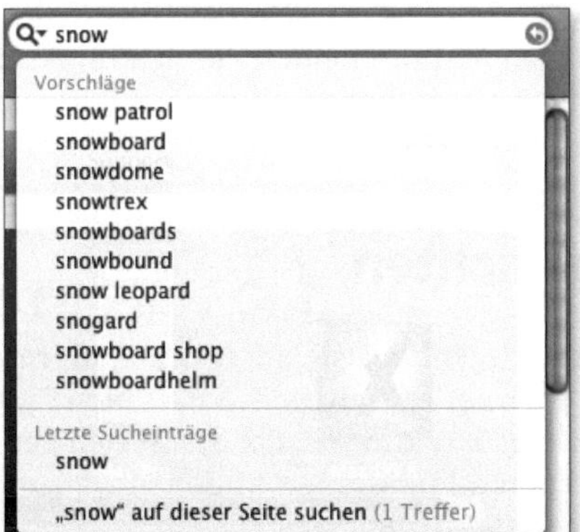

Im Google-Suchfeld wird die Anzahl an Treffern auf der aktuellen Seite angezeigt.

POWER USER

Um unabhängig von Google Begriffe auf einer Webseite aufzuspüren, starten Sie mit der Tastenkombination ⌘ – F die interne Suche. Mit dieser Tastenkombination öffnen Sie eine Leiste mit einem Suchfeld und einer Trefferanzeige. Mit einem Klick auf den Vor- und Zurück-Button werden die Treffer farbig hervorgehoben. Natürlich können Sie jederzeit einen anderen Begriff eingeben. Klicken Sie dazu auf das x-Symbol im Suchfeld und überschreiben Sie den Begriff. Sie schließen die Leiste mit einem Klick auf *Fertig*.

Sie sind gerade auf einer Website, die für einen Freund interessant sein könnte? Dann klicken Sie einfach mit der Tastenkombination ⌘ – ⇧ – I auf eine beliebige Stelle der Seite. Prompt öffnet sich das Programm Mail, in dem die Webadresse bereits in eine neue E-Mail eingefügt ist. Auch die Betreffzeile ist schon ausgefüllt – und zwar mit dem Namen der Seite.

Webseiten sichern

Inhalte auf einer Webseite ändern sich. So kann es passieren, dass ein Text, den Sie vor ein paar Tagen auf einer Internetseite gefunden haben, nun gar nicht mehr an diesem Ort vorhanden ist. Aus diesem Grund gibt es die Möglichkeit, Webseiten als Web-Archiv zu sichern. Wählen Sie dazu den Befehl *Sichern unter* im Menü *Ablage* oder drücken Sie alternativ die Tastenkombination ⌘ – S. Der voreingestellte Speicherort ist der Ordner *Dokumente*. Entscheiden Sie sich im Aufklappmenü *Ort* gegebenenfalls für einen anderen Ordner. Das Format, mit dem die Seite abgelegt wird, ist *Web-Archiv*.

Safari individuell einrichten

Die Funktionen, die als Icon in der Symbolleiste angezeigt sind, reichen zwar aus, um sich durchs Internet zu bewegen. Safari bietet jedoch noch eine ganze Reihe weiterer Funktionen, die das Surfen vereinfachen. Diese Auswahl an weiteren Funktionen finden Sie, wenn Sie im Menü *Darstellung* auf *Symbolleiste anpassen* klicken.

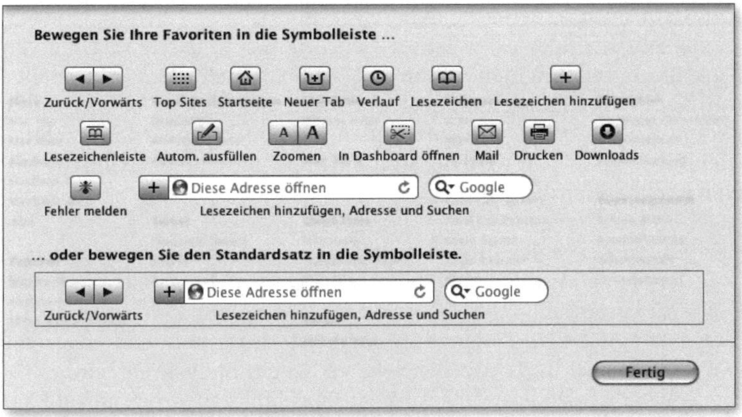

Weitere Möglichkeiten für den schnellen Zugriff über die Symbolleiste

Mit dem Symbol *Startseite* kommen Sie immer rasch auf die von Ihnen definierte Eingangsseite. Ist Ihnen eine größere Darstellung der Webinhalte lieber als die von den Programmierern definierte Schrift- und Bildergröße, ist es praktisch, das Symbol *Zoomen* in die Leiste zu ziehen.

TIPP

Auch mit Tastenkombinationen sind Sie schnell bei der größeren oder kleineren Darstellung einer Webseite: Mit ⌘ – + vergrößern Sie die angezeigten Inhalte, mit ⌘ – - verkleinern Sie sie. Besitzer eines MacBooks brauchen sich für diesen Zweck keine Tastenkombination zu merken. Sie nutzen die Funktion mit Hilfe von Multitouch-Gesten.

Und falls Sie sehr viel im Internet bestellen und Formulare ausfüllen, aber davon verschont bleiben möchten, jedes Mal Ihre vollständige Adresse einzugeben, bewegen Sie das Symbol *Automatisch Ausfüllen* in die Leiste. Safari verwendet für diesen Befehl die Einträge Ihrer persönlichen Visitenkarte aus dem Programm Adressbuch und vervollständigt die Formulare. Die Felder, die Safari mithilfe der Funktion *Automatisch ausfüllen* beschriftet, sind auf den jeweiligen Webseiten farbig hervorgehoben.

Mit dem Button, den eine Schere schmückt, lassen sich Videonachrichten bzw. Bilder oder Texte, die mit einer weiteren Website verlinkt sind, ausschneiden und nach Dashboard befördern. Ein solcher Auszug wird »Clip« genannt. Videonachrichten lassen sich fortan mit einem Klick auf den entsprechenden Clip in Dashboard betrachten. Bei Bildern und Text wird bei einem Doppelklick auf den Clip die entsprechende Website geöffnet.

Die untere Leiste des Browserfensters ist die sogenannte Statusleiste, mit der Sie den Ladevorgang einer Seite beobachten. Sollte die Leiste nicht zu sehen sein, schalten Sie diese ein im Menü *Darstellung | Statusleiste einblenden*. Solange in der Leiste Informationen angezeigt werden, dauert das Laden der Seite an. In der Statusleiste wird darüber hinaus jede vollständige Adresse eines Links angezeigt, sobald Sie mit der Maus über einen solchen fahren.

Dokumente herunterladen

Vielleicht ist Ihnen im Dock bereits der Ordner mit dem Pfeilsymbol aufgefallen. Dieser Ordner ist der sogenannte Ordner *Downloads*. Alle Dokumente, Filme und Bilder, die Sie aus dem Internet herunterladen, werden automatisch in diesem Ordner abgelegt. Sollten Sie dennoch einen anderen Ordner präferieren, klicken Sie in den Einstellungen *Allgemein* im Aufklappmenü *Downloads sichern* in auf *Auswählen*. Beim Laden einer größeren Datei verwandelt sich das Symbol des Download-Ordners in das Safari-Symbol mit eingeblendetem Fortschrittbalken, an dem Sie beobachten können, wie weit das Herunterladen gediehen ist.

Sobald Sie einen Download starten, wird das Fenster *Downloads* eingeblendet, das Auskunft erteilt über die Größe der Datei und den Stand des Downloads. Das Laden einer Datei unterbrechen Sie, indem Sie auf das Kreuzsymbol neben dem Dateinamen klicken. Mit einem Klick auf den geschwungenen Pfeil setzen Sie den Ladevorgang fort.

Die Liste umfasst maximal 20 Einträge, die Sie jederzeit manuell löschen können. Wollen Sie, dass die Elemente automatisch gelöscht werden, entscheiden Sie sich im Aufklappmenü *Elemente aus der Liste löschen* für die entsprechende Option.

Das Fenster *Downloads* können Sie jederzeit mit der Tastenkombination ⌘ – ⌥ – L öffnen. Das Fenster bietet den Vorteil, sich eine Datei mit einem Klick auf das Lupensymbol im Finder anzeigen zu lassen. Das ist immer dann interessant, wenn Sie eine heruntergeladene Datei aus dem Ordner *Downloads* verschoben haben, sich aber nicht mehr so genau erinnern, in welchem Ordner die Datei nun liegt.

AUFGEPASST

Falls Sie im Internet auf Dateien mit der Erweiterung .exe stoßen, sparen Sie sich die Mühe des Herunterladens. Denn Dateien mit dieser Erweiterung lassen sich mit dem Apple-Betriebssystem nicht öffnen. Die Erweiterung (EXE steht für Executable) weist auf Programmdateien für Windows-Benutzer hin.

Schnell zu den Favoriten: Top Sites und Lesezeichen

Ganz großartig zeigt sich Safari im Anlegen und Verwalten Ihrer Top Sites und Lesezeichen. Ihre absoluten Favoriten, das heißt, Seiten, die Sie am häufigsten und liebsten aufrufen, blenden Sie mit einem Klick auf das karierte Symbol in der Lesezeichenleiste ein.

Auszug aus der Anzeige der Top Sites

Je nach Einstellung zeigt Safari Ihnen in einer beeindruckenden 3D-Ansicht sechs, zwölf oder gar 24 Webseiten auf einmal an. Mit einem Klick auf eine der en miniature angezeigten Seiten wird die Website in den Vordergrund geholt und dabei natürlich aktualisiert. Welche der Top Sites sich seit dem letzten Aufruf verändert haben, sehen Sie an einem Eselsohr am rechten oberen Bildrand. Der Stern auf blauem Hintergrund macht Sie sozusagen darauf aufmerksam, dass es sich durchaus lohnen könnte, den Fokus auf die Seite mit den nun aktualisierten Inhalten zu legen.

Nun wäre die Funktion der Top Sites nicht so erfreulich, wenn man auf die Auswahl keinerlei Einfluss hätte. Wer die Auswahl Safari überlassen möchte, lässt alles so, wie es ist. Wer aber einige der Seiten von der Anzeige ausschließen oder die Seiten umsortieren möchte, klickt auf den Button *Bearbeiten* am linken Fensterrand.

Mit einem Klick auf das X wird die Seite von der Anzeige in der Vorschau ausgeschlossen. Mit einem Klick auf die Pinnadel legen Sie die Seite als einen festen Bestandteil der Vorschau fest. Das bedeutet, dass die Seite nicht gegen eine andere von Ihnen häufig besuchte Seite ausgetauscht wird. Bei einer solch permanent in die Vorschau integrierte Seite ist die Pinnadel blau hinterlegt. Diese Farbe macht deutlich, dass Sie bei einem Klick auf die Nadel die ständige Anwesenheit der Seite wieder aufheben und die Seite eventuell dem Schicksal ins Auge sehen muss, durch eine andere Top Seite ersetzt zu werden.

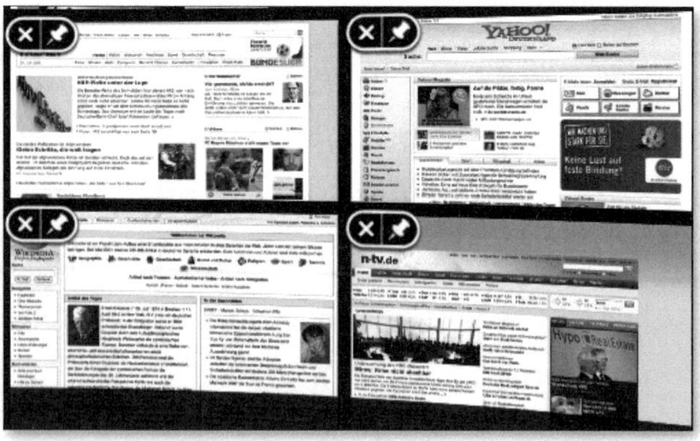

Top Sites im Modus ***Bearbeiten***

Mit gedrückter Maustaste lassen sich die Vorschaubilder beliebig umplatzieren bzw. an einem von Ihnen favorisierten Platz fixieren.

TIPP

Nun kennen Sie vielleicht einige Internetadressen, die Sie zwar nur selten aufrufen, die Sie aber dennoch mit in die Vorschau aufnehmen wollen. Safari würde solche Seiten außen vor lassen, da Sie sich zu wenig auf dieser Seite tummeln. Machen Sie deshalb Folgendes: Ziehen Sie einfach das Symbol oder die blaue Kugel neben der URL auf das Symbol *Top Sites*. Mit dieser Methode lässt sich die Vorschauseite individuell bestücken.

Lesezeichen verwalten

Neben den Top Sites bietet Safari Ihnen natürlich auch die bewährte Methode der Lesezeichenverwaltung. Mit Lesezeichen wird das Surfen im Internet erheblich vereinfacht. Denn wohin mit all den interessanten und mühsam gefundenen Webseiten, deren Adressen man sich sowieso nicht merken kann, wenn nicht ins Lesezeichenmenü oder in die Sammlung *Lesezeichen*.

Wollen Sie für eine Website ein Lesezeichen anlegen, klicken Sie in das Pluszeichen neben dem Adressfeld. Nun ist es nicht so, dass sofort die komplette und oftmals kryptische Webadresse gespeichert wird. Vielmehr haben Sie im Fenster, das sich jetzt öffnet, Gelegenheit, der Website einen unverkennbaren Namen zu geben und einen Speicherort auszuwählen. Die möglichen Speicherorte sind:

Die Seitenvorschau **Top Sites**. Mehr dazu im vorausgegangenen Abschnitt.

Die **Lesezeichenleiste**, die direkt unterhalb der Symbolleiste positioniert ist. Für die ersten neun Adressen dieser Leiste legt der Mac die Tastenkürzel ⌘ – 1 bis ⌘ – 9 an. Sobald Sie eines dieser Kürzel drücken, wird die Seite geladen oder aktualisiert. Für einen Ordner in der Lesezeichenleiste (erkennbar am nach unten zeigenden Dreieck neben dem Namen) gelten die Tastenkürzel allerdings nicht.

TIPP

Alternativ brauchen Sie nur die blaue Kugel oder das Symbol einer Website mit gedrückter Maustaste in die Leiste zu ziehen. Das Symbol ist ein sogenanntes Favicon, ein 16x16 oder 32x32 Pixel großes Bildchen, das meistens das Logo des Unternehmens zeigt.

Das **Lesezeichenmenü**. Bei dieser Wahl werden die Lesezeichen im Menü *Lesezeichen* gesammelt. Der Vorteil gegenüber der Lesezeichenleiste: Das Menü ist vor den Augen Dritter geschützt.

AUFGEPASST

Lesezeichen, die Sie im Lesezeichenmenü abgelegt haben, lassen sich nur in der Lesezeichensammlung löschen. Nicht mehr benötigte Bookmarks in der Lesezeichenleiste ziehen Sie einfach mit gedrückter Maustaste aus der Leiste heraus.

Wenn Sie viele Lesezeichen sammeln, bieten sich Themenordner fürs Anlegen und Verwalten der Bookmarks an. Für diesen Fall ist ein **Ordner** in der Sammlung der Lesezeichen der richtige Ort.

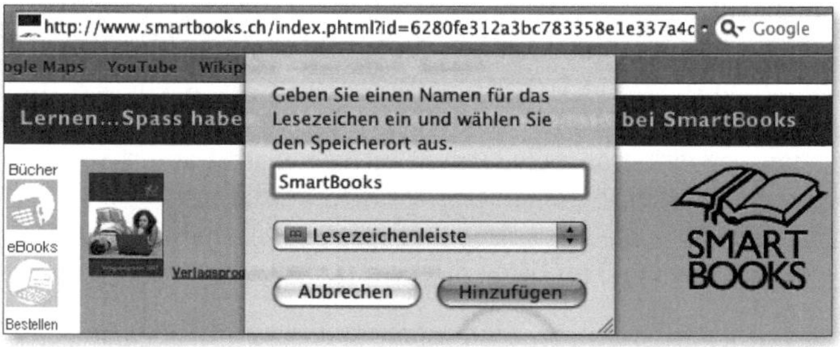

Ein eindeutiger Name für ein Lesezeichen

Die Lesezeichensammlung

Sie öffnen Ihre Sammlung an Lesezeichen mit einem Klick auf das Symbol eines aufgeschlagenen Buches ganz links in der Lesezeichenleiste. Sollten Sie diese Leiste vermissen, wählen Sie im Menü

Darstellung | Lesezeichenleiste einblenden. Im Lesezeichen-Fenster lassen sich nun bequem neue Ordner erstellen, die Lesezeichen verschieben oder wieder löschen bzw. nach Lesezeichen suchen.

Die Lesezeichen verwalten.

Der linke Bereich des Fensters ist für Sammlungen und Ordner reserviert. Im rechten Bereich werden die Ordnerinhalte in der Fensterdarstellung Cover Flow angezeigt.

Mit einem Klick auf das Pluszeichen am linken unteren Rand erstellen Sie einen neuen Hauptordner, mit dem Plussymbol unterhalb der Liste wird ein Unterordner angelegt. Wollen Sie einen Ordner wieder loswerden, brauchen Sie nur die Rückschritttaste zu drücken. Die Hauptordner werden nicht alphabetisch geordnet oder nach anderen Kriterien sortiert. Der jeweils zuletzt erstellte Ordner bleibt an dieser Position, bis Sie ihn mit gedrückter Maustaste umplatzieren.

Nun lassen sich aus den verschiedenen Sammlungen Webadressen in einen neuen Ordner bewegen. Sollen es gleich mehrere sein, markieren Sie die Adressen mit gedrückter ⌘-Taste. Wenn Sie die ⌘-Taste auch beim Bewegen gedrückt halten, kopieren Sie die Adressen. Mit nur gedrückter Maustaste verschieben Sie die Adressen von einem Speicherort an einen anderen.

Nach Lesezeichen suchen

Auch bei einem noch so gut ausgetüftelten Ordnersystem für die Lesezeichen kann man den Überblick verlieren oder vergessen, in welchen Ordner man einen Link gelegt hat. Doch mit der Suchfunktion taucht jedes Lesezeichen wieder auf. Öffnen Sie die Lesezeichensammlung und geben Sie ein paar Buchstaben der Webadresse in das Suchfeld am rechten Fensterrand ein. Das Lesezeichen wird in Nullkommanichts in der Liste angezeigt.

Ganz Clevere benutzen die Suchfunktion auch für eine thematische Suche. Will man zum Beispiel wissen, was man bislang alles zum Thema Schriften gesammelt hat, einfach das Wort *Schrift* eingeben und das System suchen lassen. Gesucht – und meistens auch gefunden – wird dabei übrigens auch im Verlauf.

In den *Einstellungen…* (Menü *Safari* | *Einstellungen…* | *Lesezeichen*) finden Sie zusätzliche Möglichkeiten für die Anzeige Ihrer Lesezeichen. Sowohl die Lesezeichenleiste als auch das Lesezeichenmenü lassen sich in diesem Fenster um ein Aufklappmenü mit den Internetadressen Ihrer Geschäftspartner oder Kollegen erweitern. Klicken Sie dazu in die jeweiligen Kästchen *Adressbuch anzeigen.* Nun haben Sie direkten Zugriff auf die Namen von Personen und Unternehmen, auf deren Visitenkarten im Programm Adressbuch Sie Webadressen hinzugefügt haben.

Praktisch: Einträge mit Webadressen werden vom Programm Adressbuch an Safari übermittelt.

Lesezeichen in Dashboard

Safari bietet Ihnen zu den Leisten und Menüs noch eine weitere interessante Möglichkeit, Lesezeichen zu sichern – und zwar als Webclip im Dashboard.

BEISPIEL

Angenommen, Sie schauen sich auf der Website spiegel.de regelmäßig die Video News an. Diese News lassen sich als Clip abspeichern und in Dashboard ansehen. Der Vorteil: Sie brauchen gar nicht mehr auf die Spiegel-Website zu gehen, sondern nur noch auf den Clip zu klicken. Die Aktualität des Clips ist identisch mit der Aktualität der Website. Probieren Sie aus, ob Sie Gefallen an Webclips finden: Wählen Sie im Menü *Ablage* den Befehl *In Dashboard öffnen* und bewegen Sie das Rechteck auf den Teil *Video News*. Mit einem Klick auf den Clip werden Anfasspunkte eingeblendet, über die Sie die Größe des Clips verändern können. Sobald Sie auf den Button *Hinzufügen* klicken, wird der Clip in Dashboard geladen. Auf die gleiche Weise lässt sich jeder verlinkte Bereich einer Website als Clip speichern. Mit einem Klick auf den Clip öffnen Sie die entsprechende Website und damit Safari.

Ist der Befehl *In Dashboard* aktiviert, rücken jeweils andere Rechtecke in den Vordergrund, wenn Sie mit der Maus über die Seite fahren. Diese Rechtecke fokussieren Teile der Website, die wiederum mit einer anderen Seite verlinkt sind. Das können Tabellen mit verlinkten Einträgen sein, Bilder oder Banner. Von den verlinkten Teilen einer Website wird das Rechteck fast magnetisch angezogen. Das Rechteck nimmt automatisch die Größe des verlinkten Bereichs an.

Sobald Sie auf einen fokussierten Teil klicken, werden Anfasspunkte eingeblendet, über die Sie die Größe des Clips variieren. Auf einer reinen Textseite, die abgesehen von der Menüleiste ohne weitere Verlinkung auskommt, schnappt das Rechteck nicht ein.

Standardmäßig wird ein Clip in Dashboard mit einem weißen Rahmen versehen. Welche weiteren Varianten es für die Umrahmung eines Clips gibt, sehen Sie, sobald Sie auf das »i« am rechten unteren Rand des Clips klicken. Die Auswahl reicht von einem schwarzen Rand über zerfetzte Kanten bis zu Fotoecken oder Büttenanmutung. Auf dieser Rückseite eines Clips haben Sie für Audio- und Videoclips zudem Gelegenheit, den Ton zu stoppen, sobald Sie Dashboard schließen.

Ein Webclip im Dashboard und die Bearbeitungsmöglichkeiten

Sollte Ihnen der Clip beim Ausschneiden zu klein geraten sein, lässt sich seine Größe in der Bearbeitungsansicht modifizieren. Klicken Sie dazu auf den Button *Bearbeiten*. Nun dreht sich der Clip, und Sie sehen am rechten unteren Rand die bekannte schraffierte Fläche, an der Sie ihn weiter aufziehen können. Alternativ setzen Sie den Mauszeiger in den Clip und wählen mit gedrückter Maustaste einen anderen Ausschnitt.

TIPP

Es gibt noch eine andere Möglichkeit, das Lesezeichen Ihrer bevorzugten Website ins Dock zu bewegen:

Ziehen Sie das Symbol oder die blaue Kugel neben der Webadresse mit gedrückter Maustaste in die rechte Seite des Docks. Nun brauchen Sie nur noch auf das Symbol der Spirale zu klicken, und die Website wird geöffnet. Mit diesem Trick ersparen Sie sich den Weg über Safari. Sie brauchen also nicht erst das Programm zu starten, sondern sind mit einem Klick auf Ihrer favorisierten Seite. Selbstverständlich können Sie mehr als eine Webadresse ins Dock befördern. Um nicht durcheinander zu geraten, wird die Adresse eingeblendet, sobald Sie mit der Maus über die Spirale fahren.

Lesezeichen ins Dock legen.

Alles mit einer Seite: Surfen mit Tabs

Tabs sind eine geniale Einrichtung, um mehrere Webseiten gleichzeitig zu laden und favorisierte Webseiten mithilfe von Tastenkürzeln zu öffnen. Tabs vereinfachen das Surfen. Denn während weitere Seiten im Hintergrund geöffnet werden, lassen sich die ersten bereits in Augenschein nehmen. Tabs erlauben es, von einer Website auf die nächste zu hüpfen, ohne dass ein neues Fenster geöffnet oder der Inhalt des aktuellen Fensters ersetzt wird.

Mit Tabs durchs Internet

Schauen Sie sich das Schauspiel an, wenn mehrere Webseiten gleichzeitig geladen werden und Sie ohne weiteres Zutun von der einen auf die andere Seite wechseln können:

- Klicken Sie im Lesezeichenordner *News* oder *Beliebt* auf den Eintrag *In Tabs öffnen*.
- Nun wird unterhalb der Lesezeichenleiste eine weitere Leiste eingeblendet, in der jede einzelne Website des Ordners in einem kleinen Reiter zu sehen ist. An den drehenden Scheiben erkennen Sie, dass alle Webseiten geladen werden.
- Jetzt haben Sie die Möglichkeit, von einem Tab zum nächsten zu springen, sich auf der jeweiligen Website umzusehen und danach einen weiteren Tab anzusteuern.

- Der jeweils ausgewählte Tab hebt sich durch ein helleres Grau von den anderen ab, so dass der Seitentitel auch bei vielen offenen Tabs gut erkennbar ist.

Sie können stets auch im aktuellen Fenster einen neuen Tab öffnen, indem Sie mit gedrückter ⌘-Taste auf einen Link klicken. Mit der Tastenkombination ⌘ – ⇧ plus Klick auf einen Link wird der Link als neuer Tab im Vordergrund geöffnet.

TIPP

Auch ein Klick auf das Pluszeichen am rechten Rand der Tabreihe erzeugt einen neuen Tab. In der nun geöffneten Ansicht der Top Sites wird die von Ihnen angesteuerte Website als Tab geöffnet.

Tabs lassen sich mit gedrückter Maus in die gewünschte Reihenfolge bringen. Ein einzelner Tab lässt sich jederzeit mit einem Klick auf das Kreuzsymbol links neben dem Namen im Tabreiter schließen.

Sobald Sie ein Safari-Fenster mit Tabs schließen wollen, werden Sie auf die Anzahl offener Tabs aufmerksam gemacht. Dieser Hinweis ist ein netter Service, da man es eventuell noch gar nicht geschafft hat, auf die anderen Tabs zu klicken und sich die Inhalte anzuschauen. Klicken Sie auf *Abbrechen*, wenn Sie die Tabs vorm Schließen noch mal in Augenschein nehmen wollen. Denken Sie beim Surfen mit Tabs auch ans Kontextmenü. Mit CTRL-Klick (rechte Maustaste) auf einen Tab steht Ihnen im Kontextmenü das ganze Spektrum an Möglichkeiten mit Tabs zur Verfügung:

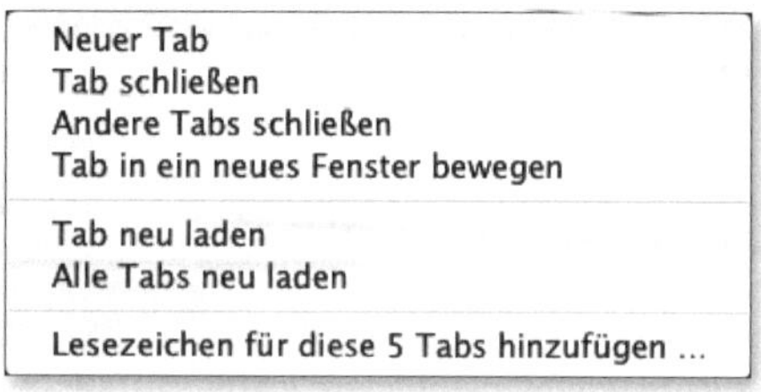

Im Kontextmenü finden Sie alle Möglichkeiten, die Sie mit Tabs haben.

Tabs als Lesezeichen sichern

Angenommen, Sie recherchieren zu einem Thema und werden bei dieser Recherche auf den unterschiedlichen Webseiten aufmerksam gemacht auf andere Seiten, die interessant für Ihr Thema sind. Nun können Sie ständig hin- und herklicken oder noch einfacher: Sie öffnen jeden Link als Tab (gedrückte ⌘–Taste plus Mausklick). Da Sie morgen oder zu einem anderen Zeitpunkt die Seiten wiederum benötigen, um die Recherche zu vertiefen, sichern Sie die Tabs am besten als Lesezeichen. Wählen Sie dazu im Menü *Lesezeichen* den Eintrag *Lesezeichen für diese [Ziffer] Tabs hinzufügen*. Geben Sie den Tabs anschließend einen Namen und entscheiden Sie sich für einen Speicherort. Die Webseiten, die Sie als Tab geöffnet haben, stehen Ihnen ab sofort für weitere Recherchen zur Verfügung.

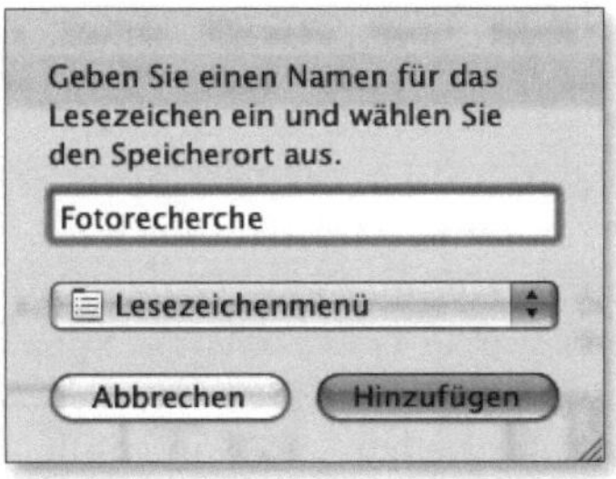

Pfiffig: Tabs als Lesezeichen sichern.

SnapBack: gezielt zurück zu den Suchergebnissen

Angenommen, Sie möchten das Internet nach asiatischen Wüstenlandschaften durchforsten und geben entsprechende Begriffe in das Google-Suchfeld ein. Nun klicken Sie auf ein Suchergebnis und recherchieren ein wenig auf dieser Website. Da man ja meistens nicht sofort genau das findet, wonach man sucht, kehrt man zurück auf die Seite mit den Suchergebnissen. Doch je nachdem, wie viele Klicks Sie auf der Website getätigt haben, ist der Weg zurück zu den Suchergebnissen langwierig und umständlich, da Sie mit dem Zurück-Button immer nur eine Seite pro Klick schaffen. Mit SnapBack ist Schluss mit diesem mühsamen Zurückklicken. Die Funktion SnapBack bringt Sie nämlich mit einem Klick wieder zurück auf die Seite mit den Suchergebnissen. Klicken Sie nach der Exkursion einfach in das SnapBack-Symbol neben dem eingegebenen Suchbegriff, und Sie befinden sich wieder in der Übersicht der Suchergebnisse. Das wirklich Famose daran ist, dass Sie nicht wieder zurück auf die erste Seite der Suchergebnisse geschickt werden, sondern genau auf der Seite landen, von der aus Sie zuletzt auf ein Ergebnis geklickt haben.

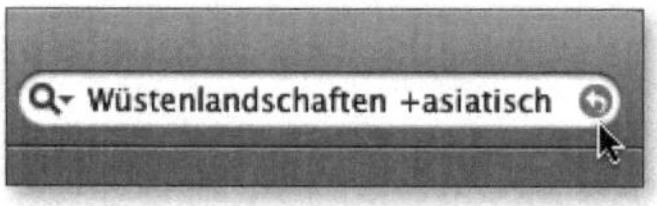

SnapBack nutzen, um auf die Seite mit den Suchergebnissen zurückzukehren.

Den Verlauf fürs schnelle Auffinden nutzen

Safari merkt sich alles: Die Seiten, die Sie in den letzten Tagen besucht haben, die Seiten der letzten Sitzung und natürlich die zuletzt geschlossene Website. Ihnen als Anwender kommt dieses Gedächtnis zugute: Sie überlegen, welche Website es war, auf der Sie vor ein paar Tagen einen interessanten Artikel gelesen haben? Schauen Sie im Verlauf nach. Im Menü *Verlauf* sind stets die aktuellen Seiten aufgeführt. Die besuchten Seiten der vergangenen Woche werden im unteren Teil der Liste nach Tag gebündelt angezeigt.

Wer den gesamten Verlauf angezeigt haben möchte, klickt im Menü *Verlauf* auf den entsprechenden Eintrag. Der Verlauf wird in der aus iTunes und dem Finder bekannten Ansicht Cover Flow dargestellt. Hier wie dort können Sie mit Hilfe des Rollbalkens bequem durch die Vorschaubilder blättern.

Die Suchfunktion Spotlight hat sich mittlerweile in jedem Apple-eigenen Programm bewährt – so auch in Safari, wo Sie das Suchfeld in der Cover Flow-Ansicht des Verlaufs finden. Dabei sucht Safari den von Ihnen eingegebenen Begriff nicht nur in den Webadressen, sondern bezieht den gesamten Inhalt der zuletzt aufgerufenen Seiten mit ein. Sehr praktisch!

TIPP

Standardmäßig zeigt Safari den Verlauf der letzten vier Wochen an. Alle Seiten, die Sie vor dieser Zeit aufgerufen haben, werden automatisch aus dem Verlauf gelöscht. Wer einen kürzeren Abstand bevorzugt oder den Verlauf für maximal ein Jahr gesichert haben möchte, legt das Intervall in den Einstellungen (Menü *Safari* | *Allgemein*) fest.

Der Verlauf bietet noch zwei andere Highlights: Mit einem Klick auf *Zuletzt geschlossenes Fenster erneut öffnen* sind Sie wieder genau da, wo Sie vor einer Weile schon mal waren. Da man manchmal recht schnell eine Seite wegklickt, ist diese Funktion recht nützlich. Wer morgens mit den gleichen Seiten wie am Vortag starten möchte, wählt im Menü *Verlauf* den Eintrag *Alle Fenster der letzten Sitzung erneut öffnen.*

Immer auf dem Laufenden: RSS-Artikel

Seit geraumer Zeit machen Weblogs und Nachrichten-Websites mit ihren sogenannten RSS-Feeds auf sich aufmerksam. RSS steht für »Really Simple Syndication«, eine besonders schlanke Variante der gewohnten Internetseiten: wenig bis gar keine Bilder, kaum Grafiken, keine Werbung, statt dessen gebündelte und chronologisch angeordnete Informationen. Webseiten lassen sich dank dieser Technologie sehr viel schneller und effizienter auf aktuelle Inhalte prüfen. Alle wichtigen Nachrichtenseiten und Weblogs sind mittlerweile auch als RSS-Artikel abrufbar. Um die RSS-Feeds anzeigen und lesen zu können, braucht man einen RSS-Reader. Apple hat einen solchen Reader in das Programm Safari integriert.

Webseiten mit RSS-Variante werden in der Adresszeile von Safari ergänzt um einen blauen Button mit der Aufschrift RSS. Ein Klick in diesen Button führt Sie direkt in den RSS-Reader. Die RSS-Artikel werden nicht im Look&Feel der entsprechenden Website angezeigt, sondern stets im Design des in Safari integrierten RSS-Readers. Das gewährleistet, dass die RSS-Feeds sämtlicher Seiten, die diesen Dienst anbieten, in einem Fenster angezeigt werden können. Theoretisch bräuchten Sie nun gar nicht mehr auf die eigentliche Website zu gehen. Doch beinhalten die RSS-Nachrichten in der Regel nur die Überschrift und einen Teasertext. Der vollständige Inhalt kann dann bei Interesse auf der Webseite eingesehen werden.

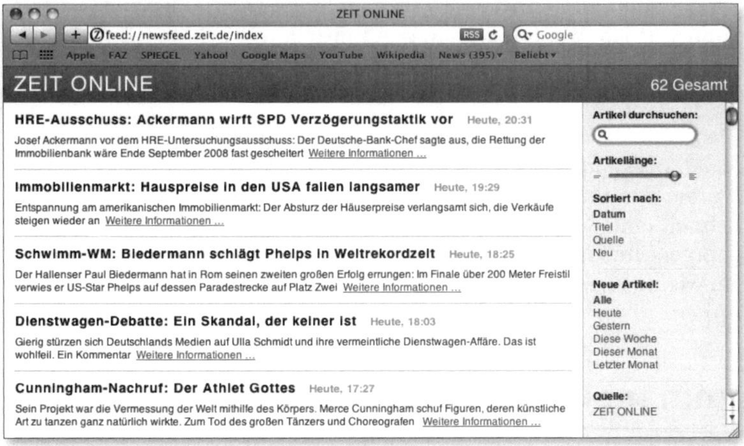

Eine Website mit RSS-Feed

Mit den Sortierkriterien in der rechten Leiste lässt sich die Anzeige der Nachrichten nach Bedarf anders anordnen. Über die Suchfunktion grenzen Sie die Artikel thematisch stärker ein. Und mit dem Schieberegler *Artikellänge* regulieren Sie die angezeigte Menge an Text.

Websites oder sogenannte Feeds im RSS-Design lassen sich über das Pluszeichen neben der Webadresse als Lesezeichen im Ordner *Alle RSS-Feeds* ablegen. Die Lesezeichen in diesem Ordner werden auch als RSS-Feeds im Programm Mail angezeigt. Damit haben Sie Gelegenheit, die neuesten Nachrichten zugesendet zu bekommen und sich via Mails auf dem Laufenden zu halten.

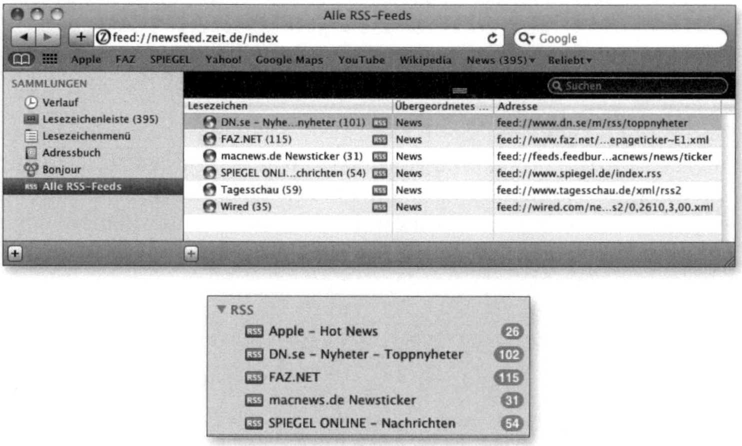

Die RSS-Feeds im Lesezeichenordner werden auch in Mail angezeigt.

GRUNDLAGEN

Bei RSS-Feeds werden Sie nach dem Prinzip »Die Informationen kommen nun zu mir und ich nicht mehr zu ihnen« auf neue Artikel aufmerksam gemacht. Ziffern hinter dem Lesezeichennamen im Lesezeichenmenü zeigen die Anzahl an aktuellen Artikeln seit dem letzten Update der Website an.

In den Programmeinstellungen (Menü *Safari* | *Einstellungen…*) befindet sich ein eigenes Fenster, in dem Sie die Anzeige von RSS-Artikeln konfigurieren. Die automatische Aktualisierung drängt sich bei dieser Technologie geradezu auf. Denn da es meistens um Nachrichtenseiten geht, möchte man ja auf immer up to date sein. Im Aufklappmenü *Nach Updates suchen* legen Sie fest, in welchen Intervallen die Seiten nach neuen Artikeln durchkämmt werden sollen.

Nach dem Motto »Was interessiert mich die Zeitung von gestern« haben Sie bei *Artikel entfernen* Gelegenheit festzulegen, nach welchem Zeitraum die Artikel gelöscht werden sollen.

Zeit sparen: Formulare automatisch ausfüllen

Warum alles selbst machen? Lassen Sie Formulare, auf die Sie im Internet stoßen, automatisch von Safari ausfüllen. Öffnen Sie dazu die *Einstellungen…* (Menü *Safari*) und klicken Sie in das Register *Autom. ausfüllen*. In diesem Fenster legen Sie fest, welche Informationen Safari beim automatischen Ausfüllen von Formularen sowie beim Anmelden auf einer Website verwenden darf.

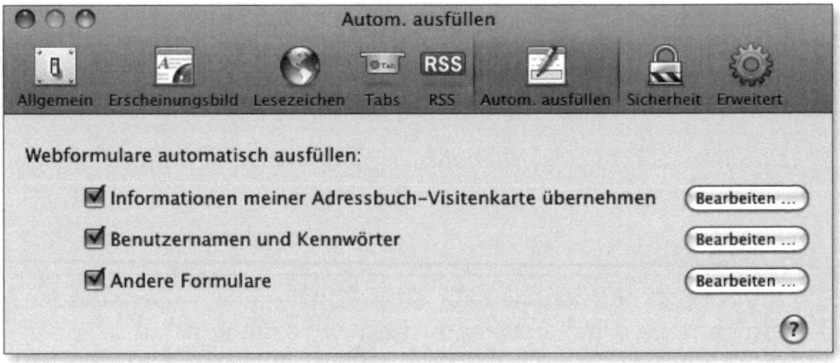

Von Safari Formulare ausfüllen lassen.

Wie schon erwähnt, übernimmt Safari beim Ausfüllen von Formularen die Informationen, die Sie im Programm Adressbuch in Ihre persönliche Visitenkarte eingegeben haben. Je detaillierter Ihre Einträge sind, umso weniger müssen Sie in den Formularen nachtragen. Klicken Sie in *Bearbeiten…*, um nachzuschauen, welche Kontaktdaten Sie eventuell hinzufügen müssen. Nun brauchen Sie, sobald sich ein Web-Formular vor Ihnen auftut, nur noch auf den Eintrag *Formular automatisch ausfüllen* im Menü *Bearbeiten* zu klicken.

TIPP

Falls Safari auch Benutzernamen und Kennwörter automatisch ausfüllen soll, klicken Sie in die Checkbox *Benutzernamen und Kennwörter*. Diese Option lernt man sehr zu schätzen, wenn man häufig passwortgeschützte Webseiten besucht. Ist die Option aktiviert, fragt Safari Sie, sobald Sie auf einer mit Kennwort geschützten Webseite sind, ob Sie das Kennwort sichern wollen. Klicken Sie auf *Ja*, können Sie das Kennwort getrost vergessen und brauchen sich fortan nicht mehr den Kopf nach dem richtigen Kennwort zu zermartern.

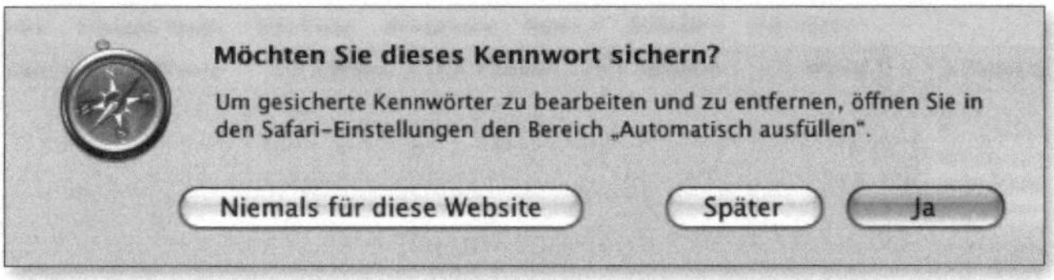

Safari merkt sich Ihre Kennwörter.

Um zu schauen, für welche Webseiten Safari bereits Benutzernamen eingesammelt oder auf welchen Webseiten es Formulare ausgefüllt hat, klicken Sie auf *Bearbeiten…* . Hier haben Sie auch die Möglichkeit, einzelne Webseiten und dafür notierte Benutzernamen zu entfernen.

AUFGEPASST

In diesen Listen werden zu Ihrer Sicherheit nur die Benutzernamen, aber keine Kennwörter abgelegt. Die finden Sie im Programm Schlüsselbund.

Die Option *Andere Formulare* versammelt die Adressen von Websites, auf denen Sie Informationen abweichend von Ihren Daten aus dem Adressbuch eingeben.

Sicheres Surfen

Beim Surfen im Internet hinterlassen Sie automatisch und zwangsläufig Spuren. Falls Sie einen öffentlich zugänglichen Rechner für den Besuch im Internet nutzen, ist es wahrscheinlich nicht in Ihrem Interesse, dass Ihr Nachfolger über den Verlauf und die gesetzten Cookies nachvollziehen kann, welche Seiten Sie besucht haben.

Klicken Sie in diesem Fall im Menü *Safari* auf den Eintrag *Safari zurücksetzen*. Damit werden der Verlauf, alle Einträge im Fenster *Geladene Objekte*, Google-Suchwörter, Cookies, Kennwörter, der Cache und alle automatisch ausgefüllten Textelemente gelöscht.

AUFGEPASST

Beachten Sie, dass das automatische Vervollständigen von Webadressen auch nach der Zurücksetzung noch funktioniert. Haben Sie zum Beispiel auf den Seiten spiegel.de und comdirect.de gesurft und Sie setzen Safari danach zurück, reichen die ersten Buchstaben dieser Webadressen, um die vollständige URL angezeigt zu bekommen.

GRUNDLAGEN

Der Cache ist ein temporärer Speicher für Webseiten, die Sie besucht haben. Greifen Sie zu einem späteren Zeitpunkt noch einmal auf die Webseite zu, wird die Seite aus dem Cache geladen, was den Ladevorgang beschleunigt. Dabei kann es freilich passieren, dass die Seite bereits aktualisiert worden ist, auf Ihrem Bildschirm allerdings noch die frühere Version angezeigt wird. Klicken Sie auf den Button *Aktualisieren* oder wählen Sie den Befehl *Cache leeren…* im Menü *Safari*. Der Cache ermöglicht auch das Autovervollständigen einer Webadresse. Sollten sehr viele Webseiten in Ihrem Cache mit denselben Buchstaben beginnen, kann das manchmal verwirren oder sogar nerven. Löschen Sie dann einfach den Cache.

Mit der Funktion *Safari zurücksetzen* verwischen Sie die Spuren, mit der Funktion *Privates Surfen* legen Sie erst gar keine. Diese Möglichkeit, sich von vornherein spurlos durch das Internet zu bewegen, aktivieren Sie im Menü *Safari*. Sobald Sie auf den Eintrag klicken, werden

Sie nochmals gefragt, ob Sie diese Art des Surfens auch wirklich wollen. Denn beim privaten Surfen wird kein Verlauf angelegt, Dateien, die Sie aus dem Internet herunterladen, tauchen erst gar nicht in der Liste der geladenen Dateien auf, und Adressen, die Sie möglicherweise in Bestellformulare von Onlineshops eingeben, werden nicht gesichert.

In den Einstellungen *Sicherheit* (Menü *Safari* | *Einstellungen*) geht es um Web-Inhalte und Cookies. Schauen wir uns diese Einstellungen an:

Um nicht ständig fehlerhafte oder unvollständige Webseiten angezeigt zu bekommen, sollten Sie die Optionen Plug-Ins, Java und Javascript eingeschaltet lassen. Die meisten Internetseiten beinhalten interaktive Bestandteile, die mithilfe von Java und Javaskript angezeigt werden. Das müssen nicht einmal aufwendige Animationen sein. Selbst ein Button, mit dem Sie in einem Fragebogen eine Antwort kennzeichnen, ist in Javaskript programmiert.

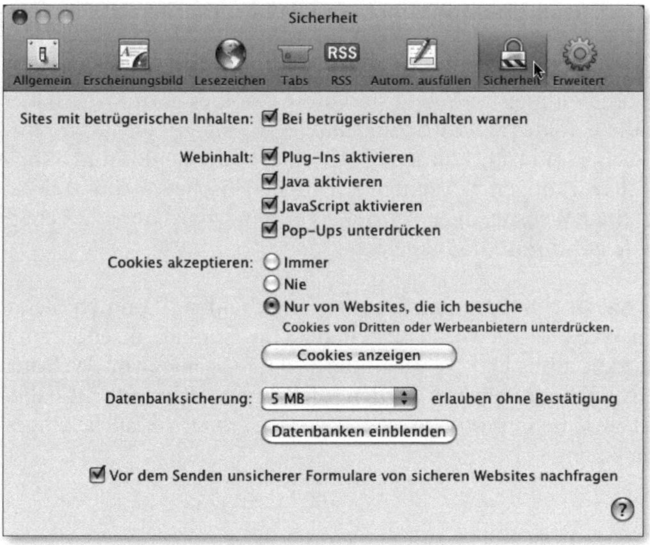

Sicher durchs Netz

Pop-Ups unterdrücken

Als Spaßverderber beim Surfen entpuppen sich recht schnell die Pop-Ups. Sollten Sie das auch so sehen, setzen Sie in das Kästchen *Pop-Ups unterdrücken* ein Häkchen.

Manchmal passiert es, dass ein ausgefülltes Formular über eine nicht sichere Verbindung an die Website übertragen wird. Safari blendet in diesem Fall eine Warnmeldung ein, um Sie auf diese Sicherheitslücke aufmerksam zu machen. Sollten Sie Bedenken haben, brechen Sie den Vorgang ab. Legen Sie keinen Wert darauf, auf diesen Umstand hingewiesen zu werden, so entfernen Sie das Häkchen am Eintrag *Vor dem Senden unsicherer Formulare an sichere Web-Sites nachfragen*.

Cookies

Sicherlich waren Sie schon auf Webseiten, auf denen ein persönlicher Bereich mit Ihrem Namen angelegt ist. Damit dies überhaupt funktioniert, wird auf Ihrem Rechner ein Cookie gespeichert. Cookies sind kleine Textdateien, die vom Website-Betreiber auf Ihrem Rechner hinterlegt werden, damit er Sie bei Ihrem nächsten Besuch identifizieren kann. In den meisten Fällen sind diese Cookies harmlos. Schauen Sie sich die Cookies an (Klick auf *Cookies anzeigen*), die auf Ihrem Mac gespeichert sind. Sie können die Cookies bedenkenlos und ohne negative Auswirkungen befürchten zu müssen, löschen. Beim nächsten Besuch einer Website, die mit Cookies arbeitet, wird ohnedies ein neuer Cookie auf Ihrem Mac abgelegt.

Falls Sie sich völlig gegen Cookies entscheiden, kommen Sie auf all jenen Websites, die voraussetzen, dass Sie Cookies akzeptieren, nicht besonders weit. Um zu verhindern, dass Cookies von Websites auf Ihrem Rechner abgelegt werden, die Sie gar nicht besucht haben, ist es ratsam, die Option *Nur von Web-Sites, die ich besuche* eingeschaltet zu lassen.

Mail 

Apples E-Mail-Programm Mail ist eine ästhetisch wie funktional wunderbar ausgetüftelte Anwendung für das Schreiben, Empfangen und Verwalten von E-Mails sowie zum Festhalten anstehender Aufgaben und Termine. Das Programm Mail ist eng mit iCal verbandelt. Alle Aufgaben, die Sie in iCal in die To-do-Liste eingeben, erscheinen in Mail und umgekehrt.

Wenn Sie Mail zum ersten Mal öffnen, werden Sie durch die einzelnen Konfigurationsschritte geführt, die erforderlich sind, um E-Mails senden und empfangen zu können.

Sollten Sie bei der Installation des Betriebssystems einen MobileMe-Account eingerichtet haben, hat Mail automatisch die nötigen Einstellungen vorgenommen, so dass Sie gleich nach dem Start des Programms Ihre erste E-Mail schreiben können.

In der Symbolleiste des Programms sind standardmäßig die fundamentalen Befehle fürs Schreiben und Empfangen von E-Mails sowie fürs Anlegen von Notizen und Aufgaben aufgereiht. Die Leiste lässt sich allerdings weitaus üppiger bestücken, wie im Menü *Darstellung | Symbolleiste anpassen* zu sehen ist. Ziehen Sie die Symbole, die für Ihre Arbeit wichtig sind, in die Leiste, und ordnen Sie die Symbole mit gedrückter Maustaste in der Reihenfolge an, wie es für Sie am besten ist.

Eine neu angelegte Symbolleiste

Mails importieren

Sobald alle Informationen wie Servertyp, Servername, Benutzername und Kennwort ausgewählt bzw. eingegeben sind und der Zugang (Account) erstellt ist, haben Sie Gelegenheit, Postfächer aus einem anderen E-Mail-Programm wie beispielsweise *Microsoft Entourage* zu importieren. Wählen Sie dazu im Menü *Ablage* den Befehl *Postfächer importieren…* . Mit einem Klick bei *Apple Mail* lassen sich Postfächer importieren, die Sie mit der aktuellen Version oder einer Vorgängerversion von Mail archiviert haben. Wer Mails von einem Windows-Rechner importieren möchte, wählt die Option *Dateien im mbox-Format*.

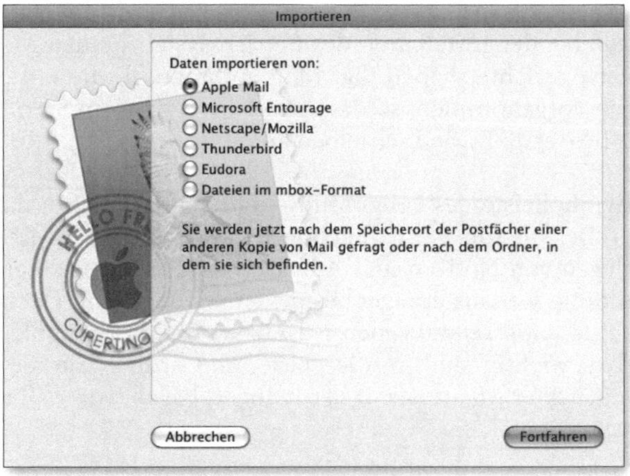

Mail ermöglicht den Import aus verschiedenen E-Mail-Programmen.

Nach dem Import von Mails wird im Mailprogramm eine Rubrik mit dem Namen *Lokal* angelegt. Innerhalb dieser Rubrik befindet sich das Postfach *Importiert*, in dem die Mails in exakt den gleichen Postfächern abgelegt sind wie in dem Ursprungsprogramm.

Der Import von Mails lässt sich auch zu einem späteren Zeitpunkt bewerkstelligen.

E-Mail-Zugang einrichten

Mail unterstützt die Verwaltung mehrerer E-Mail-Konten. Um die Zugangsdaten für einen E-Mail-Zugang zu bearbeiten, ein Konto zu löschen oder um neue Zugänge anzulegen, dienen die Einstellungen im Menü *Mail | Einstellungen | Accounts*. Sofern Sie einen weiteren Zugang einrichten wollen, klicken Sie auf das Pluszeichen unten links. Nun werden Sie mit Hilfe des Assistenten Schritt für Schritt durch die Konfiguration geführt. Die Einträge werden anschließend vom Programm in die Felder übertragen.

Damit Mail automatisch auf allen Konten nachschaut, ob Nachrichten für Sie eingegangen sind, checken Sie im Register *Erweitert*, ob auch für den neuen Zugang die Optionen *Diesen Account aktivieren* und *Beim automatischen Empfang berücksichtigen* eingeschaltet sind.

Sie versenden eine Nachricht von dem Benutzerkonto, das in der Liste *Accounts* an oberster Stelle platziert ist. Mit gedrückter Maustaste lässt sich die Reihenfolge der Konten jederzeit ändern. Glücklicherweise müssen Sie aber nicht jedes Mal die *Einstellungen…* öffnen, um eine E-Mail von einem anderen Konto zu versenden. Im Mailformular ist das an erster Stelle stehende Konto fix gegen ein anderes ausgetauscht. Klicken Sie in die Auswahlbox *Von* und treffen Sie Ihre Wahl:

Den Account fürs Versenden auswählen.

E-Mails lesen

Damit Sie den Eingang einer E-Mail immer sofort mitbekommen, gibt Ihnen das Programm unterschiedliche Töne zur Auswahl, mit denen neue E-Mails eingeläutet werden. Im Menü *Mail | Einstellungen| Allgemein* finden Sie im Aufklappmenü *Ton für neue E-Mail* eine breite Auswahl an Signalen. Mit einem Klick auf die Beispiele ertönen die jeweiligen Klänge.

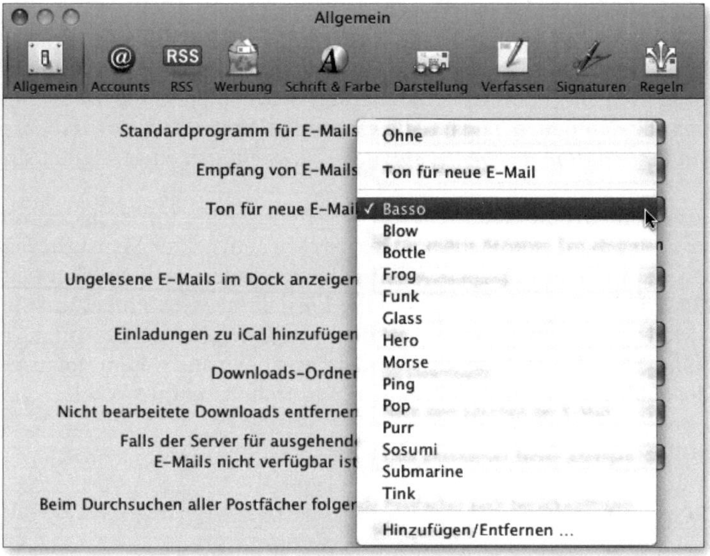

Tonauswahl für unterschiedliche Aktionen

Nicht in jeder Umgebung ist es passend, wenn ein Ton bei eingehenden E-Mails erschallt. Deshalb läuft Mail mit einem weiteren Feature, an dem Sie erkennen, wann es sich lohnt, in den Posteingang zu schauen. Ist das Programm geöffnet, zeigt das Mail-Symbol im Dock in dem kleinen roten Punkt die Anzahl der ungelesenen Mails an.

Sollten Sie ständig online sein, bietet es sich an, dass Mail nach einem definierten Zeitplan nachschaut, ob E-Mails für Sie eingegangen sind.

Sie legen das Intervall im Menü *Mail* | *Einstellungen...* | *Allgemein* im Aufklappmenü *Nach neuen E-Mails suchen* fest. Auch mit einem Zeitplan haben Sie natürlich jederzeit die Möglichkeit, manuell zu überprüfen, ob Nachrichten eingetroffen sind. Klicken Sie hierfür auf das Icon *Empfangen* in der Symbolleiste des Programms.

Das Nachrichtenfenster ist in zwei Bereiche geteilt: Oben sehen Sie die Liste der empfangenen E-Mails, im unteren Bereich wird der Text eingeblendet, sobald Sie auf die Nachricht klicken.

Die Größe der beiden Bereiche variieren Sie, indem Sie mit gedrückter Maustaste die horizontale Trennlinie auf- oder zuziehen. Wollen Sie die Liste Ihrer E-Mails stärker in den Fokus rücken oder eine umfangreiche E-Mail in ihrer Gänze sehen, ist die Größenverschiebung recht nützlich.

TIPP

Eine E-Mail lässt sich übrigens mit einem Doppelklick oder durch Drücken der Returntaste (↩) in einem separaten Fenster öffnen.

Mitgeschickte Daten erkennen und weiterleiten

E-Mails, die Sie von Kunden und Freunden bekommen, enthalten oftmals Informationen wie Kontaktdaten und Termine. Da Mail diese Informationsdaten erkennt, nimmt das Programm Ihnen die Arbeit des umständlichen Kopieren und Einsetzens in die Programme Adressbuch und iCal ab. Das einzige, was Sie zu tun haben, ist, mit der Maus auf einen Namen, eine Adresse, ein Datum oder eine Uhrzeit innerhalb des Mailtextes zu fahren. Sie sehen dann einen um die Info gezeichneten Kasten, der rechts von einem Dreieck abgeschlossen wird.

TIPP

Übrigens erkennt Mail auch Flugdaten. Wenn Sie mit der Maus über die Flugnummer fahren, lassen sich die Fluginformationen an das Widget »Flight Tracker« schicken, das Ihnen anzeigt, ob der Flug pünktlich startet.

Sobald Sie auf dieses aufklappbare Dreieck klicken, werden Ihnen abhängig von der Information verschiedene Optionen angeboten.

Die für Kontaktdaten typischen Vorschläge sind:

- **Neuen Kontakt erstellen:** Aus der Adresse wird eine Visitenkarte in Adressbuch erstellt.
- **Zu vorhandenem Kontakt hinzufügen:** Eventuell neue Informationen wie eine Faxnummer oder eine neue E-Mail-Adresse werden der bereits bestehenden Visitenkarte hinzugefügt.
- **Karte einblenden:** Die angegebene Adresse wird in einer Umgebungskarte in Google Maps angezeigt.
- **Große Zeichen:** Die Rufnummer wird überdimensional angezeigt.

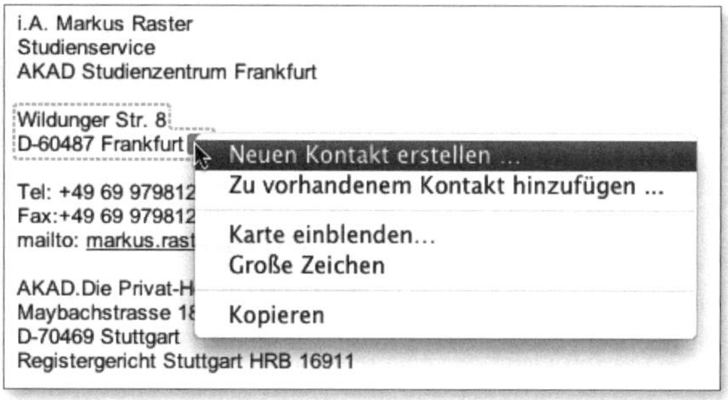

Mail erkennt Adressen und schickt diese an Adressbuch.

POWER USER

Wer mit dem Programm Adressbuch arbeitet, kennt in den Visitenkarten der Kontakte die Rubrik *Notizen*. Auch dieses Feld lässt sich mit der Datenerkennung von Mail füllen, und zwar so: Markieren Sie zunächst den Text, den Sie für wichtig erachten und als Notiz zu der Person sichern wollen. Fahren Sie **erst dann** mit der Maus über die Adressdaten, klicken Sie auf das nach unten zeigende Dreieck und wählen Sie *Neuen Kontakt erstellen*.

Die für Datumsanzeigen und Uhrzeiten typischen Optionen sind:

- **Neues iCal-Ereignis erstellen:** Der Termin wird an iCal geschickt. Das Kalenderprogramm trägt den Termin zum in der Nachricht erkannten Zeitpunkt ein.

- **Dieses Datum in iCal anzeigen:** Angenommen, Sie werden in der E-Mail auf ein Meeting hingewiesen oder zu einem Ereignis eingeladen. Um nachzuprüfen, ob Sie zum vorgeschlagenen Zeitpunkt überhaupt können, wählen Sie diese Option.

Die Nachrichtenliste verstehen und optimieren

Am linken Rand der Nachrichtenliste beanspruchen kleine Symbole jeweils eine Spalte für sich. Unterhalb des schwarzen Kreises sehen Sie höchstwahrscheinlich blau schimmernde Punkte. Sie sind das Signal dafür, dass eine E-Mail noch nicht gelesen wurde. Mit einem Klick auf den schwarzen Punkt sortieren Sie die E-Mails nach noch ungelesenen Nachrichten. Auch eine bereits gelesene Nachricht lässt sich übrigens wieder als eine ungelesene anzeigen: Klicken Sie mit der rechten Maustaste auf die Mail und wählen Sie bei *Markieren* den Eintrag *Als ungelesen*.

In der Spalte *Ungelesene Nachricht* sehen Sie eventuell auch einen nach rechts zeigenden sowie einen geschwungenen nach links zeigenden Pfeil. Der Rechtspfeil markiert weitergeleitete, der Linkspfeil beantwortete Nachrichten.

TIPP

Die Pfeile sind noch viel mehr als nur Symbole für eine beantwortete bzw. weitergeleitete E-Mail: Wenn Sie auf ein solches Symbol klicken, wird Ihre Antwort oder Ihre Weiterleitung eingeblendet. Dies ist ein überaus praktischer Service, da er Ihnen das lästige Suchen nach den entsprechenden Ausgangsmails erspart.

Falls im Sprechblasen-Symbol ein grüner Punkt zu sehen ist, bedeutet dies, dass die Person, von der Sie die E-Mail erhalten haben, online ist und Sie mit diesem Freund oder Kollegen alternativ auch chatten können. Beendet die Person die Internet-Verbindung oder meldet er sich in dem Chatprogramm ab, verschwindet auch der Punkt. Der Punkt taucht allerdings nur dann auf, wenn in den Kontaktinformationen für diese Person ein sogenanntes Pseudonym eingetragen ist.

Die Anzahl der schmalen Spalten hängt mit den Aktionen zusammen, die Sie für eine Nachricht auswählen. Markieren Sie beispielsweise eine E-Mail, weil sie von besonderer Bedeutung ist, wählen Sie im Menü *E-Mail | Markieren* die Option *Als markiert*. Neben der Nachricht erscheint nun eine weitere Spalte mit einem roten Fähnchen.

Mails markieren und sortieren

Für das Markieren von E-Mails ist der Weg über das Menü freilich recht umständlich. Machen Sie es sich einfacher, indem Sie sich entweder die Tastenkombination ⌘ – ⇧ – L merken, das Symbol in die Symbolleiste ziehen (Menü *Darstellung | Symbolleiste anpassen…*) oder die E-Mail mit dem entsprechenden Befehl im Kontextmenü (rechter Mausklick auf die Nachricht) kennzeichnen.

Die Anordnung der Spalten in der Nachrichtenliste ist beliebig veränderbar. Mit gedrücktem Mauszeiger in der Spaltenüberschrift lassen sich die Kategorien in die von Ihnen gewünschte Reihenfolge bringen.

Die Sortierung Ihrer E-Mails funktioniert genauso wie das Sortieren von Dokumenten in der Listendarstellung des Finders. Sobald Sie in eine der Überschriften klicken, werden die Nachrichten diesem Kriterium folgend sortiert. Die Spalte *Empfangen* ermöglicht eine aufsteigende bzw. absteigende Anordnung. Die Spalten *Absender* und *Betreff* ordnen die Absender oder Betreffs alphabetisch. Die Auswahl an Spalten lässt sich im Menü *Darstellung | Spalten* erweitern oder verringern.

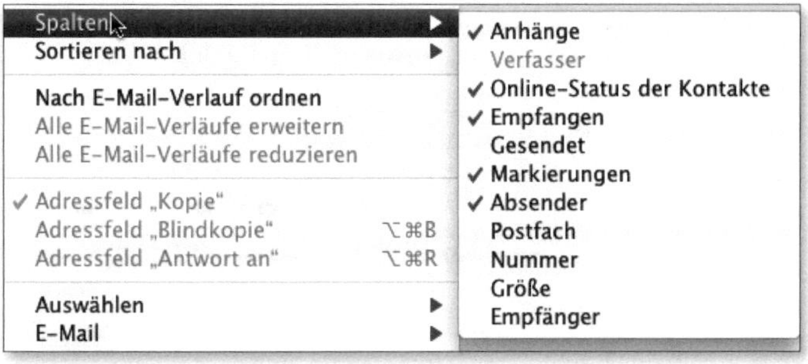

Welche Spalten angezeigt werden, entscheiden Sie im Menü ***Darstellung | Spalten.***

E-Mails schreiben und versenden

Sobald Sie auf das Icon *Neue E-Mail* in der Symbolleiste klicken, erscheint ein E-Mail-Fenster für Ihre E-Mail, das ebenso wie das Programmfenster über eine Symbolleiste verfügt. Auch diese Leiste lässt sich individuell mit weiteren Icons erweitern. Öffnen Sie die Auswahlliste im Menü *Darstellung | Symbolleiste anpassen… .*

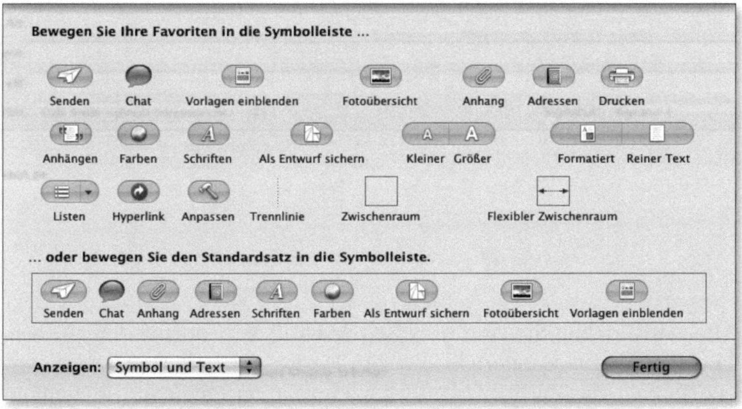

Die Symbolauswahl für das E-Mail-Fenster

In einem neuen E-Mail-Formular befindet sich die Einfügemarke stets im Adressfeld, so dass Sie gleich mit der Eingabe der Adresse loslegen können. Ist die Adresse schon einmal verwendet worden oder steht sie bereits im Adressbuch, reicht es, die ersten Buchstaben einzutippen. Die Programme Mail und Adressbuch arbeiten Hand in Hand. Adressbuch lauert quasi im Hintergrund darauf, für Mail aktiv zu werden und die Adresse zu komplettieren.

TIPP

Wer der automatischen Vervollständigung der Adresse nichts abgewinnen kann, schaltet diese im Menü *Mail | Einstellungen | Verfassen* aus. Klicken Sie dazu in das Kästchen bei *Adressen automatisch vervollständigen.*

Die Adressen lassen sich auch direkt aus dem Adressbuch in die Felder *An*, *Kopie* oder *Blindkopie* manövrieren. Klicken Sie auf das Icon *Adressen*, um das Adressbuch zu öffnen. Mit einem Klick auf die Buttons *An*, *Kopie* oder *Blindkopie* bugsieren Sie jede markierte Adresse in das gewünschte Feld.

Mail und Adressbuch sind eng miteinander verzahnt.

Alternativ ziehen Sie eine Adresse per Drag & Drop aus dem Adressbuch in das Empfängerfeld. Rücken Sie das Karteikartensymbol mit gedrückter Maustaste ein wenig nach links oder rechts und ziehen Sie es anschließend in das Empfängerfeld Ihrer E-Mail.

Wenn Sie den Mauszeiger auf den Namen des Adressaten im Empfängerfeld bewegen und ein Sekündchen warten, wird die vollständige Mailadresse eingeblendet. Alternativ klicken Sie auf das nach unten zeigende Dreieck. Im Menü, das sich nun öffnet, sehen Sie die Adresse und ein paar zusätzliche Befehle für den Umgang mit einer Adresse.

Praktisch: ein Menü mit Befehlen und Optionen für eine eingegebene Adresse

GRUNDLAGEN

Die Adressen werden in den Feldern *An, Kopie* und *Blindkopie* als sogenannte intelligente Adressen angezeigt, was bedeutet, dass lediglich der Name des Empfängers erscheint. Ist es Ihnen lieber, stets Namen und Adresse angezeigt zu bekommen, deaktivieren Sie die Option in den *Einstellungen | Darstellung* bei *Intelligente Adressen.*

Im Programm Adressbuch können Sie die angelegten Visitenkarten verschiedenen Gruppen zuordnen. Die E-Mail-Adressen der Gruppenmitglieder lassen sich anschließend gebündelt in das Empfängerfeld einer E-Mail bewegen. Dazu positionieren Sie den Mauszeiger auf den Namen der Gruppe im Programm Adressbuch und ziehen das Symbol in das Feld *An*. Standardmäßig erscheinen dabei die Namen der Gruppenmitglieder. Um dies zu verhindern, schalten Sie in den Einstellungen (Menü *Mail*) in der Rubrik *Verfassen* die Option *Bei E-Mails an eine Gruppe alle Mitglieder einblenden* aus.

Eine E-Mail an eine Gruppe senden.

Weitere Adressfelder hinzufügen

In der Auswahlliste neben dem Eintrag *Betreff* finden Sie die Adressfelder *Blindkopie* und *Antwort an*.

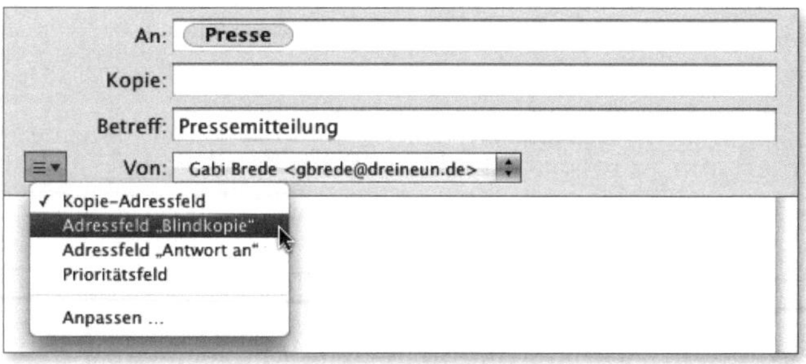

Weitere Adressfelder

Möchten Sie diese Eingabefelder immer in einer neuen E-Mail angezeigt bekommen, klicken Sie im Auswahlmenü auf *Anpassen…* und setzen ein Häkchen in die entsprechenden Kästchen.

Weitere Eingabefelder aktivieren.

Das Adressfeld *Antwort an* ist für den Fall gedacht, die Antwortnachricht mit einer anderen als der Versandadresse empfangen zu wollen. Das kommt zum Beispiel vor, wenn Sie abends im Büro noch eine E-Mail schreiben, auf die Antwort aber lieber zu Hause warten. In das Feld geben Sie also Ihre private E-Mail-Adresse ein, die in das Adressfeld übernommen wird, sobald der Empfänger auf das Symbol *Antworten* klickt.

Mails lassen sich mit unterschiedlicher Priorität versenden: mit geringer, normaler und hoher. Damit Sie von dieser Möglichkeit Gebrauch machen können, statten Sie das Fenster einer neuen Mail am besten dauerhaft mit dem *Prioritätsfeld* aus. Aktivieren Sie dazu das Feld auf der rechten Seite, an dem Sie das Ausrufezeichen sehen.

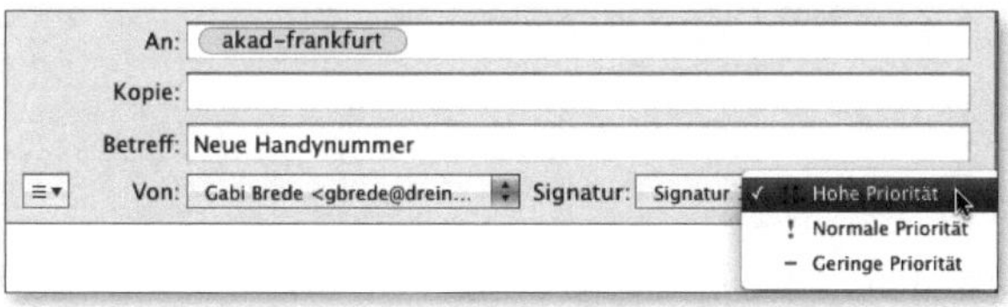

Für ganz wichtige, eilige E-Mails sollte die höchste Priorität eingestellt werden.

Formate für die Texteingabe

Für die Texteingabe sei auf die zwei unterschiedlichen Formate hingewiesen, das »Nur Text«-Format (reiner Text) und »formatierter Text«. Reiner Text lässt keinerlei Auszeichnungen zu, nicht einmal die Vergrößerung der Schrift. Der Vorteil ist, dass die E-Mail beim Empfänger genau so ankommt, wie Sie sie abgeschickt haben. Bei formatierten Texten passiert es recht häufig, dass die Formatierungen auf dem Weg zum Empfänger verloren gehen. Vor allem mit dem Gebrauch anderer Schriften ist Vorsicht geboten. Denn der Empfänger hat Ihre mit Bedacht und Sorgfalt ausgewählten Schriften eventuell gar nicht auf seinem Rechner installiert. Mit den Schriften Arial, Times, Courier, Georgia oder Helvetica sind Sie immer auf der sicheren Seite.

Die festgelegte Standardschrift für E-Mails ist Helvetica 12 Punkt. Sie ändern Schrift und Schriftgröße in den Einstellungen (*Mail | Einstellungen | Schrift & Farbe).*

Schrift und Farbe für die E-Mails

Wollen Sie dem Aussehen Ihres Textes ein bisschen mehr Pfiff verleihen, haben Sie im Menü *Format* vielfältige Möglichkeiten. Markieren Sie den Text und wählen Sie unter *Stil* und *Ausrichtung* aus.

Eine Warnmeldung erscheint, falls Sie eine bereits formatierte Nachricht doch lieber als reinen, unformatierten Text absenden wollen und im Menü *Format | In reinen Text umwandeln* gewählt haben. Die Meldung zeigt an, dass alle Formatierungen verloren gehen.

Um einen Auszug aus einem Textdokument in die E-Mail einzufügen, markieren Sie den Abschnitt und ziehen ihn per Drag & Drop einfach in das Textfeld Ihrer E-Mail. Ein eingefügter Text ist immer formatierter Text. Wollen Sie ihn als reinen Text versenden, verändern Sie ihn mit dem Befehl *In reinen Text umwandeln* im Menü *Format.*

Im Menü *Mail / Einstellungen... / Verfassen* lässt sich im Aufklappmenü Format grundsätzlich festlegen, in welchem Format Sie Ihre E-Mails verfassen wollen. Voreingestellt ist die Option Formatierter Text.

E-Mails mit Vorlagen gestalten

Mail bietet eine Fülle an fertig gestalteten Designvorlagen an. Sie blenden die unterschiedlichen Themen- und Layoutvarianten mit einem Klick auf das entsprechende Icon in der Symbolleiste einer neuen Mail ein. Sobald Sie sich für eine der Vorlagen entscheiden, wird bereits geschriebener Text in das Layout integriert.

Vorgefertigte Layouts für Ihre E-Mails

Die eingebauten Textelemente wie »Thank you« und »Well done« lassen sich allesamt überschreiben. Dazu brauchen Sie nur in den Text zu klicken und ihn zu markieren (⌘ – A). Die gezeichneten Bilder hingegen sind fester Bestandteil der Vorlagen und können weder entfernt noch gegen eine andere Grafik ausgetauscht werden. Die Fotos wiederum sind Platzhalter, die sich problemlos gegen Fotos aus Ihrer Fotosammlung austauschen lassen. Öffnen Sie dazu die *Fotoübersicht* und ziehen Sie ein Foto Ihrer Wahl auf den Platzhalter. Mit einem Doppelklick auf das Foto wird ein Schieberegler eingeblendet, mit dessen Hilfe Sie in das Foto hineinzoomen. Sobald Sie den Schieberegler betätigt haben, können Sie den Ausschnitt des Bildes mit gedrückter Maustaste verschieben. Sollten Sie sich im Laufe der Arbeit für eine andere Vorlage mit einem Fotoplatzhalter entscheiden, wird das von Ihnen gewählte Bild in die neue Vorlage übernommen.

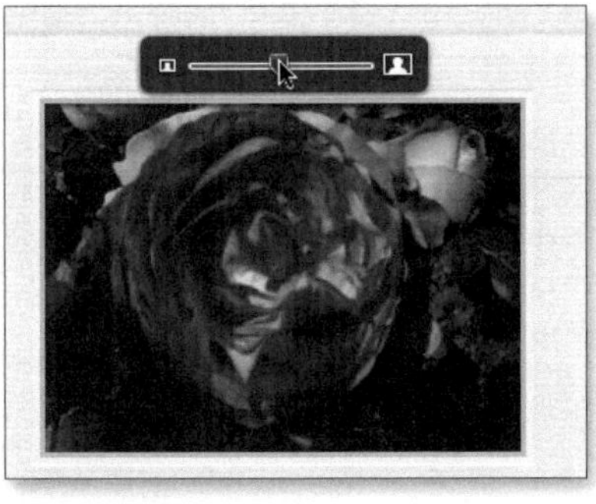

Ein eigenes Foto in den Platzhalter integrieren.

AUFGEPASST

Das Fenster *Fotoübersicht* ist mit iPhoto und Photo Booth verknüpft. Wer nicht mit diesen Programmen arbeitet, zieht ein Bild direkt aus einem Finder-Fenster in den Platzhalter.

Die Sammlung *Favoriten* ist gedacht für Ihre Lieblingsvorlagen. Ziehen Sie Ihre bevorzugten Vorlagen mit gedrückter Maustaste in den Ordner. Wollen Sie eines dieser Designs wieder löschen, fahren Sie mit der Maus auf die Miniatur. Bei diesem Vorgang wird am linken oberen Rand ein Kreuz eingeblendet, auf das Sie nun nur noch zu klicken brauchen.

Ein Sammelbecken für Ihre favorisierten Vorlagen

Antworten, weiterleiten, umleiten

Haben Sie eine E-Mail bekommen, auf die Sie antworten wollen, klicken Sie auf das Symbol *Antworten*. Der Absender der Originalmail wird dabei automatisch in die Adresszeile eingefügt. Das Kürzel *Re:* vor dem Betreff (für Regarding) verdeutlicht, dass es sich um eine Antwort handelt.

POWER USER

Fahren Sie mal in einer empfangenen Mail mit der Maus auf die Zeile *Von* und klicken in das Dreiecksymbol am rechten Rand der Markierung. Von hier aus lässt sich schnell auf das Antwortfenster wechseln, eine neue E-Mail an den Absender öffnen oder den Absender zum Adressbuch hinzufügen. Darüber hinaus gibt es zwei weitere, ausgesprochen clevere Optionen: ein intelligentes Postfach zu erstellen, damit alle E-Mails dieser Person gebündelt in einem Postfach landen, oder mit Spotlight auf die Suche nach allen Dateien zu gehen, in denen der Name des Absenders vorkommt.

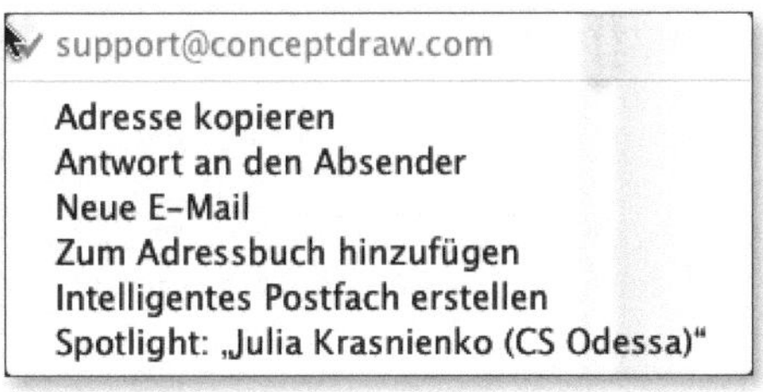

Rascher Zugriff auf verschiedene Möglichkeiten für die Originalmail

Wenn Sie auf *Antworten* klicken, erscheint die Originalnachricht in einer anderen Farbe sowie mit einem senkrechten Strich, so dass sie leicht von Ihrem Antworttext zu unterscheiden ist. Die Farbe legen Sie im Menü *Einstellungen… | Schrift & Farbe* fest.

Die Farbe und der senkrechte Strich machen auf die Zitatebene aufmerksam. Wer eine Mail ohne diese Ebene beantworten oder weiterleiten möchte, markiert den entsprechenden Text und wählt im Menü *Format | Zitatebene | Zurück*.

POWER USER

In umfangreichen E-Mails oder wenn E-Mails zwischen Absender und Empfänger hin- und hergehen und man gerade dabei ist, den Überblick zu verlieren, ist es nützlich, erst den Ausschnitt zu markieren, auf den Sie sich in der Antwort beziehen wollen, und dann auf *Antworten* zu klicken. Das Programm fügt nun lediglich diesen Textauszug in die Antwortmail ein. Sollte es bei Ihnen nicht funktionieren, schauen Sie in den *Einstellungen… | Verfassen* nach, ob die Option *Ausgewählten Text einsetzen, sonst ganzen Text* aktiviert ist.

Sind Sie ein Empfänger unter mehreren gewesen und wollen Ihre Antwort allen zukommen lassen, klicken Sie auf das Symbol *Allen antworten*. Die Zuweisung der Adressen in die Zeilen *An* und *Kopie* werden so übernommen, wie sie der Absender der Originalmail vorgenommen hat.

Jede E-Mail, von der Sie denken, dass sie für eine andere Person interessant sein könnte, lässt sich mit einem Klick auf das Symbol *Weiterleiten* versenden. Vor dem Betreff steht nun das Kürzel *Fwd* für *Forward*. Eine weitergeleitete E-Mail unterscheidet sich in zwei Merkmalen von einer Antwortmail:

- Sie müssen die Empfängeradresse in das Feld *An* eingeben.
- Ist eine Datei an die Originalmail angehängt, wird auch sie weitergeleitet. Es sei denn, Sie löschen den Anhang vor dem Versenden.

Wer in einer weitergeleiteten Mail den Text weder farbig noch mit senkrechtem Strich haben möchte, markiert den Text und wählt im Menü *Format | Zitatebene | Zurück.*

Eine E-Mail lässt sich im Menü *E-Mail* oder über das Kontextmenü auch umleiten. Der Text wird dabei nicht mit senkrechten Strichen als Hinweis auf einen weitergeleiteten oder beantworteten Text gekennzeichnet. Das Umleiten einer E-Mail ist nützlich, falls eine E-Mail eventuell gar nicht für Sie bestimmt war und Sie sie in ihrem Originalzustand an eine andere Person schicken wollen. Oder Sie nutzen die Funktion des Umleitens, um die Mail auf eines Ihrer weiteren E-Mail-Konten zu verschieben. Wird auf eine umgeleitete Mail geantwortet, so wird automatisch der Verfasser der ursprünglichen Mail in das Feld *Von* übernommen.

Digital unterschreiben: die Signatur

Eine Signatur ist ein unter dem Mailtext eingefügter Text wie zum Beispiel der eigene Name, die komplette Postanschrift, ein Zitat oder ein Spruch. Öffnen Sie die *Einstellungen…* im Menü *Mail* und anschließend das Register *Signaturen.* In diesem Fenster lassen sich für jeden einzelnen Account eigene Signaturen erstellen. Äußerst praktisch! Denn sobald Sie im E-Mail Fenster einen anderen Account wählen, springt die Signatur automatisch auf die für diesen Zugang definierte um.

Für jeden Account lassen sich unterschiedliche Signaturen definieren.

Mit einem Klick auf das Pluszeichen fügen Sie dem markierten Account eine Signatur hinzu. Überschreiben Sie gegebenenfalls den Platzhalternamen *Signatur* und wechseln Sie anschließend in das Eingabefenster, um den automatisch eingesetzten Text zu überschreiben oder zu ergänzen. Es lassen sich beliebig viele Signaturen erstellen. Wollen Sie eine Signatur nachträglich bearbeiten, brauchen Sie den Text nur zu markieren und zu überschreiben.

TIPP

Übrigens ist auch eine Kombination aus einem Foto plus Text als Signatur denkbar. Oder wie wäre es mit Ihrer eingescannten Unterschrift?

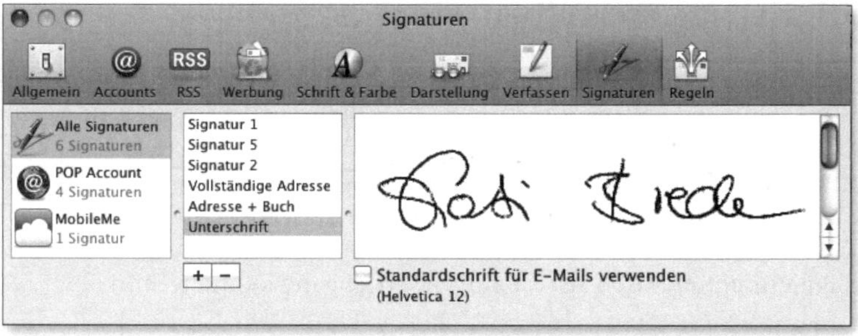

Eine Unterschrift als Signatur

Damit Ihre Signatur auch immer sichtbar ist und vor allem in Antwortmails nicht untergeht, ist es ratsam, die Option *Signatur über zitierten Text setzen* zu aktivieren. »Zitierter Text« meint den Text, der in der Mail stehen bleibt, sobald Sie auf das Symbol *Antworten* klicken.

Im Aufklappmenü *Signatur auswählen* können Sie festlegen, ob das Programm die Signaturen nach einem Zufallsprinzip in eine neue E-Mail einfügen soll. Wenn Sie die Empfänger Ihrer Mails immer wieder mit einem anderen Zitat überraschen wollen, wählen Sie *Zufällig*. Doch egal, wofür Sie sich in diesem Menü entscheiden, in jedem Formular einer neuen E-Mail lässt sich über das Aufklappmenü *Signatur* die Wahl flexibel handhaben.

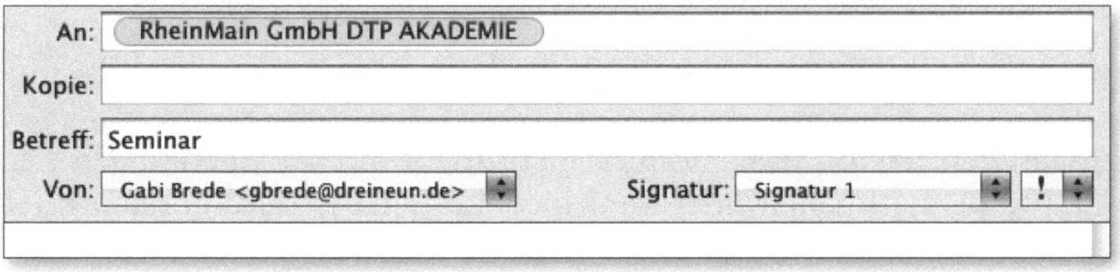

Die passende Signatur für die jeweilige Mail

Die Post geht ab

Haben Sie einen Anschluss, bei dem Sie für jede Minute zahlen, ist es eventuell nicht in Ihrem Sinn, bereits online zu sein, während Sie an Ihren E-Mails feilen. Wählen Sie nach Fertigstellung im Menü *Postfach* den Befehl *Alle Accounts mit dem Internet verbinden*. Alle Mails, die im Postfach *Ausgang* liegen, werden automatisch verschickt, sobald die Verbindung steht. Eventuell wird, wenn Sie nicht online sind, eine Fehlermeldung eingeblendet. Diese Meldung macht Sie lediglich darauf aufmerksam, dass die Nachricht vorerst in Ihrem Ausgangskorb bleibt.

Wie weit das Programm mit dem Senden der Daten ist, wird in der linken Fensterspalte unter *Aktivität* angezeigt. Wollen Sie den Versand stoppen, weil Sie möglicherweise vergessen haben, einen Anhang hinzuzufügen, klicken Sie auf den Button mit dem x. Die Mail wird dann wieder in das Postfach *Ausgang* gelegt und verharrt dort, bis Sie sie mit einem Doppelklick öffnen und versenden.

Zusammenhängende E-Mails bündeln

Auf eine E-Mail folgt oftmals eine Kette von Antworten. Alle Mails, die eine solche Kette bilden, können vom Programm farbig hervorgehoben werden. Damit Sie einen solchen Nachrichtenverlauf möglichst bequem verfolgen, komplett ablegen oder löschen können, lassen sich die Nachrichten außerdem gebündelt und nach Datum sortiert anzeigen. Wenn das interessant für Sie ist, wählen Sie im Menü *Darstellung | Nach E-Mail-Verlauf sortieren*. Sobald Sie nun auf eine beliebige Stelle innerhalb des Farbbalkens klicken, wird im Textfenster eine Art Verlaufsprotokoll eingeblendet. Sie sehen, wann und von wem die Nachrichtenkette gestartet wurde und wie viele E-Mails der Verlauf insgesamt umfasst.

Um die E-Mails und die jeweiligen Nachrichtentexte einzublenden, klicken Sie in das Dreieckssymbol in der Verlaufsspalte.

Abgesehen davon, dass Sie nun nicht mehr auf die Suche nach der Ursprungsmail gehen oder verschiedene Betreffs durchforsten müssen, um einen Nachrichtenverlauf nachzuvollziehen, bietet Ihnen die kompakte Darstellung den Komfort, alle dazugehörigen Nachrichten gemeinsam zu verschieben. Schließen Sie dafür zunächst den Verlauf (Klick auf das kleine Dreieck) und ziehen Sie den Verlauf in einen Ordner. Natürlich lässt sich der Verlauf auch komplett löschen. Dafür brauchen Sie nur die ←-Taste zu drücken.

Ein Verlauf wird farblich hervorgehoben. Welche Farbe es für Ihre E-Mailverläufe sein soll, entscheiden Sie in den *Einstellungen… | Darstellung*. Klicken Sie in das Farbfeld und wählen Sie im Farbfenster Ihre bevorzugte Farbe aus.

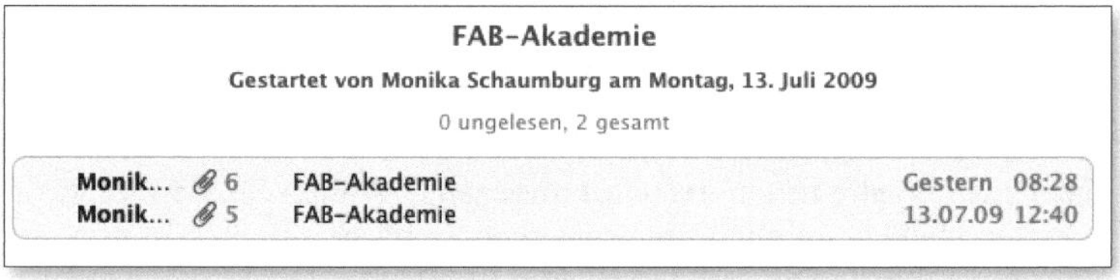

Übersichtliche Anzeige einer Gruppe thematisch zusammengehöriger E-Mails

POWER USER

Auch wenn Sie die Betreffzeile ändern, ordnet Mail zusammengehörige Nachrichten zu einem Verlauf. Weichen die Betreffs voneinander ab, sucht das Programm in der Kopfzeile (Header) nach Hinweisen, die auf einen Verlauf hindeuten. Der Header, den Sie im Nachrichtenfenster sehen, ist lediglich ein Ausschnitt aus den umfassenden Informationen, die mit jeder E-Mail im Hintergrund mitgeschickt werden. Falls es Sie interessiert, wie detailliert ein Header ist, klicken Sie im Menü *Darstellung | E-Mail* auf *Lange Header*. Wollen Sie zurück zur überschaubaren Kopfzeile, gehen Sie den gleichen Weg und klicken auf *Standard-Header*.

Anhänge öffnen und versenden

Was die Anhänge angeht, ist eine E-Mail überhaupt nicht wählerisch. Jede beliebige Datei wird von einer E-Mail als Anhang akzeptiert.

Damit Sie auf einen Blick sehen, ob eine E-Mail einen Anhang enthält, ergänzen Sie die angezeigten Spalten am besten um eine weitere, nämlich um die der *Anhänge* im Menü *Darstellung | Spalten*.

Sie sehen in der Kopfzeile der E-Mail die Anzahl und die Größe der angehängten Objekte. Klicken Sie in das Dreiecksymbol neben der Büroklammer, um den Namen und das Dateiformat des Anhangs zu sehen.

Um was für einen Anhang handelt es sich?

Mit einem Klick auf den Button Sichern wird das Objekt automatisch im Ordner Downloads abgelegt. Wollen Sie erst einmal einen Eindruck von der Datei erhalten, klicken Sie auf Übersicht. Diese Funktion ist vergleichbar mit QuickLook im Finder-Fenster.

Grafiken, Bilder und einseitige PDF-Dokumente werden in die E-Mail eingebettet, so dass Sie diese Anhänge direkt nach Erhalt der E-Mail im Textfenster begutachten können.

Manchmal passiert es freilich auch, dass sich ein Anhang nicht öffnen lässt. Möglicherweise haben Sie das Programm nicht, das zum Öffnen benötigt wird. Bitten Sie den Empfänger, Ihnen die Datei noch einmal in einem anderen Format (zum Beispiel als PDF-Dokument oder RTF-Datei) zuzusenden.

AUFGEPASST

Dateien mit der Erweiterung .exe lassen sich auf einem Mac nicht öffnen. Diese Erweiterung (EXE steht für Executable) weist auf Programmdateien für Windows Benutzer hin.

Wollen Sie zu Ihrer E-Mail einen Anhang hinzufügen, ziehen Sie die gewünschte Datei entweder direkt vom Schreibtisch oder aus einem Finder-Fenster in die E-Mail. Oder klicken Sie in der Symbolleiste auf die Büroklammer und wählen im nun geöffneten Fenster die gewünschte Datei aus.

Fotos versenden

Dank der Verzahnung des Programms mit dem Fotoarchiv und den Alben aus iPhoto ist es ein Leichtes, eine Mail um Fotos zu ergänzen. Klicken Sie auf das Symbol *Fotoübersicht* und ziehen Sie die gewünschten Bilder in die Mail. Die Datenmenge der angehängten Bilder wird in der unteren Leiste eingeblendet. Die Größe von Bilddateien, oftmals verantwortlich für den immensen Datenumfang einer Mail, lässt sich innerhalb des E-Mail-Fensters verringern. Der Eintrag *Groß* steht für die Bildauflösung 1280 x 960, *Mittel* bedeutet eine Auflösung von 640 x 480 und bei *Klein* ist die Auflösung geschrumpft auf 320 x 240.

Die Bildgröße dem Zweck entsprechend anpassen.

POWER USER

Allerdings verschlechtert sich bei diesem Verfahren die Bildauflösung, so dass dieser Weg für Bilder, die vom Empfänger weiter bearbeitet werden sollen, ungeeignet ist. Um die Bildqualität zu erhalten und dennoch die Dateien mit geringerem Umfang zu versenden, ist es geschickter, die Bilder vorm Versenden zu komprimieren. Markieren Sie die Bilder im Finder und wählen Sie den Befehl *[Anzahl] Objekte komprimieren* im Aufklappmenü *Aktion* des Finder-Fensters. Bei diesem Prozess wird ein Archiv mit der Endung .zip erstellt. Ziehen Sie dieses Archiv in die Mail. Allerdings bringt dieses Verfahren für Bilder mit der Dateiendung .jpg ein kaum sichtbares Ergebnis, da JPG bereits ein komprimiertes Format ist.

Sobald Sie eine Bilddatei in einen Mailtext als Anhang einfügen, erscheint das komplette Bild. Wollen Sie das Dateisymbol, den Dateinamen und die Größe des Bildes angezeigt bekommen, klicken Sie mit der rechten Maustaste in das Bild und wählen *Als Symbol.*

Postfächer verwalten

Fürs Verwalten Ihrer E-Mails sind Postfächer in der linken Fensterleiste eingerichtet.

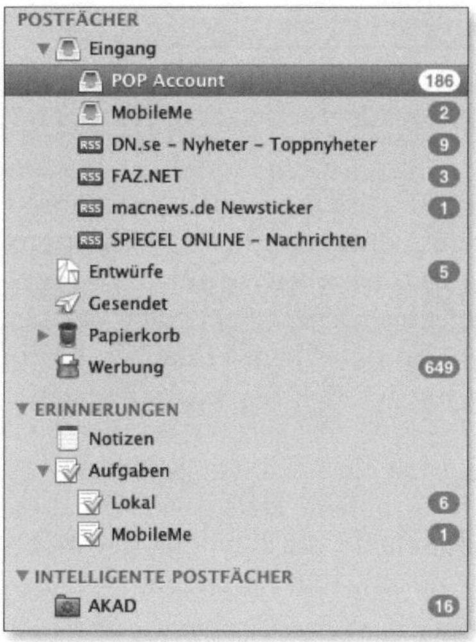

Mögliche Postfächer von Mail

- Im Ordner *Eingang* befinden sich alle E-Mails, die Sie erhalten. Haben Sie mehrere Accounts angelegt, sehen Sie neben dem Ordner ein Dreiecksymbol. Mit einem Klick darauf werden auch die anderen Konten eingeblendet. Die Zahl hinter dem Eingangspostfach gibt an, wie viele E-Mails noch ungelesen sind. Zeigt sich eines der Konten in zurückhaltendem Hellgrau, wird signalisiert, dass dieses Konto nicht aktiviert ist.

- Der Ordner *Ausgang* enthält E-Mails, die Sie noch nicht versendet haben. Dieses Postfach wird situationsabhängig erstellt, zum Beispiel wenn Sie nicht mit dem Internet verbunden sind, jedoch auf das Symbol *Senden* geklickt haben.

- Im Ordner *Entwürfe* lassen sich E-Mails speichern, die Sie noch nicht fertig gestellt haben.

- Der Ordner *Gesendet* weist mit dem Papierflugzeug darauf hin, dass sich hier die E-Mails befinden, die Sie auf den Weg gebracht haben.

- Im *Papierkorb* liegen die E-Mails so lange, bis Sie sie endgültig löschen.

GRUNDLAGEN

Die Ordner werden nur bei Bedarf erstellt. Der Ordner Papierkorb erscheint beispielsweise erst, nachdem Sie eine E-Mail gelöscht haben.

Wer weitere Postfächer erstellen möchte, um die E-Mails thematisch besser verwalten zu können, klickt im Auswahlmenü des Plusbuttons links unten auf den Eintrag *Neues Postfach*. Ziehen Sie nun per Drag & Drop Mails aus einem anderen Postfach in den neu erstellten Ordner. Eine einzelne Nachricht markieren Sie mit einem einfachen Mausklick, mehrere Nachrichten mit gedrückter ⌘-Taste oder ⇧-Taste.

Wie das Finder-Fenster so hat auch Mail ein Aktionsmenü direkt im Fenster platziert, um die elementarsten Befehle stets parat zu haben. Hinter dem Zahnrad verbergen sich Befehle, die abhängig davon, ob Sie einen Ordner oder einen E-Mail-Zugang markiert haben, schwarz hervorgehoben und damit aktiv sind.

Befehle im Aktionsmenü

Im Aktionsmenü finden Sie auch die *Account-Informationen*, die sich öffnen lassen, um den Speicherplatz auf einem Mail-Server zu kontrollieren und zu verwalten. Verwendet Ihr Internet Provider für eingehende Nachrichten POP (Post Office Protocol), werden die Nachrichten auf Ihren Rechner übertragen und nach einer definierten Zeit endgültig vom Server gelöscht. Interessant ist es auch, in das Aufklappmenü *E-Mails anzeigen* zu klicken. Hier können Sie sehen, welche Mails auf Ihrem Mac gelöscht worden sind. Diese Mails befinden sich jedoch unter Umständen weiterhin auf dem Server. Je nachdem, wie groß die Speicherkapazität ist, die Ihnen Ihr Provider zur Verfügung gestellt hat, kann es durchaus sinnvoll sein, die Mails ab und an vom Server zu löschen, damit es zu keinem Datenstau kommt.

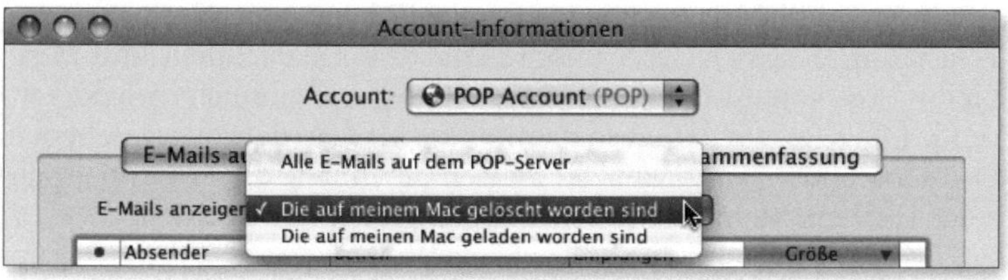

Informationen über den Mailserver

Die zweite Möglichkeit, eingehende Post auf einem Server zu verwalten, ist IMAP (Internet Message Access Protocol). Ein IMAP-Server verwaltet die eingehende Post. E-Mails werden nur zum Lesen auf

Ihren eigenen Rechner übertragen. Das bedeutet theoretisch, dass auf die Nachrichten nur bei aktiver Internet-Verbindung zugegriffen werden kann. Jedoch lassen sich die Mails auch auf den eigenen Rechner kopieren und anschließend vom Server löschen.

Mail aufräumen

Tausende von E-Mails befinden sich im Posteingang und seinen Unterordnern? Dann ist es Zeit, mit den Bordmitteln, die Mail dankenswerterweise zur Verfügung stellt, Ordnung zu schaffen.

Im Menü *Darstellung | Sortieren nach* lassen sich die Mails nach unterschiedlichen Kategorien anordnen. Der Eintrag *Anhänge* sortiert die Mails mit Anhängseln. Möchten Sie Word- oder Excel-Dateien, Fotos und MP3-Lieder behalten, reicht ein Mausklick auf den Button *Sichern unter* im Kopf der Mail. Danach können Sie die Mails löschen. Ist der Nachrichtentext besonders wichtig, lassen sich auch nur die Anhänge aus der E-Mail löschen. Markieren Sie dazu die entsprechende Mail und wählen Sie im Menü *E-Mail* den Eintrag *Anhänge entfernen.*

Empfehlenswert ist ferner, nach dem Absender sortieren zu lassen. Damit lassen sich Mails von bestimmten Personen in einem Rutsch löschen. Nach dem gleichen Verfahren können Sie im Ordner *Gesendet* aufräumen.

Erfahrene Mail-Nutzer sorgen schon mit definierten Nachrichtenregeln dafür, dass der elektronische Postkorb übersichtlich und klein bleibt. Wer von Anfang an für Newsletter und ähnliche wiederkehrende Mails Regeln definiert, damit diese Mails in dafür vorgesehenen Ordnern landen, kann von Zeit zu Zeit die Inhalte dieser Ordner pauschal löschen. Mehr zu den Nachrichtenregeln weiter unten.

E-Mails archivieren

Wer nicht mit Time Machine arbeitet, sollte unbedingt daran denken, die Postfächer regelmäßig zu archivieren und sie auf ein externes Speichermedium zu ziehen, damit keine wichtigen Nachrichten verloren gehen. Markieren Sie dazu ein Postfach und wählen Sie im

Auswahlmenü für Kurzbefehle (symbolisiert mit dem Zahnradsymbol am unteren linken Fensterrand) den Eintrag *Archivieren*. Anschließend entscheiden Sie sich für den Speicherort. Die E-Mails werden in einer Datei mit der Endung .mbox abgelegt. Innerhalb dieses archivierten Postfachs haben Sie keinen Zugriff auf einzelne Mails. Um auf die Mails wieder zugreifen zu können, müssen Sie den Ordner importieren. Wählen Sie dazu im Menü *Ablage | Postfächer importieren*. Im Fenster *Importieren* wählen Sie *Dateien im mbox-Format*. Danach wählen Sie den Ordner aus, der anschließend im automatisch erstellten Ordner *Importiert* als Unterordner zu finden ist.

GRUNDLAGEN

Auch wenn Sie einen Ordner archivieren, sind die E-Mails danach nicht aus dem Programm Mail verschwunden. Da Sie die E-Mails jedoch in einem separaten Ordner archiviert haben und Sie die Mails dieses Ordners jederzeit wieder laden können, steht dem Löschen der Nachrichten in Mail nichts im Wege.

All Ihre E-Mails und Signaturen werden darüber hinaus auf der Festplatte gesichert, und zwar unter *Benutzer/[Ihr Name] /Library/Mail/ [Name Ihres Accounts]*. Im Ordner, der mit dem Namen Ihres Accounts betitelt ist, liegen die einzelnen Postfächer mit der Dateiendung .mbox. Bei einer Datensicherung ziehen Sie entweder den Account-Ordner oder nur ausgewählte Postfächer auf das Speichermedium.

E-Mails sortieren und filtern: Nachrichtenregeln

Nachrichtenregeln funktionieren wie Filter, um Eingangsmails nach definierten Kriterien abzulegen, zu beantworten oder zu löschen. Im Menü *Mail | Einstellungen | Regeln* haben Sie nahezu unbegrenzte Möglichkeiten, nach denen Sie Ihre E-Mails sortieren und zuordnen lassen können.

Eine Regel für die Neuigkeiten von Apple hat das Unternehmen selbst definiert. Schauen Sie sich an, was diese Regel enthält, und klicken Sie auf den Button *Bearbeiten*. Apple hat als Aktion für die Produktmails eine farbige Hinterlegung gewählt, was eine gute Methode ist, die eigenen Mails von anderen abzuheben.

Klicken Sie auf *Regel hinzufügen*, um das Dialogfenster zum Bearbeiten einer Regel zu öffnen. Das Fenster ist in drei Bereiche gegliedert:

- Im oberen Eingabefeld geben Sie den Namen oder die Beschreibung der Regel ein.
- Im mittleren Teil definieren Sie die Kriterien, die auf die unterschiedlichen Nachrichten angewendet werden sollen. Zugegebenermaßen sieht das Dialogfenster hier noch ziemlich unspektakulär, wenn nicht gar karg aus. Das Bild ändert sich jedoch, sobald Sie auf das Aufklappmenü links klicken. Mit dem Plusbutton rechts lassen sich die Kriterien verfeinern. Wollen Sie zum Beispiel für Ihre abonnierten Newsletter eine Regel definieren, wählen Sie die Bedingung *Betreff* und geben im Eingabefeld das Wort »Newsletter« ein. Wollen Sie die Newsletter noch genauer spezifizieren, öffnen Sie mit dem Plusbutton ein weiteres Eingabefeld.

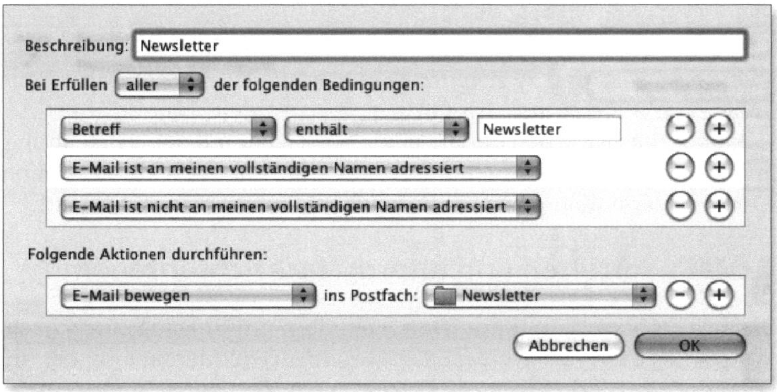

Für Newsletter oder andere Mails Regeln und Aktionen definieren.

AUFGEPASST

Sollen mehrere Kriterien berücksichtigt werden, achten Sie darauf, im Auswahlmenü *Bei Erfüllen der folgenden Bedingungen* auf *alle* zu klicken.

- Im unteren Bereich legen Sie fest, was die Kriterien bewirken sollen. Auch hier haben Sie mithilfe des Plusbuttons Gelegenheit, mehrere Aktionen gleichzeitig zu definieren. Warten Sie sehnsüchtig auf E-Mails eines bestimmten Absenders? Dann definieren Sie einen Ton für diese Nachrichten. Oder Sie lassen abonnierte E-Mails (Witze, Comics, Vokabeln) automatisch in die entsprechenden Ordner wandern.

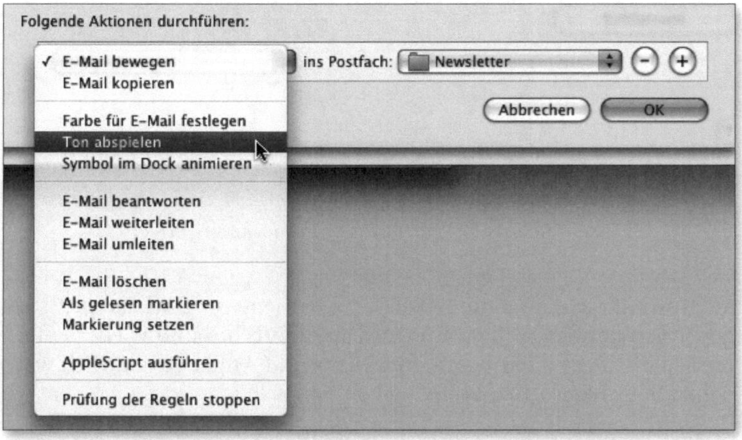

Unerschöpfliche Möglichkeiten, um eine Regel zu definieren

Mails löschen

Beauftragen Sie doch das Programm mit dem Entleeren der Postfächer *Gesendet*, *Werbung* und *Papierkorb*. Öffnen Sie dazu im Menü *Mail* die *Einstellungen* | *Accounts* und klicken Sie auf das Register *Postfach-Verhalten*. Wählen Sie dazu in den jeweiligen Rubriken einen Zeitplan für das endgültige Löschen der E-Mails.

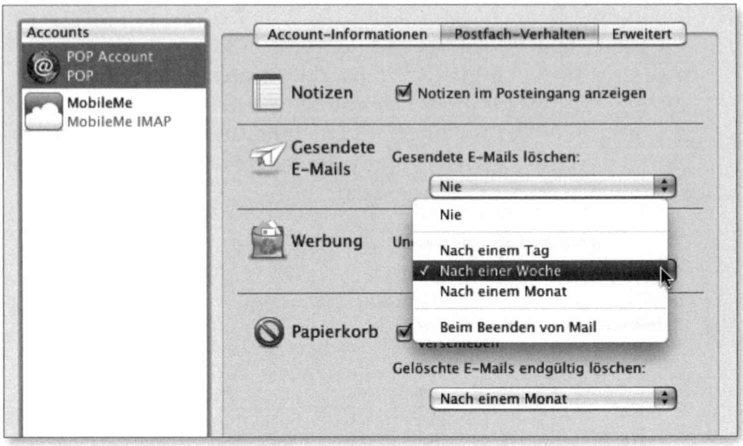

Lassen Sie das Programm den Papierkorb entleeren.

Auch wenn Sie dem automatisierten Löschen von E-Mails nichts abgewinnen können, sollten Sie den Papierkorb hin und wieder entleeren, da die nicht mehr benötigten Mails und Anhänge natürlich wertvollen Speicherplatz belegen.

Unerwünschte Werbemails

Einer der Glanznummern von Mail sind die Spam-Filter. Das Programm Mail ist im Laufe der Zeit beharrlich besser und präziser im automatischen Herausfiltern von unsinnigen Werbemails geworden. Diese sogenannten Spam- oder Junk-Mails, die man unaufgefordert zugeschickt bekommt und die immer häufiger den Eingangskorb verstopfen, versucht Mail als solche zu erkennen, um Ihren Zorn auf den Schrott zu mindern.

Am Anfang Ihrer Arbeit mit Mail ist das Programm in Bezug auf Werbesendungen und Infomails außerordentlich eifrig und markiert lieber eine E-Mail zu viel als Spam als eine potenziell verdächtige zu wenig. Das Programm befindet sich zu diesem Zeitpunkt noch in der Lernphase, in der Sie ihm quasi beibringen, welche E-Mails von Ihnen als lesenswert eingestuft werden.

Kennzeichnet das Programm eine E-Mail fälschlicherweise als Werbung, klicken Sie in den Button *Ist keine Werbung*. Das Programm merkt sich Ihre Änderung und markiert alle folgenden E-Mails dieses Absenders nicht mehr als Spam.

Mail macht Sie auf unerwünschte E-Mails aufmerksam und zeigt sich lernfähig, wenn Sie das anders sehen.

Umgekehrt kann dem Programm auch beigebracht werden, welche E-Mails Sie für Spam halten. Klicken Sie hierfür auf das Symbol *Ist Werbung* in der Symbolleiste. Mail wird von nun an alle E-Mails dieses Absenders kennzeichnen.

Im Lernstadium belässt das Programm alle Spam-Mails im Posteingang, damit Sie die Richtigkeit der Kennzeichnung überprüfen. Funktioniert der Filter gut und markiert Mail nur noch die lästigen Nachrichten, schalten Sie in den *Einstellungen… | Werbung* am besten um auf *In das Postfach für unerwünschte Werbung bewegen*. Das Programm legt dabei das Postfach *Werbung* an, in das es sofort alle Spam-Mails verschiebt.

Hinter dem Button *Weitere Optionen* verbergen sich eine Reihe von Kriterien, mit denen sich der Spam-Filter als noch weniger durchlässig definieren lässt. Schalten Sie dazu zunächst die Option *Eigene Aktionen ausführen* ein.

Auf der Suche nach einer E-Mail

Dank der integrierten Spotlight-Funktion lässt sich eine E-Mail schnell aufspüren. Es spielt glücklicherweise keine Rolle, an welcher Stelle in einer Nachricht (Absender, Betreff oder Inhalt) das zu suchende Wort vorkommt. Spotlight durchforstet sämtliche Postfächer, die Mail-Texte, Absendernamen und die Betreffs nach möglichen Treffern für Ihre Sucheingabe.

Sobald Sie einen Begriff in das Suchfeld eingegeben haben, sehen Sie unterhalb der Symbolleiste die Orte, an denen gesucht wurde, sowie die Suchergebnisse.

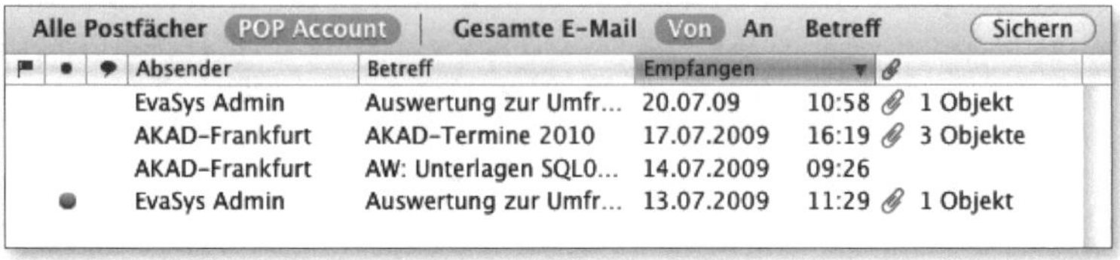

Die Suchanzeige

Wollen Sie die Suche auf alle Ordner ausdehnen, klicken Sie auf den Eintrag *Alle Postfächer*. Ebenso lässt sich die Suche innerhalb der Mails näher spezifizieren. Mit einem Klick auf *Gesamte E-Mail* werden auch die Texte nach dem Suchbegriff durchkämmt. Oder Sie beschränken die Suche auf die Betreffs oder den Absender.

Das Allerbeste an der Suche mag für viele die Möglichkeit sein, die Suchergebnisse zu sichern und damit ein sogenanntes intelligentes Postfach anzulegen. Mit dieser Funktion werden künftig alle Mails, die den zuvor festgelegten Suchkriterien entsprechen, automatisch in diesem Postfach angezeigt. Angenommen, Sie haben Ihre Mails, die Sie zu einem bestimmten Projekt erhalten haben, bislang manuell in einen dafür angelegten Ordner verschoben. Ab sofort können Sie »Tschüss« zu dieser Umständlichkeit sagen und stattdessen eine Suche starten mit einem für das Projekt typischen Begriff. Klicken Sie anschließend auf den Button *Sichern* und legen im Fenster, das sich nun öffnet, die Kriterien fest für die Mails, die automatisch diesem Postfach hinzugefügt werden sollen.

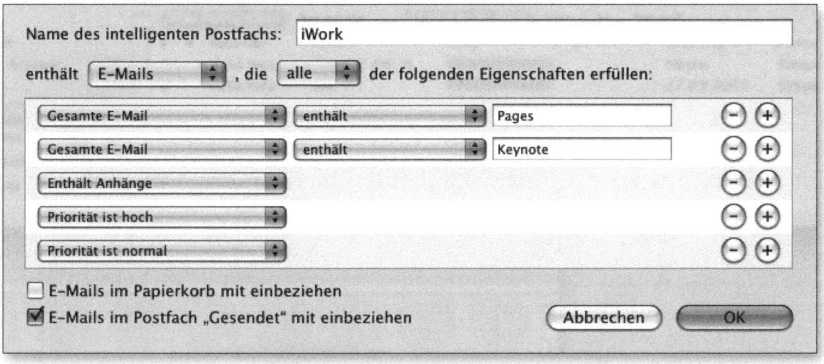

Kriterien für das intelligente Postfach

Sobald Sie Ihre Eingaben mit *OK* bestätigen, wird in der linken Leiste eine Rubrik mit dem Namen *Intelligente Postfächer* angelegt. In dieser Rubrik sehen Sie Ihr Postfach mit dem typischen Symbol für intelligente Ordner.

AUFGEPASST

In einem intelligenten Postfach liegen jeweils nur Verweise auf die Originalmail. Daher kann ein und dieselbe Mail je nach definierten Kriterien in verschiedenen intelligenten Postfächern erscheinen. Allerdings: Eine in einem intelligenten Postfach gelöschte Mail verschwindet auch aus dem Eingangsordner!

Die Kriterien lassen sich selbstverständlich jederzeit bearbeiten oder erweitern. Mit einem Doppelklick auf das Symbol des intelligenten Postfachs öffnen Sie das Fenster mit den Kriterien für die schlauen Ordner.

POWER USER

Prima Möglichkeiten, eingegangene oder gesendete Mails zu ordnen, bieten die kleinen Aufklappmenüs neben dem Namen des Absenders beziehungsweise Empfängers. Hier lassen sich mit einem Klick intelligente Postfächer erstellen, so dass sich in Windeseile alle bisherigen Mails der entsprechenden Person in einem Postfach bündeln lassen. Auch die weiteren Mails werden automatisch diesen Postfächern zugewiesen.

Nachrichten in Schlagzeilen: RSS-Feeds

Mit RSS-Feeds haben Sie sich vielleicht schon in Safari vertraut gemacht. RSS-Feeds sind so etwas wie Nachrichtenticker, die in Schlagzeilen anzeigen, was Neues in der Welt passiert ist. Mit den RSS-Feeds in Mail können Sie auf dem Laufenden bleiben, ohne in einen Webbrowser wechseln zu müssen.

Netterweise haben die Programmierer bereits einen RSS-Feed in Mail verankert, nämlich den von Apple. So sind Sie stets bestens über Neuentwicklungen informiert.

Weitere RSS-Feeds fügen Sie ein, indem Sie im Menü *Ablage* auf den Eintrag *RSS-Feed hinzufügen* klicken. Nun sehen Sie alle RSS-Feeds, die Sie in Safari als Lesezeichen gesichert haben.

Sollte das rechte Listenfeld leer sein, wechseln Sie ins Programm Safari und speichern RSS-Feeds Ihres Interesses als Lesezeichen für Safari oder Mail.

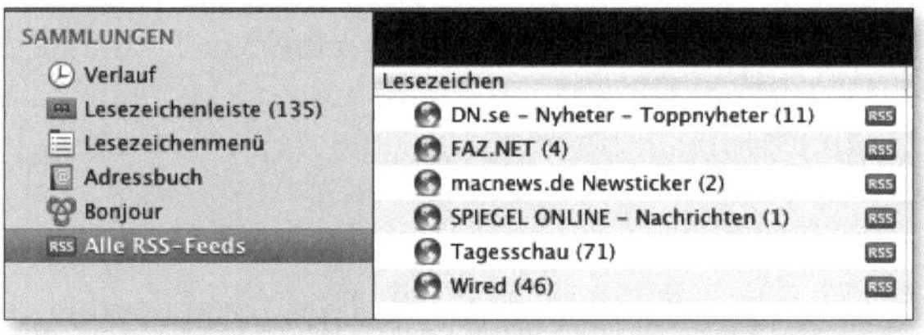

RSS-Feeds als Lesezeichen in Safari anlegen.

In Mail (Menü *Ablage* | *RSS-Feeds hinzufügen*) aktivieren Sie die Namen der RSS-Feeds, die Sie abonnieren möchten. Falls Sie die Nachrichten auch im Posteingang angezeigt haben möchten, brauchen Sie unten im Dialogfenster nur die entsprechende Option anzuklicken.

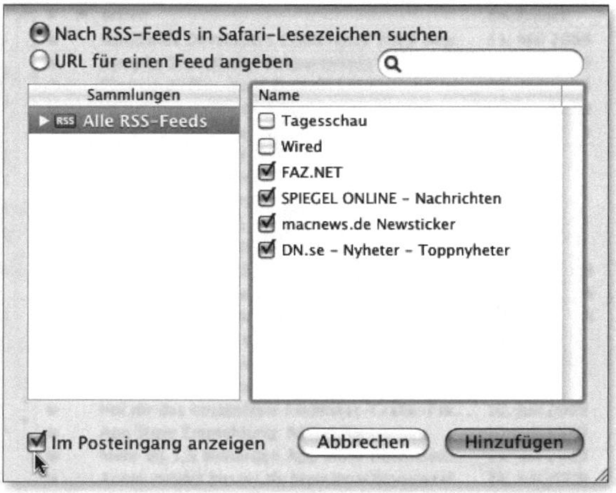

Die RSS-Feeds auch im Posteingang zeigen.

In der RSS-Rubrik der Postfachliste werden nun alle Titel der ausgewählten Feeds angezeigt. Die Nummern rechts neben den Namen zeigen die Anzahl an ungelesenen Nachrichten an. Für das Verwalten Ihrer RSS-Feeds stehen Ihnen im Kontextmenü zahlreiche Befehle zur Verfügung. Sie öffnen das Menü, indem Sie mit der rechten Maustaste auf einen RSS-Feed klicken.

Aufgaben im Blick, Wichtiges notieren

Es hat eine geraume Zeit gedauert, bis in das Programm Mail eine Terminverwaltung integriert wurde. Durch die Verzahnung mit iCal werden in Mail definierte Termine auch in den iCal-Kalendern angezeigt und umgekehrt. Eine weitere anwenderfreundliche Ergänzung des Programms besteht in der Möglichkeit, Notizen anzulegen und diese, sofern notwendig, auch als E-Mail zu versenden.

GRUNDLAGEN

Eine mit einem Klick auf das Symbol erstellte Aufgabe kann sowohl eine Erinnerung an etwas unbedingt zu Erledigendes sein als auch eine terminlich festgelegte Angelegenheit. Der Begriff *Aufgabe* ist im Zusammenhang mit iCal zu verstehen. In iCal werden Aufgaben von Ereignissen unterschieden. Ereignisse können direkt in die Kalenderansichten eingegeben werden, für Aufgaben steht die To-do-Liste zur Verfügung. In diese Liste werden alle Aufgaben, die Sie in Mail definieren, automatisch mit angezeigt. Umgekehrt erscheint jede in iCal eingetragene Aufgabe in Mail.

Sobald Sie auf das Symbol *Aufgabe* klicken, erscheint die Listenansicht mit allen notwendigen Kategorien für die notwendige Spezifikation und Terminierung der Aufgabe. Drücken Sie die Tabulator-Taste (➜I), um den Arbeitstitel *Neue Aufgabe* zu markieren und ihn zu überschreiben. Für die anschließende Terminvergabe, das Setzen einer Priorität, das Auswählen des Kalenders und das Einrichten der Erinnerungsfunktion brauchen Sie nur jeweils auf die Platzhalter zu klicken und in den eingeblendeten Kalendern bzw. Listen Ihre Wahl zu treffen.

✓	Titel	Termin	Priorität	Kalender	
	Angebot an Planz schicken	Morgen	Hoch	Büro	
	Tagesordnung an CSR	Morgen	Mittel	Büro	
	Heimbring anrufen wegen Terminverschiebung	Heute	Hoch	Büro	
	Abo kündigen	11. November	Hoch	Privat	
	Einladungen Vernissage versenden	Morgen	Mittel	Büro	
	Layout Unterlagen überarbeiten	5. November	Niedrig	Büro	

Aufgaben anlegen und verwalten

Wer zu einem späteren Zeitpunkt Veränderungen vornehmen möchte, klickt mit der rechten Maustaste in die entsprechende Aufgabe und wählt *Aufgabe bearbeiten*. Im jetzt eingeblendeten Fenster *Aufgaben-Optionen* lassen sich Termine verschieben, Erinnerungsmeldungen ein- oder ausschalten und Prioritäten vergeben.

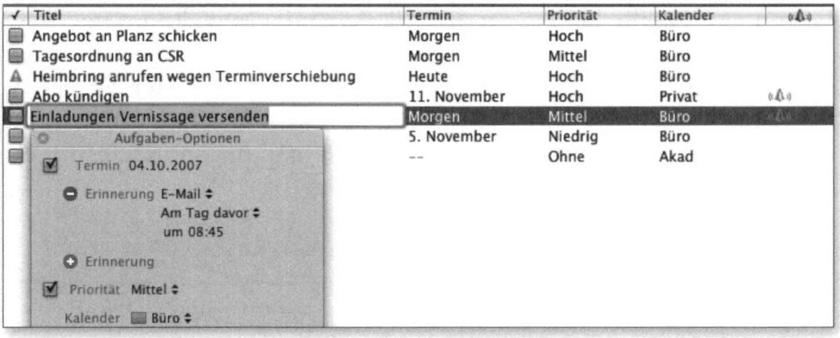

Mit der rechten Maustaste den Bearbeitungsmodus öffnen.

Alle Änderungen, die Sie an den Aufgaben vornehmen, werden automatisch an iCal weitergeleitet, so dass Sie in beiden Programmen stets die gleiche Aufgabenliste vorfinden.

Notizen

Jeder Aufgabe lässt sich um eine Kurznotiz ergänzen. Für diesen Zweck benötigen Sie die Spalte *Notizen*, die Sie dem Fenster im Menü *Darstellung | Spalten | Notizen* hinzufügen. Für Notizen, die nicht unmittelbar mit einer Aufgabe im Zusammenhang stehen, eignet sich das Notizenblatt, das Sie mit einem Klick auf das Symbol *Notiz* öffnen.

Sobald Sie den Text eingegeben haben und auf *Fertig* in der Symbolleiste klicken, erscheint die Notiz mit dem formulierten Text als Betreff im Ordner *Notizen*. Dieser Ordner befindet sich in der Rubrik *Erinnerungen* in der linken Leiste des Programmfensters.

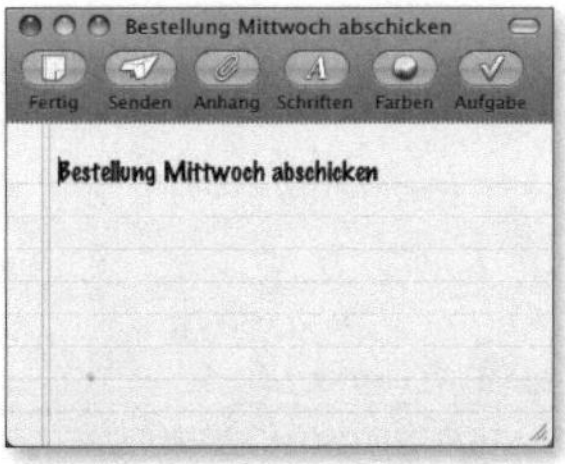

Auch Mail wartet mit virtuellen Post-its auf.

Die voreingestellte Schrift für eine Notiz ist die sehr dominante Marker Felt. Wenn Sie diese Schrift dauerhaft ändern wollen, öffnen Sie die Einstellungen (Menü *Mail*) und wählen im Register *Schrift & Farbe* bei *Schrift für Notiz* die von Ihnen gewünschte Schrifttype und Schriftgröße aus. Formatierungen wie Listenstil und Ausrichtung stehen Ihnen im Menü *Format* zur Verfügung.

POWER USER

Eine Notiz kann jederzeit als E-Mail versendet werden. Eventuell bereits hinzugefügte Anhänge werden mit in die Mail übernommen. Das Design der Notiz – gelber Hintergrund sowie die Textformatierungen – bestimmt auch das Aussehen der Mail. Mit dem Befehl *In reinen Text umwandeln* im Menü *Format* werden der Hintergrund und alle Formatierungen gelöscht.

Begrüßenswert ist auch die Möglichkeit, aus einer Notiz eine Aufgabe zu machen. Klicken Sie dazu in der Symbolleiste des Notizenblattes auf *Aufgabe*. Der jetzt eingeblendete rote Pfeil ist das Zeichen für eine Aufgabe. Alles, was Sie rechts neben den Pfeil schreiben, erscheint als Titel der Aufgabe in der Aufgabenliste. Der Pfeil hat aber auch noch eine andere Funktion. Mit einem Klick auf selbigen öffnen Sie die *Aufgaben-Optionen*, in denen Sie, wie im vorherigen Abschnitt beschrieben, spezifische Angaben zum Termin, zur Priorität und zum Kalender eingeben können. In der Aufgabenübersicht wiederum macht ein Pfeil neben der Spalte *Termin* darauf aufmerksam, dass die Aufgabe mit einer Notiz versehen ist.

Mit einem Klick auf das x-Symbol im Notizenblatt löschen Sie die Aufgabe bzw. den Text.

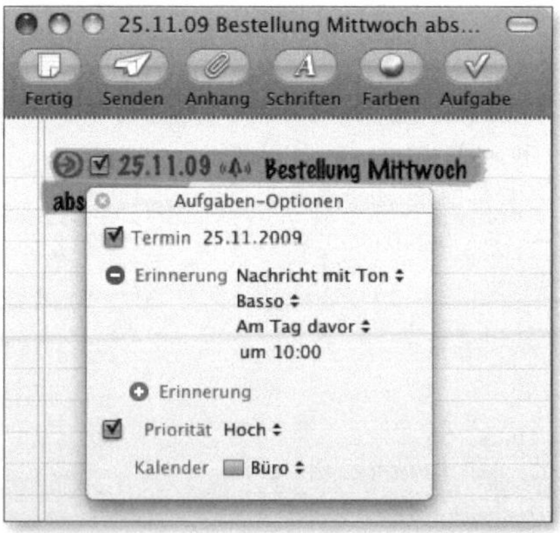

Aus einer Notiz wird eine Aufgabe mit Erinnerungsfunktion.

iChat

Eine beliebte Form der virtuellen Kommunikation ist das Chatten. Diese deutsche Abwandlung des englischen Verbs »Chat« bedeutet plaudern, sich unterhalten. Der Alternativbegriff fürs Chatten ist »Instant Messaging«, was übersetzt so viel bedeutet wie »unmittelbarer Nachrichtenversand«.

Man kann mit einer Gruppe von Personen gleichzeitig und weltweit chatten. Spricht man heute noch davon, alle Personen, die mit einer Sache zu tun haben, an einen Tisch zusammenzubringen, sagt man in Zukunft vielleicht *Alle zu einem Chat.*

Mit dem Programm iChat lässt sich auf drei verschiedenen Wegen chatten:

- **Text-Chat**
  Sie geben Ihren Text ein, der direkt nach Bestätigung mit der ↵-Taste auf dem Bildschirm Ihres Chatpartners erscheint.

- **Audio-Chat**
  An einer iChat-Audiokonferenz können bis zu 10 Personen teilnehmen. Sie kommunizieren über das interne oder über ein angeschlossenes Mikrofon mit den Teilnehmern des Chats. So sprechen Sie wie beim Telefonieren in Echtzeit miteinander – nur dass das Chatten völlig kostenlos ist.

- **Video-Chat**
  Bei Videokonferenzen können bis zu vier Personen von Angesicht zu Angesicht miteinander kommunizieren, vorausgesetzt, alle Teilnehmer verfügen entweder über eine eingebaute Kamera oder eine extern angeschlossene WebCam. Natürlich lässt sich auch ein Camcorder anschließen und für einen Videochat verwenden. Für diese Form des Chattens ist eine Breitbandverbindung notwendig.

Neben diesen kostenlosen Möglichkeiten der Kommunikation bietet iChat noch zwei weitere Vorteile: Wer sehr umfangreiche Dateien versenden will, weiß, dass dies per E-Mail ein hoffnungsloses Unterfangen ist. Mit iChat lassen sich solche Dateiungetüme bequem auf den Rechner des Gesprächspartners transferieren. Außerdem bietet Ihnen das Programm mit der Funktion iChat Theater die Möglichkeit, den Chatpartnern Dokumente und Bilder zu präsentieren, ohne eine solche Datei versenden zu müssen.

Zugang und Anmeldung

Voraussetzung fürs Chatten mit iChat ist eine Instant Messaging-Adresse (IM-Adresse). Diese Adresse wird häufig auch als Pseudonym oder Web-Name bezeichnet. Haben Sie einen MobileMe-Account, ist Ihre E-Mail-Adresse gleichzeitig Ihr Pseudonym fürs Chatten.

TIPP

Erfreulich ist, dass Apple Ihnen Ihr Pseudonym lässt, auch wenn Sie sich nur für einen MobileMe-Testzugang entschieden haben. Zwar ist nach Ablauf des Schnupper-Abos die E-Mail-Adresse nicht mehr gültig, mit Ihrem Pseudonym und iChat können Sie aber auch nach Ablauf der 60 Tage noch Plauderstündchen einlegen.

Die Alternativen zu einer MobileMe-Adresse sind ein Jabber-Account, ein AOL Instant Messenger-Name (AIM) oder ein Google Talk-Account.

iChat lässt sich darüber hinaus dank der Technik Bonjour auch in Ihrem lokalen Netzwerk nutzen. Dabei findet iChat automatisch die anderen iChat-Benutzer, so dass keine Pseudonyme erforderlich sind.

Wenn Sie das Programm zum ersten Mal öffnen, werden Sie zunächst willkommen geheißen und aufgefordert, Ihren Benutzernamen sowie das Kennwort einzugeben. Im Aufklappmenü Server-Typ legen Sie fest, ob es sich bei Ihrem Zugang um einen .Mac-Account, einen MobileMe-Account, einen AIM-Account, einen Jabber-Account oder einen Google Talk-Account handelt. Bei einem AIM- und einem Google Talk-Account werden Sie nach Ihrem Pseudonym und Ihrem

Kennwort gefragt, um einen Jabber-Account einzurichten, brauchen Sie Ihr Kennwort und den Namen des Servers. Eine Jabber-ID sieht aus wie eine E-Mail und setzt sich aus dem Benutzernamen und dem Jabber-Server zusammen. Der Name dieses Servers wird automatisch in das Feld *Server* übertragen.

Sobald die Eingaben erfolgt sind, meldet das Programm Sie als anwesend an. Dies ist zukünftig immer automatisch der Fall, sobald Sie das Programm starten. Alle, die gleichzeitig iChat geöffnet haben und bei denen Sie als Kontakt eingetragen sind, wissen nun: Es kann mit Ihnen gechattet werden. Haben Sie keine Dauerverbindung zum Internet, lässt sich diese automatische Anmeldung in den Einstellungen (Menü *iChat* | *Einstellungen…*) ändern. Klicken Sie in das Register *Accounts* und deaktivieren Sie den Eintrag *Beim Öffnen von iChat automatisch anmelden.*

Einen Chat vorbereiten

Sobald Sie das Programm starten, wird die AIM-Kontaktliste eingeblendet, über die Sie mit Ihren Chat-Partnern in Kontakt treten. Alle Kontakte, die das Programm gestartet und die sich als anwesend angemeldet haben, erscheinen mit ihrem Namen in der Liste. Mit einem Doppelklick auf einen der Namen öffnen Sie das Fenster *Chat mit [Name des Kontakts]*, geben in die untere Zeile Text ein, bestätigen die Eingabe mit der ↵-Taste und der Chat beginnt.

GRUNDLAGEN

Die Liste Ihrer Kontakte wird auch »Buddy«-Liste genannt.

Die im internen Netzwerk erreichbaren Personen erscheinen, dank Bonjour, automatisch in der Kontaktliste. Anders sieht es bei Personen aus, mit denen Sie über das Internet chatten wollen. Die Adressen müssen zunächst von Ihnen in die Liste übertragen werden.

iChat arbeitet Hand in Hand mit Ihrem Adressbuch, so dass das Hinzufügen von Chat-Adressen ziemlich schnell erledigt ist. Mit einem Klick auf das Pluszeichen in der Kontaktliste *Kontakt hinzufügen* öffnen Sie die Eingabemaske. Sofern Sie die Pseudonyme Ihrer Kontakte wissen, brauchen Sie nur die ersten Buchstaben dieses Namens in die Zeile bei Benutzername einzugeben. Der Name wird automatisch vervollständigt. Sollten Sie die Pseudonyme nicht kennen, klicken Sie auf das Dreieck rechts neben der Zeile *Nachname* und wählen die Teilnehmer über das Adressbuch aus. In der rechten Spalte stehen die AIM-Namen Ihrer Kontakte, sofern Sie ein Pseudonym in die Visitenkarte der Person eingegeben haben. Markieren Sie den gewünschten Kontakt und klicken Sie anschließend auf *Auswählen*, damit der Name in Ihre iChat-Kontaktliste übernommen wird.

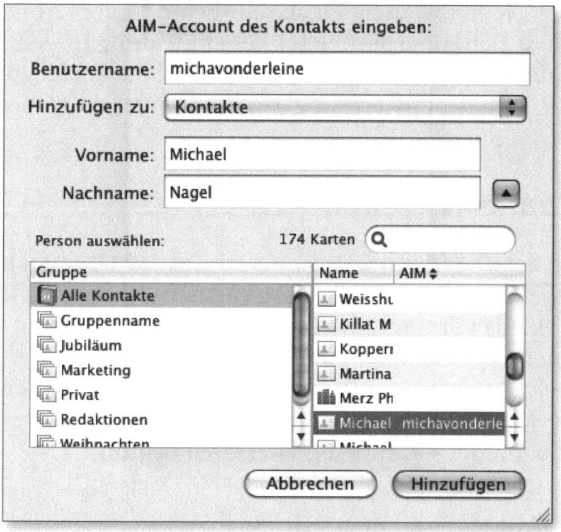

Adressen auswählen für die Kontaktliste.

In der Kontaktliste wird angezeigt, wer von den aufgeführten Personen gerade online und somit möglicherweise für einen Chat bereit ist. Umgekehrt sehen natürlich auch die Personen, bei denen Sie in der Kontaktliste aufgeführt sind, ob Sie anwesend sind. Gehen wir davon aus, dass iChat bei Ihnen im Hintergrund stets geöffnet ist, Sie jedoch vorübergehend Ihre Ruhe haben wollen, legen Sie den Status in der Kontaktliste fest. Klicken Sie auf *Anwesend* direkt unter Ihrem Namen und entscheiden Sie sich in der Auswahlliste für einen Status.

Den Chat-Freunden signalisieren, ob man erreichbar ist.

»Abwesend« meint, dass Sie zwar grundsätzlich erreichbar sind, momentan aber nicht am Schreibtisch sitzen oder sich mit anderen Dingen beschäftigen und daher nicht sofort reagieren werden.

Beim Status »Getrennt« wird die Kontaktliste eingeklappt und die Verbindung getrennt. Sie blenden die Liste wieder ein, indem Sie auf *Getrennt* klicken und anschließend Ihren Status definieren.

Um den Status rasch zu wechseln, bietet es sich an, das Symbol für iChat in die Symbolleiste zu befördern. Wählen Sie in den *Einstellungen…* (Menü *iChat*) das Register *Allgemein* und setzen Sie einen Haken an die Option *Status in der Menüleiste einblenden.*

Zu einem Chat einladen und plaudern

Wollen Sie mit einer Person Ihrer Kontaktliste ein wenig über die Welt schwadronieren, öffnen Sie mit einem Doppelklick auf den Namen ein Telegrammfenster, in das Sie Ihre Nachricht eingeben. Sobald Sie die ↩-Taste drücken, wird die Mitteilung abgeschickt. Der Empfänger sieht die Nachricht unmittelbar danach und antwortet Ihnen – hoffentlich – postwendend. Schon haben Sie eine virtuelle Plauderei gestartet.

Auszug aus einer Unterhaltung

Steht die Person, mit der Sie chatten möchten, noch nicht in Ihrer Kontaktliste, öffnen Sie ein Telegramm im Menü *Ablage | Neuer Chat*. Geben Sie das Pseudonym ein und anschließend Ihre Nachricht. Sobald Sie die ↩-Taste drücken, wird die Nachricht verschickt und erscheint im selben Moment auf dem Bildschirm Ihres Gesprächspartners.

Eine Person einladen, die noch nicht im Adressbuch verzeichnet ist.

Im Menü *Darstellung* haben Sie eine Auswahl an Möglichkeiten, wie die Nachrichten angezeigt werden: als Text, als Sprechblase, mit

Namen oder nur mit Bild oder zusammen mit Bild und Namen. Die Farbe für die Sprechblasen legen Sie den *Einstellungen*, Rubrik *Nachrichten* fest. Hier lässt sich auch eine andere Schriftfarbe wählen. Und sollte sich der Absender eine schwermütige Farbe als Hintergrund für seine eigenen Mitteilungen ausgesucht haben, so wechseln Sie bei *Eingehende Nachrichten neu formatieren* auf einen fröhlichen Farbton.

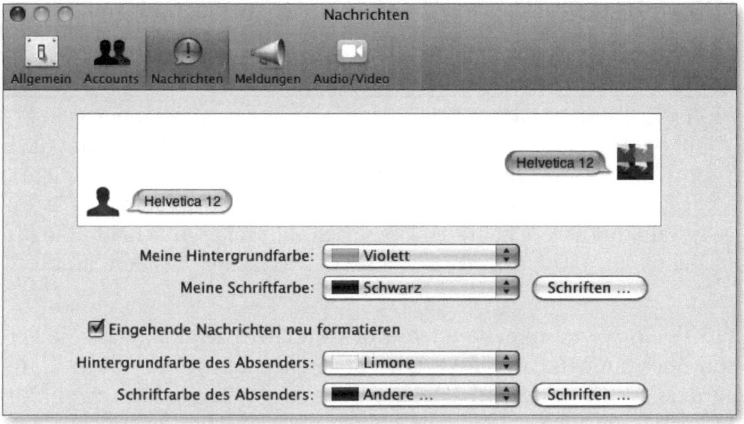

Den Nachrichten ein anderes Aussehen geben.

TIPP

Falls sich das Programm bockig zeigt und Ihre Nachrichten nicht verschickt, liegt das möglicherweise an der Firewall. Öffnen Sie *Sicherheit* in den *Systemeinstellungen*. Klicken Sie auf das Register *Firewall, öffnen Sie die Optionen* und schauen Sie bei *iChatAgent* nach, ob eingehende Verbindungen zugelassen sind.

Wollen Sie mit mehreren Personen gleichzeitig chatten? Dann markieren Sie in der AIM-Kontaktliste die Namen der gewünschten Personen mit gedrückter ⌘-Taste. Anschließend klicken Sie auf das Symbol A für Textchat. Geben Sie Ihre Mitteilung ein, schmücken Sie die Nachricht eventuell noch mit einem Smiley und drücken Sie die ↵-Taste. Die Nachricht wird nun an alle Teilnehmer geschickt.

Audiochat: grenzenloses und kostenfreies Plaudern

Wenn Sie einen Audiochat planen, brauchen Sie natürlich auch ein Mikrofon. Das kann das eingebaute Mikro sein, aber natürlich auch ein Bluetooth-Headset. Ein Audiochat ist eine hervorragende Möglichkeit, kostenlose Gespräche mit Personen in aller Welt zu führen.

TIPP

Ein Bluetooth-Headset muss zunächst mit Ihrem Rechner gekoppelt werden. Diese Verbindung stellen Sie in den Einstellungen von iChat (Menü *iChat*), Register *Audio / Video* her. Mit einem Klick auf den Button *Bluetooth-Headset konfigurieren* öffnet sich der Bluetooth-Assistent, der Sie durch die weiteren Schritte führt. Schalten Sie das Headset ein, damit der Assistent das Gerät findet.

Ein Telefon-Symbol neben dem Kontaktnamen zeigt an, dass die Person über ein Mikro verfügt. Die Alternative zum Mikro eines Camcorders ist ein Bluetooth-Headset, das beim Audiochat sowohl als Mikrofon als auch als Lautsprecher fungiert. Dafür müssen Sie den Rechner zunächst konfigurieren. Öffnen Sie die Einstellungen von iChat (Menü *iChat*) und wählen Sie *Audio / Video*.

Bei einem Audiochat wird für jeden Teilnehmer ein sogenanntes Phonometer angezeigt. Sobald ein Teilnehmer spricht, schlägt das Phonometer aus.

Video-Chat: die Liveschaltung

An einer über iChat durchgeführten Videokonferenz können maximal vier Personen teilnehmen. Dazu brauchen Sie selbstredend eine Videokamera und eine DSL- oder Kabelverbindung zum Internet. Die in den meisten Macs eingebaute iSight-Kamera reicht für eine Videokonferenz völlig aus, so dass Sie nicht einmal mehr in Hardware investieren müssen, um eine kostenlose Konferenz zu starten.

Ist neben dem Namen einer Person in Ihrer Kontaktliste ein Kamerasymbol zu sehen, klicken Sie in das Symbol, um zu einem Video-Chat einzuladen. Wenn die Person Ihre Einladung annimmt, erscheint ihr Bild im Chat-Fenster. Sie selbst sehen sich ein wenig verkleinert in einer Ecke des Fensters. Mit den Doppelpfeilen am unteren Fensterrand wechseln Sie zwischen normaler und bildschirmfüllender Anzeige.

Je nach Konferenz ist es unter Umständen interessant, Standbilder von verschiedenen Szenen zu machen. Dazu brauchen Sie nur das gewünschte Bild mit gedrückter ⌘-Taste aus dem Videofenster auf den Schreibtisch zu ziehen. Alternativ wählen Sie den Befehl *Schnappschuss aufnehmen* im Menü *Video*.

iChat Theater: Dateien präsentieren

Stellen Sie sich vor, Sie haben einen Geschäftspartner fern von Ihrem eigenen Schreibtisch. Mit ihm besprechen Sie eine Präsentation oder die Verwendung von Fotos für ein gemeinsames Projekt. Wahrscheinlich schicken Sie in einem solchen Fall die Dateien hin und her. Oftmals sind aber gerade Bild- und Präsentationsdateien so umfangreich, dass es mit dem E-Mail-Versand schwierig, wenn nicht gar unmöglich ist. Mit iChat lässt sich diese Besprechung sehr viel eleganter durchführen.

Wenn Sie sowieso mit Ihrem Geschäftspartner per Videokonferenz tagen, brauchen Sie die Dateien, die Sie ihm präsentieren wollen, nur in das Videofenster zu ziehen. Sie haben anschließend die Wahl, die Datei zu versenden oder sie mit iChat Theater gemeinsam zu nutzen. Die gemeinsame Nutzung mit iChat Theater ist selbstverständlich die smartere und attraktivere Variante.

Falls Sie nicht in einem Video-Chat miteinander kommunizieren, richten Sie für den Chatpartner einen Fernzugriff ein, so dass Sie ihm in Echtzeit eine Datei oder Bilder zeigen und Sie sich wie im Büro mit ihm über die Inhalte austauschen können. Klicken Sie im Menü *Ablage* auf die Funktion *Datei für iChat Theater freigeben* und wählen Sie die Datei anschließend aus. Nach diesen Schritten fordert iChat Sie auf, mit dem Kontakt einen Video-Chat zu beginnen. Ist Ihr Kontakt damit einverstanden, rückt die ausgewählte Datei in den Vordergrund.

Einen Chat sichern

Bei manchen Unterhaltungen bedauert man es, dass kein Mikrofon eingeschaltet ist, mit dem die wichtigen, witzigen, schlagfertigen Gesprächsbeiträge aufgezeichnet werden. In iChat haben Sie Gelegenheit, die Unterhaltung zu sichern, um sie später noch einmal in Ruhe durchzulesen. Wählen Sie hierfür den Befehl *Kopie sichern unter…* im Menü *Ablage*. Als Dateiname sind praktischerweise bereits der Name des Chatpartners sowie das Datum und die Uhrzeit eingetragen.

Wenn Sie von allen Unterhaltungen automatisch eine Kopie erstellen wollen, wählen Sie im Menü *iChat | Einstellungen…* das Register *Nachrichten*. Aktivieren Sie ganz unten im Fenster die Option *Chat-Protokolle automatisch sichern in*. iChat legt dabei für Sie einen Ordner mit dem Namen *iChats* in Ihrem Ordner *Dokumente* an, so dass Sie Ihre Aufzeichnungen jederzeit schnell wiederfinden. Audiochats werden als AAC-Dateien und Video-Chats als MPEG-4-Dateien gespeichert.

Mit iChat den Bildschirm freigeben

Mit iChat Theater lässt sich hervorragend an einer Präsentation arbeiten oder über ein Dokument diskutieren. Wer aber intensiv mit jemandem ein Dokument erarbeitet oder an einem Projekt zusammenarbeitet, der ist noch besser mit der Funktion der Bildschirmfreigabe bedient. Die Bildschirmfreigabe erlaubt eine Zusammenarbeit von Personen, die weit voneinander entfernt wohnen und arbeiten, die aber dank dieser Funktion zusammenrücken, als säßen sie direkt nebeneinander. Natürlich können Sie diese Funktion auch nutzen, wenn der Chatpartner SOS funkt, weil es Probleme mit seinem Mac gibt.

GRUNDLAGEN

Die Bildschirmfreigabe in iChat ist verwandt mit dem Dienst *Bildschirmfreigabe* in der Systemeinstellung *Freigaben*.

Voraussetzung für die Bildschirmfreigabe ist, dass auf beiden Rechner mindestens Mac OS X Leopard installiert ist.

Wenn Sie Ihrem Kontakt erlauben möchten, sich Ihren Bildschirm anzusehen, wählen Sie im Menü *Kontakte* den Eintrag *Meinen Bildschirm freigeben*. Wollen Sie den Bildschirm Ihres Kontakts nutzen, klicken Sie auf *Um Zugriff auf entfernten Rechner bitten*. Ist die Einladung angenommen, startet mit der Bildschirmfreigabe ein Audiochat, so dass Sie sich mit Ihrem Chatpartner über das, was auf dem Rechner zu sehen und zu tun ist, austauschen können.

9

Adressen & Termine verwalten

Um die Adressen Ihrer Geschäftspartner, Kunden und Freunde professionell zu verwalten, um Termine anzulegen und an diese erinnert zu werden, finden sich in Ihrem Programmordner zwei leistungsstarke Anwendungen: Adressbuch und iCal. Um diese beiden Programme und ihre vielseitigen Funktionen geht es in diesem Kapitel.

Mit Adressbuch Kontaktdaten verwalten 

Adressen und Termine hat man am liebsten immer im Blick. Das Widget *Adressbuch* im Dashboard gibt einen ersten Eindruck davon, wie clever es ist, die virtuellen Kontaktdaten immer sofort parat zu haben. Das Widget ist die Miniaturausgabe des Programms *Adressbuch*. Geben Sie im Widget den Namen der gesuchten Person ein und klicken Sie in der angezeigten Liste auf den Namenseintrag. Damit werden alle Einträge eingeblendet, die in der Visitenkarte von Adressbuch enthalten sind. Mit einem Klick auf die Rufnummer wird diese vergrößert und damit besser lesbar angezeigt. Ein Klick auf die E-Mail-Adresse bringt Sie ins Programm Mail. Und wenn Sie schließlich auf die Adresse klicken, öffnet sich die Website Google Maps, die Ihnen anzeigt, wo der Kontakt zu Hause ist.

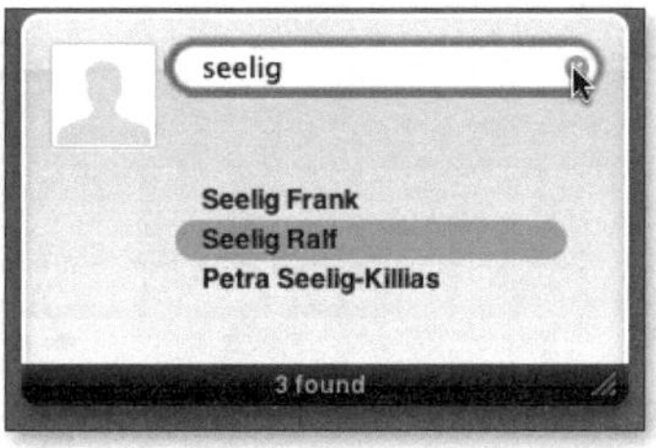

Der Adress-Zwerg: das Widget

Visitenkarten erstellen und überarbeiten

Adressbuch ist Ihre digitale Adressverwaltung. Für jede Person, die Sie kennen, lässt sich eine Visitenkarte mit Anschrift, Geburtsdatum und Notizen wie Lieblingsmusik, Lieblingsessen und Name des Hundes ausfüllen. Wie umfangreich eine Visitenkarte wird, entscheiden Sie beim Erstellen oder Bearbeiten der Kontaktinformationen.

Adressbuch ist eng verzahnt mit den Programmen iCal, Mail und iChat. Das Programm zeigt sich als sehr fleißig und kooperativ, wenn es um das Vervollständigen oder die Bereitstellung von Adressen geht.

Der bequemste und schnellste Weg, in Adressbuch Visitenkarten Ihrer Geschäftspartner, Kunden und Freunde anzulegen, geht über das Programm Mail. Die Mails von Geschäftspartnern und Kunden enthalten in den meisten Fällen die komplette Postanschrift inklusive Telefonnummer, Handynummer und E-Mail-Adresse. Wenn Sie die Kontaktdaten eines Geschäftspartners oder Kunden als Visitenkarte in Adressbuch speichern wollen, fahren Sie mit der Maus über die Adressdaten in der Mail. Sobald die Ortsangabe oder eine Telefonnummer mit einer gestrichelten Linie umrahmt wird, klicken Sie auf das nach unten zeigende Dreieck und wählen *Neuen Kontakt erstellen*. Aus diesen Daten wird eine Visitenkarte erstellt, die Sie mit einem Klick auf *Zum Adressbuch hinzufügen* an Adressbuch schicken. Einfacher und komfortabler lassen sich Visitenkarten nicht erstellen.

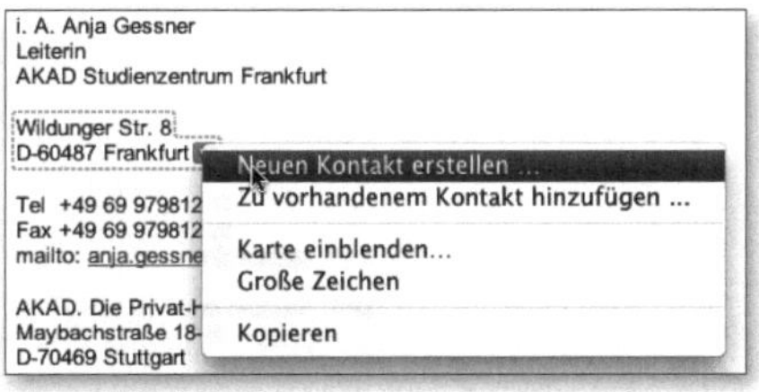

Aus den Kontaktdaten einer E-Mail eine Visitenkarte erstellen.

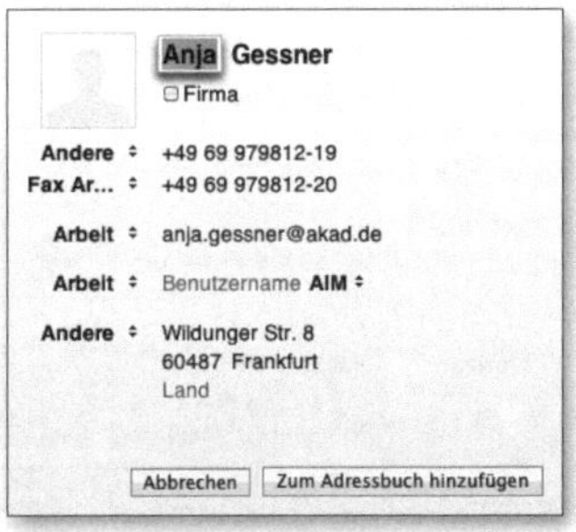

Die Daten an Adressbuch schicken.

Da jeder Mailabsender die Adressdaten (auch »Signatur« genannt) auf seine Weise in eine Mail eingibt, kann es passieren, dass die Daten nicht vollständig erkannt werden. So fehlen möglicherweise der Straßenname oder der Ort. So lange Sie noch nicht auf den Button *Zum Adressbuch hinzufügen* geklickt haben, lassen sich die Daten schnell ergänzen: Kopieren Sie die fehlenden Adressangaben wie beispielsweise den Straßennamen mit der Tastenkombination ⌘ – C und fügen Sie die Information mit der Tastenkombination ⌘ – V in die entsprechende Zeile auf der Visitenkarte ein.

POWER USER

Eine Visitenkarte im Programm Adressbuch bietet Ihnen auch Platz für Notizen zu der Person. Das können weitere Adressinformationen, Angaben über den Vorstand und Aufsichtsrat oder Selbstaussagen des Absenders sein. Markieren Sie zunächst den Text, den Sie für wichtig erachten und als Notiz zu der Person sichern wollen. Fahren Sie erst dann mit der Maus über die Adressdaten, klicken Sie auf das nach unten zeigende Dreieck und wählen Sie *Neuen Kontakt erstellen*.

Kontaktdaten mit Informationen zur Person

Hat der Absender keine ausführlichen Adressdaten mitgeschickt, lassen sich zumindest sein Name und seine E-Mail-Adresse an Adressbuch schicken. Klicken Sie dazu in der Zeile *Von* in den Namen des Absenders und wählen Sie *Zum Adressbuch hinzufügen*.

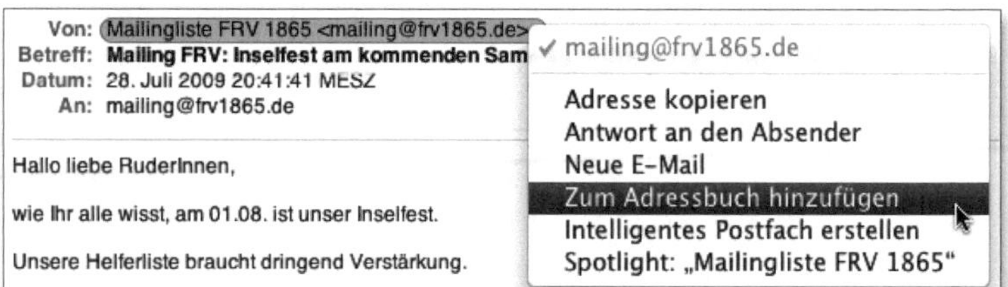

Namen und E-Mail-Adresse an Adressbuch schicken.

Visitenkarten erweitern

Je nachdem, wie häufig Sie im Programm Mail bereits mit Hilfe von mitgeschickten Kontaktdaten Visitenkarten erstellt oder den Befehl *Zum Adressbuch hinzufügen* angesteuert haben, ist Ihr Adressbuch mehr oder weniger reich bestückt mit Kontakten. Klicken Sie in Adressbuch auf den Button *Bearbeiten*, um in die Visitenkarte weitere Informationen wie Privatadresse oder Name der Firma einzugeben.

Wollen Sie einen ganz neuen Eintrag vornehmen, klicken Sie auf das Pluszeichen unter der Liste *Name* oder drücken die Tastenkombination ⌘ – N, die wie in jedem Programm ein neues Datenblatt erzeugt. Mit der Tabulatortaste bewegen Sie sich am schnellsten und bequemsten von einem Feld ins nächste.

Für die Rubrikbezeichnungen wie *Arbeit* und *Kontakt* werden Ihnen mit einem Klick auf die Dreiecke zwischen der Rubrik und dem Eintrag eine Reihe von Alternativvorschlägen angeboten. Hier finden Sie auch den Eintrag *Eigene…*, der wichtig ist, um weitere oder individuelle Beschriftungen anzulegen.

Alternativen für die Feldbeschriftung

Sobald Sie eine Kontaktinformation eingetragen haben, erscheinen ein Minus- und in einigen Fällen auch ein Pluszeichen neben dem Eintrag.

Mit dem Minuszeichen löschen Sie den Eintrag, mit dem Pluszeichen fügen Sie weitere Felder für die jeweilige Rubrik hinzu. Dank dieser Methode brauchen Sie keine Auswahl zu treffen, sollten Sie fünf unterschiedliche Telefonnummern und drei verschiedene E-Mail-Adressen von einer Person erhalten.

Eine Visitenkarte lässt sich umfangreich ergänzen.

Auch der Name lässt sich um weitere Felder wie Präfix für einen Titel oder zweiter Vorname ergänzen: Klicken Sie in den Vor- oder Nachnamen und wählen Sie im Menü *Visitenkarte | Feld hinzufügen* aus. Sollten Sie viel mit internationalen Geschäftspartnern zu tun haben, ist die Option *Ausspracheform Vor- / Zuname* hilfreich und wertvoll.

Phonetische Schreibweise schwer auszusprechender Namen

Im unteren Feld *Notizen* können Sie die Kapriolen, Gewohnheiten oder Empfindlichkeiten der Person eingeben. So wissen Sie bei diesem Kontakt stets, welche Fettnäpfchen es auszulassen gilt.

Welche Rubriken bzw. Felder generell beim Anlegen neuer Adressen verfügbar sein sollen, entscheiden Sie in den *Einstellungen…*, die Sie im Menü *Adressbuch* finden. Im Fenster *Vorlage* sind die standardmäßigen Einträge aufgelistet, die sich um die Rubriken im Aufklappmenü *Feld hinzufügen* ergänzen lassen.

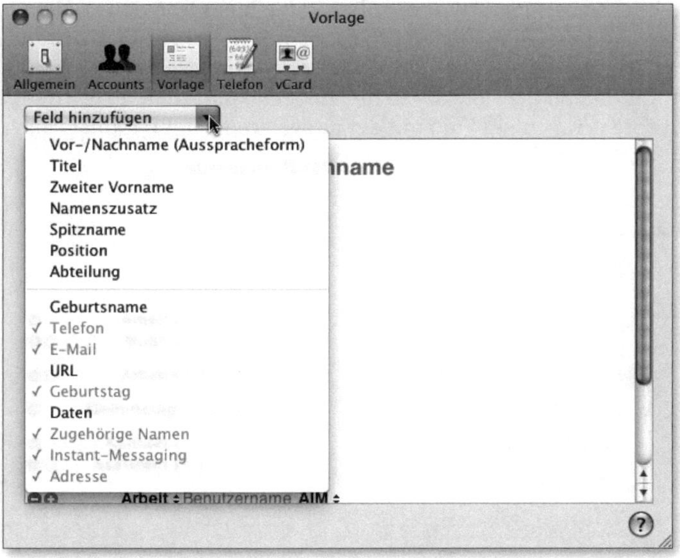

Erstellen Sie die Vorlage für die Visitenkarten nach eigenen Kriterien.

Ein Bild hinzufügen

Jede Visitenkarte lässt sich mit einem Bild oder einer Grafik ein bisschen bunter und individueller gestalten. Das können eigene Bilder sein, aber auch Comicfiguren oder Logos. Im Programm Mail, das die Informationen aus Adressbuch nutzt, sehen Sie das Bild neben einer neuen E-Mail der betreffenden Person. Sofern Ihre Kontakte

Ihrer Buddy-Liste in iChat nicht selbst ein Bild hinzugefügt haben, ist Ihre Wahl auch in dieser Liste zu sehen. Ihre eigene Visitenkarte ist geschmückt mit einem Bild, das Ihnen das System zugewiesen hat, als Sie sich das erste Mal angemeldet haben. Auch dieses Bild können Sie jederzeit durch ein eigenes Foto oder durch ein anderes Bild in Adressbuch oder in den Systemeinstellungen *Benutzer* austauschen.

Wenn Sie in Adressbuch im Modus *Bearbeiten* sind, ziehen Sie das gewünschte Bild einfach in den Schattenumriss neben dem Namen. Dabei öffnet sich automatisch ein Fenster, in dem Sie den Ausschnitt des Bildes festlegen. Außerdem haben Sie hier Gelegenheit, dem Bild einen anderen Charakter zu geben, es in Schwarzweiß umzuwandeln, es zu strecken oder zu spiegeln. Klicken Sie dazu auf den rechten runden Button, blättern Sie durch die Vorschau und treffen Sie Ihre Wahl. Oder Sie nehmen ein Foto mit der integrierten iSight-Kamera auf, das dann sofort im Vorschaufenster erscheint.

Ein Bild für den neuen Kontakt

GRUNDLAGEN

Für die Person ist das Bild, das Sie ihr zugewiesen haben, nicht sichtbar. Es wird nicht automatisch Bestandteil einer E-Mail, die Sie ihr senden.

Geburtstag hinzufügen

Wollen Sie an die Geburtstage Ihrer Freunde und Geschäftspartner erinnert werden? Dann sollten Sie auf jeden Fall das Feld *Geburtstag* hinzufügen. Das Programm Adressbuch leitet das eingetragene Datum automatisch an das Programm iCal weiter. In iCal wiederum haben Sie die Möglichkeit, einen Geburtstagskalender zu aktivieren.

Anzeige und Sortierung individualisieren

Die von Adressbuch vorgenommene automatische Formatierung der Telefonnummern ist für unsere Rufnummern mit unterschiedlich langen Vorwahlnummern nicht geeignet. Sie schalten diese Formatierung in den *Einstellungen... | Telefon* aus.

Die automatische Formatierung der Rufnummer ausschalten.

Standardmäßig erscheinen die Namen in den Visitenkarten in der Reihenfolge *Vorname | Zuname*. Die alphabetische Sortierung erfolgt nach dem Vornamen. Favorisieren Sie die Anzeige »Vorname hinter dem Nachnamen« und die Sortierung nach Nachnamen, stellen Sie dies in den Einstellungen im Register *Allgemein* um.

TIPP

Im Menü *Visitenkarte | Vornamen vor den Nachnamen stellen* lässt sich von einer markierten Visitenkarte die Reihenfolge der Namen umkehren. Wollen Sie die Namen gleich für mehrere Visitenkarten vertauschen, kennzeichnen Sie die Karten mit gedrückter ⌘-Taste und rufen anschließend den Befehl auf.

In einer neuen Visitenkarte stehen der Vor- und Nachname der Person an erster Position. Wer die Karten in der Spalte *Name* lieber nach dem Namen der Firma angezeigt und sortiert haben möchte, klickt im Bearbeitungsmodus in das kleine Rechteck neben *Firma.* Das Erkennungsmerkmal für die Adresse einer Firma ist eine Schemazeichnung mit drei Gebäuden neben dem Firmennamen. Auch im Nachhinein lässt sich eine Visitenkarte als die eines Unternehmens kennzeichnen. Markieren Sie die entsprechende Karte und klicken Sie im Menü *Visitenkarte* auf die Option *Als Firma kennzeichnen.*

Tipps für den Umgang mit den Adressen

- Wenn Ihnen die Schrift für die Einträge zu klein ist, haben Sie im Menü *Adressbuch* | *Einstellungen…* | *Allgemein* die Möglichkeit, sie zu vergrößern. Vielleicht reicht es aber auch, die Telefonnummern vergrößert einzublenden: Klicken Sie in einer Visitenkarte in die Rubrik *Arbeit, Privat* oder *Mobil* und wählen Sie *Vergrößern.* Mit einem Klick bringen Sie die überdimensionierte Nummer wieder zum Verschwinden.

Übergroße Nummer, um dem Verwählen vorzubeugen

- In einer Visitenkarte liegen hinter jeder Rubrikbezeichnung weitere und zum jeweiligen Eintrag passende Befehle. Sind Sie mit dem Internet verbunden, können Sie sich über Google Maps eine Karte anzeigen lassen, um zu schauen, wo die Person genau wohnt. Klicken Sie in den Eintrag *Privat* oder *Arbeit* neben der Adresse und wählen Sie *Umgebungskarte anzeigen.*

- Sie haben auch die Möglichkeit, das Adressetikett zu kopieren und die Adresse anschließend in Textverarbeitungsprogramme wie TextEdit oder Pages einzufügen. Klicken Sie in den Eintrag *Privat* oder *Arbeit* neben der Adresse und wählen Sie *Adressettikett kopieren.* Die Adresse lässt sich nun mit der Tastenkombination ⌘ – V in ein anderes Dokument einfügen.

Beachten Sie bitte, dass diese Funktionen im Bearbeitungsmodus nicht zur Verfügung stehen.

Adressen importieren

Die Lust, den Adressbestand manuell in das Adressbuch einzugeben, hält sich mit Sicherheit in Grenzen. Deshalb lassen sich mit Adressbuch Kontaktdaten in den Formaten vCard und LDIF importieren. Darüber hinaus akzeptiert Adressbuch Textdateien, in denen die einzelnen Adressangaben mit Tabulatorzeichen oder durch Komma getrennt eingegeben sind. Bei diesen Dateien handelt es sich um sogenannte CSV-Dateien. Und selbstverständlich lässt sich auch ein bereits bestehendes Adressbucharchiv importieren.

GRUNDLAGEN

LDIF steht für Lightweight Directory Interchange Format. Dieses Dateiformat wird zum Datenaustausch verwendet.

Doch vor dem Import steht der Export. Deshalb ist es zunächst notwendig, die Adressen aus Outlook, Entourage oder einem anderen E-Mail-Programm in eines der erforderlichen Formate zu exportieren. Anschließend klicken Sie in Adressbuch im Menü *Ablage* auf den Eintrag *Importieren* und wählen das Format aus.

Nach dem Import liegen möglicherweise einige Visitenkarten doppelt in Ihrer Sammlung vor. Sind beide Karten unterschiedlich umfangreich, lassen sie sich elegant zu einer zusammenschmelzen: Markieren Sie die Karten und wählen Sie im Menü *Visitenkarte* den Befehl *Ausgewählte Visitenkarten zusammenfügen.*

Wollen Sie in Ihrem Kartenbestand aufräumen und einen Kontakt löschen, klicken Sie auf einen Namen und drücken die Rückschritttaste oder rufen alternativ im Menü *Bearbeiten | Visitenkarte löschen* auf.

TIPP

Sie können auch das Programm damit beauftragen, nach doppelten Karten zu fahnden. Wählen Sie dafür im Menü *Visitenkarte* den Befehl *Nach Duplikaten suchen.*

Digitale Visitenkarten

Die sogenannten vCards, die digitalen Visitenkarten, die oftmals an E-Mails angehängt werden, können direkt von Adressbuch importiert werden. Wenn Sie eine solche .vcf-Datei in einer E-Mail ausfindig machen und sie mit einem Doppelklick öffnen, weiß das Programm Mail, was es zu tun hat, und schickt die Daten an Adressbuch.

Liegt eine Visitenkarte erst einmal in Ihrem Adressbuch, erkennt das Programm bei einem erneuten Import der vCard, dass es sich hierbei um eine Dublette handelt.

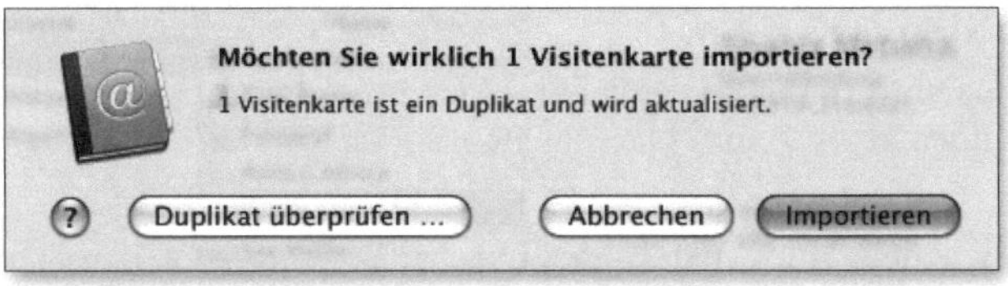

Adressbuch verschont Sie vor doppelten Einträgen.

Visitenkarten ändern sich hier und da und werden zum Beispiel um weitere Informationen wie Jobtitel oder zusätzliche E-Mail-Adressen ergänzt. Um in Erfahrung zu bringen, ob es zwischen der bereits importierten und der aktuellen vCard eine Abweichung gibt, klicken Sie auf *Duplikat überprüfen…* Farblich hervorgehobene Einträge sind das untrügliche Zeichen für Modifikationen und Veränderungen. Entscheiden Sie über die untere Leiste, was nun passieren soll: die Karte aktualisieren oder eventuell beide behalten?

Eine Visitenkarte aktualisieren.

Möchten Sie selbst eine vCard erstellen und Ihre Daten mithilfe dieser virtuellen Karte exportieren, ziehen Sie Ihre Karte per Drag & Drop aus dem Adressbuch-Fenster in die E-Mail. Alternativ ziehen Sie die Karte aus dem Adressbuch-Fenster auf eine freie Fläche Ihres Schreibtisches und fügen die Datei wiederum per Drag & Drop bei Bedarf in eine E-Mail ein.

Gruppen bilden

Angenommen, Sie sind in einem Verein, in einem Netzwerkverbund oder gehören einer Gruppe von Hobbyfotografen an. Jedes Mal, wenn Sie eine Mail an Ihre Vereinsfreunde, Ihre Netzwerkpartner oder Fotografen schicken, müssten Sie umständlich die Liste *Namen* durchforsten und die jeweiligen Namen in die Adressleiste einer E-Mail ziehen oder die Namen manuell eingeben. Aber es lassen sich ja erfreulicherweise Gruppen bilden. Adressbuch bietet Ihnen die Möglichkeit, für unterschiedliche Mailaktionen Gruppen mit den jeweils gewünschten Kontaktdaten zu erstellen. Dann brauchen Sie nur noch die Gruppe in die Adressleiste einer Mail zu ziehen. Sehr praktisch! Und so legen Sie eine Gruppe an:

1. Klicken Sie auf das Pluszeichen unterhalb der Spalte *Gruppe* und geben Sie dem Ordner einen für die baldigen Gruppenmitglieder typischen Namen.

2. Markieren Sie in der Gruppe *Alle* die Visitenkarten, die Sie Ihrer neuen Gruppe zuordnen wollen, und ziehen Sie die Karte mit gedrückter Maustaste in die Gruppe.

3. Mit gedrückter ⌘-Taste lassen sich gleich mehrere Kontakte markieren und anschließend gemeinsam in die neue Gruppe bewegen. Dabei lässt sich ein und dieselbe Karte selbstverständlich mehreren Gruppen zuordnen.

Die Sammlung *Alle Kontakte* ist Ihr Hauptkarteiordner, in dem sämtliche Visitenkarten liegen. In den Gruppen liegen jeweils die Kopien, so dass Sie eine Gruppe löschen können, ohne die Originalvisitenkarten zu verlieren. Sie löschen eine Gruppe im Menü *Bearbeiten | Gruppe löschen*. Auch einzelne Visitenkarten lassen sich aus einer Gruppe löschen: Menü *Bearbeiten | Aus der Gruppe entfernen*.

POWER USER

Um herauszufinden, ob und in welcher Gruppe sich ein bestimmter Kontakt befindet, markieren Sie den entsprechenden Namen und drücken die ⌥-Taste. Die Gruppen, denen der Kontakt angehört, werden farbig hervorgehoben.

Intelligente Gruppen

Was in iTunes die intelligenten Wiedergabelisten und im Finder die intelligenten Ordner sind, sind in Adressbuch die intelligenten Gruppen. Bei dieser Aktion legen Sie zunächst Kriterien für die Gruppenmitglieder fest und lassen das Programm anschließend die Kontakte suchen, die den definierten Kriterien entsprechen. Diese Eigenschaften können beispielsweise der Name eines Unternehmens sein, die Begriffe »Projektmanager« oder »Vertrieb« in den Notizen oder eine Stadt. Alle zukünftig angelegten Kontakte, die über die gleichen definierten Merkmale wie die der intelligenten Gruppe verfügen, werden diesem Adressbestand automatisch zugeordnet. Sehr raffiniert, um zum Beispiel einen Presseverteiler anzulegen und diesen stets aktuell zu halten.

Wählen Sie im Menü *Ablage* den Eintrag *Neue intelligente Gruppe…* Geben Sie der Gruppe einen Namen und legen Sie die Kriterien fest. Über den Plusbutton erhalten Sie weitere Eingabefelder, mit denen Sie die Bedingungen für die Gruppenzugehörigkeit genau spezifizieren. Die eingeschaltete Option *Gruppe bei Änderungen hervorheben* sorgt dafür, dass Sie angezeigt bekommen, wenn ein neuer Kontakt der Gruppe zugeordnet wird.

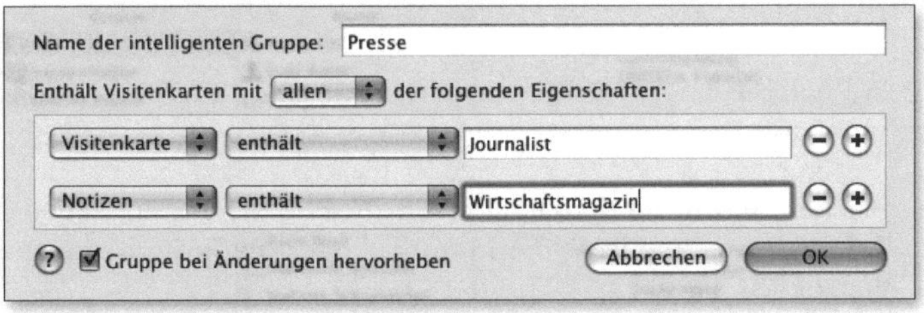

Kriterien für eine intelligente Gruppe

Um die Kriterien nachträglich zu bearbeiten, markieren Sie die Gruppe und wählen im Kontextmenü oder im Menü *Bearbeiten* den Eintrag *Intelligente Gruppe bearbeiten.*

TIPP

Es gibt noch einen anderen Weg, eine intelligente Gruppe anzulegen, nämlich den über die Suchfunktion. Mit dieser Methode lässt sich freilich zunächst nur ein einziges Kriterium eingeben. Doch mag das in vielen Fällen reichen. Geben Sie den Begriff in das Suchfeld ein und klicken Sie anschließend im Menü *Ablage* auf *Neue intelligente Gruppe aus der aktuellen Suche*. Adressbuch sichert diese intelligente Gruppe nun mit dem Begriff, den Sie für die Suche verwendet haben. Dieser Begriff sorgt auch dafür, dass zukünftig alle Kontakte, in denen das Suchwort vorkommt, automatisch in dieser Gruppe landen. Sie modifizieren das Kriterium für diese intelligente Gruppe, indem Sie im Kontextmenü den Befehl *Intelligente Gruppe bearbeiten* wählen.

Mit Gruppen von Visitenkarten arbeiten

Falls Sie an eine Gruppe eine E-Mail senden wollen, die Personen dieser Gruppe aber mehrere E-Mail-Adressen besitzen, sollten Sie vorm Verschicken sicherstellen, dass die E-Mail auch an die jeweils richtige Adresse geht. Also eine geschäftliche Nachricht an die Geschäftsadresse und eine private an die Privatadresse. Im Menü *Bearbeiten | Verteilerliste bearbeiten* wählen Sie aus, welche Adresse verwendet werden soll:

- Markieren Sie die Gruppe, für die Sie die Verteilerliste bearbeiten wollen.
- Wählen Sie die Art der gewünschten Adresse im linken Aufklappmenü aus.
- Klicken Sie in die Spaltenüberschrift *E-Mail*, um entweder die E-Mail-Adresse, die Telefonnummer oder die Postadresse anzeigen zu lassen.

Sicher stellen, dass eine Benachrichtigung an die richtige E-Mail-Adresse geschickt wird.

AUFGEPASST

Beachten Sie jedoch, dass dies lediglich dann funktioniert, wenn auf den einzelnen Visitenkarten sowohl eine Privat- als auch Geschäftsadresse vermerkt ist. Karten mit zum Beispiel nur einer privaten E-Mail-Adresse werden in einem Verteiler an Geschäftsadressen mitberücksichtigt.

Um die Gruppe nun in das Adressfeld der E-Mail zu bekommen, klicken Sie mit der rechten Maustaste in den Namen der Gruppe und wählen *E-Mail an [Name der Gruppe] senden*. Auch im Programm Mail haben Sie natürlich Zugriff auf das Adressbuch, die Visitenkarten und die Gruppen. Klicken Sie im Fenster *Neue E-Mail* auf das Symbol für Adressbuch und ziehen sie eine einzelne Visitenkarte oder eine Gruppe mit gedrückter Maustaste in das Adressfeld.

TIPP

Sie haben eine neue Handynummer, eine weitere E-Mail-Adresse oder sind gar umgezogen und haben eine komplett neue Anschrift? Ändern Sie Ihre eigene Visitenkarte und machen Sie Ihre Gruppen auf diese Aktualisierung aufmerksam. Wählen Sie im Menü *Ablage* den Eintrag *Aktualisierungen senden …* Im jetzt geöffneten Fenster wählen Sie die Gruppen aus, denen Sie Ihre geänderte Visitenkarte zuschicken wollen. Sowohl die Betreff-Zeile als auch der bereits eingegebene Text lassen sich überschreiben. Jetzt noch auf *Senden* klicken, und Ihre Arbeit ist getan. Ihre aktualisierte Visitenkarte ist der E-Mail angehängt.

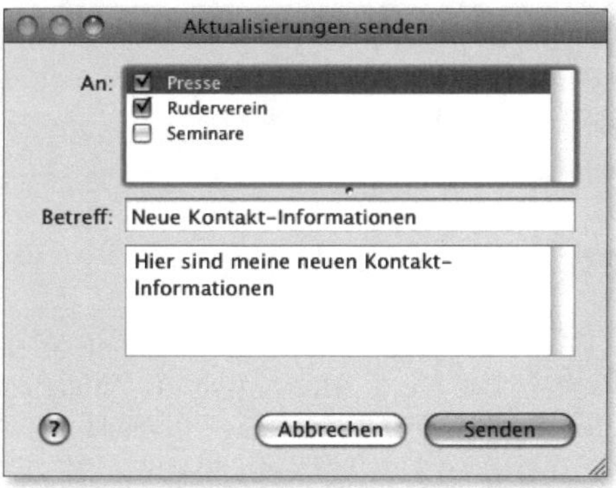

Aktualisierte Kontaktdaten an eine Gruppe senden.

Wo steckt der Kontakt sonst noch?

Interessant zu wissen, in welchen Dateien eine Person, für die man in Adressbuch eine Visitenkarte angelegt hat, sonst noch zu finden ist: in E-Mails, Textdokumenten, Kalendereinträgen? Erfreulicherweise brauchen Sie für solche Nachforschungen nicht in die jeweiligen Programme zu wechseln. Markieren Sie stattdessen den Kontakteintrag und wählen Sie im Menü *Bearbeiten* | *Spotlight: [Name des Eintrags]*. Schwupp sehen Sie, wo dieser Kontakt bereits Spuren hinterlassen hat.

Mit Spotlight auf Spurensuche

POWER USER

Wer alle Dokumente, die mit dieser Person zusammenhängen, an einem zentralen Ort ablegen möchte, sichert die Suchergebnisse am besten in einem intelligenten Ordner. Alle weiteren Dateien, Mails und Kalendereinträge, in denen der Name dieser Person vorkommt, werden zukünftig in diesem Ordner angezeigt.

Adressen drucken

Die Adressen lassen sich als Adressetiketten, komplett als Liste oder als Taschen-Adressbuch drucken. Die vierte Alternative ist, Umschläge zu bedrucken, und zwar den Standardbriefumschlag DIN lang (22 x 11) cm und alle weiteren DIN-Formate. Doch öffnen Sie zunächst mit der Tastenkombination ⌘ – P das Fenster *Drucken*. Die unterschiedlichen Druck-Varianten befinden sich im Aufklappmenü *Stil*.

Die Formate für die Umschläge finden Sie, wenn Sie auf den Reiter *Layout* klicken und anschließend im gleichnamigen Aufklappmenü bei *Internationale Formate* Ihre Entscheidung treffen.

TIPP

Für Adressetiketten stehen Avery Standard-, Avery A4- und DYMO-Etiketten zur Auswahl. Avery A4-Etiketten-Blätter zeigen auf der Rückseite eine Nummer, die Sie nun nur noch auszuwählen brauchen, damit die Adressen akkurat in die Etiketten gedruckt werden. Sie können jedoch auch ein eigenes Layout definieren. Klicken Sie im Auswahlmenü *Seite* auf *Eigene definieren*, entscheiden Sie sich im Auswahlmenü *Größe* für das Format DIN-A4 und im Menü rechts daneben für Millimeter. Anschließend geben Sie die Maße für die Ränder ein. Glücklicherweise lassen sich die eigenen Einstellungen speichern.

Das Taschen-Adressbuch ist eine gute Möglichkeit, die Adressen auch ohne elektronisches Gerät stets bei sich zu haben. Beachten Sie jedoch, dass bei dieser Wahl das Papierformat automatisch umschaltet auf US-Papier. Da dieses Format von unserem DIN-A4-Format abweicht, ist es ratsam, den Eintrag *DIN A4* zu wählen.

Schreiten wir zum Druckauftrag:

1. Markieren Sie die Sammlung, eine Gruppe oder eine einzelne Visitenkarte und klicken Sie im Menü *Ablage* auf *Drucken*.

2. Im Fenster *Drucken* wählen Sie im Aufklappmenü *Stil* aus, was Sie aktuell drucken wollen.

3. Abhängig davon, welchen Druckauftrag Sie erteilen, wechseln die Einstellungsoptionen in diesem Fenster: Entscheiden Sie sich für Adressetiketten, wählen Sie den Etikettentyp und legen das Layout fest. Fällt die Wahl auf Umschläge, legen Sie das Layout und die Ausrichtung fest. Die Standardschrift ist Lucida Grande 12 Punkt.

Klicken Sie bei Schrift auf Wählen, um das Schriftenfenster zu öffnen und die Schrift gegebenenfalls gegen eine andere auszutauschen.

4. Bei den Alternativen *Listen* und *Taschen-Adressbuch* lassen sich einzelne Adressattribute für den Druck ausschalten.

Das Layout für den Druck ändern.

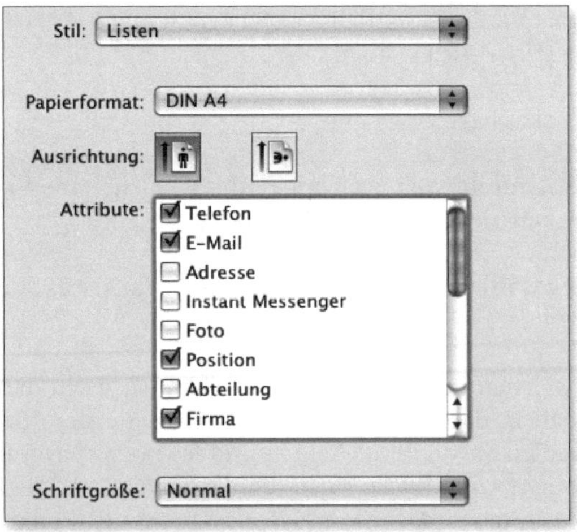

Auswählen, welche Attribute ausgedruckt werden.

Im linken Fenster wird die Ansicht der unterschiedlichen Optionen stets angezeigt. Mit dem Schieberegler vergrößern Sie den Ausschnitt. Damit Sie auch die Abschnitte sehen, die durch die Vergrößerung aus dem Rahmen fallen, bewegen Sie den Mauszeiger in das Fenster. Nun lässt sich mit gedrückter Maus die Druckansicht nach oben und unten bewegen.

Das Adressbuch sichern

Für alle, die keinen Gebrauch von Time Machine machen, ist es ab und an durchaus sinnvoll, den Datenbestand des Adressbuches zu sichern und ihn auf ein externes Speichermedium zu kopieren. Wählen Sie im Menü *Ablage* den Befehl *Exportieren | Adressbucharchiv*. Das Programm trägt praktischerweise das aktuelle Datum in das Eingabefeld *Sichern unter* ein.

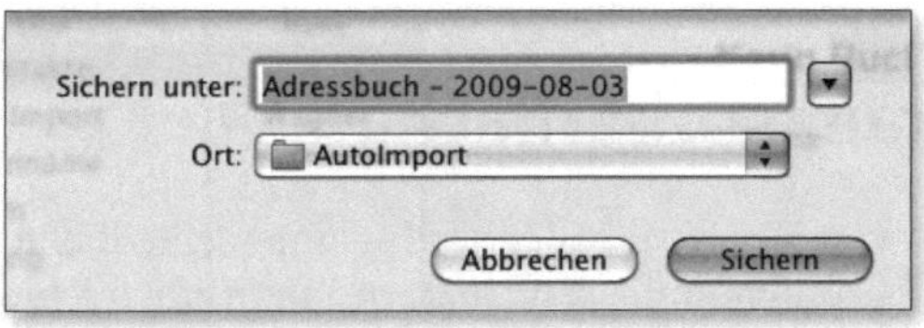

Sichern Sie Ihre Datenbank!

Es bleibt Ihnen überlassen, den Speicherort zu bestimmen und abschließend auf *Sichern* zu klicken. Das war's.

iCal 

Meetings, Geburtstage, Geschäftsessen, Premieren und kommende Sensationen – wenn Sie die Dinge, an die Sie sich erinnern wollen, bislang in unterschiedlichen Kalendern oder auf Post-it-Zetteln notiert haben, ist iCal eine prima Alternative:

- Einfach zu handhaben und konkurrenzlos überschaubar

- Automatisiert die Eingabe von sich wiederholenden Ereignissen.
- Erinnert Sie an Ihre Termine.
- Übersichtliche To-do-Listen mit Prioritätenvergabe
- Eng mit dem Programm Mail verknüpft. Anstehende Aufgaben können in beide Programme eingegeben und auch in beiden verwaltet werden.
- Kalender können ausgetauscht und von anderen Nutzern bearbeitet werden.
- Kann im Internet veröffentlicht werden.

Und noch eine nette Kleinigkeit: Das Programmsymbol im Dock zeigt auch bei geschlossenem Programm stets das aktuelle Datum an.

Die Benutzeroberfläche

Das Prinzip von iCal sind Kalender für unterschiedliche Zwecke. So lassen sich berufliche und private Termine in unterschiedlichen Kalendern eintragen und verwalten. Auch können Sie für jeden einzelnen Mitarbeiter oder für jedes Familienmitglied separate Kalender anlegen.

Apple hat iCal vorab mit zwei Kalendern ausgestattet: dem geschäftlichen und dem privaten. Mit den Schaltknöpfen *Tag*, *Woche* und *Monat* legen Sie die Ansicht fürs Hauptfenster fest. Ein Klick auf den Button *Heute* bringt Sie zurück in den gerade aktuellen Tag. In der Tages- und Wochenansicht sorgt eine feine Linie für die zeitliche Orientierung.

Tag-, Wochen- und Monatsansicht

Auch mit gedrückter ⌘-Taste und dem Rechtspfeil (→) bzw. der ⌘-Taste und dem Linkspfeil (←) können Sie einen Tag, eine Woche oder einen Monat weiter vor- oder zurückmarschieren. In der Wochen- und Monatsansicht wechseln Sie mit einem Doppelklick auf ein Datum in die Tagesansicht (in der Wochenansicht auf die Datumsangabe oberhalb der einzelnen Spalten und in der Monatsansicht auf die Ziffer in den einzelnen Kästchen). Für den Wechsel zwischen den drei Ansichten sind Tastenkombinationen mitunter der schnellste Weg:

- ⌘ – 1 = Tagesansicht
- ⌘ – 2 = Wochenansicht
- ⌘ – 3 = Monatsansicht

In der unteren Leiste steuern Sie, ob und wie die einzelnen Bestandteile eingeblendet werden. Der Plusbutton zaubert einen neuen Kalender hervor, das schraffierte Kästchen daneben blendet die Monatsansicht ein oder aus. Der Knopf mit dem Symbol eines Briefes öffnet die Liste *Benachrichtigungen*, die Ihre angenommenen und versendeten Einladungen anzeigt. Der Knopf mit symbolisierter Pinn-Nadel öffnet die Aufgabenliste.

Kalender einrichten und verwalten

iCal ist standardmäßig mit zwei Kalendern ausgestattet: einem fürs Büro und einem fürs Private.

Per Klick auf den Pulsbutton lassen sich weitere Kalender für unterschiedliche Zwecke erstellen: einer für die ganze Familie, Kalender für die unterschiedlichen Abteilungen, Urlaubskalender für die Mitarbeiter usw. Alternativ klicken Sie mit der rechten Maustaste in die Leiste und wählen *Neuer Kalender*. Die in einen Kalender eingetragenen Ereignisse blenden Sie mit einem Klick in das farbige Kästchen neben dem Kalendernamen ein oder aus.

Jedem Kalender wird eine Farbe zugewiesen. Im Informationsfenster zum Kalender haben Sie Gelegenheit, die Farbe zu wechseln oder sich

Notizen zum Kalender zu machen. Sie öffnen das Fenster, indem Sie den entsprechenden Kalender markieren und anschließend die Tastenkombination ⌘ – I drücken.

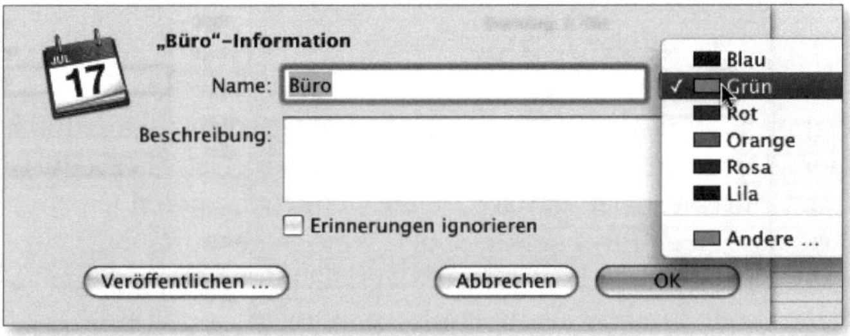

Die Farbe für den Kalender

Kalendergruppen

Je mehr Kalender Sie eingerichtet haben, desto unübersichtlicher kann die Liste werden. Haben Sie beispielsweise für die Termine Ihrer Mitarbeiter unterschiedliche Kalender angelegt, lassen sich diese in Kalendergruppen ordnen. Wählen Sie dazu im Menü *Ablage | Neue Kalendergruppe*, geben Sie der Gruppe einen Namen und ziehen Sie anschließend die entsprechenden Kalender in diese Gruppe hinein.

Kalendergruppen erstellen.

TIPP

Wenn Sie die Umschalttaste (⇧) drücken, lässt sich auch mit einem Klick auf den Plusbutton am linken Rand eine Kalendergruppe hinzufügen.

Sollte die Zuordnung eines Kalenders zu einer Gruppe doch nicht passen, ziehen Sie den Kalender mit gedrückter Maustaste entweder in eine andere Gruppe oder zurück auf die oberste Ebene. Ziehen Sie den Kalender dabei einfach über den Namen der Gruppe.

Der Geburtstagskalender

Das Programm iCal arbeitet eng mit dem Programm Adressbuch zusammen. Dank dieser Kooperation können in iCal die Geburtstage Ihrer Kontakte in einem separaten Geburtstagskalender angezeigt werden. Alle in Ihrem Adressbuch eingetragenen Geburtstage werden automatisch dem iCal-Geburtstagskalender hinzugefügt. Voraussetzung dafür ist, dass Sie in den Einstellungen (Menü *iCal* | *Einstellungen* | *Allgemein*) die Option *Geburtstagskalender einblenden* aktiviert haben.

Das Feld *Geburtstag* ist in den Visitenkarten von Adressbuch nicht standardmäßig enthalten. Um die Karte mit dem Geburtstag der Person zu ergänzen, wählen Sie in Adressbuch im Menü *Visitenkarte* | *Feld hinzufügen* | *Geburtstag*. Ihre Eintragung wird von iCal übernommen, sobald Sie die Bearbeitung der Visitenkarte abgeschlossen haben.

AUFGEPASST

Auch in der Version Snow Leopard ist es leider immer noch nicht möglich, sich mit iCal an bevorstehende Geburtstage erinnern zu lassen. Denn iCal abonniert die Geburtstagseinträge, wodurch diese geschützt sind. Nur im Programm Adressbuch lassen sich Geburtstage hinzufügen oder auch löschen.

Um diesen Missstand zu beheben, gibt es erfreulicherweise genug Freeware, die eingetragene Geburtstage aus Adressbuch zu iCal schickt und dabei automatisch eine Erinnerung erstellt. Auf der Website versiontracker.com finden Sie beispielsweise die Freeware BirthdayScanner. Dieses Programm legt einen Kalender mit dem Namen Geburtstage und Jahrestage in iCal an. Der Kalender umfasst alle in Adressbuch eingetragenen Geburtstage. Die in diesem Kalender eingetragenen Geburtstage werden von iCal wie ein ganz normales

Ereignis interpretiert, so dass Sie mit einem Doppelklick auf den Geburtstagseintrag eine Erinnerung definieren können.

Kalenderdarstellung individuell anpassen

Im Menü *iCal | Einstellungen| Allgemein* passen Sie die Kalenderdarstellung Ihren Bedürfnisse an. Hier legen Sie fest, wie viele Tage Ihre Woche hat, mit welchem Tag Ihre Woche beginnt und wie lang Ihr Tag ist. Die Einstellungen wirken sich auf alle Kalenderkategorien aus, die Sie in iCal anlegen. Deshalb kann es ganz sinnvoll sein, sich private wie berufliche Termine vor Augen zu führen und die Zeiteinstellungen großzügig festzulegen, so dass Sie Ihre Termine sofort im Blick haben.

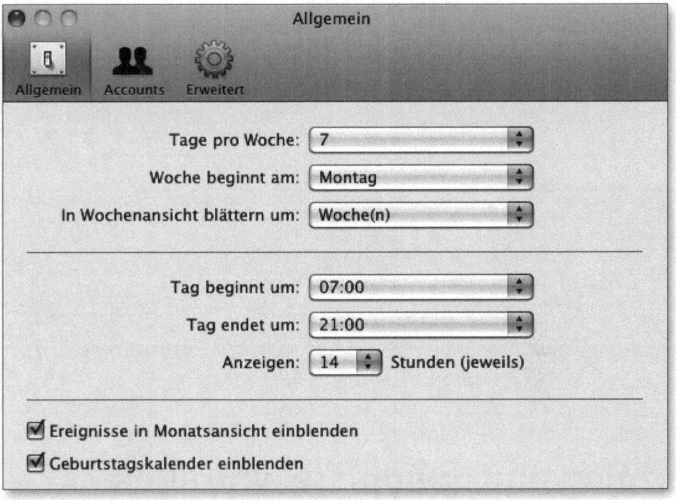

Definieren Sie die Anzahl der Tage und Stunden in Ihrem Kalender.

Arbeiten Sie bevorzugt in der Monatsansicht, empfiehlt es sich, die Option *Ereignisse in Monatsansicht einblenden* einzuschalten. Denn ansonsten wird die Uhrzeit ausgeblendet, was eventuell wenig komfortabel ist.

Im Fenster *Erweitert* entscheiden Sie, nach welcher Dauer Ihre Einträge gelöscht werden. Die Anzahl der Tage bei *Ereignisse [Anzahl] Tage nach Auftreten löschen* und *Aufgaben löschen [Anzahl] Tage nach Erledigung ausblenden* lassen sich überschreiben, sobald Sie die Warnmeldung mit *Ja* bestätigt haben.

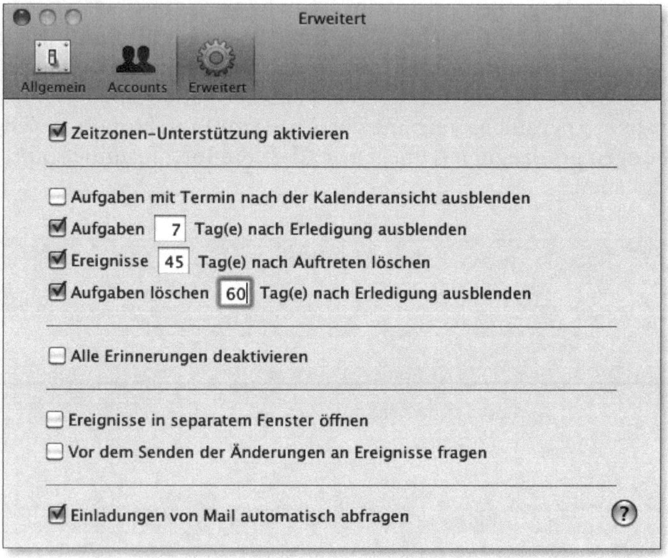

Das Ausblenden und Löschen von Einträgen dem Programm überlassen.

Termine und Ereignisse eintragen

In iCal wird ein Termin, den Sie in einen Kalender eintragen, *Ereignis* genannt. Es gibt zwei Varianten, um ein Ereignis in die **Tages- oder Wochenansicht** einzugeben:

- Mit einem Doppelklick erscheint ein passend zur Farbe des Kalenders farbiges Feld. Für ein mit dieser Methode erstelltes Ereignis wird standardmäßig die Dauer von einer Stunde veranschlagt.

Sollten Sie wissen, ahnen oder befürchten, dass das Ereignis länger als 60 Minuten dauert, ziehen Sie das farbige Kästchen an der unteren Linie weiter auf. Beginnt der Termin früher, ziehen Sie das Feld an der oberen Kante auf.

- Sie setzen den Mauszeiger in die Startzeit und ziehen mit gedrückter Maustaste ein farbiges Feld bis zur voraussichtlichen Endzeit auf.

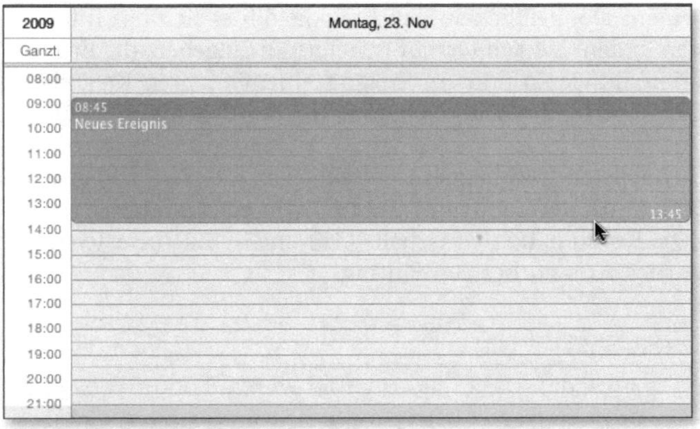

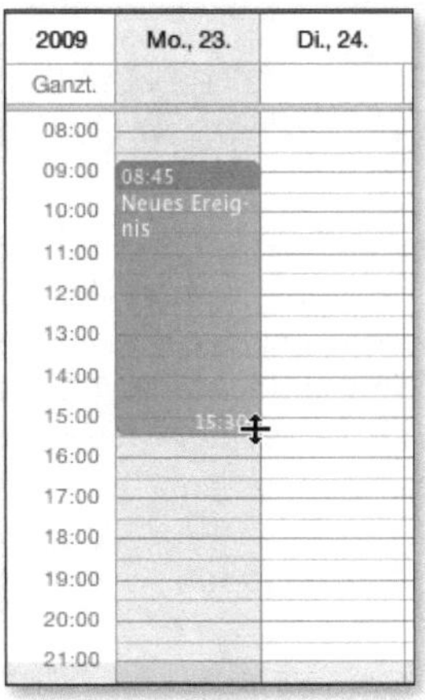

Ein Ereignis eintragen und dabei den Mauszeiger vom Start bis zum Ende bewegen.

In der **Monatsansicht** gelangen Sie mit einem Doppelklick in eines der Felder zu einem neuen Ereignis. Leider besteht hier nicht die Möglichkeit, die Dauer mit gedrückter Maustaste zu definieren.

In allen drei Ansichten ist der Platzhalter *Neues Ereignis* markiert, so dass Sie ihn direkt überschreiben können. Haben Sie sich verschrieben oder ein Ereignis verwechselt, hilft das Drücken der ↩-Taste, um den Eintrag erneut zu markieren und ihn zu überschreiben.

Mit einem Doppelklick auf ein Ereignis öffnet sich das Informationsfenster, in dem Sie den Ort für den Termin eingeben, die Erinnerungsfunktion aktivieren und ein Ereignis einem anderen Kalender zuordnen. Alternativ öffnen Sie das Fenster mit der Tastenkombination ⌘ – E.

Am schnellsten und bequemsten bewegen Sie sich im Fenster *Informationen* mit der Tabulatortaste (⇥) von einem Eintrag zum nächsten. Die Kombination Umschalt- (⇧) und Tabulatortaste (⇥) bringt Sie zurück zum vorherigen Eintrag.

POWER USER

Wen es stört, dass das Ereignisfenster wie ein Popup-Fenster direkt neben dem Eintrag erscheint, wechselt in die *Einstellungen* und aktiviert in der Rubrik *Erweitert* den Eintrag *Ereignisse in separatem Fenster öffnen*. Doch auch wenn diese Funktion ausgeschaltet ist, lässt sich das Fenster jederzeit vom Ereignis abkoppeln. Klicken Sie dazu einfach in das Fenster und verschieben Sie es anschließend.

Einige Termine sind ganztägig, andere gehen über mehrere Tage. Für ganztägige Veranstaltungen klicken Sie in der Tages- und Wochenansicht in die Leiste direkt unterhalb der Datumsanzeige und geben das Ereignis ein. Mehrtägige Ereignisse wie Urlaub oder Dienstreisen lassen sich in der Wochenansicht bequem mit gedrückter Maustaste am rechten Rand des Eintrags über die Tage ziehen.

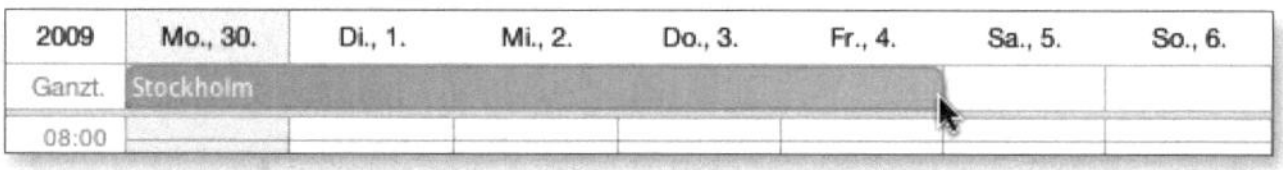

Mehrtägige und ganztägige Ereignisse

Termine verwalten

Das Handwerkszeug, mit dem Sie Ihre Termine verwalten und steuern, finden Sie im Informationsfenster (⌘ – E). Klicken Sie auf den Button *Bearbeiten*, um das gesamte Feld vor Augen zu haben. Mit der Tabulatortaste rücken Sie immer ein Kästchen weiter, mit der Kombination ⇧ – und ⇥ – Taste bewegen Sie sich zurück.

Ganz oben im Fenster wird der Name des Ereignisses eingeblendet. Ein Klick auf den Namen genügt, um ihn zu markieren und anschließend zu überschreiben. Klicken Sie auf den Eintrag *Ort*, um die Lokalität zu ergänzen.

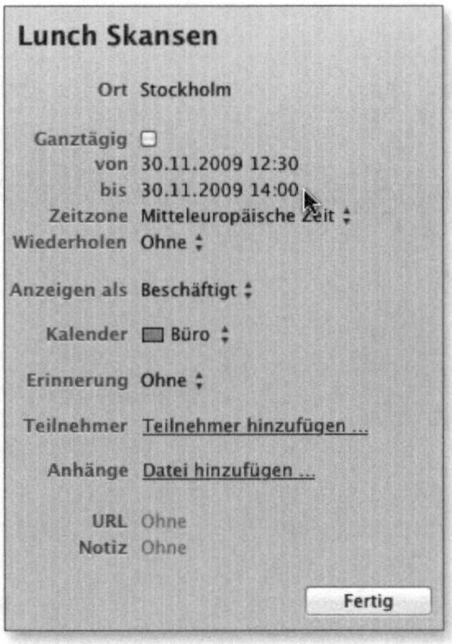

Das Informationsfenster fürs Verwalten der Ereignisse

Die Option *Ganztägig* bietet sich für alle Ereignisse an, die ohne genaue Uhrzeit auskommen, wie ein Jubiläum, eine Dienstreise oder ein freier Tag. Ist die Option ausgeschaltet, sehen Sie in der Von-bis-Anzeige, von wann bis wann Sie das Ereignis terminiert haben. Klicken Sie in ein Kästchen, um den Zeitplan manuell zu verändern oder zu korrigieren.

Wird ein Termin verlegt, geben Sie im Informationsfenster die neuen Daten ein. Klicken Sie dazu auf *Bearbeiten* und überschreiben Sie das

Datum und die Uhrzeit. iCal sorgt anschließend dafür, dass der Kalendereintrag an die richtige Stelle rückt.

POWER USER

Falls Sie viel in anderen Zeitzonen unterwegs sind und Termine mit ausländischen Geschäftspartnern haben, ist es hilfreich, die jeweilige Ortszeit angezeigt zu bekommen. iCal bietet im Menü *iCal | Einstellungen | Erweitert* den Service an, Zeitzonen zu aktivieren. Bei eingeschalteter Option erscheint im Fenster *Information* das Aufklappmenü *Zeitzone.* Mit dem Eintrag UTC (Universal Time Coordinated) ist die koordinierte Weltzeit gemeint. Wenn Sie auf *Fließend* schalten, wird die Umstellung auf die aktuelle Zeitzone automatisch vorgenommen.

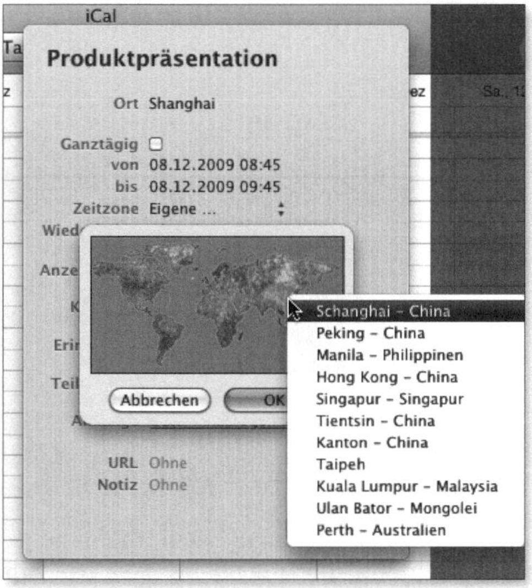

Eine Zeitzone aktivieren.

Wer den Eintrag *Eigene* wählt, klickt in der Karte auf die Region, in die er reist. Eine Liste mit einer Auswahl an Orten hilft bei der genauen Wahl der Zeitzone. Die Zeitzonen werden in der oberen Leiste der Kalenderansicht eingeblendet. So können Sie jederzeit in die definierte Zeitzone rücken und sofort sehen, was in welcher Zeitzone auf Sie wartet.

Wiederkehrende Ereignisse

Sie haben jeden Montag ein Meeting und gehen alle zwei Wochen Squash spielen? Dann gefällt Ihnen sicherlich die Möglichkeit, die Einträge für regelmäßige Ereignisse zu automatisieren. Wählen Sie in der Rubrik *Wiederholen* den Turnus oder klicken Sie auf *Eigene…* und definieren Ihren persönlichen Zeitplan.

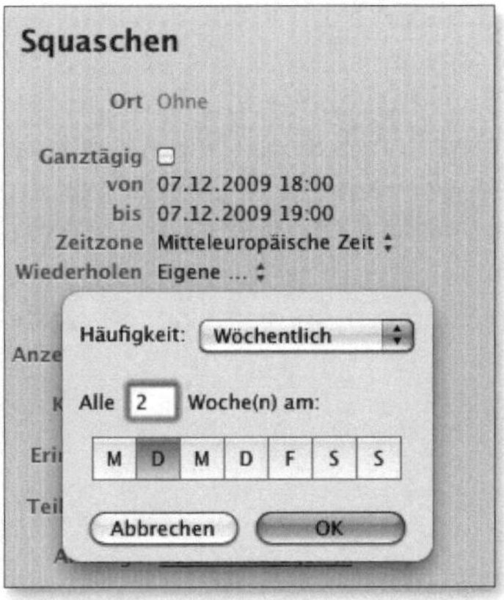

Einen Zeitplan definieren, den iCal automatisch einträgt.

iCal denkt auch mit, wenn Sie ein sich wiederholendes Ereignis verschieben. Sie werden sofort aufgefordert zu entscheiden, ob die Verlegung nur für dieses eine Mal oder generell gelten soll.

Alles, was wiederkehrt, hat vielleicht doch einmal ein Ende. Sollten Sie dieses bereits absehen, tragen Sie das Datum unter *Ende* ein.

An ein Ereignis erinnert werden

Eine der besten Leistungen von iCal ist die Erinnerungsfunktion. Sobald Sie die Funktion im Informationsblatt eines Ereignisses einschalten, macht iCal Sie per Standardeinstellung 15 Minuten vor Beginn auf das Treffen aufmerksam. Wer bei jedem Ereignis die Erinnerungsfunktion automatisch eingeschaltet haben möchte, öffnet die Einstellungen (Menü *iCal* | *Einstellungen* | *Allgemein*) und aktiviert im unteren Drittel des Fensters den Alarmauslöser. Geben Sie in das Kästchen ein, wie viel Minuten vor dem Ereignis Sie erinnert werden wollen. Diese Einstellung gilt ab sofort für alle neuen Ereignisse. Auf bereits eingetragene Termine wird die automatische Erinnerungsfunktion nicht angewendet.

Abgesehen von diesem Service haben Sie in den Informationen jederzeit Gelegenheit, die Erinnerungsfunktion nach Ihren Bedürfnissen einzurichten. Hier legen Sie fest, ob iCal Sie mit einem Fenster, das sich mit oder ohne Ton auf dem Bildschirm öffnet, oder per E-Mail auf das Ereignis hinweist. Entscheiden Sie anschließend, wann Sie spätestens an den Termin erinnert werden wollen. Klicken Sie in das Feld mit der Minutenanzeige, um die *15* gegebenenfalls zu überschreiben. Eine genaue Terminierung mit Datums- und Zeitangabe für die Erinnerung nehmen Sie mit einem Klick auf *Am* vor. Beim Überschreiben des Datums und der Uhrzeit schreiten Sie am besten mit der ⇥-Taste von Feld zu Feld.

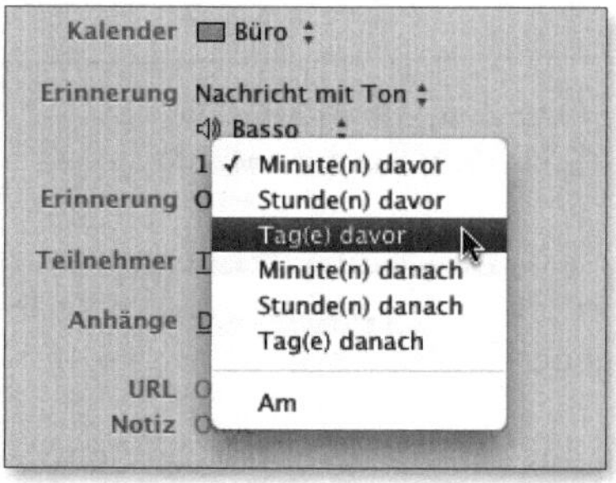

Wählen Sie, wie viele Minuten, Stunden oder Tage vor dem Ereignis Sie benachrichtigt werden wollen.

Je nachdem, wie beschäftigt man gerade ist, nimmt man die Erinnerung nur undeutlich wahr und vergisst den Termin womöglich dann doch. Beugen Sie dem vor und fügen Sie eine weitere Erinnerung quasi als Netz mit doppeltem Boden hinzu. Klicken Sie dazu auf die zweite eingeblendete Erinnerung und geben Sie den Zeitpunkt für den Alarm ein. Durch jede weitere Erinnerung, die Sie aktivieren, wird eine neue Erinnerung eingeblendet. Sie können sich daher so oft an den Termin erinnern lassen, dass Sie schließlich davon träumen werden.

Gibt es eine bestimmte Datei, die Sie auf keinen Fall vergessen dürfen zu bearbeiten oder zu versenden? Dann wählen Sie in der Auswahl an Erinnerungsmöglichkeiten am besten den Eintrag *Datei öffnen*. Zur festgelegten Zeit wird die Datei dann automatisch geöffnet.

GRUNDLAGEN

iCal erinnert Sie natürlich auch, sollte das Programm mal nicht geöffnet sein.

Andere Personen per E-Mail zu einem Ereignis einladen

Viele Termine, Vorhaben und Unternehmungen sind in Gesellschaft mit anderen sehr viel angenehmer und lustiger. In iCal ist deshalb eine Funktion integriert, mit der Sie andere Personen zu einer Party, einem Vortrag oder zum Eisessen per E-Mail einladen können:

- Markieren Sie das Ereignis, an dem Sie gemeinsam mit anderen teilnehmen wollen, und öffnen Sie mit einem Doppelklick das Informationsfenster.
- Blenden Sie mit der Tastenkombination ⌥ – ⌘ – A oder alternativ im Menü *Fenster | Adressen* die Kontakte aus Adressbuch ein und ziehen Sie den Namen des Teilnehmers mit gedrückter Maustaste in das Feld *Teilnehmer* im Informationsfenster.
- Sind es mehrere Personen, die Sie einladen wollen, ist es geschickt, die Namen mit gedrückter ⌘–Taste zu markieren und sie anschließend in das Feld *Teilnehmer* zu ziehen. Alternativ erstellen Sie im Programm Adressbuch zunächst eine Gruppe. Diese Gruppe brauchen Sie anschließend nur in das Feld *Teilnehmer* zu ziehen. iCal übernimmt den Rest.
- Unterlagen wie Dokumente oder Bilddateien, die für das gemeinsame Treffen benötigt werden, ziehen Sie aus einem Finder-Fenster auf den Eintrag *Datei hinzufügen*. Alternativ klicken Sie direkt

auf den Eintrag und wählen den Anhang im Finder-Fenster aus. Die Anhänge werden an die Teilnehmer verschickt, sobald Sie im Informationsfenster auf *Senden* klicken.

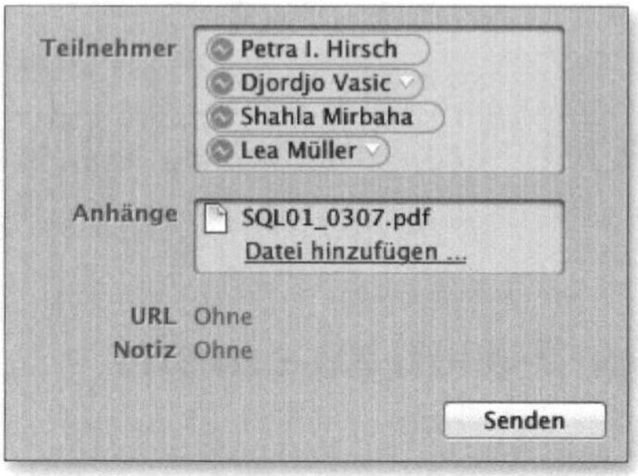

Eine Gruppe einladen.

In den Informationen werden die Namen aller Teilnehmer angezeigt. Ist eine Person dabei, die doch keine Einladung bekommen soll, klicken Sie auf den Eintrag und drücken die Rückschritttaste.

POWER USER

Ganz raffiniert ist es, eine Karteikarte aus der Übersicht Ihrer Kontakte direkt in ein Kalenderfeld zu ziehen. iCal erstellt darauf automatisch ein Ereignis mit der Überschrift *Meeting mit [Name].*

Sobald ein Name eingetragen ist, wird am unteren Rand des Informationsfensters der Button *Senden* eingeblendet. Ein Klick darauf genügt, um das Programm Mail zu starten, das die Einladung anstandslos verschickt. Und so sieht eine solche Einladung aus:

iCal versendet mithilfe von Mail eine Einladung.

In der E-Mail wird die Person aufgefordert, in den Link zu klicken. Danach wird das Programm iCal geöffnet, in dem die Person entscheidet, ob sie die Einladung annimmt, sie vorläufig bestätigt oder ablehnt. Mit einem Klick auf *OK* wird die Entscheidung wiederum per Mail an den Initiator der Einladung geschickt. Die Idee mit den Links in den Mailnachrichten ist, dass iCal die entsprechenden Reaktionen aus den Antwortnachrichten herausfiltert und Ihnen anzeigt, welcher Teilnehmer wie auf Ihre Einladung geantwortet hat:

- Bei denen, die die Einladung angenommen haben, erscheint ein Häkchen.
- Bei Gästen, die abgelehnt haben, wird ein Kreuz eingeblendet.
- Teilnehmer, die erst einmal vorläufig Bescheid gegeben haben, werden mit einem Fragezeichen versehen.

Sind Sie selbst eingeladener Teilnehmer, so haben Sie im Informationsfenster Gelegenheit, den Status zu aktualisieren, sprich mit einer erneuten Mail endgültig zu- oder abzusagen.

AUFGEPASST

Diese Form der Einladung funktioniert nur, wenn die eingeladenen Personen auch mit iCal arbeiten. Zwar bekommen Windows-Benutzer die Mail zugestellt, können jedoch nicht auf die hier beschriebene Weise auf die Einladung reagieren.

Die To-do-Liste verwalten

Was ist in den nächsten Tagen und Wochen zu tun? Woran müssen Sie denken? Was ist alles noch vor dem Urlaub zu erledigen? Klicken Sie auf das Symbol mit der Pinn-Nadel und legen Sie Ihre Aufgabenliste an. Mit einem Doppelklick in das weiße Feld öffnen Sie ein Eingabefeld für eine neue Aufgabe. Rechts neben der Aufgabe sehen Sie ein Symbol mit drei waagerechten Strichen. Sobald Sie auf dieses Symbol klicken, lässt sich die Priorität der Aufgabe bestimmen. Die Anzahl der farbigen Balken zeigt die Wichtigkeit der Aufgabe an: drei Balken

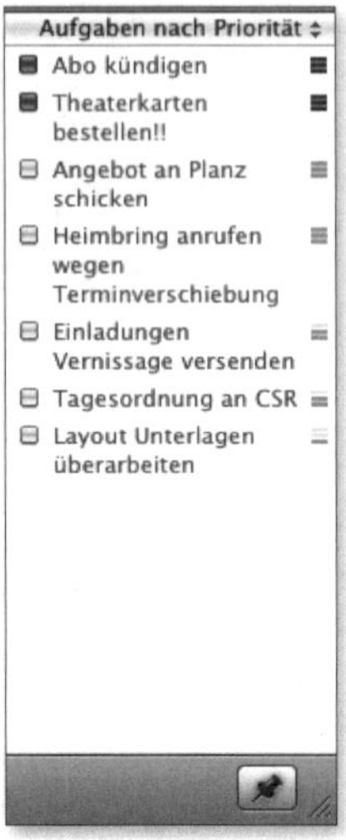

für die höchste Priorität, zwei für wichtige Aufgaben und einer für die nicht ganz so dringlichen. Mit einem Doppelklick auf eine Aufgabe öffnen Sie das Informationsfenster.

Die persönliche To-do-Liste

Vergleichbar mit einem Ereignis sind auch die Aufgaben einem bestimmten Kalender zugeordnet. Im Informationsfenster sind Sie am richtigen Ort, um die Aufgabe dem entsprechenden Kalender zuzuweisen.

Damit alles, was mit den Aufgaben zu tun hat, ebenso wenig vergessen wird wie die Aufgabe selbst, ist das Feld *Notizen* eine recht brauchbare Hilfe. Klicken Sie einfach auf *Ohne* und geben Sie die Details ein. Das Schönste an einer To-do-Liste ist, Erledigtes durchzustreichen oder abzuhaken. In iCal machen Sie dies, indem Sie in das Kästchen bei *Erledigt* klicken.

Die Aufgaben Ihrer Liste können Sie jederzeit nach unterschiedlichen Kriterien sortieren und ordnen. Klicken Sie in den Begriff *Aufgaben* oberhalb der Liste und wählen Sie aus den Sortiermöglichkeiten aus.

Nun lässt sich aus einer Aufgabe auch ein Ereignis machen und umgekehrt aus einem Ereignis eine Aufgabe. Ziehen Sie dazu einfach eine Aufgabe in die Kalenderansicht. Ein Ereignis, das Sie in die Aufgabenliste ziehen, behält die Datumsanzeige bei.

TIPP

Die Verwandlung einer Aufgabe in ein Ereignis ist vor allem auch für das Zusammenspiel der beiden Programme iCal und Mail interessant. Mail zeigt zwar alle eingegebenen Aufgaben an, nicht jedoch die Ereignisse – es sei denn, Sie machen eine Aufgabe auch zu einem Ereignis und vice versa. Dadurch lassen sich die Aufgaben der To-do-Liste in beiden Programmen ergänzen, verwalten und mit einer Erinnerungsfunktion versehen.

GRUNDLAGEN

Es hat lang gedauert – aber seit der Version Mac OS X 10.5 Leopard war es dann endlich soweit: Die Programme iCal und Mail sind miteinander verknüpft. Alle Aufgaben, die Sie in iCal eingeben, werden auch in Mail angezeigt und umgekehrt. Wie im vorherigen Abschnitt bereits beschrieben, werden die Aufgaben, die Sie in iCal eingeben, direkt von Mail übernommen. Alle Informationen, seien es der zugehörige Kalender, die Priorität oder die Erinnerungsfunktion, lassen sich in beiden Programmen hinzufügen, bearbeiten oder löschen.

Nach einem Ereignis suchen

Wie war das noch gleich? Sollte nicht irgendwann in den nächsten Tagen oder Wochen der Schornsteinfeger kommen? Wie in jedem Apple-Programm reicht auch in iCal die Eingabe weniger Buchstaben, um zum Suchergebnis zu kommen.

Die Suchergebnisse werden listenförmig unterhalb der Kalenderansicht angezeigt. Wollen Sie das Ereignis an dem entsprechenden Tag eingeblendet sehen, klicken Sie auf das Suchergebnis. Die Ergebnisliste blenden Sie aus, indem Sie entweder den Suchbegriff mit einem Klick auf das X im Suchfeld löschen oder im Menü *Darstellung* den Eintrag *Suchergebnisse ausblenden* wählen. Um die Suche auf Ereignisse, Aufgaben, Orte, Notizen oder andere Kriterien einzuschränken, klicken Sie auf das nach unten zeigende Dreieck in der Suchzeile und wählen aus dem Angebot aus.

Die Suche einschränken.

Kalender und To-do-Listen drucken

Die Kalenderansichten lassen sich ebenso wie Ihre To-do-Liste mit dem Befehl *Drucken* im Menü *Ablage* ausdrucken. Den Zeitraum, der ausgedruckt werden soll, definieren Sie präzise mit Hilfe der Menüs *Start* und *Ende*.

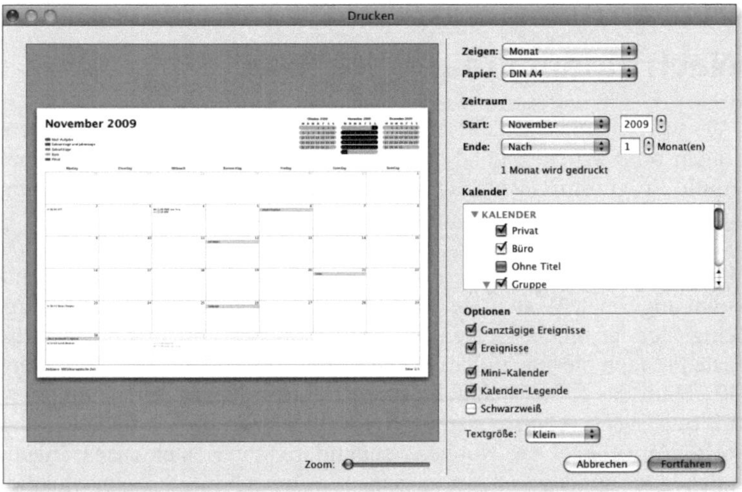

Wählen Sie den Zeitraum, der ausgedruckt werden soll.

AUFGEPASST

Wollen Sie die To-do-Liste auf Papier vor sich sehen, so entscheiden Sie sich im Menü *Zeigen* für *Liste.*

Je nachdem, wie viele Termine eingetragen sind oder für welchen Zweck Sie den Ausdruck benötigen, kann es sinnvoll sein, einige der Kalender vom Druck auszuschließen. Klicken Sie dazu in die Kästchen der entsprechenden Kalender. Noch weiteren Einfluss auf das Druckergebnis nehmen Sie in den Optionen. Alles, was Sie wegklicken oder aktivieren, ist sofort als Ergebnis im Ansichtsfenster zu begutachten. Mit einem Klick auf *Fortfahren* starten Sie den Druckauftrag.

Kalender veröffentlichen

Wenn Sie über einen MobileMe-Account oder eine eigene Webadresse verfügen, haben Sie die Möglichkeit, einen Ihrer Kalender ins Internet zu stellen, so dass Kollegen oder Familienmitglieder auf dem Laufenden über Ihre Termine sind:

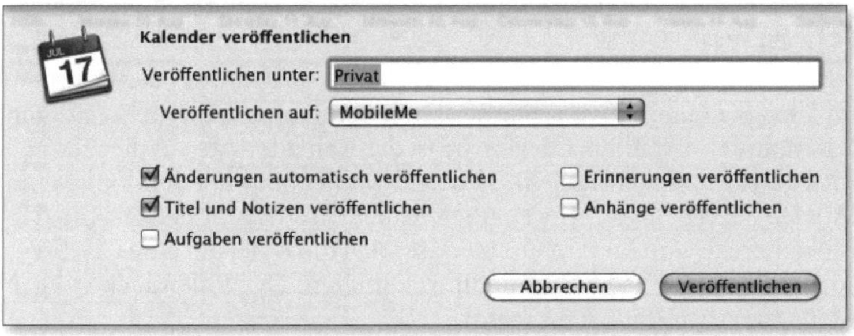

Den Kalender der Öffentlichkeit zugänglich machen.

- Wählen Sie einen Kalender aus und klicken Sie im Menü *Kalender* auf *Veröffentlichen.*

- Im Dialogfenster, das sich anschließend öffnet, markieren Sie, ob alle Änderungen an Ihrem Kalender automatisch in die veröffentlichte Version übernommen werden, sobald Sie eine Verbindung zum Internet herstellen.

Um den Kalender wieder vor fremden Augen zu schützen, klicken Sie im Menü Kalender auf *Veröffentlichung rückgängig machen.*

Kalender abonnieren

Öffentliche Kalender lassen sich auch übers Internet beziehen, sprich abonnieren: Wählen Sie im Menü *Kalender | Freigegebene Kalender suchen.* Dieser Befehl bringt Sie in die iCal-Bibliothek auf der Apple-Website, in der Sie zum Beispiel Sport-, Ferien- und Freizeitkalender finden.

Wenn Sie an dem abonnierten Kalender dann irgendwann nicht mehr interessiert sind, öffnen Sie das Kontextmenü und wählen *Löschen.*

Exportieren, importieren und Kalender sichern

Wollen Sie einen Ihrer Kalender archivieren oder auf einem anderen Computer bearbeiten, klicken Sie in der Kalenderliste auf den Namen des gewünschten Verzeichnisses und wählen anschließend im Menü *Ablage | Exportieren.* Im Dialogfenster entscheiden Sie sich für den Speicherort. Von diesem Ort aus lässt sich die Datei auf eine CD/DVD oder ein anderes Speichermedium kopieren. Der Kalender wird mit der Dateierweiterung .ics exportiert.

Mit dem Befehl *Importieren…* im Menü *Ablage* lassen sich Kalenderdateien aus dem Finder oder aus dem E-Mail-Programm Entourage importieren.

POWER USER

Wer einen Google Mail- oder Yahoo-Account hat und die Kalenderfunktionen dieser Anbieter nutzt, kann Kalendereinträge zwischen iCal und der webbasierten Kalenderlösung austauschen. Termine und Notizen lassen sich elegant in iCal einbinden. Hinter dieser Zusammenarbeit steckt das CalDav-Protokoll. Sie richten diesen Service in den *Einstellungen* (Menü *iCal*) im Bereich *Accounts* ein. Für den Austausch der Dateien brauchen Sie lediglich die E-Mail-Adresse und das Passwort einzugeben. Den Rest erledigt iCal für Sie.

Denken Sie ab und an auch daran, ein Backup Ihrer iCal-Einträge anzulegen, vor allem, wenn Sie nicht Time Machine als Backup-System verwenden. Klicken Sie dazu im Menü *Ablage* | *Exportieren* auf den Eintrag *iCal-Archiv*. Im Namensfeld für die Kopie wird automatisch das aktuelle Datum eingetragen, was sehr praktisch ist, um stets zu wissen, welche Sicherungskopie die gerade aktuelle ist.

10

Programmrundschau

Zum Lieferumfang von Mac OS X Leopard gehört eine Reihe von Programmen, deren Spektrum von einer Anwendung zum Anschauen von DVDs über das Textverarbeitungsprogramm TextEdit bis hin zum Automationsassistenten in Automator reicht. Schauen wir uns an, was genau alles mit den einzelnen Programmen bewerkstelligt werden kann.

Automator: Workflows definieren 

Das Robotersymbol für das Programm Automator macht schon darauf aufmerksam, worum es in dieser Anwendung geht: Den Roboter zu aktivieren und ihn damit zu beauftragen, beispielsweise eine Reihe von Bildern in ein anderes Bildformat zu konvertieren, anstatt diese Arbeit selbst bei jedem Bild einzelnen durchzuführen. Sie werden in den folgenden Abschnitten mit der Oberfläche von Automator vertraut gemach und an ausgewählten Beispielen sehen, wie wiederkehrende Arbeitsabläufe vorbereitet und ausgeführt werden.

Programmstart

Automatisierte Arbeitsabläufe sind normalerweise mit Programmieraufwand verbunden, weshalb viele Mac-Anwender einen großen Bogen um solche Helfer machen. Das Programm Automator hingegen bietet bereits fertig programmierte Aktionen an. Diese Aktionen sind mit einem Baukasten vergleichbar, da Sie die Aktionen eines Arbeitsablaufs nur zusammensetzen müssen, um wiederkehrende Arbeiten vom Rechner ausführen zu lassen.

Sobald Sie Automator starten, fordert das Programm Sie auf, eine Vorlage für einen Arbeitsablauf auszuwählen. Außer bei der Vorlage *Arbeitsablauf*, erscheint mit einem Doppelklick auf eine der thematischen Vorlagen das Arbeitsfenster mit einer zum Workflow passenden Textzeile bzw. mit passendem Auswahlmenü.

Eine Vorlage für einen Arbeitsablauf wählen.

Das Arbeitsfenster von Automator sieht auf den ersten Blick recht verwirrend und komplex aus. Lassen Sie sich aber nicht abschrecken, denn die Bestandteile bauen logisch aufeinander auf:

Die linken Spalten sind dem Bibliotheksbereich vorenthalten. Zu diesem Bereich gehören die zwei Button *Aktionen* und *Variablen*, die bestimmen, was in den Spalten angezeigt wird. Wenn Sie auf *Aktionen* klicken, sehen Sie in der Bibliothek alle Merkmale aufgelistet, die sich auf Ihrem Rechner mit Automator-Aktionen steuern und automatisieren lassen. Ist der Eintrag *Bibliothek* markiert, werden sämtliche Aktionen angezeigt. Übersichtlicher wird es, sobald Sie auf ein bestimmtes Programm klicken und sich damit eine Übersicht über die dazugehörigen Aktionen verschaffen. Dieses Verfahren bringt Sie vielleicht auch auf die eine oder andere Idee, einen Arbeitsablauf, den Sie bislang für jede Datei einzeln ausgeführt haben, zu automatisieren.

TIPP

Wie an den lila-farbenen Ordnersymbolen erkennbar ist, ist die Bibliothek bereits mit zwei intelligenten Gruppen ausgestattet. Ähnlich wie im Finder sind für diese Gruppen bzw. Ordner Kriterien definiert, nach denen die Gruppen zusammengestellt werden. Welche Regeln für diese Gruppen gelten, sehen Sie, wenn Sie mit der rechten Maustaste auf das Symbol klicken und den Eintrag *Gruppe bearbeiten* wählen. Im Zahnradmenü am unteren linken Rand der Bibliotheksspalte finden Sie den Befehl *Neue intelligente Gruppe*, mit dem Sie jederzeit weitere Gruppen mit klarem Regelwerk einrichten können.

Wenn Sie auf den Button *Variablen* klicken, sehen Sie eine Liste an Kategorien wie *Benutzer*, *System* und *Umgebungen*. Diese Rubriken beinhalten gespeicherte Bausteine, die sich einem Arbeitsablauf hinzufügen lassen.

AUFGEPASST

Die Variablen sind nicht veränderbar – außer diejenigen, die mit einem V gekennzeichnet sind. Mit einem Doppelklick auf die Variable in der rechten Seite des Fensters lässt sich der Eintrag überschreiben.

Damit Sie stets im Bilde sind, was eine Aktion auslöst und welches Ergebnis zu erwarten ist, werden unterhalb des Bibliotheksbereichs Erläuterungen zu den jeweiligen Aktionen eingeblendet.

Die gesamte rechte Seite des Fensters ist für die Aktionen und Arbeitsabläufe vorgesehen.

Arbeitsabläufe erstellen

Ein Arbeitsablauf besteht entweder aus einer Reihe von Aktionen oder aus der Kombination von Aktionen, Dateien und Ordnern. Die vorbereitende Arbeit für Sie ist, die Aktionen, Ordner und Dateien schrittweise und in der richtigen Reihenfolge ins Arbeitsfenster zu ziehen und den Arbeitsablauf zu starten. Dazu ein Beispiel:

Objekte mit Etiketten versehen

Ziehen Sie zunächst das Objekt (Ordner oder Datei), das mit einem Etikett versehen werden soll, aus dem Finder-Fenster in das Fenster von Automator. Mehrere Objekte markieren Sie wie immer mit gedrückter ⌘-Taste. Anschließend bugsieren Sie die gewünschte Aktion (*Finder-Objekten Etiketten zuordnen*) in das Fenster. Diese Aktion verbindet sich nun über einen Zacken am oberen Rand mit den bereits hinzugefügten Objekten. Ist alles vorbereitet, klicken Sie auf *Ausführen.*

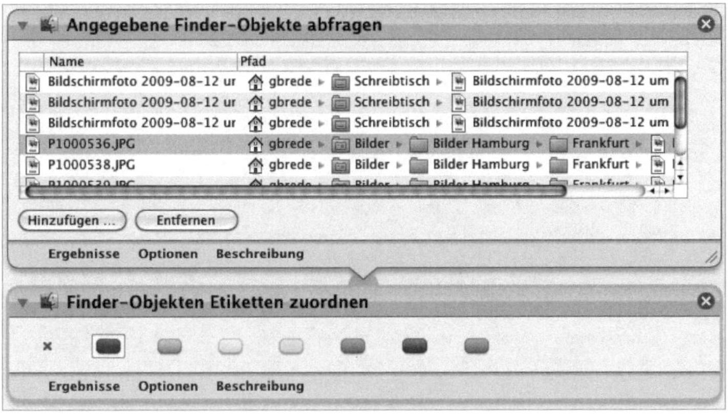

Objekte mit Etiketten versehen

So richtig spannend wird die Arbeit mit Automator, wenn sich mehrere Aktionen hintereinander anschließen. Für die etikettierten Objekte bietet es sich zum Beispiel an, einen gemeinsamen Speicherort zu wählen, an den die Dateien automatisch bewegt werden sollen. Dazu ziehen Sie die Aktion *Finder-Objekte bewegen* in das Fenster und legen im Aufklappmenü *Nach* fest, wohin die Reise für die Objekte gehen soll.

Jetzt wieder auf *Ausführen* klicken, und im ausgewählten Ordner liegen ein Sekündchen später die mit einem Etikett versehenen Dateien.

TIPP

Wenn Sie nur ein bisschen herumexperimentieren: Sie können den Arbeitsablauf mit der Tastenkombination ⌘ – Z wieder rückgängig machen.

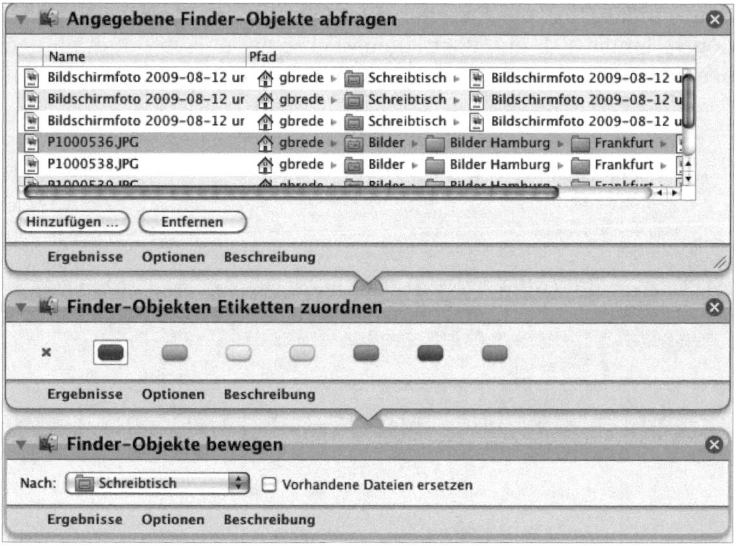

Den Arbeitsablauf erweitern

Arbeitsabläufe für Bilder definieren

Eine erhebliche Arbeitserleichterung bietet Automator bei der Arbeit mit Bildern. Das Drehen, Spiegeln und Skalieren erledigt dieses Programm ebenso wie das Konvertieren von Bildern in ein anderes Format. Der Ordner *Fotos* in der Bibliothek beinhaltet diese Aktionen. Markieren Sie zunächst die Bilder im Finder und ziehen Sie diese anschließend in das Fenster von Automator. Das Programm erstellt aus Ihrer Bilderauswahl eine Liste mit der Option, über den Button *Hinzufügen* weitere Bilder auswählen zu können.

Sobald Sie nun die gewünschte Aktion in das Fenster ziehen, werden Sie darauf aufmerksam gemacht, dass die Bilddateien geändert werden und Sie die Möglichkeit haben, Kopien von diesen Dateien zu erstellen. Falls das interessant für Sie ist, klicken Sie auf *Hinzufügen*. Automator erstellt in diesem Fall ein Aktionsfeld, in dem sich der Speicherort für die kopierten Dateien definieren lässt.

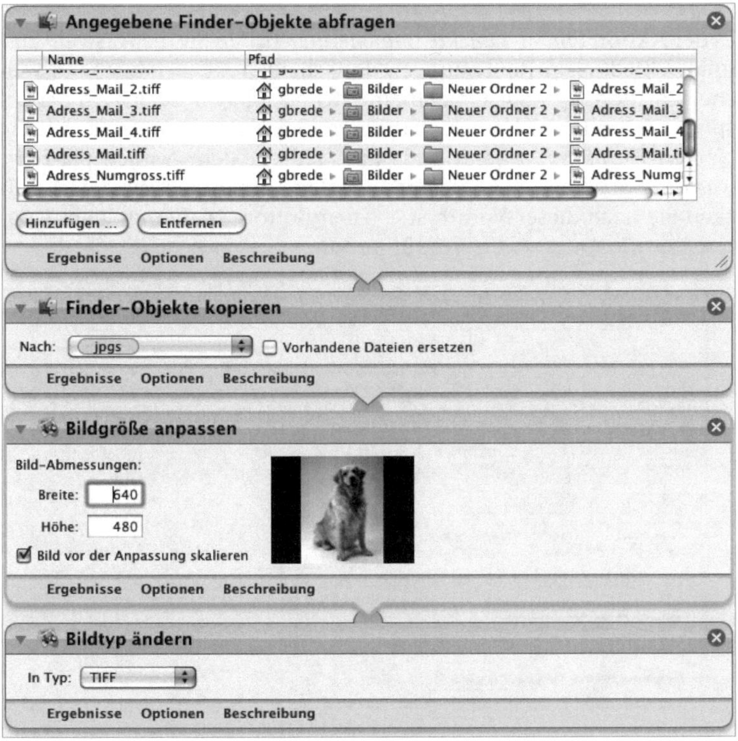

Objekte kopieren und in neuen Ordner verschieben, Bildgröße anpassen und Bildformat ändern.

Das abgebildete Beispiel zeigt eine Aktion, in der Bilder kopiert und in einen neuen Ordner verschoben werden. Zugleich wird die Bildgröße angepasst und das Bildformat geändert.

Ebenso einfach ist es, Bilddateien umzubenennen. Denn es ist ja wirklich keine amüsante Arbeit, heruntergeladene Bilder, die so nichts sagende Namen haben wie »100B0454« alle mit einem neuen Namen zu versehen. Dazu wählen Sie die Aktion *Finder-Objekte umbenennen*. Auch hier werden Sie beim Ziehen der Bilddateien in das Automator-Fenster gefragt, ob für die Umbenennung Kopien erstellt werden sollen.

In der Aktion *Finder-Objekte umbenennen* haben Sie die Auswahl aus unterschiedlichen Benennungen. Entscheiden Sie sich auch, an welcher Position der neue Objektname stehen soll: vor oder nach der ursprünglichen Bezeichnung? In unserem Beispiel haben wir den neuen Namen *Hamburg* gewählt und eine Zahl vor dem Namen platziert, was das Sortieren in der Reihenfolge der Aufnahmen garantiert. Klicken Sie nach dieser Vorarbeit auf den Button *Ausführen*, damit Automator die Aktionen in Angriff nimmt.

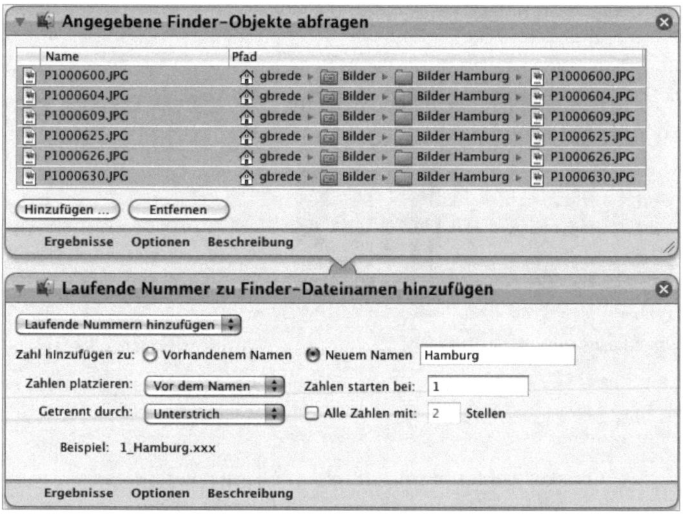

Bildern einen neuen Namen geben.

Dass es geklappt hat, sehen Sie, wenn Sie auf *Ergebnisse* klicken:

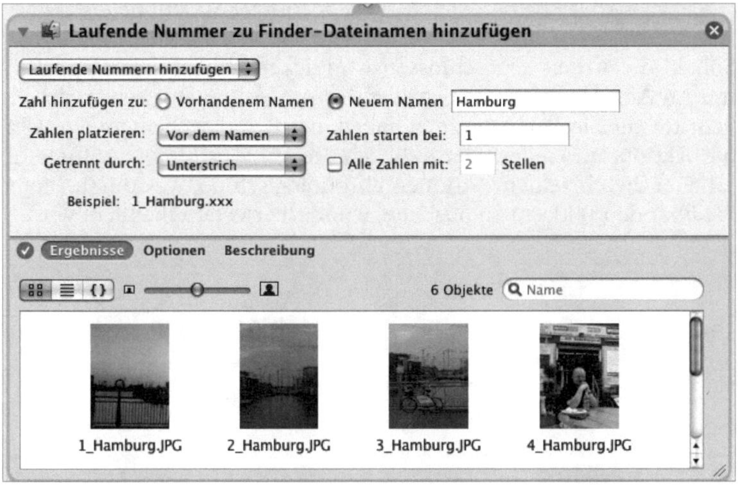

Automator hat die Aktionen erfolgreich ausgeführt.

Aktionen aufzeichnen

Viele Aktionen wiederholen sich. Damit Sie nicht jedes Mal die Aktion mit all den einzelnen Schritten manuell wiederholen müssen, lässt sich der gesamte Ablauf mit Automator aufzeichnen und bei Bedarf wieder abrufen. Klicken Sie dazu auf den Button *Aufzeichnen* in der Symbolleiste. Nun werden Sie aufgefordert, in der Systemeinstellung *Bedienungshilfen* die Funktion *Zugriff für Hilfsgeräte aktivieren* einzuschalten. Ist diese Vorarbeit geleistet, klicken Sie erneut auf den Knopf *Aufzeichnen*. Nun wird das Programmfenster ausgeblendet und eine schwarze Leiste als Symbol für die Aufnahme eingeblendet. Starten Sie jetzt mit den einzelnen Schritten wie zum Beispiel mit einer Texteingabe oder dem Beschneiden eines Fotos. Automator beobachtet Sie sozusagen bei diesen Schritten und merkt sich die Abfolge.

Ab sofort entgeht dem Automator kein einziger Schritt mehr.

Sobald die Arbeit abgeschlossen ist, klicken Sie auf den Stopp-Button im Aufnahme-Fenster. Im Fenster von Automator sehen Sie die Schritte, die Sie unternommen haben, der Reihe nach angezeigt. Um die Aktion zu wiederholen, klicken Sie auf *Ausführen*. Automator arbeitet die einzelnen Aktionen chronologisch ab, was durch Pfeile, die über den Bildschirm huschen, wunderbar veranschaulicht wird.

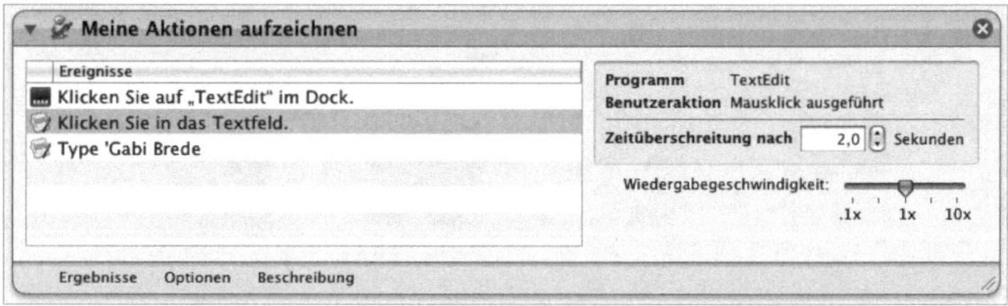

Einen Ablauf aufzeichnen und ihn dann automatisch ausführen lassen.

Arbeitsabläufe sichern und wieder verwenden

Könnten die Arbeitsabläufe nicht jederzeit aufs Neue ausgeführt werden, wäre Automator ziemlich uninteressant. Denn das Spannende an automatisierten Abläufen ist ja, dass die Aktionen nur ein einziges Mal definiert werden müssen, um sie danach immer zur Verfügung zu haben.

Wenn Sie einen Arbeitsablauf speichern wollen, stehen Ihnen zwei Dateiformate zur Verfügung: *Arbeitsablauf* (Dateiendung *workflow*) und *Programm* (Dateiendung *app*). Das Dateiformat *Programm* ist dabei mit Abstand die klügste Entscheidung. Sobald Sie nämlich wieder mal Bilder umformatieren oder Dateien mit einem Etikett versehen wollen, brauchen Sie nur die Objekte zu markieren und auf die Programmdatei zu klicken. Schon macht sich Automator an die Arbeit und führt die Aktionen schrittweise aus.

TIPP

Je nachdem, wie oft Sie den Arbeitsablauf anwenden, ist es sinnvoll, das Symbol für das Automatorprogrämmchen ins Dock zu ziehen. Da es sich wie jedes andere Programm verhält, reicht ein Klick, um den Arbeitsablauf in Gang zu setzen.

Dashboard 

Angenommen, Sie lesen gerade einen englischen Text und wollen ein paar Wörter nachschlagen. Im Internet sind Sie auf ein interessantes Angebot gestoßen, dessen Preis in US Dollar angegeben wird. Wie ist noch gerade der Wechselkurs? Oder Sie wollen bei Geschäftspartnern in New York nachfragen, wie es um das gemeinsame Projekt steht. Doch wie viel Uhr ist es im Moment in New York? Und natürlich ist es immer interessant zu wissen, wie das Wetter in den nächsten Tagen wird.

Um die Übersetzungen zu finden und all die Fragen zu beantworten, brauchen Sie nun nicht irgendwelche Programme zu öffnen oder nach passenden Webseiten zu fahnden. Klicken Sie im Dock doch einfach auf *Dashboard*! Damit öffnen sich Hilfsprogramme, sogenannte Widgets, die unterschiedliche Dienste bereitstellen.

Informationen auf Tastendruck

Für einige der Dienste ist ein Internetzugang erforderlich, andere sind abgespeckte Versionen von Programmen wie iTunes und Adressbuch. Diese Miniatur-Programmvarianten ersparen es Ihnen, jedes Mal die Anwendung zu starten, um eine Adresse nachzuschlagen oder ein Musikstück abzuspielen. Über Dashbord ist der Zugriff auf wichtige und nützliche Dinge des Alltags wie Rechner, Notizzettel und Adresskartei schnell und unkompliziert. Und einen Tastendruck später sind die kleinen Hilfsprogramme auch schon wieder verschwunden.

Dashboard heißt übersetzt »Armaturenbrett«. Abgesehen vom Design ist auch der Umgang vergleichbar: Hat man alles Wichtige in Augenschein genommen, guckt man wieder geradeaus, sprich, man setzt mit der Arbeit am aktuellen Dokument fort.

Sobald Sie im Dock auf das Symbol *Dashboard* klicken, erscheint eine Anzahl von Widgets auf dem Bildschirm. Links neben dem Findersymbol sehen Sie ein Kreuzsymbol. Mit einem Klick auf dieses Symbol werden weitere Widgets wie in einer zweiten Dockreihe eingeblendet.

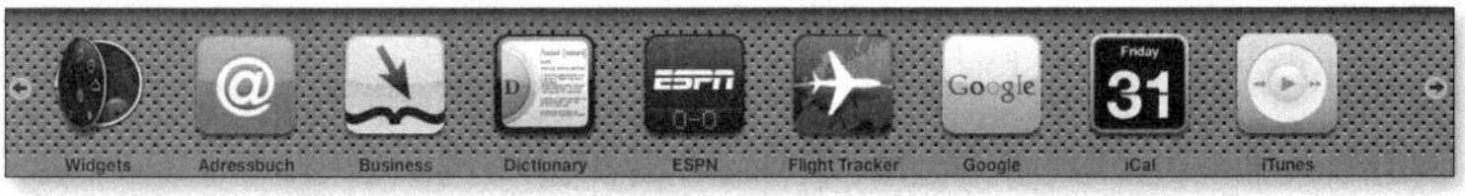

Eine Auswahl an Widgets

Am linken und rechten Ende dieser Leiste befinden sich kleine Pfeile. Klicken Sie darauf, um durch die Leiste zu blättern. Sobald Sie auf eines der Symbole klicken, steigt das Widget wie aus tiefem Wasser empor. Die Widgets lassen sich mit gedrückter Maustaste beliebig umplatzieren. Diese Änderungen werden bei der nächsten Einblendung übernommen. Mit einem erneuten Klick auf das Kreuzsymbol wird die Leiste wieder geschlossen.

Vielleicht haben Sie beobachtet, dass sich mit eingeblendeter Leiste auch etwas an den Fenstern der Widgets ändert. Denn nun erscheint an den Widgets in der linken oberen Ecke das schon bekannte Kreuzsymbol. Über dieses Symbol schließen Sie ein Widget von der Anzeige auf dem Bildschirm aus. Öffnen Sie Dashboard ein weiteres Mal, ist dieses Widget nicht mehr dabei. Erst wenn Sie es erneut im

»Kreuz«-Modus anklicken, wird es wieder mit in die Auswahl aufgenommen, die auf dem Bildschirm zu sehen ist. Auf diese Weise lässt sich flexibel steuern, welche der Widgets gerade aktiviert sind.

TIPP

Das Kreuz erscheint auch, wenn Sie ein Widget mit gedrückter ⌥-Taste anklicken. Auf diese Weise schließen Sie ein Hilfsprogramm noch flinker als über den Umweg der unteren Leiste.

Mit einem Klick auf das Kreuzsymbol ein Widget schließen.

Die Anzeige anpassen

Wenn Sie mit der Maus über ein Widget fahren, wird bei vielen dieser Hilfsprogramme ein kleines »i« eingeblendet. Mit einem Klick auf den Buchstaben dreht sich das Widget und zeigt Ihnen auf seiner Rückseite, wer der Lieferant der entsprechenden Information ist und / oder welche Möglichkeiten Sie haben, die Anzeige der Vorderseite an Ihre Bedürfnisse anzupassen. Sobald Sie die Einstellungen vorgenommen haben, klicken Sie auf *Fertig* und das Fenster dreht Ihnen wieder die Vorderseite zu.

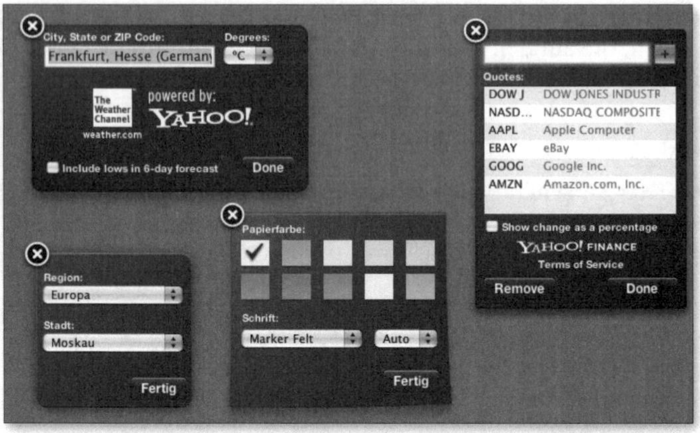

Auf der Rückseite die Vorderseite anpassen.

Die Einstellungen an den Widgets gelten nun für alle weiteren Aufrufe. Schließen Sie ein Widget jedoch über das Kreuzsymbol, sind die Anpassungen passé.

Weitere Widgets

Im »Kreuz«-Modus finden Sie direkt neben dem Kreuzsymbol einen Button mit dem Hinweis *Widgets verwalten …* Sobald Sie auf den Button klicken, werden in einem eingeblendeten Fenster alle installierten Widgets aufgelistet. Mit einem Kick in die linken Kästchen deaktivieren Sie die Anzeige des jeweiligen Widgets. Welch üppige und interessante Auswahl es an weiteren Widgets gibt, erfahren Sie, wenn Sie auf den Button *Weitere Widgets* klicken. Der Klick bringt Sie auf die Apple Website, auf der Sie Gelegenheit haben, zusätzliche Widgets herunterzuladen und diese mit in Dashboard zu integrieren.

In der unteren Hälfte der Website finden Sie den Widget Browser. Wählen Sie eine Kategorie und schauen Sie sich an, welche Widgets zur Verfügung stehen. In der Rubrik *Info* erhalten Sie eine Kurzbeschreibung und Informationen über die Größe des Downloads. Widgets sind Freeware, was bedeutet, dass die Software kostenlos ist.

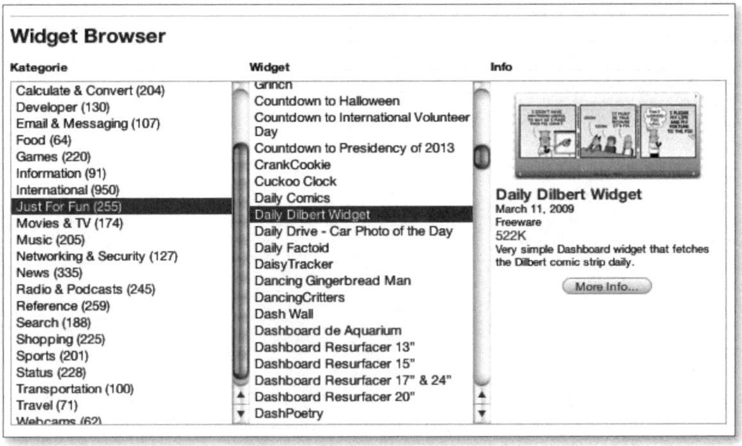

Widgets herunterladen

Nach dem Download werden Sie gefragt, ob Sie das Widget installieren und es in Dashboard öffnen wollen. Klicken Sie auf *Installieren*. Prompt wird Dashboard mit Ihrem neuen Widget geöffnet. Gefällt Ihnen das Widget, klicken Sie auf *Behalten*. Mit einem Klick auf *Löschen* befördern Sie es in den Papierkorb. Wer unschlüssig ist und das Widget zunächst testen will, kann das Hilfsprogramm zu einem späteren Zeitpunkt löschen. Denn alle heruntergeladenen Widgets werden im Fenster *Widgets verwalten* mit einem Minus-Zeichen versehen. Mit einem Klick auf dieses Symbol wandert das Widget in den Papierkorb.

Sie finden die heruntergeladenen Widgets auch in der Library Ihres Benutzerordners unter *Benutzer/LibraryWidgets*.

Ein Widget lässt sich jederzeit entfernen.

Ans Herz legen möchten wir Ihnen den Wörterbuchservice der LEO GmbH, den Sie auf der Dashboard Widgets Website von Apple in der Kategorie *International* finden. Sobald das Widget heruntergeladen ist, haben Sie mit Klicks auf die Fähnchen Gelegenheit, Übersetzungen vom Englischen ins Deutsche und umgekehrt oder Übersetzungen aus anderen Sprachen wie Französisch und Spanisch abzurufen.

Eigene Widgets

Die meisten mitgelieferten Widgets liefern aktuelle Informationen aus dem Internet. Wenn Sie aber den Verlauf des DAX verfolgen wollen oder sich täglich auf Spiegel online die Satire SPAM anschauen, können Sie daraus eigene Widgets basteln. Diese Widgets sind Web-Clips, mit denen sich beliebige Teile einer Website in ein Widget verwandelt lassen:

1. Starten Sie Safari und öffnen Sie die Webseite, die den gewünschten Ausschnitt enthält.

2. Wählen Sie im Menü *Ablage* den Eintrag *In Dashboard öffnen*.

3. Nun wird die Seite bis auf ein Rechteck abgedunkelt. Dieses Rechteck wird der spätere Web-Clip sein. Während Sie mit der

Maus über den Seiteninhalt fahren (Scrollen ist erlaubt), rastet das Rechteck auf den strukturierten Elementen der Seite ein. Diese Elemente sind beispielsweise Überschrift plus Teasertext und Link, ein verlinktes Video oder verlinkte Bilder.

4. Sobald Sie das Rechteck anklicken, erscheinen Anfasspunkte, über die Sie den Clip größenmäßig anpassen.

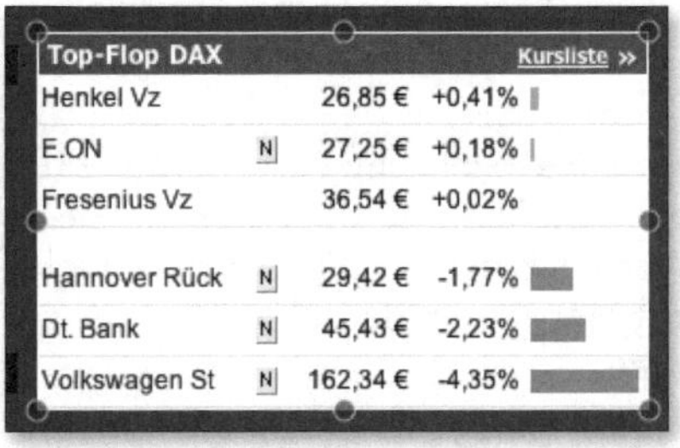

Ein eigenes Widget von einem gewünschten Inhalt einer Webseite.

5. Mit einem Klick auf die ↩-Taste ist der Clip erstellt, und Dashboard wird mit Ihrem neuen selbst erstellten Clip aufgerufen.

6. Auf der Rückseite des Widgets lässt sich der Web-Clip sogar noch verschönern. Klicken Sie auf das kleine *i* in der unteren rechten Fensterecke. Das Widget dreht sich und lädt Sie ein, den Clip mit einem anderen Rahmen zu versehen. Mit einem Klick auf *Bearb.* dreht sich das Widget wieder und erlaubt es Ihnen, den Ausschnitt neu festzulegen.

Widgets-Tipps

Im Widget *Adressbuch* lässt sich mit der Suchfunktion jeder Eintrag aufspüren. Mit einem Klick auf den entsprechenden Namen werden die weiteren Kontaktinformationen eingeblendet. Das Hilfsprogramm verfügt über ähnliche Annehmlichkeiten wie die große Schwester: Mit einem Klick auf eine Rufnummer wird diese groß und gut lesbar eingeblendet. Ein Klick auf den Ort bringt Sie auf die Seite maps.google, die Ihnen im Stadtplan zeigt, wo genau die Person zu finden ist. Und schließlich wird mit einem Klick auf die E-Mail-Adresse das Programm Mail geöffnet.

Das *Widget Business* ist vergleichbar mit unseren gelben Seiten. Da dieses Widget jedoch den nordamerikanischen Markt abdeckt, lassen sich damit keine deutschen Unternehmen und Dienstleistungen aufspüren. Auch die Widgets *Movies, People, Ski Report, ESPN (*zeigt Spielstände von verschiedenen aktuellen oder beendeten Sportveranstaltungen in den USA an) und *Stocks* beziehen sich nur auf die USA. Mit *Movies* weiß man aber zumindest, welche Filme gerade in den USA laufen bzw. wahrscheinlich auch bald in die deutschen Kinos kommen. Von jedem der angezeigten Filme können Sie sich den Trailer ansehen.

Mit dem *Flight Tracker* lassen sich Flüge beobachten, Ankunftszeiten abfragen, eventuelle Verspätungen checken und die Flugroute beobachten. Geben Sie die ersten Buchstaben der Fluglinie, des Abflughafens oder des Zielflughafens ein. So ersparen Sie sich das etwas umständliche Scrollen durch die Listen.

Den Kalender (iCal) klappen Sie mit einem Klick auf die große Datumsanzeige ein oder aus. Mit einem weiteren Klick wird auch die Liste mit eingetragenen Ereignissen eingeblendet.

Mit dem äußerst praktischen Widget *Übersetzung* lassen sich Wörter oder ganze Absätze in und aus 13 Sprachen übersetzen.

Das Widget *Umrechnen* gibt Ihnen Gelegenheit, ohne große Umstände Umrechnungen von Flächenangaben, Währungen, Temperaturangaben und vieles mehr vorzunehmen. Im Auswahlmenü *Umrechnen* finden Sie die Alternativen.

Interessant und beliebt ist das Widget *Weather*, auf dessen Wetterprognosen man sich recht gut verlassen kann. Geben Sie auf der Rückseite von *Weather* den Ort ein, für den Sie eine Wetterprognose wünschen, und bestätigen Sie die Eingabe mit der Returntaste, damit die Suchabfrage gestartet wird. Auch ob Sie Temperaturen lieber in Celsius oder Fahrenheit und ob die Vorhersage auch Tiefstwerte enthalten soll, können Sie bestimmen. Mit einem Klick auf *Done* zeigt die Vorderseite die aktuelle Temperatur und eine grafische Darstellung der Wetterverhältnisse an. Mit einem Klick in die Grafik (Sonne, Mond, Regenschauer etc.) wird eine Sechs-Tage-Vorhersage eingeblendet.

Wetter mit Vorhersage

Dashboard einstellen

Alternativ zum Klick auf das Symbol *Dashboard* im Dock blenden Sie das Armaturenbrett auf den Aluminiumtastaturen mit der Taste F4 oder mit der Tastenkombination fn – F12 ein und aus. Diese Tastenbefehle lassen sich in der Systemeinstellung *Exposé & Spaces* gegen andere austauschen. In der Systemeinstellung *Maus* können Sie alternativ eine Taste Ihrer Maus mit der Funktion *Dashboard* belegen.

Da Dashboard ähnlich wie Exposé und Spaces eine Fensterverwaltung ist, lässt sich auch für dieses Programm in der Systemeinstellung *Exposé & Spaces* eine aktive Ecke definieren. Sobald Sie dann mit dem Mauszeiger in diese Ecke steuern, werden die Widgets eingeblendet. Sollten Sie alle Ecken Ihres Bildschirms mit Dashboard, Spaces und Exposé belegt haben, wird die Mausfahrt zu einem rasanten Schauspiel.

Digitale Bilder 

Das Programm *Digitale Bilder* ist ein wahrer Helfer, wenn es ums Laden Ihrer Fotos von der Digitalkamera geht. Das Programm reicht allerdings vom Funktionsumfang bei weitem nicht an iPhoto heran. Doch wer iPhoto nicht installiert hat, kann mit Digitale Bilder die Fotos zumindest importieren und anschließend mit Vorschau bearbeiten.

Damit die angeschlossene Kamera angezeigt wird, klicken Sie bitte in der Seitenleiste des Programms auf das Dreieck links neben *Geräte*.

Im Hauptfenster des Programms haben Sie die Wahl aus der Symbolansicht und der detaillierten Listenansicht mit Infos über das Datum der Aufnahme über die Brennweite bis zur Angabe über die ISO-Einstellung. In beiden Ansichten lassen sich die Vorschaubilder drehen sowie über den Schieberegler größer bzw. kleiner darstellen.

Falls Sie nur eine Auswahl an Bildern auf Ihren Rechner laden möchten, klicken Sie die gewünschten Bilder mit gedrückter ⌘-Taste an und klicken anschließend auf den Button *Importieren*. Anschließend wird jedes importierte Bild mit einem grünen Häkchen versehen.

AUFGEPASST

Was soll das Programm zukünftig tun, sobald Sie die Kamera angeschlossen haben? Sie haben die Wahl aus drei vom System angebotenen Alternativen sowie weiteren Möglichkeiten, abhängig davon, welche Programme auf Ihrem Rechner installiert sind. Ist eine Kamera angeschlossen, sehen Sie im unteren Viertel der Seitenleiste ein Auswahlmenü mit den drei Programmen Digitale Bilder, Vorschau und AutoImporter. Wer ohne den Umweg über die Anwendungen Digitale Bilder oder Vorschau die Fotos automatisch auf den Rechner laden möchte, wählt AutoImporter. Die Fotos finden Sie anschließend im Ordner *Bilder / AutoImport*.

Die Fotos lassen sich jedoch nicht nur einfach runterladen. Vielmehr haben Sie in der Mitte der unteren Programmleiste Gelegenheit, die Fotos in Vorschau zu öffnen, sie als Anhang einer Mail anzufügen oder sie an das zu Digitale Bilder gehörende Programm MakePDF zu senden.

In MakePDF lässt sich ein ganzer Schwung an Bildern bequem in der Größe verändern und ausdrucken. Wer nur einen Überblick über die Aufnahme haben will, erfreut sich sicherlich an der Möglichkeit, die Bilder als Miniatur auf einem sogenannten Kontaktabzug anzeigen und ausdrucken zu können. Wählen Sie dafür *Layout | Kontaktbogen*.

Was soll mit den Fotos als nächstes passieren?

DVD Player

Sobald Sie eine Video-DVD in den Rechner eingelegt haben, startet das Programm DVD Player. Der Film wird automatisch in der Vollbilddarstellung wiedergegeben. In dieser Darstellung blenden Sie die Steuerungsleiste ein, indem Sie mit der Maus an den unteren Bildschirmrand fahren. Mit einem Doppelklick in das Bild verringert sich die Größe, und Teile des Schreibtisches werden wieder sichtbar. Zum Vollbildmodus können Sie jederzeit mit einem weiteren Doppelklick oder mit der Tastenkombination ⌘ – F zurückkehren.

Wenn Sie mit der rechten Maustaste in das Filmfenster klicken, öffnen Sie das Kontextmenü, das weitere Befehle bereithält wie das Sichern von Lesezeichen und Videoclips. Mit gesetzten Lesezeichen können Sie auch beim erneuten Anschauen der DVD schnell zu Ihren Lieblingsstellen springen. Klicken Sie dazu auf *Hinzufügen* und wählen Sie *Lesezeichen*. Im jetzt geöffneten Fenster *Lesezeichen hinzufügen* lässt sich der Szene ein aussagekräftiger Namen zuweisen.

Im Gegensatz zu Lesezeichen definieren Sie mit Videoclips den Anfang und das Ende Ihrer Lieblingsszenen. Klicken Sie auch für einen Videoclip auf *Hinzufügen* im Kontextmenü und legen Sie im dann geöffneten Fenster den Start und das Ende des Clips mit jeweiligen Klicks auf die Button *Setzen* fest.

Start und Ende eines Videoclips definieren.

Lesezeichen und Videoclips werden eingeblendet, sobald Sie im Vollbildmodus mit der Maus an den oberen Rand fahren. Mit einem Klick auf das Maussymbol blenden Sie die Lesezeichen ein, mit einem Klick auf die Filmbilder die Videoclips. Falls der Film in einer anderen als der Vollbilddarstellung läuft, lassen sich die Lesezeichen und Clips in einem separaten Fenster anzeigen. Wählen Sie dafür Menü *Fenster | Lesezeichen* bzw. *Videoclips.*

Lesezeichen und Videoclips einblenden und ansteuern.

DVD Player merkt sich auch, an welcher Stelle Sie beim letzten Mal mit dem Schauen der DVD aufgehört haben. Beim erneuten Einlegen der DVD haben Sie die Wahl, an genau dieser Stelle fortzusetzen, mit der favorisierten Szene zu starten oder den Film von vorn abzuspielen.

In den Einstellungen (Menü *DVD-Player | Einstellungen*) legen Sie im Fenster *Zuletzt gesehen* den Startpunkt selbst fest.

Womit soll die erneute Wiedergabe starten?

Front Row statt iDVD

In der Systemeinstellung *CDs & DVDs* lässt sich auch Front Row als Programm definieren, das startet, sobald Sie eine Video-DVD einlegen. Klicken Sie dazu im Auswahlmenü *Beim Einlegen einer Video-DVD* auf *Front Row öffnen*. Beim nächsten Einlegen einer DVD startet das Media-Center Front Row.

Front Row ist kein Programm im üblichen Sinne. Front Row wird über die Infrarot-Fernbedienung aktiviert und gesteuert. Die Kombination aus Programm und Fernbedienung bietet Zugriff auf die Musik-Mediathek, das Fotoarchiv und Film-DVDs. Das Praktische ist, dass zum Abspielen nicht die jeweilige Anwendung wie zum Beispiel iTunes oder DVD Player geöffnet wird. Front Row verwendet eine eigene Menüstruktur.

Mit Front Row steuern Sie Filmkapitel beziehungsweise Musiktitel an, regulieren die Lautstärke, bewegen sich in einem Film vor und zurück oder stoppen den Film. Um ins Hauptmenü zurückzukehren, klicken Sie auf der Fernbedienung zweimal auf *Menu*.

iTunes

Mit iTunes spielen Sie Ihre Musik ab, schauen Musikvideos, hören Radiosendungen und Podcasts. iTunes ist die digitale Bibliothek Ihrer CD-Sammlung. Mit diesem Programm importieren Sie Ihre CDs und verwalten die Alben. Sie können eigene Sammlungen, sogenannte Wiedergabelisten, für die nächste Party erstellen oder im iTunes Store nach Musik stöbern. Der iTunes Store bietet Ihnen die Möglichkeit, einzelne Musiktitel, ein ganzes Album, Filme oder Hörbücher zu kaufen oder Podcasts kostenlos zu abonnieren. Mit einem Account für den iTunes-Store haben Sie Gelegenheit, die Cover Ihrer importierten CDs zu laden.

Wer einen iPod oder ein iPhone hat, ist auf iTunes angewiesen, da nur mit diesem Programm eine Synchronisation der Daten erfolgen kann. Nicht nur die Mediathek, sondern auch Adressdaten, Sprachaufnahmen oder Apps für das iPhone und iPod touch werden über iTunes von dem Rechner auf einen iPod oder ein iPhone gespielt und umgekehrt.

Die Miniaturausgabe von iTunes befindet sich als Widget in Dashboard. Auf der Rückseite des Widgets lässt sich schnell eine gerade zur Stimmung passende Wiedergabeliste auswählen – vorausgesetzt, das Programm ist geöffnet.

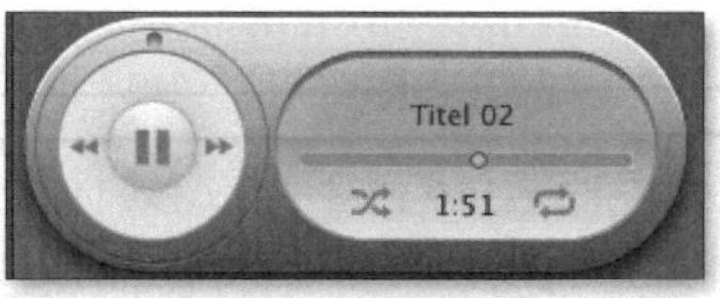

Das iTunes Widget.

TIPP

Das große Fenster mag man nicht immer eingeblendet haben und das Widget muss erst eingeblendet werden, bevor man weiß, was gerade das Ohr erfreut. Deshalb an dieser Stelle der Tipp, das Programmfenster mit einem Klick auf die ⌥-Taste und den grünen Button zu minimieren und mit dieser Methode dennoch stets zu wissen, welcher Song gerade gespielt wird.

Die Miniaturansicht von iTunes.

iTunes starten

Starten Sie das Programm zum ersten Mal, wird erst einmal der triste Softwarelizenzvertrag statt der schicken Oberfläche eingeblendet. Da die Software iTunes zur Reproduktion von Musikmaterialien verwendet werden kann, muss Apple sich gegen Vorwürfe absichern, Tür und Tor für Raubkopien zu öffnen. Im Softwarelizenzvertrag wird deshalb explizit darauf hingewiesen, dass ausschließlich Materialien, die nicht durch Urheberrechte geschützt sind oder für die Sie Urheberrechte besitzen, reproduziert werden dürfen.

Nachdem Sie den Vertrag akzeptiert haben, werden Sie willkommen geheißen. Danach führt der iTunes-Assistent Sie durch die Konfiguration des Programms.

Die iTunes Mediathek aufbauen

Mit iTunes machen Sie Ihren Mac zu einem Abspielgerät, das problemlos Ihre Lieblingsmusik spielt, während Sie surfen oder Ihre Bilder sortieren. Um in diesen Genuss zu kommen, müssen in die Musikbox iTunes freilich erst einmal Musikstücke eingespeist werden. Wenn sich bereits MP3- oder AAC-Dateien auf Ihrem Rechner befinden, haben Sie diese möglicherweise bereits der Mediathek hinzugefügt. Oder Sie bauen sich mit Ihren CDs einen Fundus auf.

Sobald Sie eine Musik-CD ins Laufwerk einlegen, startet iTunes. Sie werden gefragt, ob Sie die Titel in die iTunes-Mediathek importieren wollen. Damit werden die Titel in der iTunes-Mediathek dauerhaft abgelegt. Wollen Sie sich die CD zunächst nur anhören, klicken Sie auf *Nein*. Die Einspeisung der Titel in die Mediathek können Sie jederzeit mit einem Klick auf den Button *CD importieren* nachholen.

Die Titel der CD werden im Hauptfenster angezeigt. Wer nur ausgewählte Titel importieren möchten, entfernt das Häkchen am Titelnamen per Klick in das jeweilige Kästchen. Jeder erfolgreiche Import wird mit einem Häkchen neben dem Titel angezeigt.

Vor dem Import stellt iTunes automatisch eine Verbindung zur globalen Datenbank www.gracenote.com her, um Informationen über die eingelegte CD wie beispielsweise Albumtitel, Songtitel, Interpret und Musikrichtung abzufragen und einzulesen. Sollten Sie zu diesem Zeitpunkt keine Verbindung zum Internet herstellen können, lässt sich die Abfrage später nachholen. Markieren Sie dazu die bislang noch namenlose CD in der linken Spalte. Klicken Sie anschließend im Menü *Erweitert* auf Befehl *CD-Titelnamen abfragen*.

Eine CD lässt sich auch ohne weiteres Zutun importieren und danach automatisch wieder auswerfen. Richten Sie das Programm einfach entsprechend ein: Öffnen Sie die Einstellungen (Menü *iTunes | Einstellungen*) und legen Sie im Register *Allgemein* bei *Beim Einlegen einer CD* fest, was iTunes mit einer eingelegten CD bewerkstelligen soll. Treffen Sie Ihre Entscheidung und klicken Sie anschließend auf *OK*.

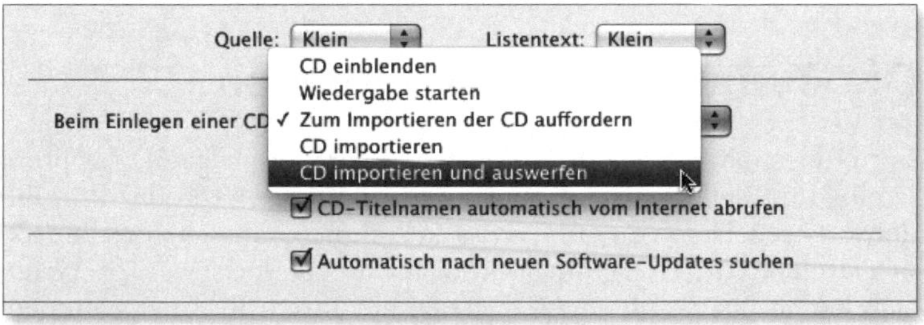

Was iTunes mit einer eingelegten CD machen soll, entscheiden Sie.

AUFGEPASST

iTunes legt nicht automatisch eine Wiedergabeliste der CD an, die Sie aktuell importieren. Sie werden also in der linken Spalte keine Entsprechung Ihrer CD-Sammlung finden. Alle importierten CDs werden in der Mediathek, die sozusagen das Musikarchiv ist, abgelegt. Von hier aus lassen sich die Titel in Wiedergabelisten kopieren.

Die Benutzeroberfläche

Sie haben in iTunes die Auswahl aus drei Darstellungsarten:

- **Als Liste**: Titel, Dauer, Interpret und andere Informationen werden je nachdem, welche Spaltenüberschrift aktiviert ist, entsprechend sortiert angezeigt.
- **Als Gitter**: Die Musiktitel und Alben der Mediathek lassen sich nach den Kategorien *Alben*, *Interpreten*, *Genres* und *Komponisten* anordnen. Für Filme stehen die Kategorien *Filme* und *Genres* zur Verfügung.
- **Als Cover Flow:** Die optisch anspruchsvollere und ansprechendere Alternative zu den Darstellungsarten *Liste* und *Gitter*. Mit Klicks auf die Pfeile in der Navigationsleiste unterhalb der eingeblendeten CD-Cover und Podcasts blättern Sie vorwärts und rückwärts durch Ihre Musiksammlung und abonnierten Podcasts. Alternativ bewegen Sie sich mit Hilfe der Pfeiltasten auf Ihrer Tastatur durch die Sammlung. Der Balken innerhalb der Navigationsleiste lässt sich mit gedrückter Maustaste nach rechts und links bewegen, was das Blättern beschleunigt. Sobald Sie das Blättern stoppen, werden die Titel des Albums in der Liste angezeigt. Mit einem Klick auf das Symbol rechts oberhalb der Navigationsleiste öffnen Sie die bildschirmfüllende Ansicht, in der sich auf ansehnliche Art und Weise nach dem gesuchten Titel fahnden lässt. Durch erneutes Klicken in diese Taste oder Drücken der Taste *Esc* kehren Sie zur normalen Anzeige zurück.

Mit der Tastenkombination ⌘ – B öffnen Sie in den Darstellungsarten *Liste* und *Gitter* eine Übersicht, mit der das Hauptfenster um die Spalten *Genre*, *Interpret* und *Album* erweitert wird. Je umfangreicher Ihre Bibliothek ist, desto hilfreicher ist die Übersicht, mit deren Hilfe Sie Ihre Titel leichter verwalten können.

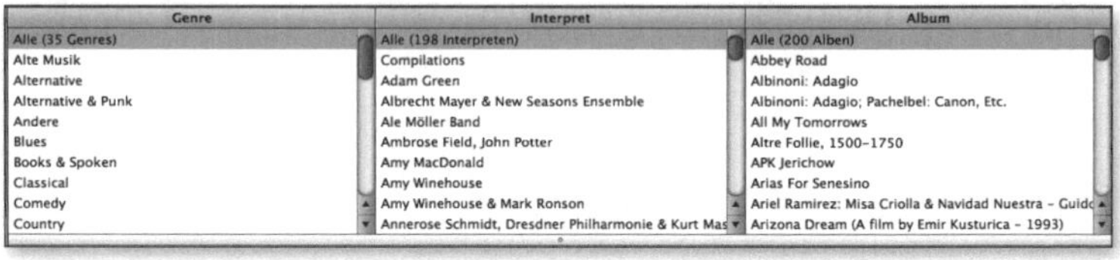

Ihre Mediathek gegliedert in Genre, Interpret und Album.

Die Display-Anzeige

Die Display-Anzeige bietet Folgendes:

- Mit einem Klick auf das Dreiecksymbol kommt der Frequenzpegel zum Vorschein.
- Wollen Sie sich in dem Musikstück vor- oder zurückbewegen, ziehen Sie die kleine Raute in der Zeitleiste mit gedrückter Maustaste nach rechts oder links.
- Mit einem Klick auf den rechten halbrunden Pfeil gelangen Sie zurück in die Anzeige des aktuell spielenden Titels oder Podcasts. Sehr nützlich, um den gerade gespielten Song wieder in den Fokus zu rücken.

Die Wiedergabelisten

Eine Wiedergabeliste ist die individuelle Zusammenstellung von Musiktiteln. In den Listen liegen jeweils nur Verweise auf das Original, das sich in der Mediathek befindet. So sind Sie im Arrangement Ihrer Wiedergabelisten völlig frei, können verschieben, löschen und neu zusammenstellen, ohne zu befürchten, dass Ihnen aus Versehen ein Titel verloren geht. Um einen Titel endgültig zu löschen, drücken Sie die Tastenkombination ⌘ – Rückschritttaste.

Sie haben die Wahl aus der Standard- und der intelligenten Wiedergabeliste. Die Standardliste erstellen Sie selbst, für eine intelligente Wiedergabeliste legen Sie Attribute fest, nach denen die Liste automatisch aktualisiert wird.

Die Wiedergabelisten.

Mit einem Klick auf den Plus-Button am linken unteren Fenster erhalten Sie eine neue Wiedergabeliste. Standard-Wiedergabelisten sind am Symbol mit der Note erkennbar. Überschreiben Sie den Platzhalternamen und drücken Sie anschließend die ↵-Taste. Ziehen Sie nun die gewünschten Musiktitel aus der Musikmediathek in die Liste. Mehrere Titel markieren Sie wie immer mit gedrückter ⌘-Taste.

TIPP

Wollen Sie beispielsweise eine Wiedergabeliste mit den Titeln eines Interpreten erstellen, ziehen Sie den Namen des Interpreten einfach in den freien Bereich des linken Programmfensters.

Je mehr Wiedergabelisten Sie erstellen, desto langwieriger gestaltet sich die Suche nach der gerade gewünschten Liste. Für mehr Struktur sorgen Wiedergabeliste-Ordner (Menü *Ablage*), in die sich die Listen nach individuellen Kriterien bündeln lassen.

POWER USER

Wenn Sie beim Lauschen Ihrer Lieblingsmusik so richtig abschalten wollen und nichts Alltägliches auf Ihrem Bildschirm sehen möchten, klicken Sie im Menü *Darstellung* auf *Visuelle Effekte einblenden* (⌘ – T). Nun öffnen sich nach einem Zufallsgenerator psychedelisch anmutende Effekte passend zum Rhythmus der Musik. Mit der Tastenkombination ⌘ – F wird die bildschirmfüllende Ansicht gestartet. Ein Klick auf die Esc-Taste bringt Sie schnell wieder zurück in die nüchterne Wirklichkeit.

Die intelligente Wiedergabe

Intelligente Wiedergabelisten sind genau auf Ihre Vorlieben und Hörgewohnheiten abgestimmte Titellisten. Für diese Listen bedarf es ein wenig mehr an Vorarbeit, damit iTunes die Listen dynamisch zusammenstellen kann. Das bedeutet, dass Musiktitel, die den von Ihnen definierten Kriterien wie Interpret, Veröffentlichungsjahr, Musikrichtung entsprechen, automatisch der Liste hinzugefügt werden.

iTunes ist bereits mit einigen Wiedergabelisten ausgestattet. Welche Attribute für diese Listen gelten, können Sie sich mit einem Klick auf *Intelligente Wiedergabeliste bearbeiten* im Menü *Ablage* anschauen.

Um selbst eine solche Wiedergabeliste zu erstellen, öffnen Sie im Menü *Ablage* | *Neue intelligente Wiedergabeliste…* Alternativ klicken Sie mit gedrückter ⌥-Taste auf den Button *Neue Wiedergabeliste* in der unteren Fensterleiste. Für die intelligente Art der Titelsammlung haben Sie die Auswahl aus immerhin knapp 40 Kriterien, nach denen das Programm Ihre Listen zusammenstellen kann. Je nach ausgewähltem Attribut haben Sie im mittleren Aufklappmenü verschiedene Möglichkeiten, dieses näher einzugrenzen.

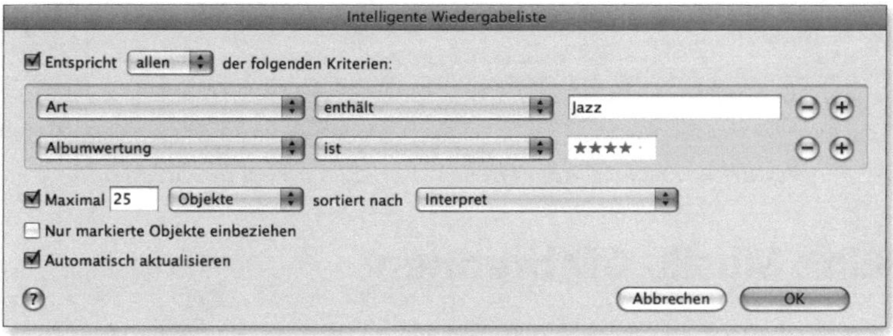

Wir bauen uns unsere intelligente Wiedergabeliste.

Haben Sie Ihre Entscheidungen aus den vielfältigen Möglichkeiten getroffen, klicken Sie auf *OK* und geben Ihrer Liste einen Namen. Alles Weitere übernimmt iTunes. Wollen Sie die Kriterien für eine Liste modifizieren, markieren Sie die Liste und wählen im Menü *Ablage | Intelligente Wiedergabeliste bearbeiten.*

Für das Kriterium *Wertung* klicken Sie mit der rechten Maustaste auf einen Titel und wählen im Eintrag *Wertung*, wie viele Sterne Sie dem Titel geben wollen.

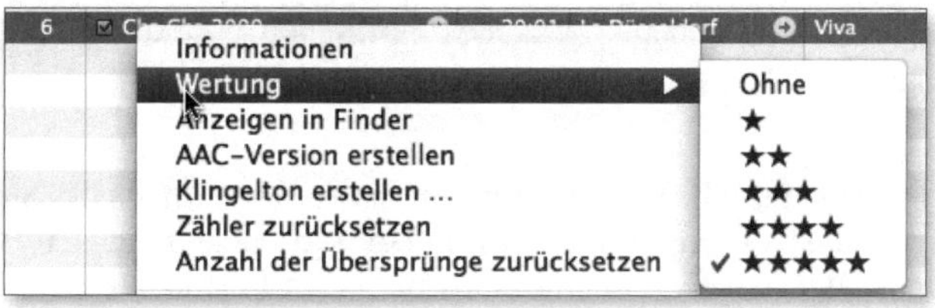

Titel mit Sternen bewerten.

TIPP

Übrigens erscheinen in der Spalte *Wertung* des Hauptfensters fünf blasse Sterne, sobald Sie einen Titel markieren. Je nachdem, auf welchen Stern Sie klicken, erscheinen eins bis fünf Sterne in vergrößerter Version.

Titelname	Dauer	Interpret	Album	Genre	Wertung
In the Death Car	5:13	Iggy Pop & Goran B...	Arizona Dream	Soundtrack	★★★★★
Dreams	3:34	Iggy Pop & Goran B...	Arizona Dream	Soundtrack	★★
Old Home Movie	5:04	Iggy Pop & Goran B...	Arizona Dream	Soundtrack	★★★
TV Screen	5:19	Iggy Pop & Gora...	Arizona Dream	Soundtrack	★★★★
7/8 & 11/8	4:52	Iggy Pop & Goran B...	Arizona Dream	Soundtrack	★★★

Markieren Sie einen Titel und klicken Sie in die Sterne.

Eine Musik- CD brennen

Jeden Titel, den Sie importiert haben, können Sie selbstverständlich auch wieder exportieren, also auf eine CD brennen. Sobald Sie auf eine Wiedergabeliste klicken, erscheint am rechten unteren Programmfenster der Button *Brennen*.

AUFGEPASST

Zwar können Sie Ihre komplette Mediathek auf eine CD oder DVD brennen. Doch ist es nicht möglich, diese Medien mit einem CD- oder DVD-Player abspielen. Um Ihre Bibliothek zu sichern, wählen Sie im Menü *Ablage* den Eintrag *Mediathek | Auf Sicherungsmedium sichern…* Im Fenster *iTunes-Datensicherung* haben Sie anschließend Gelegenheit, die Datensicherung einzugrenzen. Sollte dennoch die Kapazität des Speichermediums nicht ausreichen, werden Sie nach jedem Brennvorgang aufgefordert, einen weiteren CD- oder DVD-Rohling einzulegen.

Um eine Wiedergabeliste zu brennen, ist es das Einfachste, Sie markieren die Liste, legen einen Rohling ein und klicken auf den Button *Brennen*. Die Titel werden standardmäßig im Format *Audio-CD* auf das Speichermedium gebrannt. Auf einer CD mit 700 MB können ungefähr 80 Minuten Musik gespeichert werden. Das reicht für circa 20 Musiktitel im Audio-CD Format. Eine DVD kann 4,7 Gigabyte speichern. Das sind sechs Mal mehr Musiktitel als auf einer CD. Wer über keinen integrierten DVD-Brenner verfügt, kann auch einen externen Brenner verwenden.

CD-Booklet drucken

Wer eine CD oder DVD brennt, will natürlich auch eine Liste mit allen Titeln oder noch besser ein Booklet haben wie bei einer gekauften CD. Markieren Sie dazu die Wiedergabeliste, die Sie brennen und ausdrucken wollen. Klicken Sie anschließend im Menü *Ablage* auf *Drucken*. Im Dialogfenster haben Sie nun Gelegenheit festzulegen, ob ein CD-Booklet, die Liste der Titel oder die Liste der Alben gedruckt werden soll. Je nach Entscheidung finden Sie im Auswahlmenü *Thema* weitere Möglichkeiten, den Druck nach Ihren Bedürfnissen zu spezifizieren.

Einen Musiktitel per E-Mail versenden

Sie fragen sich vielleicht, warum es für diesen Arbeitsschritt einen eigenen Abschnitt gibt. Der Grund ist, dass es nicht selbsterklärend ist, wie man einen Musiktitel von iTunes in eine E-Mail bringt. Denn per Drag & Drop ziehen Sie lediglich den Songtitel in die E-Mail, nicht aber die Datei.

Der richtige Weg geht über das Kontextmenü:

1. Klicken Sie mit der rechten Maustaste auf den gewünschten Titel und wählen Sie *Im Finder anzeigen*.

2. Aus dem Finder-Fenster lässt sich der Titel nun per Drag & Drop in die Mail ziehen.

Im Finder-Fenster sehen Sie an einem kleinen Schloss in der linken oberen Ecke, ob der Titel eventuell mit einem Kopierschutz versehen ist. Dies können Titel sein, die Sie im iTunes-Store gekauft haben, bevor der Kopierschutz aufgehoben wurde.

Der iTunes Store

Warum noch an den Abspielstationen in Musik-Geschäften stehen, um sich einen Eindruck von den Titeln eines Albums zu verschaffen? Klicken Sie doch einfach auf *iTunes Store*.

Die Startseite des iTunes Stores macht Sie bekannt mit der Fülle an Möglichkeiten, sich mit Musik zu beschäftigen, ohne auch nur ein einziges Mal das Programm iTunes verlassen zu müssen. Hier erhalten Sie Auskunft über aktuelle Top Titel, Neuerscheinungen, Musikvideos, Hörbücher, Podcasts, iPod Spiele, Filme, TV-Sendungen und den App, den Programmen für iPhone und iPod touch. Oder interessiert es Sie, was Stars aus der Musikbranche als hörenswert erachten? Dann schauen Sie sich in der Rubrik *Playlisten* um. Und ob Ihr gewünschter Titel im iTunes Store erhältlich ist, erfahren Sie am schnellsten mit einer Suchabfrage.

In jeden Titel können Sie für 30 Sekunden kostenlos hineinhören. Wollen Sie im iTunes Store einzelne Stücke oder ganze Alben kaufen, müssen Sie sich zunächst anmelden. Klicken Sie dazu auf den Button *Anmelden*, so dass ein Account für Sie angelegt wird. Die Downloads werden direkt in Ihre *iTunes Mediathek* übertragen. Gleichzeitig wird ab dem ersten Kauf in der Rubrik *Store* in der linken Leiste des Programms der Ordner *Einkäufe* angelegt, in dem alle künftigen Downloads gesammelt werden.

Internet Radio

Gehen Sie mit dem Internet-Radio auf Entdeckungstour nach anderen Musikstilen. Die Auswahl an Radio-Diensten ist recht umfangreich. Bei einem ISDN- oder DSL-Anschluss ist das Radiohören nahezu störungsfrei. In der Spalte Datenrate sehen Sie unterschiedlich hohe Angaben an Übertragungsgeschwindigkeiten. Je höher die Datenrate ist, desto besser ist die Klangqualität.

Die Angebote werden von englischen und amerikanischen Rundfunkanstalten ins Netz gestellt. Bei deutschen Rundfunkanstalten lassen sich die Angebote über Livestreams oder Podcasts beziehen.

Podcasts

Podcasting macht nun schon seit geraumer Zeit von sich reden. Hinter einem Podcast stehen zunächst nicht viel mehr als zwei Dateien: eine MP3 oder Video-Datei und eine XML-Datei. Beide zusammen ergeben die Möglichkeit, Medieninhalte über das Internet zu verbreiten.

Podcasts sind kostenlose Radio- oder Videosendungen, die Sie zeit- und programmunabhängig hören oder sich anschauen können. Der iTunes Store hat eine beachtliche Anzahl an Podcasts von Rundfunk- und Fernsehanstalten sowie freien Anbietern im Angebot. Im Gegensatz zu normalen Downloads von Audiodateien können Podcasts abonniert werden. Ein solches Abonnement garantiert, dass Sie über die Wiedergabeliste *Podcasts* stets auf die aktuelle Episode Zugriff haben.

Sie können natürlich auch direkt auf den Webseiten von Rundfunkanstalten, Bildungseinrichtungen und anderen Anbietern Podcasts abonnieren. Diese Podcasts werden dann in iTunes geladen und in der Liste *Podcasts* mit abgelegt. In dieser Liste blenden Sie die einzelnen Podcasts mit einem Klick auf das kleine Dreieck links neben dem Podcast-Namen ein. Ein Ausrufzeichen macht Sie darauf aufmerksam, dass neue Folgen vorliegen. Episoden, die Sie noch nicht gehört haben, lassen sich mit einem Klick auf *Holen* abspielen.

Lexikon 

Alle, die beruflich viel mit der englischen Sprache zu tun, werden das Programm Lexikon zu schätzen wissen. Die Anwendung ist eine Kombination aus Wörterbuch und Synonymlexikon (Thesaurus). Mit einem Doppelklick auf eines der eingeblendeten Stichwörter im Register *Dictionary* wird der ausführliche Eintrag mit Lautschrift, Phrasen und Ableitungen eingeblendet. Das Lexikon ist unter dem Namen *Dictonary* auch als Widget in Dashboard vertreten und somit immer schnell zur Hand. Im Widget fehlt allerdings die Kategorie *Wikipedia.*

Außerdem bietet das Programm in der Rubrik *Apple* den netten Service, Erläuterungen für Apple-eigene Begriffe wie FireWire, AirPort oder Bonjour abrufen zu können.

Die Funktionen *Dictionary* und *Thesaurus* beinhalten ausschließlich englischsprachige Begriffe. Unter Wikipedia werden die Erläuterungen in deutscher Sprache angezeigt.

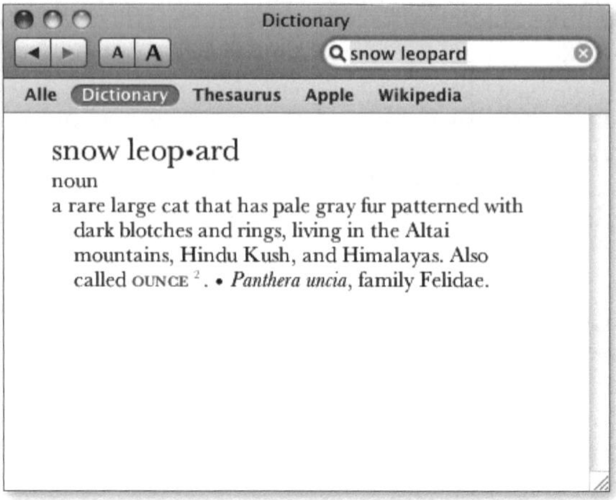

Ausführliche Informationen zu einem gesuchten Wort.

Notizzettel 

Mit dem Programm Notizzettel erstellen Sie virtuelle Notizzettel, die in Farbe und Anmutung eine verblüffende Ähnlichkeit mit den Post-it Aufklebern für Ihre Notizen und Memos haben. Die Anwendung hat enorme Konkurrenz von dem Widget *Notizzettel* bekommen, das mit einem Klick auf Dashboard stets an alles Wichtige erinnert. Doch für alle, die das Programm Notizzettel dem Widget vorziehen, hier das Wichtigste zusammengefasst:

Notizzettel erstellen

- Im Menü *Ablage* | *Neue Notiz* oder mit der Tastenkombination ⌘ – N blenden Sie ein kleines gelbes Textfenster ein, in das Sie Text eingeben oder markierten Text aus einem anderen Programm per Drag & Drop hineinziehen.
- Ein Memo akzeptiert außer Text auch Webadressen (auch diese lassen sich bequem per Drag & Drop aus dem Browser-Fenster in ein Memo ziehen) sowie Bild- und Musikdateien.

- Um die verschiedenen Notizzettel voneinander zu unterscheiden, können Sie das Aussehen des Zettels im Menü *Farbe* beliebig verändern.

- Soll die Notiz nicht von anderen Dokumenten verdeckt werden, lässt sie sich im Menü *Notiz | Immer im Vordergrund* prominent platzieren.

- Damit dieser Effekt jedoch nicht dazu führt, dass Ihr aktuelles Dokument von dem Notizzettel überlagert wird, gibt es glücklicherweise die Option *Transparentes Fenster* im Menü *Notiz*.

- Jede Notiz wird mit einem Zeitstempel versehen. Fahren Sie mit der Maus auf einen Notizzettel, wird ein Text eingeblendet, der anzeigt, wann das Memo erstellt und bearbeitet wurde.

- Mit einem Doppelklick auf die obere Leiste eines Memos verkleinern Sie es zu einer kompakten Mininotiz, in der ein Auszug der ersten eingegebenen Zeile erkennbar ist. Dank dieser Option ist Ihr Bildschirm nicht in kürzester Zeit übersät mit Zetteln.

Das wichtigste steht meistens sowieso in der ersten Zeile.

- Mit einem erneuten Doppelklick oder einen Klick auf das kleine hervorgehobene Rechteck rechts neben der Titelzeile wird der komplette Zettel eingeblendet.

- Mit einem Klick in das äußerst rechte Zeichen verfrachten Sie einen Notizzettel an den linken unteren Bildschirmrand. Dies funktioniert nur, wenn die Notiz vollständig eingeblendet ist.

Sie haben drei Möglichkeiten, ein Memo vom Schreibtisch verschwinden zu lassen:

1. Sie wählen im Menü *Notizzettel | Notizzettel ausblenden*. Mit einem Klick auf das Notizzettel-Symbol im Dock werden alle Memos wieder eingeblendet.

2. Sie schließen das Programm. Nicht erschrecken, es geht nichts verloren. Beim nächsten Programmstart werden alle Memos wieder eingeblendet.

3. Wollen Sie den Inhalt einer Notiz dauerhaft erhalten, klicken Sie in das kleine Quadrat am linken oberen Fensterrand und sichern den Text entweder im Format *Reiner Text* oder als *Rich Text Format* (RTF). Bei diesem Vorgang wird der Notizzettel in ein Textdokument umgewandelt, das mit TextEdit oder einem anderen Textverarbeitungsprogramm geöffnet werden kann.

Photo Booth: Schnappschüsse aufnehmen 

Mit dem Programm Photo Booth und Ihrer iSight Kamera oder einer angeschlossenen digitalen Videokamera haben Sie drei verschiedene Möglichkeiten, um Bilder und Filmclips aufzunehmen. Die Alternativen wählen Sie mit einem Klick auf die Symbole am linken Rand des Programmfensters.

Das äußerst linke Symbol steht für die Funktion *Schnappschuss*. Mit einem Klick auf den mittleren Button machen Sie eine Serienaufnahme von vier Bildern hintereinander. Und das rechte Symbol wählen Sie, wenn Sie einen kleinen Film von sich und Ihrer Arbeitsumgebung aufnehmen möchten.

Fotos lassen sich mit unterschiedlichen Effekten versehen. Wählen Sie den Effekt aus und drücken Sie dann mit einem Klick auf den roten Button auf den Auslöser.

Ist die Arbeitsumgebung oder der Hintergrund für die eigene Porträtaufnahme zu trist, können Sie mit einem Klick auf den Button *Effekte* auch eine Kulisse als Hintergrund wählen.

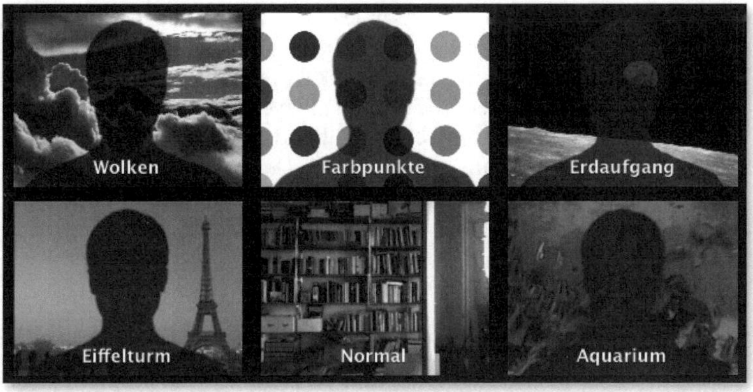

Wählen Sie eine Kulisse für Ihren Schnappschuss.

Die Fotos, die Sie mit Photo Booh aufnehmen, werden im Ordner *Photo Booth* gespeichert, der wiederum ein Unterordner des Ordners *Bilder* ist.

QuickTime Player

Mit dem QuickTime Player, Apples Multimedia-Abspielprogramm, lassen sich Video- und Audio-Dateien, die Sie im Internet anklicken oder herunterladen, ansehen bzw. anhören. Von diesem eher konsumierenden Einsatz des Programms abgesehen, ist es hervorragend geeignet, eigene Video-, Bildschirm- oder Audioaufnahmen zu starten und diese auf YouTube, MobileMe oder in iTunes zu laden und abzuspielen.

QuickTime ist jedoch noch mehr als nur ein Multimediaplayer. QuickTime stellt darüber hinaus eine Architektur bereit, die von anderen Anwendungen genutzt werden kann. Programme wie iTunes, iMovie und Final Cut Pro sowie viele Anwendungen von Drittanbietern nutzen die QuickTime Architektur für Multimedia-Funktionen.

Die Apple Website http://www.apple.com/trailers/ bietet Filmtrailer der neuesten Kinoproduktionen, die in den Größen *Small*, *Medium*, *Large* zum Reinschauen mit dem QuickTime Player einladen. Außerdem lassen sich mit diesem Multimedia Player aktuelle Ereignisse wie Analystenkonferenzen oder Debatten über das Internet verfolgen. Mit der Option *Vollbildmodus ein* im Menü *Darstellung* starten Sie die bildschirmfüllende Ansicht (⌘ – F). Sobald Sie mit der Maus an den unteren Rand des Bildschirms fahren, wird die Steuerleiste eingeblendet, die sich beliebig umplatzieren lässt.

HILFE

Der QuickTime Player ist rundum erneuert worden. Denjenigen, die noch die früheren Programmversionen kennen, sei gesagt, dass es in Snow Leopard keine eigene Systemeinstellung mehr für den QuickTime Player gibt. Das Streamingverfahren, das in der Systemeinstellung definiert wurde, passt das Programm nun automatisch und dynamisch dank dem eingebautem HTTP-Live-Streaming entsprechend der verfügbaren Geschwindigkeit an. Auch wurden die kostenlose und die Pro-Version des Programms miteinander verschmolzen.

Achtung, Aufnahme: Filmen mit QuickTime

Mit der eingebauten iSight Kamera oder, wer über keine iSight Kamera verfügt, mit einem FireWire Camcorder lassen sich eigene Filme drehen und anschließend bearbeiten. Klicken Sie für die Filmaufnahme auf *Neue Videoaufnahme* im Menü *Ablage*.

Vielleicht wollen Sie einen Film darüber drehen, wie Sie mit einem bestimmten Programm arbeiten oder wie Sie das Dock einrichten? Sie kennen solche Filme vielleicht aus dem Internet, in denen man sich anschauen kann, mit welchen Neuerungen ein Programm ausgestattet ist und wie man diese findet. Solche Lehr- und Beispielfilme können Sie mit einem Klick auf *Neue Bildschirmaufnahme* im Menü *Ablage* selbst erstellen. QuickTime zeichnet jede Mausbewegung auf.

Natürlich geht das auch mit Ton. Klicken Sie auf das Dreieck neben dem Startknopf und wählen Sie *Eingang (integriert): Line in*, wenn Sie ein Mikrofon an den Rechner angeschlossen haben, oder *Mikrofon (integriert)*, wenn der Rechner über ein eingebautes Mikro verfügt. Sobald der Film läuft, stoppen Sie die Aufnahme über den Eintrag in der Menüleiste.

Bildschirmaufnahme mit gesprochenem Text.

Unabhängig von Filmaufnahmen können Sie mit QuickTime auch gesprochenen Text für Podcasts oder als Generalprobe Ihres nächsten Vortrags aufnehmen. Das funktioniert sowohl mit einem eingebauten als auch mit einem extern angeschlossenen Mikrofon. Sie starten die Sprachaufnahme mit einem Klick auf *Neue Audioaufnahme* im Menü *Ablage*.

Filme schneiden

Um aus einem Film das Schönste herauszuschneiden, brauchen Sie natürlich Werkzeug und so etwas wie einen Schneidetisch. In QuickTime beschränkt sich der Schneidetisch auf eine Leiste, in der die einzelnen Filmsequenzen als Miniaturen abgebildet sind. Sie blenden diese Leiste ein, indem Sie im Abspielmenü auf das Symbol mit dem nach rechts zeigenden Pfeil klicken und anschließend *Trimmen* wählen.

Den Schneidetisch einblenden.

GRUNDLAGEN

Das Wort *Trimmen* ist der Fachbegriff für das Herausschneiden bestimmter Bildbereiche aus Filmmaterial.

Mit gedrückter Maustaste lässt sich bequem durch die Kapitelleiste fahren und jede einzelne Szene detailliert betrachten. Mit den Snow Leopard eigenen Bordmitteln können Sie so nicht geglückte Szenen am Anfang oder Ende des Films löschen. Bewegen Sie dazu die gelben Balken links und rechts des Schneidetisches und klicken Sie anschließend auf *Trimmen*. Falls Sie mal eine Szene zu viel weggeschnitten haben, machen Sie das Malheur mit der Tastenkombination ⌘ – Z wieder rückgängig.

TIPP

Natürlich lassen sich auch Audioaufnahmen auf die perfekte Länge zuschneiden. Lästige Räusper am Anfang oder ein wenig geglückter Schlusssatz können mühelos entfernt werden. Um die Trimmleiste einzublenden, klicken Sie im Menü *Bearbeiten* auf *Trimmen* und drücken die Tastenkombination ⌘ – R.

Mediendatei versenden

Mit QuickTime lässt sich die gerade aufgenommene und auf die perfekte Länge zugeschnittene Film- oder Audiosequenz auf YouTube oder MobileMe uploaden. Um den Film auch auf dem iPod oder dem iPhone betrachten zu können, schicken Sie die Datei an iTunes. Alle drei Alternativen finden Sie in der Steuerungsleiste hinter dem nach rechts zeigenden Pfeil.

Rechner 

Das Programm *Rechner* ist ein kleines charmantes Tool, das Sie bei Grundrechenarten ebenso wie bei komplizierten mathematischen Berechnungen unterstützt. Außerdem ist der Rechner recht nützlich, wenn es um Währungskonvertierungen oder um Umrechnungen in andere Maßeinheiten geht. Rechner und Umrechnungsanwendung finden sich auch als Widgets in Dashboard. Der Vorteil des Programms Rechner ist indes, dass Sie hier beide Funktionalitäten in einer Anwendung vereint haben. Programm und Widget bedienen Sie entweder über den numerischen Ziffernblock auf Ihrer Tastatur oder indem Sie mit der Maus auf die jeweiligen Ziffern und Symboltasten klicken.

Das Programm Rechner verfügt über drei Darstellungsweisen: *Standard*, *Wissenschaftlich* und *Programmierer*. Sie wechseln zwischen den Modi im Menü *Darstellung* oder mit den Tastenkombinationen ⌘ - 1 für *Standard*, ⌘ - 2 für *Wissenschaftlich* und ⌘ - 3 für *Programmierer*.

Um zu sehen, was Sie gerade berechnen, lässt sich ein kleines Fenster mit dem Namen Beleg öffnen. Wählen Sie dazu im Menü *Fenster | Beleg einblenden*. Erfreulicherweise kann der Beleg im Menü *Ablage* sowohl gesichert als auch ausgedruckt werden.

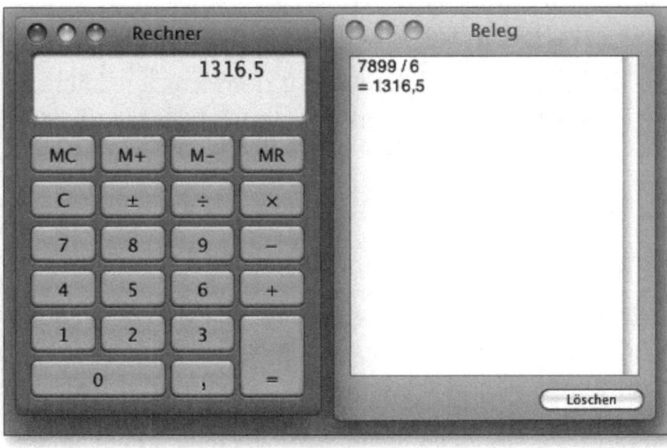

Der Rechner mit Beleganzeige

Die mathematischen Operationen oder wahlweise nur das Ergebnis lassen sich natürlich wie jeder andere Text kopieren und in ein anderes Dokument einfügen. Benutzen Sie hierfür entweder die entsprechenden Befehle im Menü *Bearbeiten* oder vertrauen Sie auf die bekannten Tastenkürzel ⌘ – C und ⌘ – V.

Im Menü *Umrechnen* sehen Sie, was der Rechner sonst noch kann. Hier haben Sie eine umfängliche Auswahl an Umrechnungsmöglichkeiten. Das Prinzip ist immer das Gleiche: Geben Sie einen Wert ein und wählen Sie anschließend die gewünschte Umrechnungsart. Über die Aufklappmenüs entscheiden Sie, von welcher Ursprungseinheit in welche Zieleinheit umgerechnet werden soll.

TextEdit

Das Programm TextEdit wird innerhalb dieses Buches an vielen Stellen erwähnt und für verschiedene Möglichkeiten, die Sie mit Ihrem Mac haben, als Beispiel herangezogen. TextEdit unterstützt die vielen schicken und genialen Funktionen für den Umgang mit Schriften. So lassen sich beispielsweise über das Schriftenfenster (⌘ – T) blitzschnell Schriftsätze und selbst definierte Stile auswählen. Der Stil kann bereits vor Eingabe des Textes festgelegt werden. Dennoch ist TextEdit ein relativ bescheidenes Textverarbeitungsprogramm.

Sind Sie es gewohnt, mit Pages oder Microsoft Word zu arbeiten, werden Sie das Programm vielleicht mit einem müden Lächeln betrachten, sobald es geöffnet vor Ihnen erscheint. Die Menü- und Symbolleisten sind ausgesprochen übersichtlich, die Befehle in den Menüs schnell zu erfassen.

GRUNDLAGEN

Mit TextEdit lässt sich ein in Microsoft Word abgespeichertes Dokument öffnen. Und auch umgekehrt bereitet ein mit TextEdit erstelltes Dokument dem Programm Word keinerlei Probleme.

TextEdit praktisch gesehen

Richten Sie sich Ihr Dokument am besten gleich zu Beginn ein bisschen komfortabler ein, indem Sie die Seitenränder im Menü *Format* einblenden und damit die tatsächliche Seitenbreite sichtbar machen. Der eingegebene Text wird nun an den Dokumenträndern umbrochen und nicht an den Fenstergrenzen. Unten rechts stellen Sie über das Auswahlmenü Ihre bevorzugte Größe ein.

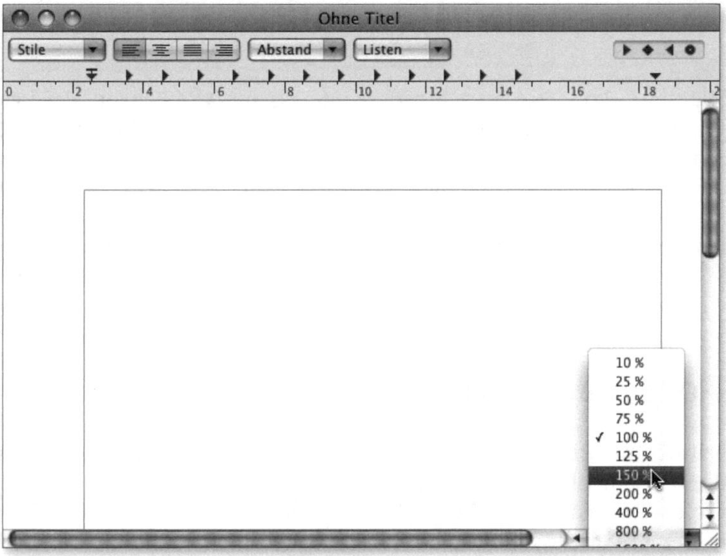

TextEdit einrichten

Damit auch das nächste Dokument mit Seitenrändern angezeigt und an den Dokumenträndern umbrochen wird, gibt es in den Programmeinstellungen, die Sie im Menü *TextEdit | Einstellungen* finden, einen Schalter für die Option *Seitenränder einblenden.*

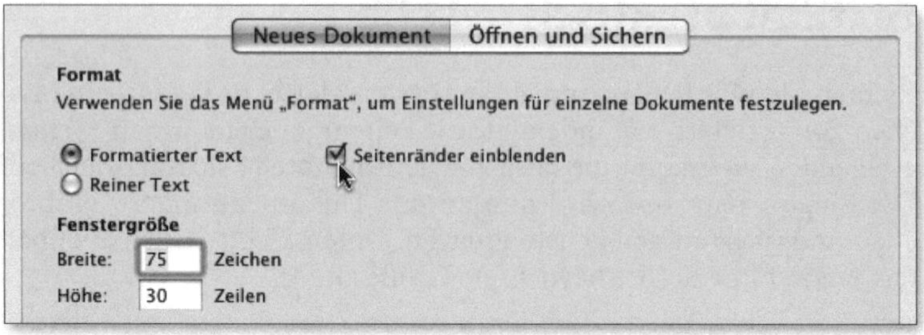

Die Programmeinstellungen

Hier gibt es noch so manch andere interessante Möglichkeit, das Programm an die eigenen Ansprüche anzupassen. TextEdits Standardschrift für formatierten Text ist Helvetica 12 Punkt. Sollten Sie eine andere Schrift bevorzugen, klicken Sie in der Rubrik *Schrift | Schrift für formatierten Text* auf den Button *Ändern*. Im Schriftenfenster wählen Sie nun Ihre favorisierte Schrift und die gewünschte Schriftgröße. Mit einem Klick auf den Button *Standard* kehren Sie zur Standardeinstellung zurück.

Dokumente anreichern

Natürlich lassen sich auch Tabellen in TextEdit einfügen. Sie finden diese Möglichkeit im Menü *Format*. Im gleichzeitig geöffneten Palettenfenster formatieren Sie die Tabelle. Sehr komfortabel ist die Arbeit mit einer Tabelle indes nicht. So gibt es beispielsweise keinen Befehl, mit dem die gesamte Tabelle markiert werden kann. Setzen Sie fürs Markieren den Cursor mit einem Doppelklick in die erste Zelle und fahren Sie mit gedrückter Maustaste über die Tabelle. Achten Sie darauf, dass dabei nichts außerhalb der Tabelle markiert wird. Denn ansonsten sind die Eingabefelder des Palettenfensters deaktiviert. Die Größe des Tabellenrahmens bzw. die der einzelnen Spalten variieren Sie, indem Sie die Rahmen mit gedrückter Maustaste auf- oder zuziehen.

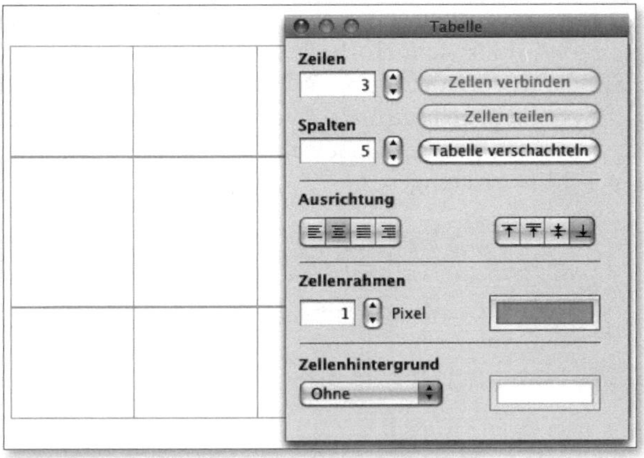

Eine Tabelle erstellen

Bilder und Grafiken lassen sich per Drag & Drop oder über die Befehle *Kopieren* und *Einsetzen* in ein Dokument einfügen. Beachten Sie jedoch, dass die Größe der eingefügten Bilder in TextEdit nicht verändert werden kann.

TIPP

TextEdit erlaubt es auch, Bilder oder Scans direkt von dem angeschlossenen Gerät in ein Dokument zu importieren. Öffnen Sie dazu das Kontextmenü mit der rechten Maustaste und wählen Sie *Bild importieren*. Nun das Gerät und dann das Bilddokument ansteuern und auf *Importieren* klicken.

Text automatisch erkennen und ersetzen

Die in Snow Leopard integrierten systemübergreifenden Textbearbeitungsfunktionen gelten natürlich auch für TextEdit:

- Alle Symbol- und Textersetzungen, die Sie in der Systemeinstellung *Sprache & Text*, Bereich *Text* definiert haben, kommen in TextEdit zum Einsatz.

- Viele, häufig benutzte Wörter tippt man oft mit Buchstabendrehern. So wird aus schnell shcnell oder aus nicht nchit. Delegieren Sie die Korrektur solcher Wörter ans Programm, indem Sie in der Systemeinstellung *Sprache & Text*, Bereich *Text* die falsche Schreibweise in das Feld *Ersetzen* und die richtige Schreibweise in das Feld *Durch* eingeben.

Die Korrektur dem Programm überlassen.

- Wie Mail spürt auch TextEdit Adressen und Datumsanzeigen auf und schickt diese bei Bedarf an iCal beziehungsweise Adressbuch. Wenn das interessant für Sie ist, aktivieren Sie im unteren Drittel der Einstellungen den Eintrag *Datenerkennung*.

Auch TextEdit erkennt Daten und schickt diese weiter.

TIPP

Wenn Sie ein Word-Dokument mit Terminen zugeschickt bekommen haben, öffnen Sie es am besten mit TextEdit und lassen die Termine von TextEdit an iCal schicken.

- Das Programm ist mit einem umfangreichen Wörterbuch versehen, das es ermöglicht, Ihnen durch die Funktion *Vervollständigen* Tipparbeit abzunehmen. Sobald Sie die ersten Buchstaben eines Begriffs getippt haben, den Cursor direkt hinter dem Wortteil stehen lassen und im Menü *Bearbeiten* den Eintrag *Vervollständigen* wählen (⌥ - Escape), wird Ihnen eine Liste an Vorschlägen unterbreitet.

Einen Text formatieren

Die Zeilenbreite des Textdokuments stellen Sie mit Hilfe des äußerst rechten Tabulators ein. Sobald Sie diesen Tabulator mit gedrückter Maustaste nach links oder rechts bewegen, wird die Zeilenbreite in cm angezeigt.

Für den Zeilenabstand haben Sie in der Symbolleiste, Aufklappmenü *Abstand* zunächst nur die bescheidene Auswahl aus *Einfach* und *Doppelt*. Klicken Sie auf *Andere…*, um Zeilenhöhe, Zeilenabstand und Absatzabstand präzise zu definieren.

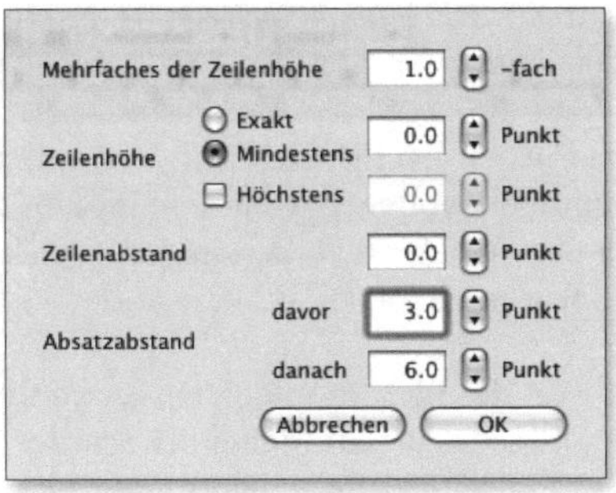

Den Abstand definieren

Die von Ihnen eingestellten Werte werden anschließend mit in das Aufklappmenü übernommen, so dass dies im Laufe der Zeit zu einem Sammelbecken für die unterschiedlichen Einstellungen werden könnte. Sehr praktisch, um immer wieder auf die definierten Werte zuzugreifen, statt sie ständig neu festzulegen.

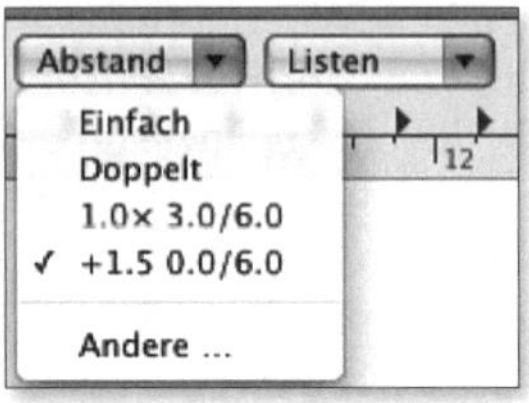

Die definierte Abstände bleiben Ihnen erhalten.

Das Auswahlmenü *Stile* in der Symbolleiste bietet die interessante Option, eigene Stilvorlagen zu definieren und sie zwecks späterer Verwendung zu sichern:

- Markieren Sie eine Textpassage (oder auch den gesamten Text) und legen Sie mithilfe des Schriftenfensters, dem Aufklappmenü *Abstand* und der Befehle im Menü *Format | Schrift* den Schriftsatz, die Schriftgröße, Farbe, Zeilenhöhe, Zeilenabstand usw. fest.
- Wählen Sie im Menü *Stile* die Auswahl *Andere…* Im Fenster, das sich nun öffnet, sehen Sie einen Auszug des markierten Textes mit den Auszeichnungen, die Sie gewählt haben.
- Klicken Sie nun auf *Als Favorit sichern*. Wiederum öffnet sich ein Fenster, in das Sie den Namen Ihres Stils eingeben.
- Sollten Sie die Formatierungen künftig zusammen mit der gewählten Schrift benutzen wollen, aktivieren Sie *Schrift als Teil des Stils verwenden*. Falls Sie keinen Haken in das Kästchen setzen, lassen sich die Formatierungen auch auf eine andere Schrift anwenden.
- Haben Sie Abstände oder Tabulatoren verwendet oder den Text mittig gesetzt, klicken Sie auf *Lineal als Teil des Stils verwenden*.
- Ihr neuer Stil wird der Auswahlliste hinzugefügt.

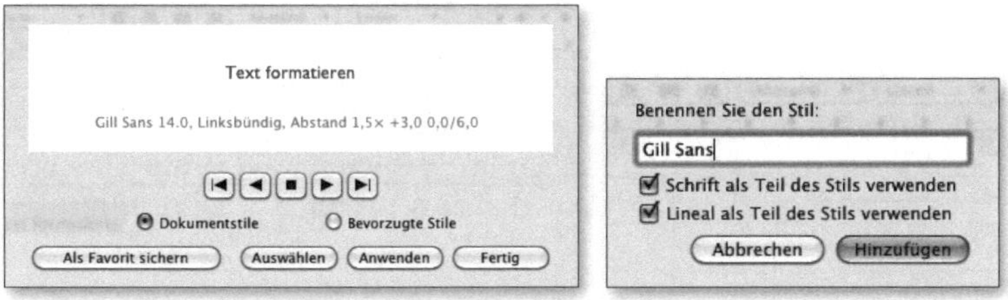

Definieren Sie Ihre Stilvorlagen.

Stilvorlagen anwenden

In einem Textdokument werden meistens unterschiedliche Stile für beispielsweise Überschriften, Zitate und Bildlegenden verwendet. Um einer Textpassage einen Stil zuzuweisen, klicken Sie im Aufklappmenü *Stile* auf *Andere…* Bewegen Sie sich nun mit Hilfe der Pfeile durch die bereits definierten Stile Ihres Dokuments. Sobald der gewünschte Stil eingeblendet wird, brauchen Sie nur noch auf *Anwenden* zu klicken und die Textpassage erscheint in eben diesem Layout.

Noch einfacher ist es freilich, Sie sichern die Stile als Favorit, um sie dadurch bereits im Aufklappmenü zur Hand zu haben.

Favorisierte Stile im Auswahlmenü.

Stile lassen sich auch kopieren und auf eine andere Textpassage übertragen. Dazu markieren Sie den Text, dessen Formatierung Sie auch einer anderer Passage zuteil kommen lassen möchten, und wählen im Menü *Format | Schrift | Stil kopieren.* Anschließend markieren Sie den Zieltext und wählen im selben Auswahlmenü den Befehl *Stil einsetzen.*

POWER USER

Falls Sie in Ihr aktuelles Dokument einen kopierten Textausschnitt eines anderen Dokuments einsetzen wollen, haben Sie mit dem Befehl *Einsetzen und Stil anpassen* im Menü *Bearbeiten* die Chance, die Passage mit dem für Ihren Text ausgewählten Stil einzufügen.

Ein Dokument sichern

Ein mit TextEdit erstelltes Dokument wird standardmäßig im Rich Text Format (Dateierweiterung .rtf) gesichert. Falls Sie Bilder in Ihr Dokument eingebunden haben, erscheint als Dateierweiterung .rtfd. Im Dialogfenster *Sichern unter…* haben Sie zudem Gelegenheit, das Dokument in ein Word-Format oder als HTML-Datei abzuspeichern.

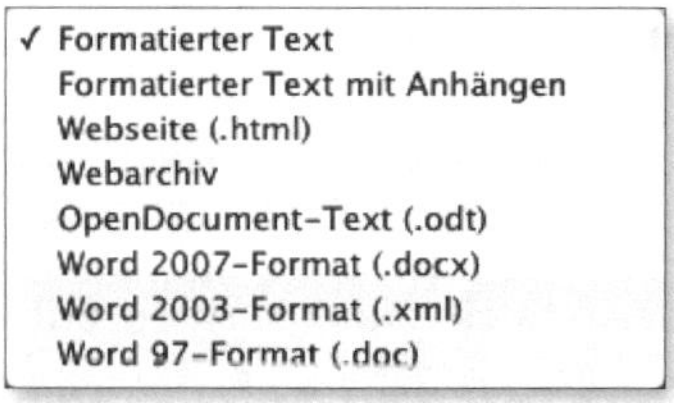

Ein Dokument wird gesichert.

Das Format HTML erlaubt es, sich die Datei im Webbrowser anzusehen. Außerdem ist diese Option für alle interessant, die TextEdit als HTML-Editor verwenden.

Wollen Sie das Dokument als reinen Text speichern, müssen Sie es erst einmal zu einem solchen machen: Wählen Sie im Menü Format den Befehl *In reinen Text umwandeln*. Bei einer reinen Textdatei gehen sämtliche Formatierungen verloren. Im Dialogfenster *Sichern unter…* sehen Sie nun statt der Dateiformate die Codierungen für reinen Text. Die Standardeinstellung ist *Unicode (UTF-8)*.

Vorschau: Alles, was mit PDFs zu tun hat

Dies Programm ist multifunktional einsetzbar: Bilder anzeigen und bearbeiten, PDF-Dateien durchblättern, wichtige Begriffe oder Abschnitte hervorheben, Bildschirmfotos erstellen, Dateien und Bilder einscannen. Das Spektrum des Programms Vorschau ist beeindruckend. Es mausert sich immer mehr zum gut ausgestatteten Werkzeugkasten für die Bearbeitung von PDF-Dateien. So lassen sich PDF-Dateien mit Kommentaren versehen und um Lesezeichen ergänzen.

Sobald Sie eine PDF-Datei aus dem Internet herunterladen wollen, erscheint auf der Webseite der Hinweis, dass Sie zum Lesen der Datei den Adobe Reader benötigen. Diesen Hinweis können Sie dank dem Programm Vorschau getrost ignorieren. Mit Vorschau lässt sich jede PDF-Datei öffnen und durchblättern. Das typische Symbol einer PDF-Datei verwandelt sich auf einem Apple Rechner in das Symbol für Vorschau.

POWER USER

Wer auf den Adobe Reader nicht verzichten möchte, lädt zunächst das Programm aus dem Internet, klickt anschließend mit der rechten Maustaste auf das Symbol einer PDF-Datei und wählt *Öffnen mit | Adobe Reader*.

Vorschau ist aber auch das Standardprogramm von Mac OS X für das Öffnen und Bearbeiten von Bildern. Bilder, die Sie von einer Digitalkamera auf den Rechner spielen oder die Sie aus dem Internet herunterladen, werden mit Vorschau geöffnet.

Seiten und Bilder anzeigen und sortieren

Öffnen Sie eine mehrseitige PDF-Datei oder mehrere Bilder, wird die Seitenleiste eingeblendet, in dem das Inhaltsverzeichnis aufgelistet ist oder wahlweise die Seiten bzw. Bilder als Miniatur oder neuerdings auf einem Kontaktbogen angezeigt werden.

GRUNDLAGEN

Wenn Sie eine Auswahl von Bildern markieren und öffnen, erstellt Vorschau daraus eine Datei, die als Arbeitstitel den Namen des ersten markierten Fotos erhält. Jedes Foto ist eine separate Seite.

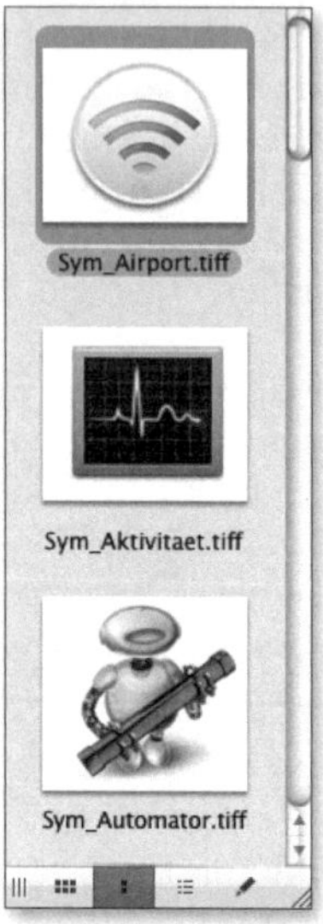

Die Seitenleiste mit Miniaturbildern

Die Seitenleiste ist standardmäßig einspaltig, was für umfangreiche Dokumente unter Umständen wenig hilfreich ist. Jede Seite hat jedoch ein Kontextmenü (rechte Maustaste), in dem sich unter anderen die Spaltenanzahl erhöhen lässt. Die Wahl gilt selbstverständlich für alle Miniaturen – egal, in welchem Kontextmenü Sie die Einstellung vorgenommen haben.

Übrigens lässt sich die Seitenleiste an der linken Leiste weiter auf- oder enger zuziehen.

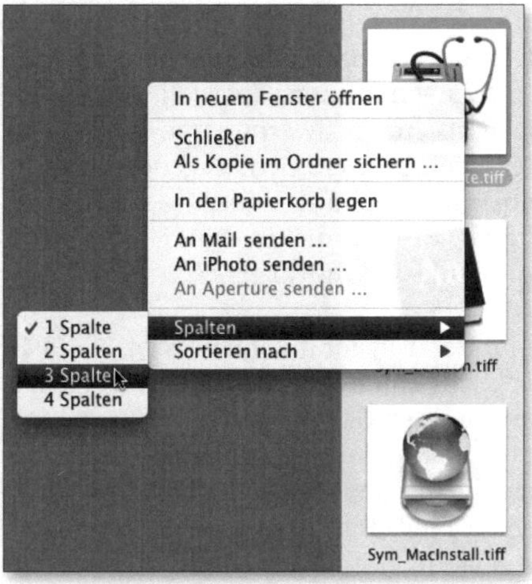

Im Kontextmenü der Miniaturen die Spaltenanzahl erhöhen.

Um sich einen Überblick über alle Bilder oder Seiten einer Datei zu verschaffen, ist die Anzeigenform *Kontaktbogen* die bessere Alternative. Wie auf einem Leuchttisch lassen sich die Miniaturbilder in Augenschein nehmen, sortieren und neu anordnen.

Um Bilder oder Textseiten umzuplatzieren, ziehen Sie die Miniatur mit gedrückter Maustaste an die gewünschte Stelle. Diese Art der Neuordnung funktioniert übrigens auch in der Spaltenansicht.

In den Kontextmenüs der Miniaturen finden Sie darüber hinaus die Auswahl *Sortieren nach*, mit der sich die Bilder nach Name, Datum der Aufnahme oder Größe anordnen lassen. Für zusammenhängende Textdateien macht das Sortieren freilich wenig Sinn.

AUFGEPASST

Haben Sie sich für eine Sortierung entschieden, können Sie die Bilder nicht mehr mit gedrückter Maustaste umplatzieren. Dazu muss die Sortierung erst wieder aufgehoben werden. Klicken Sie dazu im Kontextmenü *Sortieren nach* auf *Ohne*.

Die Ansichten *Miniaturen* und *Kontaktbogen* halten noch eine weitere schicke Funktion bereit, und zwar die der Bündelung von Seiten unterschiedlicher Dateien. Angenommen, Sie wollen mehrere Textdateien mit ähnlichen thematischen Schwerpunkten öffnen, um aus diesen Versionen in Vorschau eine zusammenhängende Datei zu schaffen. Um in der Spaltenansicht oder im Kontaktbogen nicht vollends den Überblick zu verlieren, werden die einzelnen Dateien in symbolisierten Kladden zusammenfasst. Und so geht's:

Markieren Sie die Dateien im Finder-Fenster mit gedrückter ⌘-Taste und öffnen Sie sie anschließend mit einem Doppelklick in Vorschau. Die Miniaturen der Dateien bekommen dabei das Design einer Kladde mit Spiralbindung als Zeichen dafür, dass sich hinter der Miniatur weitere Seiten befinden. Sobald Sie mit der Maus über die Kladde fahren, wird ein nach links weisender Pfeil eingeblendet. Mit einem Klick auf diesen Pfeil öffnen Sie die Kladde, mit einem Klick auf den dann nach rechts zeigenden Pfeil schließen Sie sie wieder.

In der Ansicht *Kontaktbogen* lassen sich bei geöffneten Kladden Seiten löschen oder von einer Kladde in die nächste verschieben.

Kladden als Symbol für mehrseitige PDF-Dateien

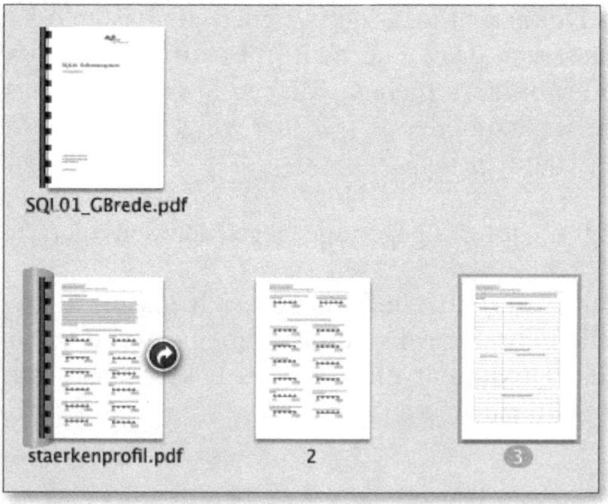

*Eine geöffnete Kladde in der Ansicht **Kontaktbogen**.*

Nicht immer sind alle Seiten eines PDF-Dokuments interessant oder von Wichtigkeit. Auf ganzseitige Bilder und Grafiken kann man womöglich auch verzichten. Oder man benötigt nur Grafiken, nicht aber die seitenlangen Texte zu diesen Grafiken. Für diesen Zweck haben Sie die Möglichkeit, Seiten aus dem PDF-Dokument zu entfernen. Darüber hinaus lassen sich für längere Kommentare und Anmerkungen leere Seiten einfügen. Wollen Sie eine Seite löschen, markieren Sie die Miniatur und wählen im Kontextmenü den Eintrag *In den Papierkorb legen*. Den Befehl, eine leere Seite einzufügen, finden Sie im Menü *Bearbeiten*.

PDF-Dateien durchblättern

Mit den Pfeilsymbolen in der Symbolleiste oder den Pfeiltasten auf Ihrer Tastatur bewegen Sie sich durch ein PDF-Dokument. Darüber hinaus finden Sie im Menü *Darstellung | PDF-Darstellung* folgende Alternativen, um sich durch die Seiten zu bewegen:

- **Einzelseiten**: Sie blättern mit Hilfe der Pfeiltasten durch das Dokument.
- **Einzelseiten, kontinuierlich:** Anders als das ruckartige, seitenweise Blättern erlaubt diese Option mehr Geschmeidigkeit beim

Scrollen durch das Dokument. Alternativ zu den Pfeiltasten oder der Scroll-Leiste lässt sich das Dokument mit gedrückter Maustaste nach oben oder unten schieben. Klicken Sie dazu auf das Symbol *Bewegen* in der Symbolleiste. Der Mauszeiger nimmt nun das Aussehen einer Hand an.

- **Doppelseiten:** Zeigt die jeweils gegenüberliegenden Seiten an.
- **Doppelseiten, kontinuierlich:** Sie bewegen sich losgelöst von den Seitenumbrüchen durch das Dokument. Ebenso wie der Einzelseite lässt sich das Dokument auch mit gedrückter Maustaste bewegen. Klicken Sie dazu in das Symbol *Bewegen* in der Symbolleiste.

In allen Darstellungsvarianten verschaffen Sie sich mehr Platz durch Ausblenden der Seitenleiste. Klicken Sie dazu auf das Symbol *Seitenleiste* in der Symbolleiste.

Lesezeichen anlegen

Die meisten kennen beim erneuten Öffnen eines Dokuments wahrscheinlich die lästige Sucherei nach genau der Seite, bei der man zuletzt mit dem Lesen aufgehört hat. Mit Vorschau hat die Sucherei ein Ende, denn Sie gelangen automatisch zu eben dieser Seite – vorausgesetzt die Option *Zuletzt angezeigte Seite merken* ist in den *Einstellungen* (Menü *Vorschau | Einstellungen | PDF*) aktiviert.

Ein ganz anderer Service, um ohne Umständlichkeiten auf bevorzugte Seiten zu landen, ist das Anlegen von Lesezeichen. Gerade für umfangreiche Dokumente sind diese Art Eselsohren ein wirklicher Segen. Wählen Sie für Ihre favorisierten Seiten im Menü *Lesezeichen | Lesezeichen hinzufügen* oder merken Sie sich gleich die Tastenkombination ⌘ – D. Im kleinen Fenster, das sich nun öffnet, ist stets der Name des Dokuments mit der entsprechenden Seitenzahl angegeben. Je nachdem, wie viele Lesezeichen Sie definieren, ist dies nicht wirklich hilfreich. Überschreiben Sie deshalb den Eintrag besser mit einem Begriff, der Sie auf die Spur über den Inhalt des Lesezeichens bringt.

Die Lesezeichen werden im Auswahlmenü *Lesezeichen* gesammelt, so dass Sie mit einem Klick auf einen der Einträge auf die jeweilige Seite gelangen. Um die Lesezeichen mit einem anderen Namen zu versehen oder um sie wieder zu löschen, wählen Sie den Eintrag *Lesezeichen bearbeiten*.

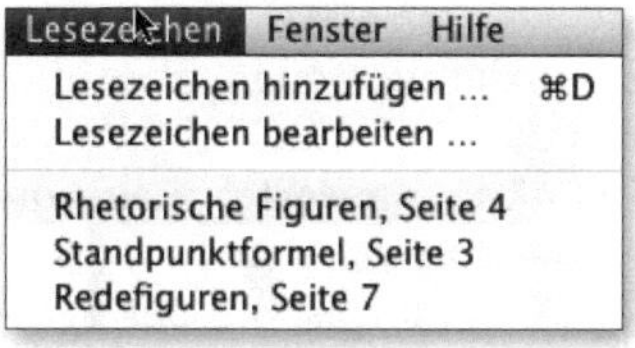

Angelegte Lesezeichen

AUFGEPASST

Sie können erst Lesezeichen anlegen, wenn das Dokument gesichert ist.

Objekte kopieren, beschneiden, hervorheben

Stoßen Sie auf interessante Inhalte, die Sie als Zitat verwenden wollen, können Sie die betreffende Textstelle kopieren und in Ihr Zieldokument einfügen – vorausgesetzt das PDF-Dokument ist nicht schreibgeschützt. Aktivieren Sie dazu das Textsymbol in der Symbolleiste.

Mit gedrückter Maustaste fahren Sie nun über den gewünschten Text, kopieren die Passage mit ⌘ – C und setzen sie mit ⌘ – V in das Zieldokument ein.

TIPP

Seit Mac OS X Snow Leopard ist Vorschau mit der Funktion *Intelligente Textauswahl* ausgestattet. Vorschau erkennt nun die Struktur von Wörtern, Absätzen und Spalten. War es in den Vorgängerversionen des Programms nicht oder nur mit Tastenkombinationen möglich, einzelne Textspalten zu markieren, so erlaubt es das Programm endlich, einzelne Passagen im Spaltensatz zu markieren und zu kopieren.

Auch eine Grafik lässt sich kopieren: Klicken Sie auf das Symbol *Auswählen* und ziehen Sie mit gedrückter Maustaste das Auswahlrechteck auf. An den Anfasspunkten lässt sich der Ausschnitt anpassen und mit gedrückter Maustaste verschieben. Auch hier kopieren Sie die Auswahl mit ⌘ – C und setzen sie mit ⌘ – V in das Zieldokument ein.

Aus Textverarbeitungsprogrammen kennen Sie die Möglichkeit, besonders interessante Textpassagen hervorzuheben oder Uninteressantes durchzustreichen. Mit ähnlichen Funktionen wartet auch Vorschau auf. Um die dafür notwendige Symbolleiste für den Text- und Bearbeitungsmodus zu aktivieren, klicken Sie zunächst auf das Symbol *Anmerken*. Markieren Sie anschließend die entsprechende Textpassage und wählen Sie in der Symbolleiste am unteren Fensterrand, was mit dem Text passieren soll: Wollen Sie ihn farblich hervorheben, unterstreichen, durchstreichen oder mit einem Kommentar versehen?

Die Werkzeugkiste für die Textbearbeitung.

AUFGEPASST

Haben Sie Bilder mit Vorschau geöffnet, ist die Symbolleiste weniger umfangreich, da die Anmerkungswerkzeuge wie Unterstreichen und Durchstreichen für Bilder natürlich keinen Sinn machen.

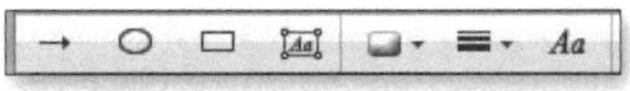

Die Auswahl an Anmerkungen für Bilder.

Alternativ lassen sich Textauszüge, Bilder oder sonstige Inhalte optisch mit Hilfe einer Ellipse oder Rechtecks hervorheben. Oder Sie weisen andere Leser des Dokuments mit Hilfe des Pfeils auf lesenswerte Abschnitte hin. Klicken Sie auf das jeweilige Symbol, ziehen Sie es mit gedrückter Maustaste auf und positionieren Sie es. Sobald Sie auf eine Stelle außerhalb der Markierung klicken, verschwindet der graue Rahmen. Mit einem Klick in die Form kommt der graue Rahmen wieder zum Vorschein und die Form lässt sich wieder verändern oder löschen.

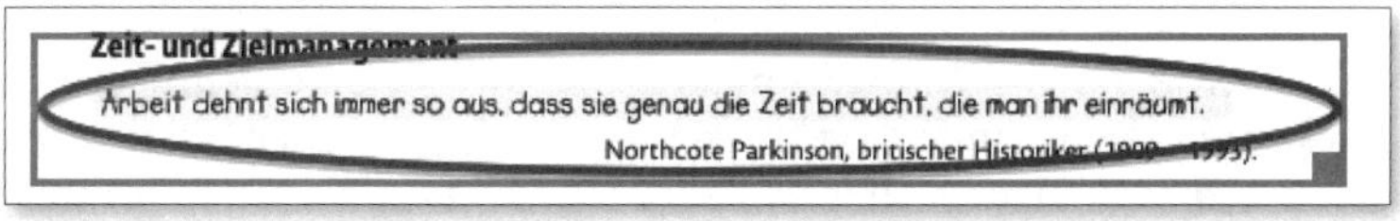

Eine markierte Textpassage.

Farbe und die Strichstärke der Ellipse, des Rechtecks oder des Pfeils definieren Sie in den Aufklappmenüs der Symbole Farbmenü und Linienstärkemenü.

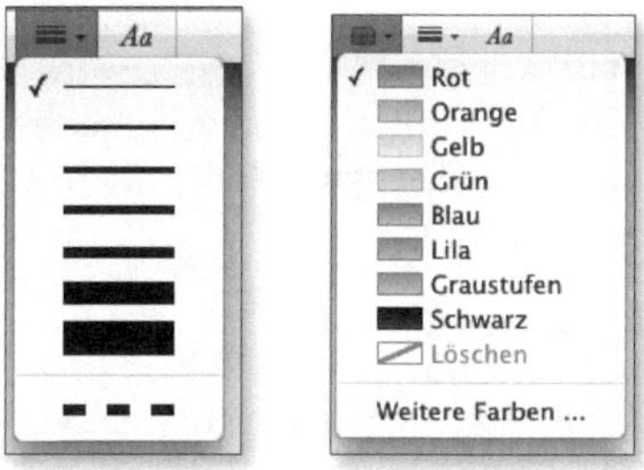

Die Linienstärke und die Farbe festlegen.

POWER USER

Sie würden den Leser am liebsten gleich am Anfang des Dokuments auf gewisse Dinge aufmerksam machen? Dann fügen Sie doch einfach eine leere Seite ein und aktivieren die Textfunktion in der Symbolleiste *Anmerkungen*. Markieren Sie in der Seitenleiste die Seite, vor der Sie eine leere Seite einfügen wollen, und wählen Sie im Menü *Bearbeiten* den Eintrag *Leere Seite einfügen*.

Und weiß man im Nachhinein noch, warum man etwas hervorgehoben hat? Oder wissen die Kollegen es, denen man ein PDF-Dokument mit lauter Ellipsen hat zukommen lassen? Da dies nicht vorausgesetzt werden kann, gibt es in Vorschau die Funktion, eine Textanmerkung hinzuzufügen. Sie erkennen diese Option am Ausrufzeichen vor dunklem Hintergrund in der Symbolleiste für Text. Klicken Sie, sobald Sie die Funktion aktiviert haben, in den Bereich des Dokuments, den Sie mit einer Anmerkung versehen wollen. Jetzt erscheint im Dokument eine kleine Sprechblase, die sich jederzeit mit gedrückter Maustaste an eine andere Stelle ziehen lässt. Links neben dem Hauptfenster wird das Textfeld für die Anmerkung eingeblendet. Nach einem Doppelklick in das Feld können Sie Ihren Kommentar eingeben. Die Anzeige der Anmerkungen steuern Sie im Menü *Darstellung* mit der Funktion *Notizen einblenden* bzw. *Notizen ausblenden*.

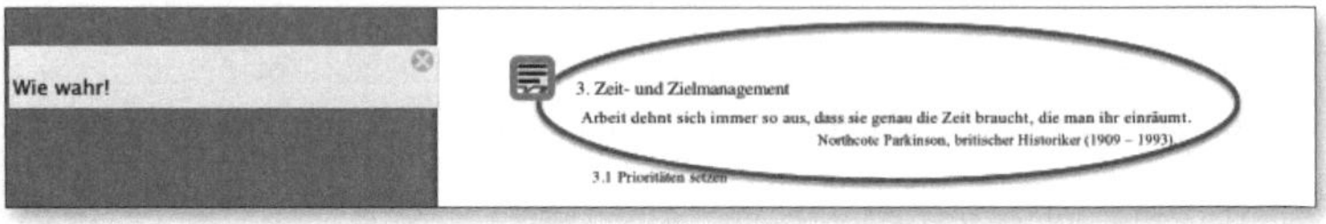

Eine Anmerkung in einem PDF-Dokument.

Einen Überblick über Anmerkungen und Hervorhebungen verschaffen Sie sich in der Seitenleiste mit einem Klick auf den symbolisierten Stift.

GRUNDLAGEN

Vermutlich werden die meisten Anwender, mit denen Sie PDF-Dokumente austauschen, mit dem Adobe Reader arbeiten. Diese Tatsache sollte Sie jedoch nicht davon abhalten, Anmerkungen einzugeben oder Textpassagen hervorzuheben. Denn der Adobe Reader unterstützt diese Funktionen und zeigt sie in ähnlicher Weise an wie das Programm Vorschau.

Verknüpfungen erstellen

Innerhalb des PDF-Dokuments lassen sich Verknüpfungen zu interessanten und passenden Webseiten definieren oder zu anderen Textstellen innerhalb des Dokuments. Wenn das interessant für Sie ist, klicken Sie in der Symbolleiste *Anmerken* auf das stilisierte Kettenglied. Klicken Sie auf die Textstelle, die Sie verlinken wollen, und legen Sie im Fenster *Anmerkungen* die Aktion fest:

Wenn Sie einen Begriff mit einer Website verknüpfen wollen, wählen Sie im Auswahlmenü *Linktyp* den Eintrag *URL* und geben die genaue Webadresse ein.

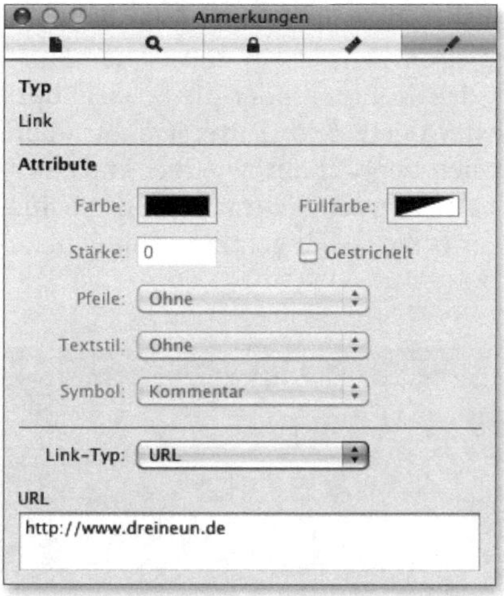

Eine mit einer Webadresse verlinkte Textpassage

Wollen Sie eine sogenannte Sprungmarke setzen, das heißt, einen Begriff des Dokuments mit einem anderen innerhalb des gleichen Dokuments verlinken, wählen Sie *Link innerhalb des PDFs*. Markieren Sie dann den Begriff, auf den der erste verweisen soll, und klicken auf *Ziel festlegen*. Sobald Sie nun auf den ersten Begriff klicken, springen der Text auf die mit diesem Begriff verknüpfte Textpassage.

GRUNDLAGEN

Auch wenn das Dokument mit dem Adobe Redader geöffnet wird, funktionieren die Verknüpfungen!

Bilder anschauen und bearbeiten

Standardmäßig lassen sich mit Vorschau Bilder so unterschiedlicher Dateiformate wie JPEG, TIFF, GIF, PICT, BMP, PNG, RAW, PSD öffnen. EPS-Dateien werden beim Öffnen in eine PDF-Datei konvertiert. Wollen Sie sich einen ganzen Schwung an Bildern anschauen, markieren Sie die jeweiligen Dateisymbole im Finder und öffnen die Dateien mit einem Doppelklick auf eines der gekennzeichneten Symbole.

Nun ist ja nicht jedes Bild auf Anhieb gelungen. Im Menü *Werkzeuge | Farbkorrektur* blenden Sie ein Paletten-Fenster ein, mit dessen Hilfe Sie zum Beispiel die Belichtung, den Kontrast oder die Schärfe optimieren. Im oberen Vorschaufenster der Palette Farbkorrektur, dem sogenannten Histogramm, lässt sich beobachten, wie die Anpassungen das Bild beeinflussen. Alternativ können Sie mit Hilfe der Schieberegler unterhalb des Histogramms die jeweiligen Einstellungen zusätzlich variieren.

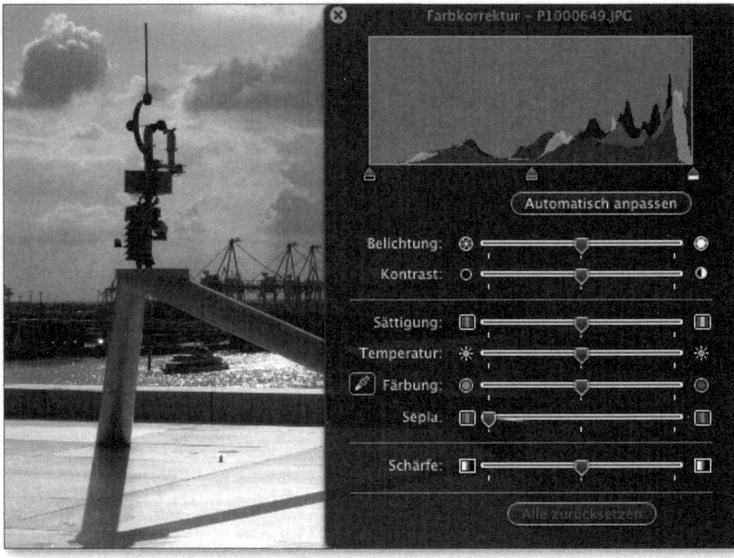

Ein Bild bearbeiten

Im Menü *Darstellung | Soft-Proof mit Profil* lässt sich darüber hinaus das Farbprofil der Bilddatei anpassen. Das ist vor allem dann interessant, wenn Sie ein Bild, das im RGB-Farbmodus abgespeichert ist, umwandeln wollen in das Farbmodell CMYK. Auch sind in dem Auswahlmenü die an dem Rechner angeschlossenen Drucker aufgelistet, um die Farben entsprechend dem Farbprofil des Druckers anzulegen.

GRUNDLAGEN

Die am Bildschirm dargestellten Farben weichen vom späteren Ausdruck teilweise erheblich ab, da jeder Drucker ein eigenes Farbprofil hat. Um dem vorzubeugen, lässt sich den Bildern das entsprechende Farbprofil zuweisen.

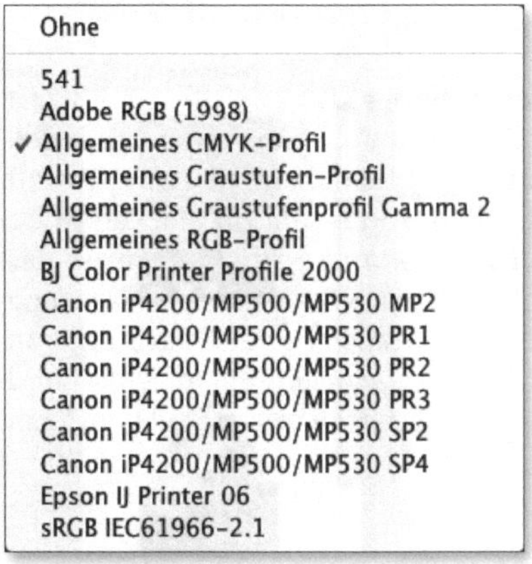

Dem Bild ein Farbprofil zuweisen.

Für die Auswahl und das Freistellen von Bildausschnitten stehen Ihnen diese Funktionen zur Verfügung:

- **Rechteckige Auswahl und Elliptische Auswahl:** Legen Sie zunächst mit einem Klick auf das Symbol den Ausschnitt fest. Die grau gestrichelte Form lässt sich an den Anfasspunkten weiter aufziehen und mit gedrückter Maustaste umplatzieren. Klicken Sie anschließend im Menü *Werkzeuge* auf den Eintrag *Beschneiden.*

- **Lasso-Auswahl:** Mit dem Lasso zeichnen Sie selbst eine Form um einen für Sie interessanten Bildausschnitt. Auch dieser Ausschnitt lässt sich im Menü *Werkzeuge* freistellen.

- **Intelligentes Lasso:** Mit dem dicken Strich des intelligenten Lassos wählen Sie einen Bildausschnitt, wobei sich der Strich an die Linienführung der Bildobjekte schmiegt. Sobald Sie die Form schließen, sehen Sie wie bei der Lasso-Auswahl eine feine, leicht flirrende Linie, die an den Kanten des Objekts entlangführt. Um den Ausschnitt freizustellen, haben Sie zwei Möglichkeiten: Kopieren Sie den Ausschnitt mit ⌘ – C und wählen Sie im Menü *Ablage* den Eintrag *Neu aus der Zwischenablage*. Der Ausschnitt wird in ein neues Dokument eingefügt. Oder Sie wählen im Menü *Bearbeiten* die Option *Auswahl umkehren* und drücken anschließend die Rückschritttaste.

- **Transparenz:** Dieses Werkzeug eignet sich für Bilder mit fast monochromen Bildflächen. Denn mit der Transparenz lässt sich ein Bild beispielsweise von einem erdrückenden Hintergrund befreien, um Objekte freizustellen und sie damit stärker zu betonen. Für Bilder mit vielen Details und Farbnuancen ist das Werkzeug kaum bis gar nicht geeignet. Wenn Sie das Werkzeug aktiviert haben, fahren Sie mit der Maus über den Farbton, von dem Sie das Bild befreien möchten. Drücken Sie anschließend die Rückschritttaste, damit die markierten Farbanteile entfernt werden.

Das Original …

… und die freigestellten Objekte.

Die zuvor beschriebenen Methoden des Freistellens sind Bildbearbeitungsfunktionen für Fotos, die Sie für andere Dokumente wie Textdokumente verwenden möchten. Um die Leser Ihres PDF-Dokuments auf interessante Ausschnitte eines Fotos aufmerksam zu machen, sind die Anmerkungswerkzeuge wie Pfeil, Rechteck und Ellipse geeignet. Diese Werkzeuge finden Sie in der Symbolleiste, die Sie mit einem Klick auf das Icon *Anmerken* öffnen. Und da nicht jedes Foto selbsterklärend ist, lassen sie sich um Kommentare ergänzen.

TIPP

Klicken Sie in der Symbolleiste *Anmerken* auf das Symbol *Aa*, um das Schriftenfenster einzublenden, in dem sich Schriftart, Schriftgröße und Schriftfarbe definieren lassen.

Bild mit Text

Dateien sichern

Das Dialogfenster *Sichern unter...* hält eine reichliche Auswahl an Formaten für Bilddateien bereit. Für die Formate JPEG-2000 und JPEG können Sie die Qualität des Bildes obendrein anpassen.

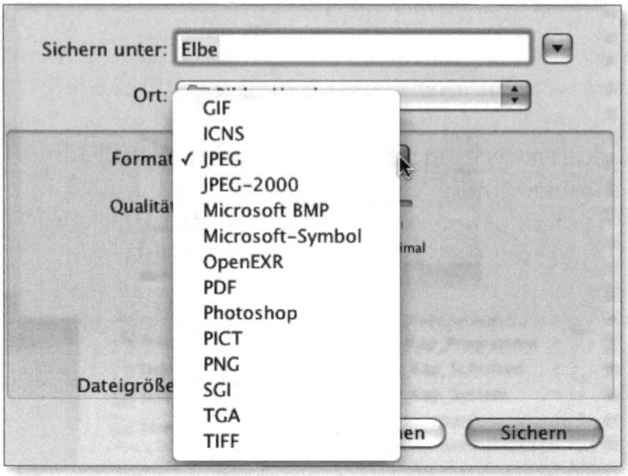

Unterschiedliche Formate für Ihre Bilddatei.

Mit Vorschau scannen

Ist der Scanner oder das Kombigerät (Drucker mit Scanner) erst einmal an den Rechner angeschlossen, lassen sich Fotos und Texte mit einem Befehl von Vorschau importieren und weiter bearbeiten. Klicken Sie dazu im Menü Ablage auf *Aus Scanner importieren*. Anschließend wählen Sie aus, in welchen Ordner die gescannte Datei gesichert werden soll. Voreingestellt ist der Ordner *Bilder*. Nun noch auf *Scan* geklickt, und der Scanner nimmt die Arbeit auf und schickt das gescannte Objekt an den Rechner. Die eingescannten Dateien lassen sich in Vorschau ebenso bearbeiten wie Bilder und Texte in PDF-Dateien.

Informationen über die Dateien

Alles, was Sie über das Dokument erfahren wollen – sei es die Dokumentart, die Bildauflösung, das Programm, mit dem die Datei erstellt wurde, oder den Namen des Autors – erfahren Sie im Fenster *Allgemeine Informationen*. Sie öffnen dieses Fenster mit der Tastenkombination ⌘ – I oder im Menü *Werkzeuge* mit einem Klick auf *Informationen*.

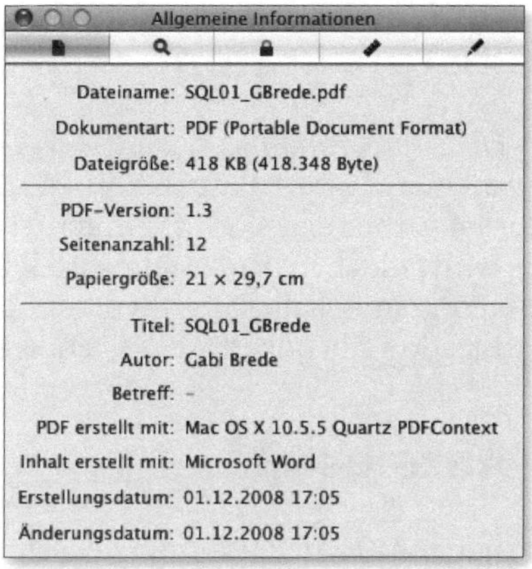

Detaillierte Informationen über eine Datei.

Im Bereich *Schlagwörter* des gleichen Fensters (zweites Symbol von links) haben Sie die zudem die Möglichkeit, weitere Details wie Kategorien (Landschaft, Skulptur, Portrait, Künstler usw.) oder Stichwörter einzugeben. Klicken Sie dazu auf das Pluszeichen und geben Sie die Schlüsselwörter ein. Diese Begriffe werden bei einer Suche mit Spotlight berücksichtigt.

Die Werkzeugkiste: Dienstprogramme 

Der Ordner *Dienstprogramme* (zu finden im Ordner *Programme*) beherbergt eine Reihe von Programmen mit Werkzeugcharakter. Die Anwendungen dienen weniger dazu, Texte zu verfassen oder Bilder zu bearbeiten als vielmehr um an Ihrem Rechner Anpassungen und Fehlerbehebungen vorzunehmen. Viele der Programme werden vermutlich nur die wahren Systemadministratoren unter Ihnen benutzen. Nicht ganz so technikbegeisterte Anwender kommen eventuell mit einer Handvoll der Anwendungen häufiger Mal in Berührung. Einige dieser Programme stellen wir Ihnen im Folgenden vor.

AirPort-Dienstprogramm 

Mit dem *AirPort-Dienstprogramm* ist nur für Anwender von Interesse, die drahtlos via einer AirPort-Basisstation (Apples WLAN-Router) mit dem Internet verbunden sind. Die Internetverbindung über diese Technologie wird jedoch in der Systemeinstellung *Netzwerk* eingerichtet. Mit dem Programm haben Sie nur dann zu tun, wenn es ein Update für die Basisstation gibt oder die Basisstation Probleme meldet.

Aktivitäts-Anzeige 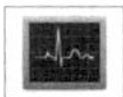

Öffnen Sie das Programm *Aktivitäts-Anzeige*, wenn Sie beobachten wollen, wie die Ressourcen Ihres Rechners von den verschiedenen Anwendungen und Prozessen in Anspruch genommen werden. Klicken Sie auf die Button unterhalb der Anzeige, um die Nutzung des Prozessors (CPU) (Prozessor), der Festplatte oder des Netzwerks angezeigt zu bekommen. Unter *Speicher* sehen Sie Auslastung und freie Kapazität Ihres Arbeitsspeichers.

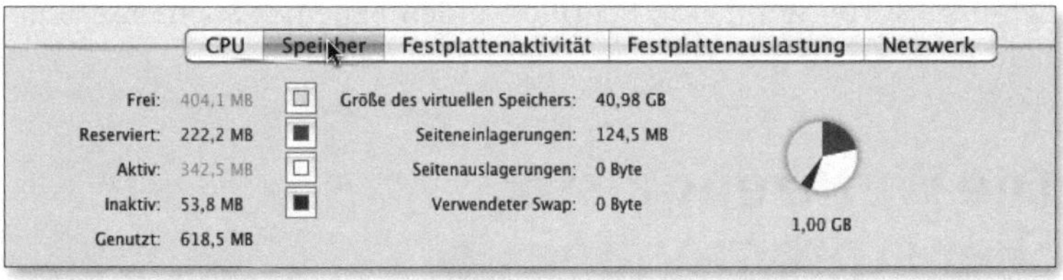

Verfolgen, wie die Rechner-Ressourcen in Anspruch genommen werden.

Bildschirmfoto 

Wollen Sie einem Freund zeigen, welchen genialen Bildschirmhintergrund Sie gewählt haben? Oder erstellen Sie Konkurrenzanalysen und wollen die Webseiten der Mitanbieter in Ihren Ausführungen analysieren? Für diese Zwecke sind Bildschirmfotos die Lösung. Bevor Sie sich jedoch mit dem Programm Bildschirmfoto beschäftigen, ist es viel einfacher, sich die Tastenkombinationen für das Erstellen von Bildschirmfotos zu merken:

- ⌘ – ⇧ – 3 = erstellt ein Foto vom gesamten Bildschirm.
- ⌘ – ⇧ – 4 = erstellt ein Foto eines ausgewählten Bereichs. Positionieren Sie den Mauszeiger an die Stelle, von der aus Sie das Foto aufnehmen wollen, und ziehen Sie das Auswahlrechteck über den gewünschten Bereich. Sobald Sie die Maustaste loslassen, wird der Ausschnitt fotografiert.
- ⌘ – ⇧ – 4 – Leertaste = fotografiert ein Menüfenster.

Jedes Bildschirmfoto wird auf dem Schreibtisch mit Datum und Uhrzeit abgelegt. Die Screenshots werden im PNG-Format gesichert und mit dem Programm Vorschau geöffnet.

Die Tastenkombinationen ersparen Ihnen den Weg über das Programm Bildschirmfoto. Mit den Tastenkürzeln lassen sich, egal in welchem Programm Sie sich gerade aufhalten, auf sehr bequeme Weise Screenshots erstellen.

Bluetooth-Datenaustausch 

Mit diesem kleinen, feinen Programm lassen sich ohne große Umstände Dateien drahtlos von einem Gerät auf ein anderes schaufeln – vorausgesetzt, die Geräte stehen in unmittelbarer Reichweite zueinander (maximal 10 Meter voneinander entfernt). Die Geräte können zwei Rechner sein, ein Rechner und ein Handy oder ein Rechner und eine Funkmaus.

Wie einfach es ist, die Geräte für den Datenaustausch via Bluetooth zu konfigurieren, lesen Sie im Kapitel »Teilen & vernetzen«, Abschnitt »Daten per Funk überprüfen«.

DigitalColor-Farbmesser

Sie erstellen Webseiten oder stimmen für andere Grafikarbeiten Farben aufeinander ab? Dann ist das Programm DigitalColor-Farbmesser ein hilfreiches Tool für Sie. Denn mit diesem Programm lässt sich der exakte Farbwert eines beliebigen Pixels auf dem Bildschirm ermitteln. Fahren Sie dazu einfach mit der Maus auf den Punkt, den Sie ermitteln wollen. Der Bildpunkt und die Farbe erscheinen in den Vorschaufenstern, die RGB-Werte werden eingeblendet. Je kleiner der Messbereich ist, desto zielsicherer lässt sich die Farbe jedes einzelnen Pixels ermitteln. Alternativ zur Maus bewegen Sie sich mit den Pfeiltasten zur gewünschten Stelle.

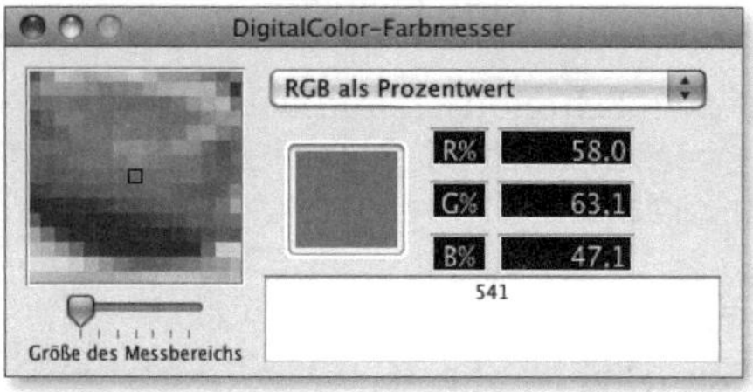

Farben ermitteln.

Entfernte Mac OS X Installation

Dieses Programm benötigen all jene, die mit einem Rechner arbeiten, der über kein optisches Laufwerk verfügt wie das MacBook Air. Auch auf diesen Rechner muss natürlich mal ein neues Betriebssystem installiert werden. Auch für das Zurücksetzen des Kennwortes für den Anmeldevorgang wird die Installations-DVD gebraucht und damit auch das Programm Entfernte Mac OS X Installation.

Und so geht's:

1. Legen Sie die Installations-DVD in den Rechner ein, auf dessen Laufwerk der andere Rechner zugreifen soll, und starten Sie das Programms Entfernte Mac OS X Installation.

2. Sobald Sie das gewünschte Medium (DVD oder virtuelles Laufwerk) markiert haben, gilt es, die Netzwerkwerkverbindung auszuwählen.

3. Starten Sie nun den Rechner, der auf das Medium zugreifen soll, mit gedrückter ⌥-Taste. Ist auf einem der beiden Rechner Mac OS X Snow Leopard installiert, brauchen Sie auf keine Netzwerkverbindung zu warten. Die Rechner erkennen sich dank der Bonjour-Technologie.

4. Anschließend klicken Sie auf diesem Rechner in der Rubrik *Freigaben* in der Seitenleiste des Finders auf den Netzwerkrechner, melden Sie sich an und installieren die DVD. Während dieser Zeit darf der gastgebende Rechner natürlich weder ausgeschaltet noch vom Netzwerk getrennt werden.

5. Damit es zum Zugriff auf die DVD des anderen Rechners kommen kann, muss auf beiden Rechnern in der Systemeinstellung *Freigaben* (diese Systemeinstellung finden Sie in früheren Versionen des Betriebssystems unter der Bezeichnung *Sharing*) der Dienst DVD- oder CD-Freigabe eingeschaltet sein.

Festplatten-Dienstprogramm: Laufwerke löschen, partitionieren 

Wer Zugriffsrechte reparieren muss, weil sich ein Programm oder eine Datei nicht öffnen lässt, eine wiederbeschreibbare CD löschen, ein Laufwerk reparieren oder eine Festplatte partitionieren will, ist im *Festplatten-Dienstprogramm* richtig. In der linken Liste werden die Festplatten und alle momentan an den Mac angeschlossenen Laufwerke angezeigt.

Erste Hilfe

Im Register *Erste Hilfe* lassen sich Laufwerke reparieren. Wählen Sie dazu das nicht mehr ordnungsgemäß funktionierende Laufwerk aus und klicken Sie auf den Button *Volume überprüfen* bzw. *Zugriffsrechte des Volumes überprüfen*. Mit diesen Befehlen wird jeweils ein Protokoll über den Zustand des Laufwerks erstellt. Liegen keine Beanstandungen vor, erhalten Sie die Meldung *Das Volume ist anscheinend in Ordnung*. Sollte Sie das Wort »anscheinend« irritieren, so können Sie es getrost als »Alles in Ordnung« verstehen. Mit einem Klick auf *Zugriffsrechte des Volumes reparieren* werden etwaige Fehler behoben.

Im Register *Löschen* bereinigen Sie eine ausgewählte Festplatte oder eine wiederbeschreibbare CD / DVD von allen vorhandenen Daten.

AUFGEPASST

Mit einem Klick auf *Löschen* werden lediglich die für den Zugriff auf die Dateien erforderlich Daten gelöscht. Diese Art des Löschens ist für den Fall, dass Sie den Rechner verkaufen und die Festplatte deshalb komplett von allen Spuren leerfegen wollen, nicht geeignet. Mit speziellen Programmen können die Daten nämlich wieder hergestellt werden. Um restlos alle Dateien zu löschen, klicken Sie auf den Button *Sicherheitsoptionen* und entscheiden sich für eine der vorgeschlagenen Optionen.

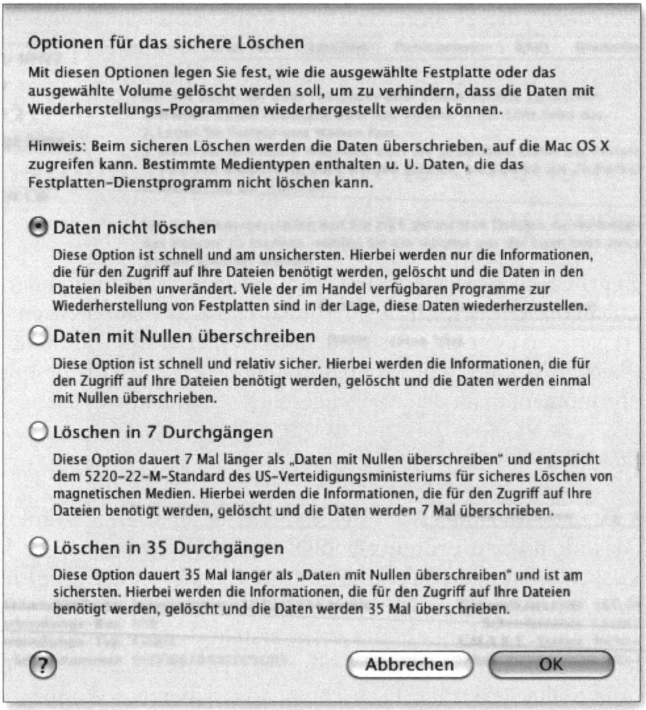

Unterschiedliche Möglichkeiten, die Daten einer Festplatte zu löschen.

Festplatten partitionieren

Im Feld *Partitionieren* lässt sich eine Festplatte in mehrere Segmente unterteilen. Jedes Segment erscheint mit eigenem Festplattensymbol auf dem Schreibtisch. Sie können die Festplatte Ihres Computers zum Beispiel so partitionieren, dass Sie ein Segment als Startvolume mit Ihren Programmen und Arbeitsdateien verwenden und ein anderes zum Sichern oder Archivieren von Dateien.

Klicken Sie dazu in der Liste auf jenes Festplattensymbol, das mit Namen und Anzahl an Gigabyte beschrieben ist. Im Hauptfenster klicken Sie anschließend auf das Feld, in dem *Macintosh HD* steht. Jetzt sind die Felder aktiviert, so dass Sie mit einem Klick auf das Pluszeichen eine Partition vornehmen können. Sobald Sie auf eine der Partitionen klicken, wird die Größe des Segments angezeigt. Die angezeigten Ziffern können Sie manuell überschreiben. Die Größe der einzelnen Segmente lässt sich auch über die Trennlinie zwischen der ersten und zweiten Partition mit gedrückter Maustaste nach oben oder unten ziehen. Haben Sie gar drei Partitionen, verändern Sie die Größe der untersten Partition über die schraffierte Fläche am rechten unteren Rand.

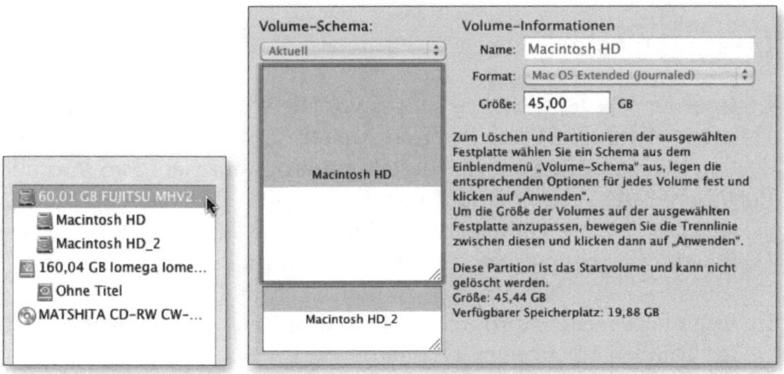

Zuerst das Volume auswählen und dann die Festplatte segmentieren.

AUFGEPASST

Überlegen Sie beim Festlegen der Größe genau, wofür Sie die einzelnen Partitionen benötigen. Wollen Sie ein Segment als Startvolume definieren (also als Festplatte, von der aus das Betriebssystem gestartet wird), benötigen Sie mindestens 5 GB Festplattenspeicher allein für das Betriebssystem. Im Nachhinein lässt sich eine Partition zwar verkleinern. Die dadurch eingesparten Gigabyte lassen sich jedoch nicht einer anderen schon bestehenden Partition zuschanzen.

Haben Sie für die einzelnen Partitionen die Größe festgelegt, klicken Sie auf *Anwenden*. Im anschließend geöffneten Fenster bestätigen Sie Ihr Vorhaben mit einem Klick auf *Partitionieren*.

Im Register RAID wird eine Gruppe verschiedener Laufwerke so konfiguriert, als handle es sich um ein einzelnes, großes Laufwerk. RAID bedeutet »Redundant Array of Independent Disks«. In einer RAID-Anordnung teilen sich mehrere Laufwerke die Aufgabe, Daten zu speichern. Allerdings kann ein solches Formatierungsschema nur angelegt werden, wenn mehrere Festplatten zur Verfügung stehen.

Image-Dateien

Im Register *Wiederherstellen* geht es vor allem um sogenannte Image-Dateien. In Image-Dateien werden weitere Dateien oder Ordner gespeichert. Vielleicht haben Sie bereits ein Programm aus dem Internet heruntergeladen, das in einer Image-Datei mit der Dateiendung .dmg (DiskImage-Format) gesichert war. Eine solche Datei ist ein virtuelles Laufwerk, von dem aus Sie das Programm installieren.

Im Festplatten-Dienstprogramm haben Sie die Möglichkeit, selbst Image-Dateien zu erstellen. Das kann sowohl eine neue Datei sein, in die Sie später Dateien einfügen. Oder Sie erstellen von einem bereits bestehenden Ordner eine Image-Datei. Mit einer Image-Datei lassen sich auf bequeme Weise Dateien von einem Computer auf einen anderen übertragen. Oder Sie erstellen eine solche Datei als Sicherungskopie, die Sie wiederum auf eine CD oder DVD brennen. Entscheiden

Sie im Menü *Ablage | Neu*, ob Sie ein leeres Image oder ein Image von einem Ordner erstellen wollen. Bei der Option *Leeres Image* legen Sie anschließend den Speicherort und die Größe fest.

AUFGEPASST

Wer die Datei vor unbefugten Zugriffen schützen will, wählt bei *Verschlüsselung* den Eintrag *128-Bit-AES* und gibt, nach dem Klick auf *Erstellen*, ein Kennwort ein. Beachten Sie jedoch: Sollten Sie das Kennwort vergessen, kann das Image nicht mehr geöffnet werden!

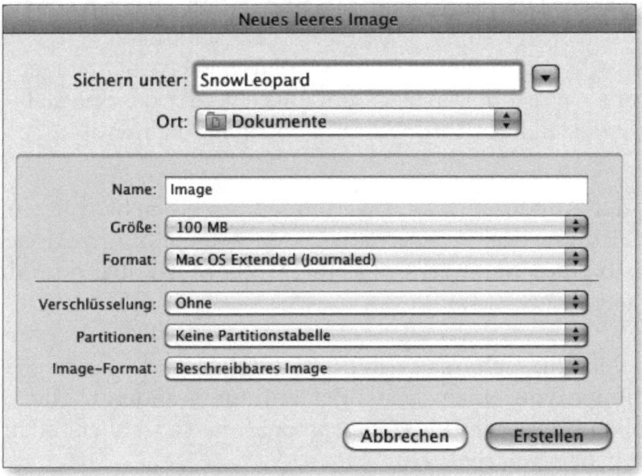

Eine Image-Datei anlegen

So richtig weiß man eine Image-Datei zu schätzen, wenn es um das Wiederherstellen von Programmen und Dateien geht, sollte der Computer Probleme bereiten. Die Image-Datei wird dabei zur Quelle. Ziehen Sie die Datei mit gedrückter Maustaste in das Eingabefeld bei *Quelle* oder wählen Sie sie in einem Finder Fenster aus. Klicken Sie dazu auf *Image*. Nun geht es darum zu entscheiden, auf welchem Medium, sprich auf welcher Festplatte die Daten wiederhergestellt werden sollen. Ziehen Sie die gewünschte Festplatte aus der linken Leiste in das Eingabefeld *Zielmedium*. Nun noch mit *Wiederherstellen* bestätigen und die Daten werden auf das Zielmedium übertragen.

Migrationsassistent Von Mac zu Mac

Sie haben sich einen neuen Mac gekauft und wollen Programme, Dateien, Ordner, Einstellungen, Bilder und Musiktitel von Ihrem alten Rechner auf den neuen schaufeln? Dann öffnen Sie am besten das Programm Migrationsassistent. Diese wunderbare Anwendung begleitet Sie Schritt für Schritt bei der Datenübertragung von einem Mac auf einen anderen.

GRUNDLAGEN

Der Assistent migriert das komplette System oder einzelne Benutzerordner, Programme, Dateien und Einstellungen. Wird der Benutzerordner von einem Mac auf den anderen übertragen, wird auf dem Zielrechner ein Account angelegt, der das Spiegelbild des kompletten Benutzerordners auf dem alten Rechner ist.

Damit der Austausch klappt, verbinden Sie die beiden Rechner mit einem FireWire-Kabel. Alternativ lassen sich die Informationen auch innerhalb eines Netzwerks mit einem Ethernet-Kabel oder drahtlos übertragen.

Entscheiden Sie sich im Fenster *Übertragungsmethode*, ob Sie die Informationen **von** einem Mac oder **auf** einen anderen Mac übertragen wollen. Der Migrationsassistent sagt Ihnen anschließend in jedem Fenster genau, was Sie zu tun haben.

- **Übertragung per FireWire:** Verbinden Sie die beiden Macs mit einem FireWire-Kabel und halten Sie beim Neustart des Macs, von dem Sie Daten auf Ihren neuen Rechner übertragen wollen, die Taste **T** gedrückt. Der Rechner startet nun im FireWire-Modus.

- **Übertragung über ein drahtloses Netzwerk:** Stellen Sie sicher, dass auf dem Rechner, von dem Sie die Informationen holen wollen, die Software entsprechend der installierten Version des Betriebssystems aktualisiert ist. Dann öffnen Sie das Programm Migrationsassistent und geben das auf dem Zielrechner eingeblendete Kennwort ein. Sobald auf beiden Rechnern alle anderen Programme geschlossen sind, beginnen die Vorbereitungen für die Datenübertragung.

Sofern auf dem Mac, von dem aus Sie die Informationen auf einen anderen Rechner verfrachten, andere Benutzer angemeldet sind, legen Sie auf dem Zielrechner fest, ob alle oder nur ausgewählte Benutzeraccounts übertragen werden sollen.

Ist dieser Schritt getan, haben Sie in den weiteren Fenstern Gelegenheit, Ordner und Einstellungen von der Migration auszuschließen bzw. weitere zu aktivieren. Ist auch das erledigt, startet die Übertragung, die je nach Datenumfang entsprechend lang dauert.

AUFGEPASST

Falls Sie für beide Rechner den gleichen Accountnamen gewählt haben, werden Sie aufgefordert, für den zu übertragenden Account einen neuen Namen einzugeben. Mit diesem Namen wird auf dem Zielrechner ein Benutzerkonto mit dem migrierten Daten angelegt.

Auf dem neuen Rechner bemerken Sie erst mal wenig von der Datenübertragung. Im Programmordner liegen nun auch all jene Anwendungen, die auf dem alten Rechner installiert waren, auf dem neuen aber noch nicht. Außerdem werden Sie unter Umständen Kopien von Programmen und Programmordnern mit dem Zusatz *Vom alten Mac* sehen. Dies betrifft allerdings nur Programme von Fremdanbietern. Apple-eigene Programme werden bei der Migration nicht kopiert.

Wenn Sie auf das Festplattensymbol klicken, sehen Sie im Ordner *Benutzer* den Account unter dem Namen, mit dem Sie am alten Rechner angemeldet waren. Sie erhalten Zugang zu diesem Ordner, indem Sie sich im Apple-Menü zunächst abmelden und im dann eingeblendeten Anmeldefenster auf den Namen klicken, mit dem Sie am alten Mac angemeldet waren. Der Migrationsassistent hat auch die Kennwörter übertragen, so dass das Passwort, mit dem Sie sich an dem alten Rechner angemeldet haben, auch hier seine Gültigkeit besitzt. Danach tut sich genau die Arbeitsumgebung vor Ihnen auf, wie Sie sie von Ihrem alten Rechner her kennen. Der Bildschirmhintergrund, die Anordnung der Symbole auf dem Schreibtisch, die Programmauswahl im

Dock – all das ist völlig identisch mit dem, wie Sie es bislang gekannt haben und gewohnt waren.

Schlüsselbundverwaltung: Streng geheim 

Ob Sie das Betriebssystem installieren, sich an Ihrem Rechner anmelden, einen MobileMe-Zugang einrichten oder einen geschützten Bereich auf einer Webseite besuchen wollen, immer werden Sie aufgefordert, Ihr Passwort als Legitimation, dass es tatsächlich Sie sind, einzugeben. Vorbei die seligen Zeiten, als es noch erlaubt war, Wörter wie »Salzstreuer« oder »Echnaton« als Passwort zu wählen. Viele Webseiten akzeptieren nur noch Wörter, die aus Zahlen und Buchstaben bestehen und in denen man auch noch zwischen Groß- und Kleinbuchstaben wechseln soll. Hat man einmal ein solches Wortungetüm geschaffen, kann man es freilich immer wieder benutzen. Doch manchmal steht man auf dem Schlauch oder man gerät beim Tippen einer Zeichenfolge wie 3MklH75v durcheinander und bekommt ständig eine Fehlermeldung.

Um Ihr Erinnerungsvermögen zu entlasten und Ihnen die Tipperei von Passwörtern abzunehmen, bietet Apple Ihnen die Glanznummer der *Schlüsselbundverwaltung* an. Wenn Sie diesem Programm Ihre Passwörter anvertrauen, verwaltet es sie für Sie und setzt das jeweilige Kennwort bei Bedarf automatisch in das entsprechende Eingabefeld ein. Sobald Sie Ihren Mac starten, springt das Programm an und legt sich auf die Lauer, um zu gegebener Zeit ein Passwort einzutragen.

Bei der ersten Anmeldung an Ihren Rechner wird automatisch ein Schlüsselbund für Sie erstellt. Das Passwort dieses Schlüsselbundes ist identisch mit Ihrem Anmeldekennwort. Dieser Schlüsselbund ist sozusagen Ihr Standard- oder Masterschlüsselbund. Zu diesem Standardschlüsselbund werden Ihre jeweiligen Kennwörter zum Beispiel für eine kennwortgeschützte Website, die Verbindung zu Ihrer iDisk oder einen Server automatisch hinzugefügt.

Jeder angemeldete Benutzer Ihres Macs hat seinen eigenen Schlüsselbund. Sobald Sie einen neuen Benutzer-Account anlegen, erstellt der Mac einen Schlüsselbund mit dem Kennwort des Benutzers.

AUFGEPASST

Mit der Schlüsselbundverwaltung können Sie mit wenigen Ausnahmen Ihre Passwörter für Webseiten, gemeinsam genutzte Ordner im Netzwerk oder für Ihre E-Mail-Konten vergessen. Ihr Benutzer-Kennwort hingegen müssen Sie sich gut merken. Wer das vergisst, kann nur mit Hilfe der Installations-DVD ein neues Kennwort einrichten.

Der Zugriff auf den Schlüsselbund

Beim Öffnen eines Programms, das auf Passwort geschützte Bereiche zugreift, versucht das jeweilige Programm, das entsprechende Kennwort aus Ihrem Schlüsselbund abzurufen. Nun haben Sie drei Möglichkeiten, diesen Zugriff zu gestatten:

- **Erlauben:** Gilt nur für den aktuellen Zugriff. Beim nächsten Start des Programms wird das Dialogfenster wieder eingeblendet.
- **Immer erlauben:** Mit dieser Option räumen Sie dem Programm den fortwährenden Zugriff auf den Schlüsselbund ein. Das Programm greift nun hinter den Kulissen auf die Passwörter zu, die für den reibungslosen Ablauf notwendig sind. Nach einer Aktualisierung Ihrer Systemsoftware werden Sie unter Umständen erneut aufgefordert, dem Programm einen Zugriff auf den Schlüsselbund zu erteilen.
- **Nicht erlauben:** Sie bevorzugen die persönliche Eingabe des Kennworts?
- Wenn Sie auf einen Server zugreifen, brauchen Sie nur das Ankreuzfeld *Kennwort im Schlüsselbund sichern* zu aktivieren. Beim nächsten Verbindungsaufbau ist keine Eingabe mehr nötig.

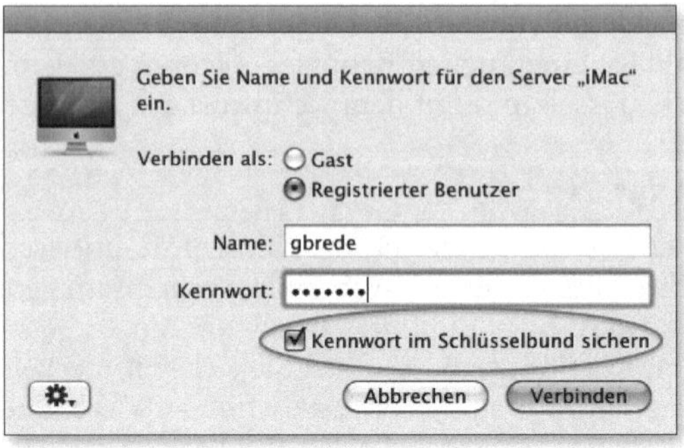

Kennwort für den Server dem Schlüsselbund anvertrauen.

Internet: Vergessen Sie Passwörter

Haben Sie noch einen Überblick darüber, welches Kennwort Sie für welche Website eingerichtet haben? Passiert es Ihnen manchmal, dass Ihnen das Kennwort nicht einfällt und Sie das Kennwort deshalb erneut anfordern müssen? Wenn Sie mit Safari ins Internet gehen, können Sie das Programm so einrichten, dass es sowohl Ihren Benutzernamen als auch das Kennwort automatisch einträgt, sobald Sie sich auf einer passwortgesteuerten Webseite einloggen. Voraussetzung für diesen Service ist, dass im Bereich *Autom. ausfüllen* in den Einstellungen des Programms (Menü *Safari*) der Eintrag *Benutzernamen und Kennwörter* aktiviert ist.

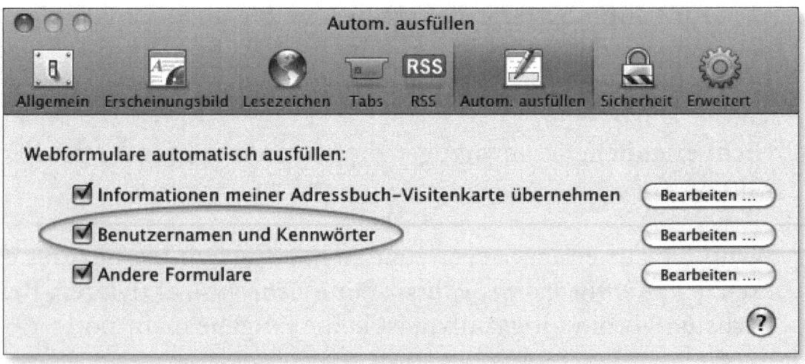

Den Eintrag von Kennwörtern automatisieren.

Wenn Sie nun auf einer Website Ihren Benutzernamen und Ihr Kennwort eingeben, werden Sie gefragt, ob Sie das Kennwort sichern wollen. Mit einem Kick auf den Button *Ja* können Sie Ihren Benutzernamen und das Kennwort ab sofort vergessen. Beide Eintragungen werden automatisch für Sie vorgenommen.

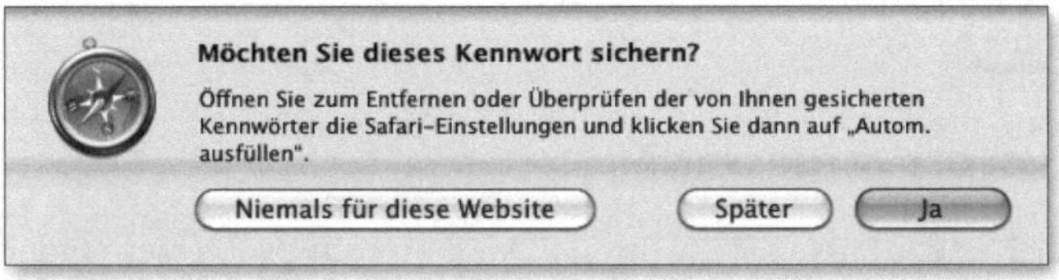

Ab sofort können Sie Benutzernamen und Kennwort vergessen.

AUFGEPASST

Manche Webseiten wie die von Online-Banken verwenden eigene Anmeldeverfahren. Auf solchen Webseiten funktioniert der automatische Eintrag Ihrer geheimen Daten nicht. Deshalb wird das Fenster mit der Frage, wie Sie das Kennwort sichern wollen, auch gar nicht erst eingeblendet. Die Gefahr, dass jemand Unberechtigtes an Ihre sensiblen Anmeldedaten herankommt, ist dann doch zu groß.

Den Schlüsselbund sperren

Arbeiten Sie allein und zu Hause an Ihrem Mac, ist Ihr Schlüsselbund wahrscheinlich entsperrt, was bedeutet, dass Sie alle mit Passwort geschützten Programme starten können, ohne ein Kennwort eingeben zu müssen. Diese dank dem Programm Schlüsselbundverwaltung herrliche Annehmlichkeit schränken Sie zu Ihrer eigenen Sicherheit am besten ein, wenn Sie das Büro mit anderen teilen und nicht möchten, dass in Ihrer Abwesenheit Passwortfelder automatisch ausgefüllt werden. Ihr Schlüsselbund lässt sich für diesen Zweck sperren. Öffnen Sie hierfür das Programm und klicken Sie in der Symbolleiste auf das offene Schlosssymbol. Nun schließt sich das Schloss und Ihr Schlüsselbund ist gesperrt. Wollen Sie den Schlüsselbund wieder entsperren, klicken Sie erneut auf das Symbol und geben Ihr Passwort ein.

POWER USER

Dieser umständliche Weg des Sperrens und Entsperrens lässt sich vereinfachen: Wählen Sie im Menü *Schlüsselbundverwaltung | Einstellungen | Allgemein* die Option *Status in der Menüleiste anzeigen.* Damit erscheint in der Menüleiste ein Schlosssymbol, über das Sie geradewegs Ihren Schlüsselbund und obendrein den Bildschirm schützen können.

Passwort vergessen?

Sie haben das Passwort für Ihren E-Mail-Account vergessen? Oder das Kennwort, mit dem Sie sich auf einer geschützten Website anmelden? Die Schlüsselbundverwaltung gibt Auskunft:

TIPP

Im Programmfenster sehen Sie, welche Objekte zu Ihrem Schlüsselbund gehören. Mit einem Doppelklick auf einen der Einträge erscheint ein Informationsfenster, in dem Sie sich das Kennwort anzeigen lassen können. Klicken Sie dazu in das Kästchen *Kennwort einblenden*. Nun werden Sie zunächst nach Ihrem Passwort für den Schlüsselbund gefragt. Legen Sie anschließend fest, ob Sie die Anzeige des Kennwortes einmal oder immer erlauben.

Im Register *Zugriff* wählen Sie aus, ob Sie für ein Programm einen automatischen Schlüsselbundzugriff einrichten möchten. Klicken Sie hierfür auf das Pluszeichen und wählen Sie im Finder-Fenster das Programm aus. Die Option *Zugriff nur nach Warnung* dient einer erhöhten Sicherheit und blendet das Dialogfenster ein, das Sie auffordert, den Zugriff auf den Schlüsselbund einmal oder immer zu erlauben. Mit der Option *Allen Programmen den Zugriff ermöglichen* schalten Sie das Dialogfenster aus.

Andere vertrauliche Daten

Manchmal schleppt man noch andere Geheimnisse mit sich herum wie zum Beispiel die für das Einkaufen im Internet so wichtige Kreditkartennummer. Dem Programm Schlüsselbundverwaltung dürfen

Sie diese geheimen Nummern anvertrauen. Klicken Sie dazu im Menü *Ablage* auf *Neue sichere Notiz,* geben Sie einen Schlüsselnamen ein und anschließend die Notiz oder Nummer.

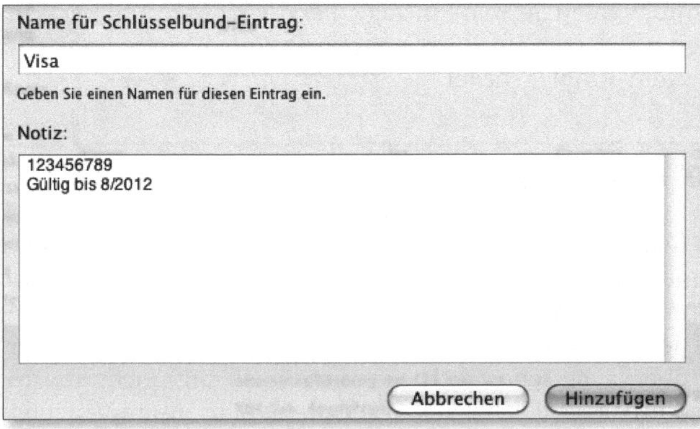

Sie brauchen vor der Schlüsselbundverwaltung keine Geheimnisse zu haben.

Ihr Eintrag wird mit in die Liste *Alle Objekte* aufgenommen. Wenn Sie den Eintrag mit einem Doppelklick öffnen, werden Sie aufgefordert, sich mit Ihrem Schlüsselbund-Kennwort zu identifizieren. Sie sehen, Ihre Daten sind im Programm Schlüsselbundverwaltung sicher aufgehoben. Alternativ öffnen Sie Ihre Notizen mit einem Klick auf die Kategorie *Sichere Notizen* in der linken Leiste.

System-Profiler: Infos über Ihren Mac

Wenn Sie wissen wollen, was alles an Hardware und Software auf Ihrem Mac installiert ist, öffnen Sie am besten den System-Profiler. In den Bereichen der Rubriken Hardware, Netzwerk und Software werden alle angeschlossenen Objekte, installierten Programme, Schriften, Netzwerke und vieles mehr komplett aufgelistet. Wahrscheinlich werden Sie das Programm immer dann brauchen, falls Probleme mit Ihrem Rechner auftauchen und Sie den technischen Kundendienst von Apple anrufen. Die sehr detaillierten Informationen, die das Programm liefert, helfen Ihnen (oder Fachleuten), so manchem Fehler auf die Spur zu kommen.

Einen schnellen Zugriff auf den System-Profiler haben Sie über das -Menü. Wählen Sie den Eintrag *Über diesen Mac* und klicken Sie in der nun geöffneten Info-Box auf den Button *Weitere Informationen*. Der System-Profiler startet.

Terminal 

Wenn man einen Mac kauft, ist man vermutlich mehr damit beschäftigt, eine freie Steckdose zu finden, um den Computer endlich starten zu können, als mit der Frage, was den Mac im Inneren zusammenhält. Die ausgeklügelte und funktional wie ästhetisch raffinierte Benutzeroberfläche sowie die beachtliche Leistung, mehrere Programme und Prozesse gleichzeitig zu schaffen, ohne zusammenzubrechen, lassen erahnen, wie komplex das System ist. Die grafische Benutzeroberfläche ist das Werk von Apple. Das, was sich unter dieser Oberfläche vor unseren Augen verbirgt, jedoch Mac OS X zu dem macht, was es ist, ist Unix. Die folgenden Abschnitte sind ein kurzer Blick auf das Programm Terminal, das für diejenigen interessant ist, die über das Unix-Betriebssystem Befehle ausführen wollen. Wer dies nicht möchte, weiß zumindest, dass es das Programm gibt.

Unix ist ein Betriebssystem, das Ende der sechziger Jahre entwickelt wurde. Es erlaubt präemptives Multitasking und ist ein Mehrbenutzersystem. Deswegen war es für Apple interessant, das Betriebssystem Mac OS X auf einer Unix-Basis aufzubauen. Unix besteht aus einem Betriebssystemkern (Kernel) und einer sogenannten Shell. Die Shell (Muschel) ist das Programm, das die Benutzeroberfläche darstellt und Befehle, die Tastaturkommandos, entgegennimmt. Sie interpretiert die eingegebenen Kommandos und gibt sie als Systemaufrufe an die entsprechenden Prozesse weiter. Der Name *Shell* bezieht sich auf eine weitere Funktion des Programms, nämlich die, den Kern des Betriebssystems wie eine Hülle zu umgeben. Unix besitzt keine grafische Benutzeroberfläche. Die Befehle werden in eine Kommandozeile eingegeben. Das Tor zur Unix-Welt auf Ihrem Rechner ist das Programm Terminal.

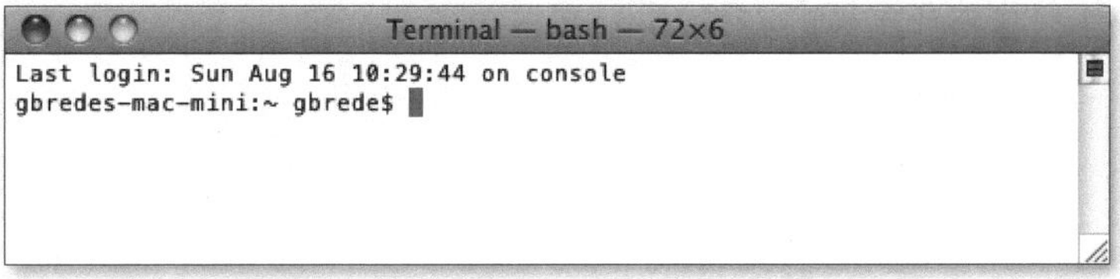

Die Startseite des Programms Terminal.

Hier ist die Computerwelt nüchtern und schwarz-weiß. Keine Symbole, keine Dialogfenster. Statt dessen eine Kommandozeilenschnittstelle, in die Befehle eingegeben werden. In Terminal bewegen Sie sich mit den Pfeiltasten durch die Kommandos. Die Maus können Sie hier vergessen.

In der Titelleiste sehen Sie den Namen des Programms und das Kürzel *bash*. Dieses Kürzel steht für die Bourne again shell, die Terminal standardmäßig öffnet.

Im Fenster wird der Name des Rechners, an dem Sie gerade arbeiten, angezeigt. Nach dem Doppelpunkt folgt der Kurzname, mit dem Sie am System angemeldet sind.

Die Tilde (~) steht als Symbol für Ihren privaten Ordner. Im Klartext heißt das, dass die Shell die Befehle, die Sie eingeben, mit den Daten ausführt, die sich in Ihrem Ordner *Privat* befinden. Das Zeichen $, das direkt im Anschluss an den Benutzernamen folgt, ist als Doppelpunkt oder, mit anderen Worten, als Ende der Eingabeaufforderung zu verstehen. Der englische und für die Arbeit mit Unix gebräuchlichere Begriff für diese Eingabeaufforderung ist *Prompt*.

Probieren Sie es aus: Tippen Sie nach dem Prompt das Wort **cal** ein und bestätigen Sie die Eingabe mit der ↵-Taste. Der Kalender für den gerade aktuellen Monat erscheint.

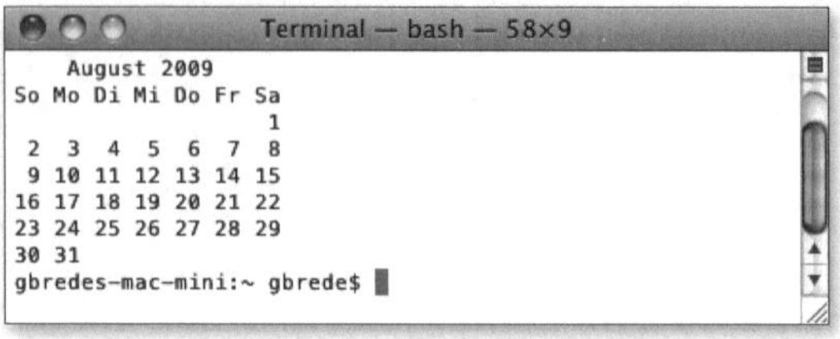

Den Kalender des aktuellen Monats aufrufen.

Das Prinzip ist immer das Gleiche: Der Befehl wird nach dem Prompt eingegeben und mit der ↩-Taste bestätigt. Die Einfügemarke rückt nach jedem ausgeführten Befehl automatisch an das Ende eines neuen Prompts, so dass Sie sofort einen neuen Befehl eintippen können. Der Ordner, in dem Sie sich aktuell befinden, wird als Arbeitsverzeichnis bezeichnet.

Für die Arbeit mit den Hunderten von Unix Befehlen ist die Verwendung einer Dokumentation unentbehrlich. Die Standard-Dokumentation eines Unix-Systems besteht aus den sogenannten Manual Pages, die verkürzt als man pages bezeichnet werden. Die man pages liefern zu jedem Befehl eine Beschreibung und weisen auf mögliche Optionen hin, die man zu dem entsprechenden Befehl hat. Um sich diese Hilfe anzeigen zu lassen, benutzen Sie den Befehl *man* und das Kommando, über das Sie mehr Informationen wünschen. Um beispielsweise die Kommandos für ein Arbeitsverzeichnis angezeigt zu bekommen, geben Sie *man ls* ein. *ls* steht hier für *list*.

Die Menge an Informationen reicht weit über die Größe des Fensters hinaus. Bewegen Sie sich mit den Pfeiltasten durch die aufgeführten Funktionen. Sie schließen das Handbuch und kehren zum Prompt zurück, indem Sie die Taste Q drücken.

Programme installieren

Weitere Programme, die Sie auf Ihrem Mac installieren wollen, laden Sie entweder aus dem Internet herunter oder kopieren sie von einer CD / DVD.

Programme, die Sie aus dem Internet herunterladen, sind meistens komprimierte Dateien mit den Dateierweiterung .zip, .tar, .tgz oder .dmg. Das Auspacken, also das Dekomprimieren der Datei, wird automatisch vom System übernommen.

GRUNDLAGEN

Die heruntergeladenen Programmdateien werden übrigens im Ordner *Downloads* abgelegt.

Sehr verbreitet für Mac OS X sind Disk Image Dateien mit der Endung .dmg. Mit einem Doppelklick auf das Symbol verwandelt sich das Festplattensymbol dieses Dateityps in ein virtuelles Laufwerk, das verschwindet, sobald Sie den Rechner ausschalten. Dieses Phantomlaufwerk beinhaltet die Software bzw. den Installer. Mit einem weiteren Doppelklick auf dieses Laufwerk starten Sie den Installationsprozess. Bei einigen, nicht komprimierten Image-Dateien geschieht der Installationsprozess automatisch. Bei anderen Programmdateien wiederum werden Sie aufgefordert, die Datei in den Programmordner zu ziehen.

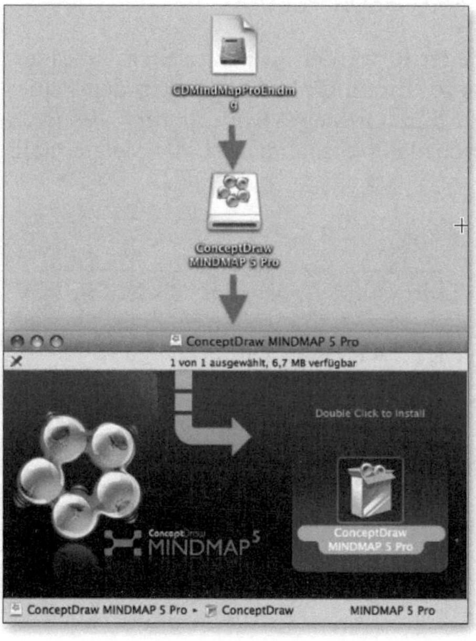

Der Weg der Installation

AUFGEPASST

Nur wenn Sie Administratorrechte besitzen, dürfen Sie ein Programm im Programmordner installieren. Das neue Programm steht damit allen Benutzern Ihres Macs zur Verfügung. Sind Sie kein Administrator oder möchten Sie als Administrator das Programm erst einmal testen, bevor Sie es für alle freigeben, installieren Sie es auf dem Schreibtisch oder in Ihrem Privatordner.

Nach der Installation können Sie die Disk Image-Datei (.dmg) in den Papierkorb ziehen. Es sei denn, Sie wollen die Datei aufheben, um die Software gegebenenfalls ein weiteres Mal zu installieren.

Das Symbol für das Phantomlaufwerk verschwindet von allein, sobald Sie den Mac ausschalten oder in der Seitenleiste des Finder-Fensters auf das Auswurfsymbol klicken.

Programme wieder entfernen

Falls Sie ein Programm wieder loswerden wollen, ziehen Sie es aus dem Ordner *Programme* (oder Ihrem Ordner *Privat*) in den Papierkorb. Sehen Sie eventuell noch im Ordner *Privat / Library / Preferences* nach, ob eine Präsenferenzdatei vorhanden ist, die Sie ebenfalls löschen können.

TIPP

Für die Umsteiger von Windows auf Apple Mac OS X: Ein Programm, das Sie löschen wollen, brauchen Sie nicht zu deinstallieren. Es reicht, wenn Sie es einfach in den Papierkorb ziehen.

11 Problembehebung

Mac OS X ist ein ausgesprochen stabiles Betriebssystem. Angesichts seiner Komplexität und der enormen Vielseitigkeit der Programme ist es erstaunlich, wie reibungslos und zuverlässig das System und die Anwendungen laufen. Dennoch passiert es hier und da, dass das System hakelt oder sich die Programme wunderlich verhalten. Sollten Hindernisse auftauchen und Ihre Arbeit beeinträchtigen, lassen sich diese meistens recht schnell beheben. Um die verschiedenen Möglichkeiten der Problembehebung geht es in diesem Kapitel.

Keine Experimente

Sie brauchen überhaupt keine Scheu zu haben, die vielfältigen Funktionen des Betriebssystems auszuprobieren. Was Sie jedoch nicht machen sollten, ist, die voreingestellten Ordner umzubenennen oder sie zu verschieben. Auch wenn Sie beispielsweise die Ordner *Filme* und *Bilder* vorerst nicht brauchen, belassen Sie diese am besten in Ihrem Benutzerordner. Denn die Ordner folgen einer vorgegebenen Struktur und sind wiederum mit anderen Funktionen verknüpft. Wenn Sie mit Film- und Bilddateien zu einem späteren Zeitpunkt arbeiten, die dafür notwendigen Ordner jedoch nicht mehr vorhanden sind, kann es zu unnötigen Problemen kommen.

Der Rechner lahmt

Manchmal passiert es, dass der Rechner unvorhergesehen bis zickig reagiert, dass er merklich langsamer wird oder dass Programme sich äußerst passiv verhalten. Anstatt einen Neustart in die Wege zu leiten, versuchen Sie es mit dem Fenster *Sofort beenden*, klicken Sie auf *Finder* und anschließend auf *Neu starten*. Nun dauert es nur einen Lidschlag, und der Finder ist neu gestartet. Der Vorteil dieser Methode: Der Schreibtisch sieht nach dem Neustart des Finders genauso aus wie vorher, und Sie können, ohne Programme und Dateien wieder öffnen zu müssen, mit der Arbeit fortsetzen.

Ein Programm ist abgestürzt

Wenn die regenbogenfarbige Scheibe, die Sie beim Starten eines Programm sehen, plötzlich im Anwendungsfenster erscheint und sich pausenlos dreht, ist das Programm eingefroren. Weder Mausklicks noch hektisches Drücken irgendwelcher Tasten bringt die Scheibe zum Stoppen. So beenden Sie das abgestürzte Programm und bekommen es anschließend wieder zum Laufen:

- Klicken Sie im -Menü auf Sofort beenden (⌘ + ⌥ + esc). Damit öffnen Sie ein Fenster, in dem alle aktuell geöffneten Anwendungen aufgelistet sind. Markieren Sie das Programm, das Ihnen Schwierigkeiten bereitet, und klicken Sie auf Sofort beenden.

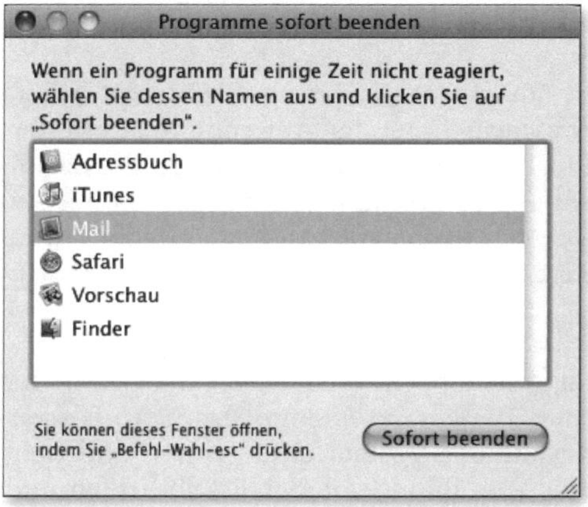

Ein eingefrorenes Programm sofort beenden.

Bei dieser radikalen Methode, sich von einem Programm zu verabschieden, gehen noch nicht gesicherte Änderungen verloren. Aber trösten Sie sich: Sie hätten sowieso keine Chance gehabt, Änderungen zu sichern. Denn solange sich die Scheibe dreht, kommen Sie an keinen Befehl mehr heran. Unmittelbar nach der unsanften Beendigung lässt sich das Programm erneut starten.

Weitere Möglichkeiten, das Programm zu beenden:

- Öffnen Sie mit der rechten Maustaste und gleichzeitig gedrückter ⌥ -Taste das Kontextmenü des streikenden Programms im Dock und wählen Sie den Befehl Sofort beenden.

- Blättern Sie mit gedrückter ⌘-Taste und dem Tabulator durch die geöffneten Programme. Sobald Ihr abgestürztes Programm hervorgehoben ist, drücken Sie mit immer noch gehaltener ⌘-Taste auf den Buchstaben Q. Das Programm wird sofort beendet.

Ein Programm verhält sich sonderbar

Außer dass ein Programm einfriert, kann es auch vorkommen, dass eine Anwendung plötzlich ungewöhnliche Eigenschaften zeigt oder ausgesprochen viel Zeit für die Ausführung diverser Befehle beansprucht. Versuchen Sie es zunächst mit der simplen Methode: Schließen Sie das Programm und starten Sie es erneut.

Hat sich das Programm durch einen erneuten Start nicht erholt, schauen Sie sich die Preferences-Datei der Anwendung an. In den Preferences (Voreinstellungen) werden die persönlichen Einstellungen für Ihre Benutzerkennung gespeichert. Schwierigkeiten mit Anwendungsprogrammen gehen häufig auf defekte Voreinstellungen zurück. Sie finden die Preferences in Ihrem Ordner *Benutzer/Library/Preferences*.

Dieser Ordner enthält ein umfangreiches Arsenal an Dateien. In der Regel wird in diesem Ordner für jedes Programm, das Sie jemals starten, eine Datei mit der Erweiterung .plist angelegt. Dieses Suffix steht für *Property List*, was eine Aufzählung von Schlüsselbegriffen und Einstellungen bedeutet. Die Bezeichnungen der .plist Dateien sind alle nach dem gleichen Muster aufgebaut: Sie beginnen mit dem Namen der Internetdomain des Herstellers (erst die Länderkennung, dann der Name des Unternehmens), setzen fort mit dem Programmnamen oder einem sonstigen Oberbegriff und enden schließlich mit der Erweiterung .plist. In com.apple.safari.plist liegen beispielsweise die Voreinstellungen für Safari.

Haben Sie die Datei gefunden, die zu Ihrem momentan nicht reibungslos laufenden Programm gehört, verschieben Sie diese in einen anderen Ordner oder in den Papierkorb. Ist die Datei verschoben, wird dem System vorgegaukelt, dass es noch keine zum Programm gehörende .plist-Datei gibt, woraufhin es artig eine neue erstellt. Starten Sie nun das Programm. Wenn Sie Glück haben, ist damit das Problem behoben, und die Anwendung läuft wieder einwandfrei.

Entleeren Sie den Papierkorb aber bitte nicht sofort, nachdem Sie die plist-Datei gelöscht haben. Vielleicht war die Datei gar nicht der Auslöser für die Tücken des Programms. Dann können Sie die Datei wieder in den Ordner *Preferences* ziehen, was den Vorteil hat, dass die Einstellungen erhalten bleiben.

POWER USER

Vorsicht: Wenn Sie die .plist-Datei von Mail löschen, haben Sie es danach mit einer funkelnagelneuen Version des Programms zu tun. Die Mails sind zwar nicht verschwunden, sondern liegen in den Mailboxes des Ordners Mail in der Library. Dennoch ist es ärgerlich, da die gesamte Konfiguration des Programms von vorne losgeht. Daher empfiehlt es sich, vorm Entfernen einer Preferences-Datei zunächst einen Testzugang anzulegen, sich über diesen Zugang anzumelden und das Programm zu starten. Tritt das Problem hier nicht auf, können Sie davon ausgehen, dass eine defekte Preferences-Datei unter Ihrem herkömmlichen Zugang für die Schwierigkeiten verantwortlich ist. Melden Sie sich wieder an Ihrem Benutzerzugang an und beheben Sie das Problem, wie oben beschrieben. Ein Testzugang ist in wenigen Schritten in den Systemeinstellungen Benutzer eingerichtet. Sie brauchen nicht einmal ein Passwort einzugeben, so dass das Anmeldeverfahren über den schnellen Benutzerwechsel in Nullkommanichts geschafft ist.

Zeigt sich das Programm auch mit neuer Preferences–Datei störrisch, löschen Sie es und installieren es neu. Vorab müssen Sie jedoch die defekte Anwendung von Ihrer Festplatte entfernen. Ziehen Sie das Programmsymbol aus dem Ordner *Programme* in den Papierkorb und löschen Sie im Ordner *Preferences* (*Privatordner/Library*) die zur Anwendung gehörenden .plist-Dateien.

TIPP

Manchmal liegt die Widerspenstigkeit eines Programms auch daran, dass es als Startobjekt definiert worden ist. Probieren Sie es aus und deaktivieren Sie die Option für das entsprechende Programm in der Systemeinstellung Benutzer.

Nach der Installation von Mac OS X Version Snow Leopard fordern einige Programme eventuell die Software Rosetta an, die dafür sorgt, dass ältere Programme auch auf Macs mit Intel-Prozessoren laufen. Sobald die Software installiert ist, lassen sich die Programme starten.

Ein Programm will starten, kann aber nicht

Wenn Sie ein Programm öffnen und das Programmsymbol danach unaufhörlich im Dock auf und ab hüpft, will das Programm Sie entweder auf etwas aufmerksam machen, was in einem Warnfenster angezeigt wird. Oder das Programm versucht verzweifelt und erfolglos zu starten. Auch in diesem Fall kann das Entfernen der Preferences-Datei aus dem Ordner *Preferences* (*Benutzer/Library*) für Abhilfe sorgen.

Ein Programm wird unerwartet beendet

Das passiert schon mal und ist nicht weiter besorgniserregend. In der Fehlermeldung haben Sie zudem die Möglichkeit, die Anwendung sofort wieder zu starten. Stürzt das Programm jedoch immer und immer wieder ab, ist wahrscheinlich eine beschädigte .plist–Datei dafür verantwortlich. Machen Sie die Datei in Ihrem Ordner *Benutzer/Library/Preferences* ausfindig und ziehen Sie diese in den Papierkorb.

Ein Programm lässt sich nicht starten

Falls sich ein Programm oder eine Datei nicht öffnen lassen, sind wahrscheinlich die Zugriffsrechte für das Objekt beschädigt. Mit dem Festplatten-Dienstprogramm lassen sie sich reparieren. Sie finden das Programm im Ordner *Dienstprogramme*, der in Ihrem Ordner *Programme* liegt.

Sobald Sie das Programm öffnen, werden Sie aufgefordert, eine Festplatte, ein Volume oder ein Image in der linken Leiste auszuwählen. Markieren Sie die Festplatte, auf der das wahrscheinlich beschädigte Objekt liegt, und klicken Sie anschließend auf den Button *Zugriffsrechte des Volumes reparieren*, um die Zugriffsrechte zu testen und zu reparieren.

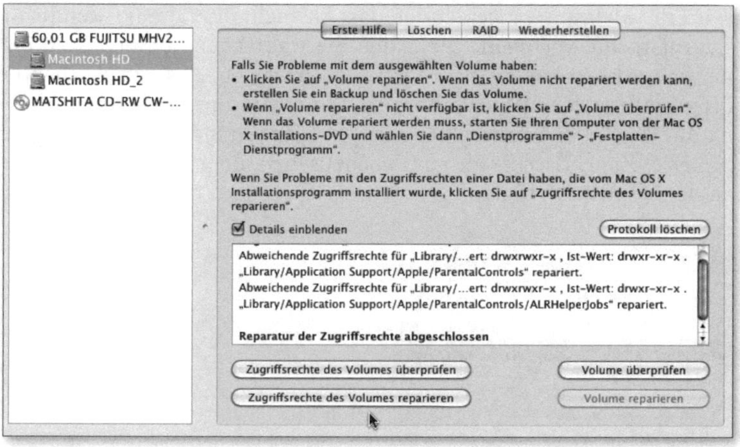

Die Zugriffsrechte reparieren

Im Dock ist ein Fragezeichen zu sehen

Das Fragezeichen zeigt an, dass die Anwendung, der Ordner oder die Datei, auf die das Symbol verweist, gelöscht wurde. Ziehen Sie das Fragezeichen aus dem Dock heraus, um es als Rauchwolke verschwinden zu lassen.

Ein Ordner oder eine Datei lassen sich weder bewegen noch öffnen

Auch wenn Sie Administrator sind, werden Ihnen keine generellen Rechte an Dateien eingeräumt, die im Systemordner liegen. Da diese Dateien hochsensible Daten beinhalten, sind sie vor Zugriffen geschützt, um unbeabsichtigte Veränderungen mit möglicherweise verheerenden Auswirkungen auf das System auszuschließen. Auch können Sie als Administrator die Ordner anderer Benutzer nicht einfach bewegen oder öffnen.

Wird die Meldung eingeblendet, dass Sie nicht über die notwendigen Zugriffsrechte verfügen, versuchen Sie wahrscheinlich etwas zu öffnen, was Ihnen gar nicht gehört. Klicken Sie auf das entsprechende Programm- oder Dateisymbol und öffnen Sie mit der Tastenkombination ⌘ – I das Fenster *Information*. Klappen Sie die Rubrik *Eigentümer & Zugriffsrechte* aus, um nachzusehen, über welche Rechte Sie an dem Objekt verfügen.

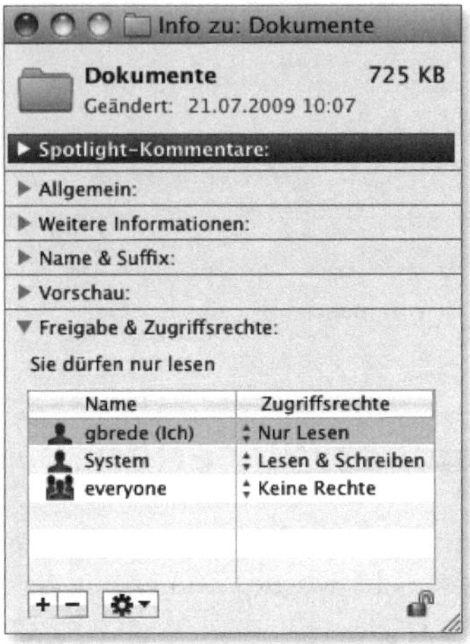

Kein Zugriffsrecht

Sollten die Zugriffsrechte einmal völlig durcheinander geraten sein, so dass Sie auf Ihren eigenen Ordner nicht mehr zugreifen können, öffnen Sie das Fenster *Information* und weisen sich Lese- und Schreibrechte zu. Starten Sie anschließend das Festplatten-Dienstprogramm, markieren Sie die Festplatte und klicken Sie auf den Button *Zugriffsrechte des Volumes reparieren.*

Das Betriebssystem ist eingefroren

Wenn alles auf dem Bildschirm erstarrt ist, haben Sie natürlich keine Chance, den Rechner auf die herkömmliche Weise neu zu booten. In diesem Fall hilft nur die Kombination ⌘ – ⌥ – ⇧ gemeinsam mit dem Drücken des Einschaltknopfes.

Der Computer friert während des Startvorgangs ein

Hängt sich der Rechner während des Startvorgangs auf, hat man es mit einer sogenannten Kernel Panic zu tun. Meistens liegen die Startschwierigkeiten nicht am Betriebssystem, sondern an extern angeschlossenen Hardware-Komponenten oder Speicher-Bausteinen. Mit dem Apple Hardware-Test lässt sich überprüfen, ob ein Hardware-Fehler vorliegt. Sie finden diesen Test auf einer DVD, die mit dem Rechner ausgeliefert wurde, oder auf der Installations-DVD.

Legen Sie die DVD ein und halten Sie während des Systemstarts die ⌥-Taste gedrückt. Der Hardware-Test checkt nun Ihre Peripheriegeräte auf Verträglichkeit mit dem Betriebssystem.

Falls der Test nichts findet, stöpseln Sie alle Geräte ab und prüfen Sie, ob die Kernel Panic Ihnen erneut das Leben erschwert. Startet Ihr Mac nun problemlos, schließen Sie die Geräte nacheinander wieder an, bis Sie den Übeltäter ausfindig gemacht haben.

Der Bildschirm verdunkelt sich von oben nach unten

Wird Ihr Bildschirm bedrohlich dunkel und meldet der Mac, dass Sie den Computer neu starten müssen, ist das ein Totalabsturz, eine Kernel Panic. Um das Problem in den Griff zu bekommen, versuchen Sie es mit der Installations-DVD und dem Festplatten-Dienstprogramm:

- Legen Sie die Installations-DVD ein und fahren Sie den Rechner mit gedrückter C-Taste hoch.

- Bestätigen Sie den Eintrag *Deutsch als Standardsprache verwenden* und klicken Sie auf den Pfeil rechts unten.
- Nun startet der Installationsvorgang, den Sie bitte ignorieren. Öffnen Sie stattdessen das Menü *Dienstprogramme* und wählen Sie Festplatten-Dienstprogramm.
- Im Register *Erste Hilfe* markieren Sie in der linken Spalte die Festplatte, die Sie reparieren wollen.
- Nun noch ein Klick auf den Button *Volume reparieren,* und das Programm nimmt die Werkstattarbeit auf.
- Beenden Sie nach getaner Arbeit das Programm mit der Tastenkombination ⌘ – Q.
- Zurück im Installationsprogramm beenden Sie auch diese Anwendung mit ⌘ – Q.
- Wenn alles in Ordnung ist, müsste der Rechner nun ohne Probleme starten. Meldet das Programm hingegen Fehler, die es nicht beheben kann, machen Sie den Hardware-Test (siehe einen Abschnitt zuvor) und checken Sie Ihre angeschlossenen Peripherie-Geräte.

Zeigt auch diese Alternative keine positiven Ergebnisse, bleibt Ihnen leider nur die Neuinstallation. Legen Sie die Installations-DVD ein, starten Sie den Rechner mit gedrückter C-Taste und führen Sie die Installation durch.

Wie lautet das Administratorkennwort?

Sollten Sie Ihr Administratorkennwort vergessen haben, lässt sich ein neues einrichten:

1. Starten Sie Mac OS X von der Installations-DVD und halten Sie während des Startvorgangs die Taste C gedrückt. Der

Rechner bootet nun von der DVD und öffnet das Mac OS X-Installationsprogramm.

2. Bestätigen Sie den Eintrag *Deutsch als Standardsprache verwenden* und klicken Sie auf den Pfeil rechts unten.

3. Im Menü *Dienstprogramme* klicken Sie auf Kennwörter zurücksetzen.

4. Klicken Sie auf das Laufwerk (Volume), für das Sie das Kennwort zurücksetzen wollen.

5. Im Auswahlmenü Benutzeraccount wählen Sie den Namen Ihres Zugangs.

6. Geben Sie ein neues Kennwort ein und bestätigen Sie es mit einer erneuten Eingabe.

7. Bestätigen Sie mit *Sichern* und beenden Sie das Programm mit der Tastenkombination ⌘ – Q.

8. Abschließend beenden Sie auch den Installer mit ⌘ – Q.

Wenn Sie nun ein Programm öffnen, das auf passwortgeschützte Bereiche zugreift, werden Sie wie zu Beginn Ihrer Arbeit mit Mac OS X gefragt, ob Sie dem Programm Schlüsselbundverwaltung erlauben, auf Ihr Passwort zuzugreifen.

Einige Programme fordern ständig das Schlüsselbund-Kennwort an

Starten Sie das Programm Schlüsselbundverwaltung (im Ordner *Dienstprogramme*, der sich in Ihrem Ordner *Programme* befindet). Klicken Sie in der Spalte *Kategorie* auf das Dreieck neben dem Eintrag *Kennwörter*, um die Objekte einzublenden, für die ein Kennwort vergeben wurde. Mit einem Doppelklick auf einen Schlüsselbund-Eintrag wird ein Fenster geöffnet mit dem Register *Zugriff*. Dies ist der Ort, an dem Sie entscheiden, ob auf den Schlüsselbund mit oder ohne Warnung zugegriffen werden soll. Wollen Sie der ständigen Fragerei ein Ende bereiten, deaktivieren Sie die Option *Nach Schlüsselbundkennwort fragen*.

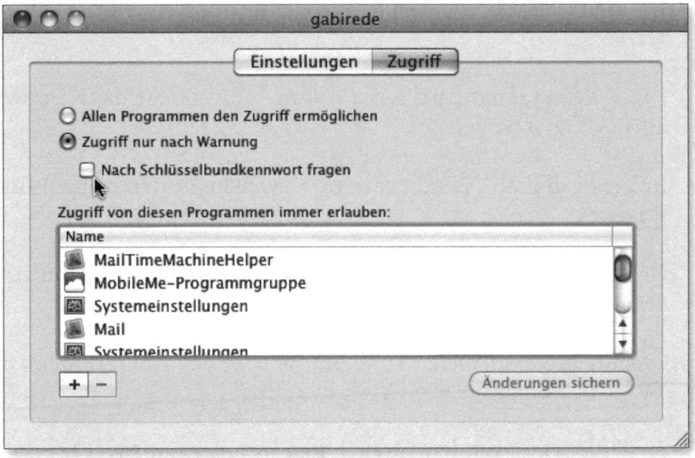

Einstellungen im Programm »Schlüsselbundverwaltung«

Das System mit Hilfe von Time Machine wiederherstellen

Wenn die interne Festplatte defekt ist oder das System aus anderen Gründen zusammengebrochen ist und nichts mehr funktioniert, lässt sich das System mit Hilfe von Time Machine wiederherstellen. Time Machine legt ein Backup all Ihrer Ordner an – so auch vom Systemordner, in dem die notwendigen Dateien für den reibungslosen Ablauf der Systemsoftware liegen:

1. Starten Sie Mac OS X von der Installations-DVD und halten Sie während des Startvorgangs die Taste C gedrückt. Der Rechner

bootet nun von der DVD und öffnet das Mac-OS-X-Installationsprogramm.

2. Bestätigen Sie den Eintrag *Deutsch als Standardsprache verwenden* und klicken Sie auf den Pfeil rechts unten.

3. Im jetzt geöffneten Mac OS X-Installationsprogramm wählen Sie bitte im Menü *Dienstprogramme* den Eintrag *System aus Backup wiederherstellen …*

4. Klicken Sie im Fenster *System wiederherstellen* auf *Fortfahren* und markieren Sie die externe Festplatte.

AUFGEPASST

Beachten Sie, dass beim Wiederherstellen alle Daten auf der Festplatte gelöscht werden!

Ist ein Virenschutz notwendig?

Für OS X sind aktuell keine Viren in freier Wildbahn bekannt. Insofern können Sie sich einen Virenscanner zum Schutz des eigenen Systems sparen. Warum es keine Viren für Mac OS gibt? Die einen behaupten, dass der Marktanteil des Apple-Betriebssystems zu gering sei, als dass es sich lohne, für Mac OS Viren in Umlauf zu bringen. Der potentielle Schaden eines Virus sei einfach zu klein. Andere beschwören die Sicherheit des Systems und den Unix-Untergrund. Der wahre Grund ist wahrscheinlich eine Kombination aus beiden Theorien.

Wer trotzdem nicht auf einen Virenscanner verzichten möchte, installiert einen Freeware-Scanner.

Haben Sie mit Hilfe von Bootcamp Windows XP oder Windows Vista installiert, ist es natürlich möglich, dass die Parallelumgebung unter Windows von Viren betroffen ist. Wenn beide Betriebssysteme auf dem Rechner laufen, ist der Mac quasi in zwei Hälften geteilt. Auf der

Windows-Hälfte können durchaus Windows-Viren ihr Unwesen treiben. Deshalb sollten Sie auf der Windows-Seite einen Virenscanner installieren. Die Mac-Hälfte ist von möglichen Viren in der Windows-Umgebung nicht betroffen.

Anhang

Tastenkombinationen

Beim Lesen dieses Buches werden Sie immer wieder auf Tastenkombinationen (Shortcuts) stoßen, mit denen Befehle und Prozesse ausgelöst werden. Mit Tastenkürzel sind Sie häufig schneller als mit der Maus.

Tastenkürzel für den Finder und die Finder-Fenster

Tastenkombination	Funktion
⌘ – N	Öffnet ein neues Finder-Fenster
⌘ – F	Öffnet das Spotlight-Fenster
⌘ – ⌥ – Leertaste	Öffnet ein Finder-Fenster mit aktivem Spotlight-Suchfeld
⌘ – ,	Öffnet die Einstellungen (gilt auch für die Programme)
⌘ – J	Öffnet die Darstellungsoptionen
⌘ – M	Fenster im Dock ablegen
⌘ – W	Schließt ein Fenster
⌘ – H	Blendet das aktuelle Programm aus
⌘ – ⌥ – H	Blendet alle Programme bis auf das aktuelle aus.
⌘ – 1	Symbolansicht
⌘ – 2	Listenansicht
⌘ – 3	Spaltenansicht
⌘ – 4	Cover Flow
← →	Blendet in der Listenansicht den Inhalt von Unterordnern ein oder aus
⌥ – →	Blendet in der Listenansicht den Inhalt aller enthaltenen Unterordner ein
⌥ – ←	Blendet in der Listenansicht den Inhalt aller enthaltenen Unterordner aus
⇥ (Tabulatortaste)	Wählt das alphabetisch folgende Ordner- oder Dateisymbol aus

Tastenkombination	Funktion
⌘ – Y	Öffnet die Übersicht
Leertaste	Öffnet ebenfalls die Übersicht
⌘ – ⌥ – Y	Diaschau für markierte Objekte
⌘ – ⌥ – N	Erstellt neuen Ordner
⌘ – A	Markiert alle Objekte
⌘ – C	Kopiert ausgewählte Objekte
⌘ – V	Setzt Objekte an einem anderen Ort ein
⌘ – Rückschritttaste	Legt ein Objekt in den Papierkorb
⌘ – Z	Macht die letzte Aktion rückgängig
⌘ – I	Blendet das Informationsfenster eines markierten Objekts ein
⌘ – L	Erstellt einen Alias
⌘ – ↓	Öffnet eine Datei
⌘ – O	Öffnet ebenfalls eine Datei
⌘ – W	Fenster schließen
⌘ – ⌥ – W	Alle Fenster schließen
ctrl – Auswurftaste	Öffnet das Fenster zum Ausschalten, Neustarten oder Aktivieren des Ruhezustandes
⌘ – ⌥ – Auswurftaste	Ruhezustand
ctrl – ⌘ – ⌥ – Auswurftaste	Ausschalten

Tastenkürzel für das Dock

Tastenkombination	Funktion
⌘ – ⇥ (Tabulator)	Wechsel zwischen den aktiven Programmen im Dock
⌥ – Klick auf ein Symbol	Wechselt zum neuen Programm und versteckt die Fenster des vorigen
⌘ – ⌥ – Klick auf ein Symbol	Wechselt zu diesem Programm und versteckt die Fenster aller anderen
⌘ – ⌥ – D	Blendet das Dock ein oder aus

Tastenkombination	Funktion
⌘ – Klick auf ein beliebiges Symbol im Dock	Öffnet den umgebenden Ordner
⌘ – M	Legt Programmfenster im Dock ab
⌘ – Leertaste	Öffnet die Eingabezeile von Spotlight
⌘ – ⌥ – ESC-Taste	Ruft Fenster *Sofort beenden* auf
⌘ – Q	Schließt ein Programm
⌘ – ⇧ – Q	Vom System abmelden

Tastenkürzel für Exposé und Spaces

Tastenkombination	Funktion
F3	Zeigt alle offenen Fenster in Miniaturform an. Die Fenster, die im Dock abgelegt wurden, erscheinen verkleinert in der unteren Fensterhälfte.
F4	Dashboard
fn – F9	Zeigt alle offenen Fenster in Miniaturform an. Die Fenster, die im Dock abgelegt wurden, erscheinen verkleinert in der unteren Fensterhälfte.
fn – F10	Verkleinert alle Fenster des aktiven Programms
fn – F11	Gibt den Blick auf den Schreibtisch frei
fn – F12	Blendet Dashboard ein
fn – F8	Blendet die virtuellen Schreibtische (Spaces) ein

Tastenkürzel in Anwendungsprogrammen

Tastenkombination	Funktion
⌘ – A	Markiert das gesamte Dokument
⌘ – C	Kopiert ein markiertes Objekt
⌘ – V	Fügt kopierte Textstelle oder Grafik an einen anderen Ort ein
⌘ – X	Schneidet ein markiertes Objekt aus
⌘ – + (Pluszeichen)	Schrift vergrößern

Tastenkombination	Funktion
⌘ – - (Minuszeichen)	Schrift verkleinern
In Aufzählungszeichen klicken	Aufzählungszeichen und dazugehörenden Text markieren
⇥	Aufzählungszeichen einrücken
⌘ – S	Speichert das Dokument
⌘ – P	Löst den Druckbefehl aus
⌘ – Z	Macht den letzten Schritt rückgängig
⌘ – Y	Wiederholt den letzten Schritt
⌘ – N	Öffnet ein neues Fenster
⌘ – Q	Beendet das Programm

Sonderzeichen

Tastenkombination	Funktion
⌥ + 1	¡
⌥ + ^	„
⌥ + 2	“
⌥ + 5	[
⌥ + 6	]
⌥ + 8	{
⌥ + 9	}
⌥ + q	«
⌥ + ⇧ + Q	»
⌥ + ü	•
⌥ + r	®
⌥ + g	©
⌥ + n	~
⌥ + .	…
⌥ + ⇧ + 3	#
⌥ + ⇧ + 4	£

Tastenkürzel für Bildschirmfotos

Ich werde von Lesern hier und da um Hilfe und Unterstützung gebeten. Da es meistens recht kompliziert ist, den Sachverhalt verbal darzustellen, bitte ich um ein Bildschirmfoto (Screenshot). Doch es muss nicht immer erst um Probleme gehen, um den Bildschirm abzufotografieren. Wie wäre es damit, anderen Anwendern einen Eindruck von Snow Leopard zu geben?

Mit diesen Tastenkombinationen lassen sich der Bildschirm, ein Ausschnitt oder ein Fenster aufnehmen:

⌘ – ⇧ – 3: Nimmt den gesamten Bildschirm auf.

⌘ – ⇧ – 4: Nimmt einen Bildausschnitt auf. Ziehen Sie mit gedrückter Maustaste den Bereich auf, der abfotografiert werden soll.

⌘ – ⇧ – 4 – Leertaste: Nimmt ein Fenster oder eine Menüleiste auf.

Die Bilder werden auf dem Schreibtisch mit Datum und Uhrzeit abgelegt. Mit einem Doppelklick öffnen Sie die Bilder in Vorschau, wo Ihnen eine breite Auswahl an Formaten für die Bildschirmfotos zur Verfügung stehen.

Bildformate für Ihre Bildschirmfotos

Glossar

A

AAC

Abkürzung für Advanced Audio Coding. AAC ist eine Standardmethode zur Komprimierung und Dekomprimierung von digitalem Audiomaterial. Aufgrund der höheren Kompression und besseren Klangqualität ist es auf dem besten Weg, das MP3-Format abzulösen. Das Programm iTunes unterstützt das AAC-Format.

Account

»Konto«. Zugangsberechtigung zu den Diensten eines Internet-Providers. Der Zugang erfolgt in der Regel mit einem Passwort und einem Benutzernamen.

Administrator

Person, die ein Netzwerk oder einen Rechner betreut. Besitzt weit reichende Zugriffsrechte auf das System und seine Einstellungen. Im Mehrbenutzersystem von Mac OS X bekommt automatisch die Person, die das Betriebsystem installiert, Administratorrechte eingeräumt.

AIFF

Abkürzung für Audio Interchange File Format. Ein von Apple definiertes, nicht komprimiertes und daher verlustfreies Audioformat.

Airport

Drahtlose Netzwerktechnologie von Apple für das Verbinden mit einem Netzwerk oder dem Internet. Airport verbindet die Rechner über eine Basisstation (Router) miteinander. Diese Basisstation verteilt die Netzwerkverbindungen.

Alias

Eine Verknüpfung, die auf eine Datei oder einen Ordner verweist. Die Symbole in der Seitenleiste des Finder-Fensters und des Docks sind Aliasse, die auf die Originaldatei verweisen.

Analoger Telefonanschluss

Die Töne werden analog, das heißt als Ton übertragen. Um Daten zu versenden bzw. zu empfangen, muss ein Modem eingesetzt werden, das die Töne in digitale Signale umwandelt. Steht nur ein analoger Anschluss zur Verfügung, ist die Telefonleitung besetzt, sobald man online geht.

Anti-Aliasing

Kantenglättung zur Verminderung des Treppeneffekts (Aliasing). Bei Pixeldarstellung entstehen in schrägen und gekrümmten Linien häufig Stufen. Durch die farbliche Angleichung benachbarter Bildpunkte werden diese »Treppenstufen« ausgeglichen.

AppleScript

Skriptsprache von Apple die im Wesentlichen dazu gedacht ist, Mac OS-Programme zu automatisieren und zu steuern.

Arbeitsspeicher

Wird auch als Hauptspeicher oder RAM (Random Acces Memory) bezeichnet. In diesem Speicher sind aktive Anwendungsprogramme und Dokumente geladen. Im Gegensatz zur Festplatte ist der Arbeitsspeicher ein flüchtiger Speicher, was bedeutet, dass nach dem Ausschalten oder bei einem Neustart des Rechners die Informationen verloren gehen. Je mehr Arbeitsspeicher ein Rechner hat, desto höher ist seine Gesamtleistung.

Archiv

Bezeichnet einen Bestand an komprimierten Dateien oder Programmen.

Attachment

Anhang an eine E-Mail, zum Beispiel eine Textdatei oder ein Foto.

B

Backup

Sicherheitskopie von Daten auf einem anderen Speichermedium. Ein Backup bietet bei Datenverlust oder Datenzerstörung die Möglichkeit, die ursprünglichen Datenbestände wieder herzustellen. Seit Mac OS X Leopard bietet sich die automatische Backupvariante per Time

Machine an, aber zur Not tut es auch die manuelle Sicherung auf CD/ DVD-Rohlingen oder die Kopie auf eine externe Festplatte.

Bandbreite

Maßeinheit für die Übertragungsleistung in Datennetzen. Je größer die Bandbreite, desto schneller ist die Datenübertragung.

BCC

Blind Carbon Copy (blinder Durchschlag). Kopie einer E-Mail an weitere Empfänger, ohne dass der Hauptadressat dies sieht.

Blog

Webtagebuch, das eine Mischung ist aus Kommentaren zum Tagesgeschehen, Netzfunden und persönlich gefärbten Beiträgen. Blogs dienen in erster Linie dem Wissensaustausch, der Präsentation von eigenen Artikeln und der Weitergabe von Neuigkeiten.

Bluetooth

International standardisierte Technik zur drahtlosen Datenübertragung. Mit Bluetooth lassen sich selbst kleinste Geräte per Funk steuern oder überwachen.

Bonjour

In Mac OS X integrierte Software für den Netzwerkbetrieb. Bonjour verbindet einen Computer mit anderen Geräten wie Drucker oder weitere Rechner. In iTunes beispielsweise dient Bonjour dazu, automatisch andere Computer zu finden, auf denen die Musik freigegeben ist.

Bookmark

Mit Hilfe eines Browsers lässt sich ein Lesezeichen (engl.: bookmark), auch »Favorit« genannt, anlegen, das die Adresse einer Web-Seite speichert und so das schnelle Wiederfinden erleichtert.

Booten

Abgeleitet vom englischen Wort »boot« und bedeutet sinngemäß: die Stiefel schnüren, starten. In der Computertechnologie bezeichnet der Begriff den Startvorgang, mit dem der Rechner sein Betriebssystem lädt.

Breitband-Übertragung

Datenübertragung mit hoher Geschwindigkeit und über mehrere Kanäle.

Browser

Programm, das Webseiten auf dem Bildschirm der Nutzer anzeigt und mit dessen Hilfe man durchs Internet surft.

Buddy-Liste

Liste der Teilnehmer bei einem Chat.

Bug

»Wanze«. Angeblich hat 1945 eine Wanze einen IBM-Computer fast völlig zerstört. Der englische Begriff steht heute für Fehler in Computer-Programmen.

Build-Nummer

Die genaue Nummer für die installierte Version des Betriebssystems. Anhand der Build-Nummer lässt sich ablesen, ob ein neues Update installiert wurde oder nicht.

Button

»Knopf«. Dient als Schaltfläche, um eine Aktion auszulösen oder einen Befehl aufzurufen wie zum Beispiel Sichern, Drucken, Senden, Abbrechen.

C

Carbon

Umgebung, in der Programme laufen, die an Mac OS X angepasst wurden.

Cache

Zwischenspeicher, der Zugriffe auf Festplatten oder Arbeitsspeicher beschleunigt. Der Cache hält häufig angeforderte Daten bereit.

CD-R

Compact Disk Recordable. Kann beliebig oft gelesen, aber nur einmal beschrieben werden.

CD-ROM

Compact Disk Read Only Memory. Nur lesbare CD.

CD-RW

Compact Disk Rewritable. Wiederbeschreibbare CD.

CGI

Common Gateway Interface. Schnittstelle zwischen Web-Servern und Skripts oder Programmen, um in Formularen eingegebene Benutzerantworten auszuwerten.

Chat

»Plauderei«. Online-Kommunikation in Echtzeit. Erfordert die gleichzeitige Anwesenheit derjenigen, die sich austauschen wollen.

Cloud Computing

Dokumente, Internetseiten, Fotos oder Videos werden künftig nicht mehr auf dem heimischen Rechner abgelegt, sondern – metaphorisch gesprochen – in der Wolke (Cloud). Mit einer solchen Wolke sind riesige, über die ganze Welt verteilte Datenzentren gemeint. Anwendungen und Daten befinden sich nicht mehr auf dem lokalen (eigenen) Rechner, sondern auf einem entfernten Server. Die Anwender können dann überall und mit allen Geräten auf ihre Daten zugreifen und mit anderen Nutzern teilen.

CMYK

Cyan, Magenta, Yellow und Key oder BlacK (beide Interpretationen des Buchstaben K sind gebräuchlich). Kurzbezeichnung für das im professionellen Druck vorherrschende Farbmodell.

Cocoa

Programm–Umgebung, in der Anwendungen laufen, die ausschließlich für Mac OS X geschrieben sind. Diese Programme profitieren in vollem Umfang von Mac OS X.

Combo-Laufwerk

Laufwerk, das CDs lesen und beschreiben sowie DVDs lesen kann.

Cookies

Bezeichnet Dateien, die beim Surfen durchs Internet auf den Rechner des Besuchers abgelegt werden und die bei einem erneuten Besuch die Identifizierung des Besuchers möglich machen. So nutzen zum Beispiel Online–Shops Cookies, um das Kundenverhalten auszuforschen und dem Kunden bei seinem nächsten Besuch Produkte anzuzeigen, die ihn schwerpunktmäßig interessieren.

CPU

Central Processing Unit. Die Abkürzung steht für das Herz des Rechners, den Prozessor. Die CPU ist zuständig für den Datenaustausch und die Berechnungen von Programmcode.

CRT

Cathode Ray Tube. Mit CRT ist ein Bildröhrenmonitor gemeint.

CSV-Datei

Eine CSV-Datei (comma seperated values) ist eine Text-Datei, die tabellarisch strukturierte Daten enthält und vorrangig zum Datenaustausch verwendet wird. Als Trennzeichen wird hierbei in vielen Fällen das Komma verwendet.

D

Darwin

Der Name für die Unix-Version, die Apple für Mac OS X zusammengestellt hat.

DDR3-SDRAM

Double Data Rate Synchronous Dynamic Random Access Memory. Das Double-Data-Rate-Verfahren sorgt für eine extrem schnelle Datenübertragungsrate.

Defragmentieren

Bezeichnet die Neuanordnung von Dateien auf einem Speichermedium. In Mac OS X ist das Defragmentieren eines Speichermediums nicht notwendig.

Dekodieren

Entpacken von komprimierten Dateien.

DHCP

Steht für Dynamic Host Configuration Protocol. Vereinbarter Standard für die Vergabe und Verwaltung von dynamischen, also zeitweilig vergebenen Adressen in einem Netzwerk.

DNS

Domain Name Server. Dieser Server übersetzt die IP-Adresse einer Webseite. Jeder Web-Adresse liegt eine IP-Adresse zugrunde, zum Beispiel http://123.456.78.89. Da man sich solche Nummern jedoch kaum merken kann, werden diese in symbolische Namen wie www.apple.de übersetzt.

Domain

Weltweit eindeutige Adresse einer Internetpräsenz wie zum Beispiel www.dreineun.de. Der letzte Teil des Domainnamens (Top-Level-Domain) kennzeichnet in der Regel das Land. Bei den sogenannten generischen Domains bezeichnet es den Typus: .com für kommerziell, .org für Organisationen, .edu (education) für Bildungseinrichtungen etc.

Download

»Das Herunterladen«. Bezeichnet die Möglichkeit, Daten oder Software aus dem Internet auf die Festplatte des eigenen Rechners zu laden.

DPI

Dots Per Inch (Punkt pro Zoll). Maßeinheit für die Druckqualität, die angibt, wie viele Bildpunkte (Pixel) ein Zoll enthält. Je höher die Maßzahl, desto höher die Auflösung und damit die Druckqualität.

DSL

Digital Subscriber Line. Übertragungstechnik, mit der man über ISDN-Kupferkabel hohe Bandbreiten erreicht. Für einen DSL-Anschluss benötigt man ein DSL-Modem.

DUN

Abkürzung für Dial-up Networking. Mit dem Dial-up Networking ist es möglich, ein Bluetooth-Gerät wie zum Beispiel ein Mobiltelefon als Modem fürs Versenden von Faxschreiben oder für eine Verbindung mit dem Internet einzusetzen.

DVD

Digital Versatile Disc. Übersetzt heißt das: vielseitige digitale Disk. Optisch identisch mit der CD. Die Speicherkapazität einer DVD ist jedoch mit 4,7 GB weitaus größer.

DVD-Double Layer

Auch Dual Layer. Bei dieser DVD werden zwei Schichten auf einer Seite beschrieben. Um die Kapazität dieser DVDs voll nutzen zu können, wird ein spezieller Double-Layer-Brenner benötigt. Die neueren Macs sind mit einem SuperDrive Laufwerk ausgestattet, mit dem DVD-Double Layer DVDs gebrannt werden können.

DVD-ROM

Nur lesbare DVD.

DVD-R

Das R steht wie bei der CD-R für »recordable«. Der Datenträger ist einmal beschreibbar und beliebig häufig lesbar.

DVD-RW

Digital Versatile Disc Rewritable. Wiederbeschreibbare DVD.

E

Emoticons

Kunstwort aus Emotion (Gefühl) und Icon (Bild). Mit Emoticons versuchen E-Mail-, Forums-, Chat- und Newsgroup-Nutzer, Mimik und Gestik eines persönlichen Gesprächs nachzuahmen. :-)

Einfügemarke (Cursor)

Zeigt an, an welcher Stelle das nächste Zeichen in einen Text eingesetzt wird. Die Einfügemarke erscheint als blinkender, senkrechter Strich.

EPS

Encapsulated PostScript Format. Schnittstellenformat, zum Datenaustausch zwischen verschiedenen Plattformen und Programmen. Geeignet für Pixelbilder (Bilder werden in Pixel zerlegt) und Vektorgrafiken (Grafiken mit Linien, Flächen und Verläufen werden durch Vektoren dargestellt und gefüllt).

Ethernet

Netzwerktechnologie zum Aufbau eines lokalen Netzwerks, Local Area Network (LAN).

F

FAQ

Frequently Asked Questions. Häufig gestellte Fragen – und ihre Antworten. Sammlung von Fragen zu bestimmten Themen und Schwerpunkten, die Besucher einer Website wiederholt stellen. Die Antworten liefern häufig wertvolle Informationen über Funktionen und Services der jeweiligen Website.

Favicon

Kunstwort aus Favorit und Icon. Wird in vielen Browsern in der Adresszeile direkt vor der URL als ein kleines Bildchen dargestellt. Ein Favicon ist eine 16x16 Pixel große Grafik. Favicons bieten eine zusätzliche Orientierung in den Lesezeichen und für den Betreiber der Webseite einen zusätzlichen Werbeeffekt.

FileSharing

»Datentausch«. Dient dazu, zwei oder mehrere Computer für die gemeinsame Nutzung und den Austausch von Daten in einem Netzwerk zu verbinden.

Finder

Programm zur Bedienung des Mac-Betriebssystems.

Firewall

Firewalls werden von Firmen oder Organisationen benutzt, um den angeschlossenen Rechnern den Zugang auf das Internet zu erlauben, sie aber vor einem Zugriff aus dem Internet abzuschirmen.

FireWire

Von Apple entwickelte digitale Schnittstelle mit hoher Übertragungsgeschwindigkeit.

Flash

Von der Firma Macromedia entwickeltes Format zur Darstellung von Grafiken und Animationen auf einer Website.

Flatrate

Internetzugang zu einem Pauschalpreis.

Font

Kompletter Satz von druckbaren Zeichen einer bestimmten Schriftart.

Forum

Ein virtueller Raum, in dem sich User treffen, um über verschiedene Themen zu diskutieren.

Freeware

Kostenlose Programme, die urheberrechtlich geschützt sind. Sie dürfen kopiert und weitergeben werden.

FTP

File Transfer Protocol. Ein Standard, mit dem über das Internet Dateien von einem Rechner auf den eigenen Computer geladen werden. Mittels eines FTP-Programms werden Veränderungen an der Website hochgeladen.

G

Gateway

Bezeichnet eine Verbindungs- bzw. Übergangsstelle zwischen zwei verschiedenen Netzwerken. Ermöglicht die Kommunikation zwischen diesen Netzwerksystemen, indem es die Regeln der Systeme interpretiert und übersetzt.

GIF

Graphic Interchange Format. Dateiformat für Grafiken im Internet. Das GIF-Format arbeitet mit einer Farbpalette aus maximal 256

Farben. GIF eignet sich insbesondere für Grafiken. Für Fotos ist das JPEG–Format besser geeignet.

GUI

Abkürzung für Graphical User Interface. Damit ist die grafische Benutzeroberfläche eines Betriebssystems gemeint.

H

Header

»Kopfdaten«. Informationen am Beginn einer E-Mail über Absender, Empfänger, Datum, Betreff etc.

HOAX

Englisch für Scherz, Schabernack. Gemeint sind damit Computer-Viren, die keine sind, und andere Falschmeldungen und Gerüchte, die per E-Mail, Instant Messeger, SMS oder MMS verbreitet werden.

Host

»Gastgeber«. Ein Rechner, der Daten oder Leistungen in einem Netzwerk oder im Internet zur Verfügung stellt.

HTML

HyperText Markup Language. Die Sprache des World Wide Web, die das Übertragen und Verknüpfen von Web-Seiten ermöglicht.

HTTP

HyperText Transfer Protocol. Datenaustausch-Protokoll zur Übertragung von Daten im Internet (Übertragung von Webseiten). Web-Browser kommunizieren über dieses Protokoll mit den Web-Servern, auf denen die Webseiten liegen.

HTTPS

HyperText Transfer Protocol Secure. Erweiterung von HTTP für die geschützte Übertragung von vertraulichen Daten. Das HTTPS-Protokoll wird zum Beispiel von Online–Banken oder passwortgeschützten Seiten angewendet.

Hub

Gerät, das als Verteiler oder Knotenpunkt für Netzwerkanschlüsse dient. USB-Hubs bieten bis zu sieben Anschlüsse für USB-Geräte.

Hyperlink

Verweis auf eine Grafik, eine Textstelle oder eine andere Seite im World Wide Web. Sobald ein Hyperlink angeklickt wird, folgt automatisch ein Sprung zu der Stelle, auf die der Hyperlink verweist.

I

Icon

Bezeichnung für eine kleine Grafik oder die Symbole, die der Benutzerführung auf einer grafischen Oberfläche dienen.

iLife

Sammelbegriff für Apples Multimedia-Programme. In *iLife* enthalten sind *GarageBand*, *iDVD*, *iMovie*, *iPhoto* und *iWeb*.

Image Datei

Kopie des Inhalts eines Ordners, einer Festplatte oder einer CD/DVD. Image Dateien besitzen die Dateierweiterung .dmg.

Interface

Schnittstelle zwischen Hard- und Software oder zwischen einem Computer und angeschlossenen Peripheriegeräten.

Intranet

Firmeninternes Netz, das die gleichen Verfahren wie das Internet nutzt, dessen Dienste jedoch nur für Mitarbeiter zugänglich sind.

IP

Internet Protocol. Standard für die Datenübertragung im Internet. Das Übertragungsprotokoll definiert die Regeln und Vereinbarungen, die den Informationsfluss in einem Kommunikationssystem steuern. Dabei werden die Daten in IP-Pakete zerlegt, die sich über die jeweils verfügbaren Verbindungen ihren Weg zum Empfänger suchen.

IP–Adresse

Die Internet-Protocol-Addresse ist sozusagen die Postanschrift eines Computers im Internet oder auch im lokalen Netzwerk. Diese Anschrift ist wichtig, damit der Rechner mit anderen Rechnern kommunizieren kann. Schließlich müssen die Datenpakete wissen, wo sie herkamen und wohin sie müssen. Die IP-Adresse besteht aus vier Zahlen, die jeweils zwischen 0 und 255 liegen und mit einem Punkt getrennt werden (zum Beispiel 198.5.176.145). Technisch gut zu handhaben, jedoch schlecht zu merken. Daher werden die Adressen einem Domainnamen wie beispielsweise dreineun.de zugeordnet.

ISDN

Integrated Services Digital Network. Digitales Übertragungsverfahren. ISDN hat im Vergleich zur analogen Übertragung eine höhere Datentransferrate.

ISP

Internet Service Provider. Anbieter eines Internet-Zugangs.

J

Java

Programmiersprache, mit der plattformunabhängige Anwendungen (Applets) erstellt werden.

Javascript

Wird für Laufschriften, animierte Buttons und viele andere Kleinigkeiten auf Internet-Seiten eingesetzt.

JPEG

Joint Photographic Expert Group. Format für die Komprimierung von Einzelbildern in Multimedia-Anwendungen. Das JPEG-Format ist bei Bildern im Internet weit verbreitet, da es wenig Speicherplatz benötigt.

Junk Mail

E-Mail, die unverlangt zugesendet wird und meistens Werbung enthält.

K

Ken Burns Effekt

Simuliert einen Kameraschwenk und -zoom über ein Foto. Der Effekt wurde nach dem Dokumentarfilmer Ken Burns benannt.

Kernel

Zentraler Bestandteil eines Unix-Betriebssystems. Da die Basis von Mac OS X das Unix-Betriebssystem ist, ist der Kernel auch zentraler Bestandteil Ihres Macs.

Kernel Panic

Fehler, der auftritt, wenn der Kern des Betriebssystems (Kernel) eine Anweisung in einem unerwarteten Format erhält oder eine Anweisung nicht richtig zu verarbeiten weiß. Kernel panics können durch beschädigte Software oder auch durch beschädigte oder inkompatible Hardware auftreten.

Kommandozeile

Eingabebereich für Befehle zur Steuerung eines Betriebssystems oder eines Programms.

Komprimieren

Auch »Packen« genannt. Das Komprimieren reduziert den Umfang von Dateien durch Verdichten.

Kontextmenü (ctrl- oder rechte Maustaste)

Enthält Befehle, die zum aktuellen Arbeitszusammenhang gehören. Das Kontextmenü ist normalerweise nicht sichtbar. Es wird erst bei einem ctrl- oder Rechte-Maustaste-Klick auf ein markiertes Objekt geöffnct. Kontextmenüs ersparen es Ihnen, die für das markierte Objekt zur Verfügung stehende Befehle in den Menü- oder Symbollisten anzusteuern.

L

LAN

Local Area Network, lokales Netzwerk, bestehend aus einem oder mehreren Servern (LAN–Servern).

LCD

Liquid-Chrystal Display, Flüssigkeitskristallanzeige. Arbeitet auf Basis von Kristallen, die in einer Flüssigkeit eingelagert sind. Technik, die in Flachbildschirmen eingesetzt wird.

Logfile

Textdatei, die sämtliche Vorgänge auf dem Rechner protokolliert.

M

Mailing-Listen

Liste von Beteiligten an einer Online-Diskussion bzw. von Empfängern einer Nachricht.

Menüleiste

Bedienungselement eines Anwendungsprogramms, das sich am oberen Bildschirmrand befindet.

Modem

Kunstwort aus MOdulation und DEModulation. Bezeichnet ein Gerät, das benötigt wird, um bei einem analogen Telefonanschluss die Töne in digitale Signale umzuwandeln, da der Computer nur digitale Signale versteht.

Mounten

Bezeichnet die Anmeldung eines Volumes (Festplatte) bei Mac OS. Das Betriebssystem zeigt das Volume anschließend als Symbol auf dem Schreibtisch an.

MP3

Abkürzung der Bezeichnung MPEG-1, Layer 3 Audio. Musikdateiformat mit starker Komprimierung, das sich im Internet als Standard durchgesetzt hat. Entwickelt wurde MP3 bereits in den 80er Jahren am Fraunhofer-Institut für Integrierte Schaltungen in Erlangen.

MPEG

Moving Picture Experts Group. Name einer Gruppe sowie der von ihr definierten Standards für das Verfahren zur Komprimierung digitalisierter Videosequenzen. Die Digitalisierung von Videos erzeugt enorme Datenmengen. In unkomprimierter Form passen auf eine

CD-ROM gerade einmal 18 Sekunden Videofilm. Das MPEG-Verfahren reduziert diese Mengen drastisch.

Multitasking

Paralleles Ausführen von zwei oder mehreren Anwendungsprogrammen.

N

Netzwerk

System, in dem mehrere Computer gemeinsam auf Datenbestände zugreifen, Daten austauschen und Geräte wie zum Beispiel Drucker gemeinsam nutzen.

Newsgroup

Informations- und Diskussionsforum zu einem beliebigen Thema im Internet. Die News werden über einen Newsserver des Internetproviders oder über Mails bestellt und bezogen.

O

Open GL

Plattformunabhängige Grafikroutinen-Bibliothek. Open GL enthält Funktionen für die Darstellung dreidimensionaler Objekte und kommt daher besonders in Spielesoftware zum Einsatz. Open GL ist Bestandteil von Mac OS X.

Open Source

Bezeichnet Programme, deren Quellcode öffentlich zugänglich ist. Jeder kann so unbeschränkt Einblick nehmen, Veränderungen vornehmen oder Anwendungen schreiben. Mac OS X enthält einen Open Source-basierten Kern.

P

Partition

Segment eines Speichermediums, zum Beispiel der Festplatte, das als eigenständiges Laufwerk angelegt ist.

Partitionieren

Vorgang, bei dem eine Festplatte in mehrere eigenständige Bereiche oder Laufwerke unterteilt wird.

PDF

Portable Document Format. Plattformunabhängiges Dokumentenformat von Adobe zur originalgetreuen Darstellung gestalteter Seiten. PDF-Dateien können mit dem Programm Vorschau geöffnet, gelesen und bearbeitet werden.

Peripherie

Geräte, die nicht direkt zum Rechner gehören, mit diesem aber über Schnittstellen verbunden sind wie Drucker, Scanner, externe Festplatten.

Phishing

Kunstwort aus »passwort« und »fishing«. Gemeint ist das »Abfischen« von Passwörtern und Kontozugangsdaten. Wenn Sie z.B. eine E-Mail von »Ihrer« Bank erhalten, mit der Bitte, Ihre PIN »zur Überprüfung« zu nennen, ist äußerste Vorsicht angebracht. Denn hierbei handelt es sich häufig um E-Mails, die lediglich den Anschein erwecken, tatsächlich von Ihrer Bank gesendet worden zu sein.

PICT

Ein von Apple entwickeltes Dateiformat für Bilder und Grafiken.

Pixel

Kunstwort aus Picture Element. Kleinste digitale Bildeinheit in einem Bild.

Plattformübergreifend/plattformunabhängig

Programme, Medien und Dokumente, die unter verschiedenen Betriebssystemen laufen bzw. sich öffnen lassen.

Plug-In

Zusatzmodul, mit dem der Funktionsumfang von Programmen erweitert wird. In Webbrowsern ermöglichen Plug-ins (zum Beispiel Shockwave, Real-Video) die Wiedergabe von Audio- und Videodateien.

PNG

Portable Network Graphic Format. PNG kann Bilddaten ohne gravierende Qualitätseinbußen komprimieren.

Podcast

Podcasts sind vergleichbar mit Radiobeiträgen, die entweder bei Bedarf oder als Abonnement als Datei aus dem Internet geladen und unabhängig von Sendezeiten gehört werden können. Werden häufig von Radiostationen oder Unternehmen als moderne Form der Information genutzt. Daneben sind sie ähnlich wie Blogs ein beliebtes Medium für private Nutzer, ihre selbst erstellten Inhalte im Internet zu verbreiten. Die Variante mit bewegten Bildern wird als Video-Podcast bezeichnet.

PoP

Point of Presence. Lokale Einwahlknoten der Internet Service Provider.

POP3

Post Office Protocol. Die 3 weist auf die dritte Version dieses Protokolls hin. Mithilfe der Software POP3 ruft der Rechner eingegangene E-Mails vom E-Mail-Server des Internet Service Providers ab. Dieser E-Mail-Server ist eine Art Briefkasten, in dem die Mails abgelegt werden, bis der Benutzer sie abruft.

Pop-Ups

Meistens unerwünschte Einblendung von Werbung im Internet. Im Programm Safari lassen sich die Pop–Ups unterdrücken.

Port

Kurzform für Protokollzugangsnummern, die über ein Netzwerk verschickte Daten weiterleiten.

Postscript

Seitenbeschreibungssprache, die das Speichern und Ausdrucken gestalteter Dokumente (zum Beispiel EPS- und PDF-Dateien) unabhängig von System, Größe und Auflösung ermöglicht. Die Qualität des Ausdrucks oder der Wiedergabe am Monitor richtet sich allein nach den technischen Möglichkeiten des Ausgabegerätes. Postscript wurde vom Softwareanbieter Adobe entwickelt und 1984 auf den Markt gebracht.

PPP

Point-to-Point Protocol. Dieses Protokoll ist die Voraussetzung für die Kommunikation zwischen dem Modem oder ISDN-Adapter und dem Server des Internet Service Providers.

PPPoE

PPP over Ethernet. Variante des Point-to-Point Protocol (PPP). Bei PPPoE erfolgt die Kommunikation über ein Netzwerk, wie beispielsweise bei DSL-Anschlüssen.

Protokoll

Konvention zum Datenaustausch zwischen den Rechnern in einem Netzwerk. System von Regeln, das die Datenübertragung steuert und ermöglicht. Das Internet basiert auf mehreren Protokollen wie FTP, HTTP und TCP/IP.

Provider

Anbieter von bestimmten EDV- und Telekommunikations-Dienstleistungen. Ein Internet Provider bietet beispielsweise einen Zugang zum Internet. Wird auch Internt Service Provider (ISP) genannt.

Proxy-Server

Server eines Providers, auf dem die Zwischenspeicherung von oft abgerufenen Informationen aus dem Internet erfolgt.

Prozessor

Zentraler Bestandteil eines jeden Computers. Englisch Central Processing Unit oder kurz CPU. Der Prozessor übernimmt die Verarbeitung von Daten und die Ausführung von Programmen.

Pseudonym

Benutzername, der nicht mit dem richtigen Namen des Benutzers übereinstimmt. Wird häufig in Chaträumen verwendet.

Q

Quartz

Bezeichnung für die Funktion, die bei Mac OS X für die Bildschirmdarstellung der Fenster, Symbole und Menüs verantwortlich ist.

Quicktime

Apples Multimediaformat für das Speichern und Abspielen verschiedener Audio-, Bild- und Videoformate.

R

RAM

Random Access Memory. Aus Chips bestehender Speicher, in dem Daten temporär gespeichert werden. RAM wird auch als »Arbeitsspeicher« oder »Hauptspeicher« bezeichnet. Dieser Speicher trägt maßgeblich zur Systemleistung des Rechners bei. Zu wenig Arbeitsspeicher kann einen Computer langsamer machen und die Ausführung von Programmen oder das Laden von Daten verhindern. RAMs sind flüchtige Speicher, das heißt, dass sie ihre Inhalte verlieren, sobald die Stromzufuhr unterbrochen ist. Änderungen an einer Datei bleiben im Arbeitsspeicher, bis sie mit dem Befehl »Sichern unter« oder »Sichern« auf die Festplatte gespeichert werden. Bei einem plötzlichen Programmabsturz gehen daher die zuletzt ausgeführten Erweiterungen verloren, da diese (meistens) noch nicht auf die Festplatte gespeichert worden sind.

RAID

Redundant array of independent disks (Redundante Anordnung unabhängiger Festplatten). RAID bezeichnet einen zusammenhängenden Verbund einzelner Festplatten. Im Vordergrund steht bei RAID die Redundanz: Die gleichen Daten sind auf verschiedenen Laufwerken mehrfach vorhanden, um einem Datenverlust vorzubeugen.

RAW

(Roh-)Datenformat bei Digitalkameras. Bilddateien im Raw-Format sind wie ein Negativ. Sie beinhalten auch die Daten über die Belichtungszeit, Blende und ISO. Der eventuell eingestellte Weißabgleich, Schärfung oder Kontrast bleibt außen vor. Diese Schritte werden am

Rechner mit einem RAW-Konverter durchgeführt. Das RAW-Format bietet sich immer dann an, wenn die maximale Aufnahmequalität erwünscht ist oder nachträglich qualitätsfreie Korrekturen in Farbe, Weißabgleich oder Schärfe nötig sind.

Rendering

Bezeichnet in der digitalen Bild- und Videobearbeitung die Berechnung von Bildübergängen und Effekten.

RGB

Rot, Grün, Blau. Farbmodell, in dem sich alle Farben aus einem Mischungsverhältnis der drei Primärfarben mischen lassen.

Rippen

Beim Rippen (»Reißen«) werden Musik- oder Filmdateien von einer CD/DVD oder Datenströme aus dem Internet auf eine Festplatte übertragen. Eventuell unterschiedliche Datenformate werden dabei konvertiert.

Root

Anwender von Unix-Systemen mit uneingeschränkten Verwaltungs- und Administrationsrechten.

ROM

Read Only Memory. Nur lesbares Speichermedium.

Rosetta

In Mac OS X integrierte Software, die dafür sorgt, dass für Power Macs entwickelte Programme auch auf intelbasierten Mac-Rechnern laufen.

Router

Verbindet zwei oder mehrere verschiedene Netzwerke miteinander und leitet Daten zu Empfängern oder anderen Routern weiter. Wird auch eingesetzt, um ein lokales Netzwerk mit dem Internet zu verbinden.

RSS

Really Simple Syndication. Inzwischen weit verbreiteter Standard für die strukturierte Darbietung von Webinhalten. Für den Internetnutzer stellt die automatisierte Aufbereitung von RSS-Strömen (Feeds) eine große Zeitersparnis dar, da nicht mehr jede Webseite persönlich besucht werden muss. Außerdem lassen sich die angezeigten Informationen nach eigenen Interessenschwerpunkten filtern.

S

Schnittstelle

Genormter Anschluss, der den Computer mit Peripheriegeräten verbindet.

Screenshot

Momentaufnahme des Bildschirminhalts.

Script

Sammlung von Anweisungen, die von bestimmten Programmiersprachen als Folge von Befehlen interpretiert werden.

SD-Card

Secure Digital Memory Card (sichere digitale Speicherkarte). Digitales Speichermedium für zum Beispiel Digitalkameras und MP3-Player.

SD-Card Slot

Steckplatz, um die Daten auf einer Speicherkarte auszulesen.

Server

Zentraler Rechner in einem Netzwerk, der Dateien, Programme oder Druckdienste bereitstellt. Im Internet sind Server Knotenpunkte des Netzes.

Shell

Befehls-Interpreter, der Tastaturkommandos entgegennimmt.

Shareware

Software, bei der es erlaubt ist, sie beliebig zu kopieren (daher die Bezeichnung). Nach einem kostenlosen Testzeitraum wird man aufgefordert, sich beim Autor kostenpflichtig registrieren zu lassen. Eine andere Form der Shareware sind kostenlose Programme, die jedoch über nur eingeschränkte Funktionalitäten verfügen. Durch die kostenpflichtige Registrierung erhält der Anwender die Vollversion.

Shortcut

»Kurzbefehl«. Tastenkombination, mit der man in Programmen schneller Funktionen aufruft als mit der Maus.

SMTP

Simple Mail Transfer Protocol. Sendeverfahren, das zum Austausch von E-Mails dient.

Splitter

Gerät, das die Daten bzw. Frequenzen verschiedener Geräte aufteilt und über getrennte Anschlüsse zur Verfügung stellt.

SSL

Secure Sockets Library. Software, mit der Sicherheitszonen für eine geschützte Datenübertragung im Internet eingerichtet werden. Diese Seiten sind erkennbar an der Protokollabkürzung https.

Skalieren

Schrittweises oder stufenloses Vergrößern bzw. Verkleinern von Schriften und Grafiken.

Startvolume

Festplatte oder eine Festplattenpartition, von der aus das Betriebssystem gestartet wird.

SuperDrive-Laufwerk

In neueren Macs integriertes DVD-Laufwerk zum Abspielen und Brennen von DVDs.

Synchronisieren

Aktualisieren von Wiedergabegeräten wie MP3-Playern, so dass das Gerät dieselben Objekte enthält wie die Datenquelle.

T

TCP/IP

Transmission Control Protocol/Internet Protocol. Diese beiden Vereinbarungen (Protokolle) sind der Ursprung für die Datentransporte im Internet. Mit Nutzung beider Protokolle ist die Datenübertragung im Internet zuverlässig möglich.

TFT

Thin Film Transistor. Standardmäßig verwendete Technik für Flachbildschirme.

TIFF

Tagged Image File Format. Plattformunabhängiges Dateiformat für Bilder. Das TIFF-Format wird verwendet, wenn Bilddateien weiter verarbeitet bzw. bearbeitet werden.

Tilde

Das Tilde–Zeichen (~) wird häufig zur Kennzeichnung eines Benutzerverzeichnisses verwendet.

Timeserver

Server, der über das Internet dem eigenen Rechner die exakte Uhrzeit mitteilt.

Treiber

Dient zur Kommunikation mit Peripheriegeräten.

Trimmen

Vorgang, mit dem in der Bild- und Videobearbeitung ein bestimmter Bildbereich aus einem Bild oder Video herausgeschnitten wird. Dabei werden alle Bildbereiche, die sich außerhalb des Trimmbereichs befinden, gelöscht.

Trojaner

Software, die oft im Anhang einer E-Mail verschickt wird und sich dann unbemerkt auf dem Rechner installiert. Einmal auf dem Rechner kann das Programm Daten wie Kreditkartennummern oder Passwörter sammeln und zurückschicken.

U

Unicode

Internationaler Standard, bei dem langfristig jedem Zeichen aller bekannten Schriften und Zeichensysteme eine eindeutige Kodierung zugewiesen wird.

Unix

Besonders stabiles, in seinen Komponenten weitgehend plattformunabhängiges Betriebssystem.

URL

Uniform Resource Locator. System, nach dem die Internetadresse aufgebaut ist. Das Adressformat besteht aus dem Protokoll (http, https, ftp), der Domain mit dem Länderkürzel (www.smartbooks.ch) und dem genauen Pfad zur Datei.

USB

Universal Serial Bus. Schneller Schnittstellenstandard für Peripheriegeräte wie Drucker, Digitalkameras und Laufwerke.

V

vCard

Digitale Visitenkarte, die zum Austausch persönlicher Daten verwendet wird. In der Regel wird eine vCard an eine E-Mail angehängt.

VoIP

Voice over Internet Protocol. Technologie, die zur Gesprächsübertragung per Internet eingesetzt wird. VoIP nutzt eine Einwählverbindung oder einen Breitbandanschluss, um kostenlose Anrufe über das Internet zu führen.

Volume

Logisches Speichermedium, das als selbständiges Symbol auf dem Schreibtisch des Finders dargestellt ist. Ein Volume kann, muss aber nicht identisch mit einem Festplatte oder einem Wechselmedium sein.

W

WAV

Digitales Audioformat, das üblicherweise von Microsoft Windows verwendet wird.

Webadresse

Andere Bezeichnung für URL.

Web-Browser

Programm, das das Navigieren im Internet ermöglicht.

Webmaster

Ist verantwortlich für das technische Funktionieren einer Website.

Widget

Kleines Hilfsprogramm.

WLAN

Wireless Local Area Network. Drahtloses lokales Netzwerk.

World Wide Web (www)

1993 entstandener Dienst des Internets. Weltweiter Verbund von Internetseiten.

WYSIWYG

»What You See Is What You Get«. Prinzip, nach dem die Darstellung eines Dokuments auf dem Monitor sich mit dem Ausdruck gleichen soll.

X

XML

Extensible Markup Language. Eine Seitenbeschreibungssprache vor allem für das Internet.

Z

Zip-Datei

Datei mit komprimierten Daten.

Index

Index

Symbole

A

B

C

D

E

F

G

H

I

J

K

L

M

W

Z